江苏省集成电路产业发展研究报告

（2014 年度）

Research Report for Development of Integrated Circuit Industry of Jiangsu Province 2014

江苏省经济和信息化委员会
江 苏 省 半 导 体 行 业 协 会 编

電子工業出版社
Publishing House of Electronics Industry
北京 · BEIJING

内 容 简 介

本研究报告以2014年江苏省集成电路产业发展为主线，以产业分类营运为板块，辅以世界和中国半导体产业市场、集成电路产业发展等，在集成电路产业发展规模、市场、产品、技术、产品结构、投资兼并、产业政策环境等方面进行研究、分析、探讨；对江苏省集成电路设计业、晶圆业、封测业、支撑业、分立器件以及与半导体相关的专用设备业、材料业以及太阳能光伏业、多晶硅业进行研究、探讨、分析，并对省内相应的城市区域集成电路产业发展、主要企业经营状况进行研究、探讨、分析。本报告可供各级政府部门、企事业单位作为决策参考，也可供集成电路相关领域的管理者、科技工程工作者阅读参考。

图书在版编目（CIP）数据

江苏省集成电路产业发展研究报告. 2014年度 / 江苏省经济和信息化委员会，江苏省半导体行业协会编.—北京：电子工业出版社，2015.8

ISBN 978-7-121-26788-8

Ⅰ. ①江… Ⅱ. ①江… ②江… Ⅲ. ①集成电路－电子工业－产业发展－研究报告－江苏省－2014 Ⅳ. ①F426.63

中国版本图书馆CIP数据核字（2015）第171686号

责任编辑：赵 娜
印　　刷：涿州市京南印刷厂
装　　订：涿州市京南印刷厂
出版发行：电子工业出版社
　　　　　北京市海淀区万寿路173信箱　邮编　100036
开　　本：787×1092　1/16　印张：32.5　字数：689.52千字
版　　次：2015年8月第1版
印　　次：2015年8月第1次印刷
定　　价：198.00元

江苏省集成电路产业发展研究报告（2014年度）

前　　言

集成电路产业是信息技术产业的核心，是支撑经济社会发展和保障国家安全的战略性、基础性和先导性产业，其技术水平和发展规模已成为衡量一个国家产业竞争力和综合国力的重要标志之一。发展集成电路产业既有信息技术产业转型升级的内部动力，也有市场激烈竞争的外部压力。当前和今后一段时期是我国集成电路产业发展的重要战略机遇期和攻坚期，特别是国务院《国家集成电路产业发展推进纲要》的发布以及国家集成电路产业投资基金项目的启动，使产业界人士受到极大的鼓舞，将进一步促进我国、我省集成电路产业的快速发展。

江苏省委、省政府高度重视和支持集成电路产业的发展，明确提出了加快发展江苏省集成电路产业的要求，制定颁布了一系列支持政策，设立了鼓励和促进产业发展的专项资金，各级地方政府也制定了支持集成电路产业发展的相关政策。由于国内外市场利好和政府的强有力推动及业界的开拓进取，2014 年江苏省集成电路产业取得了较好的业绩：江苏省半导体产业实现销售收入为 1114.86 亿元，同比增长 10.61%；其中集成电路产业销售收入为 809.96 亿元，同比增长 10.89%，占全国集成电路产业销售收入的 26.9%，在全国各省市区排名居首位。

为进一步促进江苏省集成电路产业的快速发展，认真总结江苏省集成电路产业近年来取得的成绩，寻找与国内外同业先进水平的差距，剖析不足与薄弱环节，江苏省半导体行业协会受江苏省经济和信息化委员会的委托，组织业内人士开展调研，编撰了《江苏省集成电路产业发展研究报告（2014 年度）》（以下简称《研究报告》），呈予各级领导和业界人士作产业分析、决策参考用。

《研究报告》共分 8 章 55 节，通过收集整理大量的数据资料，运用统计分析工具，对 2014 年世界半导体产业市场和中国、江苏省集成电路产业发展情况进行了研究分析。《研究报告》侧重在集成电路产业规模、市场行情、技术进步、产品结构、投资兼并、产业政策、产业环境、城市区域等层面，较详细分析了江苏省集成电路设计业、晶圆业、封测业、支撑业、分立器件业的发展状况。同时，也简析了多晶硅业、太阳能光伏业等泛半导体产业发展情况。《研究报告》以江苏省集成电路产业和市场发展为主线，以产业分类营运为板块，自成一体，便于研读。对江苏省集成电路产业链各重点企业的情况在相应章节中予以表述，力求做到较为系统、全面、真实地反映江苏省集成电路产业的现状、业界人士顽强拼搏的艰辛历程、勇于创新的企业精神风貌和取得的丰硕成果。

《研究报告》的统计口径依据国家《统计法》及相关规定，以“2014年江苏省半导体产业发展运行分析报告”统计报表中各企事业单位上报数据为依据。统计范围：半导体产业为集成电路产业、分立器件产业和支撑业数据之和，集成电路产业为集成电路设计、晶圆制造和封测业数据之和。中国半导体产业和集成电路产业销售收入为中国大陆之销售收入，未包括中国港、澳、台地区同业销售收入。《研究报告》引用了中国半导体行业协会、CCID、《中国电子报》、《经济参考报》及上海市集成电路行业协会等有关省、市兄弟协会、专业协会和相关咨询公司、报纸杂志等发布的数据和分析资料，以及协会会员单位报送的资料。在此，一并致以鸣谢。

《研究报告》主编为于燮康，副主编为秦舒、陈震华、阮舒拉。编辑人员有：吴健、胡建、张琼月、朱剑芬、张翼、陈浩鹏。

参与《研究报告》的编撰人员有：马岳、戈士勇、尹国江、叶如龙、冯小龙、朱旭强、孙亮、李良、吴海力、何洪文、沈阳、张黎、陈亮、范成建、郑志荣、曹海斌、虞国良、戴锦文。

由于所收集到的资料不足、分析能力有限、编撰水平不高，《研究报告》中不当或错误之处，诚望各位领导、业界专家和同人批评指正，并致谢意。

编委会

2015年6月

目　录

第一章

2014 年世界半导体产业发展情况

第一节 2014 年世界半导体产业发展面临的经济形势

一、2014 年世界经济形势简要回顾

2014 年世界经济形势总体呈现向好发展，尤其是美国等发达国家经济体经济稳定温和复苏，实体经济信心整体回暖，经济全球化趋势进一步发展，其表现为：美国终止量化宽松财政政策，回归发展制造业；德国实施工业 4.0 计划、英国进行经济改革等。美国二季度 GDP 达到 4.6%，三季度达到 5.0%，这是出乎预计的大增长。虽然中东、东欧地区政局动荡，据国际货币基金组织（IMF）报道，2014 年世界经济 GDP 增长率仍为 3.3%左右，比 2013 年增长 0.4 个百分点。

二、2014—2016 年世界主要国家（地区）经济发展与趋势（表 1.1.1）

表1.1.1 2014—2016年世界主要国家（地区）经济发展与趋势

国家（地区）	2014 年（GDP）	2015 年（GDP）	2016 年（GDP）
	实绩	预测	预测
全世界	3.3%	3.5%	3.7%
美国	2.8%	3.6%	3.3%
发达经济体	1.8%	2.4%	2.4%
发展中国家	4.4%	4.3%	4.7%
欧元区	1.0%	1.2%	1.4%
日本	–0.6%	0.6%	0.8%
中国	7.4%	7.0%～7.2%	6.8%～7.0%
德国	1.2%	1.2%	1.5%
法国	0.5%	0.9	1.0%
英国	2.6%	2.7	3.0%
巴西	0.2%		
韩国	3.4%	3.8%	
俄罗斯	–0.5%	–3.0%	–1.0%
印度	<5.0%	6.5%	

（资料来源：IMF/JSSIA 整理）

三、2014 年世界主要国家（地区）制造业采购经理人指数（PMI）（表 1.1.2）

表1.1.2 2014年世界主要国家（地区）制造业采购经理人指数（PMI）

序号	国家（地区）	10 月	11 月	序号	国家（地区）	10 月	11 月
1	欧元区	52.3%	50.4%	4	德国	51.4%	50.0%
2	美国	53.9%	54.8%	5	中国	50.8%	50.3%
3	英国	53.3%	53.5%				

从表 1.1.2 中可以看出，PMI 指数大于 50%，经济仍处于扩张期。

四、2014 年度国际大宗商品期货价格情况（表 1.1.3）

表1.1.3　2014年度国际大宗商品期货价格情况

材料名称	单位	2014年1月3日价	2014年3月28日价	2014年6月30日价	2014年10月3日价	2014年12月26日价	环比（%）				定比（%）
							Q1：年初	Q2：Q1	Q3：Q2	Q4:Q3	Q4：年初
北海布伦特原油	美元/桶	92.86	108.04	113.3	91.88	60.23	+16.3	+4.9	−18.9	−34.4	−35.1
纽约轻质原油	美元/桶	93.96	101.67	105.74	89.67	55.89	+12.5	+4.0	−15.2	−37.7	−40.5
伦敦黄金	美元/盎司	1234.5	1294.8	1320.4	1196.0	1177.0	+4.9	+2.0	−9.4	−1.6	−4.7
伦敦白银	美元/盎司	20.18	20.58	21.02	16.97	15.27	+2.0	+2.1	−19.3	−7.1	−21.9
伦敦铂材	美元/盎司	1388.0	1401.0	1470.1	1249.0	1199.0	+0.9	+4.9	−15.0	−4.0	−13.6
伦敦钯材	美元/盎司	723.0	771.0	835.8	763.0	809.0	+6.6	+8.4	−8.7	+6.0	+11.9
伦敦铜材	美元/吨	7341.0	6635.8	6945.0	6625.0	6342.5	−9.6	+4.7	−4.6	−4.3	−13.6
伦敦铝材	美元/吨	1798.0	1754.8	1884.0	1912.0	1874.5	−2.4	+7.4	+1.5	−2.0	+4.3
伦敦镍材	美元/吨	13846	16850	18920	16952	15482	+21.7	+12.3	−10.4	−8.7	+11.8
伦敦铅材	美元/吨	2204.0	2079.0	2161.0	2082.3	1858.5	−5.7	+3.9	−3.6	−10.7	−15.7
伦敦锌材	美元/吨	2051.8	1989.3	2185.0	2256.0	2175.0	−3.1	+9.8	+3.2	−3.6	+6.0
伦敦锡材	美元/吨	21650	22866	22300	20415	18365	+5.6	−2.5	−8.5	−10.0	−15.2

（资料来源：JSSIA 整理）

从表 1.1.3 中可以看出：2014 年世界大宗商品期货价格普遍处于下跌，其有利的一方面可降低成本，但另一方面反映出世界经济处于收缩状态，尤其是第四季度，市场需求不旺，如美国四季度国内生产总值（GDP）仅为 2.2%，不及预测的 2.6%，经济发展环比下跌严重，正在考量 2015 年世界经济的发展。

第二节　2014 年世界半导体产业发展概况

一、2014 年世界半导体产业发展情况

（一）2014 年度世界半导体产业营收额规模

在世界经济形势整体复苏好转的形势下，2014 年在消费类电子、通信、计算机等传统产品市场推进和以智能手机、平板电脑、智能电视、可穿戴设备，以及互联网、物联网、云计算、大数据等新兴市场需求迅猛发展的带动下，世界半导体产业界显得十分活跃，取得了较好的业绩，为 2011 年以来的最好年份。

（1）据调研机构 IHS 报道，2014 年世界半导体产业营收额可达到 3532 亿美元，同比增长 9.4%。

（2）据世界半导体贸易组织（WSTS）报道，2014 年世界半导体产业营收额达到 3331.5 亿美元，同比增长 9.0%。

（3）据调研机构 IC Insights 报道，2014 年世界半导体产业营收额达到 3358 亿美元，同比增长 9.9%左右。

（4）据调研机构（Gartner）预测报道，2014 年世界半导体营收额可达 3398 亿美元，同比增长 7.9%，前二十大企业平均增长率达 11.7%。

（5）据中国半导体行业协会（CSIA）报道，2014 年世界半导体产业营收额预计可达到 3331.5 亿美元，同比增长 9.0%。

（6）据中国赛迪顾问（CCID）报道，2014 年世界半导体产业营收额预计可达到 3331.5 亿美元，同比增长 9.0%。

（二）2014 年世界半导体产业营收额发展规模

据中国半导体行业协会统计：2014 年世界半导体产业营收额为 3331.5 亿美元，同比增长 9.0%；2015 年营收额预计为 3445.4 亿美元，同比增长 3.4%，2016 年营收额预计为 3552.7 亿美元，同比增长 3.1%。

1．2009—2016 年世界半导体产业营收额发展规模（表 1.2.1）

表1.2.1　2009—2016年世界半导体产业营收额发展规模

（单位：亿美元）

指标名称	2009 年	2010 年	2011 年	2012 年	2013 年	2014 年	2015 年（E）	2016 年（E）
销售收入	2263.1	3003.9	2995.2	2915.6	3056.0	3331.5	3445.4	3552.7

续表

指标名称	2009 年	2010 年	2011 年	2012 年	2013 年	2014 年	2015 年（E）	2016 年（E）
增长率（%）	−9.0	+32.7	−0.3	−2.7	+4.8	+9.0	3.4	3.1

CAGR=6.66%（2009—2015 年）

（资料来源：CSIA 2015.03）

2．2009—2016 年世界半导体产业营收额同比增长率（图 1.2.1）

图 1.2.1　2009—2014 年世界半导体产业营收额同比增长率

（三）2014 年世界半导体产业分季度发展情况

1．2013 年 Q1～2014 年 Q4 世界半导体产业营收额发展情况（表 1.2.2）

表1.2.2　2013年Q1～2014年Q4世界半导体产业营收额发展情况

（单位：亿美元）

年度	2013 年				2014 年			
季度	Q1	Q2	Q3	Q4	Q1	Q2	Q3	Q4
营业收入	704.6	746.2	806.1	799.0	784.7	821.8	877.5	847.5
同比（±%）	+0.9	+2.1	+8.3	+7.7	+10.8	+10.2	+8.9	+6.1
环比（±%）	−5.1	+5.9	+8.0	−0.8	−1.8	+4.7	+6.8	−3.4

2014 年世界半导体产业营收额在三季度达到最高峰值，在四季度同比下滑，环比更为负增长，其原因为三季度为圣诞节、元旦、新年等备货而加快生产，谓之“金九银十”；到四季度必然产能下跌。另有在 iPhone 6 销售高峰后，换机退潮使然，在四季度里苹果、三星等公司经济效益下滑已能露出其中的端倪，预示着 2015 年世界半导体市场有收缩的迹象。

2．2011 年 Q1～2014 年 Q4 世界半导体产业分季同比增长情况（图 1.2.2）

图 1.2.2　2011 年 Q1～2014 年 Q4 世界半导体产业分季同比增长情况

3. 2011 年 Q1～2014 年 Q4 世界半导体产业分季环比增长情况（图 1.2.3）

图 1.2.3　2011 年 Q1～2014 年 Q4 世界半导体产业分季环比增长情况

4. 2014 年第四季度世界半导体产业国家（地区）发展规模及增长（表 1.2.3）

表1.2.3　2014年第四季度世界半导体产业国家（地区）发展规模及增长

指标名称	单位	美国	日本	欧洲	亚洲	中国（大陆）	合计
2014 年 Q4 营收额	亿美元	202.0	84.0	90.0	498.0	241.0	874.0
同比	±%	+16.0	−4.4	+1.6	+10.9	+6.2	+9.4
环比	±%	+11.1	−7.7	−6.4	−2.0	−0.3	−0.4

（资料来源：IC Insights）

2014 年世界 IT 市场显得十分活跃，新产品不断涌现，在消费类电子、移动通信、电脑（PC）为主要市场的促进下，智能产品成为市场快速发展的主力军，起到了巨大的推动作用。在手机进入 4G 时代，4G LTE 快速发展，苹果 iPhone 6 和 iPhone 6 Plus 的上市、大屏平板电脑及可穿戴设备、汽车电子等应用产品的增量引发了智能产品市场快速增长。2014 年四个季度市场同比分别增长 10.8%、10.2%、8.9%和 6.1%，环比增长分别由−1.8%提高到 4.7%、6.8%、−3.4%，全年更达到 9.0%的增长率，是近几年来增长最快的一年。

二、2014 年世界半导体产品产量发展情况

据世界半导体贸易组织（WSTS）统计显示，2014 年世界半导体产品总产量为 7664 亿块，较 2013 年同比增长 8.6%；2014 年四季度世界半导体产品产量为 1948 亿块，同比增长 8.2%，与 2014 年三季度相比，环比下降 3.3%。

1. 2009—2014 年世界半导体产品产量规模及增长（表 1.2.4）

表1.2.4　2009—2014年世界半导体产品产量规模及增长

指标名称	单位	2009 年	2010 年	2011 年	2012 年	2013 年	2014 年	GAGR
产品产量	亿块	5292	6615	6608	6726	7055	7664	7.69%
同比	±%	−7.1	+25.0	−0.1	+1.8	+4.9	+8.6	

2. 2009—2014 年世界半导体产品销售均价（ASP）（表 1.2.5）

- 2014 年世界半导体产品出货均价（ASP）为 0.437 美元/块，同比增长 0.92%。
- 2014 年第四季度世界半导体产品出货均价（ASP）为 0.435 美元/块，同比下降 1.9%。

表1.2.5 2009—2014年世界半导体产品销售均价（ASP）

指标名称	单位	2009 年	2010 年	2011 年	2012 年	2013 年	2014 年
平均价格	美元/块	0.428	0.451	0.453	0.433	0.433	0.438
同比	±%	−1.6	+5.4	+0.4	−4.4	平	+1.2

三、2014 年世界半导体产业三业发展情况

1. 2014 年世界半导体产业三业发展规模（预测）

据世界半导体贸易组织（WSTS）报道，2014 年世界半导体产业营收额预计为 3331.5 亿美元，同比增长 9.0%，其中：集成电路设计业营收额预计为 899.5 亿美元，同比增长 15.5%；集成电路晶圆业营收额预计为 1893（1946）亿美元，同比增长 7.0% ；集成电路封测业营收额预计为 539 亿美元，同比增长 6.1%。

2. 2009—2014 年世界半导体产业三业发展增长率（预测）（表 1.2.6）

表1.2.6 2009—2014年世界半导体产业三业发展增长率（预测）

（单位：亿美元）

指标名称	2009 年		2010 年		2011 年		2012 年		2013 年		2014 年（E）		CAGR 2009—2014 年
	实绩	同比（%）	实绩	同比（%）	实绩	同比（%）	实绩	同比（%）	实绩	同比（%）	实绩	同比（%）	%
IC 设计业	549.1	31.1	635.0	15.6	685.0	5.0	721.1	5.3	779.1	8.0	899.5	15.5	10.37
IC 晶圆业	1334.5	−10.3	1863.3	39.6	1830	−1.8	1704.1	−6.9	1768.9	3.8	1893	7.0	7.24
IC 封测业	379.4	−16.7	484.9	27.8	480.2	−1.0	490.4	2.5	508.0	7.2	539.0	6.1	7.27

（资料来源：JSSIA 整理）

3. 2014 年世界集成电路产业三业所占比重（图 1.2.4）

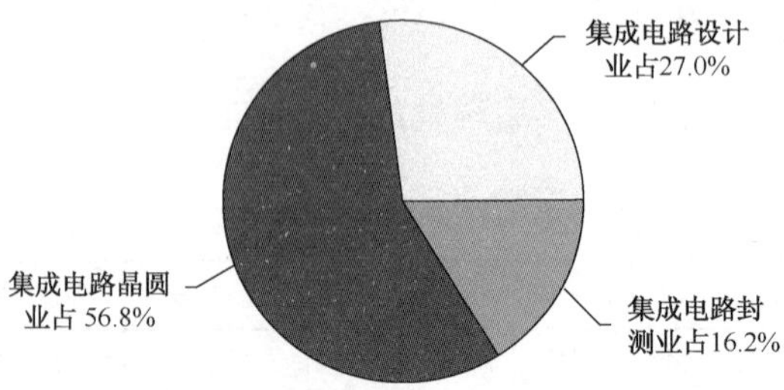

图 1.2.4 2014 年世界集成电路产业三业所占比重

据中国半导体行业协会《2015 年集成电路发展（白皮书）》报道，世界半导体产业中制造业、设计业、封测业收入分别占到 50%、27%、23%。

四、2014 年世界半导体产业地区发展情况

2014 年世界半导体产业规模为 3331.5 亿美元，同比增长 9.0%，世界半导体产业主要国家（地区）都有不同程度增长，其中：美国（北美）增长 6.9%，欧洲增长 8.7%，亚太地区增长 11.4%，日本只增长 1.3%。亚太地区成为推动世界半导体产业快速发展的主要动力。

1. 2013—2016 年世界半导体市场地区发展规模及增长预测（表 1.2.7）

表1.2.7　2013—2016年世界半导体市场地区发展规模及增长预测

地区	市场规模（百万美元）				增长率（%）				占比（%）			
	2013	2014	2015	2016	2013	2014	2015	2016	2013	2014	2015	2016
美国	61496	65763	69274	71432	13.1	6.9	5.3	3.1	20.1	19.7	20.1	20.1
欧洲	34883	37923	38491	39732	5.2	8.7	1.5	3.2	11.4	11.4	11.2	11.2
日本	34795	35239	35133	35452	15.2	1.3	–0.3	0.9	11.4	10.6	10.2	10.0
亚太地区	174410	194226	201648	208656	7.0	11.4	3.8	3.5	57.1	58.3	58.5	58.7
中国	147200	169200	181200	195000	8.5	14.9	7.1	7.6	48.2	50.8	52.6	54.9
合计	305584	333151	344547	355272	4.8	9.0	3.4	3.1	100.0	100.0	100.0	100.0

（资料来源：WSTS/JSSIA 整理）

从表 1.2.7 中可以看出，2014 年亚太地区半导体市场增速最快，同比增长 11.4%，市场最大，占到全球总值的 58.3%；中国半导体市场为 1692 亿美元，同比增长 14.9%，占到同期世界半导体市场 50.8%的份额，中国半导体市场占到亚太地区市场总值 87.1%的份额。

2. 2014 年世界半导体产业地区发展结构比重（图 1.2.5）

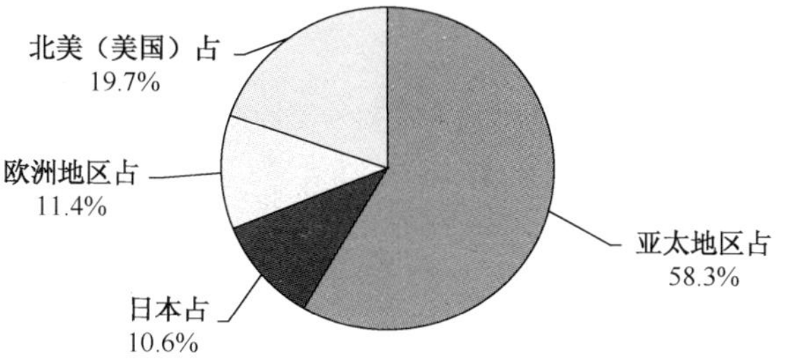

图 1.2.5　2014 年世界半导体产业地区发展结构比重

2014 年与 2013 年增长率相比较，北美（美国）占比下降 0.4%，欧洲地区占比持平，日本占比下降 0.8%，亚太地区占比增长 1.2%。

3. 2008—2014 年世界半导体产业主要地区（国家）发展规模与增长情况

1）北美（美国）半导体产业发展规模与增长

2014 年美国经济复苏并快速增长，拉动了世界经济的发展，2014 年美国国民生产总值（GDP）为 2.8%，其中：2014 年下半年快速增长出人意料，三季度同比增长 4.6%，四季度同比增长 5.0%。由此带动美国半导体产业及其市场的兴旺与快速增长，2014 年美国半导体产业和市场达到 657.6（693.24）亿美元，同比增长 6.9%，占到世界总值的 19.7%（20.6%），同比占比下降 0.4 个百分点（图 1.2.6）。从厂商的表现来看，由于智能手机、平板电脑、汽车电子、互联网与新兴产业和时尚产品（苹果 6）的产销两旺，英特尔、高通、博通、美光、英伟达、飞思卡尔、AMD、德仪等世界级大公司表现都较好，促进了美国半导体产业的发展。

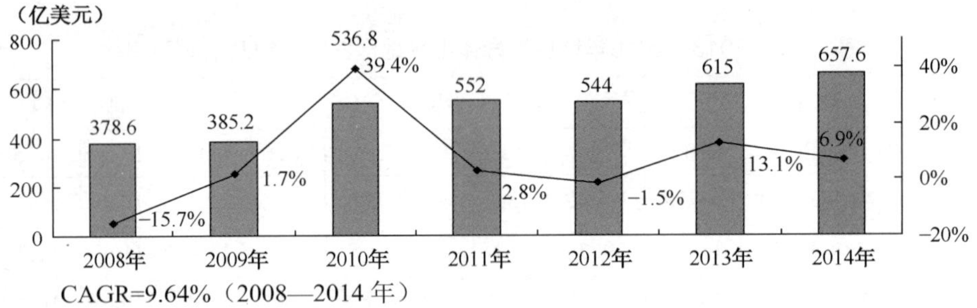

图 1.2.6　2008—2014 年北美（美国）半导体产业发展规模及增长

2）欧洲地区半导体产业发展规模及增长

2014 年欧洲地区半导体产业发展规模及增长得益于欧盟和欧元区的经济复苏，尤其是英国较快发展（GDP 为 2.6%）和德国 4.0 工业发展步伐的加快等，带动欧洲地区半导体产业较好发展，2014 年欧洲地区半导体产业规模达到 379.2（374.59）亿美元，同比增长 8.7%，占世界总值的 11.4%（11.2%），同比占比持平（图 1.2.7）。其中：英飞凌科技、恩智浦、意法等公司有较好发展，都有一定的增长。

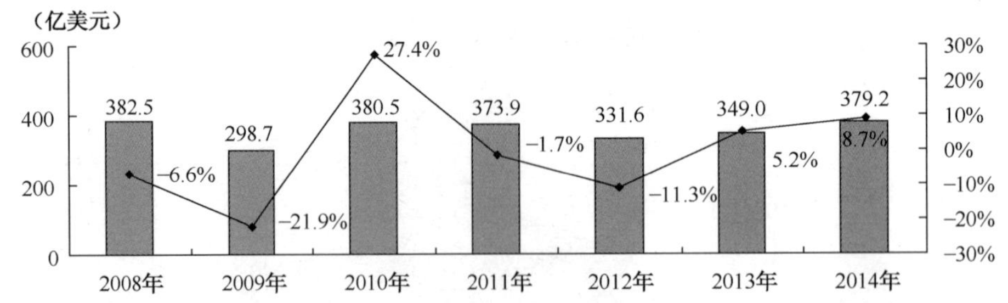

图 1.2.7　2008—2014 年欧洲地区半导体产业发展规模及增长

3）日本半导体产业发展规模及增长

2014 年日本经济一直处于不景气状况，其 GDP 发展为−0.6%，为此半导体产业处于萎靡不振的状态，2014 年半导体销售收入为 352.4（348.3）亿美元，同比只增长 1.3%，一改三年下滑态势，占世界总值的 10.6%（10.4%），同比占比下降 0.8 个百分点（图 1.2.8）。其中索尼公司增长 9.6%；东芝公司下降 6.2%；瑞萨公司下降 7.6%。

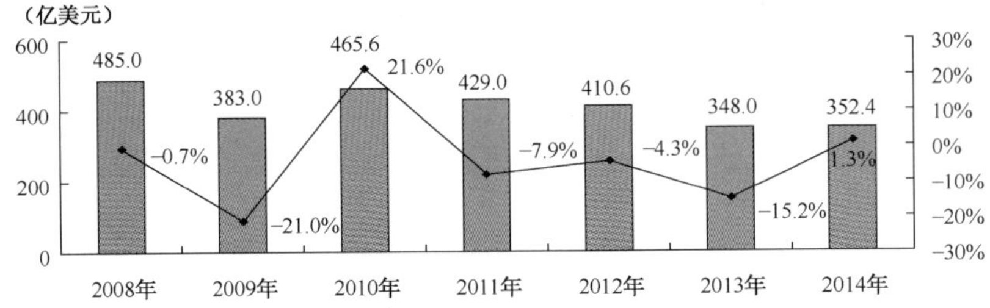

CAGR=-5.18%（2008—2014 年）

图 1.2.8　2008—2014 年日本半导体产业发展规模及增长

4）亚太地区半导体产业发展规模及增长

2014 年亚太地区经济成为世界经济发展的主要动力之一，中国 GDP 为 7.4%，印度 GDP 为 5.0%左右，韩国 GDP 为 3.4%，由此带动该地区半导体产业的蓬勃发展。2014 年亚太地区（除日本）半导体产业营收额为 1942.2 亿美元，同比增长 11.4%，为世界上增长最快的地区，占世界同期总值的 58.3%（57.8%），同比占比上升 1.2 个百分点（图 1.2.9）。

其中：中国集成电路产业销售收入为 3015.4 亿元（约合 486 亿美元），同比增长 22.1%，占世界同期总值的 14.6%。同比占比上升 1.6 个百分点，成为推动世界半导体产业发展的主要动力。中国大陆的中芯国际、江苏长电科技、海思半导体等公司分别进入世界各业的前十名之列。

中国台湾地区的台积电居世界同业第三位，居晶圆代工业的首位，联发科和联电公司居世界前二十大企业的第 12 位和第 19 位。

韩国的三星公司居世界第 2 位，海力士居第 6 位。

新加坡安华高科居世界第 17 位。

亚太地区人口众多、市场广宽、人民物质文化需求日益增加与繁荣，电子信息产品市场旺盛，半导体产业人士极富创造力，是亚太地区半导体产业长盛不衰的原因和动力。

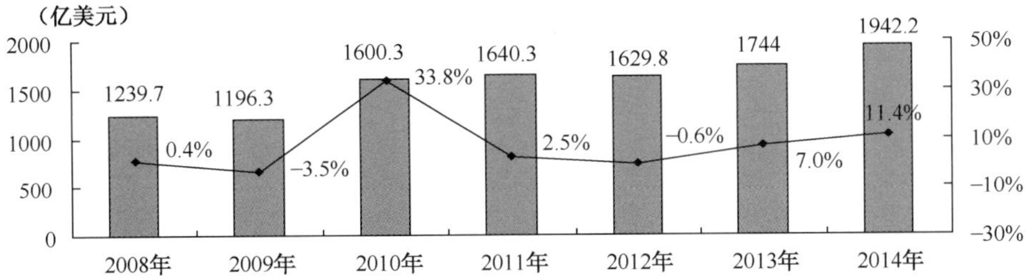

CAGR=7.8%（2008—2014 年）

图 1.2.9　2008—2014 年亚太地区半导体产业发展规模及增长

五、2014 年世界电子信息产品市场情况

（1）2014 年世界电子信息产品市场营收额约为 3.71 万亿美元。

其中：终端产品市场同比增长 5.1%，智能手机朝着高端和低价两极分化；

数据中心市场约为 1430 亿美元，同比增长 1.8%；

软件市场约为 3350 亿美元，同比增长 5.5%；

IT 服务业同比增长 2.5%；

电子信息服务业约为 1.64 万亿美元，同比增长 0.7%。

（2）2015 年世界电子信息产品市场营收额预计为 3.8 万亿美元，同比增长 2.4%。

第三节　2014 年世界半导体产业主要企业发展规模

1. 2014 年世界半导体产业前二十大企业发展规模情况（表 1.3.1）

表1.3.1　2014年世界半导体产业前二十大企业发展规模情况

（单位：百万美元）

2014 年排名	2013 年排名	公司名称	公司所在地	2014 年销售额	2013 年销售额	2014/2013 年增长率（%）
1	1	英特尔	美国	51368	48321	6.3
2	2	三星	韩国	37259	34378	8.4
3	3	台积电*	中国台湾	25088	19935	25.8
4	4	高通**	美国	19100	17211	11.0
5	5	美光	美国	16614	14294	16.2
6	6	SK 海力士	韩国	15838	12970	22.1
7	7	德仪	美国	12179	11474	6.1
8	8	东芝	日本	11216	11958	–6.2
9	9	博通**	美国	8360	8219	1.7
10	10	意法	欧洲	7374	8014	–8.0
11	11	瑞萨	日本	7372	7975	–7.6
12	12	联发科**	中国台湾	7142	5723	24.8
13	13	英飞凌	欧洲	6151	5260	16.9
14	14	恩智浦	欧洲	5625	4815	16.8
15	15	超微**	美国	5512	5299	4.0
16	16	索尼	日本	5192	4739	9.6
17	17	安华高科**	新加坡	5087	4979	2.2
18	18	飞思卡尔	美国	4548	3977	14.4
19	19	联电*	中国台湾	4300	3940	9.1
20	20	英伟达**	美国	4237	3898	8.7
前二十大企业合计				259562	237379	9.3
前二十大合计（去除晶圆厂）				230174	213504	7.8

注：*Foundry **Fabless

（资料来源：IC Insights 2014.12）

2. 2014 年世界半导体产业前二十大企业按增长率排序（表 1.3.2）

表1.3.2　2014年世界半导体产业前二十大企业按增长率排序

序号	公司名称	2014/2013（±%）	序号	公司名称	2014/2013（±%）
1	台积电	25.8	11	英伟达	8.7
2	联发科	24.8	12	三星	8.4

续表

序号	公司名称	2014/2013（±%）	序号	公司名称	2014/2013（±%）
3	SK 海力士	22.1	13	英特尔	6.3
4	美光	16.2	14	德仪	6.1
5	英飞凌	16.9	15	超微	4.0
6	恩智浦	16.8	16	安华高科	2.2
7	飞思卡尔	14.4	17	博通	1.7
8	高通	11.0	18	东芝	–6.2
9	索尼	9.6	19	瑞萨	–7.6
10	联电	9.1	20	意法	–8.0

3. 2014 年世界半导体产业前二十大企业按市场占有率排序（表 1.3.3）

表1.3.3　2014年世界半导体产业前二十大企业按市场占有率排序

序号	公司名称	占有率（%）	序号	公司名称	占有率（%）
1	英特尔	15.4	11	瑞萨	2.2
2	三星	11.2	12	联发科	2.1
3	台积电	7.5	13	英飞凌	1.8
4	高通	5.7	14	恩智浦	1.7
5	美光	4.9	15	超微	1.7
6	SK 海力士	4.8	16	索尼	1.6
7	德仪	3.7	17	安华高科	1.5
8	东芝	3.4	18	飞思卡尔	1.4
9	博通	2.5	19	英伟达	1.3
10	意法	2.2	20	联电	1.3

（资料来源：JSSIA 整理）

据 IC Insights 报道 2014 年世界半导体产业进入前二十企业的门槛已升至 42 亿美元以上，比 2013 年增加近 4 亿美元。格罗方德已被英伟达替代。与 2013 年相比较在排位上前十二名没有变化，恩智浦发展较快，前进两位。前进一位的有：英飞凌、索尼、飞思卡尔、联电、英伟达等公司。与 2013 年相较，后退企业有超微、安华高科等公司，而格罗方德、迈威尔、安森美等公司已退出前二十大之列。

在 2014 年，台积电、联发科、海力士公司营收额增长率分别为 25.8%、24.8%、和 22.1%。有两位数以上增长率的企业还有英飞凌、恩智浦、美光、飞思卡尔、高通等公司，但东芝、瑞萨、意法等公司相较 2013 年仍退步，呈负增长的状况。

从 2014 年世界半导体市场占有率看，英特尔占到 15.4%，比 2013 年提升 0.6 个百分点；三星公司占到 11.2%，比 2013 年提升 0.7 个百分点；台积电公司占到 7.5%，比 2013 年提升 1.1 个百分点；美光公司占到 5.0%，比 2013 年提升 0.5 个百分点；SK•海力士公司占到

4.8%，比 2013 年提升 0.6 个百分点；联发科公司占到 2.1%，比 2013 年提升 0.7 个百分点；但东芝、意法、瑞萨等公司市场占有率较 2013 年有所退步。

2014 年世界半导体产业进入前二十名的企业按总部所在地区划分，美国为 8 家，占比为 40%；欧洲为 3 家，日本为 3 家，中国台湾为 3 家，占比各为 15%；韩国为 2 家，占比为 10%；新加坡为 1 家，占比为 5%。中国大陆还没有企业总部进入前二十名。

在 2014 年世界半导体前二十名的企业中，IDM 型企业有 12 家，占比 60%；Foundry 型企业有 2 家，占比 10%；Fabless 型企业有 6 家，占比 30%。

在 2014 年世界半导体前二十名的企业中，有近一半是做存储器和处理器的企业，占到了市场的先机和最大份额。

2014 年世界半导体前二十名的企业营收额为 2596.50 亿美元，同比增长 9.4%，占世界总值的 77.9%，比 2013 年同期占比提升 8.2 个百分点，这说明世界半导体产业寡头更为集中。

2014 年世界半导体前二十名的企业（去除晶圆代工厂）营收额为 2303.74 亿美元，同比增长 7.9%，占世界总值的 69.2%，比 2013 年同期占比下降 0.5 个百分点，这说明晶圆代工所占比重在增长。

第四节　2014 年世界半导体产业产品发展简况

一、2014 年世界半导体产业产品结构发展情况

2014 年世界半导体产业市场产品增长的驱动力主要来源于：存储器增长最快，为 17.3%（其中 DRAM 表现最佳，增长率达到 34.7%），分立器件增长 12.3%，模拟电路增长 10.2%，其他产品大类都有不俗的表现（表 1.4.1）。在产品应用领域，智能手机、汽车电子、通信电子成为世界半导体产品市场发展的主要驱动力。

表1.4.1　2013—2016年世界半导体产品结构规模及增长

产品类别	产品结构规模（百万美元）				增长率（同比±%）			
	2013 年	2014 年	2015 年（E）	2016 年（E）	2013 年	2014 年	2015 年（E）	2016 年（E）
分立器件	18201	20441	21347	21980	–4.9	12.3	4.4	3.0
光电子器件	27571	29498	30958	31983	5.3	7.0	4.9	3.3
传感器	8036	8627	9151	9624	0.3	7.4	6.1	5.2
集成电路	251776	274586	283091	291685	5.7	9.1	3.1	3.0
其中：模拟电路	40117	44217	47429	49175	2.1	10.2	7.3	3.7
微处理器	58668	62211	63144	64240	–2.6	6.0	1.5	1.7
逻辑电路	85928	89547	91488	93927	5.2	4.2	2.2	2.7
存储器	67043	78611	81030	84343	17.6	17.3	3.1	4.1
合计	305584	333151	344547	355272	4.8	9.0	3.4	3.1

（资料来源：WSTS/JSSIA 整理）

二、2014 年世界半导体产品结构规模占比（图 1.4.1）

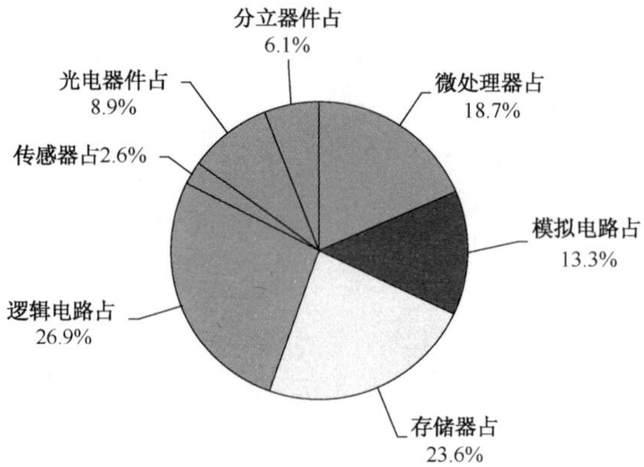

（资料来源：WSTS/JSSIA 整理）

图 1.4.1　2014 年世界半导体产品结构规模占比

三、2014年世界半导体主要产品市场营收额情况

1. 2014世界半导体产品市场产品销售规模及增长

2014世界半导体产品销售额为3331.5亿美元。

其中：

- 集成电路产品销售收入额为2745.85亿美元，同比增长9.1%。
- 光电子器件销售收入为295.0亿美元，同比增长6.9%。
- 传感器销售收入为86.3亿美元，同比增长7.9%。
- 分立器件销售收入为204.4亿美元，同比增长12.3%。

其中：

功率晶体管销售收入为119亿美元，同比增长16.1%。

2. 2014年世界集成电路产品销售规模及增长

2014年世界集成电路产品销售收入为2745.85亿美元，同比增长9.1%。

其中：

- 逻辑电路销售收入为895.5亿美元，同比增长4.2%，占集成电路销售额的32.6%。
- 微处理器销售收入为622.1亿美元，同比增长6.0%，占集成电路销售额的22.7%。
- 模拟电路销售收入为442.2亿美元，同比增长10.3%，占集成电路销售额的16.1%。
- 存储器销售收入为786.1亿美元，同比增长17.3%，为同期成长率最快的产品大类，占集成电路销售额的28.6%。

其中：

随机动态存储器（DRAM）销售收入471亿美元，同比增长34.7%；

NAND Flash销售收入为244亿美元，同比增长36.0%。

2014年世界存储器销售收入大幅度增长，成为带动整个世界半导体产业销售收入上升的最大动力。

第五节　2014 年世界集成电路产业发展简况

根据国际半导体技术路线图（ITRS）的有关内容介绍，世界半导体产业沿着摩尔定律前行，到目前其演进路线：

（1）延续摩尔定律（More Moore），继续以等比缩小 CMOS 器件的工艺特征尺寸，集成各种存储器、微处理器、数字信号处理和逻辑电路等，以信息处理数字电路为主发展数以亿计以上晶体管的系统芯片（SOC）技术。

（2）扩展摩尔定律（More than Moore），以系统级封装（SiP）实现数字和非数字功能、硅和非硅材料和器件、CMOS 和非 CMOS 电路等光电、MEMS、生物芯片等集成在一个封装内，完成子系统或系统。

（3）超越 CMOS（Beyond COMS），探索新原理、新材料和器件与电路的新结构，向着纳米、亚纳米以及多功能器件方向发展，发明和简化新的信息处理技术，以取代面临极限的 COMS 器件。

为实现产业和技术的持续发展，当前产业界技术热点很多，如：EUV（极紫外）光刻机和 18 英寸（450mm）晶圆技术研究，Fin FET 晶体管结构和 FD-SOI 制程技术的开发，系统级封装（SiP）、芯片级封装（CSP）、倒装（FC）、2.5/3D 叠层封装、3D 硅通孔（TSV）等；以新材料、新工艺、GaSi、GaN、SiC、半浮栅晶体管、新型存储器技术及产品开发等方面已经取得一定的成绩与突破。

一、2014 年世界集成电路设计业

1. 2014 年世界集成电路设计业营收额情况

2014 年世界集成电路设计业营收额为 899.5 亿美元，同比增长 15.5%，占集成电路产业总收入的 27.0%，为近几年来的最好年景（图 1.5.1）。

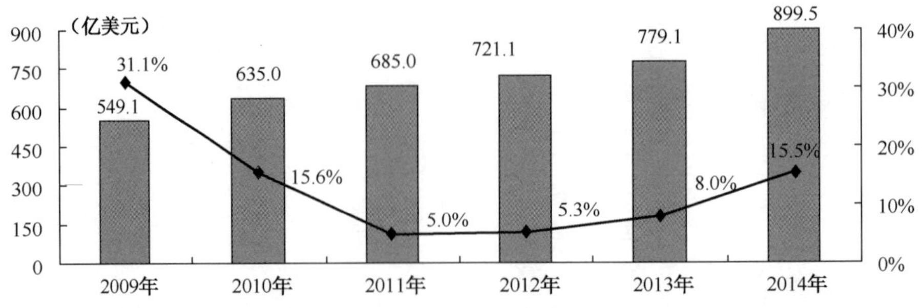

CAGR=10.37%（2009—2014 年）

图 1.5.1　2009—2014 年世界集成电路设计业发展规模及增长

2. 2014 年世界集成电路设计业技术发展情况

- 2014 年世界集成电路设计业技术得到重大突破，高通公司、英特尔公司、三星公司已取得 10 纳米工艺技术的突破，但实现量产受到重重阻力，要到 2016 年或 2017 年才有结论。
- 2014 年世界集成电路设计业以 22—20—16 纳米为主流技术，高通、英特尔、三星等公司 14 纳米技术已实现量产。
- 2014 年世界集成电路设计业 7 纳米技术正在研发之中。
- 2014 年世界集成电路设计业技术及其产品问世，取得较好的成效。

高通公司在 2014 年里采用 ARM 架构进军服务器芯片市场，还推出了第 5 代 LTE 多模调制解调器（以第二代 20 nm 工艺为基础，其下载速度最高达 450 Mbps，上传速度最高达 100Mbps，可支持 LTE、TDD 和 FDD），并宣布为移动、计算和网络系统推出 60 GHz 技术，使业界实现多个千兆位无线技术。

高通骁龙推出 805 基于 Krait 450 四核架构，是一颗频率高达 2.5 GHz 的移动芯片，搭载了 Adreno 420 GPU，其影像能力提升 40%以上。

英特尔公司在 2014 年里采用 22 纳米工艺制程，不仅推出了 Bay Trail—T Z 3736 超级芯处理器（支持 64 位运算），还推出了 8 核酷睿 i7 处理器（支持新的 DDR4 内存标准）以及酷睿 M 处理器（该公司 14 纳米技术制程第一款产品），并完成了包括微处理器（MPU）至软件一整套系统。

2014 年英特尔公司 14 纳米技术已量产，向 10 纳米前行，并在平板电脑芯片取得较大收获。公司还与 LBNL 合作，开发出全新超级光阻剂（super—resist），可以满足 10 纳米及以下先进制程节点使用超紫外光（EUV）微型的光源要求。

三星公司在 2014 年里正式量产 20 纳米 Mobile DRAM 和 14 纳米 Fin FET 芯片，并宣布 32 纳米 128GB 3D V—NAND 晶圆量产。

联发科在 2014 年里推出 4G 双晶 8 核芯片和大尺寸驱动 IC 电视芯片，并打造出全球最小 MEMS 运动传感器。

意法半导体（ST）在 2014 年里推出数控电源微控制器 STM 32 F 334 和 LPS 25H 微型压力传感器。

英飞凌公司在 2014 年里推出 DRBLade 2 集成式功率级器件和第 5 代碳化硅二极管，第 5 代碳化硅二极管损耗降低 30%以上，耐温可达 150℃，在 1200 V 时，正向电压仅为 1.7V。

德州仪器（TI）在 2014 年里推出新一代集成型三路输出同步降压开关稳压器和全新 Sitara TMAM 437X 处理器系列。

飞思卡尔在 2014 年里推出业内首款单芯片设计集成了 ARM Crotex—A9 处理器，又采用 HBT 技术多级功率放大技术，推出了首款 2W 集成式功率放大器 MMZ25333B。

Intersi 推出同步降压控制器 ISL 78268。

Marvell 公司推出搭载 ARM Cortex A53 架构 CPU 的 64 位 5 模 4G LTE SOC 芯片。

恩智浦（NXP）推出 LPC 54100 A 系列微控制器。

蓝牙技术联盟推出蓝牙核心规格 4.2 版本。

瑞萨电子推出 RZ/TL 实时处理器解决方案。

ARM 推出 Mall—T820 等产品，推动国际 GPU 发展新趋势。

Droadcom 发布智能穿戴式产品超低功耗处理器。

安森美推出 LC 8982 XC 自动对焦控制器。

Cadence 公司为台积电开发出 16 纳米 Fin FET +系列 IP 组合。

3. 2014 年世界集成电路设计业前二十大企业情况（表 1.5.1）

表1.5.1 2014年世界集成电路设计业前二十大企业情况

（单位：亿美元）

2013 年排名	2014 年排名	公司名称	2013 年营收	2014 年营收	2014/2013 年增长率	2014 年占比（%）
1	1	高通	172.11	191.00	11.0	21.2
2	2	博通	82.19	83.60	1.7	9.3
3	3	联发科+晨星	57.23	70.32	22.9	7.8
4	4	超微	52.99	55.12	4.0	6.1
5	5	安华高科+LSI	39.89	43.66	9.5	4.9
6	6	英伟达	38.98	43.48	11.5	4.8
7	7	迈威尔科技	33.52	37.56	12.1	4.1
9	8	海思	21.06	32.20	52.9	3.5
8	9	赛灵思	22.97	24.51	6.7	2.7
10	10	阿尔特拉	17.32	19.32	11.5	2.1
11	11	联咏科技	13.98	17.84	27.6	2.0
—	12	苹果	0	14.60	N/A	1.6
12	13	展讯	10.06	13.40	33.2	1.5
15	14	戴乐格	9.03	11.31	25.2	1.3
14	15	瑞昱	9.51	10.70	12.5	1.2
17	16	奇景光电	7.71	8.35	8.3	0.9
16	17	卷云逻辑	7.72	7.88	2.1	0.9
13	18	CSR	9.61	7.70	−19.9	0.9
18	19	Silicon Labs	5.8	6.17	6.3	0.7
19	20	Mega Chips	5.77	5.50	−4.7	0.6

（资料来源：IC Insights）

4. 2014 年世界前十大无晶圆 IC 设计公司排名（Fabless）（表 1.5.2）

表1.5.2　2014年世界前十大无晶圆IC设计公司排名（Fabless）

（单位：亿美元）

序号	公司名称	国别（地区）	2013 年营收额	2014 年营收额	同比（±%）	占比（%）
1	高通（Qualcomm）	美国	172.11	191.00	+11.0	21.2
2	博通（Broadcom）	美国	82.19	83.60	+1.7	9.3
3	联发科（MediaTek）	中国台湾	57.23	71.42	+24.8	7.9
4	超微（AMD）	美国	52.99	55.12	+4.0	6.1
5	安华高科（Avago）+LSI	美国	49.79	50.87	+2.2	5.7
6	英伟达（Nvidia）	美国	38.98	42.37	+8.7	4.7
7	迈威尔（Marvell）	美国	33.52	37.56	+12.1	4.1
8	海思（Hisilicon）	中国	21.60	32.20	+49.1	3.5
9	赛灵思（Xilinx）	美国	22.97	24.51	+6.7	2.7
10	阿尔特拉（Altera）	美国	17.32	19.32	+11.6	2.1

（资料来源：JSSIA 整理）

中国大陆的华为海思公司进入世界集成电路（Fabless）前十名之列，列第 8 位，较 2013 年前进 1 位。

中国大陆的展讯通信公司位居世界集成电路（Fabless）第 13 位。

世界集成电路（Fabless）前十大企业中，美国占 8 家，中国台湾地区占 1 家，中国大陆占 1 家。

另据市场调研机构 IC Insights 报告，世界前五十大无晶圆厂 IC 供应商 2014 年营收额预计达 805 亿美元，约占世界半导体设计业总营收额 899.5 亿美元的 89.5%。

在世界前五十大无晶圆厂 IC 设计公司中，美国占到 19 家，占到 38%，其营收额达到 515.2 亿美元，占到五十大无晶圆 IC 设计公司总值的 64.0%；中国大陆占到 9 家，占 18.0%（其在 2009 年只有一家海思公司入列），营收额达到 65 亿美元，占到总值的 8%以上；日本 IC 无晶圆设计业营收额仅为 8 亿美元，占到总值的 1%；韩国等占到总值的 6%；中国台湾地区和欧洲地区占到总值的 21%左右，其中，中国台湾地区的联发科（MediaTek）公司 2014 年营收额为 71.23 亿美元，同比增长 24.5%，占到总值的 8.8%，是增长率最快的无晶圆 IC 设计公司，进入前三名，超过了美国的超微（AMD）。

2005—2014 年世界半导体 Fabless 销售收入情况见表 1.5.3。

表1.5.3　2005—2014年世界半导体Fabless销售收入情况

（单位：亿美元）

年份	2005	2006	2007	2008	2009	2010	2011	2012	2013	2014（E）
销售收入	345	411	438	438	493	635	665	703	781.2	835.5
同比增长	+20.2%	+19.1%	+6.6%	—	+12.6%	+32.5%	+4.7%	+5.7%	+11.1%	+7.0%

2005—2014 年 Fabless 占世界集成电路销售额的比重见表 1.5.4。

表1.5.4　2005—2014年Fabless占世界集成电路销售额的比重

年份	2005	2006	2007	2008	2009	2010	2011	2012	2013	2014（E）
比重	16.7%	18.3%	18.7%	20.0%	24.9%	24.2%	25.2%	28.1%	29.2%	25.1%

二、2014 年世界集成电路晶圆业

1. 2014 年世界集成电路晶圆业营收额情况

2014 年世界集成电路晶圆业营收额达 1893.0 亿美元，同比增长 7.0%，占 2014 年世界半导体产业（集成电路）总营收额的 56.8%（图 1.5.2）。

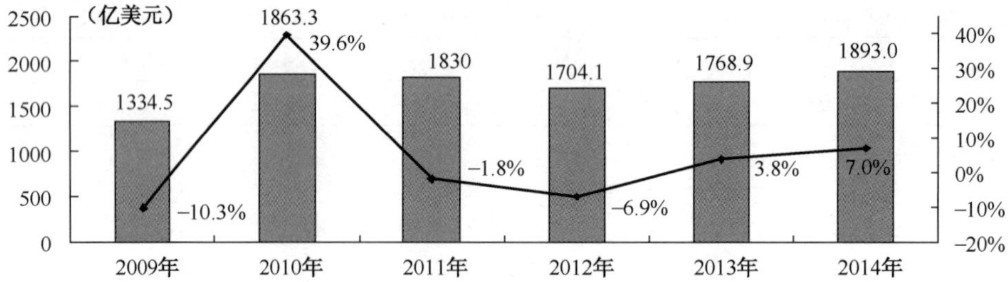

CAGR=7.24%（2009—2014 年）

图 1.5.2　2009—2014 世界集成电路晶圆业发展规模及增长

2. 2014 年世界集成电路晶圆生产线分布情况（表 1.5.5）

表1.5.5　2014年世界集成电路晶圆生产线分布情况

晶圆尺寸	4 英寸（100mm）	5 英寸（125mm）	6 英寸（150mm）	8 英寸（200mm）	12 英寸（300mm）	合计
生产线（条）	78	55	168	158	92	551

3. 2014 年世界集成电路 12 英寸晶圆生产线分布情况

12 英寸晶圆生产线主要集中在美国、中国台湾地区、韩国、中国大陆、日本、欧洲、中东和东南亚地区。集成电路晶圆厂商中英特尔、三星、台积电处于发展领先地位。美国拥有英特尔、美光、格罗方德、德仪、超微、飞思卡尔等著名公司，拥有 9 条 12 英寸生产线，产品投片量高、技术水平先进、IP 和知识产权引领世界集成电路产业的潮流，为第一梯队。韩国、日本为第二梯队，韩国有三星、SK 海力士等世界著名公司，日本有东芝、瑞萨、索尼等公司。欧洲有英飞凌、意法、恩智浦等公司，中国台湾地区有台积电、联电、南亚科、华亚科等公司，均属第三梯队。其中：英特尔、三星和台积电在晶圆制程上各有千秋，英特尔公司以其雄厚的资金，技术稍微领先一步，但三星和台积电也不甘落后，正在追赶之中。

4．2014 年世界集成电路晶圆线建成、在建、筹建情况

（1）2014 年世界集成电路 12 英寸晶圆线建成的有：

2014 年集成电路晶圆 12 英寸生产线三星（西安）生产线投产；

2014 年集成电路晶圆 12 英寸生产线中芯国际（北京 b2）生产线建成试生产。

（2）2014 年世界集成电路 8 英寸晶圆线建成的有：

2014 年集成电路晶圆 8 英寸生产线中芯国际（深圳）、南车（株洲）线投产等。

（3）2014 年世界集成电路 12 英寸晶圆线筹建的有：

三星公司在京畿道平泽市筹建 12 英寸生产线。

（4）2014 年世界集成电路晶圆线兼并的有：

2014 年 IBM 集成电路晶圆 12 英寸生产线将倒贴 15 亿美元并入格罗方德公司等。

（5）2014 年世界集成电路 18 英寸晶圆筹建情况如下。

2014 年集成电路晶圆 18 英寸（450mm）生产线正在筹建之中，有可能在 2018—2020 年建成。因 18 英寸晶圆线建线成本高，且受无大的产品市场开发、成本难分摊及收益无期等因素影响（三星在现有技术上已能向 7～5mm 延伸），故目前英特尔、台积电、三星公司暂缓计划的实施。

5．IDM

由于建设一条 12 英寸晶圆生产线需数十亿美元，建一条高规格 12 英寸晶圆生产线需近百亿美元，企业承受能力有限，现只有英特尔、三星、台积电等几家工厂有能力，大部分厂商现已向轻晶圆制造（Fab—lite）模式发展。

目前 12 英寸生产线主要生产 90 纳米以下的数字电路芯片及混合信号芯片，8 英寸生产线主要生产中低端的数字电路芯片及模拟电路芯片，6 英寸生产线主要生产功率器件、半导体分立器件、传感器及特种器件芯片。

结合市场发展需求，目前已有 8 英寸生产线生产原先由 6 英寸生产线生产的产品，也有 12 英寸生产线生产原先由 8 英寸生产线生产的产品。

英特尔等传统的 IDM 公司也进入发展晶圆业代工，如英特尔为 Altere 公司代工 FPGA 14 纳米产品，三星公司为苹果代工 iPhone 中芯片，实行更开放的生产格局。

2005—2014 年世界半导体 IDM 销售收入情况见表 1.5.6。

表1.5.6　2005—2014年世界半导体IDM销售收入情况

（单位：亿美元）

年份	2005	2006	2007	2008	2009	2010	2011	2012	2013	2014（E）
销售收入	1720	1833	1903	1756	1485	1989	1975	1891	2020	2226
同比（±%）	+5.7	+6.6	+3.8	−7.7	−15.4	+33.9	−0.7	−4.3	+6.8	+10.2

6．2012—2014 年世界集成电路晶圆业产能规模比较情况（表 1.5.7）

表1.5.7　2012—2014年世界集成电路晶圆业产能规模比较情况

年份 / 线宽	2012	2013	2014
< 20nm	占 0.4%	占 1.4%	占 6.4%
20～40nm	占 32.3%	占 33.4%	占 30.4%
40～80nm	占 23.5%	占 21.6%	占 19.0%
80nm～0.2μm	占 21.1%	占 20.7%	占 20.8%
0.2～0.4μm	占 10.1%	占 10.2%	占 10.3%
≥0.4μm	占 12.6%	占 12.7%	占 13.1%
合计	100.0%	100.0%	100.0%
	167.9M wafers	173.4M wafers	181.7M wafers

（资料来源：中国半导体行业协会 2014.12）

世界半导体前段产能（不含分立器件）如图 1.5.3 所示。

单位：折 8 英寸

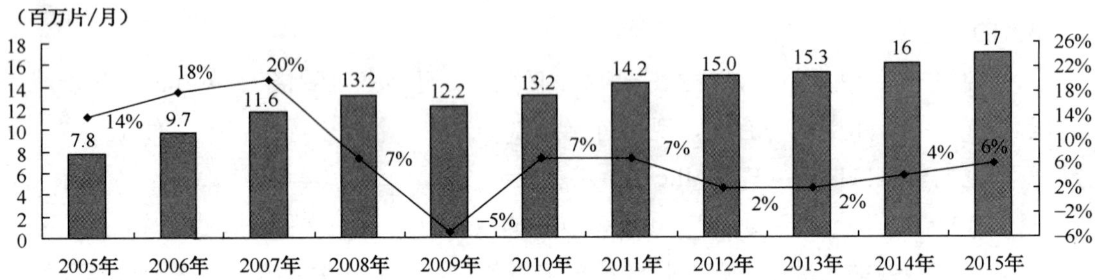

（资料来源：SEMI 2014 年 9 月 15 日）

图 1.5.3　世界半导体前段产能（不含分立器件）

从各技术区间段中晶圆硅片消耗占比可以看出，2014 年与 2013 年相比较，虽在 40～80nm 技术水平晶圆硅片消耗的产能上，2014 年比 2013 年下降 2.6 个百分点，但在 20—40nm 技术水平晶圆硅片消耗的产能上，2014 年比 2013 年增长 2 个百分点，尤其在小于 20nm 技术晶圆硅片消耗的产能上，2014 年比 2013 年增长 5 个百分点。这说明 2014 年小于 20nm（含 16～14nm）晶圆硅片消耗的产能有了较大的提升，也预示着 2015 年后，在小于 20nm 晶圆硅片消耗产能规模上有飞速发展。同时，在 80nm～0.2μm 和 0.2～0.4μm 技术段晶圆硅片消耗产能规模上，2014 年与 2013 年相比，相差无几，占比达到 31.1%的规模；在大于 0.4μm 的技术段晶圆硅片消耗的产能规模上有 0.4 个百分点的上升幅度。

7．2013／2014 年世界 12／8／6 英寸晶圆产能排序情况（表 1.5.8）

表1.5.8　2013／2014年世界12／8／6英寸晶圆产能排序情况

序号	12 英寸（300 ㎜）	8 英寸（200 ㎜）	6 英寸（150 ㎜）
1	三星（Samsuug）	台积电（TSMC）	意法（ST）
2	美光（Micron）	德仪（TI）	华润微电子（CRMicro）
3	东芝（Toshiba）	联电（UMC）	瑞萨（Renesas）
4	SK 海力士（SK Hynix）	英飞凌（Infineon）	松下（Panasonic）
5	台积电（TSMC）	三星电子（Sansung）	安森美（On Semi／Sanyo）
6	英特尔（Intel）	瑞萨（Renesas）	士兰微电子（Silan micro）
7	格罗方德（Global Foundries）	意法半导体（ST）	台积电（TSMC）
8	联电（UMC）	格罗方德（Global Foundries）	罗姆（Romh／Lapis）
9	力晶（Powerchip）	东芝（Toshiba）	东芝（Toshiba）
10	南亚（Nanya）	华虹宏力（HHGR）	KEC

（资料来源：IC Insights 2013.12）

8．2014 年世界集成电路晶圆制程业技术发展情况

1）2014 年世界集成电路晶圆制造技术特征尺寸演进（表 1.5.9）

表1.5.9　2014年世界集成电路晶圆制造技术特征尺寸演进

年份	2005	2006	2007	2008	2009	2010	2011	2012	2013	2014	2016
特征尺寸（nm）	130	110	90	65～60	55～50	45～40	32～28	22	20～16	14/10	10/7

（资料来源：JSSIA 整理）

2）2014 年世界集成电路晶圆制造技术水平发展

集成电路晶圆制程线宽特征尺寸的缩小和晶圆直径尺寸的进一步增大是未来集成电路产业发展的趋势。

集成电路技术主要沿着三个方向发展：一是集成电路芯片的特征尺寸仍延着摩尔定律每两年前进一个节点，不断缩小；二是大量的不同需求产生多种类型的“非尺寸依赖”的集成电路芯片；三是为满足小型化而产生的系统集成技术。

2014 年是世界集成电路晶圆制造业技术水平发展的一个里程碑时期，一是三星公司、英特尔公司先后成功开发出 10 纳米制程技术。二是 14 纳米 Fin FET 实现了量产，进入了商业运营。在实现 14 纳米工艺技术进程中，主要有两条技术路线，一条是英特尔公司采用 Fin FET 结构三栅晶体管技术，另一条是 IBM 和意法等公司在 22 纳米制程节点中采用的 FD—SOI 全耗尽技术。业界普遍认为 14 纳米是集成电路制造的工艺拐点。三是应用于 18 英寸的极紫

外（EUV）光刻机投入生产线验证，在英特尔公司日产 12 英寸 600 片，在台积电日产 12 英寸 1000 片。四是产业界已把 193 纳米浸液式光刻技术发挥到极限，从 20 纳米到 14 纳米，再到 10 纳米制程节点上，英特尔、三星等公司将采用图形间距的分隔技术（多次图形曝光技术）可能延伸摩尔定律至 7～5 纳米，并能在图形尺寸缩小方面来弥补光刻成本的增加。

在 14 纳米技术上，英特尔公司在 2011 年实现 22 纳米 Fin FET 量产及处于领先地位，目前已拥有 14 纳米第二代 Fin FET 技术，并在 2014 年开发出 10 纳米技术水平的产品。

三星让业界出乎预料，提前通过了 14 纳米 Fin FET 关口，首先进入量产期，推出了 14 纳米 Exynos 7420 处理器，并抢在英特尔之前展示了全球首颗 10 纳米 Fin FET 制程产品，苹果计划在它的 Mac 笔电上用自己设计的 A10x 处理器，A10x 将采用 10 纳米 Fin FET 制程，三星将接单，并在 2016 年量产。

台积电在 2014 年不甘落后，从 20 纳米过渡到 16 纳米制程，目前其 16 纳米制程处于领先地位，拿到约占全球 80%的订单，其 14 纳米技术稍落后于英特尔和三星，但也能在 2015 年赶上。据预测到 2018 年台积电的中科晶圆厂将采用 10 纳米节点或更先进的工艺技术，月产能预期可达到 9 万片的规模。

2014 年，3D—NAND 存储技术已走向商用。2014 年 10 月，三星宣布开始量产用于固态硬盘（SSD）的 3bit MLC 3D V—NAND 闪存，其优势在于提升芯片的存储密度和写入速度，降低功耗，世界上有四家公司推出了自己的 3D V—NAND 发展路线图。该技术有望在 2016 年全面走向市场，并可替代传统的 NAND 闪存。

2014 年 10 纳米 Fin FET 制程工艺的实现将会运用到 DRAM 和 3D V—NAND 芯片上，这是面广量大、主导集成电路产业发展的存储器领域。三星表示在 2016 年或 2017 年后，将会采用 10 纳米工艺技术。就目前而言，该公司采用 14 纳米芯片 Exynos 的智能手机 Galaxy S6，在先进工艺方面的优势能维持两年。为此，三星公司投资 136 亿美元的 Line 17 生产线将会在 2015 年 6 月开工建设，继续保持移动领域和存储器的霸主地位。

2014 年世界集成电路产业界认为，越过 10 纳米技术已无大的障碍，至多增加 3 次或 4 次图形曝光技术，可延伸到 7 纳米。三星公司确认开始 3.2 纳米 Fin FET 工艺研发，通过 EUV 远紫外光刻技术、四次图形曝光技术和独家途径，实现工艺更细微化，将继续推进至 5 纳米工艺制程。

2014 年世界集成电路晶圆制程技术的发展，预示着 2017 年 10 纳米量产的到来，预示着 2017 年技术开发成功（表 1.5.10）。

表1.5.10　2011—2015年世界集成电路制造工艺技术进步

公司名称	技术节点	2011 年	2012 年	2013 年	2014 年	2015 年	2016/2017 年
台积电	28nm　PolySioN	Q3					
	28nm　HKMG		Q1				
	20nm　Planar				Q2		
	16nm　Fin FET					Q2	
	14nm　Fin FET					Q3	
	10nm　Fin FET						√
三星	28nm　PolySioN		Q4				
	28nm　HKMG			Q2			
	20nm　Planar				Q2		
	14nm　Fin FET				Q4	√	√
	10nm　Fin FET				Q4		
格罗方德	28nm　PolySioN		√	Q2			
	20nm　Planar				Q4		
	14nm　Fin FET					Q1	
	10nm　Fin FET						√
英特尔	22nm　Fin FET	Q4					
	14nm　Fin FET				Q2		
	10nm　Fin FET				Q4		√
联电	28nm　Fin FET			√			
	16nm　Fin FET						
	14nm　Fin FET					√	
	10nm　Fin FET						√
中芯国际	40nm	√					
	32nm			√			
	28nm　Fin FET				√		
	16nm　Fin FET					√	
	14nm　Fin FET						√

（资料来源：Gartner/IC Insights/JSSIA 整理）

- 产业界在 14 纳米节点采用 Fin FET 结构已基本达成共识，重点在找到降低成本的有效途径，否则只有少数高毛利产品和企业用得起 14 纳米 Fin FET 工艺。
- 在 14 纳米节点，英特尔和台积电会采用体硅 Fin FET 工艺技术，而 IBM 可能采用 SDI Fin FET。
- 产业界还认为在 20 纳米节点及以上，Fin FET 不是必需的工艺技术。

世界集成电路新节点上芯片研发周期不断拉长（图 1.5.4）。

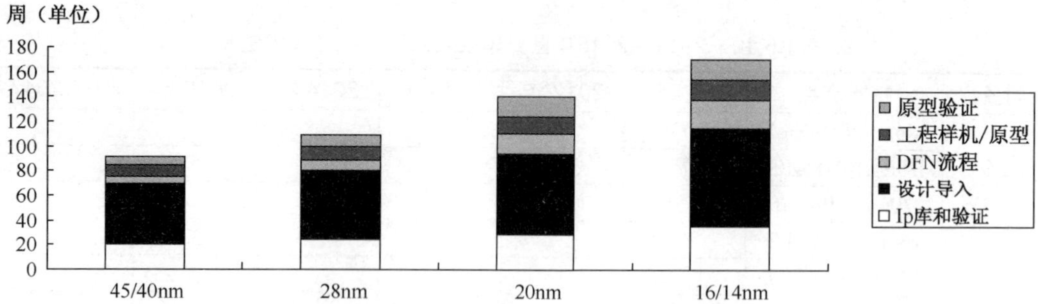

图 1.5.4　世界集成电路新节点上芯片研发周期

集成电路每百万门逻辑的成本如图 1.5.5 所示。

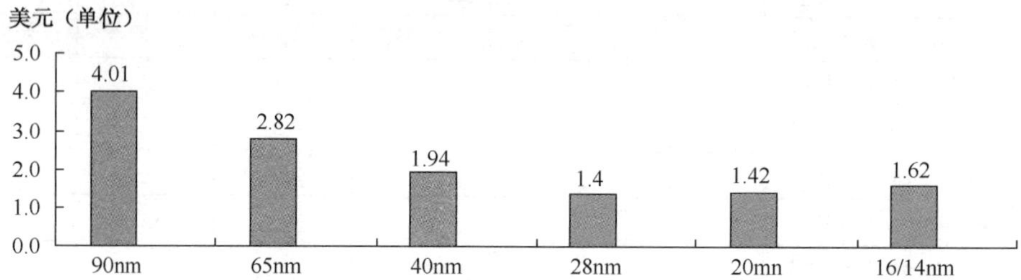

（资料来源：IBS Inc 2014.6）

图 1.5.5　集成电路每百万门逻辑的成本

从图 1.5.6 中可以看出，每百万门级逻辑电路成本，在 90～28 纳米节点时，呈逐节点下降，而在 28 纳米以下节点时，单位成本随工艺技术的升级呈上升之势。

3）较长产品寿命周期的技术演进

在摩尔定律延伸中，有一些较长产品寿命的品种出现，其具体体现在几个技术节点上，一是 0.13 微米技术节点（应用产品为数模混合电路），二是 45 纳米技术节点（应用于移动通信、智能卡等），三是 28 纳米技术节点（应用于移动通信）。

2012—2018 年世界集成电路新节点上的营收额预测如图 1.5.6 所示。

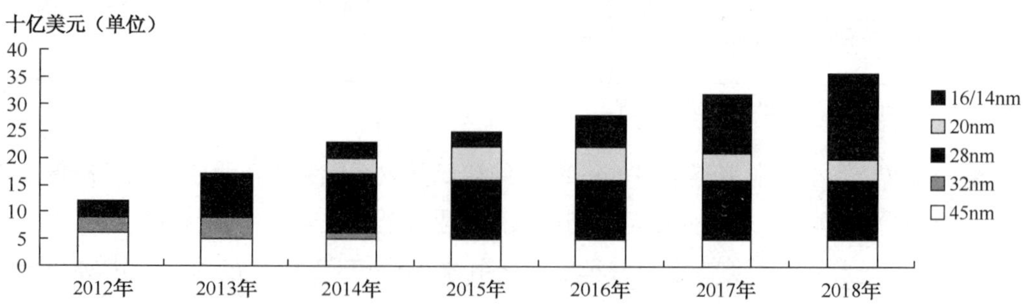

（资料来源：Gartner 2014.6）

图 1.5.6　2012—2018 年世界集成电路新节点上的营收额预测

从图 1.5.7 可以看出，45 纳米技术节点历年营收额比较稳定；32 纳米节点在 2015 年前基本消失；28 纳米将是一个长寿命节点，且在近几年发展迅速，产品面广量大。

下一代节点 16/14 纳米将快速发展，且市场应用发展越来越迅猛，收益可观，预计为又一个长寿命节点。

4）2014 年世界集成电路晶圆制造业尺寸区段技术情况

世界半导体晶圆制造目前仍按摩尔定律前行。从 100mm、125mm 到 150mm 制程各用了 3 年时间；从 150mm 到 200mm 用了 5 年时间，200mm（8 英寸）仍在发挥重要的作用，占到近 30%的份额；目前 300mm 晶圆制程已使用了 8 年时间，已成为当今集成电路晶圆制程的主力，占到 55%的市场份额。450mm（18 英寸）制程已在筹建之中（目前处于暂停阶段），今后（在 2020 年左右）将登上历史舞台。

- 12 英寸集成电路晶圆制造技术处于 90～16 纳米区间段，14 纳米已实现量产，10 纳米技术已取得实质性突破。
- 8 英寸集成电路晶圆制造技术处于 0.35 微米～90 纳米区间段。
- 6 英寸集成电路晶圆制造技术处于 1.5～0.35 微米区间段。
- 18 英寸（450 ㎜）集成电路晶圆制造技术水平正在确认和研发中，正在向 10～7 纳米区间前进，目前处在暂停阶段，有可能在 2018—2020 年问世。
- 2014 年世界集成电路晶圆制造业 28～16 纳米已进入大批量生产，成为主流技术。

5）2014 年世界集成电路晶圆制造企业在技术及其产品上取得较大的成果

- Cadence 公司为台积电开发出 16 纳米 Fin FET+ 制程 IP 组合。
- 台积电 28 纳米市场占有率达到 80%，20 纳米进入批量生产，16 纳米 FinFET 进入试生产，预计在 2015 年达到量产，10～7 纳米以明确开始技术开发。
- 台积电与 FPGA 大厂赛灵思（XiLinx）合作，用台积电 16 纳米 FinFET 制程推出 Fin Fast 专案产品。
- 中国大陆设计公司海思 16 纳米手机芯片在台积电试产投产成功。
- Altera 与 Intel 合作，基于 Intel 14 纳米三闸极（Tri—Gate）制程技术开发出现场编程闸阵列（FPGA）晶圆片。
- 英特尔公司推出 Bay Trail-T Z 3736F 超级芯处理器，采用 22 纳米工艺制程，支持 64 位运算。
- 格罗方德公司 14 纳米 FinFET 制程技术在 2015 年可能实现试产。
- 三星电子与格罗方德合作，授权格罗方德 14 纳米 Fin FET 制程工艺技术，实现多点生产。
- 三星和格罗方德推出了 FD SOI 的 28 纳米新工艺路线，抢夺 28 纳米 80 亿～100 亿美元的市场份额，对于要求更低功耗的芯片用户来说更具吸引力。
- 2014 年 10 月 9 日，三星宣布 32 纳米 32 层 128Gb 3D V-NAND 晶圆片量产，东芝、SK 海力士、美光、英特尔也将在 2015 年开始投产 3D-NAND，使 NAND Flash 由

平面 2D 制程走向 3D 制程，2015 年将是 3D-NAND 市场起飞元年。三星在此基础上，2015 年半导体晶圆制程将微缩到 24 纳米 36 层，产能增加 1 倍，大幅度提高产能。

- 三星电子正式量产 20 纳米 Mobile DRAM，将有助于三星提高生产力，降低成本，增强竞争力。三星在 2006 年推出 50 纳米 DRAM，2010 年进入 30 纳米 DRAM，2014 年进入 20 纳米 DRAM，有可能在 2016—2017 年进入 10 纳米技术。
- 2014 年 12 月 12 日，三星半导体 14 纳米 Fin FET 芯片已开始量产，月投片量为 2.5 万片；和 20 纳米技术相比，14 纳米 FinFET 芯片可省电 35%，处理能力提高 20%，可节省 15%的空间。苹果公司的 SI 系统芯片（用于智能手表）、高通的“应用处理器”已与三星公司签订下单协议。
- 2014 年半导体晶圆业 8 英寸产能爆棚，8 英寸线晶圆主要来自韩国和中国台湾地区；韩国占到 35%，中国台湾地区占 21%，美国占 28%；其中 85%来自晶圆代工业，15%来自存储器。
- 为布局物联网，世界半导体晶圆业技术及产品产量需求将会集中在 55—40—28 纳米制程段，最关键技术在于嵌入式非挥发性存储器（e-NVM）制程，目前台积电和联电在此领域最具技术实力。
- 联电宣布与 IBM 联合共同开发 10 纳米 CMOS 制程技术。
- 瑞萨电子推出首款 28 纳米制程工艺的微控制器（MCU）。
- 2014 年半导体晶圆制程由 28 纳米向 16 / 14 纳米 FinFET 工艺技术延伸，28 纳米成为前行的拐点，在 28 纳米后受资金和良品率等风险因素增大的困扰，发展速度逐渐减缓，部分产品成本反而会上升。许多 IDM 企业，从 28 纳米后开始执行轻晶圆政策（Fab Lite），更看重代工，这使 2014 年晶圆代工业如日中天。
- 继英特尔、三星公司宣布 14 纳米晶圆制程量产后，使 16/14 纳米代工订单成为新热点，台积电、联电、格罗方德等加入竞争队伍，使这一阵营竞争更趋激烈和复杂化，高通和苹果的订单成为争夺的主要对象，全球代工有 70%来自 Fabless。
- 2015 年世界半导体晶圆代工制程业将进入 16/14 纳米鳍式场效应晶体（Fin FET）3D 电晶体时代，2017 年将有 10 纳米产品出现。
- 当集成电路制程工艺技术进入 1X 纳米节点后，各大巨头都遭遇到严重的困难，尤其是进入 14 纳米 Fin FET 时，英特尔出现延迟，现只有两个产品线，与进度计划严重脱节，预计到 2015 年下半年才会普及量产。台积电原本寄予厚望的 16 纳米在 2015 年上半年可以量产，但由于设备安装推迟到下半年，则要到 2016 年才可以大规模量产。三星较为幸运，14 纳米起步晚，但进步大，良品率高，由于格罗方德加入同盟，已使高通、苹果的产品投入生产。
- 10 纳米技术与工艺进展也不顺利，情况不乐观；10 纳米试产期英特尔还没有时间表，则 2016 年几无可能，要推延到 2017 年了。

- IC 晶圆制造商有非常大的可能达到 10 纳米，但要进入 7 纳米面临诸多挑战，如将用新的晶体管结构、新的沟道及互连材料，开发出新的设备和材料。一是设计与制造必须满足芯片功耗与降低成本的要求，二是要挑选正确的技术路线，7 纳米候选者在高迁移率或者Ⅲ、Ⅴ族 FinFET 之中。
- 2014 年集成电路制程中，28 纳米技术已成熟，最具低成本竞争优势，加工产量最大。

9. 2014 年世界集成电路晶圆 12 英寸生产线情况

2014 年世界集成电路晶圆 12 英寸生产线占总产能 60%以上的份额。

1）2014 年世界半导体晶圆 12 英寸线产能占比情况（图 1.5.7）。

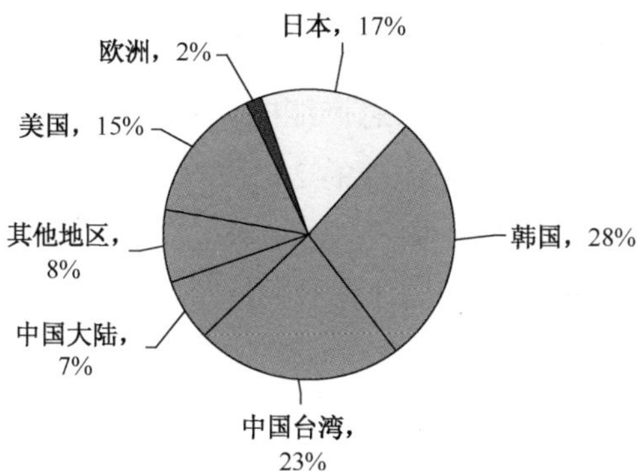

（a）以晶圆厂所在地区分

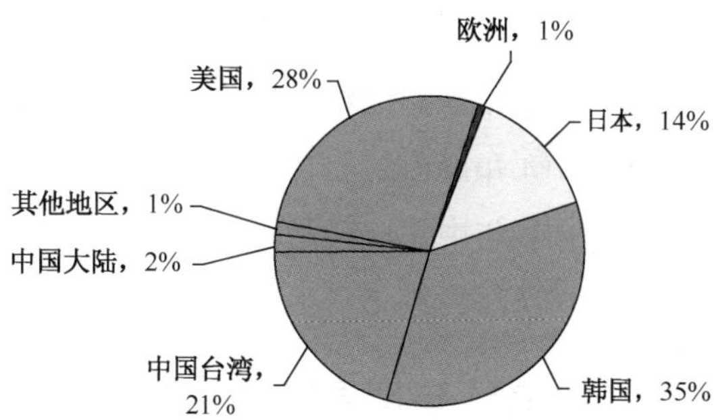

（b）以公司总部所在地区分

（资料来源：IC Insights/JSSIA 整理）

图 1.5.7　2014 年世界半导体晶圆 12 英寸线产能占比情况

2）2012—2013 年世界 12 英寸晶圆线产能情况（表 1.5.11）

表1.5.11　2012—2013年世界12英寸晶圆线产能情况

2013 年排名（预计）公司	公司名称	2012 年装置产能（千片/月）	占世界产能份额	2013 年装置产能（千片/月）	占世界产能份额
1	三星	675	18.8%	717	18.4%
2	美光（尔必达）	512	14.3%	538	13.8%
3	SK 海力士	420	11.7%	450	11.6%
4	英特尔	388	10.8%	441	11.3%
5	台积电	356	9.9%	414	10.7%
6	东芝	320	8.9%	320	8.2%
7	格罗方德	125	3.5%	150	3.9%
8	南亚	125	3.5%	127	3.3%

续表

2013 年排名（预计）公司	公司名称	2012 年装置产能（千片/月）	占世界产能份额	2013 年装置产能（千片/月）	占世界产能份额
9	联电	97	2.7%	115	3.0%
10	力晶	125	3.5%	90	2.3%
11	德州仪器	51	1.4%	60	1.5%
12	中芯国际	51	1.4%	57	1.5%
最大 12 家产能合计		3245	90.4%	3477	89.5%
其他		346	9.6%	410	10.5%
产能总计		3591	100%	3887	100%

3）2014 年世界 12 英寸晶圆线部分厂商产能情况

- 2014 年台积电月投片能力达 43.0 万片，占世界月投片总产能的 10.2%。
- 2014 年格罗方德月投片能力达 19.3 万片，占世界月投片总产能的 4.6%。
- 2014 年联电月投片能力达 11.0 万片，占世界月投片总产能的 2.6%。
- 2014 年中芯国际月投片能力达 6 万片，占世界月投片总产能的 1.4%。
- 2014 年世界集成电路晶圆月投片总量约为 420 万片，同比增长 8.0%左右。

三、2014 年世界集成电路封测业

随着集成电路技术日益接近 CMOS 工艺极限，因受集成电路晶圆业在建生产线、工艺技术投入巨大和良品率、成本等因素的困扰，集成电路封装测试技术开始承担起改善电路性能、系统集成等重要角色，推进和扩展摩尔定律前行。近几年来 Sip、3D、TSV 等高端集成电路封装技术的发展，成为集成电路产业发展的又一推动力。

2014 年由于在智能终端、平板电脑、数字家居、医疗电子、新能源汽车、节能环保、信息安全、互联网、物联网、云计算、大数据等新兴产业蓬勃发展的带动下，世界集成电路市场规模达到 3331.5 亿美元，同比增长 9.0%。同时，世界封测市场也得到快速发展，其中：在世界移动通信设备及存储器强劲走俏的拉动下，金丝打线快速向铜丝打线制程转移、FC 倒装焊、WLP 晶圆级封装以及 3D 叠片封装的快速增长等，成为拉动全球封测市场的四大动力。

1. 2014 年世界集成电路封测业营收额情况

2014 年世界集成电路封测业营收额为 539 亿美元，同比增长 6.1%，占世界半导体销售收入总额的 16.2%。

2014 年世界集成电路封测代工业营收额为 266.8 亿美元，同比增长 6.4%。

2．2009—2014 年世界集成电路封测业发展规模及增长（图 1.5.8）

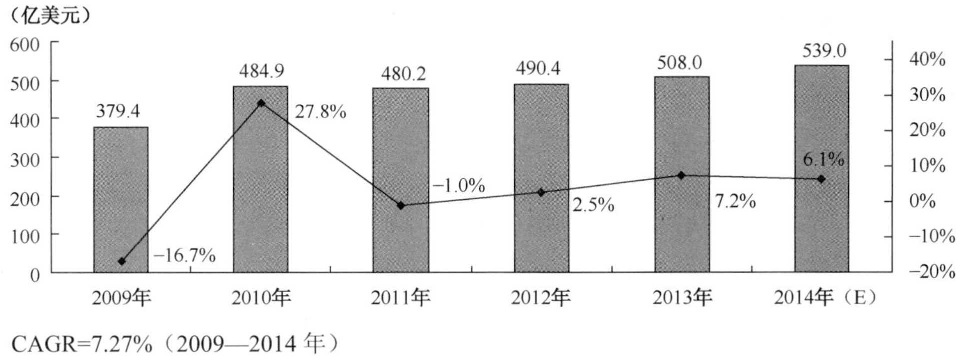

图 1.5.8　2009—2014 年世界集成电路封测业发展规模及增长

3．2012—2014 年世界集成电路封测业前二十名厂商排名（表 1.5.12）

表1.5.12　2012—2014年世界集成电路封测业前二十名厂商排名

（单位：百万美元）

序号	公司名称	地　区	2012 年营收额	2013 年营收额	2014 年营收额	2014 年	
						同比（%）	占比（%）
1	日月光	中国台湾	4298	4740	5154	8.7	9.6
2	安靠	美国	2760	2956	3129	5.9	5.8
3	矽品	中国台湾	2186	2335	2742	17.4	5.1
4	星科金朋	新加坡	1702	1599	1586	−0.8	2.9
5	力成科技	中国台湾	1408	1276	1241	−2.7	2.2
6	长电科技	中国大陆	714	850	1134	33.4	2.1
7	联合科技	新加坡	978	748	734	−1.9	1.4
8	南茂科技	中国台湾	662	649	696	7.2	1.3
9	颀邦科技	中国台湾	508	530	589	11.1	1.1
10	天水华天	中国大陆	257	398	523	31.4	1.0
11	STS 通信	韩国	472	499	497	−0.4	0.9
12	嘉诚半导体	马来西亚	356	350	350	平	0.6
13	超丰电子	中国台湾	—	—	341	—	0.6
14	通富微电	中国大陆	—	—	338	—	0.6
15	华东科技	中国台湾	259	296	322	8.8	0.6
16	友尼森（宇芯）	中国台湾	—	—	318	—	0.6
17	福懋科技	中国台湾	360	302	295	−2.3	0.5

续表

序号	公司名称	地 区	2012 年营收额	2013 年营收额	2014 年营收额	2014 年	
						同比（%）	占比（%）
18	HANA Micron	韩国	—	—	270	—	0.5
19	华泰电子	中国台湾	—	—	224	—	0.4
20	西格尼蒂克	韩国	281	261	209	−19.9	0.4
前二十名企业合计			18476	19224	20692	7.6	38.4
其他公司			30564	31576	33208	5.2	61.6
市场合计			49040	50800	53900	+6.1	100

（资料来源：TechSearch/Cartner/JSSIA 整理）

从表 1.5.12 中可以看出：2014 年世界集成电路封测业前二十大企业中，日月光、安森、矽品分居前三位，分别占 539 亿美元总值的 9.6%、5.8%和 5.1%；中国大陆的长电科技、天水华天两家公司增速最快，分别同比增长 33.4%和 31.4%；长电科技和天水华天公司分别进入前十，长电科技居第 6 位，天水华天居第 10 位，通富微电位居第 14 位。

4．2014 年世界集成电路封装测试业技术情况

2014 年世界集成电路封装测试业技术得到快速发展，因其集成电路技术发展已临界物理性能极限，而建设高性能晶圆生产线须投资近百亿美元，投资风险太大，投资回报期太长。随着物联网、互联网、云计算、大数据、智能移动设备蓬勃发展，高密度封装（HDP）及其高端多圈球形阵列（BGA）、芯片尺寸级封装（CSP）、倒装焊（WLP）、晶圆级封装（WLP）、3D 叠层封装、3D 硅通孔（TSV）等应运而生，快速发展，以弥补晶圆制造业的不足，起到延续摩尔定律发展的作用。

2014 年世界集成电路封装业继续在金丝改铜丝打线制程转换、FC 、WLP 和 3D 叠层封装需求量上快速增长，推动集成电路产业的发展。

- 飞思卡尔公司推出体积最小的 TPMS 集成封装解决方案，重量仅为 0.3 克，FXTH87 系列采用 7×7×2.2 体积封装，降低成本，RF 功耗仅为 7MA。
- 德仪（TI）在铜线键合技术处于领先地位，广泛应用于 BGA、QFP、TSSOP、SOIC 和 PDIP 中，使用铜线产品占到该公司总量的 71%，交错焊盘间距最小值为 30/60μm；BGA 封装可多达 1000 条引线；采用裸片至裸片引线键合法的多芯片叠裸片，最小值为 0.8μm 的铜线直径。
- 英特尔公司将在未来 15 年内投资 16 亿美元对中国成都英特尔公司封装测试工厂进行全面升级，引入高端封装测试技术，进入移动领域、平板电脑、智能手机、物联网、可穿戴设备市场产品。
- 锡制品厂商新贸公司提供市场所需 bumping 锡膏、U—BGA 超微细锡球及植球助焊

剂等产品。

- Diodes 公司推出全球最小封装 DFN0808 的单门逻辑器件系列，占位为 0.8×0.8×0.35mm，引脚间距在 0.5mm 以下，能为手机、平板电脑等便携消费电子产品节约空间和重量。
- 英飞凌公司推出 DrBladez，这是一种集成功率级器件，在紧凑、低矮型封装中集成两颗功率 MOS FET 和一颗 DC/DC 驱动 IC 等多种功能芯片。

四、2014 年世界集成电路行业投资情况

据 IC Insights 统计，2014 年世界半导体企业投资总计达 649.71 亿美元，相较 2013 年增长 14%，其中前 12 大企业投资合计 521.45 亿美元，同比增长 12.3%；三星、英特尔、台积电为前 3 大厂商，投资虽然有不同程度的下降，但占比仍由 2013 年的 55.5%上升到 59.86%，提高了 4.3 个百分点；其他厂商都有不同程度的增长，其中增长最快的有 Intotera 公司（达 238%）、中芯国际（同比增长 125%）。

1．2014 年世界集成电路前 12 大企业投资排名（表 1.5.13）

表1.5.13　2014年世界集成电路前12大企业投资排名

（单位：亿美元）

序号	公司名称	2014 年投资	2013 年投资	2014/2013 年增长率（%）	2014 年占比（%）	
					占前 12 大	占合计
1	三星	115.00	115.60	−0.5	22.1	17.7
2	英特尔	101.00	106.11	−4.8	19.4	15.5
3	台积电	96.00	97.09	−1.1	18.4	14.8
4	格罗方德	50.00	45.00	11.1	9.6	7.7
5	SK 海力士	48.00	31.46	52.3	9.2	7.4
6	美光	33.45	19.35	72.9	6.4	5.1
7	东芝	21.25	16.30	30.4	4.1	3.3
8	中芯国际	14.65	6.51	125.0	2.8	2.3
9	联电	13.00	10.98	18.4	2.5	2.0
10	Sandisk	13.00	8.59	51.3	2.5	2.0
11	ASE	8.8	6.09	44.5	1.7	1.4
12	Intotera	7.3	2.16	238.0	1.4	1.1
合计		521.45	464.41	12.3	100.0	80.3
其他公司		128.26	106.51	20.4	—	19.7
总计		649.71	570.92	13.8	—	100

（资料来源：CCID 2015.5）

2．2014 年世界集成电路研发投入前十名（表 1.5.14）

表1.5.14　2014年世界集成电路研发投入前十名

（单位：亿美元）

序	公司名称	型别	2014 年投入研发费	2013 年投入研发费	占 2014 年营收（%）	同比（±%）	2014 年占比（%）
1	英特尔	IDM	115.37	106.11	22.4	8.7	36.3
2	高通	IC 设计	55.01	33.95	28.5	62.0	17.3
3	三星	IDM	29.65	28.2	7.8	5.1	9.3
4	博通	IC 设计	23.73	24.86	28.2	–4.5	7.5
5	台积电	晶圆代工	18.74	16.23	7.5	15.5	5.9
6	东芝	IDM	18.20	15.60	16.5	16.7	5.7
7	意法	IDM	15.20	18.16	20.6	–16.3	4.8
8	美光	IDM	14.30	14.87	8.5	–3.8	4.5
9	联发科	IC 设计	14.30	11.09	20.3	28.9	4.5
10	辉达	IC 设计	13.62	13.22	31.3	3.0	4.3
合计			318.12	286.63	16.9	11.0	100

（资料来源：IC Insights/JSSIA 整理）

注：2014 年世界集成电路产业厂商投入研发超过 10 亿美元以上的还有德州仪器（13.6 亿美元）、海力士（13.3 亿美元）、迈威尔（11.8 亿美元）、AMD（10.6 亿美元）。

2014 年，世界集成电路产业主要企业为维持领先地位和抢占市场份额，在布局中长期技术投资方面从不手软。2014 年，世界集成电路产业前十名企业在研发费上投入共 318.1 亿美元，同比增长 11.0%，其中：IDM 型企业有 5 家，占 50%；Fabless 型企业有 4 家，占 40%；晶圆代工企业有 1 家，占 10%。其中：IDM 型企业合计投入研发费 192.72 亿美元，占 60.6%；Fabless 型企业合计投入研发费 106.66 亿美元，占 33.5%；晶圆代工型（Foundry）企业投入研发费 18.74 亿美元，占 5.9%。

在 2014 年，业界龙头企业英特尔研发费投入为 115.37 亿美元，同比增长 8.7%，占到前十名总和的 36.3%，占到该公司当年营收额的 22.4%。在 Fabless 企业中，高通和联发科投入速度最快，分别同比增长 62%和 28.9%。联发科因合并晨星公司，研发投入较大，在手机芯片市场与高通的差距正在缩小，因此中长期的投入大，但研发费在营收额占比上，联发科还差高通近 8 个百分点（40.7 亿美元），仍有一定的差距。

晶圆代工（Foundry）企业台积电在 2014 年投入研发费 18.74 亿美元，主要扩展 16 纳米技术和开发 14 纳米，同比增长 15.5%，表现不俗，但与英特尔、三星公司在 1X 纳米技术上比赛，投入尚欠缺一点，在总量上来看，台积电只是英特尔的六分之一。中国台湾地区：联发科在 2014 年第一次进入研发费投入前十名，更彰显出台积电、联发科在晶圆制程、芯片研发方面与竞争对手英特尔、三星、高通的比拼中实行能省则省的精细实战精神。

2014 年与 2013 年相比较，世界集成电路研发投入前四名没有变化，台积电上升 1 位，位列第 5 名，联发科和辉达位列第 9 和第 10 位；意法半导体下滑两位，位居第 7 位；2013 年上榜的德仪和瑞萨退出前 10 名。

第六节　2014年世界集成电路晶圆代工简况

一、2014年世界集成电路晶圆代工营收额情况

1．2014年世界集成电路晶圆代工情况

2014年世界集成电路晶圆代工销售额预计将达到469亿美元，同比增长10.4%，预期2015年将达到537亿美元，同比增长12%左右。

2009—2018年世界集成电路晶圆代工市场规模及增长率如图1.6.1所示。

集成电路晶圆代工业在整个集成电路芯片市场所占比重中，从2004年占比21%，到2009年时增长到24%，预期在2014年将快速上升到37%的份额，这表明半导体产业正从垂直型（IDM）快速过渡到轻晶圆（Fab-lite）或无晶圆厂（Fabless）模式。据预测，到2018年时，晶圆代工所制造的IC可达到整个晶圆芯片销售额46%的份额；2013—2018年晶圆代工制造的IC年均复合增长率（CAGR）可达到11%。

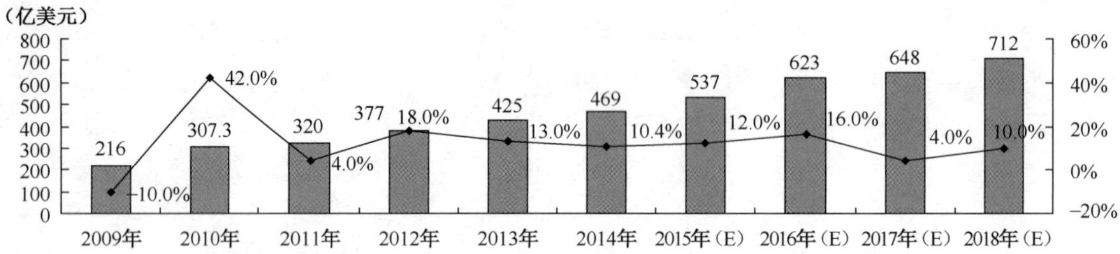

CAGR=16.77%（2009—2014年）
CAGR=11.0%（2013—2018年）
（资料来源：GSA/IC Insights/JSSIA整理）

图1.6.1　2009—2018年世界集成电路晶圆代工市场规模及增长率

2．2014年世界集成电路晶圆代工营收排行

据Gartner报道：2014年世界集成电路晶圆代工市场营收总额达469亿美元，同比增长16.1%，其增长的主要因素有：一是在上半年因库存减少而生产销售增长；二是在下半年由于苹果公司iPhone 6和6Plus大量上市，使晶圆代工需求量大增；三是得益于晶圆代工技术的快速提升，如台积电的28纳米和20纳米先进技术的使用。

2014年，联电公司迎头赶上，以43.50亿美元的营收额追平了格罗方德公司，上升到世界晶圆代工的第三位；中芯国际目前仍居同业第五位，且同比下降4.8%，上海华虹宏力公司位列第九位。其他企业如世界先进公司由第七位退居第八位（表1.6.1）。

表1.6.1　2014年世界前十三大集成电路制造代工企业情况

（单位：亿美元）

序号	公司名称	2014 年收入	2013 年收入	2014/2013 年增长率（%）
1	台积电	249.	199.35	25.29
2	格罗方德	43.50	41.22	5.53
3	联电	43.50	39.59	9.88
4	三星	29.90	39.50	–24.30
5	中芯国际	19.69	19.62	0.36
6	力晶	12.82	11.82	8.46
7	Tower Jazz	8.28	5.05	63.96
8	世界先进	7.90	7.13	10.8
9	华虹宏力	6.85	5.85	17.09
10	东部	5.31	4.52	17.48
11	IBM	5.15	4.85	6.19
12	美格纳	4.30	4.11	4.62
13	X—fab	3.34	2.90	15.17
合计		440.30	385.51	14.21
所占份额		92.0%	91.0%	+1.1

（资料来源：IC Insights）

注：以企业晶圆代工业务收入排名，中芯国际收入中未含武汉新芯收入，力晶公司已从 IDM 转变为纯代工企业性质。

从表 1.6.1 中可以看出，中芯国际仍位列世界集成电路晶圆代工的第五位，这其中由于三星晶圆代工业的迅速扩大，使中芯国际后退 1 位。但三星晶圆代工业务较 2013 年下滑 24.3%，中芯国际增长率基本持平。台积电代工业务大涨 25.29%；其他公司都有不同程度的成长，其中 Tower Jazz 公司大涨 63.96%。

二、2014 年世界集成电路纯晶圆代工发展情况

世界集成电路纯晶圆代工增长率在 2013 年约为 15%，在 2014 年可望持续增长到 17%，营收额可达 423 亿美元；预计在 2015 年增长 13%，达到 478 亿美元（图 1.6.2）。

2014 年无晶圆厂客户的纯晶圆代工厂收入预计占 77%，而 IDM 中的代工约占 18%，系统制造商约占 5%左右的份额。而在 2008 年无晶圆厂的客户代工约占 69.0%，IDM 中代工占 29.0%，系统制造商仅占 2%。目前采用合约晶圆制造的销售额中约有 88%由纯 IC 工厂所制造，12%由来自为其他公司提供代工服务的 IDM 公司制造。

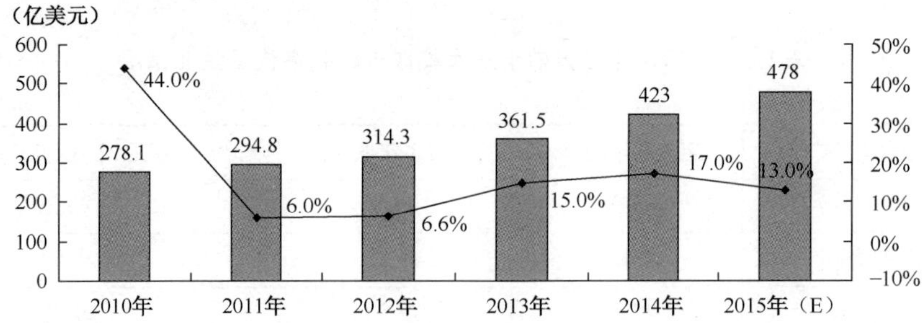

CAGR=11.44%（2010—2015 年）

（资料来源：GSA/IC Insights/JSSIA 整理）

图 1.6.2　2010—2015 年世界集成电路纯晶圆代工业发展规模及增长情况

IDM 代工收入在历经 2014 年下滑 12%后，预计在 2015 年仅增长 2%左右，约为 59 亿美元的规模。

三、2014 年世界集成电路四大纯晶圆代工厂商情况

据 IC Insights 预计，2014 年世界晶圆代工市场表现强劲，台积电、格罗方德、联电、中芯国际四大纯晶圆代工厂营收额将达到 358.55 亿美元，同比增长 19.6%，占到世界晶圆代工业营收额的 84.8%。

1．2014 年世界集成电路纯晶圆代工厂情况（表 1.6.2）

表1.6.2　2013—2014年世界集成电路四大纯晶圆代工厂商（折8英寸）情况比照

企业名称	2013 年			2014 年			2013 年/2014 年		
	营收额（百万美元）	投片量（千片）	晶圆均价（美元/片）	营收额（百万美元）	投片量（千片）	晶圆均价（美元/片）	营收额（%）	投片量（%）	晶圆均价（%）
台积电	19935	15666	1273	24976	18775	1330	25.8	19.8	4.9
格罗方德	4122	4010	1028	4470	4270	1047	8.4	6.5	1.8
联电	3959	4997	792	4300	5570	772	8.6	11.5	−2.5
中芯国际	1962	2446	802	1997	2550	782	1.7	4.3	−2.5
合计	29978	27119	1105.4	35743	31165	1146.9	19.2	14.9	3.8

（资料来源：IC Insights/JSSIA 整理）

2014 年四大晶圆纯代工企业相比较，台积电营收额是格罗方德的 5.6 倍，是联电的 5.8 倍，是中芯国际的 12.5 倍；在投片量上，台积电是格罗方德的 4.4 倍，是联电的 3.4 倍，是中芯国际的 7.4 倍；在晶圆均价上，台积电比格罗方德高出 27.6%，比联电高出 73.5%，比中芯国际高出 70.8%；在投片量占比上，台积电占 60.2%，格罗方德占 13.7%，联电占 17.9%，中芯国际占 8.2%；在营收额占比上，台积电占 69.9%，格罗方德占 12.5%，联电占 12.0%，中芯国际占 5.6%。

2014 年世界四大晶圆代工厂从制程营收比重来看，台积电表现最优，主要受惠于 28 纳米制程大幅度领先，28 纳米及以下占比达 42%，同时 20 纳米通吃订单。格罗方德因为替超微（AMD）代工处理器和绘图晶片，在 28 纳米制程以下营收占比也达到 42%，但营收额仅为 18.84 亿美元，只有台积电 103.47 亿美元的 18.2%。

2014 年台积电 45～40 纳米以下制程营收额占比已达 60%以上，格罗方德也达到 59%，联电营收额仍以 65/45/40 纳米为主，28 纳米占比仅有 2%，中芯国际仍以 65 纳米为接单主力，28 纳米还未有贡献。

据 IC Insights 报道：2014 年 12 英寸晶圆大厂投片能力为：台积电月投 43 万片，占全球 12 英寸投片比重 10.3%，占其生产能力 47%，6 英寸线占 9%；格罗方德月投片能力为 19.3 万片，占全球比重 4.6%，占其总生产能力的 51%，居第二位；联电月产能达 11 万片，占全球比重 2.6%，占其总产能 26%，其 8 英寸投片产能占比仍高达 65%，6 英寸产能占 9%。

2014 年 12 英寸投片产能最多的是三星公司，前四大仍是存储器类大企业，而台积电则排在第五位。

另据报道，2014 年台积电年产能约 820 万片，28～20 纳米营收贡献率达 51%；2015 年 12 英寸年投片产能率将达到 920 万片，同比增长 11%～12%。

2．2014 年世界集成电路晶圆代工产能利用率情况

2014 年世界集成电路产业处于快速增长时期，其晶圆代工业产能利用率相对提高，以世界晶圆代工四家最大的代工企业为代表，2014 年晶圆代工业产能利用率达到 92%，而 2013 年为 89%，2012 年为 88%，发展前景好。

3．2014 年世界集成电路晶圆代工投资情况

2014 年世界集成电路晶圆代工企业（纯代工和 IDM 代工）的资本支出预计为 232 亿美元，同比增长 9%，较 2013 年资本支出 213 亿美元，增长仅 3%；2012 年资本支出为 206.8 亿美元。

2015 年世界集成电路晶圆代工企业（纯代工和 IDM 代工）的资本支出预计为 248 亿美元，同比增长 7%，再创新高。

4．2014 年世界集成电路晶圆纯代工产品结构情况（图 1.6.3）

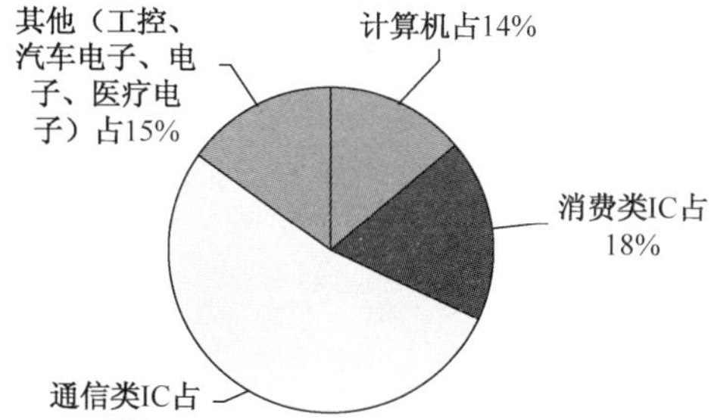

图 1.6.3　2014 年世界集成电路晶圆纯代工产品结构情况

5．2014 年世界集成电路晶圆纯代工客户总部地区结构情况（图 1.6.4）

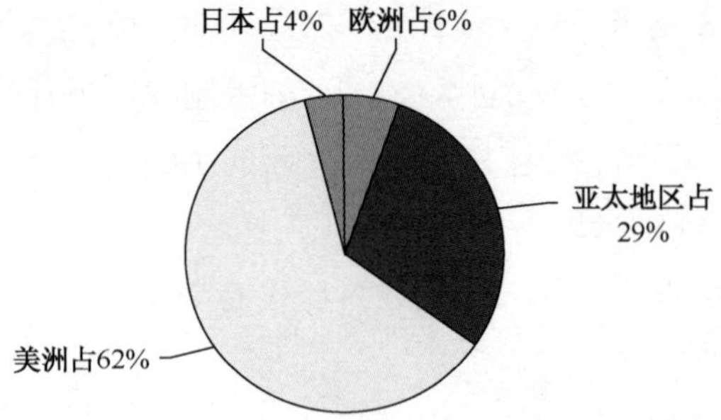

图 1.6.4　2014 年世界集成电路晶圆纯代工客户总部地区结构情况

6．2014 年世界集成电路纯代工厂商在特征尺寸区段营收占比（E）（图 1.6.5）

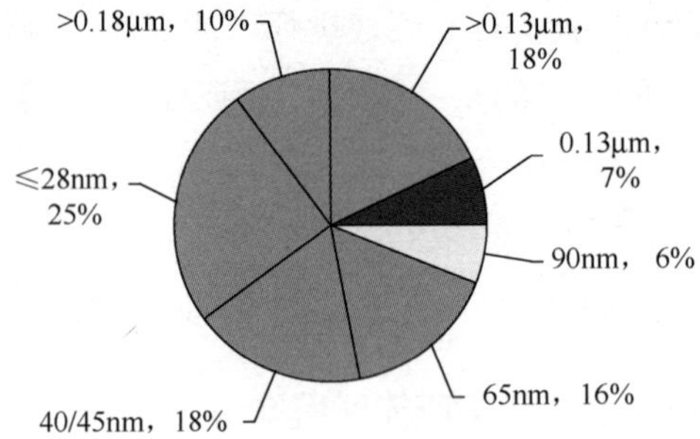

（资料来源：GSA/IC Insights/JSSIA 整理）

图 1.6.5　2014 年世界集成电路纯代工厂商在特征尺寸区段营收占比（E）

由图 1.6.5 可以看出，在 2014 年纯晶圆代工中，65—45—40 纳米区段占到 34%，在小于 28 纳米区段占到 25%，比 2013 年有较大的提升，并在 2015 年有更大的发展空间。

第七节　2014 年世界半导体产品市场发展简况

一、2014 年世界半导体产品市场发展情况

经历连续两年世界经济增长乏力、欧债危机持续发酵和世界消费能力下降等因素打击之后，自 2013 年起，世界半导体产业出现增长的趋势，2014 年世界半导体市场规模达到 3331.5 亿美元，同比增长 9.0%，一扫以往几年下坡的窘态，创历史最高纪录。

2014 年世界半导体市场增长的主要因素：一是世界经济缓慢复苏促进了美国市场、中国市场和欧洲市场需求的回升；二是智能手机、平板电脑、汽车电子、工业控制等传统领域产品更新换代，持续发力；三是在新能源汽车、节能环保、信息安全、家居医疗保健电子等新兴领域表现抢眼：四是互联网、物联网、云计算、大数据、移动终端相辅相成推动和促进了市场发育；五是连续两年（2011 年、2012 年）的谷底在 2013 年得到了扭转，2014 年实现了硅周期的波浪跃升前行。

1. 全球电子工业生产规模及发展趋势（图 1.7.1）

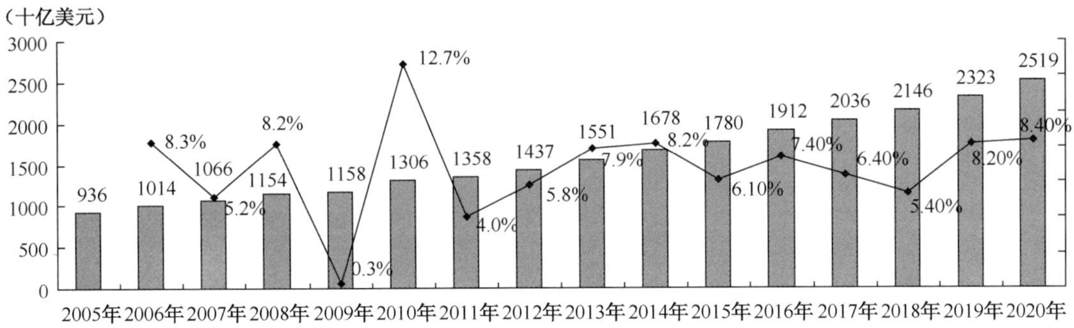

（资料来源：IBS Inc 2014.6）

图 1.7.1　全球电子工业生产规模及发展趋势

2. 2010—2014 年世界半导体市场分季需求同比增长态势（图 1.7.2）

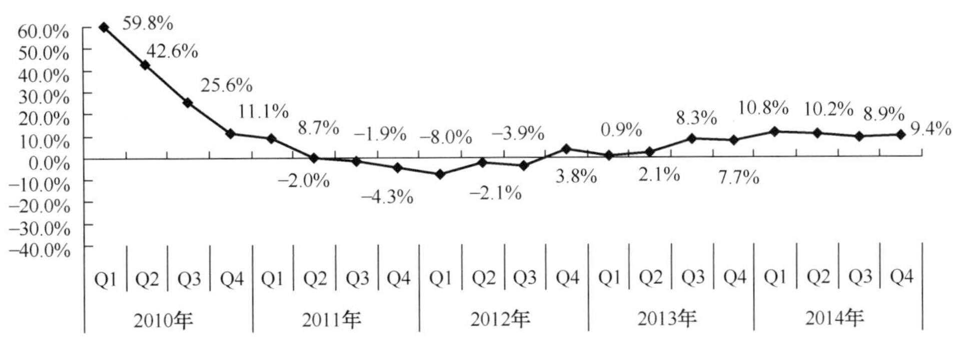

图 1.7.2　2010—2014 年世界半导体市场分季需求同比增长态势

二、2014 年世界半导体产品市场结构

2014 年以智能手机、平板电脑为代表的便携式智能移动设备表现出强劲的势头，成为拉动世界半导体市场增长的直接动力，促使 2014 年世界半导体市场产品格局进行微调。在 2014 年世界半导体市场结构中，DRAM、NAND Flash 增长最快，其中 DRAM 供不应求，且价格有所上升，2014 年 DRAM 市场营收额达 471 亿美元，同比增长 34.7%，其中美光同比增长 41%，海力士同比增长 26.1%；在 NAND 闪存上，三星在西安和平泽建厂扩产。同时 CMOS 图像传感器、专用逻辑电路（ASIC）、传感器、LED 等都有较好的增长（图 1.7.3 和表 1.7.1）。

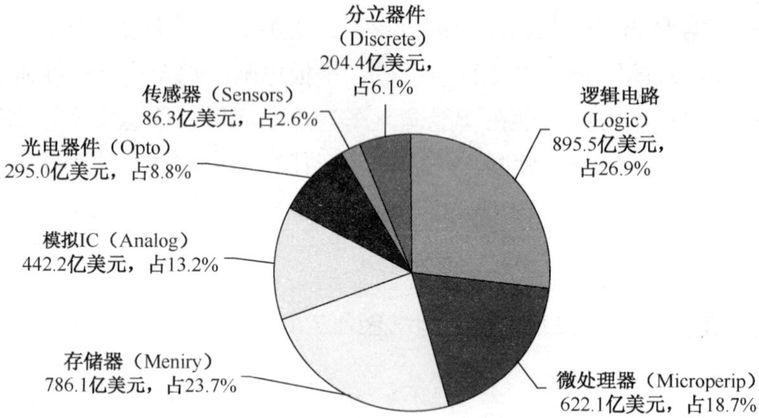

图 1.7.3　2014 年世界半导体产品市场结构

表1.7.1　2009—2014年世界半导体产品市场规模

（单位：亿美元）

年度	2009 年	2010 年		2011 年		2012 年		2013 年		2014 年	
产品大类	实绩	实绩	同比（±%）	实绩	同比（±%）	实绩	同比（±%）	实绩	同比（±%）	实绩	同比（±%）
逻辑电路（Logic）	652	774	18.7	788	1.8	817	3.7	859.3	5.2	895.5	4.2
微处理器（Microperip）	483	606	25.5	652	7.6	602	−7.7	587	−2.5	622.1	6.0
存储器（Meniry）	448	696	55.4	607	−12.8	570	−6.1	670	17.5	786.1	17.3
模拟 IC（Analog）	320	423	32.2	423	平	393	−7.1	401	+2.0	442.2	10.2
光电器件（Opto）	170	217	27.6	231	6.5	262	13.4	276	5.3	295.0	7.0
传感器（Sensors）	48	69	43.8	80	15.9	80	平	80	平	86.3	7.4
分立器件（Discrete）	142	198	39.4	214	8.1	191	−10.7	182	−4.7	204.4	12.3
合计	2263.1	2983.2	31.8	2995.2	0.4	2915.6	−2.7	3056.0	4.8	3331.5	9.0

2014 年世界半导体产品市场中：

逻辑电路继续保持领头羊的作用，市场营收额达 895.5 亿美元，同比增长 4.2%，占到市场总值的 26.9%。

存储器电路市场营收额达到 786.1 亿美元，同比增长 17.3%，为各大类 IC 增长最快的产品大类，占到市场总值的 23.6%，其中 DRAM 增长最快，达到 471 亿美元，同比增长 34.7%，其他厂商美光公司同比增长 41%，海力士增长 26.1%（其中包含 DRAM 价格上扬因素在内）。NAND 闪存由于三星与东芝的角力和单位产品价格的下滑，促使 NAND Flash 产量上升，但市场营收增幅不大。

微处理器位居第三位，年营收额为 622.1 亿美元，同比增长 6.0%，占年市场总值的 18.7%。

模拟电路位居第四位，年营收额达 442.2 亿美元，同比增长 10.2%，位居增长率的第三位，占年市场总值的 13.3%。

分立器件一改前两年下滑的不利状况，在 2014 年打了个翻身仗，营收额达到 204.4 亿美元，同比增长 12.3%，增长率位居第二位，占市场总值的 6.1%。

光电子器件为多年来平稳增长的产品大类，营收额达到 295.0 亿美元，同比增长 7.0%，占市场总值的 8.9%。

传感器近几年来一直处于平稳发展状态，2014 年营收额为 86.3 亿美元，与同期相比有了较大的提升，提升率达到 7.4%，占到市场总值的 2.6%。

2014 年世界半导体产品市场中各产品大类同期占比也发生了较大的变化，其中存储器同比上升 2.3 个百分点，逻辑电路同比下降 1.4%，微处理器下降 0.7 个百分点，模拟电路上升 0.1 个百分点，光电子器件下降 0.2 个百分点，传感器同比持平，分立器件同比上升 0.1 个百分点。

三、2014 年世界半导体市场产品应用结构

2014 年世界半导体市场由于受电子产品终端市场的变化影响，与 2013 年相比有了一些改变（表 1.7.2、图 1.7.4）：计算机受智能手机大量上市和性能的快速扩展而面临巨大的冲击，但由于平板电脑出货量由快速增长而趋于回落及个人电脑在三季度触底反弹和笔记本电脑处于复活状态，在产品市场应用上仍是第一大产品，达到 1116.1 亿美元，同比增长 8.3%，占比率为 33.5%。受 4G 智能移动终端继续高涨和苹果 iPhone 6 的热销，推动通信类半导体市场的增长，市场应用额达到 1092.7 亿美元，同比增长 10.9%，占比率为 32.8%。2014 年消费类电子仍是市场的重要客源，以 LCD 为主的平板电视，虽同比有所下降，但市场应用额仍达到 486.4 亿美元，同比增长 12.2%，占比率为 14.6%。工业控制应用、政府部门的采购和汽车电子的突起，都有不同程度的提升；工控和政府采购达到 319.8 亿美元，同比增长 8.8%，占比率为 9.6%；汽车电子市场额达到 316.5 亿美元，同比增长 9.9%，占比率为 9.5%。

表1.7.2　2013—2014年世界半导体市场应用结构比较

指标名称	单位	2014年	2013年	市场比重（%）			2014/2013 年市场销售额（亿美元）
				2014 年	2013 年	相较	
PC 及个人电脑市场	亿美元	1116.1	1038.7	33.5	34.0	–0.5	+77.4
通信类应用市场	亿美元	1092.8	992.9	32.8	32.5	+0.3	+99.9
消费类电子应用市场	亿美元	486.4	436.9	14.6	14.3	+0.3	+49.5
工控及政府采购	亿美元	319.8	296.3	9.6	9.7	–0.1	+23.5
汽车电子应用市场	亿美元	316.5	290.2	9.5	9.5	平	+26.3
合计	亿美元	3331.5	3055.0	100.0	100.0	—	276.5

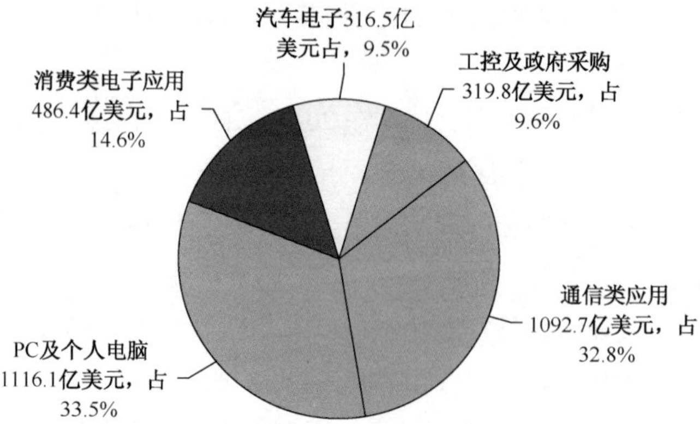

图 1.7.4　2014 年世界半导体市场产品应用结构

四、2014 年世界半导体市场主要采购厂商情况

据 Gartner 公司预测，2014 年世界半导体销售收入预计为 3398 亿美元，同比增长 7.9%。在 2014 年世界半导体市场需求前十大 IT 厂商中，共计采购当年世界半导体产品价值 1257 亿美元，同比增长 9.5%，十大采购厂商合计占到总值的 37.0%（表 1.7.3）。

表1.7.3　2013—2014年世界半导体市场前十大采购厂商情况

（单位：亿美元）

序	厂商名称	2013 年采购额	2014 年采购额	2014/2013 年（±%）	2014 年市场占有率（%）
1	三星	306	321	5.1	9.4
2	苹果	235	258	9.8	7.6
3	惠普	137	147	7.1	4.3
4	联想	95	128	33.9	3.8
5	戴尔	91	103	13.2	3.0
6	索尼	77	74	–2.8	2.2

续表

序	厂商名称	2013 年采购额	2014 年采购额	2014/2013 年（±%）	2014 年市场占有率（%）
7	华为	49	60	21.6	1.8
8	思科	56	58	3.1	1.7
9	LG	47	55	15.9	1.6
10	东芝	55	53	–4.0	1.5
合计		1148	1257	9.5	37.0
其他		2002	2141	7.0	63.0
总计		3150	3398	7.9	100

（资料来源：Gartner/JSSIA 整理）

- 2014 年在世界半导体市场产品采购中，三星公司虽仍为第一，但其增长率低于世界半导体市场平均成长幅度，其主要原因有，三星在智能手机市场中陷于苦战，其次则是该公司已经开始退出部分个人电脑（PC）市场。
- 在前十大采购大军中，中国联想同比增长 33.9%，增幅最快，主要得益于智能手机的需求上升。
- 在前十大采购者中，中国华为由 2013 年的第九名上升到 2014 年的第七名，上升速度次快，同比增长 21.6%。
- 中国联想和华为在 2014 年半导体市场起到了重要作用。
- 在未来几年里，某一产品热卖的膨胀周期越来越短，电子应用设备过时性将越来越快，技术商品化速度持续加快，厂商要长期维持领先地位也越发困难。这也给中国 IT 厂商赶超提供了有利机会。

第八节 2014 年（下半年）世界 IC 产业技术与产品市场信息

2014 年 9 月 24 日，ARM 发布推出 Cortex—M7 处理器。

近年来，智能手机、平板电脑市场的持续火热，智能家居、可穿戴设备等新兴产品崛起，使触控 IC 市场更加繁荣。2014 年电容式触控 IC 出货量有望达到 15 亿～20 亿颗，在未来两年里有望保持两位数的增长，达到 30 亿颗（电子报 2014.10.14）。

Cadence 宣布为台积电 16 纳米 Fin FET+制程推出系列 IP 组合。Cadence 所提供的 IP 组合能使系统和芯片公司在 16 纳米 FF+的先进制程上相比于 16 纳米 FF 工艺，获得同等功耗下 15%的速度提升或者同等速度下节约 30%的功耗（电子报 2014.10.10）。

2014 年诺贝尔物理学奖授予日本和日裔美籍科学家，三位获奖者在发现新型高效、环境友好型光源，即蓝色发光二极管（LED）方面做出巨大贡献，在蓝光 LED 的帮助下，白光可以以新的方式被制造出来，使用 LED 灯，可以拥有更加持久和高效的灯光来替代原来的光源（无锡日报）。

世界手机芯片的最大供应商美国高通公司于 11 月 19 日披露了进入半导体服务器系统芯片领域计划，准备与英特尔和 AMD 公司进行竞争。高通公司瞄准的服务器芯片市场的收入到 2020 年将达到 150 亿美元。高通公司计划使用 ARM 授权的处理器技术，ARM 的芯片设计已被广泛应用于移动电话设计，并被众多制造服务器芯片的企业所运用。高通公司的加入，有望生产一种可以替代英特尔芯片的产品以满足低功耗产品的需求。

ASML 公司在 2014 年 9 月，第 3 代极紫外光（EUV）设备已出货 6 台，取得了惊人突破，已有两家客户进行晶圆生产流程测试。继 7 月底英特尔成功利用 EUV 微影技术，在 24 小时内完成曝光逾 600 片晶圆之后，台积电也成功在一天内完成 600 片晶圆曝光。这预示全球两家顶级大厂未来采用 EUV 光刻技术，在 10 纳米量产关键技术选项中几乎同步，并向 7 纳米、5 纳米继续前行。

Intersil 公司推出高效升降压和升压带直通的开关稳压器，该公司市场领先的升降压和升压开关稳压器产品系列（SL911xx）新增 5 种新产品，最适合用于手持设备中系统电源，为外围元器件提供稳定的电源支持（华强电子）。

由于受益服务器应用市场存储器需求支持和 iPhone 6 热销，存储器出现产能转移至移动存储器的效应。10 月上旬以来 DRAM 合约价应声上涨，淡季不淡。四季度出货目标不断上升，近日发表的 iPad Air2 也预计采用更大的 2GB 存储器。此外云端存储器带动服务器应用的存储器也出现强劲需求，服务器应用的存储器价格也连续 3 个月上涨（华强电子）。

亚太 IC 用量是全球最大市场，占比持续增长，2014 年亚太 IC 用量将占全球总销售额的 59%，其中消费类、电脑、通信类的市场占比尤其高（华强电子）。

赛普拉斯公司宣布，其具有错误校正代码（ECC）的16Mb低功耗SRAM已出样品（华强电子）。

2014年世界蓝牙芯片出货量将达到28亿块，平均日产500万块。

因存储型快闪存储器（NAND Flash）市场情况良好，2015年NAND Flash产业规模将达到266亿美元，年成长率为9%。2014年NAND Flash需求成长率约为36%，在终端应用更多元化的情况下，估计2015年需求成长率约有35%。同时，由于智能手机与平板电脑逐渐进入成熟期，出货动能趋缓，固态硬盘（SSD）应用将成为NAND芯片下一波成长的动能。

德州仪器（TI）宣布推出世界首款汽车D类音频放大器，可在单个器件上集成负载突降保护与诊断功能，适用于紧急呼叫（eCall）和仪器表盘系统 （华强电子）。

思智浦半导体（NXP）推出LPC54100 A系列微控器，这是基于传感器产品的一大进步，也是超低耗“始终开启”传感器方面的重大突破，相比最接近的竞争产品，其功耗平均降低20%。

蓝牙技术联盟正式推出蓝牙核心规格4.2版本，主要更新项目包括隐私权限保护的改善与速度的提升，一个支持IP连接的配置文件也即将核准，将为开发人员、OEM代工业者及整个业界带来新的商机。

瑞萨电子推出RZ/T1实时处理器解决方案，该产品内置工业网络功能，适用于各种工业应用，如AC伺服驱动、运动控制器、变频器控制和高速、高响应性、卓越实时性能的通用工业设备。

RS公司推出最新版的Design Spark PCB，该软件可为电子行业快速原型构建提供支持。

GPU厂商：AMR推出Mall-T820、T830、T860产品，Imagination同时也推出Power VR7系列的7XT和7XE产品，可以看出国际GPU发展的新趋势（中国电子报2014.12.9）。

高通公司CEO在纽约证实，高通公司将采用ARM的技术架构进军服务器芯片市场，同时也坦言进军该市场建立新业务尚需一些时间。高通公司进军服务器芯片市场引发世界IC产业的震荡、议论、猜想（中国电子报2014.12.2）。

Marvell公司发布两款搭载ARM Cortex A53架构CPU的64位5模4G LTE SoC芯片。

2014年11月18日，赛灵思宣布推出针对OpenCL.C和C++的SDAccel开发环境，将单位功耗性能提高25倍，在FPGA上首次实现完全类似CPU/GPU的开发和运行，创建高性能加速器，并对计算搜索、图像识别、编码转换、存储压缩和加密等各种数据应用中心的存储器、数据流和流水线技术进行优化（中国电子报2014.11.18）。

英飞凌科技公布，其业界领先的硬掩膜方案凌捷掩膜安全解决方案市场需求进一步增长，到2014年年底，用于支付应用的凌捷掩膜芯片有望达15亿颗，两年内增长了15倍，为支付卡、驾驶执照和电子身份证提供成熟可靠的商业化产品，提高了EEPROM内存容量，满足了当今社会金融IC卡多应用的趋势（中国电子报2014.12.16）。

据美国半导体产业协会（SIA）公布，2014 年三季度全球半导体营收为 870 亿美元，同比增长 8.0%，环比增长 5.2%，创下单季历史最高记录。在三季度里，不只 DRAM 增长，模拟 IC 等几乎所有半导体产业群都持续景气。9 月亚太地区增长 12.0%，欧洲地区增长 7.9%，美国增长 3.7%，但日本衰退 3.7%；与 8 月环比，美国增长 2.8%，亚太地区增长 2.5%，而欧洲与日本分别减少 0.1%和 1.3%。

据 TrendForce 研究报告：2014 年三季度全球三大 DRAM 积极调配产能，以应对 iPhone 对移动内存的需求，带动 DRAM 和合约价格持续上涨，2014 年第三季度 DRAM 产值达 120 亿美元，环比增长 11.0%，创单季新高。在 DRAM 寡占结构下，市场将维持稳定获利的格局走势。2014 年 DRAM 营收预计可达到 471 亿美元，而 2015 年虽然销价可能逐季往下，但在产业持续增加的拉抬下，DRAM 产业整体产值将持续攀升。

据世界半导体市场调研机构（Gartner）报道，半导体存储器 DRAM 在智能手机等领域需求强劲，供不应求使价格居高不下，2014 年 DRAM 市场增长近 32%。

产业组织 MIP 协会公布发表新一代微机电系统（MEMS）感测器与其他感测器和感测器中枢（Hub）或处理器之间的介面规格 I3C 草案，新标准是上一代 I2C 介面的扩展。

安森美半导体推出新类的电荷耦合器件（CCD）图像传感技术，为工业市场的微光成像技术树立新的基准。

Spansion 公司近期发布一款全新智能 LED 驱动器集成电路（IC）解决方案，能降低产品开发成本并加快其上市速度。该系列支持 DALI、DMX、蓝牙智能等业内领先的通信协议，采用 4 通道降压 DC/DC LED 驱动器集成电路，可以在 0.1%到 100%的范围内调节亮度。

IR 推出完善的 IGBT 模块系列，适合电机驱动逆变器、开关模式电源、不间断电源、太阳能逆变器及焊接应用等高功率工业应用，全新模块系列采用 IR 极为坚固可靠的 IGBT 技术（包括非击穿平面栅极和场截止沟道栅极技术）及成熟的二极管技术，提供系列高效模块。

2014 年 2 月 20 日，Broadcom 发布智能穿戴式产品超低功耗处理器。

第九节　2014 年世界 IT 产业信息

2014 年 1 月 7 日，Intel 发布智能硬件平台 Edision。

据美国调研公司 S.A 统计：2014 年 6 月，2014 年世界智能手机市场规模将扩大至 12.5 亿部，比 2013 年的 10 亿部增长 20%。

中国手机厂商华为、联想和小米三大智能手机厂商占到世界 17%的市场份额，超过了美国苹果手机市场份额（经济报 2014.10.23）。

2014 年 1～8 月，美国苹果手机市场份额从年初的 12.5%下滑到 9.5%，三星手机市场份额由年初的 20%下滑至 16%，HTC 手机更是跌出前十名之列。

但苹果和三星仍牢牢占据 3000 元以上的高档价格空间，占据着手机市场九成的利润，这不是其他手机品牌一朝一夕能赶超的。

中国国产基本型手机达到 5 英寸以上高清大屏、4 核至 8 核处理器、1300 万像素主摄像头、4G 网络支持等配置，价格在 2000 元左右，已逐渐成为市场的新兴主力产品，市场占据份额正在上升（中国电子报 2014.10.21）。

苹果公司宣布将于 10 月 16 日推出新版 iPad 和 iMac 等系列产品，iPad 将配置较大显示屏的 Pro 版，并拥有 Touch IDz 指纹信息器（电子报 2014.10.10）。

规模一直在缩小的个人电脑市场出现了触底反弹的迹象，消费者改用平板电脑的趋势暂告一段落，受经常使用电脑人士的需求推动，个人电脑市场萎缩趋势正在止步。美国戴尔公司在印度等新兴经济体个人电脑市场已扩大销售，7～9 月同比增长 21%（经济参考报 2014.11.26）。

由于 iPhone 6 和 iPhone 6 Plus 的热销，iPad 连续三个季度销量下滑，令投资者愈发忧虑。其主要原因是 iPad 在尺寸方面介于 iPhone 6 Plus 和苹果电脑之间，且没有价格优势，地位尴尬，受到明显冷落和疲软（环球时报 2014.10.22）。

芬兰移动通讯公司诺基亚于 11 月 18 日发布首款以“诺基亚”为品牌的安卓系统平板电脑，重返消费电子产品市场，这款名为 N1 的平板电脑，使用诺基亚的定制界面，运行谷歌最新的安卓 5.0 操作系统。N1 机身由阳极氧化铝合金一体成形，厚 6.9 毫米，屏幕为 7.9 英寸（经济参考报 2014.11.21）。

英国拟对跨国高科技公司征收税率为 25%的“转移利润税”，冠以“谷歌税”，于 2015 年 4 月开始执行（环球时报 2014.12.5）。

2014 年世界平板手机出货量将超过笔记本电脑，2014 年世界平板手机产量约为 1.25 亿部，高于笔记本电脑 0.05 亿部。预计 2015 年平板智能手机产量为 3.18 亿部，远高于平板电脑 2.23 亿部的预计产量。据 IDC 预测，2014 年智能手机将占手机市场 70%的份额，到 2018 年将提升到 75.6%的份额 （华强电子）。

2014 年 12 月 9 日，英特尔公司宣布推出物联网端到端架构——英特尔物联网平台，以及基于这一全新平台的集成硬件和软件等产品。物联网是一个快速增长的市场，但面临着可扩展性方面的障碍，通过简化开发流程并使其更易部署，推出了一个集成硬件与软件的产品路线图，从边缘设备一直到云，包括 API 管理与服务软件，连接与分析技术、智能网关，以及一系列可扩展的（IA）处理器等（经济参考报 2014.12.11）。

半导体厂商跨界进入智能照明产业。继 2012 年恩智浦（NXP）发布第一个基于低成本、低功耗 32 位 ARM 处理器的有线照明控制系统开发平台，2013 年德州仪器（TI）公司推出具有 ARM 微控制器的高集成度芯片，能满足智能照明系统需求，2014 年美满电子科技（Marvell）公司正在打造全面的智能照明芯片平台解决方案。目前，英特尔（Inter）公司也刚刚推出了软、硬件一体化的智能照明网关解决方案，借助物联网发展，抢占先机。据预测到 2025 年，各种物联网带来的经济规模可达 10 万亿美元，智能照明、感知、控制、通信业将纳入物联网中，抢占智能家居的入口（中国电子报 2014.12.9）。

互联家庭终端（SACHD）服务发布，2015 年全球计算机因老化换机和升级所需，个人电脑销量预计激增 5%，2014 年 PC 销量同比下降 4%，个人电脑（移动、台式）占家庭的 90%以上，使用频率仅下降 3%（中国电子报 2014.12.5）。

韩国三星公司将于 2015 年采用 QDLCD 技术生产电视机（中国电子报 2014.12.12）。

2014 年岁末，全球大厂抢占可穿戴设备市场，包括智能手机、智能手表、智能眼镜等。据光电协会(PIDA)统计，2014 年全球智能显示装置出货量约为 3910 万台，同比增长 49.8%；2015 年预计出货量可达 6950 万台，同比增长 68.5%。PIDA 表示，以小尺寸面板产品智能手表为代表，可以了解未来小尺寸面板产业发展的趋势。

Gartner 公布 2014 年全球装置出货量的预测报告，2014 年全球平板出货量为 2.29 亿台，同比增长 11.0%，但与 2013 年同比增长 55%相比，2014 年发展明显放缓，其原因有：消费者购买新装置偏好的改变，已有平板的使用者延长更换周期等。

TI 宣布推出全面集成型 10W 无线充电解决方案，使接收器及发送器更高效、更快地充电。

据 IDC 预计，2014 年全球 PC 出货量同比下降 10.3%，LG、三星等企业重新布局，表示将逐步退出 PC 市场（中国电子报 2014.12.19）。

第十节　2014 年世界 IC、IT 投资合作信息

2014 年世界经济复苏回暖，全球经济一体化发展，企业资金充足，使国际并购活动活跃。截至 2014 年 12 月 11 日，全球并购交易额达 3.27 万亿美元，同比增长 40%，其中世界 IC 产业并购金额达 310 亿美元，并购、重组情况如下。

一、2014 年世界半导体企业投资、并购、重组案例

1 月：

- 莱迪思公司以 6 亿美元收购美国的矽映电子（Silicon Image），用以整合智能连接解决方案，打造全新的领军企业。

2 月：

- 瑞昱公司 4970 万美元并购美国的高端网络处理芯片公司科缔纳（Cortina Access），以加强在电信营运商和物联网市场的竞争力。
- ARM 公司收购荷兰的物联网传输层安全协议供应商 Offspark 公司，以增加物联网平台的安全性，为行业提供完整的基础解决方案。
- 安华高公司以超过 6 亿美元的价格收购了美国无线网络公司 Emulex Corp，用来扩大其产品供应，加强在企业存储市场的地位。
- 迈凌公司以 2.87 亿美元收购 RF 和混合信号 IC 等通信芯片供应商美国 Entropic Communications Inc，扩大其宽带接入和连接业务市场份额。

4 月：

- 安森美半导体以 9500 万美元收购高性能图像传感器供应商 Truesense Imaging。该收购加强了安森美半导体应用于工业终端市场的产品阵容，如机器视觉、保安监控及智能交通系统（ITS），壮大了公司的人才库，带来了一支专注于图像传感器细分市场而具丰富经验的设计及应用工程团队。

5 月：

- Fairchild 正式宣布收购 Xsens，获得了感测融合（sensor fusion）技术，从而实现实体和数码世界之间的无缝互动。此收购显著增强了 Fairchild 在微机电系统（MEMS）和传感器领域的实力。
- 美国微芯科技公司以约 3.29 亿美元收购中国台湾低功耗蓝牙技术提供商创杰科技公司（ISSC Technologies），获得更专业的无线技术用于蓝牙方案产品，并为将来成为物联网市场的主角打下基础。
- 无线和定位芯片与模组的瑞士厂商 u-blox 已收购瑞典的工业级短距离无线模组专

业供应商 connectBlue 公司，此行动大幅增强 u-blox 的定位和蜂巢式无线通信解决方案的产品组合，以供数以百万计的连网装置使用。重要应用包括工业用机器对机器（M2M）、医疗设备、资料获取、车辆监控以及资产追踪系统。

6 月：

- 美商新思科技以 4.75 亿美元收购 RSP，该公司为 2008 年日商瑞萨电子（Renesas）、夏普与力晶合资成立的公司，主要从事中小型液晶面板驱动 IC 研发设计与制造销售，几乎各大手机厂包括苹果、三星、小米、HTC、华为等都是它的客户。
- 美商亚德诺（Analog Devices Inc.，ADI）约以 20 亿美元收购高层次的 RF/微波/毫米波技术供应商讯泰微波（Hittite Microwave），两家公司的能力结合，将给予客户更完整的解决方案，并且开发更多工业、通讯基础建设与汽车的市场。
- Audience 以 4100 万美元现金收购 SensorPlatforms，把其技术与自己的先进语音和多元感知处理技术相结合，将支持无缝的自然用户体验、不间断的传感器融合以及情境感知服务，有助改变消费者使用设备的方式。
- Sandisk 宣布以 11 亿美元收购闪存设备制造商 Fusion-io（FIO），Fusion-io 位于美国盐湖城，主要为数据中心生产闪存产品和软件，通过此项收购，Sandisk 将加强数据中心闪存产品业务，帮助企业用户以更低的成本更好地管理数据负荷。
- 领先的高性能模拟 IC 和传感器供应商奥地利微电子公司 AMS 以约 8100 万美元并购全球固态化学气体传感方案领导者 AppliedSensor，以转型为业界领先且创新的传感器解决方案供应商。
- 全球连接器巨头 TE Connectivity 以 17 亿美元收购传感器公司 Measurement Specialties（MEAS），通过此项收购，将使 TE Connectivity 在非常有吸引力、高增长的传感器领域有望成为领导者。
- 波士顿半导体设备公司（BSE）收购 MVTS 技术公司。自 1994 年以来，MVTS 技术公司已经为北美、欧洲和亚洲超过 15 个国家的半导体厂商供应一流的设备、服务和解决方案。MVTS 与 BSE 整合其结果使得波士顿半导体设备公司成为业界最全面的新翻修自动化测试设备（ATE）及相关服务的来源。

7 月：

- 全球领先的传感器供应商 InvenSense（INVN）收购法国运动处理技术公司 Movea，旨在通过此次收购在运动传感器和连网式（GPS/WIF）数据追踪技术方面得以提升，此项收购的规模为 8100 万美元。美国媒体指出，InvenSense 的本次收购将有助于加强该公司在可穿戴移动传感器技术方面的领先地位。
- 全球领先的用于视觉、音频、通信和连接性的 DSP-based IP 平台授权厂商 CEVA 公司已经收购了 RivieraWaves 公司，后者是领先的 WiFi 和 Bluetooth 技术使用的无线连接性私营 IP 供应商。这项并购以协同性效应增加了 CEVA 的总体 IP 产品组合，将公司市场范围扩大到包括可穿戴产品、智能家居、连网汽车和物联网（IoT）等新兴市场领域。

- 由于物联网呈现多元化及多样性的发展，面对这个复杂度远超过往所熟悉运算平台的产业，单一一家厂商难以以一己之力囊括所有市场，因此，透过产业结盟布局生态系统成为所有大厂的当前要务。为此，Intel、Broadcom 与 Samsung 等大厂宣布，成立开放互连联盟（Open Interconnect Consortium，OIC）。OIC 的目标挑战由高通、LG 的公司组成的 AllSeen 联盟。OIC 的初步目标将会先针对智慧家庭和办公室场所的设备，建立物联网装置的标准及认证，随后范围将会扩大到汽车、医疗或其他领域。
- 微控制器（MCU）和触控技术解决方案供应商 Atmel 收购高性能、低功耗 WiFi 和蓝牙解决方案提供商 Newport Media （NMI）；透过这桩收购案，Atmel 将拥有完整的物联网智慧无线连网产品组合。
- 高通（Qualcomm）买下以色列无线传输芯片开发商 Wilocity，目前部分 PC 上已采用 WiGig 技术，且由于 WiGig 使用高于 WiFi 频率的 60GHz 频段，可在更短距离内，达到传输速率提高 10 倍的效果。

8 月：

- Aptina 已经完成对美光科技公司（Micron Technology，Inc）CFA（颜色滤光器阵列）加工和成像传感器资产的收购，凭借内部的 CFA 加工和开发，Aptina 将加快定制产品的速度，以满足移动、汽车、消费、监测和工业市场中特定客户的需求。此外，集成的成像传感器功能将使 Aptina 扩大产品规模，并加快产品上市速度。
- 参数科技（PTC）已完成收购 Atego，Atego 为模组化基础的系统与软件工程应用开发商。这项收购案不仅扩展了 PTC 产品生命周期管理（PLM）以及软件生命周期管理（ALM）解决方案的产品版图，更以强大的建模能力，展现 PTC 支援客户各项系统工程专案的决心。
- Vishay 宣布以约 2.05 亿美元收购台湾凌耀科技股份有限公司，取得环境光感测技术与相关资产。
- 德国芯片巨头英飞凌科技公司以大约 30 亿美元现金收购美国电源管理芯片制造商 International Rectifier（IR），通过这次收购，英飞凌不仅能用 Si 材料，还能用 GaN 材料，生产出从小功率到大功率覆盖广泛用途的功率器件，还可以强化在美国和亚洲市场上的地位。
- 高精度模拟和数字信号处理元件供应商 Cirrus Logic 公司宣布已完成对欧胜微电子有限公司的收购。Cirrus Logic 相信，该项收购将优化 Cirrus Logic 的高度差异化全球客户基础和端到端信号处理解决方案，包括针对便携式音频应用的集成电路和软件，进一步加强其市场领导地位。

- 安森美半导体以 4 亿美元完成收购汽车及工业市场领先的高性能 CMOS 图像传感器供应商 Aptina Imaging，将大幅扩充在图像传感器领域的产品阵容、规模及能力，建成在工业及汽车相关应用图像传感器领域的领先地位。

9 月：

- MegaChips America 宣布收购意法半导体（ST）九款基于 DisplayPort 技术的智慧连接产品，以进一步加强多媒体通信解决方案阵容及技术实力，并增加该标准推动力道。
- 不久前，英特尔入股展讯通信，双方宣布"将联合开发基于英特尔架构和通信技术的手机解决方案"，在 ARM 之外，中国手机芯片厂商又有了新选择，英特尔意欲打破高通、联发科的垄断格局。

10 月：

- Synaptics 公司已完成对 Renesas SP Drivers 公司（RSP）的收购，RSP 是智能手机和平板电脑中小型显示屏驱动芯片（DDICs）的领先供应商。结合 RSP 的产品、技术、工程专业知识与 Synaptics 的系统级专业知识，这一全新公司将推动移动市场加速采用高性能和高性价比的触控显示屏驱动集成（TDDI）解决方案，同时扩展其在触控和 DDIC 产品方面的领先地位。
- 高通出价 25 亿美元收购英国芯片制造商 CSR，CSR 在蓝牙、蓝牙智能与语音处理领域处于领先地位，将帮助高通在物联网，比如便携语音、汽车、可穿戴设备等业务中找到更为关键的解决方案。
- 英特尔公司宣布，将在未来 15 年内投资高达 16 亿美元，对英特尔成都工厂晶圆预处理、封装及测试业务进行全面升级，并将英特尔最新的"高端测试技术"引入中国，加强英特尔在所有计算和通信细分市场的业务战略，尤其是移动领域，包括平板电脑、智能手机、物联网和可穿戴设备等细分市场。
- 三星电子 2014 年 10 月初宣布将投资 150 亿美元，在韩国京畿道平泽市新建芯片厂房，该工程将在 2015 年上半年动工，预计在 2017 年下半年开始营运，该厂的产能与华城 Line 16 生产线的产能（20 万片/月）相当，是西安 NAND Flash 生产线的两倍。产品将是"存储器和处理器芯片"，在西安生产线尚未达产和有余厂房的情况下，该厂首先指向 DRAM 产品的可能性较大。
- 2014 年 10 月 20 日，国际商用机器公司（IBM）已经同格罗方德（Globalfoundries）达成协议，同意支付给格罗方德公司 15 亿美元，以出手旗下处于亏损状态的芯片制造部门。IBM 表示在未来 5 年将投入 30 亿美元用于高端半导体研发，交由格罗方德代工企业生产。格罗方德看中 IBM 在半导体设计制造基础方面的工程经验，感兴趣的半导体产品包括 Power PC、个人电脑、电玩主机等设备。

11 月：

- 英特尔投资 11 月 5 日宣布，向 16 家科技公司投资 6200 万美元，用于可穿戴设备、物联网、大数据分析，推动芯片、智能设备、PC、云和数据中心的进步，预计今年投资总额将达到 3.55 亿美元，其中包括 55 项新的投资。
- 恩智浦半导体收购昆天科（Quintic）达成最终协议，收购昆天科公司旗下可穿戴式设备和蓝牙低功耗芯片业务相关的资产和知识产权，恩智浦可以为物联网应用提供各种低功耗连接技术，如 NFC、Zigbee 和蓝牙技术等。

12 月：

- 飞思卡尔半导体公司收购了无晶圆半导体公司 Zenverge，该公司也是先进的高清内容处理 IC 领域的领先开发商。本次收购将显著增强飞思卡尔一系列物联网应用的内容处理、存储及互连互通能力，进一步满足市场需求。
- 为汽车、工业和消费市场提供蜂窝式和定位模块与集成芯片的全球领导者瑞士公司 u-blox 宣布收购 PRETTL 集团旗下 lesswireAG 公司的车载蓝牙和 WiFi 模块产品，以及一个由核心工程师组成的团队。将 lesswire AG 的车载模块产品纳入旗下，使 u-blox 在快速增长的车内及车对车（V2V）通信系统市场中，成为战略性无线技术提供商。
- 高通公司投资 700 万美元于美商晶鐌（Silicon Image）新设立的子公司 Qterics，并取得 7%的股权，藉此布局万物互连（IoE）应用所需的安全及管理服务技术，强化物联网技术战力。
- 安华高公司以 66 亿美元现金收购美国的存储和网络控制器供应商 LSI；之后，其又将 LSI 的闪存控制器业务剥离，以 4.5 亿美元的价格出售給存储供应商 Seagate，以整合 Emulex 的存储连接和光纤业务，完善其在企业级存储市场的解决方案的业务。
- 市场调研机构 Gartner 报道，2014 年全球半导体资本支出总金额预计将达到 645 亿美元，较 2013 年 578 亿美元增长 11.6%，其中：晶圆代工厂设备投资增长 4.5%，IDM 工厂则相对减少 0.3%，而为满足 DRAM 和消费类电子产品市场需求，其资本投入大增 17.1%。其中三星电子增至 140 亿美元；晶圆代工将超 IDM 企业 4.5%；消费类产品企业制造商集中投资，同比提高 17.1%，创历史新高。

二、2014 年世界电子信息产业投资合作信息

2014 年 5 月 23 日，Microchip 以 3 亿美元收购中国台湾蓝牙芯片厂商创杰公司。

东芝 Sandisk 于 2013 年宣布投资 40 亿美元在日本建设新厂，预计建成后产能将提升 20%左右（现在 NAND Flash 产能为 45 万片/月），达到月投片量约 55 万片（三星现在 NAND Flash 月投片量为 47 万片，再加上西安工厂的达产，能超过东芝公司的月产量）。

Synaptics 近日宣布，已完成对 Renesas SP Drivers（RSP）的收购。RSP 是智能手机和平板电脑中小型显示屏驱动芯片（DDICs）的领先供应商。凭借 RSP 的产品、技术、工程专业知识与 Synaptics 系统相结合，全新公司将推动移动市场加速采用高性能和高性价比的触控显示屏驱动集成（TDD1）解决方案，同时扩展其在触控和 DDIC 产品方面的领先地位（电子报 2014.10.10）。

IT 巨头惠普日前正式宣布分拆为两家独立上市公司，一家名为惠普公司，主营 PC 和打印机业务；另一家名为惠普企业，主营企业硬件和服务业务（电子报 2014.10.10）。

韩国三星集团 11 月 26 日宣布，将旗下四家涉及石油、化工和军工的子公司出售给韩华集团，约合 1.9 万亿韩元（106 亿元人民币），预计在 2015 年上半年完成。这是自 1997 年以来，三星公司首次将子公司出售给其他企业（经济参考报 2014.11.27）。

美国通用电气公司以 125 亿欧元（约 156 亿美元）收购法国阿尔斯通大部分电力业务，同时成立三家合资公司。在近几个月内美国通用电气公司剥离北美零售金融业务，分离媒体部门 NBC 环球，以 33 亿美元出售家电业务等，意欲在工业互联网、电力、交通运输、公共事业及通信等新兴市场提供基础产品（经济参考报 2014.11.14）。

据外媒报道：雅虎计划斥资 7 亿美元收购视频广告平台初创企业 Bright Roll，双方谈判已进入签署框架协议（经济参考报 2014.10.21）。

2014 年 11 月 10 日，韩国三星电子集团申请投资 30 亿美元在越南建设第二座智能手机工厂。一个月之前，三星公司在越南胡志明市投资 5.6 亿美元建设电视机、洗衣机、空调机工厂。7 月份投资 10 亿美元建设显示器组装项目。三星公司已在越南投资额达 110 亿美元。同时，英特尔、微软、LG、松下等公司在越南投资手机制造业务等（经济参考报 2014.11.12）。

美国英特尔公司宣布收购加拿大 IT 安全创业公司 Password Box，把该公司的服务整合到旗下安全产品领域中，使公司获得 10 亿用户（经济参考报 2014.12.3）。

欧特克（Autodesk）近来宣布成立火花投资基金（Spark Investment Fund），计划在未来数年内投入 1 亿美元推动 3D 打印行业的发展，目标是把这个开放平台用到更多的公司里，简化终端用户的使用，从而能很快把 3D 设计转换成 3D 打印出来的产品，这也是 3D 打印行业的第一个投资基金（经济参考报 2014.12.23）。

2014 年 1 月，Google 以 32 亿美元收购智能家居 Nest Lab 公司。Nest Lab 代表作是智能温度调节器，是通过 WiFi 和蓝牙连接智能设备，然后把各种数据上传到云端，是这个领域和互联网上的佼佼者。

英特尔公司宣布对 Vuzix 公司投资 2480 万美元，以加速其推出智能眼镜。

第十一节 2015年世界半导体产业发展预测

2015年随着世界经济形势缓和增长，世界半导体市场在各类新兴产品市场的推进下有望前进，但也受智能手机换机潮、平板电脑热销消退的作用，世界半导体产品市场由2014年的高峰值回落到平稳发展的趋势，但仍处于个位数的低增长区域。

据Gartner预测2015年世界半导体产业营收额预计达到3580亿美元，较2014年3398亿美元，增长5.4%，主要受智能手机的特定应用标准产品（ASSP）及Ultramobile，以及固态硬盘（SSD）中的DRAM和NAND闪存等市场需求成长的影响；2015年DRAM虽可能出现价格跌幅，但仍可同比增长7.7%；工业电子领域则优于市场平均增长，可达到同比增长9.1%；另外，LED家用照明、智慧城市建设及物联网（IOT）也是2015年世界半导体产业发展的推动力。

据Gartner预测，2015年世界半导体市场营收入预计为3540亿美元，同比增长4.0%。

据世界半导体贸易统计组织（WSTS）预测，2015年世界半导体销售额将达到3523亿美元，同比增长4.9%，2016年世界半导体市场增长3.1%，达到3633亿美元。

据中国CCID预测，2015年和2016年世界半导体市场分别增长4.9%和3.1%（表1.11.1）。

表1.11.1 2009—2016年世界半导体产业发展规模及预测

	单位	2009年	2010年	2011年	2012年	2013年	2014年	2015年（E）	2016年（E）
市场规模	亿美元	2263.0	3003.9	2995.2	2915.6	3056.0	3331.5	3494.7	3603.1
同比	±%	−9.0	+32.7	−0.3	−2.7	+4.8	9.0	4.9	3.1

CAGR=6.87%（2009—2016年）

（资料来源：JSSIA整理）

第二章

2014 年中国集成电路产业发展情况

第一节　2014年中国经济形势简述

2014年中国经济在中央经济工作会议精神的指引下，围绕稳中求进的工作总基调，开展稳增长、促改革、调结构、惠民生、防风险的政策措施，加快推进改革，激发市场内在动力和活力，准确把握改革与发展的平衡点，准确把握近期与长期目标的平衡点，准确把握经济社会发展与人民生活改善的结合点，突出创新驱动，促进社会和谐稳定，克服经济工作中存在的薄弱环节，使我国经济发展取得了举世瞩目的成就，领跑世界经济。

2014年中国国内生产总值为63.65万亿元，首破10万亿美元大关，GDP同比增长7.4%。

2014年四季度中国国内生产总值（GDP）同比增长7.3%。

1．2013年Q1～2014年Q4中国GDP情况（表2.1.1）

表2.1.1　2013年Q1～2014年Q4中国GDP情况

年度	2013年				2014年			
季度	Q1	Q2	Q3	Q4	Q1	Q2	Q3	Q4
GDP（%）	7.7	7.5	7.8	7.6	7.4	7.5	7.3	7.3

2．2014年度中国制造业指数（PMI）（表2.1.2）

表2.1.2　2014年度中国制造业指数（PMI）

年度	2013年	2014年											
月份	12月	1月	2月	3月	4月	5月	6月	7月	8月	9月	10月	11月	12月
PMI指数（%）	51.0	51.5	50.2	50.3	50.4	50.8	51.0	51.7	51.1	51.1	50.8	50.3	49.6

3．2014年度中国非制造业商务活动指数（非制造业PMI）（表2.1.3）

表2.1.3　2014年度中国非制造业商务活动指数（非制造业PMI）

年度	2013年	2014年											
月份	12月	1月	2月	3月	4月	5月	6月	7月	8月	9月	10月	11月	12月
商务活动指数(%)	54.6	53.4	55.0	54.6	54.8	55.5	55.2	54.2	54.4	54.1	54.5	54.9	54.1

4．2014年度中国居民消费物价指数（CPI）（表2.1.4）

表2.1.4　2014年度中国居民消费物价指数（CPI）

年度	2013年	2014年											
月份	全年平均	1月	2月	3月	4月	5月	6月	7月	8月	9月	10月	11月	12月
CPI（%）	2.7	2.5	2.0	2.4	2.3	2.5	2.3	2.3	2.0	1.6	1.6	1.4	1.5

- 2014 年全国同比上涨 2.0%

5．2014 年度中国生产者价格指数（PPI）（表 2.1.5）

表2.1.5　2014年度中国生产者价格指数（PPI）

年度	2013 年	2014 年											
月份	全年平均	1 月	2 月	3 月	4 月	5 月	6 月	7 月	8 月	9 月	10 月	11 月	12 月
PPI（%）	98.8	98.3	97.9	98.1	98.3	99.7	98.9	98.8	98.6	98.4	97.8	97.6	96.7

- 2014 年全年平均同比下降 2.77%

6．2014 年中国上证股市

2014 年 11 月 22 日起下调人民币贷款和存款基准利率，引发了中国股市的爆炸式“牛市”。到 2014 年 12 月 31 日上证指数达 3239.36 点，比年初的 2115.98 点上涨 52.87%，力压欧美日韩主要股市，成为资金流入投资热，成为经济发展的晴雨表。

7．2014 年中国人民币汇率

2014 年 12 月 19 日 人民币兑美元中间价为 6.22，自 2005 年 7 月 21 日我国重启汇改以来，人民币兑美元已累计升值 35%，更接近均衡汇率，具备了放松汇率管制，进一步发挥市场决定汇率条件。人民币汇率升值不利于我国出口商品的国际竞争力。

8．2013—2015 年中国宏观经济分析与预测（表 2.1.6）

表2.1.6　2013—2015年中国宏观经济分析与预测

	2013 年	2014	2015（E）
	实际值	实际值	目标值
GDP（%）	7.7	7.4	7.0
CPI（%）	2.6	2.0	3.0
出口同比（%）	7.9	6.1	6.0
进口同比（%）	7.3	0.4	
M2 同比（%）	13.6	12.2	12
零售同比（%）	13.1	12.0	
固定资产投资同比（%）	19.6	15.7	
外商投资（FDI）（%）	2.2	1.7	
城镇新增就业（万人）		1322	1000
城镇登记失业率（%）			4.5
能耗强度（%）		–4.8	–3.1

（资料来源：JSSIA 整理）

第二节 2014年中国电子信息产业运行基本情况

2014年，中国电子信息产业整体保持了平稳增长，经济运行态势稳中向好，结构调整不断优化，产业升级势头明显，质量和效益同步提升，有力地促进了社会信息化发展水平的提高和两化深度融合，并为国民经济在新常态下保持平稳运行发挥了积极的作用。

2014年，中国电子信息产业完成销售收入总规模达到14万亿元，同比增长13%，占全国国内生产总值的22.0%。

一、2014年中国电子信息制造业情况

1．2014年中国电子信息制造业简况

2014年中国电子信息制造业实现主营业务收入10.30万亿元，同比增长11.1%，占全国电子信息产业总值的73.6%，占全国国内生产总值的16.2%（图2.2.1）。

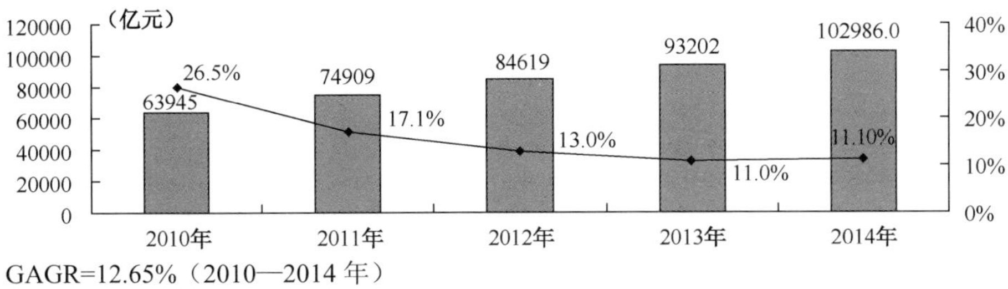

图2.2.1 2010—2014年中国电子信息制造业主营业务收入规模及增长

2．2014年中国电子信息制造业产销规模情况

2014年中国电子信息制造业规模以上企业增加值同比增长12.2%。

2014年中国电子信息制造业实现销售产值10.39万亿元，同比增长10.3%，其中：

2014年内资企业实现销售产值38078亿元，同比增长20.7%，占比36.6%，贡献率达67.5%；三资企业实现销售产值65824亿元，同比增长5.1%，增速下降4.7%。

中、西部地区实现销售产值12574亿元和9376亿元，同比增长25.9%和26.2%；东部和东北地区实现销售产值80524亿元和1428亿元，同比增长6.8%和0.2%。

2014年中国电子器件行业实现销售产值15200亿元，同比增长10.2%，占比为14.8%。

3．2014年中国电子信息制造业国内市场情况

2014年中国电子信息制造业内销产值51883亿元，同比增长14.9%，占比49.9%，贡献率达69.5%；电子器件行业内销率为39.4%，同比增长2.5个百分点；通信设备内销率占比为52.2%，家用视听行业内销率占比为53.8%，计算机行业内销率占比为23.6%；内资企业内销率占比为

80.7%，中小型企业内销率占比为 72.2%；2014 年对国内市场依赖程度仍比较高。

二、2014 年中国电子信息制造业进出口情况

2014 年中国电子信息制造业出口交货值 5.02 万亿元，同比增长 6%。

2014 年，中国电子信息产品进出口总额达 13237 亿美元，同比下降 0.5%，其中：出口 7897 亿美元，同比增长 1.2%，占全国外贸出口总值 33.5%；进口 5340 亿美元，同比下降 2.8%，占全国外贸进口总值 27.1%；贸易顺差 2557 亿美元，同比增长 10.7%，占全国贸易顺差的 66%。

2014 年，中国电子信息行业内资企业出口 2136 亿美元，同比下降 0.4%，但国有、集体企业出口保持 7.2%和 18.6%的增长。出口增速较快的是中西部省市，出口地区增速较快的是东南亚、中东、俄罗斯。一般贸易出口额为 1784 亿美元，同比增长 17.8%。

2014 年，中国电子器件行业出口交货值 9194 亿元（约合 1483 亿美元），同比增长 5.8%。

三、2014 年中国电子信息制造业经济效益

2014 年，规模以上中国电子信息制造业实现利润 5052 亿元，同比增长 20.9%，平均销售利润率 4.9%，低于工业平均水平 1 个百分点，但比去年同期提升 0.4 个百分点。

2014 年，中国电子信息行业每百元主营业务收入中的平均成本为 88.4 元，同比下降 0.2 元。产成品存货周转天数为 12.2 天，低于工业产成品存货周转天数 1.1 天。

2014 年 1～11 月全行业企业亏损面为 19.1%。

2014 年，全行业亏损企业亏损额下降 20.4%。

2014 年，电子信息制造业每百元资产实现主营业务收入为 136.8 元，高于工业 11.6 个百分点，贡献率为 10.1%。

2014 年，电子信息制造业资产负债率为 57.8%，同比下降 0.5 个百分点。

2014 年，电子信息制造业内资企业占全行业收入和利润的比重为 36.4%和 47.7%，同比提高 3.3 和 0.4 个百分点，对全行业效益贡献率超过 50.0%。

2014 年，电子信息制造业小型企业保持较强发展活力，收入和利润增速分别为 19.1%和 27.1%，高于平均水平 9.3 和 6.2 个百分点，对全行业效益贡献率达 30.0%左右。

四、2014 年中国移动、互联网、宽带市场简况

2014 年中国移动电话用户净增长 5698 万户，总数达 12.86 亿户。

2014 年全国移动宽带用户累计达 5.83 亿元，占总数的 45.3%。

2014 年中国 3G 用户新增 8364 万户，总数达 4.85 亿户。

2014 年中国 4G 用户新增 9728 万户，总数达 0.97 亿户。

2014 年中国互联网、宽带接入端口净增 4160 万个，总数突破 4 亿个。

2014年中国手机产量为16.3亿部，同比增长6.8%。

2014年中国手机市场出货量为4.52亿部，同比下降21.9%，3G手机仍为市场主力军。但4G手机爆发，下半年4G市场出货量为1.71亿部，出货率由37.8%→45%→50%→64%，平均增长率超过50%，品牌手机和低价手机受追捧。

2014年中国微型计算机产量为3.5亿台，同比下降0.8%；因受智能手机和平板电脑的冲击，微型计算机市场有所萎缩，其中笔记本电脑产量为2.27亿台，同比下降5.5%。但在下半年里仍有温和回升的迹象。

2014年计算机行业实现销售产值22729亿元，同比增长2.9%。

五、2014年中国家电市场简况

2014年洗衣机市场零售规模为3292万台，同比增长0.8%；零售额为576亿元，同比增长3.6%，其中，大容量（7.1～8.0kg）滚筒洗衣机零售额占34.7%。

2014年冰箱对开门、多门，大容量、节能、除菌等仍为销售热点，小容量（<160L）同比下降8.8%，大容量（201～220L）上升6.2%，500L容量上升2.2%，线上销售375万台，同比增长65.2%，渗透率超过10%，零售额为64亿元。

2014年厨卫增长4.4%。

2014年空调机零售量为360万台，同比增长93%，变频空调仍为市场热点。

2014年机器人吸尘机零售额同比增长11.8%，线下占16.2%，线上占47.6%。

2014年中国彩色电视机产量为1.41亿台，同比增长10.9%，其中，LCD彩电产量为1.39亿台，同比增长13.3%；出口0.74亿台，其中LCD出口0.69亿台，出口额增长20.5%。LCD电视机零售量为4542万台，大尺寸成为主流，55英寸LCD电视机增长29.0%，线下占19%，线上占50%以上；4K电视占30.8%；2015年LCD电视市场将达到4710万台，呈恢复性增长3.7%；智能、4K、曲面产品成为市场主流产品和增长点。

六、2014年中国IC卡简况

从磁条卡向IC卡迁移，在2015年全部完成，2014年完成4.8亿张，2015年将完成8亿张。

2014年我国IC卡发卡累计达40亿张。

2014年金融IC卡发卡量累计达12亿张，销售收入同比增长4.8倍，在2014年增长6亿张的数量中，国产仅为1000万张，国产芯片所占比重微乎其微，2015年预计需求量达7.8亿张。

七、2014年中国汽车电子简况

2014年我国汽车销量达2300万辆，继续成为世界第一大生产国和消费国。

2014 年新动能汽车生产 7.85 万辆，销售 7.47 万辆，同比增长 4 倍，到 2014 年新动能汽车累计生产 8.34 万辆。

2015 年新动能汽车产量将超过 20 万辆，动力电池产值将超过 250 亿元。

八、2015 年中国多晶硅、太阳能光伏业简况

2014 年中国多晶硅产量达 13.2 万吨，同比增长 57%；硅片产量达到 38GW，同比增长 28%；电池片产量达到 33GW，同比增长 32%；组件产量达到 35GW，同比增长 27.2%。

2014 年中国多晶硅进口 156 亿美元，进口量近 10 万吨。

2014 年中国多晶硅太阳能光伏转换效率将达到 18%，单晶硅太阳能光伏转换效率达到 20%。

2014 年中国太阳能光伏累计装机容量有望超过 2.6GW。

九、2014 年中国电子信息产业固定资产投资情况

1．2014 年中国电子信息产业固定资产投资

500 万以上项目完成投资 1.21 万亿元，同比增长 11.4%；其中新增固定资产 0.80 万亿元，同比增长 18.7%；其中电子器件新开工项目投资增长由负转正，同比增长 2.8%；其中电子专用设备新开工项目投资同比增长 6.2%。

2．2014 年中国半导体产业固定资产投资情况

2014 年中国电子器件行业投资完成 2825 亿元，同比增长 14.4%，其中集成电路领域完成投资 644.5 亿元，同比增长 11.4%；光电子器件领域完成投资 1972 亿元，同比增长 18.9%；分立器件领域完成投资 106.5 亿元，同比下降 6%。

3．2014 年中国电子信息产业固定资产投资到位情况

2014 年中国电子信息产业固定资产投资到位 1.26 万亿元，同比增长 12%，其中国家预算内资金到位 73.4 亿元，同比增长 42.7%，主要集中在集成电路、光电器件和电子专用设备领域。

4．2014 年中国电子信息产业投资区域情况

2014 年中国电子信息产业东部地区投资完成 0.56 万亿元，同比增长 5.4%，占比为 46.3%。

2014 年中国电子信息产业西部地区投资完成 0.20 万亿元，同比增长 22.1%，占比为 16.5%，其中重庆市增长 77.7%。

2014 年中国电子信息产业中部地区投资完成 0.40 万亿元，同比增长 16.9%，占比为 33.1%。

2014 年中国电子信息产业东三省投资完成 0.05 万亿元，同比增长 2.5%，占比为 4.4%。

5．2014 年中国电子信息产业投资结构情况

2014 年中国电子信息产业投资内资企业投资完成 1.0 万亿元，同比增长 13.8%；其中，私

企投资完成 0.43 万亿元，同比增长 18.3%，占比为 43.0%；有限责任制企业完成投资 0.34 万亿元，同比增长 12.1%，占比为 34%；国企投资完成 0.07 万亿元，同比增长 11.9%，占比为 7%。

2014 年中国电子信息产业外商企业投资完成 0.13 万亿元，同比增长 8.6%，其中港澳台企业投资完成 0.07 万亿元，同比下降 9.8%，降幅同比扩大 4 个百分点。

6. 2014 年电子信息产业投资新增长点培育

2014 年新开工（500 万元以上）项目 8028 个，同比增长 1.0%，增速同比下降 4 个百分点。

电子元器件行业新开工项目下滑 3.4%。

江苏省仍是新开工项目最为集中的地区，同比增长 2.1%。

7. 2014 年中国电子信息产业投资分类情况（图 2.2.2）

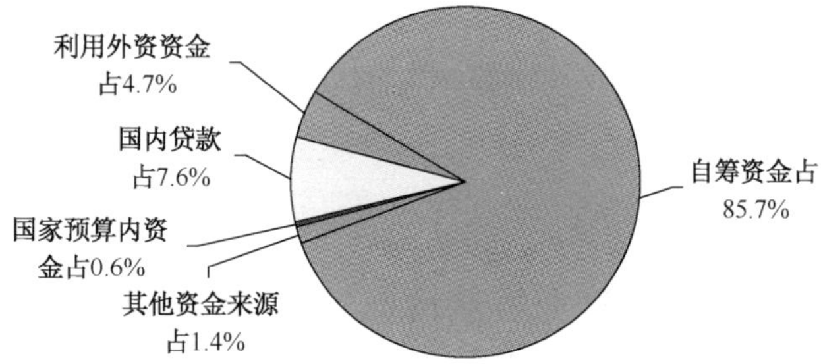

图 2.2.2 2014 年中国电子信息产业投资分类情况

十、2014 年中国电子信息产业科研创新情况

2014年中国电子信息产业前百强企业研发投入强度为4.8%，高于平均水平2个百分点。

2014 年我国积极主导制定了在云计算、物联网、射频连接器、同轴通信电缆等领域的国际标准，对自主技术和产品走出去起到重要的推动作用。

在集成电路领域里，28 纳米处理器成功制造；16 纳米移动芯片成功制成；首款智能电视 SoC 芯片研发成功并量产，改变了我国智能电视缺芯局面；国内首条，世界第二条 8 英寸 IGBT（绝缘栅双极型晶体管）专业生产线建成投产，打破国外垄断，有效提升我国在船舶、电网和轨道交通车辆方面的智能化水平。

第三节　2014 年中国集成电路产业发展情况

2014 年，我国集成电路市场内生增长动力逐步形成，电子信息市场正从消费类电子、通信、计算机等传统市场向智能电子（手机、平板、电视、家居、医疗电子、汽车电子、多媒体游戏等）、互联网、物联网、云计算、可穿戴设备等新兴市场快速前行，带动集成电路产业快速发展。

2014 年，我国集成电路产业坚持稳中求进；坚持以市场为牵引，以创新求发展；坚持挖潜内延，以提高产业经济效益和质量为中心，主动适应经济发展新常态；积极培育信息消费，发展智能制造，促进两化融合，为国家信息安全做好支撑。

2014 年，我国集成电路产业发展正从增量扩张向调整存量、追求高效率低成本转型，正从要素驱动向创新驱动发展，正从满足内需积极走向世界转变，正从自我发展向内外兼修、追寻兼并重组发展。在《国家集成电路产业发展推进纲要》的指引下，我国集成电路产业整体保持平稳较快增长，迎来产业发展的加速期，取得了可喜的成绩。

一、2014 年我国半导体产业发展情况

2014 年我国半导体产业销售额达 4887.8 亿元，同比增长 20.9%，其中：集成电路产业销售收入为 3015.4 亿元，首破三千亿元大关，同比增长 20.2%；分立器件产业销售收入为 1872.4 亿元，同比增长 21.9%，呈现产销两旺的景象。

1. 2008—2014 年我国半导体产业销售与增长状况（图 2.3.1）

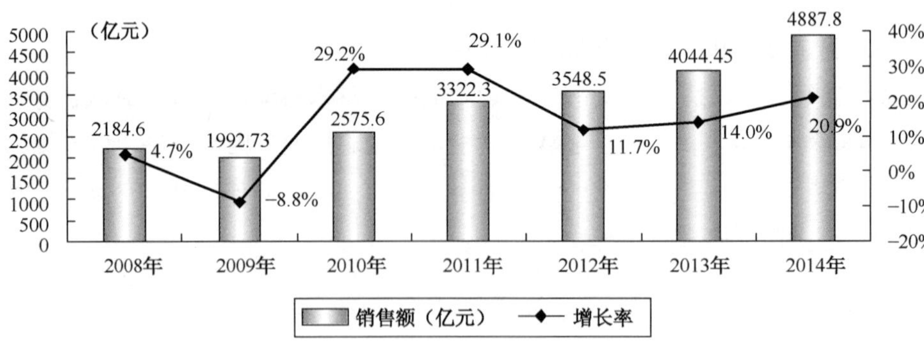

CAGR=14.36%（2008—2014 年）

（资料来源：JSSIA 整理）

图 2.3.1　2008—2014 年我国半导体产业销售与增长状况

2．2008—2014 年我国半导体产业销售额占国内半导体市场的份额（图 2.3.2）

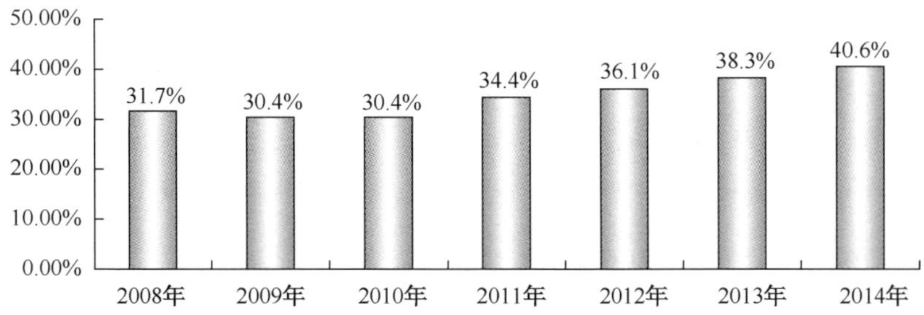

图 2.3.2　2008—2014 年我国半导体产业销售额占国内半导体市场的份额

3．2008—2014 年我国半导体产业销售额占世界半导体市场的份额（图 2.3.3）

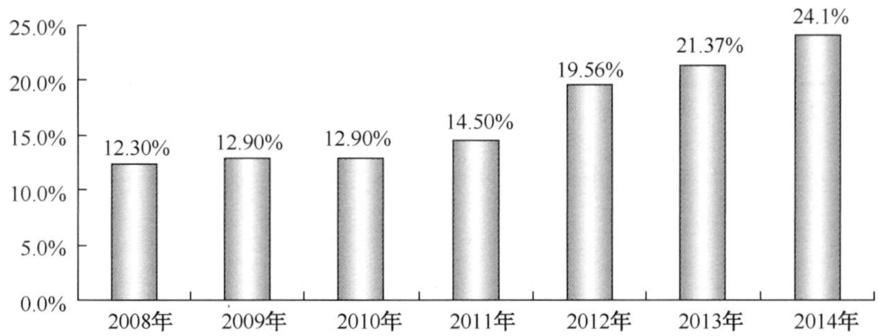

图 2.3.3　2008—2014 年我国半导体产业销售额占世界半导体市场的份额

4．2011—2016 年我国半导体产业销售额发展预测（图 2.3.4）

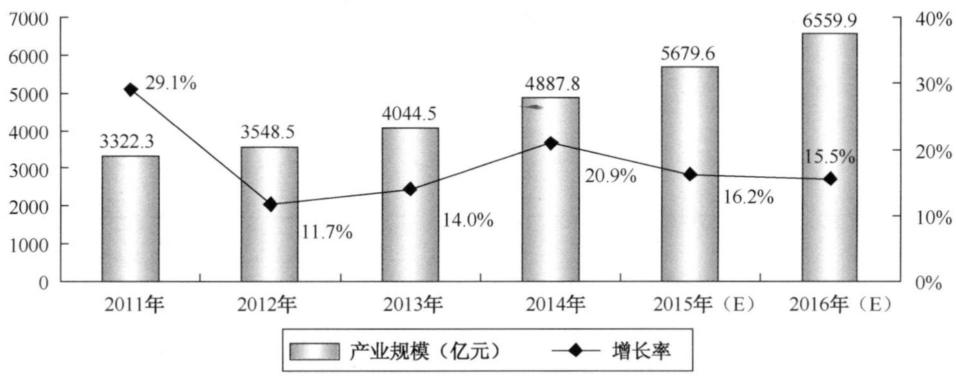

CAGR=14.58%（2011—2016 年）

（资料来源：CCID/JSSIA 整理）

图 2.3.4　2011—2016 年我国半导体产业销售额发展预测

二、2014 年中国集成电路产业发展情况

1．2014 年中国集成电路产业销售收入情况

据中国半导体行业协会（CSIA）报道：2014 年在世界半导体市场需求上扬和国内市场

需求快速增长的带动下，中国集成电路产业发展取得近几年来的最好业绩。2014年中国集成电路产业销售收入达到3015.4亿元，同比增长20.2%，其中，集成电路设计业销售收入达1047.4亿元，首破千亿元大关，同比增长29.5%，为增长率最快的产业；集成电路晶圆制造业因三星西安12英寸线的投产，海力士（无锡）工厂恢复生产等销售收入达712.1亿元，同比增长18.5%；集成电路封测业销售收入达1255.9亿元，同比增长14.3%。

2．2009—2014年中国集成电路产业发展规模（表2.3.1）

表2.3.1　2009—2014年中国集成电路产业发展规模

（单位：亿元）

指标名称	2009年	2010年	2011年	2012年	2013年	2014年	2015年(E)
销售收入	1109.1	1440.2	1933.7	2158.5	2508.5	3015.4	3657.3
增长率（%）	–11.0	29.8	34.0	11.6	16.2	20.2	21.3

CAGR=22.14%（2009—2014年）

3．2009—2014年中国集成电路产业销售收入同比增长率（图2.3.5）

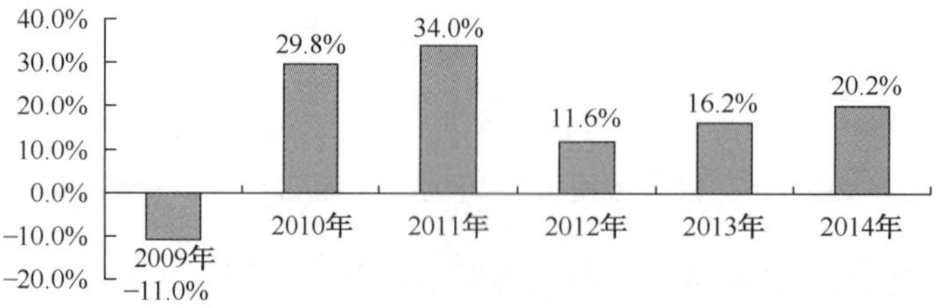

图2.3.5　2009—2014年中国集成电路产业销售收入同比增长率

4．2013年Q1～2014年Q4中国集成电路产业分季度销售收入规模（表2.3.2）

表2.3.2　2013年Q1～2014年Q4中国集成电路产业分季度销售收入规模

（单位：亿元）

年度	2013年				2014年			
季度	Q1	Q2	Q3	Q4	Q1	Q2	Q3	Q4
销售收入	518.2	637.6	657.9	694.7	587.5	751.1	814.3	862.5
同比（±%）	47.6	27.1	32.3	–14.0	13.4	17.8	23.8	24.2
环比（±%）	–35.9	23.0	3.2	5.6	–15.4	27.8	8.4	5.9

5．2014年中国集成电路产业三业发展情况（表2.3.3和图2.3.6）

表2.3.3　2009—2014年中国集成电路产业三业销售收入规模及增长

型别	指标名称	单位	2009年	2010年	2011年	2012年	2013年	2014年
集成电路产业	合计	亿元	1109.1	1440.2	1933.7	2158.5	2508.5	3015.4

续表

型别	指标名称	单位	2009 年	2010 年	2011 年	2012 年	2013 年	2014 年
IC 设计业	销售额	亿元	269.9	363.9	526.4	621.7	808.8	1047.4
	增长率	%	14.8	34.8	44.6	18.1	30.1	29.5
IC 晶圆业	销售额	亿元	341.1	447.1	431.6	501.1	600.9	712.1
	增长率	%	–13.2	31.1	–3.6	16.1	19.9	18.5
IC 封测业	销售额	亿元	498.2	629.2	975.7	1035.7	1098.8	1255.9
	增长率	%	–19.5	26.3	55.1	6.1	6.1	14.3

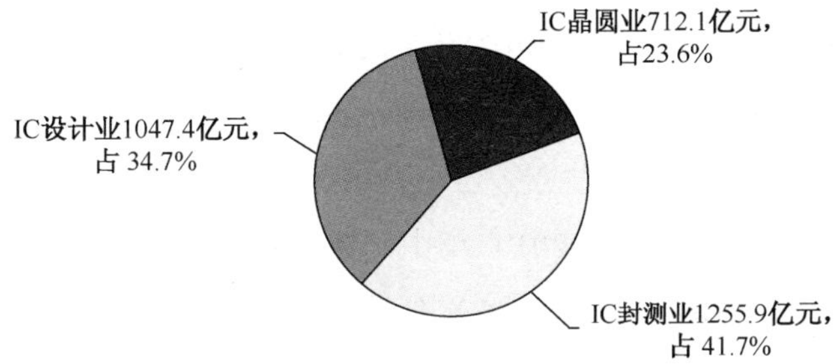

图 2.3.6　2014 年度中国集成电路产业三产业结构情况

6．2014 年中国集成电路产业集群分布情况

我国集成电路产业呈集群性分布，主要集中在长三角地区、京津环渤海地区和珠三角地区，以及以西安、成都、武汉、重庆等城市为中心的中西部地区（图 2.3.7）。

2014 年以集成电路产业销售收入计：京津环渤海地区同比增长 6.2%，长三角地区同比增长 11.4%，珠三角地区同比增长 29.4%，中西部地区增长最快，其中陕西省增长 47.6%，甘肃省增长 14%等。

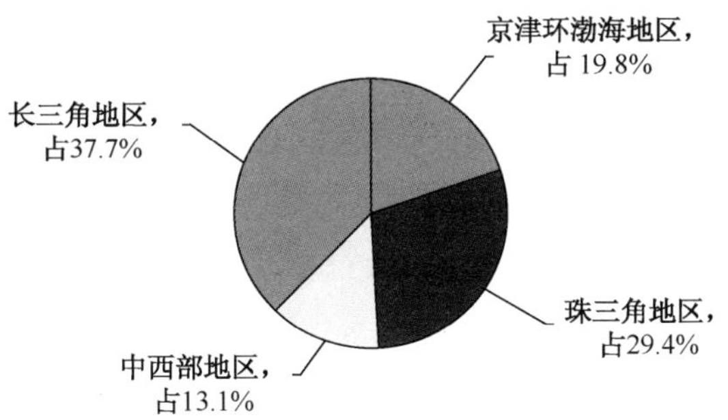

图 2.3.7　2014 年中国集成电路产业集群分布

7．2014 年中国集成电路产业销售产值发展规模

2014 年中国集成电路产业产值为 2915 亿元，同比增长 8.2%（图 2.3.8）。

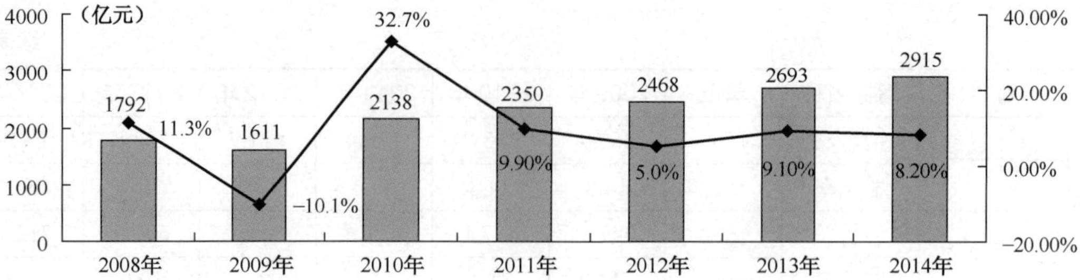

CAGR=8.45%（2008—2014 年）

（资料来源：工信部运行监测协调局）

图 2.3.8　2014 年中国集成电路产业销售产值发展规模

三、2014 年中国集成电路产品产量情况

据工信部运行监测协调局统计： 2014 年中国集成电路产量为 1015.5 亿块，同比增长 12.4%。

据中国半导体行业协会统计：2014 年中国集成电路行业加大资金投入，技术突破与规模积累相叠加，生产集成电路 1034.8 亿块，首破千亿块大关，同比增长 19.4%。增速高于去年同期 13.9 个百分点（图 2.3.9）。2014 年中国集成电路产业产能利用率超过 90%以上。

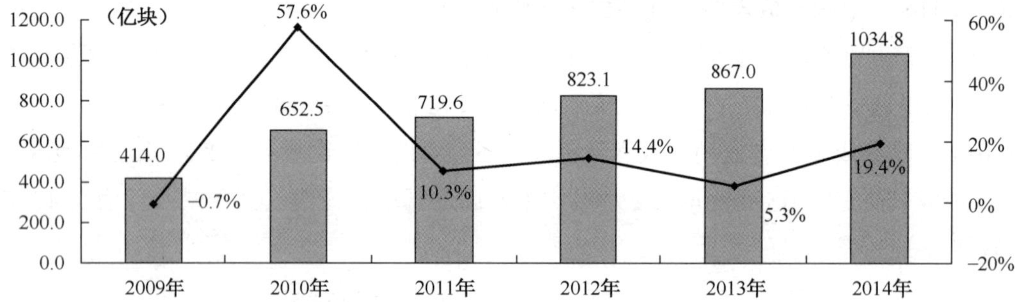

CAGR=20.11%（2009—2014 年）

图 2.3.9　2009—2014 年中国集成电路产品产量发展规模及增长

四、2014 年中国集成电路产业占世界同业比重

2014 年中国集成电路产业销售收入 3015.4 亿元，占 2014 年世界半导体产业营收额 3331.5 亿美元的 18.0%，占比同比上升 1.91 个百分点（表 2.3.4 和表 2.3.5）。

表2.3.4　2005—2014年中国集成电路产业销售额占世界同业市场的比重

年份	2005	2006	2007	2008	2009	2010	2011	2012	2013	2014
占比(%)	4.6	6.06	7.54	8.65	8.54	8.6	12.42	14.41	16.09	18.0

表2.3.5　2006—2014年中国集成电路产业销售额占国内IT制造业的比重

年份	2006	2007	2008	2009	2010	2011	2012	2013	2014
占比（%）	2.59	2.75	2.43	2.16	2.25	2.58	2.55	2.69	2.93

中国集成电路产品制造能力相对薄弱、生产规模小、技术水平与世界先进国家的差距较大，不仅造成中国在国际竞争中的发展空间受限，而且不能确保国家信息安全和产业安全，这就是中国政府十分重视和扶持我国集成电路产业发展的出发点。

第四节　2014 年中国集成电路产业经营情况

一、2014 年中国集成电路产业经济效益不断向好

2014 年中国集成电路产业实现利润总额 212 亿元，同比增长 52%，比上年同期提高 23.7 个百分点，占中国电子信息产业制造业实现利润 5052 亿元的 4.2%。

2014 年中国集成电路产业销售利润率为 7.9%，比上年同期提高了 1.8 个百分点，比中国电子信息产业制造业销售利润高出 3 个百分点。

2014 年中国集成电路产业每百元主营业务收入中的成本为 85.7 元，比上年同期下降 1.2 元，比中国电子信息产业制造业平均成本 88.4 元，下降 2.7 元。

2014 年中国集成电路产业产成品存货周转天数为 12 天，比上年同期少 1.3 天，比中国电子信息产业制造业平均天数少 0.2 天。

二、2014 年中国集成电路产业内销市场占比扩大

2014 年中国集成电路产业内销产值 1011 亿元，同比增长 9.9%，高于全行业增速 1.2 个百分点，内销比例达到 34.7%，比上年同期提升 0.4 个百分点，全年增速低于上半年 5.9 个百分点，占中国电子信息产业制造业内销的 1.9%。

三、2014 年中国集成电路产业新增固定资产大幅增加

2014 年中国集成电路产业完成固定资产投资 644.5 亿元，同比增长 11.4%，但与上年同期相比增速下降 56.6 个百分点，其中集成电路产业全年新增固定资产 554 亿元，同比增长 103.4%，高于电子信息行业 84.7 个百分点，为全行业增速最快的产业；全年集成电路产业中新开工项目数 144 个，同比增长 0.7%，占电子信息产业全行业开工项目数的 1.8%。

2014 年分立器件行业完成投资 106.5 亿元，同比下降 6.0%。

2014 年光电子器件行业完成投资 1972 亿元，同比增长 18.9%。

四、2014 年中国集成电路产业聚集发展特点突出

2014 年中国集成电路产业聚集度进一步提升，从销售产值可看出：京津环渤海地区集成电路产值增长 6.2%，占到全国 IC 产值的 8.4%；长三角地区集成电路产值增长最快，为 11.4%，占到全国 IC 产值的 37.7%；珠三角地区集成电路产值增长 5.4%，占到全国 IC 产值的 29.4%；中西部地区有增有减，情况不一，其中四川下滑 7.6%，甘肃增长 14%。

五、2014 年中国集成电路产业结构良性发展

2014 年中国集成电路设计业销售收入增速最快，达到 29.5%，占到 IC 产业销售收入的 34.7%，占比超过了集成电路晶圆业 11 个百分点，说明 2014 年我国 IC 设计业突飞猛进。

2014 年中国集成电路晶圆业销售收入增速达 18.5%，晶圆业新的增长点增益明显，为三星西安的投产，中芯国际北京第二条 12 英寸生产线建成，南车株洲 IGBT 8 英寸线投产；中芯国际（上海）已连续 10 个月实现盈利；8 英寸晶圆生产线产能供应不求；重点晶圆厂接单代工能力提升等。但晶圆制造业销售收入仅占 IC 产业总值的 23.6%，退居末位。

2014 年中国集成电路封测销售收入增速达 14.3%，占到 IC 产业销售收入近 42%的份额，仍居行业首位，江苏长电、通富微电、天水华天三家重点企业经营状况良好，发展迅速。

六、2014 年中国集成电路科技创新取得突破

展讯通信“无线通信终端核心芯片关键技术”、广东工业大学“半导体器件后封装核心装备关键技术与应用”、电子科大“高密度互连混合集成印制电路关键技术”、上海交大“虚拟机运行支撑关键技术”、华为“超宽带新铜线接入技术”等获得 2014 年国家科技进步二等奖。

中芯国际与高通合作的 28 纳米骁龙处理器成功制造，标志着我国 IC 晶圆 28 纳米制程迈出重要一步，同时在 20-14 纳米研发上也在积极推进。

华为海思公司 16 纳米 Fin FET 在台积电流片成功，标志着我国 IC 设计业登上新台阶。

展讯推出 A7 架构四核芯片 8735S，标志我国在移动芯片设计领域进入中高端市场。

我国首款智能电视 SoC 芯片研发成功并实现量产，改变了我国智能电视“缺芯少面”的局面。

我国首条、世界第二条 8 英寸 IGBT 正式生产，达到 1700V，3300V 已试产，6500V 已出样品。

七、2014 年中国集成电路产品进出口情况

（一）2014 年中国电子信息产品进出口情况

据国家工信部运行监测协调局报道：2014 年中国电子信息产品进出口总额 1.32 万亿美元，同比下降 0.5%，其中，出口 0.79 万亿美元，同比增长 1.2%；进口总额 0.53 万亿美元，同比下降 2.8%。其中，元器件进口 0.29 万亿元，同比下降 5.6%，出口 0.13 万亿元，同比下降 17.9%。

（二）2014 年中国半导体产品进出口情况

2014 年，中国半导体进出口总额为 3303.8 亿美元，同比下降 10.7%，其中进口额为 2411.7 亿美元，同比下降 5.7%；出口额达 892.1 亿美元，同比下降 21.9%，进出口逆差继

续扩大，达到 1519.6 亿美元，同比增长 7.4%，贸易逆差增长迅速，同比扩大了 4.52 个百分点（表 2.4.1）。

表2.4.1　2009—2014年中国半导体产品进出口规模及增长

	2009 年	2010 年	2011 年	2012 年	2013 年	2014 年	CAGR（%）
半导体产品合计	1733.3	2325.7	2537.7	2946.4	3699.2	3303.8	13.77
同比（±%）	−7.8	34.2	9.1	16.1	25.5	−10.7	—
进口额（亿美元）	1349.9	1730.7	1876.2	2138.7	2557.2	2411.7	12.31
同比（%）	−8.0	31.9	8.4	14.0	19.6	−5.7	—
出口额（亿美元）	383.4	595.0	661.5	807.7	1142.0	892.1	18.40
同比（%）	−7.3	58.2	11.2	22.1	41.4	−21.9	—

（三）2014 年中国集成电路产品进出口情况

据中国海关统计：

2014 年中国集成电路产品进口量为 2856.6 亿块，同比增长 7.3%，集成电路产品进口额为 2176.0 亿美元，同比下降 5.9%；集成电路产品出口量为 1535.2 亿块，同比增长 7.6%，集成电路产品出口额为 609.0 亿美元，同比下降 30.6%。

综观 2014 年中国集成电路产品进出口情况还不尽如人意，差距正在拉大：进口量大于出口量达 1321.4 亿块，同比增长 9.3%；在进口额上，进口额达 2176 亿美元，虽然同比下降 5.6%，但净进口额逆差为 1567.0 亿美元，同比增长 9.0%，增速同比提高 5.5 个百分点。

这说明，中国集成电路市场发展空间巨大，引来世界集成电路产业巨头来华占领中国市场，也成为其主要业务收入的来源，同时也是我国集成电路产业界瞄准的目标。

1. 2009—2014 年中国集成电路产品进口情况（图 2.4.1）

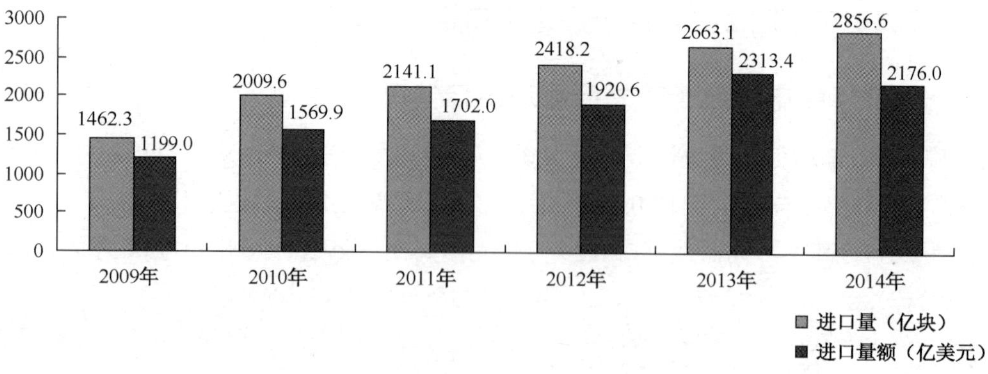

CAGR（进口量）=14.33%（2009—2014 年）
CAGR（进口额）=10.66%（2009—2014 年）

图 2.4.1　2009—2014 年中国集成电路产品进口情况

2．2009—2014 年中国集成电路产品出口情况（图 2.4.2）

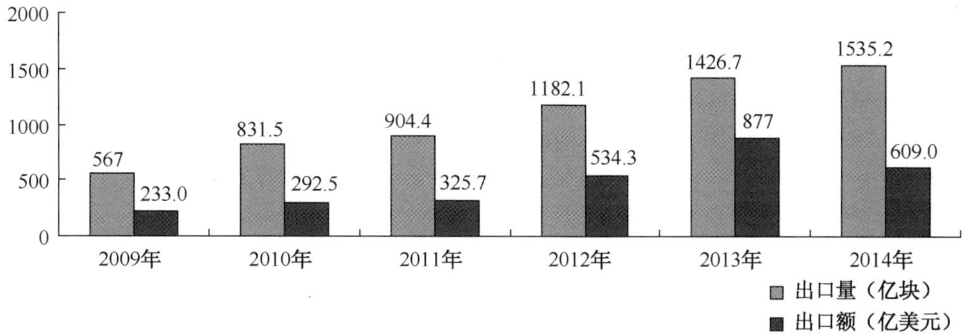

CAGR（出口量）=22.04%（2009—2014 年）

CAGR（出口额）=21.19%（2009—2014 年）

图 2.4.2　2009—2014 年中国集成电路产品出口情况

3．2014 年中国集成电路产品进口额占世界同业市场的比重

2014 年中国集成电路产品进口额为 2176 亿美元，同比下降 5.9%，但仍占世界半导体市场总值 3331.5 亿美元的 65.2%。

2014 年中国集成电路产品进口额逆差达 1567.0 亿美元，同比增长 9.0%，仍占世界半导体市场总值 3331.5 亿美元的 47.0%。

（四）2014 年中国半导体分立器件产品进出口情况

据中国海关统计报道，2014 年中国分立器件进口量达到 5280.9 亿只，同比增长 33.8%，进口额为 235.5 亿美元，同比下降 3.4%；出口方面贯彻走出去和抢占国际市场，出口情况继续增长，其中出口量达到 5672.6 亿只，同比增长 56.4%，增速同比提高 48 个百分点，出口额为 283.4 亿美元，同比增长 7.0%，进出口顺差达 47.9 亿美元。

八、2014 年中国集成电路产业经营中存在的问题

2014 年年末库存量高出 2013 年年底 10.1 个百分点，预示存量增长过快，易使产业增长率出现波动。

2014 年集成电路产品生产 1034.8 亿块，但进口达 2856.6 亿块，同比增长 7.3%；进口额达 2176 亿美元，虽同比下降 5.9%，但净进口逆差达 1567 亿美元，同比增长 9.0%，说明我国集成电路产品仍集中在中低端，性价比不高或低端产品出口（代工）价格不升反降，高端产品严重依赖进口。

我国集成电路设计业研发投入严重不足，国外同业研发费平均占到成本的 15.9%。

我国集成电路晶圆制造主流技术仍落后国际同行 2、3 个世代，且加工规模不大，两头

在外情况严重，缺乏自主工艺技术等。

我国集成电路封测业技术与国际大厂还存在一定的差距，中端封装水平乏力，高端封装水平缺乏，供货者稀少。

集成电路产业链各环节相互割裂，不能形成上下游协调配合，与整机厂也没有形成良性互动。

第五节 2014 年中国集成电路设计业发展情况

一、2014 年中国集成电路设计业基本情况

1. 2014 年中国集成电路设计企业概况

到 2014 年年底，中国集成电路设计业有企业 681 家，同比增加 49 家；规模以上的设计企业超 500 家，与 2013 年 632 家相较增长 7.8%。

2. 2014 年中国集成电路设计企业布局

中国集成电路设计业已形成以长三角、京津环渤海湾和珠三角为重点区域，中西部以西安、成都、重庆、武汉等中心城市圈为重点的集成电路设计产业的格局。

中国集成电路设计产业由长三角地区向其他地区扩展；京津环渤海湾地区、珠三角地区近几年来得到快速发展，西安、成都、重庆、武汉等中心城市也得到不断壮大和发展，合肥、厦门等城市也在崛起直追。

中国集成电路设计企业已从量的扩张向质的方向提升，从低端向中端设计方向发展，形成以正向设计方向发展为主的格局。

3. 2014 年中国集成电路设计业区域分布结构（图 2.5.1）

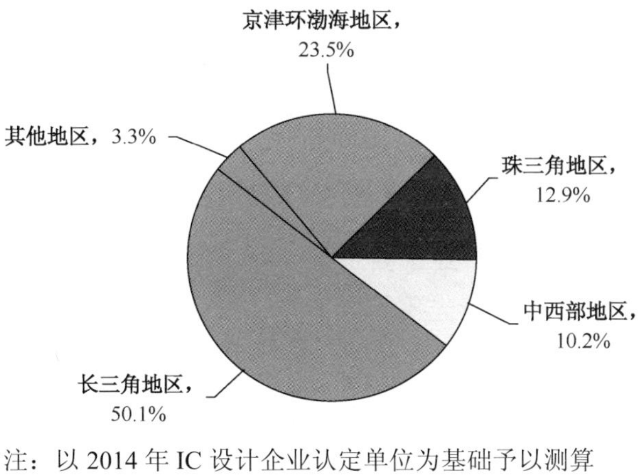

注：以 2014 年 IC 设计企业认定单位为基础予以测算
（资料来源：JSSIA 整理）

图 2.5.1 2014 年中国集成电路设计业区域分布结构

二、2014 年中国集成电路设计业销售收入情况

2014 年中国集成电路设计业销售收入为 1047.4 亿元，同比增长 29.5%，占到同期我国集成电路产业总值的 34.7%，成为我国集成电路产业中增长最快的产业，已超过晶圆制造业 12.1

个百分点，因素有：一是我国集成电路市场兴旺，需求量增大，新产品、新技术层出不穷，集成电路设计业应运而生且日益壮大。二是我国集成电路设计业企业众多，约近 700 家，大型骨干企业成为产业的龙头（如海思、展讯、锐迪科等）。三是国家政策和各级地方政府的有力扶持（国发［2000］18 号、国发［2011］4 号及《推进纲要》）。四是对集成电路设计业投入更大，兼并重组显现业绩（紫光收购展讯、锐迪科等）。五是产业链整合形成（如华为海思等）。六是大基金的参股和投资等，使 2014 年中国集成电路设计业格外热闹与抢眼。

1. 2009—2014 年中国集成电路设计业销售收入规模及增长（图 2.5.2）

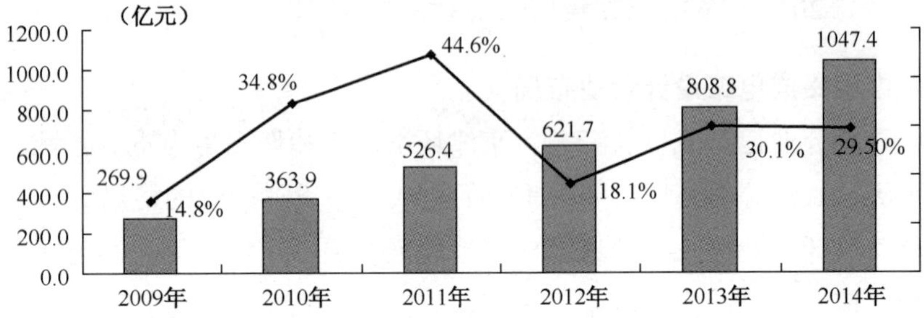

CAGR=31.15%（2009—2014 年）

图 2.5.2　2009—2014 年中国集成电路设计业销售收入规模及增长

2. 2014 年中国集成电路设计业在三业所占比重演进（图 2.5.3）

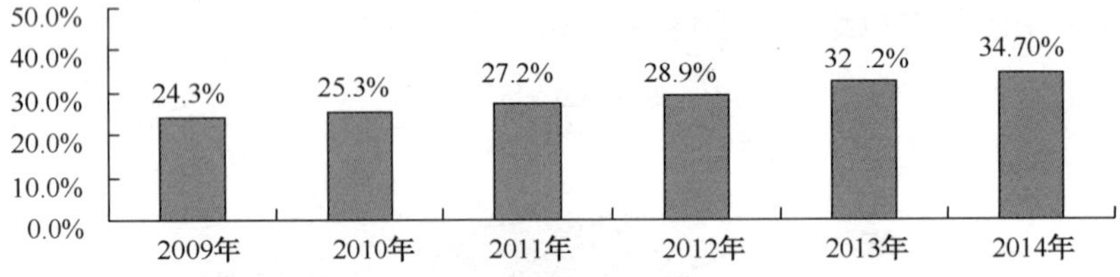

图 2.5.3　2014 年中国集成电路设计业在三业所占比重演进

3. 2014 年中国集成电路设计业主要企业

主要企业有深圳海思，清华紫光集团旗下的展讯、锐迪科，大唐微电子，南瑞智芯，华大，杭州士兰，格科微，中星微，中兴，瑞芯微，全志等，但仍以中小 IC 设计企业为主（年收入在 0.5 亿元以下的企业占到 57.1%）（表 2.5.1）。

表2.5.1　我国集成电路设计企业销售规模分布

指标名称（亿元）	2014 年			2013 年		
	企业数（个）	增长率（%）	占比（%）	企业数（个）	增长率（%）	占比（%）
收入 150～100	2	100	0.3	1	/	0.2
100～20	6	50	0.9	4	33.3	0.6
20～10	8	平	1.2	8	–20.0	1.3

续表

指标名称（亿元）	2014年			2013年		
	企业数（个）	增长率（%）	占比（%）	企业数（个）	增长率（%）	占比（%）
10～1	118	6.3	17.3	111	29.1	17.6
1～0.5	158	17.9	23.2	134	31.4	21.2
0.5～0.1	198	11.9	29.1	177	6.0	28.0
0.1以下	191	–3.0	28.0	197	–7.0	31.1
合计	681	7.8	100	632	9.0	100

（资料来源：中国半导体协会IC设计分会，2015.3）

4．2014年我国集成电路设计业前十大企业规模（表2.5.2）

表2.5.2 2014年我国集成电路设计业前十大企业规模

序号	企业名称	销售额（亿元）	序号	企业名称	销售额（亿元）
1	深圳海思半导体有限公司	146.0	6	北京南瑞智芯微电子科技有限公司	24.8
2	展讯通信有限公司	72.0	7	锐迪科微电子（上海）有限公司	22.0
3	华大半导体有限公司	32.1	8	格科微电子（上海）有限公司	20.4
4	大唐半导体设计有限公司	31.3	9	杭州士兰微电子股份有限公司	19.6
5	深圳市中兴微电子技术有限公司	30.6	10	北京中星微电子有限公司	17.5

2013年我国集成电路设计企业进入前十大的门槛为10.5亿元。

2014年我国集成电路设计企业进入前十大的门槛为17.5亿元，同比增长66.7%，增长7亿元。这说明我国集成电路设计业规模正在迅速扩大（表2.5.3）。

表2.5.3 2004—2014年国内10大集成电路设计企业变迁

（单位：亿元）

序号	2004年 企业名称	销售额（亿元）	序号	2014年 企业名称	销售额（亿元）
1	大唐微电子技术有限公司	7.5	11	深圳市海思半导体有限公司	146
2	杭州士兰微电子股份有限公司	5.09	12	展讯通信有限公司	72
3	珠海炬力集成电路设计有限公司	4.6	13	华大半导体有限公司	32.1
4	中国华大集成电路设计有限责任公司	4.54	14	大唐半导体设计有限公司	31.3
5	北京中星微电子有限公司	4.2	15	深圳市中兴微电子技术有限公司	30.6
6	绍兴芯谷科技有限公司	2.53	16	北京南瑞智芯微电子科技有限公司	24.8
7	杭州友旺电子有限公司	2.47	17	锐迪科微电子（上海）有限公司	22
8	无锡华润矽科微电子有限公司	2.28	18	格科微电子（上海）有限公司	20.4
9	上海华虹集成电路有限责任公司	1.91	19	杭州士兰微电子股份有限公司	19.6
10	北京希格玛晶华微电子股份有限公司	1.74	20	北京中星微电子有限公司	17.5

（资料来源：中国半导体行业协会/CCID，2015.3）

5．2014 年中国集成电路设计业区域分布情况（表 2.5.4）

表2.5.4　2014年中国集成电路设计业区域分布情况

（单位：亿美元）

地区	2014 年收入	2013 年收入	2014/ 2013（%）	2014 年占比（%）	地区	2014 年收入	2013 年收入	2014/ 2013（%）	2014 年占比（%）
长三角地区	394.6	355.4	11.0	37.7	京津环渤海地区	224.8	206.9	8.7	21.5
上海市	240.9	210.2	14.6	23.0	北京市	170.2	157.8	7.9	16.3
苏、锡、宁	117.3	112.0	4.7	11.2	天津市	39.5	36.0	9.7	3.8
杭、绍	36.4	33.2	9.6	3.5	济、青、连	15.1	13.1	15.3	1.4
珠三角地区	301.2	260.8	15.5	28.8	中西部地区	61.9	55.7	11.1	5.9
深圳市	243.5	213.5	14.1	23.3	西安市	22.5	17.2	30.8	2.1
珠、港、闽	57.7	473	22.0	5.5	蓉、渝、绵	39.4	38.5	2.3	3.8

（资料来源：中国半导体行业协会 IC 设计分会）

6．2014 年中国集成电路设计业产品开发领域结构分布情况（表 2.5.5）

表2.5.5　2014年中国集成电路设计业产品开发领域结构分布情况

序	产品领域	从事产品开发生产企业数（个）			销售收入（亿元）		
		2014 年	2013 年	成长率（%）	2014 年	2013 年	成长率（%）
1	网络通信	109	85	28.2	411.5	311.2	32.2
2	计算机	58	81	–28.4	92.0	106.7	–13.8
3	多媒体	98	71	38.0	89.1	87.8	1.5
4	IC 卡和 RFID	35	55	–36.4	90.4	89.2	1.3
小计		300	292	2.7	683.0	594.9	14.8
5	导航	23	25	–8	14.7	18.6	–20.9
6	模拟电路	139	91	52.7	88.5	67.7	30.7
7	功率电路	115	99	16.2	95.3	83.4	14.3
8	消费类电子	104	125	–16.8	101.0	114.2	–11.6
合计		387	340	13.8	299.9	283.9	5.6

（资料来源：中国半导体行业协会 IC 设计分会）

三、2014 年中国集成电路设计业工艺技术节点

中国半导体行业协会集成电路设计分会提供的资料见表 2.5.6。

表2.5.6　2012年我国集成电路设计业技术水准及占比情况

类别	设计工艺					设计集成度				
水平	40～28 nm	90～65 nm	0.25～0.1 μm	0.35～0.5 μm	>0.5 μm	>500 万门	500～100 万门	50～100 万门	10～50 万门	<10 万门
占比（%）	2.1	16.9	39.5	32.8	6.8	5.2	38.6	28.4	17.2	10.5

2012 年我国集成电路设计企业采用 90/65/40/28nm 工艺技术节点企业就有 110 家，占到企业总数的 19%；采用 0.11～1μm 工艺技术节点的企业占到企业总数的 81%。

1．2013 年我国集成电路设计业技术状况

2013 年我国集成电路设计业整体水平有明显提升，技术已涵盖 0.5μm～28nm 工艺技术节点。0.25 微米以下的企业比例超过 45%； 28 纳米技术水平的企业数量正在增加；技术水平较低的集成电路设计企业正在不断减少，所占比重也在不断下降。

2．2014 年我国集成电路设计业技术状况

2014 年我国集成电路设计业整体水平明显提升，有 20%以上的设计企业采用 90—65—40—28 纳米工艺技术节点，集成度超过 500 万门乃至 5000 万门级的企业占到 5.2%，产品开发涉及 CPU/DSP、IC 卡、数字电视、多媒体、2G/3G 手机芯片、信息安全等。

2014 年展讯、联芯、炬力、瑞芯微等进入 28 纳米线宽领域，并布局 16 纳米技术。

2014 年山东华芯公司采用 ODM 方式设计 DRAM 产品已实现走向国际市场。

2014 年格科微、思比科等一批图像传感器芯片设计企业应用到国内智能手机、平板电脑等产品领域，成长率在 20%以上，市场占有率在 10%～30%。

2014 年，我国集成电路设计业企业积极向 22—20—16 纳米进军，2015 年后向 14—10 纳米进军的可能性增大。

海思公司 16 纳米 Fin FET 32 核 64 位微处理器成功量产，该芯片采用 ARM V8 架构，集成 32 核 A57，主频可达 2.6GHz，使用 CoWoS 封装技术，具有丰富的通信接口和通信加速器，标志着我国集成电路设计水平已进入 1X 纳米世代等。

四、2014 年我国集成电路设计业技术进步情况

1．2014 年国家科学技术奖揭晓

2014 年国家科学技术奖揭晓，电子信息领域成果突出，其中：

- 国防科大的“天河一号高效能计算机系统”获国家科技进步特等奖。
- “网络计算的模式及基础理论研究”获国家自然科学一等奖。
- 浪潮集团的“高端容错计算机系统关键技术与应用”获国家科技进步一等奖。
- 国家电网公司的“国家电网智能电网创新工程” 获国家科技进步一等奖。
- 展讯通信的“无线通信终端核心芯片关键技术及产业化平台” 获国家科技进步二等奖。
- 格力电器“基于掌握核心科技的自主创新工程体系建设” 获国家科技进步二等奖。
- 广东工大的“半导体器件后封装核心装备关键技术与应用” 获国家科技进步二等奖。
- 电子科大的“高密度互连混合集成印制电路关键技术及产业化” 获国家科技进步

二等奖。

- 上海交大的“虚拟机运行支撑关键技术与应用” 获国家科技进步二等奖。
- 中国移动的“分组传送网重大技术攻关、设备研制和应用创新” 获国家科技进步二等奖。
- 华为的“超宽带新铜线接入技术创新与产业化” 获国家科技进步二等奖。
- 中兴通讯的“协同高速无线通信系统”获国家科技进步二等奖。
- 中国银联的“电子商务与电子支付综合服务平台及产业化应用”获国家科技进步二等奖。

2. 2014 年中国集成电路设计业创新产品和技术

2014 年是中国集成电路设计业创新产品和技术取得较好业绩的一年，有许多产品和技术填补了我国集成电路产品的空白或提升了我国集成电路设计技术水平。由中国半导体行业协会与中国电子报、中国电子专用设备工业协会、中国电子材料协会等联合主办和经专家考核评定，以下单位及项目获“2014 年中国半导体创新产品和技术”（IC 设计业部分）（表 2.5.7）。

表2.5.7　2014年中国半导体创新产品和技术

序号	单位名称	创新产品和技术
1	大唐微电子技术有限公司	高安全双界面 CPU 卡安全芯片 DMT—CBS—AB4C
2	无锡华润矽科微电子有限公司	内置低压差电源模块的自适应 RS485 接口系列电路 CS485X
3	北京时代民芯科技有限公司	8 位 3.0GSPS 超高速 A/D 转换器 MXT2003
4	格科微电子（上海）有限公司	GC2235 CMOS UXGA（1600X1200）Gamera Chip
5	上海富瀚微电子股份有限公司	高性能图像信号处理芯片 FH8521
6	深圳芯智汇科技有限公司	基于高清 AD 库仑计与智能能耗控制为一体的电源管理芯片
7	杭州中天微系统有限公司	基于自主指令架构的嵌入式 CK—CPU
8	重庆西南集成电路设计有限责任公司	2.4GHz 短距离无线通信收发器系列芯片（XN242、XN297）
9	赛微微电子有限公司	电量计芯片 Gas Gauge IC（CW2015）
10	东南大学	横向绝缘栅双极型器件电流密度和可靠性提升技术
11	唯捷创芯（天津）电子技术有限公司	射频功率放大器—VC7XXX 系列
12	无锡中普微电子有限公司	数字辅助高线性度多模多频手机功率放大器模块（58 系列）

3. 2014 年中国集成电路设计业技术进步

- 曙光集团推出“龙芯 3B”。
- 海思半导体推出 16 纳米 Fin FET 32 核 64 微处理器麒麟 K930 试产，海思麒麟 K925 和 K928 性能完全可以和高通骁龙 801 及联发科 MT6595 处理器相媲美和抗衡。
- 展讯推 4G 3 模 LED 调制解调器 SC9620。
- 上海北伽推出北斗导航芯片“航芯一号”。

- 思立微推出国内首款按压式指纹识别传感器及 turnkey 方案。
- 汇顶科技发布适用于移动设备的触摸式指纹识别芯片。
- 华为发布国内首款搭载按压式指纹识别模组的 Ascend Mate 7 手机芯片。
- 汇顶联合宸鸿光电发布指纹识别 IFS 技术。
- 魅族发布国内第一款正面按压指纹识别 MX4 Pro 手机芯片。
- 庆科发布国内首个物联网系统 MICO。
- 南车株洲所推出 IGBT 大功率器件。
- 兆芯推出两款 4K 4 核移动设备 SoC 单芯片及其解决方案。
- 联芯科技推出全模 SoC 智能手机芯片，助用户实现 3G 到 4G 的转移。
- 瑞芯科与英特尔达成协议，基于英特尔架构和通信技术解决方案，双方将面向全球入门级 Android 平板电脑，这是我国设计公司与国际巨头之间第一次战略合作。

4．2014 年“中国芯”情况

由工信部电子信息公司、工信部软件和集成电路促进中心（CSIP）主办的“2014 年中国芯”出榜（表 2.5.8）。

表2.5.8　2014年中国芯

奖项	厂商	芯片型号
最佳市场表现产品	上海思立微电子科技有限公司	多点电容触控 IC GSL 1680
	深圳市汇聚科技股份有限公司	电容触控芯片 GT968
	中顺电子股份有限公司	8 Bit Flash MCU SH79F 166A
	珠海艾派克微电子有限公司	打印机耗材 SoC 芯片 UM5002
	矽力杰半导体技术（杭州）有限公司	原边控制高功率因数 LED 驱动控制器 SYS800
	钜泉光电科技（上海）股份有限公司	单相多功能电能计量芯片 ATT70538U
	建荣集成电路科技（珠海）有限公司	建荣多功能音频芯片 AX2220
	重庆西南集成电路设计有限责任公司	GPS/GNSS 低噪声放大器 XN255
	福州瑞芯微电子有限公司	移动互联网智能终端主控芯片 RX3188
	深圳比亚迪微电子有限公司	30 万像素安防监控图像传感器 BF3005CS
最具潜质产品	珠海全志科技股份有限公司	异构八核超高清智能终端处理器芯片 A80
	南京美辰微电子有限公司	1.25G GPON OLT TLA MG2000
	盛科网络（苏州）有限公司	高性能以太网交换芯片 GroatBot-CTC5160
	大唐微电子技术有限公司	高安全双界面金融 IC 卡安全芯片 CMT-CBS-CE30
	上海爱信潜航信电子科技有限公司	智能终端安全芯片 SCC-III
	美芯集成电路（深圳）有限公司	电力载波语音芯片 MCD5000
	北京时代民芯科技有限公司	8 位 3G SPS 模数转换器
	京微雅格（北京）科技有限公司	CME-M7
	青岛海信信芯科技有限公司	高端数字电视 SoC 芯片 HS3000
	上海海尔集成电路有限公司	HR7P196FLL
	北京南瑞智芯微电子科技有限公司	TD-LTE230 终端基带芯片 SGC3103V

续表

奖项	厂商	芯片型号
最具创新应用产品	江苏龙睿物联网科技有限公司	基于国产龙芯和自主物联网协议的智能智能家居系统 LR-SHCME
	北京多思科技工业园股份有限公司	高安全等级金融自动支付终端 GS110B
	浙江大华技术股份有限公司	100W 像素经济型同轴高清单灯红外防水检型摄像机 DH-HAC-HFW1100B
	上海坤锐电子科技有限公司	兼容 SWP 应用的手机支付金 SWP-OSIM
	浪潮（北京）电子信息产业有限公司	浪潮飞腾机架式服务器 NF2160M2
最具投资价值企业	上海思立微电子科技有限公司	
	北京集创北方科技有限公司	
	泰斗微电子科技有限公司	
	上海坤锐电子科技有限公司	
	艾谱科微电子（上海）有限公司	

5．2014 年中国集成电路设计业经认定和年审的企业分布及占比（图 2.5.4）

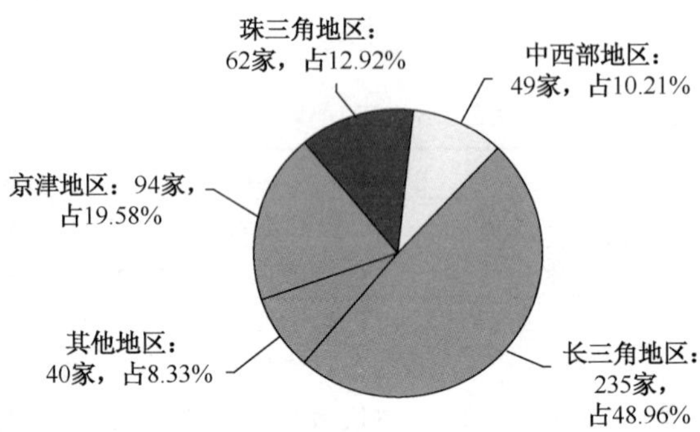

图 2.5.4　2014 年中国集成电路设计业经认定和年审的企业分布及占比

五、2014 年我国集成电路设计业在世界同业中的地位

2014 年我国集成电路设计业营收额在世界同业占比为 19.3%左右，与 2013 年的 14.1%相比提高了 5.2 个百分点，我国集成电路设计业预计可占世界同业的五分之一，取得了巨大的成绩。

我国集成电路设计业销售收入在集成电路产业总值中占比为 34.7%，与 2013 年比较提升了 2.5 个百分点。

我国集成电路设计业进入前十大企业的门槛提高至 17.5 亿元，其中深圳海思公司已进入世界前十大无晶圆 IC 企业之列（约 23.55 亿美元），展讯通信公司也已达到年收入 11.61 亿美元的水平。

我国进入世界集成电路无晶圆（Fabless）五十大设计企业的共有 10 家，分别是海思、展讯、中国华大、大唐微电子、中兴、南瑞智芯、锐迪科、格科微、瑞芯微电子、全志（在

2013 年仅有 1 家，为海思公司），取得了飞跃式发展（图 2.5.5）。

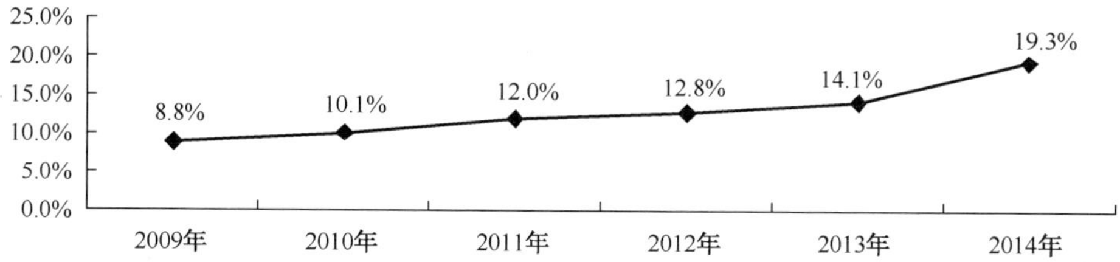

（资料来源：JSSIA 整理）

图 2.5.5　2009—2014 年中国集成电路设计业销售收入占世界同业的比例

六、2014 年中国集成电路设计业投资情况

- 紫光集团在 2013 年 7 月以 17.8 亿美元收购展讯公司，之后又以 9 亿美元收购锐迪科公司，2014 年 9 月 26 日，英特尔投资 90 亿元（约 15 亿美元）入股清华紫光（旗下展讯、锐迪科），占股 20%。紫光集团规划在 2020 年之前投资 300 亿元，并进入世界 IC 设计第三名之列。
- 华为在今后三年内投入 40 亿美元，锁定宽带产品、技术等（深圳海思）。
- 联想以 29 亿美元收购摩托罗拉，从高端切入。
- 9 月 29 日，联想宣布完成对 IBM X86 服务器的收购。
- 曙光股份在上交所上市募集资金 4 亿元。
- 上海浦东科投公司与 CEC 以 6.93 亿美元收购在美国纳斯达克上市的澜起科技（MONT）公司，该公司主设计 DRAM 缓存控制器芯片，专注于家庭娱乐、机顶盒、软件服务和云计算等。
- 联发科旗下子公司与合肥市政府签订研发汽车电子芯片，总投资 5 亿元。
- 美国高通公司以 4000 万美元投资七鑫易维等公司。
- 大唐电信投资 25 亿元在北京成立全资子公司“大唐微电子设计有限公司”，整合终端芯片、安全芯片、汽车与工业电子四大业务板块。
- 合肥市在 2014 年 1 月集中签约 14 个项目，投资 83 亿元，引进展讯、大唐电讯、联发科、易兆、君正、天利、芯邦等设计公司（也含三个封装项目等）。
- “国家 IC 大基金”以股权投资方式，向紫光集团投资不超 100 亿元。

七、2015 年中国集成电路设计业发展方向

2014 年中国集成电路设计业取得了很大成果，但市场占有率不高，许多中高端产品需要进口，2014 年进口集成电路 2856.6 亿块，同比增长 7.3%，进口集成电路金额 2184 亿美元，进口逆差达 1573.1 亿美元，同比增长 9.1%，这也说明我国集成电路设计业有责任缩小这个差距。

我国集成电路最关键的产品，如DRAM、NAND、MCU、CPU、GPU、DSP以及通信芯片用SoC标准IC（ASSP）、模拟ICC高可靠ADC/DAC等，都大量进口，有的几近空白。产品和产品技术都被国外大公司掌控，给我国信息安全带来巨大的“漏洞”和“后门”。

目前，我国集成电路设计企业在面板驱动芯片、电源管理芯片、微机电系统（MEMS）、微控制器（MCU）、影像感测器（CIS）等产品和技术领域都已纷纷切入。

2015年要着力发展集成电路设计业，围绕重点领域产业链，强化集成电路设计、软件开发、系统集成、内容与服务协同创新，以设计业的快速增长带动制造业的发展。近期聚焦移动智能终端和网络通信领域，开发量大面广的移动智能终端芯片、数字电视芯片、网络通信芯片、智能穿戴设备芯片及操作系统，提升信息技术产业整体竞争力。发挥市场机制作用，引导和推动集成电路设计企业兼并重组。加快云计算、物联网、大数据等新兴领域核心技术研发，开发基于新业态、新应用的信息处理、传感器、新型存储等关键芯片及云操作系统等基础软件，抢占未来产业发展制高点。分领域、分门类逐步突破智能卡、智能电网、智能交通、卫星导航、工业控制、金融电子、汽车电子、医疗电子等关键集成电路及嵌入式软件，提高对信息化与工业化深度融合的支撑能力。

第六节　2014 年中国集成电路晶圆业发展情况

一、2014 年中国集成电路晶圆制造业规模

1. 2014 年中国集成电路晶圆制造业销售收入

2014 年中国集成电路晶圆制造业销售收入达 712.1 亿元，同比增长 18.5%，增速回落 1.4 个百分点，占全国同业总值的 23.6%，同比下降 0.4 个百分点（图 2.6.1）。

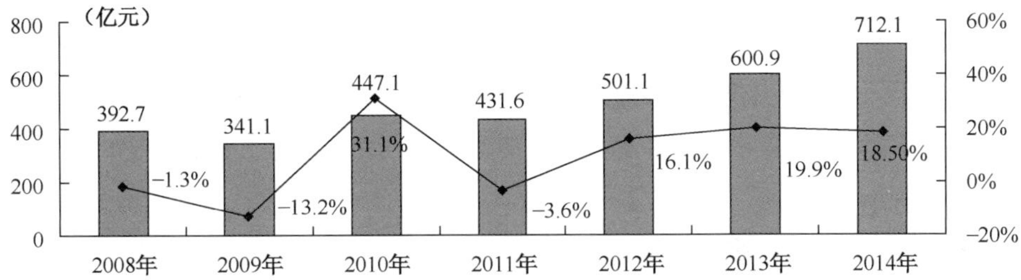

CAGR=10.43%（2008—2014 年）

图 2.6.1　2008—2014 年中国集成电路晶圆制造业销售收入规模及增长

2. 2014 年中国集成电路晶圆业在三业中所占比重演进（图 2.6.2）

从图 2.6.2 可以看出，在 2010 年以前，我国集成电路晶圆制造业占全国同业总值的近三分之一，但近几年来呈现逐年下滑的态势，其原因，一是集成电路设计业近几年发展迅速，业绩增长在 30%～40%；二是集成电路封测业在 2014 年呈高速发展，出乎意料地达到 14.3%；三是近几年来我国集成电路晶圆业没有大的投入。但应看到由于三星西安的建成投产，SK 海力士公司灾后迅速恢复生产，英特尔（大连）公司的上量，武汉新芯的扩能，以及中芯（北京）、中芯（深圳）、南车（株洲）的相继建成投产，都已拉高了我国集成电路晶圆线的产能和收益，为此在 2014 年仍取得同比增长 18.5%的好业绩。

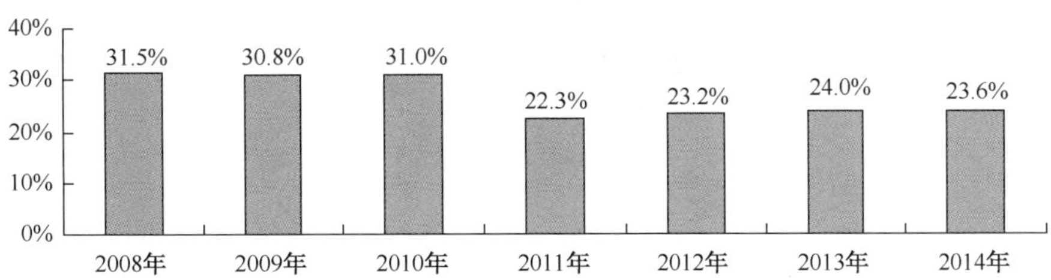

图 2.6.2　2014 年中国集成电路晶圆业在三业中所占比重演进

二、2014 年中国集成电路晶圆制造产业布局

1. 2014 年中国集成电路晶圆生产线情况

2014 年我国集成电路晶圆业制造业 4 英寸以上企事业单位有 60 家，4 英寸以上生产线近 80 条。其中：12 英寸生产线有 9 条，8 英寸生产线有 18 条，6 英寸生产线有 32 条，5 英寸生产线有 9 条，4 英寸生产线有 13 条。

2. 2014 年中国集成电路晶圆制造产业集群分布情况

我国集成电路晶圆制造产业呈集群性分布，主要集中在长三角地区、京津环渤海地区和珠三角地区，以及集中在以西安、成都、武汉、重庆等城市为中心的中西部地区。

2014 年，由于三星电子（西安）12 英寸晶圆生产线建成投产，拉高了中国西部地区的产出占比；武汉新芯 12 英寸晶圆生产线的扩产，拉高了中国中部地区集成电路产业的占比；以及中芯国际（深圳）8 英寸生产线的建成，株洲南车所的 8 英寸 IGBT 线的建成投产，都拉升了所在地区的产能比重。

1）2014 年中国集成电路晶圆业产能区域分布情况（折 8 英寸）（图 2.6.3）

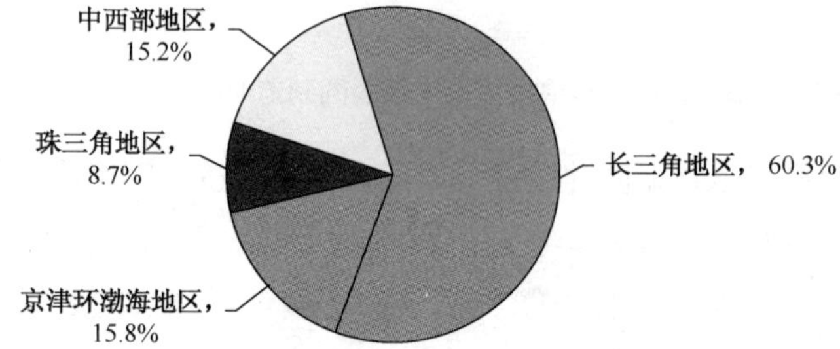

图 2.6.3　2014 年中国集成电路晶圆业产能区域分布情况（折 8 英寸）

2）2014 年中国集成电路晶圆业产能结构情况（折 8 英寸）（图 2.6.4）

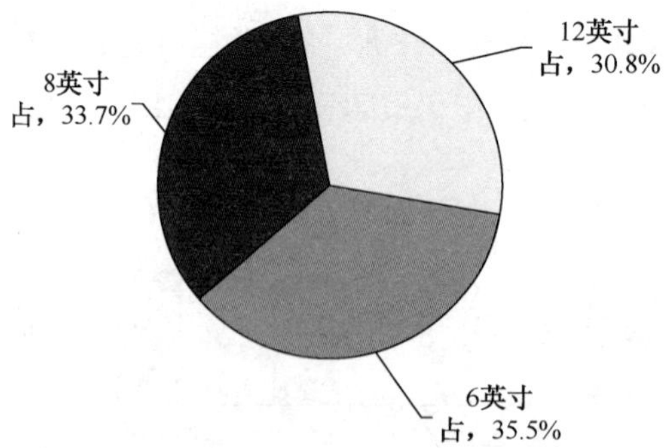

图 2.6.4　2014 年中国集成电路晶圆业产能结构情况（折 8 英寸）

3）2014 年中国集成电路晶圆业销售产值发展规模结构（预测）（图 2.6.5）

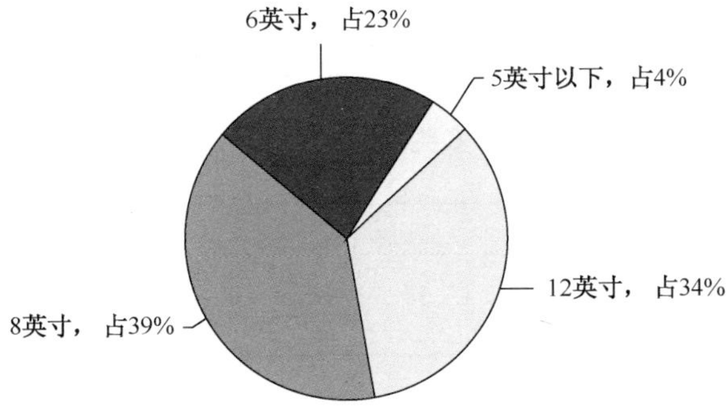

图 2.6.5　2014 年中国集成电路晶圆业销售产值发展规模结构（预测）

2014 年我国集成电路晶圆制造业 12 英寸生产线占比增长最快，同比增长 4%，8 英寸和 6 英寸生产线仍是我国晶圆制造业的主力军，占到 62%左右，相应 5 英寸及以下生产线在萎缩。

4）2014 年中国集成电路晶圆制造业销售收入区域结构（预测）（图 2.6.6）

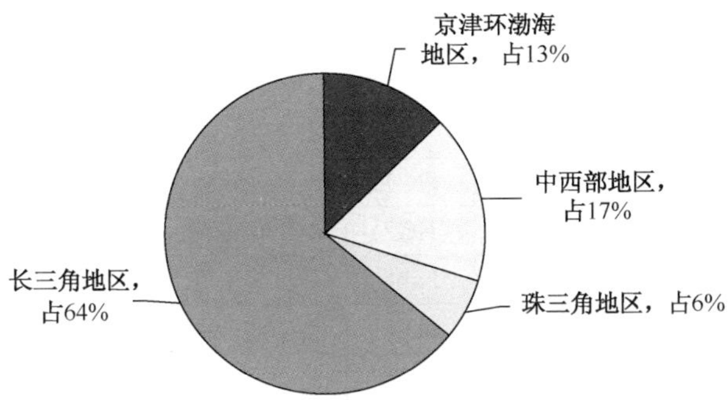

图 2.6.6　2014 年中国集成电路晶圆制造业销售收入区域结构（预测）

2014 年中国集成电路晶圆制造业发生重大变化，长三角地区由于中芯国际近年来连续逐季增产增收，扭转了多年亏损的状况，以及海力士（中国）公司在 2014 年同比增长 15.7%，使得长三角地区占比有较大的抬升；中西部地区增长最快，其主要是三星（西安）公司建成投产，当年销售收入达 50.5 亿元，占到全国同业的 7.1%，再有武汉新芯公司扩产和西安微电子所增长 19.5%，中西部地区占全国同业总值的 17%左右，相对而言京津环渤海地区和珠三角地区的占比有所回落。

3. 2014 年中国集成电路晶圆制造业（含分立器件）6 英寸以上生产线分布情况（表 2.6.1）

表2.6.1　2014年中国集成电路（含分立器件）6英寸以上晶圆生产线布局

直径 / 数量 / 区域	12 英寸生产线	8 英寸生产线	6 英寸生产线	小计
长三角地区	4	11	13	28
京津环渤海地区	3	2	7	12

续表

直径 数量 区域	12 英寸生产线	8 英寸生产线	6 英寸生产线	小计
珠三角地区	—	1	7	8
中西部地区	2	4	5	11
合计	9	18	32	59

2014 年中国集成电路晶圆制造 12 英寸生产线产能为 47.1 万片/月，8 英寸生产线产能为 77.3 万片/月，6 英寸生产线产能为 115 万片/月。

4．2014 年中国集成电路晶圆制造（含分立器件）6 英寸以上生产线产能和工艺技术水平（表 2.6.2）

表2.6.2　2014年中国集成电路晶圆制造（含分立器件）
6英寸以上生产线产能和工艺技术水平情况（排名不分先后）

晶圆尺寸（英寸）	序号	单位名称	编号	产能（万片/月）	工艺技术水平（μm）
12 英寸	1	海力士（中国）	HC1	10.0	0.090～0.040 DRAM
	2		HC2	6.0	0.045～0.025 CMOS
	3	中芯国际（上海）	Fab8	1.5～2.0	0.09～0.028CMOS
	4	中芯国际（北京）	Fab4	3.6	0.09～0.065 CMOS
	5		Fab6	3.5	0.065～0.028 CMOS（Cu 制程）
	6	英特尔（大连）	Fab68	6.0	0.065～0.04 CMOS
	7	武汉新芯	Fab1	2.5	0.09～0.065 CMOS
	8	上海华力	Fab1	3.5	0.06～0.040CMOS
	9	三星电子（西安）	Fab1×1	10.0	0.02～0.01 NAND Flash
8 英寸	1	中芯国际（上海）	Fab1	12.0	0.35～0.11 CMOS
	2		Fab2		0.18～0.09 CMOS
	3		Fab3	3.0	0.13～0.11 Cu 制程
	4	中芯国际（深圳）	Fab15	3.0	0.35～0.11CMOS
	5	华虹宏力	Fab1	8.0	0.35～0.11 CMOS 数模混合
	6		Fab2	2.0	
	7	华虹宏力	Fab3	5.0	0.35～0.09 CMOS
	8	中芯国际（天津）	Fab7	4.2	0.35～0.13 CMOS
	9	上海先进	Fab3	3.0	0.35～0.25 CMOS、数模混合
	10	台积电（中国）	Fab10	12.0	0.25～0.13 CMOS
	11	华润微电子	Fab2	6.0	0.35～0.11 CMOS 数模混合
	12	和舰科技（苏州）	Fab1	6.0	0.35～0.13 CMOS
	13		Fab2	4.0	0.13 CMOS
	14	成都（德仪）成芯	Fab11	5.0	0.35～0.18 CMOS 数模混合

续表

晶圆尺寸（英寸）	序号	单位名称	编号	产能（万片/月）	工艺技术水平（μm）
	15	中航（重庆）渝芯	Fab1	3.0	0.35～0.18 CMOS 数模混合
	16		Fab2		
	17	中科院微电子所		中试线（0.1）	CMOS、MEMS
	18	中车株洲所	Fab2	1.0	高压功率器件（IGBT）
6英寸	1	华润上华（无锡）	Fab1	8.0	>0.35 CMOS、BCD、SOI、FRD
	2		Fab5	5.0	0.5～0.35 IGBT、MEMS、Bipdar MosFET 、BCD
	3	华润华晶（无锡）	Fab6	12.5	1.2～0.8 IGBT、FRD、Bipolar MosFET
	4	上海新进	Fab1	5.0	1.5～0.5 BCD
	5	上海新进芯	Fab2	3.0	1.0～0.35 数模混合
	6	上海先进	Fab2	4.0	1.5～0.5 BCD
	7	江苏东晨		3.0	0.8～0.35 数模混合
	8	首钢微电子		3.0	1.0～0.35 数模混合
	9	北京燕东		3.0	1.0～0.35 数模混合、BCD
	10	杭州士兰		3.0	1.0～0.35 数模混合
	11	杭州立昂	Fab1	4.5	肖特基器件
	12		Fab2	6.0	并购1条日本生产线
	13	比亚迪半导体（宁波）		5.0	0.8～0.5 MOS、 BCD
	14	西岳电子（西安）	Fab1	2.0	0.5～0.35 数模混合
	15	乐山菲尼克斯		3.0	0.5 双极模拟
	16	福建福顺（福州）	Fab1	2.0	0.8～0.5 数模混合
	17		Fab2	5.0	0.35 数模混合
	18	珠海南科	Fab1	1.5	1.2～0.5 CMOS/MOSFET
	19	深圳方正	Fab1	6.0	0.5～0.35 CMOS
	20		Fab1A		
	21	中航（重庆）渝芯	Fab1	3.0	0.35 CMOS
	22	吉林华微	Fab4	0.6	功率器件
	23	西安卫光	Fab2	3.0	0.35 功率器件
	24	天津中环	Fab2	3.0	0.35 功率器件
	25	中车株洲所	Fab1	0.5	0.35 高压功率器件
	26	中科院微电子所		2.0	0.35～0.13 CMOS
	27	厦门集顺	Fab1	6.0	0.5～0.35 数模混合
	28	扬州晶新		3.0	0.35～0.18CMOS
	29	苏州纳科		中试线平台	MEMS
	30	长沙创芯 IC	Fab1	3.5/6.0	0.35 数模混合
	31	中电科第13所	Fab1		MEMS
	32		Fab2		IC/TR 混合线

在 12 英寸晶圆生产线中，外资（台资）企业有 4 条，海力士（2 条）、英特尔（大连）1 条、三星（西安）1 条，占 44.4%。

在 8 英寸晶圆生产线中，外资（台资）企业有 4 条，台积电（中国）1 条、和舰科技 2 条、成都德仪 1 条，占 22.2%。

在 6 英寸晶圆生产线中，外资（台资）企业有 5 条，乐山菲尼克斯 1 条、福建福顺 2 条、珠海南科 1 条，厦门集顺 1 条，占 17.2%。

三、2014 年中国十大半导体（晶圆）制造企业

在 2014 年中国十大半导体（晶圆）制造企业中，内资企业和外资（台资）各占 50%的份额，在十大企业销售额中，外资（台湾）企业占 51%，内资企业占到 49%的份额（表 2.6.3）。

表2.6.3　2014年中国十大半导体（晶圆）制造企业

序	企业名称	销售额（亿元）	序	企业名称	销售额（亿元）
1	中芯国际集成电路制造有限公司	120.2	6	台积电（中国）有限公司	39.3
2	SK 海力士半导体（中国）有限公司	112.3	7	英特尔半导体（大连）有限公司	33.8
3	三星（中国）半导体有限公司	50.5	8	西安微电子技术研究所	19.0
4	华润微电子有限公司	50.4	9	和舰科技（苏州）有限公司	16.2
5	上海华虹宏力半导体制造有限公司	40.3	10	吉林华微电子股份有限公司	12.6

2014 年中国集成电路晶圆制造企业如下。

12 英寸线有：中芯国际、SK 海力士、英特尔（大连）、武汉新芯、上海华力、三星（西安）。

8 英寸线有：中芯国际、华虹宏力、华润微电子、上海先进、台积电（上海）、苏州和舰、成都德仪、中航重庆、中车株洲所等。

6 英寸线有：华润上华、华润华晶、上海新进、上海先进、江苏东晨（江苏东光）、首钢微电子、北京燕东、杭州士兰、杭州立昂、宁波比亚迪、西安西岳、四川菲尼克斯、福州福顺、珠海南科、深圳方正、中航渝芯、吉林华微、西安卫光、天津中环、长沙创新、厦门集顺、扬州晶新等公司。

四、近两年来中国集成电路及半导体器件业创新产品和技术

2014 年中国集成电路及半导体器件业创新产品和技术见表 2.6.4。

表2.6.4　2014年中国集成电路及半导体器件业创新产品和技术

序	单位名称	产品和技术
1	中芯国际集成电路制造（北京）有限公司	55 纳米智能卡芯片的工艺开发
2	中芯国际集成电路制造（上海）有限公司	0.13 / 0.11 微米嵌入式低功耗 EEPROM 工艺平台
3	上海华虹宏力半导体制造有限公司	高性能嵌入式非易失性存储器芯片制造关键技术

续表

序	单位名称	产品和技术
4	江苏宏微科技股份有限公司	一种新型的 NPT IGBT 结构
5	吉林华微电子股份有限公司	采用 VLD 终端设计的垂直双扩散金属—氧化物半导体场效应
6	无锡华润华晶微电子有限公司	600～6500V IGBT 配套 FRD 芯片制造技术
7	苏州明皜传感科技有限公司	三轴 MEMS 加速传感器（系列产品：da210、da211、da213）
8	淄博美林电子有限公司	8A/1200V 绝缘栅双极型晶体管单管（IGBT 单管）及 50A、150A、200A/1200V 绝缘栅双极型晶体管模块（IGBT 模块）

2013 年中国集成电路及半导体器件业创新产品和技术见表 2.6.5。

表2.6.5 2013年中国集成电路及半导体器件业创新产品和技术

序	单位名称	产品和技术
1	中芯国际集成电路制造（上海）有限公司	基于国产设备的 28 纳米刻蚀工艺技术
2		单晶片 CMOS 集成微机电振荡器全套制造工艺
3	上海华虹宏力半导体制造有限公司	0.13 微米嵌入式自对准分栅闪存技术与工艺开发
4	江苏东光微电子股份有限公司	1200V 逆导型场终止绝缘栅双极晶体管（RC-FS-IGBT）的实现
5	吉林华微电子股份有限公司	1200V 15A 绝缘栅型双极晶体管
6	江苏捷捷微电子股份有限公司	低结电容过压保护晶闸管器件
7	苏州能讯高能半导体有限公司	基于 SiC 衬底的氮化镓功率器件技术
8	泰科天润半导体科技（北京）有限公司	600V/10A 碳化硅肖特基二极管

五、2014 年中国集成电路晶圆制造业技术进步情况

1. 2014 年中国集成电路晶圆线技术水平

2014 年中国集成电路晶圆 12 英寸线技术水平为 90—65—45—40—32—28—25—22 纳米（三星西安公司目前为 22 纳米，预期目标为 10 纳米；SK 海力士公司目前为 25 纳米，预期目标为 20 纳米）。

2014 年中国集成电路晶圆 8 英寸线技术水平为 0.35—0.18—0.15—0.13 微米(正向 0.11 微米—90 纳米进军)。

2014 年中国集成电路晶圆 6 英寸线技术水平为 1.2—1.0—0.8—0.5—0.35 微米。

2014 年中国集成电路晶圆线以 CMOS、数模混合、双极等工艺技术为主。

国内最大最先进的集成电路晶圆代工企业——中芯国际集成电路制造有限公司，在 2014 年实现 28 纳米技术的突破，将在 2015 年年中实现量产。与国际上 14 纳米技术大生产相比，中国大陆落后两个世代技术。

2. 2014 年中国集成电路晶圆业技术进步情况

中芯国际 12 英寸晶圆 38 纳米 NAND 闪存工艺制程已就绪，可满足无晶圆客户对高质量、高密度 NAND 闪存的特殊需求，主要面向嵌入式产品、移动计算、物联网（LOT）、串行外设接口（SPI）、TV 及机顶盒等多种需求量大的应用领域。

中芯国际于 2014 年 12 月 18 日宣布与高通公司合作生产 28 纳米工艺产品已通过考核验证，试产骁龙 410 处理器，于 2015 年年初量产。在 SoC 嵌入式 SRAM（e RAM）、I/O 及其他逻辑功能上，28 纳米是最具成本优化的工艺。

中芯国际与 ARM 在 28 纳米制程工艺 IP 上合作。

中芯国际在超低功耗技术上已为发展物联网产业准备了五大关键技术：影像感测器（CMOS）、电源管理 IC 芯片（PMIC）、微机电系统（MEMS）、射频（RF）、嵌入式 NVM / MCU。在嵌入式非挥发性存储器（e NVM）制程上更具关键技术和特色。

中芯国际计划在 2020 年前进入 16/14 纳米制程技术，现在进行 14 纳米工艺节点的研发，预计到 2017 年可以完成工艺验证。

中芯国际（深圳）工厂 8 英寸生产线技术水平锁定在 0.18 微米—90 纳米制程区段。2015 年达到月投 2 万片，2016 年将达到月投 4 万片能力。

中芯国际为华大电子代工我国第一颗 55 纳米智能芯片，具有嵌入式低功耗闪存。

台积电上海松江工厂扩大 8 英寸产能和技术，月投达 12 万片，主要制程技术水平集中在 0.18—0.15—0.13 微米区段，可满足市场急需的电源管理 IC、CMOS 影像感测器、微机电系统（MEMS）、LCD 驱动 IC 等产品的工艺技术要求。

上海华虹公司采用低漏电嵌入式闪存工艺，与汉芝公司联合开发空调单片机用 IC 芯片和智能电表单片机用 IC 芯片。

上海华虹宏力在 0.11 微米技术平台上，验证蓝牙智能射频 IP。

上海华力与联发科达成合作协议，共同开发 12 英寸 28 纳米工艺技术，联发科部分移动通信处理器代工业务交由上海华力公司完成，藉以加快华力公司原有 55—40 纳米技术，提升到 28 纳米水平。

上海先进公司与北车携手联合研发 IGBT 并突破工艺方面存在的难题和瓶颈，实现中国 IGBT 产品的“自主可控”目标。

武汉新芯（XMC）宣布第一个基于 SST 应用方案以 55 纳米嵌入式闪存工艺模块验证成功，目前，器件的高压（HV）和单元存储（cell）电性参数符合预期，整体电路结构兼具高可靠性和低成本，能满足智能卡和物联网产品的需求，16M 存储良品率达到预期，下一步将优化工艺，提升良品率，达到量产。

由北大、清华、复旦、中科微电子所与中芯国际、武汉新芯联合成立“中国集成电路先导技术研究院”，下决心抓住晶圆制程 20/14 纳米先进技术节点，加快发展步伐。

SK 海力士（中国）公司目前 12 英寸晶圆制程已达到 25 纳米水平。

三星西安公司 12 英寸制程技术已达到 22 纳米水平。

华润微电子 8 英寸生产线进行提升技术和产能，由 0.15—0.13 微米向 0.11 微米进发，产能由月投 3 万片向 6 万片进发。

- 江苏东晨（原江苏东光）公司成功开发出 1200V 逆导型场截止绝缘栅双极晶体管（RC-FS-IGBT）。

六、2014 年中国集成电路晶圆制造业代工情况

1. 2014 年中国集成电路晶圆代工现状

中国集成电路制造业 IDM 企业有为数不多的几家公司，如华润微电子有限公司、华越微电子有限公司等，大都以 IDM 与 Foundry 相融合的格局发展。

中国集成电路制造业代工起步于 20 世纪 90 年代初的中国华晶电子集团 6 英寸生产线承接国内外委托代工，开创了我国集成电路制造业代工的先河。

由于我国集成电路晶圆业代工面临技术和投资两大瓶颈，面临 IP 核、工艺技术和可靠性等方面的差距，不能满足我国集成电路设计企业发展的需要。在 2013 年前，设计芯片加工线宽小于 45 纳米的产品基本上都要到中国台湾地区加工。在 2014 年这种现象得到一定改观，目前，中芯国际已具备 55—32 纳米的代工水平，具有 28 纳米代工的技术水平（大批加工能力将在 2015 年形成），据来自中芯国际的报道，2014 年中芯国际营收中来自国内代工收入占到 40%以上的规模。

总体上来看，在华的外资（台资）企业代工主要是为其母公司代工，在加工量、技术水平、资金投入等方面都有充裕的保证，在华发展潜力增大。为此，世界著名半导体厂商纷纷来华投资设厂，尤其是看好我国的中西部地区的发展。我国内资集成电路晶圆企业则要依靠自己的努力来寻找产品市场、自我发展技术、自我筹措资金投入等，国内内资集成电路代工企业技术水平与国际先进水平存在较大的差距，也无法满足国内集成电路设计业中的先进产品（28—16 纳米）的代工需要。

中国大陆集成电路晶圆代工以中芯国际、上海华力、上海华虹宏力、华润微电子等代表我国本土集成电路晶圆代工的最好水平。2014 年中国集成电路晶圆代工营收将占到集成电路晶圆业销售收入的约 83%的份额。2014 中芯国际代工业务位列世界集成电路晶圆代工第五位（前四位分别是台积电、格罗方德、联电、三星），上海华虹宏力公司居第九位。

2. 中国集成电路晶圆代工存在的不足

2014 年中国集成电路晶圆代工取得了不俗的成绩，但也存在一定的不足，如中国集成电路晶圆代工的代表和旗帜——中芯国际虽排名居第五位，但与代工排名第一的台积电相比，还有较大的差距。

2013 年中芯国际与台积电生产经营规模情况比照见表 2.6.6。

表2.6.6 2013年中芯国际与台积电生产经营规模情况比照

	中芯国际	台积电	中芯国际的能力比较说明
营收总额	126.5 亿元	1248.6 亿元	营收能力仅是台积电的 1/10
净利润	7.2 亿元	394.2 亿元	
固定资产	592.8 亿元	2648.1 亿元	企业规模不及台积电的 1/4
技术情况	8、12 英寸；量产技术 28nm，14nm 研发伊始	6、8、12 英寸；量产技术 20nm，16nm 即将量产	量产技术落后台积电两代
月产能（折合 8 英寸晶圆）	23.4 万片/月	126.6 万片/月	产能是台积电的 1/6
产线布局	京、津、沪、深	中国台湾	中芯国际地理布局覆盖中国大陆全市场
年资本支出	56.4 亿元	610.5 亿元	每年投入不及台积电的 1/10
年研发投入	9.4 亿元	102.1 亿元	研发投入不及台积电的 1/10
员工数量	1 万人	4 万人	
设计服务公司	灿芯半导体 BriteSemi	创意电子/GUC	BriteSemi 服务能力急待提升

（数据来源：2013 年企业财报数据，以及根据本次调研情况整理）

2014 年中芯国际与台积电工艺技术产能状况比照见表 2.6.7。

表2.6.7 2014年中芯国际与台积电工艺技术产能状况比照

	中芯国际产能占比	台积电产能占比	中芯国际的能力比较说明
>0.18 微米	4.6%	—	• 中芯国际量产技术落后台积电两个世代和 3、4 个技术节点 • 2014 年 7 月，中芯国际和高通合作，成功制造 28 纳米高通骁龙 410 处理器，标志中芯国际晶圆制造工艺将挤身国际主流水平
0.18 微米	49.7%	—	
0.13 微米	11.5%	—	
>90 纳米	—	19.0%	
90 纳米	3.5%	6.0%	
60—65 纳米	20.3%	11.0%	
40—45 纳米	10.4%	13.0%	• 中芯国际 28 纳米制造工艺，技术积累深厚，已申请多项相关专利以及 100 多项 IP，可提供包含 28 纳米多晶硅和高介电常数金属栅极制造服务 • 随着研发实力的增强及与相关企业的合作，中国集成电路晶圆制造工艺技术将加快追赶世界领先水平的步伐
32 纳米	2014 年已进入量产	/	
28 纳米	2015 年可进入量产	30.0%	
20 纳米	开始研发	21.0%	
16 纳米	—	已进入量产	
14 纳米	—	已进入试产	
10 纳米	—	进入研发	

七、中国集成电路重点产品发展方向

我国电子信息产品市场急需的用量最大的高端通用芯片及其产品基本缺失：CPU、DSP、存储器、FPGA、HDTV、SoC、移动智能终端 SoC、汽车电子、智能卡芯片等，依赖进口（见表 2.6.8）。

这恰恰是我国集成电路晶圆制造业一个绕不过去的坎，这也关乎我国信息社会的发展，关系到政治经济安全、国家安全、社会安全。

表2.6.8　国产产品存在的主要障碍

产品类别名称	2014 年国产产品市场占有现状	到 2020 年国产产品市场占有预测	目前存在的主要障碍
微处理器	0%	10%	知识产权、专用工艺、设计技术和生态环境
数字信号处理器	0%	5%	知识产权、专用工艺、设计技术和生态环境
半导体存储器	0%	20%	知识产权、专用工艺、设计技术和生态环境
现场可编程器件	0%	5%	知识产权、专用工艺、设计技术和生态环境
高清/智能电视 SoC	1%	20%	设计技术和生态环境
移动智能终端 SoC	18%	40%	嵌入式 CPU 设计技术，生产工艺
汽车电子芯片	0%	5%	知识产权、专用工艺、设计技术和生态环境
智能卡芯片	50%	70%	设计技术和生态环境等

八、2014 年中国集成电路晶圆业投资情况

1．2014 年中国集成电路晶圆业投资情况

三星电子（西安）12 英寸 NAND 闪存晶圆线于 2014 年 5 月 9 日竣工投产，该项目总投资 70 亿美元，规划技术水平达 20—10 纳米，采用叠层工艺，生产 3D-NAND，月投 10 万片。

南车株洲所 IGBT 8 英寸线于 2014 年 6 月 21 日建成投产，月投 1 万片，该线投资 15 亿元，主产车用高压 IGBT 器件，打破国外产品垄断。

苏州纳米科技公司于 2014 年 9 月建成 6 英寸微纳机电制造（MEMS）中试线，投资 4.6 亿元，主要开展 MEMS 产品工艺开发、设计、制造、封测、专利、工艺培训等，导入压力传感器、微镜传感器、微流体传感器等。该中试线的投产将为我国中小 MEMS 企业带来福音。

2014 年 12 月 17 日，中芯国际（深圳）8 英寸线建成投产，2014 年年底月投 1 万片，2015 年月投 2 万片，2016 年将达到月投 5 万片，技术水平达到 0.18 微米—0.13 微米，投资总额为 15.8 亿美元（与 12 英寸共建）。

2015 年 3 月杭州士兰公司收购英特尔公司的一条 8 英寸生产线。

2．国家集成电路产业发展投资基金情况

2014 年 6 月国家公布《国家集成电路产业发展推进纲要》，重点支持集成电路晶圆制造业兼顾集成电路设计、封装测试和设备材料业，对我国集成电路产业界是一个巨大的鼓励，并将有力地推进我国集成电路产业的发展。《推进纲要》发布后，成立国家集成电路产业发展领导小组、设立国家集成电路产业投资基金和咨询委员会、加大金融支持力度。目

前已筹措资金 1387 亿元，在 2014 年年底到 2015 年 1 月之前，已对中芯国际（投资 31 亿港元用于 12 英寸晶圆产能扩张）、中芯北方公司（投资近百亿元）、江苏长电并购项目（投资 3 亿美元）、中微半导体设备公司（投资 4.8 亿元）等进行投资。基金与紫光集团已签署战略合作协议，基金承诺投资不超 100 亿元来发展我国集成电路设计业。

集成电路大基金支持加速发展我国集成电路晶圆制造业：

- 加快对 45/40 纳米产能扩充；
- 加紧对 32/28 纳米芯片生产线建设；
- 加快对立体工艺开发，推动 22/20 纳米、16/14 纳米芯片生产线建设；
- 大力发展模拟及数模混合电路、微机电系统（MEMS）、高压电路、射频电路等特色专用工艺生产线等。

大基金将在 2015 年投入 2000 亿元，并带动 1000 亿元社会资金投入集成电路产业。

国家“大基金”公布后，全国有关省市也积极跟进成立集成电路产业发展基金，如：北京市集成电路促进基金已到位，规模约 300 亿元，政府出资 90 亿元，其余 210 亿元由社会筹措；上海市集成电路产业基金规模约 500 亿元，基金即将落地，武岳峰投资基金已成立；浙江省集成电路发展基金规模约 200 亿元（近期先投 20 亿元）；合肥市集中签署两次合作投资项目，共计达 220 亿元的规模；厦门市投资筹建 12 英寸晶圆生产线，联合联电共同建设已启动，联电出资 13.5 亿美元，占比近 22%等。此外，天津市、江苏省、武汉市、成都市、西安市等地方政府也在积极筹备发展集成电路基金政策。

3．2014 年在建（拟建）晶圆生产线有

2014 年 9 月 25 日，武汉新芯（XMC）与美国飞索半导体（Span sion）签订协议兴建 12 英寸晶圆厂联合开发 3D-NAND，技术水平为 32 纳米，2016 年投产，2017 年量产，月投能力 20 万片。

中芯国际北方集成电路公司正式成立并运行，投资 35 亿美元建设 12 英寸 45 纳米及更先进的集成电路生产线。 中芯国际（北京 B2）12 英寸晶圆线在 2014 年完成安装调试阶段，月投 1000 片；2015 年月投 1 万片，导入 28 纳米工艺量产。

中芯国际拟在深圳市筹建 12 英寸晶圆生产线（与 8 英寸线共建投资 15.8 亿美元），技术水平达 28 纳米。

台积电对上海松江工厂 8 英寸线进行产能扩大，由月投 9 万片扩大到月投 12 万片，技术水平达 0.13 微米。

台积电拟在上海松江筹建 12 英寸晶圆线，技术水平始于 28 纳米。

厦门政府确定筹建 12 英寸晶圆生产线，总投资 62 亿美元，计划在 2016 年量产。联华电子计划从 2015 年起投资 13.5 亿美元予以参股 21.8%，该生产线于 55—40 纳米切入，主要从事晶圆代工，产品为通信、信用卡、银联卡等专用芯片，月投 5 万片能力。

联华电子对旗下和舰科技（苏州）公司进行8英寸线扩产，新增产能1.1万片/月，月投片量扩大到6万片以上。

上海华力公司筹建第二条12英寸晶圆生产线，投资额预计达195亿元，联发科参与上海五岳峰IC信息基金，投资和联手于上海华力公司开展12英寸28纳米制程代工，导入Poly sion制程，推进到16/14纳米和10纳米技术，规划月投3～5万片。

华虹公司（上海华虹宏力）积极扩大8英寸线生产能力。

华润上华公司积极扩大8英寸线生产能力。

2015年2月5日，由永明发展公司和长沙创芯IC公司共同组建的中外合资企业作为投资体，在沧州高新区投资60亿元的8英寸IC芯片制造项目正式签约。建筑面积20万平方米，建设周期18个月，计划产能月产8万片，年销售收入50亿元。该项目对河北省沧州市的经济发展有重要战略意义。

2015年4月，杭州士兰公司在成都市金堂县工业区动工建设一条8英寸生产线，主生产硅晶圆片外延、功率器件芯片和功率模块的封装，形成IDM运行模式。

力盛芯（洛阳）电子科技公司在2015年3月开工奠基8英寸MEMS生产线，一期投资1.5亿美元，月投2万片，该项目总投资38亿元。

九、2014年中国集成电路晶圆制造业部分重点企业发展情况（排名不分先后）

1. 中芯国际集成电路制造有限公司

中芯国际集成电路制造有限公司（简称中芯国际、SMIC）是中国本土规模最大、技术最先进的集成电路晶圆代工企业，旗下有：中芯国际（上海）、中芯国际（北京b4、b2）3条12英寸晶圆生产线，有中芯国际（上海b1、b2、b3）和中芯国际（天津）、中芯国际（深圳）5条8英寸晶圆生产线。

中芯国际12英寸晶圆生产线技术水平达到90—65—45—32—28纳米，8英寸晶圆生产线技术水平达到0.35—0.18—0.13—0.11微米。其12英寸晶圆代工技术正向16/14纳米奋进。

2014年中芯国际销售收入达120.2亿元，居中国集成电路制造业第一位，其集成电路晶圆代工业务营收入居世界同业第四位。

中芯国际立足于自主研发和技术创新，为客户提供集成电路制程工艺设计和代工服务，已覆盖逻辑电路、混合信号/CMOS、射频电路、高压电路、系统级芯片、闪存内存、EEPROM、影像传感器以及硅上液晶微显示技术，可广泛应用于通信、计算机、消费电子、汽车电子、工业控制及信息化等领域。

中芯国际在国内最早实现了65/55纳米技术的量产，拥有国内最先进的45/40纳米生产技术，具备国内唯一的32/28纳米技术研发能力，并于2014年一季度完成28纳米工艺的开发，可为国内外客户提供0.35微米到28纳米晶圆代工与技术服务。成熟的工艺和主流技术已成为国内客户的首选，2014 年其 40%的营收入来自国内的客户。

中芯国际在 2014 年对中芯国际（北京 B2）进行试生产，进而为 2015 年月投 1 万片正式量产迈进。

中芯国际在 2015 年与“大基金”一起投资中芯北方，投资额近百亿元。

中芯国际在 2015 年与韩国最大的半导体代工企业——东部高科（Dongbu HiTek）商洽并购事宜。

中芯国际晶圆制程工艺技术平台见表 2.6.9。

表2.6.9　工艺技术平台

工艺技术	CIS	BCD	HV	MS/RF	Logic	Embd Flash	Embd EEPROM	NOR/NAND Flash	MEMS	TSV
16/14nm					▲					
28nm				○	○					
38nm								●		
40/45nm				●	●	○		○		
55nm	▲		▲	●	●	●				
65nm		▲		●	●			●		
90nm	○			●	●			●		
0.11μm	○			●	●	○	○			
0.13μm	●	○	○	●	●	●	●		●	○
0.15μm	●	○			●					
0.18μm	●	●	●	●	●	●	●		○	○
0.25μm	●			●	●					
0.35μm	●	●	●	●	●	●	●			

注：▲ 表示进入试验阶段，○ 表示开发生产，● 表示大生产。

2. 上海华力微电子有限公司

上海华力微电子有限公司（简称上海华力）是全球领先的 IC 晶圆代工企业之一。公司成立于 2010 年 1 月，总投资 145 亿元，注册资金 79 亿元。厂房建筑面积 9.15 万平方米，净化面积 1.47 万平方米。

上海华力建有一条 12 英寸 IC 芯片生产线，技术水平为 55—45—40 纳米，设计月投片量为 3.5 万片，70%为逻辑电路产品，能满足包括 193nm 浸没式光刻技术、应变硅技术、金属硬掩膜后道互连技术、铜后道刻蚀技术等先进工艺的要求，同时还配备各类先进的缺陷检测系统设备等。

上海华力公司工艺技术从 55 纳米工艺为起点，主要技术包括 55 纳米低功耗工艺、40 纳米低功耗工艺、55 纳米高压工艺、55 纳米嵌入式闪存和特殊应用工艺等。致力于为国内外客户提供全面的 IC 晶圆代工解决方案和设计服务、光罩服务、多晶圆项目等增值服务。

上海华力公司目前已具备 28 纳米研发能力和相关工艺开发，2014 年与联发科携手新建 12 英寸生产线。从 28 纳米 Poly Sion 制程导入三个世代先进制程技术（包括 16/14 纳米、10 纳米），规划月投片量达 3～5 万片（表 2.6.10）。

表2.6.10　上海华力公司晶圆制程工艺技术平台

工艺技术	Logic	RF	HV	eFlash	CIS
28nm	○				
40nm	●			●	
55nm	●	●	●	●	●

注：●表示生产，○表示研制开发。

3．武汉新芯集成电路制造有限公司

武汉新芯集成电路制造有限公司（简称武汉新芯）成立于 2006 年。武汉新芯公司拥有 12 英寸晶圆生产线一条，月投片能力 3 万片，成熟的闪存技术与生产经验，覆盖 90—65—45 纳米工艺技术，32 纳米技术正在研发之中；逻辑 55 纳米低功耗技术工艺已定型，持续优化 3D 集成技术，有大规模量产背照式影像传感器、堆栈式技术开发与量产，具备铜和铝后序制程能力，汽车行业认证级的 IC 生产资质；该公司为全球首家量产 45 纳米 NOR Flash 制造商，单颗容量达到 8Gb，先进的 32 纳米 NOR Flash 技术正在开发之中。

2015 年 1 月 16 日，该公司 55 纳米低功耗逻辑产品实现量产，1 月 23 日又在低功耗嵌入式闪存技术研发上取得新进展，基于 SST 应用方案的 55 纳米嵌入式闪存工艺成功通过了模块验证。

由湖北省武汉市和东湖高新区联合投资成立的中西部区唯一的 12 英寸晶圆厂，列入国家集成电路产业的大基地。月产能目前达 2.2 万片，其中 NOR Flash（代码型闪存）月产 1 万片，BSI（背照式影像传感器）月产 1 万片，55 纳米逻辑月产 0.2 万片。

工厂定位为存储器 NOR Flash 代工领域，2010 年量产 65 纳米 NOR Flash，2012 年进入 45 纳米，2014 年 6 月又前进到 32 纳米闪存晶圆，取得阶段性成功； 55 纳米低功耗逻辑产品实现量产，55 纳米嵌入式闪存工艺取得重要进展，在 55 纳米低功耗平台上瞄准智能卡、微控制器、物联网与相关产业的应用。

工厂与北大、清华、复旦、中科微电子所等成立闪存先导研发中心，致力于发展我国 3D-NAND 产业。

在 2014 年 9 月，工厂与美国飞索公司（Span Sion）正式签约，合资兴建一条 12 英寸晶圆生产线，联合开发 3D-NAND，预计 2016 年投产、2017 年量产，月投 20 万片，技术水平达 32 纳米。

4．上海华虹宏力半导体制造有限公司

上海华虹宏力半导体制造有限公司（简称华虹宏力），由原上海华虹 NEC 电子有限公

司和上海宏力半导体制造有限公司合并而成，是全球领先的 8 英寸纯晶圆代工厂。华虹宏力厂区面积为 42 万平方米，超净面积为 3.5 万平方米，在上海金桥和张江共有 3 条 8 英寸 IC 生产线，月生产能力达 12.4 万片，工艺技术覆盖 1 微米至 90 纳米各节点，在较准逻辑、嵌入式非易失性存储器、电源管理、功率器件、射频、模拟和混合信号、图像传感器等领域形成了具有竞争力的先进工艺平台，并正在持续开发多种微机电系统（MEMS）工艺解决方案，为客户提供各类 IP 库、设计流程支持、版图设计等芯片设计服务及晶圆芯片测试服务等。

上海华虹宏力公司具备：

- 全球领先的嵌入式存储器工艺平台组合，从 0.5 微米到 90 纳米，涵盖 OTP、MTP、EEP ROM 和 Flash 等技术，0.13 微米嵌入式 SoNos 和 SFNVM 技术。
- 先进的逻辑与混合信号技术和丰富的射频技术，提供 0.5 微米到 90 纳米标准逻辑 IC 和混合信号铝制工艺平台，0.13 微米至 90 纳米低电流工艺，提供 SiGe BiCMOS、RF、LDMOS 与逻辑工艺兼容的 RF CMOS、RF SOI 等。
- 全套电源管理芯片代工方案，超级结（SJ）结构 VDMOS 和 NPT/FS—IGBT 工艺，已生产 600V—1200V FS IGBT，1700—6500V IGBT 正在开发之中等。
- 先进的汽车电子解决方案，汽车电子级嵌入式工艺平台，符合汽车电子 AEC—0100 Grade—1 标准的高可靠性 0.18 微米嵌入式闪存技术。

5. 华润微电子有限公司

华润微电子有限公司（简称华润微电子）在 2000 年成立华润微电子（控股）公司，在 2002 年整体收购“九〇八工程”承担者——中国华晶电子集团，资产规模达 108 亿港元，营业规模近 60 亿港元，员工人数近 1 万人，2014 年居中国集成电路晶圆制造第四位。该公司主营业务为集成电路设计、开放式晶圆制造、封装测试和分立器件；重点发展方向定位于特色工艺和技术、功率半导体、智能控制、微机电系统、电源管理、绿色照明等。

华润微电子是我国本土规模最大和最具影响力的综合性微电子企业之一，在 20 世纪 70 年代至 90 年代承担国家“六五工程”、“七五工程”和“九〇八工程”，为我国集成电路产业化大生产在产品、技术、市场、人才等方面做出了巨大贡献。目前拥有 1 条 8 英寸开放式晶圆生产线（0.25—0.18—0.13—0.11 微米技术水平，月投近 6 万片能力），有 1 条 6 英寸开放式晶圆生产线（1.0—0.35 微米 CMOS、BCD、SOI 技术水平，月投近 7 万片），有两条 6 英寸分立器件生产线（1.2—1.0—0.35 微米 IGBT、MEMS、MosFET 技术水平，月投近 16 万片），有两条封装测试生产线，有 1 条掩模生产线。

华润微电子承担国家科技重大专项“0.13 微米 SOI 通用 CMOS 与高压工艺开发与产业化”项目获得成功；建有两条 MEMS 工艺平台，月产 200 万只，有麦克风、压力传感器和红外传感器等 13 个品种；承担“极大规模集成电路制造及成套工艺”产品项目——“新型节能驱动与汽车电子芯片开发与产业化”项目，开发成功 600V BCD 工艺，具备 600V/1200V/1700V NPT IGBT 以及 60 微米超薄片量产能力，应用于电力 3300V IGBT 产品开发和研制 1700V 100A 半桥模块电动汽车充电桩，达到国际同类水平；拥有 1 条月产 15 万块 IPM 封装线，具备 DBC 及 IMS 结构 IPM 加工能力。

6. 上海先进半导体制造股份有限公司

上海先进半导体制造股份有限公司（简称上海先进、ASMC）是 1988 年由上海无线电七厂和飞利浦公司成立的中外合资公司，占地 4 万平方米，注册资金 15.34 亿元，2006 年在中国香港联交所上市。飞利浦是世界上最著名的模拟电子芯片代工厂之一。上海先进公司是中国最大的汽车电子圆片制造商。

上海先进公司在上海漕河泾有 8 英寸、6 英寸、5 英寸和 MEMS 生产线各 1 条，年生产大规模集成电路芯片近 80 万片，8 英寸技术水平达 0.5—0.25 微米、6 英寸技术水平达 1.0—0.5 微米，为客户提供各种广泛的半导体工艺制造服务，主要技术包括：

双极型工艺、数模混合 CMOS 工艺、BiCMOS 和 BCD 工艺；

集成了电擦写非挥发性存储器（EEPROM）的 CMOS 工艺；

高压功率半导体工艺等。

公司还通过了欧洲汽车电子 VDA6.3 级、ISO9001 认证等。

7. 和舰科技（苏州）有限公司

和舰科技（苏州）有限公司（简称苏州和舰）拥有两条 8 英寸集成电路晶圆生产线，有多项目晶圆代工服务、IP 服务、BOAC、Mini—Library、Chip Shuttle、NMOS/PMOS 混合信号/射频电路、逻辑电路等标准工艺和服务平台，技术水平达到 0.50—0.11 微米。在 2014 年和舰科技积极开发新工艺，以满足差异化的竞争。在 2014 年，和舰科技成功开发了 0.11μm EEPROM 嵌入式 IP，主要应用于金融 IC 卡，为金融 IC 卡芯片国产化提供有力支持。另外，和舰科技开发了针对大尺寸液晶面板的 0.15μm HV 工艺，和针对小尺寸液晶面板的 0.11μm HV 工艺，来满足客户对面板驱动 IC 更低功耗、更小体积、更低成本的需求。同时，和舰也在 2014 年开发了 0.18μm BCD 工艺，为国内客户打造了更具有竞争力的电源管理芯片的工艺平台。不仅如此，新开发的 0.11μm RF 和 0.11μm CIS 的新工艺，也为国内客户的移动和 IOT 的方案提供了更多的选择。该公司得到联华电子的支持，联华电子加大在苏州和舰科技公司的投资，扩大其 8 英寸线产能，新增产能月投 1.1 万片，总投片量达到月投 6.5 万片的产能。

8. 台积电（中国）有限公司

台积电（中国）有限公司简称台积电（上海）公司，该公司自 2003 年 8 月落户上海松江工业园区，依托其母公司台积电（TSMC）的市场和技术支撑，近年来一直处于持续快速发展的状态，现有集成电路 8 英寸晶圆生产线 1 条，技术水平达 0.25—0.13 微米，月投片 12 万片的产能，工艺类型包括逻辑电路、混合信号电路和数模混合电路等。广泛应用于国际市场的晶圆代工业务。

2014 年 12 月，台积电宣布将赴大陆建设 12 英寸晶圆工厂，将以 28 纳米制程切入，总投资将达千亿元新台币，这是台积电向大陆位移的最新动向。

9. 中航（重庆）渝芯

重庆渝德 8 英寸晶圆生产线，在 2011 年被中航航空电子系统有限责任公司收购后，将其改造成为航天航空专用芯片生产线，现有两条 8 英寸生产线，月投片量为 3 万片以上，已基本满产。工艺技术水平为 0.35—0.18 微米 CMOS 数模混合。

中航（重庆）微电子有限公司是一家主要面向电源和电源管理市场的功率半导体制造企业，其产品包括半导体功率器件、集成电路、MEMS 传感器和化合物半导体器件，目前拥有 8 英寸晶圆生产线，具备氮化镓（GaN）功率器件规模化生产能力。

第七节　2014 年中国集成电路封测业发展情况

一、2014 年中国集成电路封测业概况

1. 2014 年中国集成电路封测业产销情况

2014 年中国集成电路产品产量达 1015.5 亿块，同比增长 12.4%。

2014 年中国集成电路封装产业销售收入为 1255.9 亿元，同比增长 14.3%，占我国集成电路产业总值的 41.7%。

2. 2014 年中国集成电路封测产业基本情况

中国集成电路封测业规模以上企业有 85 家，其中本土内资控股企业 27 家左右，占 31.8%，其余为外资、台资和合资企业。

2014 年中国集成电路封测业从业人员约 11.54 万人，同比增长 8.9%（表 2.7.1 和图 2.7.1）。

表2.7.1　2010—2014年中国集成电路封测业规模

年份	企业数（家）	从业总人数（千人）	年生产能力（亿块）	销售收入（亿元）
2010 年	79	85.7	687.9	670.45
2011 年	79	94.5	735.4	648.61
2012 年	81	95.3	856.3	805.68
2013 年	83	105.9	984.7	1000.05
2014 年	85	115.4	1149.8	1238.47

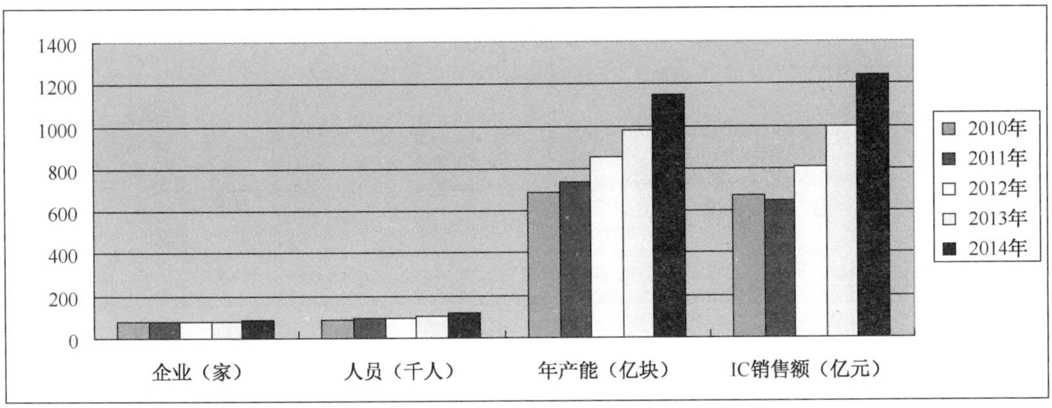

图 2.7.1　国内集成电路封装测试业统计

3．2014 年中国集成电路封测业区域分布情况

中国集成电路封测企业区域分布：长三角地区占 56%，京津环渤海地区占 15%，珠三角地区占 12%，中西部地区占 12%，其他地区占 5.0%（图 2.7.2 和表 2.7.2）。

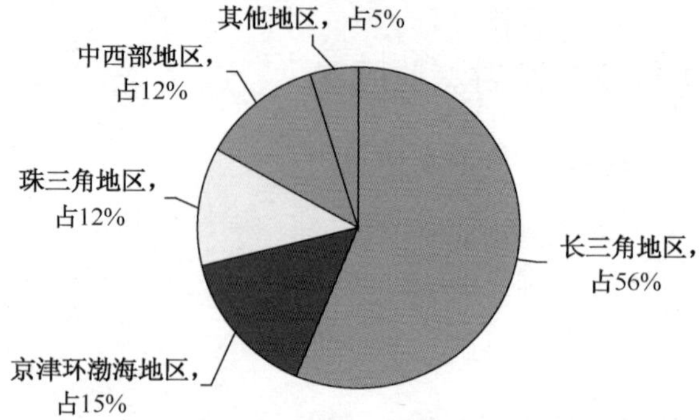

图 2.7.2　区域分布情况

表2.7.2　2009—2014年国内封装测试企业地域分布情况

（单位：家）

年度	长三角	环渤海	珠三角	中西部	其他	合计
2009 年	44	11	10	8	3	76
2010 年	45	12	10	8	4	79
2011 年	45	12	10	8	4	79
2012 年	46	13	10	8	4	81
2013 年	48	13	10	8	4	83
2014 年	48	13	10	10	4	85

二、2014 年中国集成电路封测业销售收入情况

1．2009—2014 年中国集成电路封测业销售收入规模及增长（图 2.7.3）

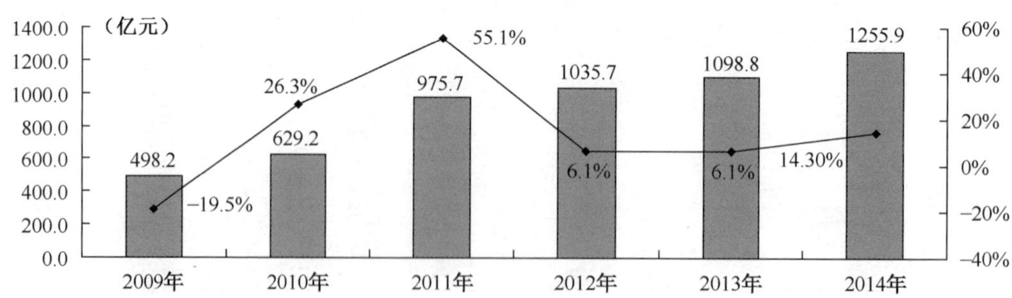

CAGR=20.31%（2009—2014 年）

图 2.7.3　2009—2014 年中国集成电路封测业销售收入规模及增长

2．2014 年中国集成电路封测业在 IC 总值中所占比重演进（图 2.7.4）

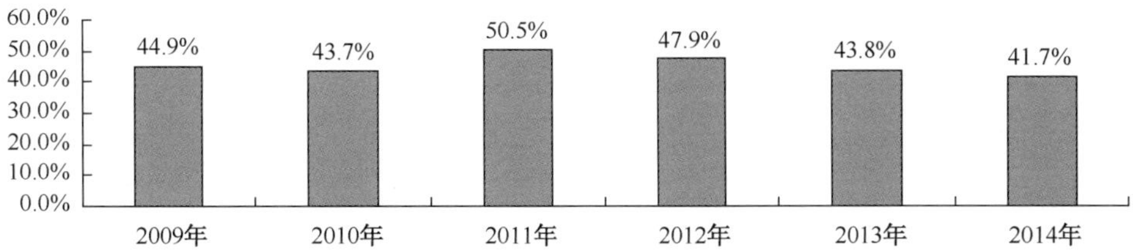

图 2.7.4 2014 年中国集成电路封测业在 IC 总值中所占比重演进

三、2014 年中国集成电路封测业主要企业情况

1．2014 年中国集成电路封测产业前十大企业情况（表 2.7.3）

表2.7.3 2014年中国集成电路封测产业前十大企业情况

序号	企业名称	2014 年营收入（亿元）	序号	企业名称	2014 年营收入（亿元）
1	江苏新潮科技集团有限公司	69.1	6	天水华天电子集团有限公司	40.3
2	威讯联合半导体（北京）有限公司	63.0	7	海太半导体（无锡）有限公司	35.5
3	飞思卡尔半导体（中国）有限公司	53.9	8	三星电子（苏州）半导体有限公司	25.9
4	南通华达微电子集团有限公司	52.1	9	上海松下半导体有限公司	25.5
5	英特尔产品（成都）有限公司	42.6	10	星科金朋（上海）有限公司	23.3

（资料来源：中国半导体行业协会，2015.3）

2014 年中国集成电路封测业前十大企业销售收入占同业总值的 34.3%。

2014 年中国集成电路封测业前十大企业中内资企业销售收入占十大企业合计的 37.5%，占总值的 12.9%，较 2013 年前十名企业占总值 44.8%，下降 7.3 个百分点。

2．2014 年国内集成电路封测业排名前三十的企业

据中国半导体行业协会封装分会统计报道，2014 年国内 IC 封测企业前三十名企业名单，其中内资和合资企业仅为 9 家，占 30%的份额，外资和台资企业在 IC 封测业中仍占多数的地位没有改变（表 2.7.4 和表 2.7.5）。

表2.7.4 2014年国内IC封测业收入排名前10企业

排名	企业名称	2014/2013 年增幅	类型
1	江苏新潮科技集团有限公司	8.7%	内资
2	威讯联合半导体（北京）有限公司	12.5%	外资
3	飞思卡尔半导体（中国）有限公司	–18.7%	外资
4	南通华达微电子集团有限公司	14.8%	内资

续表

排名	企业名称	2014/2013 年增幅	类型
5	英特尔产品（成都）有限公司	–17.1%	外资
6	天水华天电子集团	13.8%	内资
7	海太半导体（无锡）有限公司	8.9%	合资
8	安靠封装测试（上海）有限公司	30.4%	外资
9	上海凯虹科技有限公司	6.2%	外资
10	瑞萨半导体有限公司 （包括北京、苏州）	8.2%	外资

表2.7.5　2014年国内IC封测业收入排名前11～30企业

排名	企业名称	类型	排名	企业名称	类型
11	晟碟半导体（上海）有限公司	外资	21	超威半导体（中国）	外资
12	三星电子（苏州）半导体有限公司	外资	22	日月新半导体（苏州）	台资
13	上海松下半导体有限公司	合资	23	纮华电子科技（上海）有限公司	台资
14	星科金朋（上海）有限公司	外资	24	上海凯虹电子有限公司	外资
15	上海金雅拓智能卡技术有限公司	合资	25	颀中科技（苏州）	台资
16	英飞凌科技（无锡）	外资	26	无锡华润安盛科技	合资
17	日月光封装测试（上海）有限公司	台资	27	扬州扬杰	内资
18	矽品科技（苏州）	台资	28	力特半导体（无锡）	外资
19	金雅拓科技（上海）有限公司	合资	29	苏州晶方半导体	合资
20	快捷半导体（苏州）	外资	30	上海新康电子有限公司	外资

2014 年国内 IC 封测业前 10 家企业销售额占比如图 2.7.5 所示。

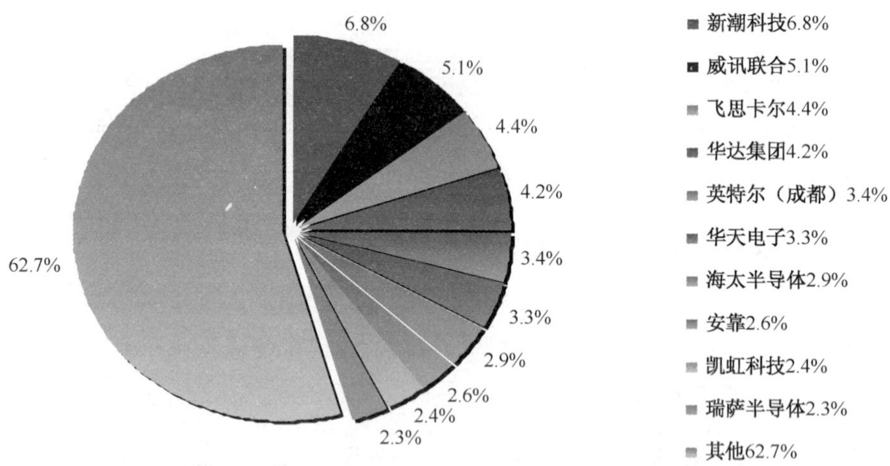

图 2.7.5　2014 年国内 IC 封测业前 10 家企业销售额占比

四、2014 年中国集成电路封测业市场情况

1. 国内 IC 封装测试市场的主要需求

云计算、大数据技术的进步，将推动物联网、移动互联网的发展，并不断改善用户

体验，逐渐深入人们的日常生活。智慧城市的各种项目不断落地，带动能源管理、城市安全、远端医疗、智慧家庭、智慧交通等相关应用领域对 IC 芯片的需求不断提升。智能手机、可穿戴设备、智能家电对各种低功耗、小尺寸芯片需求快速攀升，以及国内巨大的消费市场都表明物联网、智能终端、汽车电子将是推动国内 IC 封测市场发展的主要动力。

2. 国内 IC 封装测试市场的技术需求

随着国内 12 英寸晶圆产量的增加和线宽微缩工艺的增多，晶圆日趋复杂化以及系统单晶片向高 I/O 脚数、细间距等方向发展，同时又要拥有高效能、低功耗等特性，因此未来晶片封装将持续高阶技术发展，包括基频晶片、应用处理器、高功率发光二极体驱动晶片、电视晶片、无线通讯晶片等均成为先进封装成长的推手。

目前，由于国内 IC 封装测试业中具有国际竞争力的大企业还比较少，全球高端的主要市场，主要被境外的企业所垄断。到现在为止，国内芯片产品主要以中低端为主，先进封装约占总产值 25%。

由于智能手机、平板电脑等智能终端，以及物联网、汽车电子、可穿戴设备等各种新兴产业的发展，国内外 IC 市场对中高端电路产品的需求持续增加，对 BGA、CSP、WL-CSP、FC、SiP、SoC、2.5D/3D（TSV）等高端先进封装技术的需求愈来愈多。

国内 IC 封测企业不仅可以通过自身的技术创新，而且也可以通过收购兼并，或者通过国际合作等方式，来提高先进封装的工艺、技术水平，并不断赶上或局部超越国际先进封测企业。

3. 国内封测企业不断提升先进封装技术，强化与上游芯片企业的合作

随着国内外 IC 市场对中高端电路产品的需求不断增加，为了更好适应国内及国际市场对各种先进封装技术的需求，国内前三大集成电路封测企业——长电科技、通富微电、华天科技在先进封装工艺技术方面，又进一步得到了提升，同时，为强化与上游芯片企业的合作，2014 年又跨出了坚实一步。

2014 年，长电科技与中芯国际正式签署合同，成立具有 12 英寸凸块加工及配套测试能力的合资公司。中芯国际是中国内地规模最大、技术最先进的集成电路晶圆代工企业。其向全球客户提供 0.35 微米到 40 纳米晶圆代工与技术服务，并开始提供 28 纳米先进工艺制程。双方将建立凸块加工及就近配套的具有倒装等先进封装工艺的生产线，并进一步规划 3D IC 封装路线图。

同时，长电科技建立配套的后段封装生产线，为针对中国市场的国内外芯片设计客户提供优质、高效与便利的一条龙生产服务。

这次合作使中芯国际延伸了自己解决方案服务能力，同时长电科技也快速跻身国际一流客户的供应链。通过两者优势互补，共同建立最适合客户需求的产业链，将带动中国 IC

制造产业整体水平和竞争力的上升。

南通富士通微电子股份有限公司与上海华虹宏力半导体制造有限公司、上海华力微电子有限公司，经三方友好协商，于 2014 年 8 月签署了《上海华虹宏力半导体制造有限公司、上海华力微电子有限公司和南通富士通微电子股份有限公司合作意向书》。三方将在芯片设计、8/12 英寸芯片制造、凸点制造、微凸点测试等中段工艺技术、FC/TSV/SiP 等先进封装测试技术方面进行战略合作，合作开发相关技术，实现全产业链贯通，优势互补，资源共享，组成合作共赢的战略同盟。

天水华天科技股份有限公司与武汉新芯集成电路制造有限公司，于 2015 年 2 月签署战略合作协议。根据该协议，武汉新芯将与华天科技在集成电路先进制造、封装及测试等方面开展合作。晶圆级封装以及 3D 封装正成为半导体制造工业迅速成长的部分，该技术的不断发展要求晶圆制造厂与封测厂在整个制造过程中要进行更为紧密的合作。武汉新芯先进的 12 英寸晶圆生产线及国内领先的 3D IC 工艺，将结合华天科技领先的晶圆级封测工艺，通过优势互补以及资源共享，共同打造高效、完整的产业链，为先进 3D IC 在市场及应用上的突破提供前所未有的机遇。

4. 国内封测企业的兼并重组、做大做强将是一个趋势

多年来，国内封测企业过于分散，企业规模过小，这是一个不争的事实。为了不断提升国内封测企业的技术水平和国际竞争力，国内相关企业依托国家政策和集成电路产业大基金的支持，以及其他资金环境进一步的改善，实施兼并重组将会成为一种趋势。

2014 年年底，江苏长电科技股份有限公司联合国家集成电路产业投资基金股份有限公司、中芯国际子公司芯电公司共同出资，收购了全球第四大半导体封装测试企业新加坡星科金朋。通过本次收购，长电科技不仅可以提升先进封装的技术水平（如可以获得星科金朋的晶圆级封装和 3D 封装等先进技术）、引入全球一流的客户群，而且，极大地扩大了公司的规模。

2014 年 11 月，天水华天科技股份有限公司董事会审议通过了《关于拟收购美国 FCI 公司及其子公司 100%股权的议案》。美国 FCI 公司主要从事集成电路的封装设计、晶圆级封装及测试，以及传统塑料封装及测试业务。本次收购，有利于华天科技股份有限公司进一步提高晶圆级集成电路封装及 FC 集成电路封装的技术水平，改善公司客户结构，提高公司在国际市场的竞争能力。

通过海外收购的方式，对于实现《国家集成电路产业发展推进纲要》所提出的缩小差距、达到国际先进水平的阶段性发展目标，相对来说，是一个比较快速和实际的方法。事实上，如果仅仅依靠自身研发技术，需要相当长的研发周期。

5. 在国家科技重大专项的支持下，国内封测企业研发水平再上台阶

2014 年，在国家科技部和重大专项实施管理办公室、总体组的指导下，国家科技重大

专项封测类项目取得了多项成果。

天水华天承担的“多圈 V/UQFN、FCQFN 和 AAQFN 封装工艺技术研发及产业化”、长电科技承担的“重布线/嵌入式圆片级封装技术及高密度凸点技术研发及产业化”、时代民芯承担的“多目标先进封装和测试公共服务平台”等项目顺利通过专项办组织的正式验收。

通富微电承担的“高集成度多功能芯片系统级封装技术研发及产业化”、丹邦科技联合中科院微电子所及新宇腾跃公司联合承担的“三维柔性基板及工艺技术研发与产业化”、深南电路承担的“高密度三维基板及高性能 CPU 封装技术研发与产业化”等项目都进展顺利，研发的技术成果获得多项专利，并形成量产。

华进半导体封装先导研发中心承担的国家科技重大专项《三维系统级封装/集成先导技术研究》项目总体进展良好。其牵头的 2014 年国家科技重大专项《高密度三维系统集成技术开发与产业化》项目，也于 2014 年 1 月正式立项并启动实施，成立了以研究 2.5D 转接板制造技术、Low-k 芯片封装 CPI、Low Cost PoP 封装等技术的联合研发团队，一年来，形成了多项研究成果，并解决了许多关键技术问题。

“十二五”通信与多媒体芯片封装测试设备与材料应用工程项目按计划进行。项目已开展验证 21 种设备、8 种材料，验证率达到 85.29%。通过与国产设备商合作及共同努力，实现并通过了部分国产设备在先进封装工艺线上的验证，为先进封装设备的使用提供了更大的市场，更好地促进封装设备制造装备国产化，大幅度降低了先进封装产品的成本，为国内同行探索出了一个可借鉴的经验。

2014 年国家科技重大专项工作的开展，推动了国内封装产业链的健康发展，也提升了我国整个半导体产业的国际地位。

五、2014 年中国集成电路封测业技术发展情况

1. 2014 年中国集成电路封测业技术水平

中国集成电路封测业技术水平总体上居中下游，中小型企业以传统型 DIP、SOP 为主，规模以上企业以中档 QFP、QFN 等为主，大型企业以先进高档封装为主[BGA、WLP、CSP、WLP（WL-CSP）、FC、SiP、BUMP、2.5/3D（TSV）等]，且高端先进封装技术的需求量越来越大。

2014 年中国集成电路封测业先进高端产品产值占到总体收入 25%的水平，2015 年先进高端封装力争达到 30%的水平。

中国集成电路封测业居全国集成电路产业三业占比为 41.7%，在世界同业中居有重要地位，成为集成电路产业发展的突破口，进而带动 IC 设计业、IC 晶圆业及代工业等协同发展。

2．中国集成电路封装技术发展路线示意图（图 2.7.6）

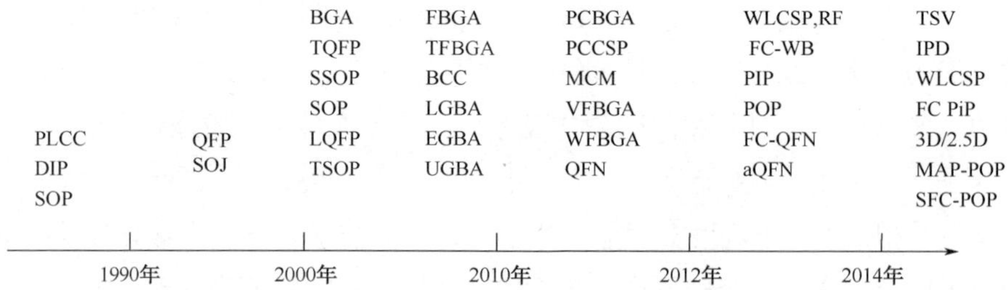

图 2.7.6　中国集成电路封装技术发展路线示意图

3．2014 年中国集成电路封测业技术进步

英特尔公司在未来 5 年内对英特尔（成都）工厂的晶圆预处理封装及测试业务进行全面升级，引入英特尔高温测试技术，加强在 PC 和移动通信、平板电脑、智能手机、物联网、可穿戴设备等细分市场上的竞争力。

2014 年 2 月 20 日，江苏长电科技公司与中芯国际强强联手，建立具有 12 英寸凸块加工及配套测试的合资公司，开发生产三维晶圆凸块封装技术，在晶圆 40—28 纳米技术上进行国内配套封装，开创了上下游企业联合协同发展的先河，具有历史性的意义。

江苏长电科技智能手机芯片 fcCSP 封测取得突破，可为 12 英寸 40 纳米晶圆节点进行芯片晶圆级封装测试。

江苏长电科技公司控股子公司——长电先进公司主攻手机芯片封装，主要封装有：FBGA、RF-LGA、M SDSIM、TSV/CIS、QFN、WLCSP、DICS、 MEMS 等。

长电先进已建成 Bump/WLCSP/Sip/FC/TSV 五大晶圆级封装技术服务平台，为下一代先进封装技术提供有力的技术支撑后劲，并正在积极筹建 12 英寸 BUMP 专线，培育 FC 产业链配套服务能力。

江苏长电先进公司 LED TSV 封装技术比传统的 SMT 封装成本降低 50%。

江苏长电公司 MIS 技术获“SEMI 产业奖”。

江苏长电公司在 TSV、RF、3D、MEMS 多芯片先进封装技术上取得巨大进展。

江苏长电公司拟筹建 0.3mm 薄型 QFN 封测线，现在 QFN 封装厚度在 0.9—0.85—0.75—0.55mm，少数企业能做到 0.5mm。封装芯片越薄所占面积越少，散热性越好，可符合可穿戴设备市场的发展需求。

通富微电两个产品“晶圆级封装（WLP）”、“IGBT 产品及模块封测技术”荣获南通市科技进步一等奖和三等奖。

通富微电自主开发的 LQFP、TQFP、CSP、MCM、MEMS、无铅电镀及 Strip Test 等多项技术达到国内领先、国际先进的水平。

通富微电在 BGA、WLP、BUMP、FC、SIP、WLCSP 等先进封装技术上实行产业化，为发展 3D 封装奠定基础。

华天科技（昆山）电子公司启动国家科技重大专项“阵列式镜头智能成像TSV-CIS集成模块工艺开发与产业化”项目，开发影像产品。

华进封装先导技术研发中心启动国家科技重大专项“高密度三维系统集成技术与产业化”项目，开发以3D（TSV）技术为核心的高密度/三维/系统级封装技术，形成自主知识产权体系，建立行业新标准，实现TSV为代表的高端封装量产与推广。

苏州晶方科技的WLCSP封装技术开发成功，该产品与传统的BGA相比，尺寸小50%，重量轻40%。

4．2014年中国集成电路封装与测试业创新产品和技术

由中国半导体行业协会、中国电子报、赛迪顾问公司等联合举办的中国半导体创新产品和技术评选活动中，2014年中国集成电路封装与测试业有以下企业和产品技术成功入选（表2.7.6）。

表2.7.6　2014年中国集成电路封装与测试业创新产品和技术

序号	企业名称	创新产品和技术名称
1	江苏长电科技股份有限公司	指纹识别模块IC的双面系统级封装技术
2	天水华天科技股份有限公司	多圈AAQFN封装技术
3	南通富士通微电子股份有限公司	IPM封装技术产品
4	中电智能卡有限责任公司	六小卡封装技术
5	苏州日月新半导体有限公司	Jelly Bean Package产品（果冻豆微型封装）

六、2014年中国集成电路封测业竞争力情况

长期以来，我国内资封测企业的技术水平和生产规模落后于外资企业和合资企业，在近年来，内资封测企业的技术水平得到迅速发展，产业规模日益扩展。2014年长电科技位居世界第六位，通富微电位居世界第七位，天水华天位居世界第十一位。国内三大内资封测企业的技术水平与国外的封装厂商基本同步，如铜线制程（铜丝代替金丝）、晶圆级封装（WLP）、晶圆凸点（Bumping）封装和2.5/3D堆叠封装等都已投入生产或开发成功。在先进封装产品量产规模上，如BGA、FC、CSP、MCP、SiP都达到亿元产值级规模。

1．2014年国内三个梯队封装测试企业的比较（表2.7.7）

表2.7.7　2014年国内三个梯队封装测试企业的比较

企业类型	主要特征	主要优势	典型企业
第一梯队 （技术创新型企业）	规模大、综合实力强，引领行业技术和产品创新，目前以BGA、CSP、WLCSP、Flip-chip、Bumping等封装形式为主，但仍有QFP和QFN等封装产品	技术领先，产能规模大，市场占有率高，综合实力强	日月光（上海） 英特尔（成都） 飞思卡尔（中国） 长电科技 通富微电子 华天科技等

续表

企业类型	主要特征	主要优势	典型企业
第二梯队（封装技术应用型企业）	规模中等，具备一定的技术实力，专注于技术应用和工艺创新，以DIP、SOP、QFP、QFN和DFN等系列产品为主，正在逐步向BGA、CSP、Flip-chip和MEMS、新型功率器件封装形式过度	适合新技术的推广应用和工艺技术研发创新	以华润安盛科技为代表的中等规模企业
第三梯队（封装服务型企业）	规模小，技术和经营管理一般，主要为小批量生产，目前仍以TO、DIP、SOP等传统封装形式为主	满足客户的特殊要求，适合多品种、小批量生产	一般的中小型企业

（资料来源：集微网）

2. 目前国内集成电路主要封装形式及其市场份额

目前，我国集成电路封装市场中以DIP、SOP、SSOP、QFP、QFN/DFN等传统封装形式仍占我国封装市场约60%的份额，但市场份额正在逐年减少。而BGA、CSP、FC（Filp—chip）以及MCP等先进封装形式已逐年上升，占到国内市场约40%的份额。高密度的3D堆叠技术和TSV技术还处于研发攻关阶段，有一些外资企业依靠其母公司的技术来源，已开始小规模量产。我国长电科技、通富微电、天水华天等国内先进封装企业，凭借自身的技术优势和国家科技重大专项的支持，在高密度封装的技术领域已有所突破，正在接近甚至部分已超越国际先进水平（表2.7.8）。

表2.7.8　我国集成电路主要封装形式及其市场份额

封装形式		典型产品/技术	市场份额及前景	主要生产企业
直插封装		TO、DIP等	仅占市场10%，市场规模还在减小	主要由一定应用基础的小型企业承担
表面贴装	两边或四边引线封装	SOP、PLCC、QFP、QFN/DFN	占市场50%左右，市场容量大，且保持平稳发展	以中等规模的内资企业为代表的技术应用型企业
	面积阵列封装	BGA、CSP、WLCSP、MCP等	占市场40%左右，市场较大，发展速度快	以外资、合资及内资领先企业为代表的技术创新型企业
高密度封装		3D/2.5D堆叠	主要技术已有突破，市场正处于起步阶段	同上

（资料来源：集微网）

七、2014年中国集成电路封装测试业投资情况

2014年2月20日，江苏长电科技公司与中芯国际正式签署合同，建立具有12英寸凸块加工配套测试的合资公司。公司总投资1.5亿美元，注册资本5000万美元，其中：江苏长电科技占49%，中芯国际占51%，首期达产1万片/月，3～5年后达5万片/月的生产能力。

2014 年 8 月 8 日，江苏长电科技与中芯国际合资成立的公司落户江阴高新技术产业开发区。

2014 年 12 月 13 日，江苏长电公司与国家 IC 大基金、芯电上海共同出资 6.5 亿美元，其中芯电上海出资 1 亿美元，江苏长电科技出资 2.6 亿美元，大基金出资 2.9 亿美元（其中 1.4 亿美元为贷款），收购新加坡星科金朋公司。

南通富士通微电子公司计划投资 2.5 亿元，建设 TCB-NCP 高密度系统集成封装开发与产业化项目。

2014 年 9 月 10 日，南通富士通微电子全资子公司——江苏通富微电子公司在苏通产业园奠基开工（四期工程），项目建成后将从事集成电路封测。项目总投资计划为 20 亿元，建筑面积 14 万平方米，一期工程预计在 2015 年年底竣工 4 万平方米。

天水华天 2014 年 11 月 14 日公告，拟在不超过 4200 万美元（合 2.58 亿元）收购美国 FCI（FipChip International）公司及其子公司 100%的股权，FCI 公司主事集成电路封装设计、晶圆级封装测试以及传统塑料封装测试。此次收购能提升天水华天晶圆级封装（WLCSP）及 FC 封装的技术水平，改善公司客户结构，提高公司市场竞争力。

中国台湾力成与美国美光联手在西安建封测生产线。

2014 年 11 月 6 日，德州仪器（TI）宣布在成都建 12 英寸晶圆凸块加工厂，建筑面积 3.3 万平方米。2010 年德仪在成都建 12 英寸封装线，已有 4 个研发中心和在上海的产品分拨中心。

英特尔将在未来 15 年投资 16 亿美元对英特尔成都工厂的晶圆预处理封装及测试业务进行全面升级，预计在 2016 年量产（英特尔成都工厂已投资 6 亿美元）。

山东华芯科技在 2014 年 2 月宣布，华芯晶圆级封装 WLP 项目总投资 10

亿美元，一期投资 1.5 亿美元，计划在 2014 年 6 月安装设备，9 月试产。该项目将引进 PTP、TSV、3D 等先进封装技术，保持技术和产业竞争力。

2014 年 1 月，合肥市集中签约 14 个项目，共投资 83 亿元，其中有 3 个项目为封测项目。

合肥市在 2015 年 1 月 12 日集中签约 25 个项目落户，总投资达 138 亿元，其中有 4 个封测项目。

2014 年 4 月 8 日，韩国纳沛斯（NEPES）集团公司在江苏淮安签约落户，建设 8～12 英寸 IC 晶圆级芯片封装项目，总投资 3 亿美元；注册资金 7100 万美元，纳沛斯占 40.14%，淮安兴盛占 40.14%，淮安中盛投资公司占 19.72%。该项目占地 50 亩，建筑面积 14.8 万平方米，建生产车间 3 座、测试车间 1 座及配套厂房设置等；形成 8～12 英寸晶圆凸块 236 万张（圆片），年封装 COF 10 亿颗及配套提供 16.8 亿秒晶圆检测服务生产能力；各种生产、检测、研发设备 527 台（套），辅助设备 22 台（套）。

2015 年 4 月 14 日，三星电子（西安）封测生产线竣工投产，该生产线将三星电子（西安）前工序的 V—Nand（闪存芯片）经过封测制成固态硬盘（SSD），形成完整的产业链。

八、应鼓励封测优势企业进军全球三甲

2014年以来世界经济进一步复苏，世界半导体市场抬头上扬，全球集成电路产业呈现出从发达地区向发展中地区转移的趋势。我国集成电路产业经过10余年的自身积累，并依托国家政策扶持，在资本并购层面展示出前所未有的活力，成长速度远高于全球平均水平。国内集成电路封装测试业与国内集成电路产业保持同步增长。

1. 市场需求迅速提升

近年来，国内集成电路封装测试市场发展迅速，计算机、通信和消费电子等占到整体市场份额的86.5%。智能终端、宽带通信、云计算、大数据、互联网、物联网、智能工控、智能电网、智能医疗、汽车电子、信息安全、安防监控、节能环保等新兴市场对集成电路需求拉动强劲，使集成电路封装测试业市场规模得到进一步扩大和迅猛增长。国内外集成电路设计公司和整机厂对中高端集成电路产品需求明显增加，BGA、WLP、CSP、WLCSP、FC、SIP、2.5/3D（TSV）等高端先进封装形式的产品市场需求量也越来越大。

国内集成电路封装测试业发展强于整个集成电路产业。2014年我国集成电路封测业销售额为1255.9亿元，同比增长14.3%。预计到2015年可达到1470亿元的规模，比2010年增长133.6%，平均复合增长率为18.5%。预计到2015年封测业仍将占全国集成电路产业总收入42%左右的份额，封装测试业销售收入约占到全球同期封装测试业收入的44.2%。

2014年国内封装测试业风景独好，不少企业甚至迎来业绩大反转，封测业前四大企业2014年中报业绩可圈可点。江苏长电科技股份有限公司实现销售收入69.1亿元；天水华天科技股份有限公司销售收入同比增长13.8%，达到40.3亿元；南通富士通微电子股份有限公司实现销售收入达52.1亿元，比去年同期上升14.8%；苏州晶方科技股份有限公司销售收入增长速度较快。

目前，国内规模以上集成电路封装测试企业有83家，其中国内企业占32.5%，其余为外资及合资企业。国内企业以封测代工业为主，外资企业以IDM型为其母公司封装测试自有产品为主。在封测前十大企业中，国内企业销售收入占到37.5%。2014年江苏长电科技股份有限公司在世界集成电路封装测试业前十大企业中排名第五位，前进1位。

随着智能手机、平板电脑、智能电子产品和消费类产品领域对高端封装产品需求的快速增长，我国集成电路封测企业快速调整与跟进，先进封装（高端）份额已逐步占封测业总值的20%左右，国内封测企业的实力正在不断提高。

2. 投资结构进一步优化

通过以企业为主体的产学研用结合新模式，我国开展系统级封装/集成先导技术研究。我国集成电路封装测试存在过于分散、规模均不大的问题。为不断提升国内封测企业的国际竞争力，国内相关企业把资金、人力、技术等进行集中投资，实施整合并购，扩充实力，

这将逐步成为产业发展的趋势。经过整合、集中投资和大兵团合作，逐步把我国集成电路封测业做大做强。

2014 年江苏长电科技与中芯国际签约建设的具有 12 英寸凸块加工（Bumping）及配套晶圆芯片测试（CP Testing）能力的合资公司落户江阴高新技术产业开发区。通富微电拟与华虹宏力、上海华力在芯片设计、8/12 英寸芯片制造、凸点制造、微凸点测试等中段工艺技术、FC/TSV/SiP 等先进封装测试技术方面进行战略合作。这些封测产业的龙头企业通过调整结构、共同开发相关技术，实现全产业链贯通，优势互补，资源共享，组成合作共赢的战略同盟。

此外，长电科技在前几年还在苏北宿迁、安徽滁州等地进行投资扩产；南通富士通微电子公司实施 4 期封测厂房的扩建；天水华天微电子公司分别在西安、昆山等地实施产业扩展；外资企业如英特尔公司在四川成都投资，三星电子在陕西西安投资等。

更为可喜的是我国封测业同仁已对发展和提升封测水平达成共识：由中科院微电子所和封测产业龙头企业长电科技、通富微电、华天科技、深南电路、苏州晶方、安捷利（苏州）、中科物联、兴森快捷 9 家单位共同投资建立了华进半导体封装先导技术研发中心有限公司。通过以企业为主体的产学研用结合新模式，开展系统级封装/集成先导技术研究，研究领域包括 2.5D/3D 硅通孔（TSV）互连及集成关键技术、晶圆级高密度封装技术、SiP 产品应用以及与封装技术相关的材料和设备验证、改进与研发，联合研发团队及研发平台建设已有明显进展。

3. 技术创新能力不断增强

国内封测产业先进封装技术研发能力不断增强，并为海内外客户提供服务。国内集成电路封装的前三大企业，长电科技、通富微电、华天科技对先进封装技术通过多年践行，特别是在国家重大科技专项的推动下，国内 IC 先进封装技术有了长足的进步，如国际领先的 TSV-CIS、Wafer Bumping、FBGA、FC-BGA、WLCSP、FBGA、MEMS、RF-SiP 等先进封装技术已经成功开发或规模导入量产。长电科技、通富微电、华天科技等企业在“3D-MIS 封装技术（被动元器件叠装于 FC 芯片 MIS 封装技术）”、“FCCSP 封装技术产品”和“多圈 FCQFN 封装技术”等领域取得了新的突破。

国内封测产业的先进封装技术研发和产业升级力度不断增强。在国家科技重大专项支持下，高端 40nm/28nm 等技术节点相应的高密度封装技术、大功率器件封装技术、封装系统集成技术的开发及产业化成效初显；高端封装规模及比重进一步增加，具备与国内和部分国外 IC 设计企业的全面配套能力（设计、开发、封装、测试等）；新型自主知识产权封装技术获得国际主流认可，开始进入规模量产。

在国家科技重大专项的支持下，国内企业的研发水平不断提高。“高端封装工艺及高容量闪存集成封装技术开发与产业化”等项目顺利通过了专项组织的验收，并成功获得了国内外高端客户连续增长的订单。“十二五”通信与多媒体芯片封装测试设备与材料应用工程项目和封测工艺、装备及材料开发及产业化项目顺利展开，如无引脚、细节距、多芯片、叠层、芯片级、系统级、圆片级、硅穿孔等系列先进封装技术的研发，产业链、产学研用之间的合作进一步得到加强，创新体系、创新实力、创新效果大大改善，推动了我国集成电路封测产业链的健康发展。

4. 整合兼并力争赢得国际话语权

国内集成电路封装测试业应抓住机遇，通过整合兼并，积极进行转型升级。由于国内封测企业过于分散，企业规模较小，为了不断提升国内封测企业的国际竞争力，国内相关企业集中资金和人力实施整合兼并，这成为一种趋势。通过这种整合兼并方式和大兵团合作，才有可能做大做强，在国际市场上占据一席之地。

随着国家集成电路产业新一轮扶持政策的实施，必然给国内集成电路行业带来重大利好，为国内封测企业做大做强提供了绝佳的机会。国内集成电路封装测试业必须抓住机遇，积极进行转型升级。随着中国集成电路封装技术的不断提升，将促进相关工艺技术进入创新发展模式。此外，还应集中资金、集中人力、鼓励优势企业整合兼并快速进入国际前三强，争取在国际市场上占据一席之地。国家政策的倾斜，使中国集成电路市场未来成长可期。

九、2014年中国集成电路封测业重点企业情况（排名不分先后）

1. 江苏新潮科技集团有限公司

2014年，长电科技和中芯国际双方正式签约，建立具有12英寸凸块加工及配套测试能力的合资公司——中芯长电半导体有限公司。同时长电科技将就近建立配套的后端封装生产线，共同打造集成电路（IC）制造的本土产业链，形成高端芯片的晶圆制造、封测的一站式服务平台。

2014年，江苏新潮科技集团发起对加坡先进封装私人有限公司（APS公司）追加股权，形成对新加坡APS公司的完全控股。APS公司是一家以技术研发为主的高科技公司，专门向各大半导体公司以及电子器件公司提供全新的倒装芯片封装技术.公司主要经营专利许可、专利使用、新技术转让等，以及建立合资公司。从建立以来，APS一直不断地投入大量的人力和资金来完善现有技术，并在现有技术的基础上进一步进行创新和开发，来满足客户的要求。APS与很多半导体设备生产厂商建立了良好的合作关系，从而向客户提供从封装技术到设备的整套解决方案。

2014年，长电科技、中芯国际全资子公司芯电上海、国家集成电路产业投资基金股份有限公司（简称“大基金”）三方于2014年12月22日签署《共同投资协议》，出资7.9亿美金收购新加坡上市的全球第四大集成电路封装测试公司——STATS ChipPAC，即星科金朋，此次并购完成后，长电科技在全球封测企业营收排名中坐四望三。

2014年，江阴长电先进封装有限公司投资6亿元扩建中道封装生产线，预期建成后形成新增中道封测圆片48万片的年产能力，将进一步强化该公司在集成电路中道封测领域的领先地位。

2014年，江阴长电先进封装有限公司在集成电路晶圆凸块与WLCSP出货实现双丰收，全年晶圆加工突破100万片次、WLCSP出货突破35亿颗，晶圆凸块出货列居全球第四，WLCSP出货量列居全球OSAT第一，遥遥领先国内集成电路中道封测企业。

2．南通富士通微电子股份有限公司

南通富士通微电子股份有限公司长期坚持走自主研发与引进、消化吸收再创新相结合的发展道路，形成了“应用基础研究、工程化技术研究、产业化技术研究”三位一体的技术创新体系，极大地提高了企业的自主创新与可持续发展能力，并在多项技术领域取得国内第一。自2009年起，公司先后承担实施了“十一五”、“十二五”国家科技重大专项，项目实施以来，SiPBGA、BUMP、WLP等20多个关键技术取得突破。

2014年公司科技研发经费达16234万元，同比增加了85.53%，占全年销售收入的7.40%。

公司拥有MCM、SiP、QFN、BGA、汽车电子封装技术、BUMP、WLP、Cu pillar等多项技术知识产权，公司累计申请专利321项，拥有授权专利125项，其中国内发明专利46项，国际发明专利1项，实用新型专利78项。

2014年公司主要工作亮点如下。

1）产品创新

国内首家28纳米12寸Copper Pillar顺利投产，同时，Flip Chip（倒装焊）产品线也顺利建成投产，标志公司拥有了当今最先进的封装技术及产线；超宽框架QFN顺利量产；PDFN双面散热的技术开发成功；Clip Bond通过客户验证。

2）科研创新

国家“02”专项顺利扎实推进。公司申报的2014年度“02”专项项目（课题）已获“极大规模集成电路制造及成套工艺”实施管理办公室立项批复，标志着公司作为封装测试的国家队成员，将持续获得国家的政策扶持；2014年，公司技术中心被认定为第21批享受优惠政策的国家认定企业技术中心。

3）固定资产投入

公司固定资产投入力度超前，2014年累计技改投入超过6亿元，同比增长了60%以上。

4）产业布局

2014年9月10日，公司新设立的全资子公司——江苏通富微电子有限公司苏通产业园项目开工建设。新公司计划总投资20亿元，总规划面积14万平方米，此次首先开工的是一期工程，预计2015年年底4万平米的厂房可以竣工。该项目将专业从事集成电路封装

测试，主要承接国家重大专项所研发产品的产业化。

5）募集资金

公司定向增发申请已顺利过会，预计可拟募集资金 12 亿元。增发成功后，将为公司实现更大发展提供强有力的资金保障。

6）合作同盟

2014 年 8 月 26 日，通富微电子与上海华虹宏力、上海华力等公司签署《合作意向书》，合作三方在芯片设计、8/12 英寸芯片制造、凸点制造、微凸点测试等中段工艺技术、FC/TSV/SiP 等先进封装测试技术方面进行战略合作，合作开发相关技术，优势互补，实现全产业链贯通，资源共享，组成合作共赢的战略同盟。

7）获奖产品

中国半导体创新技术产品：IPM 封装技术产品。

国家重点新产品：IPM26 家电用 IGBT 模块封装技术产品。

国家火炬项目：FILP CHIP 封装技术开发及产业化。

江苏省高新技术产品：FC CSP 封装技术产品。

江苏省科学技术奖：WLP 封装技术产品。

3. 天水华天科技股份有限公司

天水华天公司主要从事半导体集成电路、半导体元器件的封装测试业务。可封装：DIP、SIP、SOP、SSOP、TSSOP、QFP、LQFP、ELQFP、QFN、DFN、BGA、LGA、MCM（MCP）、TSV-CSP、SiP、SOT、TO 等 10 余个系列 185 个品种，年封测能力达 100 亿块，位居全国前三甲。

天水华天公司可进行 5—6—8—12 英寸晶圆测试和集成电路测试，年测试能力达 75 亿块，可为客户提供 SiP、CSP、FC、多圈 QFN 等高端集成电路以及 MEMS、LED 封装技术和产品。

天水华天科技公司于 2010 年建成全资子公司华天科技（西安）公司并投产运行。

天水华天科技公司于 2011 年参股，2013 年控股华天科技（昆山）电子有限公司，正式进入 TSV 封装领域。

天水华天科技公司于 2014 年 11 月以 4200 万美元（合 2.58 亿元人民币）收购 FCI 及其子公司 100%股权。此次收购有助于华天科技公司在晶圆级封装及覆晶级封装领域的技术水平进一步优化，有助于天水华天科技公司在 WLCSP 应用扩展至 CMOS 摄像传感器、MEMS 传感器之外的无线通信等专用器件领域。

4. 华进半导体封装先导技术研发中心有限公司

华进半导体封装先导技术研发中心有限公司是由中科院微电子所、长电科技、通富微电、华天科技、深南电路、苏州晶方、安捷利（苏州）、中科物联、兴森快捷九家单位共同投资建立的集成电路先进封装先导研发基地，也是国家集成电路封测产业链技术创新战略联盟的系统集成先导技术研发平台。

华进半导体封装先导技术研发中心有限公司通过以企业为主体的产学研用结合新模式，开展系统级封装/集成先导技术研究，研究方向集中在 2.5D/3D 硅通孔（TSV）互连及集成关键技术、晶圆级高密度封装技术、高密度低成本 PoP 技术、晶圆级 fan-out 技术、先进封装基板技术以及与封装技术相关的材料和设备的验证，为产业界提供系统解决方案。近年来，该公司已在此领域申请专利 300 项之多。

第八节　2014 年中国半导体分立器件产业发展情况

半导体分立器件产业作为半导体产业的两大分支之一，有着悠久的历史和杰出的贡献，尽管 IC 产业发展很快，但仍离不开半导体分立器件产业的同步发展，半导体分立器件产业将按其自身的规律平衡发展。

半导体分立器件产业，主要用于涉及高频、高压、大功率的终端产品或照明等领域，具体细分为双极型三极管、场效应管、IGBT、肖特基二极管、快恢复二极管和其他分立器件。

半导体分立器件是半导体产业的基础及核心领域之一，有些半导体分立器件产品具有不可替代的作用和地位。随着世界各国对节能减排产业的日益重视，半导体分立器件的应用已从传统的工业控制和 4C（通信、计算机、消费电子、汽车）领域扩展到新能源、轨道交通、智能电网、变频家电等诸多产业，应用前景仍然较为广阔。

一、世界半导体分立器件产业情况

1．半导体分立器件细分（图 2.8.1）

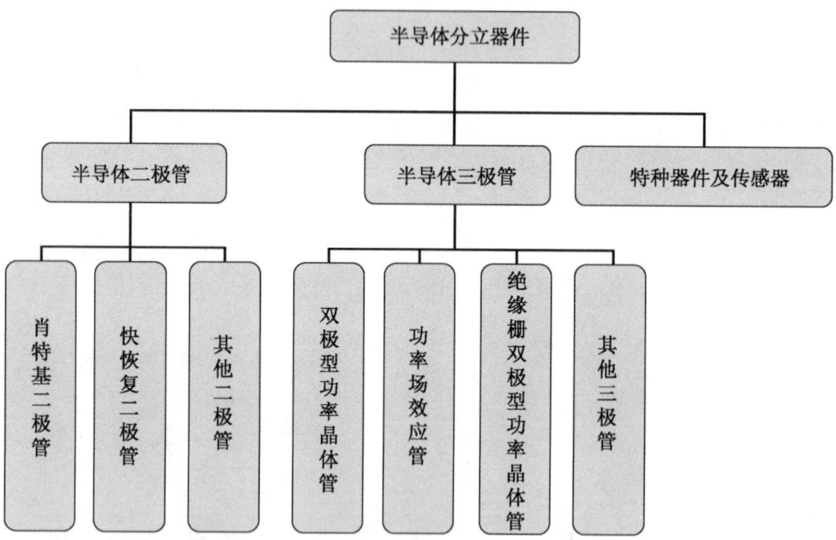

图 2.8.1　半导体分立器件细分

2．2014 年世界半导体市场规模

在世界经济形势整体趋于复苏好转的大背景下，2014 年世界半导体市场在消费类电子、通信、计算机等传统产品市场推进和以智能手机、平板电脑、智能电视、可穿戴设备，以及互联网、物联网、云计算、大数据等新兴市场需求迅猛发展的带动下，世界半导体产业界显得十分活跃，取得了较好的业绩，是 2011 年以来的最好年份。

根据中国赛迪顾问（CCID）报道，2014 年世界半导体产业营收额预计可达为 3331.5 亿美元，同比增长 9.0%。

半导体行业景气度回升，继智能手机之后，PC 行业逐步复苏，同时云计算对于处理器需求的增长，使得全球半导体分立器件行业增长驱动力延续。且中国集成电路产业发展刺激政策已经出台，中国半导体产业迎来了快速发展的“黄金时代”，特别集成电路产业链受益更为明显（表 2.8.1）。

表2.8.1　2009—2016年世界半导体分立器件产业发展规模及增长

（单位：亿美元）

指标	2009 年	2010 年	2011 年	2012 年	2013 年	2014 年	2015 年（E）	2016 年（E）
世界半导体产业收入	2263	3003.2	2995.2	2915.6	3056	3331.5	3445.4	3552.7
分立器件销售收入	144.8	195.2	204.8	185.1	182.0	204.4	213.5	219.8
分立器件产业占比（%）	6.4	6.5	6.8	6.2	6.0	6.1	6.2	6.2

3. 2014 年世界半导体分立器件产业发展规模及增长

2014 年世界半导体分立器件产业销售收入为 204.4 亿美元，同比增长 4.4%，增速同比下降 7.9%，占到世界半导体产业总收入 6.1%的份额（图 2.8.2）。

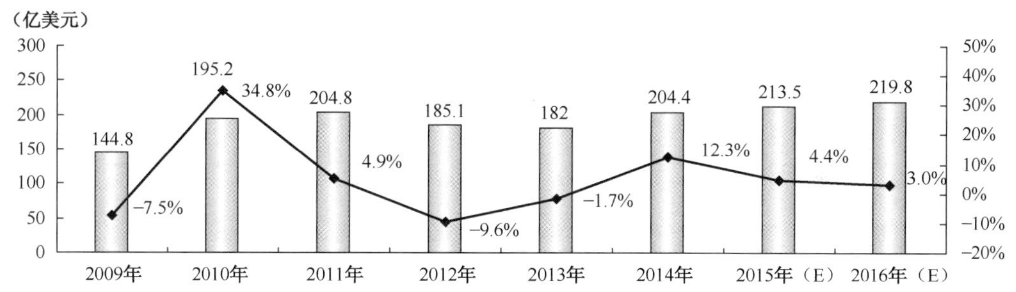

CAGR=6.14%（2009—2016 年）

（资料来源：CCID/jssia 整理）

图 2.8.2　2009—2016 年世界半导体分立器件产业发展规模及增长

二、2014 年中国半导体分立器件产业发展情况

凭借良好的政策环境、低廉的生产要素成本、“中国制造”背后支持的广阔市场以及充分的资源配套供给等优势，全球半导体分立器件的制造环节以较快速度向我国转移。目前，我国已经成为全球最重要的半导体分立器件制造基地。随着半导体分立器件国产化趋势的显现以及下游应用领域需求增长的提升，我国半导体分立器件行业得到了相对健康的发展。

1. 2014 年中国半导体分立器件产业发展简况

2014 年国内半导体分立器件产量从 2009 年的 2637.4 亿只上升至 2014 年的 5316.8 亿

只，比 2013 年同比增长 15.4%。国内分立器件产业的销售收入达到 1872.4 亿元，比 2013 年增长了 21.9%。我国半导体分立器件产量整体呈上升趋势，预计我国半导体分立器件产量后续仍将保持良好增长态势。半导体分立器件行业属于国家重点鼓励行业，也将分享到国家扶持政策红利。

2014 年中国半导体分立器件市场规模达 1651.2 亿元，同比增长 18.0%，其中 LED 和功率器件成为带动市场增长的主要动力，功率器件市场规模达 1344.4 亿元，同比增长 9.5%，占到半导体分立器件市场规模的 81.4%的份额。

2014 年中国半导体分立器件进口量达 5280.9 亿只，同比增长 33.8%，进口额为 235.5 亿美元，同比减少 3.4%；出口量达 5672.6 亿只，同比增长 56.4%，增速提高 48 个百分点，出口额为 283.4 亿美元，同比增长 7%；进出口额顺差 47.9 亿美元，为近几年来的最好年景。

2. 2014 年中国半导体分立器件产品产量发展情况

2014 年中国半导体分立器件产品产量为 5316.8 亿只，同比增长 15.4%（图 2.8.3）

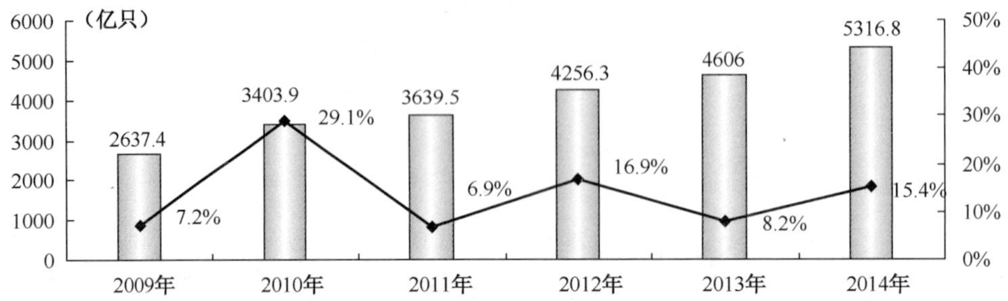

图 2.8.3 2009—2014 年中国半导体分立器件产品产量发展规模及增长

3. 2009-2014 年中国半导体分立器件产业销售收入发展规模及增长（图 2.8.4）

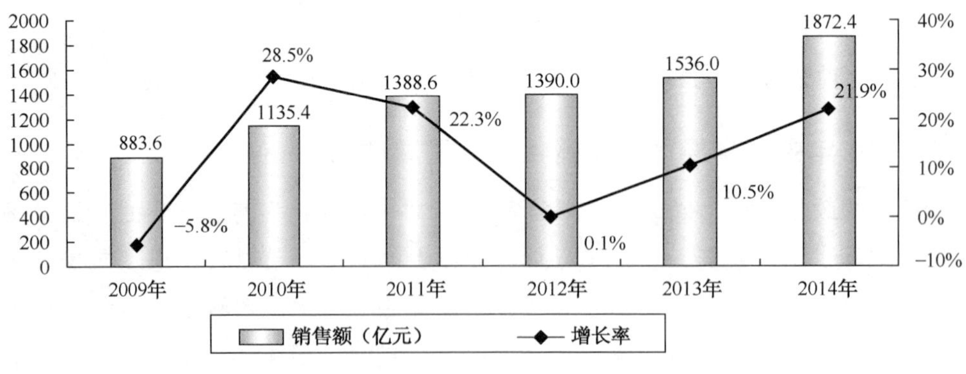

CAGR=16.21%（2009—2014 年）

（资料来源：中半协分立器件分会/JSSIA 整理）

图 2.8.4 2009—2014 年中国半导体分立器件产业销售收入发展规模及增长

4. 2014年中国半导体分立器件月度产量统计（图2.8.5）

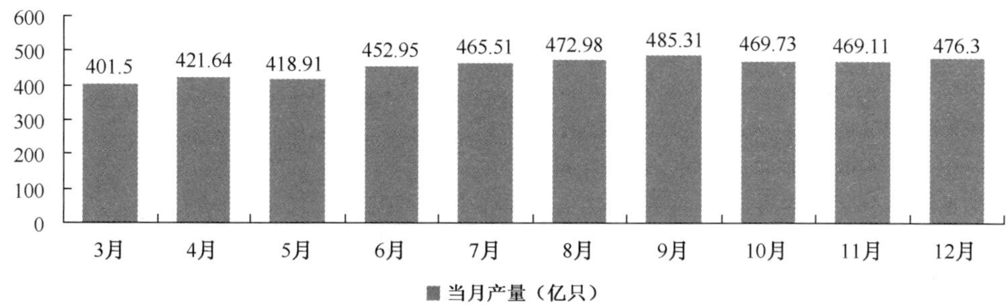

（资料来源：中国产业信息网）

图2.8.5　2014年中国半导体分立器件月度产量统计

5. 2014年中国半导体分立器件进口情况

2014年中国半导体分立器件进口量为5280.9亿只，同比增长33.8%；进口额为235.5亿美元，同比下降3.4%（表2.8.2）。

表2.8.2　2008—2014年中国半导体分立器件进口规模及增长

	2008年	2009年	2010年	2011年	2012年	2013年	2014年	CAGR（%）
进口量（亿只）	2903.3	2651.2	3124.6	3177.8	3724.3	3948.2	5280.9	10.48
同比（±%）		−8.7	17.9	1.7	17.2	6.0	33.8	—
进口额（亿美元）	167.5	150.9	160.8	174.2	263.1	243.8	235.5	5.84
同比（±%）		−9.9	6.6	8.3	51.0	−7.3	−3.4	—

（资料来源：CCID，2015.5）

6. 2014年中国半导体分立器件出口情况

2014年中国半导体分立器件出口量为5672亿只，同比增长56.4%；出口额为283.4亿美元，同比增长7.0%（表2.8.3）。

表2.8.3　2008—2014年中国半导体分立器件出口规模及增长

	2008年	2009年	2010年	2011年	2012年	2013年	2014年	CAGR（%）
出口量（亿只）	2629.8	2332.2	2954.9	3122.4	3346.8	3626.4	5672.0	13.67
同比（±%）		−11.3	26.7	5.7	7.2	8.4	56.4	—
出口额（亿美元）	170.2	150.4	302.5	335.8	273.4	264.98	283.4	8.87
同比（±%）		−11.6	101.1	11.0	−18.6	−3.1	−7.0	—

（资料来源：CCID 2015.5）

三、2014年中国半导体分立器件产业区域分布情况

我国半导体分立器件产业地区分布相对集中。按国内半导体分立器件行业销售总额比

重分布，其中长三角地区占 41.3%，京津环渤海湾地区占 10%，珠三角地区占 43.2%，其他地区占 5.5%。我国生产分立器件的企业主要分布在江苏、浙江、广东、天津等省市，占到全国的 76.4%以上。

1. 2014 年我国半导体分立器件产量区域分布格局（图 2.8.6）

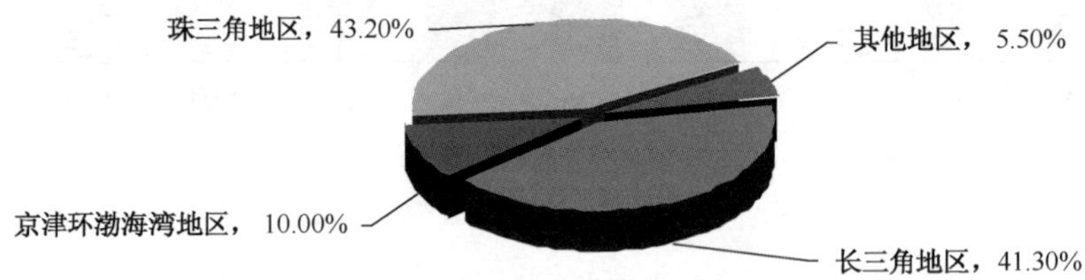

（资料来源：中国产业洞察网）

图 2.8.6 2014 年我国半导体分立器件产量区域分布格局

2. 2014 年中国主要省市分立器件生产量情况（表 2.8.4）

表2.8.4 2014年中国主要省市分立器件生产量情况

（单位：万只）

地区	本年累计	同比增长（%）	地区	本年累计	同比增长（%）
全国	53594232.80	7.01	吉林省	345057.61	–7.17
江苏省	17173435.08	–1.03	辽宁省	409586.65	–1.65
广东省	14275473.41	12.28	陕西省	428805.16	–27.12
四川省	6500494.42	31.17	河南省	60508.79	36.82
上海市	5070168.73	6.68	广西省	56225.70	–60.75
安徽省	2840235.01	22.82	江西省	17964.00	31.56
浙江省	1662519.57	–12.40	贵州省	8144.00	22.78
天津市	1544007.70	1.44	湖南省	716.00	–2.98
湖北省	1343430.30	4.73	河北省	141.69	45.28
山东省	1389771.90	0.64	福建省	58.50	–2.35
北京市	467488.58	41.68			

（资料来源：产业信息网）

3. 2014 年中国国内主要半导体分立器件封测企业情况

总体来说，2014 年国内半导体分立器件市场销售稳中有升，不同产品价格涨跌不一，中低端 TO-92 及 SOT-23 系列等价格仍然呈下滑态势，其他中高端分立器件市场竞争趋于稳定。

智能手机市场仍是 2014 年国内半导体分立器件市场中的亮点和焦点。由于这一市场被普遍看好，大量封装企业和设计公司蜂拥而至，导致供大于求，市场同质化竞争十分严重，竞争异常激烈，销售价格持续走低，基本处于盈利边缘。相较于国际半导体行业集中度较高、技术创新能力强等特点，我国半导体分立器件制造行业起步较晚，只能依靠自主创新，以低成本、高效率来逐步提升市场份额。

受转型升级、结构调整等影响，传统中大功率节能灯管市场萎缩，而LED、IGBT等是2014年国内增长较快的“亮点”市场。国内主要分立器件封测生产企业减少了分立器件投资，相对扩大IC产能，因此排名上基本格局没有大的变化。据不完全统计，国内主要分立器件封测厂家产能规模排名，与2013年相比位置不变（表2.8.5）。

表2.8.5 2014年国内主要分立器件封测厂家情况

序号	公司名称	主要产品	生产能力（亿只）	企业性质
1	乐山菲尼克斯半导体有限公司（ON）	SOT/SOD系列	450	合资
2	江苏长电科技股份有限公司	TO-92系列、SOT/SOD系列、FBP、TO-126、TO-220、TO-251/252等	250	内资
3	NXP恩智浦	SOT-23/54、SOD-323/523/723等	250	外商独资
4	罗姆半导体（中国）有限公司	SOT/SOD系列二三极管	250	合资
5	乐山无线电股份有限公司（LRC）	SOT-23、SOD-323/523/723/923等	250	内资
6	泰丰国际集团有限公司（先科）	SOT\SOD\DFN系列	200	内资
7	上海凯虹电子	SOT/SOD系列	120	外资
8	银河半导体控股有限公司	SOT/SOD/SMA/SMB系列二、三极管	120	内资
9	佛山市蓝箭电子有限公司	SOT-23、SOT-323、SOT-89、SOT-252、TO-92、TO-92S、TO-92LM、TO-126F、TO-126、TO-220F、TO-220	120	内资
10	广东省粤晶高科股份有限公司	TO-92、TO-92Ls、TO-126、TO-220、TO-220F、SOT-23、TO-251&TO-252、SOT-23A、SOT-25、SOT-26、SOT-223、SOT-323、SOT-89、SOD-123、SOD-323	60	内资
11	广州半导体器件有限公司	TO-92L、TO-92、半导体分立器件、快恢复二极管、开关二极管、稳压二极管、可控硅、节能灯用晶体管	30	内资
12	南通华达微电子集团有限公司	SOT23、SC70、SOT89、SOT223、TO92、TO251、TO252、TO263、TO220、TO247	30	内资
13	苏州固锝电子股份有限公司	TO-220AB、TO-220AC、TO-263等	30	内资
14	英飞凌科技（无锡）有限公司	SOT-23、SOD323等	27	外资

续表

序号	公司名称	主要产品	生产能力（亿只）	企业性质
15	天水华天微电子有限公司	TO252、TO263、SOT89、TO220、TSOT223	20	内资
16	吉林华威电子股份有限公司	TO-126、TO-220 封装的功率晶体管、MOS、肖特基	20	内资

4. 2014 年中国半导体分立器件产业技术进步情况

由中国半导体行业协会、中国电子材料行业协会、中国电子专用设备工业协会、中国电子报社组织专家评选的“第九届（2014 年度）中国半导体创新产品和技术”中，我国半导体分立器件有关企业获此殊荣（表 2.8.6）。

表2.8.6 获奖情况

序号	单位名称	获奖产品和技术	创新特点
1	江苏宏微科技股份有限公司	一种新型的 NPT IGBT 结构	本产品属于原始创新，主要创新点包括：增加 MOS 栅控制晶体管原胞密度的制作方法，虚拟原胞的设计，高抗闩锁能力，软的关断特性和短拖尾电流的实现，PN 结两端电场的精度设计以提高器件的雪崩耐量，硅片背面工艺的精确控制及良好欧姆接触的形成技术，沟槽型绝缘栅双极晶体管的沟槽栅结构及其制作方法，新型绝缘栅双极晶体管背面结构，功率半导体分立器件第一层光刻对位标志的制作方案等
2	吉林华微电子股份有限公司	采用 VLD 终端设计的垂直双扩散金属-氧化物半导体场效应晶体管	本产品属于集成创新，将已有的终端技术根据公司芯片制程能力进行组合设计，通过器件仿真技术不断优化产品结构，避免了复杂计算以及多重流片实验过程，最终提高了产品终端效率，降低了器件的 Ron（导通电阻），实现了芯片面积的大幅降低
3	无锡华润华晶微电子有限公司	600～6500V IGBT 配套 FRD 芯片制造技术	本技术属于原始创新，主要创新点集中在：平面超高压终端结构；采用多场限环+场板+截止环的复合结终端结构设计，以实现器件的超高阻断电压；芯片表面钝化技术；采用多层厚膜复合钝化技术，以实现超过电压的稳定可靠；少子寿命控制技术；采用缓变基区结构+铂扩散技术，以实现快速软恢复特性
4	苏州明皜传感科技有限公司	三轴 MEMS 加速度传感 2 系列产品：da210、da211、da213	本系列产品属于原始创新，采用自主研发的 8 英寸 MEMS 制造工艺和晶圆级封装；开发了三轴 MEMS 加速度传感器的原形并加以验证，最终产品封装尺寸达到 2mm×2mm×1.1mm；采用制程工艺和芯片设计同步优化，灵敏度保持在大于 0.5μF/G 以上，在±16G 的范围内保持线性输出；晶圆级封装以 BGA 技术为基础，加工效率高，具有倒装芯片封装的优点
5	淄博美林电子有限公司	8A/1200V 绝缘栅双极型晶体管单管（IGBT 单管）及 50A 150A 200A/1200V 绝缘栅双极型晶体管模块（IGBT 模块）	本产品属于消化吸收创新，主要创新点集中在：一是沟槽底部氧化层加厚设计，沟槽底部电容值及栅极电容大幅降低，提升开关频率；二是按应用需要设计接触孔开孔比例，相对于传统 IGBT 接触孔全开，导通效率提升；三是沟槽栅设计实现了该产品的微型化，降低了成本

四、中国半导体分立器件行业发展形势分析

中国半导体分立器件市场需求规模及增长如图 2.8.7 所示。

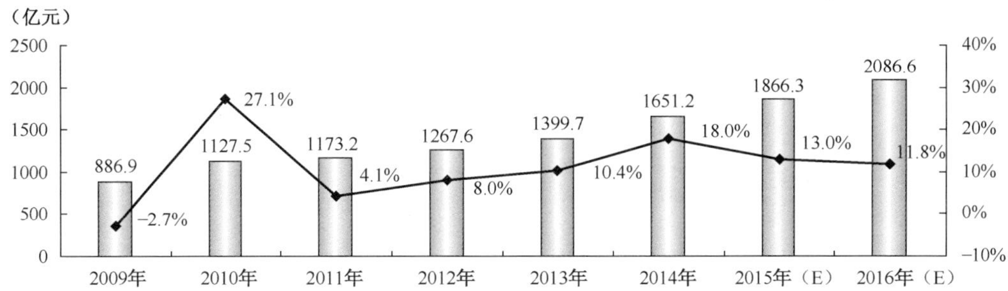

CAGR=13.0%（2009—2016 年）

（资料来源：CCID/JSSIA 整理）

图 2.8.7　中国半导体分立器件市场需求规模及增长

1. 有利因素

1）国家政策支持

半导体分立器件行业是我国重点鼓励和支持的产业之一，《国民经济和社会发展第十二个五年规划纲要》提出依托于国家重点工程发展重大技术装备政策，将基础工艺、基础材料、基础元器件研发和系统集成水平放在了重点关注和发展的位置，未来国家产业政策的支持将会不断推动半导体分立器件行业的技术进步，形成先进技术的自有知识产权，优化国产半导体分立器件的产品结构。

2）上游行业供给稳定，下游行业市场需求持续增长

半导体分立器件制造业的上游行业主要为单晶硅、金属材料、化学试剂行业，下游行业主要为民用领域、工业领域，特别是“互联网+”风生水起，建立在 IT 技术基础上的移动互联网、云计算、大数据、物联网等与现代制造业结合，未来前景广阔。

3）替换进口产品的市场机遇

瑞萨、意法、安森美、恩智浦等国际一流半导体制造企业是半导体分立器件市场的主要占有者，其产品稳定性好，但价格较高。晶闸管作为我国技术成熟的功率半导体分立器件，行业内优秀企业的产品和技术已经达到国际一流半导体公司的水平，具备大面积替代国际同类产品的条件。

4）国民经济增长为行业奠定盈利基础

半导体分立器件是国民经济中各行业发展的基础元器件，其技术进步和应用领域的拓宽既能够促进工业的产业结构升级，也为居民生活带来更多便利和舒适。我国经济总水平稳步上升，产业结构调整有序开展，居民对生活质量的要求也越来越高，为行业创造了巨大的盈利空间。行业内优秀企业依托自主创新能力提高产品附加值，在国民经济持续发展这一稳固的基础上不断提升盈利水平。

2. 不利因素

一方面国内分立器件生产企业数量多、规模小、档次低、同质化竞争日益加剧，另一方面国内半导体分立器件市场长期被欧、美、日系大型半导体公司所垄断，由于国外半导体公司对其掌握的先进技术实行严格的技术封锁，本土企业很难直接从大型半导体公司学习先进技术，必须依靠自主研发实现技术突破，在一定程度上延缓了我国半导体分立器件的发展速度。

3. 分立器件发展前景

事实证明，分立器件仍有很好的发展空间。半导体分立器件通常总是沿着功率、频率两个方向发展，发展新的器件理论、新的结构，出现各种新型分立器件，促进电子信息技术的迅猛发展。

一是发展电子信息产品急需的高端分立器件，如 Si、GaAs 微波功率器件、功率 MOS 器件、光电子器件、变容管及肖特基二极管等。随着理论研究和工艺水平的不断提高，电力电子器件在容量和类型等方面得到了很大发展，先后出现了从高压大电流的 GTO 到高频多功能的 IGBT、功率 MOSFET 等自关断、全控型器件。近年来，电力电子器件正朝着大功率、高压、高频化、集成化、智能化、复合化、模块化及功率集成的方向发展，如 IGPT、MCT、HVIC 等就是这种发展的产物。

二是发展以 SiGe、SiC、InP、GaN 等化合物半导体材料为基础的新型器件。

三是跟踪世界半导体分立器件发展趋势，加强对纳米器件、超导器件等领域的研究。

四是分立器件封装技术的发展趋势仍以片式器件为发展方向，以适应各种电子设备小型化、轻量化、薄型化的需要。封装形式的发展，一是往小型化方向发展，由常用的 SOT-23、SOD-123 型向尺寸更小的，如 SOT-723/923、SOD-723/923、DFN/FBP1006 等封装形式发展；二是片式小型化往功率器件方向延伸，从 1W 功率的 SOT-89 一直到功耗 10W 的 TO-252 以及功率更大的大功率封装，如 TO-247、TO-3P 等；三是另一类则往更大尺寸、更大体积以满足各类更大功率的新型电力电子封装，如全压接式大功率 IGBT 及各类模块封装等方向发展。

从半导体分立器件的市场发展看，功率器件产品已成为市场的热点。由于功率器件在高频状态工作时更加节能、节材，也能大幅减少整机设备的体积和重量，功率半导体技术已成为促进分立器件产品持续发展的主要动力。在产品应用方面，电子整机产品对功率变换、电源管理等日益增长的需求直接推动了功率晶体管产品的向前发展。随着全球经济对节能环保的重视，功率半导体技术将得到进一步发展，从而带动分立器件市场的快速增长。

对于我国半导体分立器件行业的发展方向，从产品结构分析，随着整机电子产品的体积越来越小，分立器件将向着复合型、模块化方向发展。从产品性能分析，大电流、高速、高反压功率半导体分立器件有着稳定的市场需求，由于其不易集成或集成成本太高，具有较强的不可替代性，今后仍是市场需求的主流。特别是随着分立器件的产品创新、制造技术的日趋成熟和应用技术的不断升级，功率半导体分立器件的产品格局正在发生重大改变，大电流、高速、高反压功率半导体分立器件将得到越来越广泛的应用，未来市场前景可期。

五、2015 年中国半导体分立器件产业发展预测

当前国内半导体分立器件行业的整体发展水平尚处于初中级阶段，产能也主要集中于中低端产品领域，在高技术、高附加值、市场份额更大的中高端领域，国外半导体企业凭借显著的竞争优势，占据着大部分国内分立器件的高附加值高端市场。随着国内半导体分立器件几大领军企业技术水平的不断提升和日渐成熟，实现高端产品替代进口将指日可待。

预计 2015 年中国半导体分立器件产业销售额将达 2022.3 亿元左右，同比增长 8.1%；2016 年中国分立器件产业销售额仍将有约 7.5%的增长（图 2.8.8）。

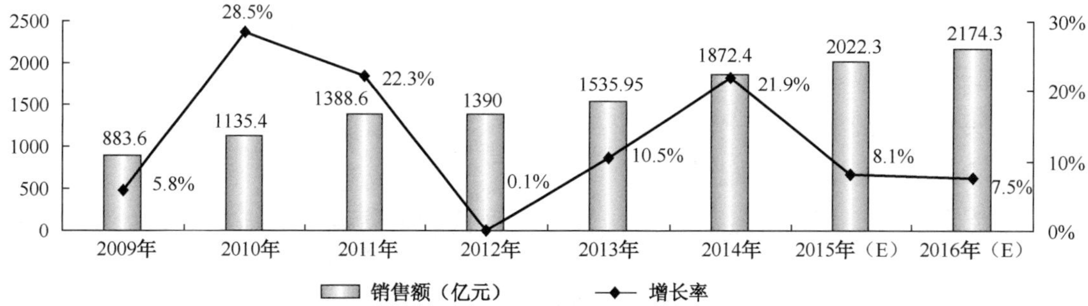

CAGR=13.73%（2009—2016 年）
（资料来源：CCID/JSSIA 整理）

图 2.8.8　2015 年中国半导体分立器件产业发展预测

展望 2015 年，一方面中国半导体分立器件产业受技术水平等因素的制约，另一方面“一带一路”等新战略、经济新常态、国家新政策以及对节能环保、信息技术、新能源、新能源汽车、高端装备制造等战略性新兴产业的大力支持，将为中国半导体分立器件市场注入新的活力，随着国家产业政策的扶持力度加大，鼓励企业实施“走出去”战略兼并重组，将推动国内分立器件企业做大做强、做专做精，“全面跟上、局部超越”的半导体发展战略也将成为可能，中国分立器件产业将继续平稳前行。

第九节　2014 年中国 IC 产业技术与产品市场信息

一、2014 年中国集成电路产业科技进步情况

2014 年国家科技技术奖揭晓，其中：

展讯通信“无线通信终端核心芯片关键技术及产业化平台”荣获国家科技进步二等奖。

广东工大“半导体器件后封装核心装备关键技术与应用”荣获国家科技进步二等奖。

二、2014 年中国半导体十大事件

（1）2014 年 6 月《国家集成电路产业发展推进纲要》发布。

（2）2014 年 9 月 24 日，国家集成电路产业投资基金设立（成立股份公司，12 月 30 日成立由 37 名成员组成的咨询委员会，募集资金达 1387 亿元）。

（3）英特尔入股清华紫光 90 亿元（约 15 亿美元），支持展讯通信、锐迪科，2014 年上半年英特尔还入股了瑞芯微电子。

（4）天水华天公司以 2.58 亿元（约 4200 万美元）收购美国 TCI 公司及其子公司 100% 股权。

（5）浦东科投公司与 CEC 联合收购澜起科技公司，交易额为 6.93 亿美元。

（6）中芯国际（深圳）工厂 8 英寸生产线于 2014 年 12 月 17 日正式投产，2014 年月投 1 万片，2015 年达月投 2 万片，2016 年规划为月投 5 万片；中芯国际（上海）12 英寸成功推出 28 纳米 Qualcomm 骁龙 410 处理器，2015 年进入量产。

（7）联电公司在 2014 年 10 月宣布，从 2015 年起 5 年内投资 13.5 亿美元，参股厦门 12 英寸晶圆厂，初期以 55—40 纳米切入，生产通信、信用卡、银联卡等芯片，预期在 2016 年量产。

（8）2014 年中国移动通信芯片取得突破性发展：

- 华为海思发布麒麟智能手机芯片，采用全新 ARMv8—A 指令集，基于 28 纳米工艺制程。
- 展讯通信推出 4G 芯片，3 模 LTE 调制解调器 SC9620。
- 联芯科技推出 4G LTE 芯片 LC/860，采用 28 纳米工艺。

（9）上海北伽导航科技公司发布北斗导航“航芯一号”芯片，采用 40 纳米 SoC 工艺。

（10）国内首条 IGBT 专业 8 英寸芯片于 2014 年 6 月正式投产，南车株洲所投资 15 亿元。该产品在 10 月通过功率考核试验。

三、“第九届（2014年度）中国半导体创新产品和技术”项目

由中国半导体行业协会、中国电子材料行业协会、中国电子专用设备工业协会、中国电子报共同评出“第九届（2014年度）中国半导体创新产品和技术”项目共计36项，创新产品和技术见表2.9.1。

表2.9.1 创新产品和技术

序号	序号	单位名称	创新产品和技术
一、集成电路产品和技术			
1	1	大唐微电子技术有限公司	高安全双界面CPU卡安全芯片DMT—CBS—AB4C
2	2	无锡华润矽科微电子有限公司	内置低压差电源模块的自适应RS485接口系列电路CS485X
3	3	北京时代民芯科技有限公司	8位3.0GSPS超高速A/D转换器MXT2003
4	4	格科微电子（上海）有限公司	GC2235 CMOS UXGA（1600X1200）Gamera Chip
5	5	上海富瀚微电子股份有限公司	高性能图像信号处理芯片FH8521
6	6	深圳芯智汇科技有限公司	基于高清AD库仑计与智能能耗控制为一体的电源管理芯片
7	7	杭州中天微系统有限公司	基于自主指令架构的嵌入式CK—CPU
8	8	重庆西南集成电路设计有限责任公司	2.4GHz短距离无线通信收发器系列芯片（XN242、XN297）
9	9	赛微微电子有限公司	电量计芯片Gas Gauge IC（CW2015）
10	10	东南大学	横向绝缘栅双极型器件电流密度和可靠性提升技术
11	11	唯捷创芯（天津）电子技术有限公司	射频功率放大器—VC7XXX系列
12	12	无锡中普微电子有限公司	数字辅助高线性度多模多频手机功率放大器模块（58系列）
二、半导体			
13	1	江苏宏微科技股份有限公司	一种新型的NPT IGBT结构
14	2	吉林华微电子股份有限公司	采用VLD终端设计的垂直双扩散金属—氧化物半导体场效应晶体管
15	3	无锡华润华晶微电子有限公司	600～6500V IGBT配套FRD芯片制造技术
16	4	苏州明皜传感科技有限公司	三轴MEMS加速传感器（系列产品：da210、da211、da213）
17	5	淄博美林电子有限公司	8A/1200V绝缘栅双极型晶体管单管（IGBT单管）及50A、150A 200A/1200V绝缘栅双极型晶体管模块（IGBT模块）
三、集成电路制造技术			
18	1	中芯国际集成电路制造（北京）有限公司	55纳米智能卡芯片的工艺开发
19	2	中芯国际集成电路制造（上海）有限公司	0.13 / 0.11微米嵌入式低功耗EEPROM工艺平台
20	3	上海华虹宏力半导体制造有限公司	高性能嵌入式非易失性存储器芯片制造关键技术

续表

序号	序号	单位名称	创新产品和技术
四、集成电路封装与测试技术			
21	1	江苏长电科技股份有限公司	指纹识别模块 IC 的双面系统级封装技术
22	2	天水华天科技股份有限公司	多圈 AAQFN 封装技术
23	3	南通富士通微电子股份有限公司	IPM 封装技术产品
24	4	中电智能卡有限责任公司	六小卡封装技术
25	5	苏州日月新半导体有限公司	Jelly Bean Package 产品（果冻豆微型封装）
五、半导体设备和仪器			
26	1	北京中电科电子装备有限公司	芯片倒装键合设备 Octopus-1000
27	2	大连佳峰电子有限公司	300mm 全自动装片机
28	3	中微半导体设备（上海）有限公司	28 到 15 纳米去耦合反应等离子体刻蚀机 Primo AD-RIE^{R}
29	4	北京北方微电子基地设备工艺研究中心有限责任公司	DSE200L 深硅刻蚀设备
30	5	张家港易化设备科技有限公司	SpotBlend A-D，Pumpcart，CFD55G，CFCsD
31	6	格兰达技术（深圳）有限公司	IC 芯片自动测试分选机
六、半导体专用材料			
32	1	湖北兴福电子材料有限公司	电子级磷酸制备工艺技术
33	2	江苏中鹏新材料股份有限公司	QFN 封装用绿色环保型塑封料产品 SP—G900
34	3	安集微电子（上海）有限公司	铜抛光液（AEP U3000）、铜阻挡层抛光液（TCU2000—H6P）
35	4	苏州金宏气体股份有限公司	7N 电子级超纯氨（99.99999%）
36	5	浙江水晶光电科技股份有限公司	LED 图形化蓝宝石衬底（包括 2 英寸、4 英寸片）

四、2014 年（四季度）中国 IC 产业技术与市场有关信息

中芯国际近日宣布 38 纳米 NAND 闪存工艺制程已准备就绪，中芯国际凭此成为唯一一家为客户生产 NAND 产品的代工厂。该工艺平台由中芯国际自主研发，可满足特殊存储器无晶圆厂客户对高质量、低密度 NAND 闪存持续增长的需求，使中芯国际在该领域占据领先地位。38 纳米 NAND 闪存主要面向嵌入式产品、移动计算、物联网（LOT）、电视机及机顶盒等多种需求量大的特殊应用领域，也可利用技术带动串行外设接口（SPI）等。

中芯国际 2014 年 12 月 18 日宣布与高通公司合作的 28 纳米工艺的产品已通过验证，试产骁龙 410 处理器，现月投 6000 片，于 2015 年年初可以试量产，28 纳米工艺节点为长节点，可维持 6～7 年的工作寿命。在 SoC 中嵌入式 SRAM（e RAM）、I /O 及其他逻辑功能时，28 纳米是成本最优化的工艺。

中芯国际在超低功耗技术上为发展物联网产业已具备了五大关键技术：影像感测器（CMOS）、电源管理 IC 晶片（PMIC）、微机电系统（MEMS）、RF、嵌入 NVM / MCU 等。

中芯国际占据中国大陆前二十大客户代工，占到中芯国际营收入约 86%的份额，具备 0.13 微米—55—40 纳米制程，代工需求量最大的会聚集在 55—40—28 纳米段制程上，28 纳米关键技术用于嵌入式非挥发性存储器（e NVM）制程。

中芯国际计划在 2020 年前进入 16—14 纳米制程，现正在进行 14 纳米工业节点的研发，预计到 2017 年可以完成工艺的验证。

上海松江台积电厂对 8 英寸线进行扩产，月投片量增长到 12 万片，先进技术可达到 0.13 微米，针对市场急需的电源管理 IC、CMOS 影像感测器、微机电系统（MEMS）、LCD 驱动 IC 等产品扩能。

上海华虹公司与汉芝电子联手开发空调用单片机产品和智能电表用单片机产品，采用华虹的低漏电嵌入式闪存工艺技术，达到高准度、高干扰保护和高可靠电路性能。

中国集成电路封装技术正在逐渐进入国际主流技术领域，长电科技封装主攻手机市场，iPhone 5S 中使用 7 颗芯片由长电科技封装，其中包括 FBGA、TSV/CIS、WLCSP、MEMS（3D Magnetic/Sensors）等先进封装；长电科技与通富微电在多年前布局凸点技术，为我国 IC 封装实施 3D IC 封装路线打下了基础。中芯国际与长电科技实行强强联合，使晶圆芯片与凸点封装连在一起；华进半导体封装先导技术研发中心在 3D（TSV）系统级封装（sip）已有所布局；天水华天科技研发了多款 TSV -CSP 封装影像产品 ；苏州晶方科技的 WLCSP 是将芯片封装和晶圆封装融合为一体的新兴封装技术，与传统的 BGA 封装产品相比，尺寸小 50%，重量轻 40%。通过业界共同努力，我国集成电路封装技术正在逐步进入世界封装主流领域，并扩展了 FC、BGA、CSP、WLP 以及 MCP 等先进封装形式的产能比例。

海思半导体公司与台积电合作，成功产出首颗 16nm Fin FET 鳍式场效应晶体 IC 工艺的 32 核 A57 64 位处理器，台积电 16nm Fin FET 工艺显著改善速度与功率，降低漏电流，有效克服先进系统单芯片技术在微缩时所产生的障碍，较台积电 28nm 工艺，芯片闸密度增加两倍，相同功耗下增速 40%，相同增速下功耗降低 60%。海思公司得以生产具有显著效能与功耗优势的全新处理器，以支持高阶网通应用产品，能整合多元技术芯片的 CoWoS 三维集成电路封装技术，能有效整合 16nm 逻辑芯片与 28nm 输出/输入芯片，提供具有成本效益优势的系统解决方案。该芯片采用 ARM V8 架构，集成 32 核 A57，主频可达 2.6GHz，使用 CoWoS 封装技术，具有丰富的通信接口和通信加速器，可以支持 SDN 和 NFV，应用于基站、路由器、核心网等通信设备，极大提升了海思产品的竞争力。

澜起科技集团宣布推出全球首颗第二代 DDR4 寄存时钟驱动器芯片（DDR4RCD02），支持 2667MHz 及以上的时钟频率。

长电科技智能手机芯片 fcCSP 封测取得突破。展讯公司新一代 3G 单核智能平台主芯片采用长电科技的 12 英寸晶圆铜凸块制程、精细间距倒装键合以及塑封直接填充先进封装工艺，成功实现了芯片 fcCSP 封装测试量产。同时该产品也采用了中芯国际的 12 英寸晶圆、

40nm 节点低价电常数工艺技术进行芯片晶圆加工制造。

长电科技公司硅穿孔、RF SiP 封测、3D 芯片及封装堆叠、MEMS 多芯片封测等先进封装技术上取得了巨大进展。

通富微电子公司自主开发 LQFP、TQFP、CSP、MCM、MEMS、无铅电镀及 Strip Test 等多项国内领先、国际先进的封测技术。

通富微电子公司的 BGA、WLP、BUMP、汽车电子、FC、Sip、WLCSP 等先进封装技术，为下一步发展 3D 封装奠定了基础。

上海先进公司与北车携手打造具有核心竞争力的国产化 IGBT 大规模商用产业生态链，建立联合技术攻关团队。以双方优势资源进行联合研发、突破工艺方面存在的难题与瓶颈，推进 IGBT 设计与制造进程，争取在未来 3 年内实现 IGBT 芯片量产化，以应用为依托，建设起中国 IGBT 产业链，实现中国 IGBT 产业的“自主可控”目标。

2014 年 10 月，国内首条 8 英寸 IGBT（绝缘栅双极型晶体管）专业芯片生产线在南车投产后，载有首批 8 英寸 IGBT 芯片的模块，近日在昆明地铁车辆段完成段内调试，并稳定运行 1 万公里，各项参数指标均达到国际同类先进水平，成功通过考核。该生产线于 2012 年南车株洲所投资 15 亿元，于 2014 年 6 月正式投产，从 IGBT 芯片设计、芯片制程、封装测试到产品应用，整套技术均由该所完成，拥有自主知识产权，打破了国外对高端 IGBT 的垄断。

2014 年 12 月 15 日，中国最具先进的晶圆代工企业之一的上海华力微电子有限公司与全球领先的 IC 设计厂商联发科技股份有限公司共同宣布，华力公司将与联发科在 28 纳米工艺技术和晶圆制造服务方面紧密合作，部分联发科移动通信处理器的代工业务将交由华力公司完成。此协议将加快上海华力 28 纳米工艺平台的布局。

传感器作为电子产品的“感知中枢”，在消费电子、工业、医疗、汽车等领域的应用越来越广泛，为了使客户能够更快、更便捷地完成系统开发，一些传感器厂商开始将 MCU 与传感器加以整合，提供 MCU +传感器的模块化开发平台，逐渐成为这一类产品的发展趋势。

2014 年 12 月 17 日，中芯国际（深圳）8 英寸生产线投产，技术水平定在 0.18 微米—90 纳米制程。2014 年年底每月投片量达到 1 万片，2015 年达到月投 2 万片，设计规模为月投 4 万片。主要产品方向为图像传感器、逻辑 IC、显示面板驱动 IC、指纹识别 IC、射频 IC、电源管理 IC 及消费类和通信类电子器件芯片。中芯（深圳公司）与深圳周边巨大的市场需求相结合，对于弥补华南地区 IC 产业链缺失、填补空白、优化产业结构、完善产业链条、提升电子信息产业发展水平将起到重要的促进作用。

中芯国际（天津）工厂 8 英寸线产能扩张到月投晶圆片 4.2 万片。

2014 年国内传感器市场规模有望超过 860 亿元，自 2009 年以来市场年均增长率超过 20%，未来五年国内传感器市场将稳步快速增长，平均销售增长率将达到 30%以上。目前国内传感器产业从研发、设计、生产、应用已形成完整的产业链，共有10大类24小类6000多种传感器产品，中低端产品基本能满足市场需求，产品品种市场满足率在60%～70%；但从行业产品结构来看，老产品比例占60%以上，新产品明显不足，其中高新技术类产品更少，数字化、智能化、微型化产品严重欠缺。

中国大陆触控IC市场因近年来受品牌手机高规低价风潮影响，为了有效降低成本，势必对面板、IC晶片等关键元器件进行砍价，IC设计业为了接单抢市，价格一降再降，手机触控IC平均产品价格已跌掉25%，5英寸以下触控IC已跌至0.6美元，5英寸以上触控IC报价则跌破1美元。

清华紫光收购展讯和锐迪科之后，拥有可高中低档搭配的完整生产线，移动通信终端SoC年产量达到5.5亿块，稳居世界第三位；海思半导体公司预计营收入将达到146亿元，这是中国集成电路设计企业首破20亿美元，有望第一次进入世界前十大IC设计公司；上海澜起科技的DRAM缓存控制器全球市场占有率超过50%；北京易兆创新在SPI NOR闪存市场的全球占有率达到14%，国内市场占有率超过30%；格科微电子在图像传感器市场的全球占有率接近30%的份额。

在智能手机、平板电脑、机顶盒及汽车电子产品市场需求强劲的推动下，我国集成电路销售产值同比增长7.9%。

2014年展讯在4G芯片领域不断发力推出3模LED调制解调器SC9620，支持3GPP R9协议Category 4级别，且5模制式的SC9830有望在2014年年底上市。

联芯科技推出4G LTE芯片LC1860，采用28纳米工艺，完整覆盖TD—LTE、LTE FDD、TD—SCDMA、WCDMA和GGE 5种模式和13个频段。

上海北伽导航科技公司发布北斗导航芯片“航芯一号”，采用40纳米SoC工艺，是北斗多模射频基带一体化的芯片，可进入中兴等品牌手机及平板电脑、可穿戴设备、车载导航等设备。这标志着我国北斗导航产业大规模应用瓶颈得到突破。北斗导航芯片国产化提速，推动消费意义重大。

2014年10月28日，中国POWER技术联盟在苏州召开成立大会。目前中国承载POWER产品研发的实体企业为苏州中晟宏芯片公司，中国IC“芯”产业突围从“龙芯”到“兆芯”，再到服务器芯片的“宏芯”，分别在MIPS、X86以及POWER三个技术路线方向上进行探索，旨在提升我国芯片服务器和软件的技术水平，集中力量研发高端CPU，对促进信息产业健康发展、维护国家信息安全具有重要意义。

2014年11月，曙光公司宣布推出国产化“曙光 + 龙芯”服务器，这款基于龙芯3B处理器的服务器，桌面终端产品以及自主可控可信计算服务器产品，从系统到芯片全部是自主可控的中国制造。目前只有“龙芯”的曙光服务器、存储器已走向市场。

2014年11月12日台积电已为华为海思用16纳米开发出手机处理器芯片，标志着台积电16纳米技术可批量应用于生产制程。

由于物联网等需求商机爆发，物联网所需 IC 制程多以成熟的 8 英寸晶圆制造为主，8 英寸生产能力爆满，同时竞争正趋激烈。台积电规划上海松江 8 英寸晶圆生产能力扩大到月投 12 万片，年增长达六成左右，该工厂主攻高压特殊制程、微控制器（MCU）、智能卡、嵌入式晶片（SoC）等，主要制程集中在 0.18—0.15 微米。

台联电公司规划对苏州和舰科技公司 8 英寸线产能扩大三成以上，主要针对面板驱动电路、电源管理电路，产能预计扩大到月投 6 万片。

第十节　2014 年（四季度）中国 IT 产业技术与产品市场信息

2014 年 10 月 10 日，联想集团在北京和伦敦两地，向全球用户发布新一代 YOGA 系列产品，包括业内首款内置投影仪 4 模式平板电脑——联想 YOGA 平板 2，及全球最薄多模笔记本电脑——联想 YOGA 3 PRO。

日前，华为宣布将在法国扩建研发中心，进一步加大在法国的采购及其他产业合作。

中兴通讯在 2014 OIF 和 ONF 联合实施的光网络 SDN 互通测试中，成功实现了光网络 SDN 产品跨地域、跨多运营商和多厂商的全球性互通测试。

10 月 10 日，中国移动与德国电信签署合资协议，按 50∶50 的股比在中国设立车联网合资公司，注册资本 1.8 亿元人民币，计划投资总额为 2.7 亿元人民币。

华为云操作系统升级 5.0，Fusion Sphere 5.0 是华为为数不多的纯软件产品，是华为云计算的灵魂。

（电子报 10.10）

中国再生资源回收利用协会报道：中国已进入电子产品报废的高峰期，报废量年增长率为 20%，预计到 2020 年电子产品每年报废量将达到 1.37 亿台（含电视机、电冰箱、洗衣机、空调机、电脑、手机、小家电等）。

（中国电子报 10.21）

美国 BCG 咨询公司发布，中国在 2013—2020 年医疗科技市场保持年复合增长率达 14%，到 2020 年医疗科技市场将达到 550 亿美元，成为世界第二市场。

（市场信息报 2014.11.17）

由工信部电子信息司、湖北省经信委、工信部软件与 IC 促进中心（CSIP）主办的 2014 年中国集成电路产业促进大会在武汉召开。本届大会以“推动整机与芯片联动，打造集成电路大产链”为主题进行了深入探讨。

因涉嫌跨境避税，微软已被中国有关部门要求补缴约 1.4 亿美元税款，这是中国国内第一起有关跨境逃税的重大案件。

（环球时报 2014.11.27）

中国和美国日前达成一项贸易协定，将降低多种高科技产品的关税，未来包括医疗设备、GPS 设备、视频游戏机、半导体医疗设备和其他新型产品将会是零关税。此项协议将会促进美国等国家的出口贸易；与此同时，国内部分竞争优势薄弱的产业可能面临一些冲击，因为政府关税壁垒将不复存在。

（市场信息报 2014.11.17）

经国家工信部证实为 iPhone 6 发放入网许可证后，美国苹果新款 iPhone 6 和 iPhone 6

Plus 于 10 月 17 日在中国内地上市。

中国人民银行于 11 月 3 日发出《关于进一步做好金融 IC 卡应用工作的通知》，就下一步金融 IC 卡（芯片银行卡）应用工作提出了具体时间表。

2014 年 11 月 19 日，国务院总理李克强主持召开国务院常务会议，针对缓解企业融资高成本问题，会议具体提出了十大措施，从监管调整到拓宽融资渠道、盘活资金存量、丰富增信手段，以及对金融机构自身管理都提出要求，形成了降低融资成本的政策体系。

（经济参考报 2014.11.20）

据中国政府网 11 月 20 日讯《国务院关于扶持小型微型企业健康发展的意见》近日刊发，为切实扶持小微型企业健康发展提出了十条措施。

（经济参考报 2014.11.21）

10 月 19 日，中国 IGBT 技术创新与产业联盟在湖南株洲成立。

（中国电子报 2014.10.21）

大唐移动 4GTD—LED 网络下乡，将 LTE 网络延伸到农村，成为下一阶段网络建设的重要内容。

华为推出 4G 室内 MBB 小蜂窝 LampSite 数字化移动宽带解决方案，可为运行厂商在 LTE 时代抢占流量制高点，实现数字化升级改造等发挥作用。

中兴发布 V5“红二代”手机，分别是 V5max 和 V5s，两款手机均为中兴主打千元双 4G 旗舰新机。V5max 配备采用 OGS 全贴合技术的 5.5 英寸高清大屏，搭载高通首款 A53 架构 64 位 4 核 28nm 低功耗工艺处理器，相比 32 位处理器性能提升 20%，效率提升 15%。

（中国电子报 2014.10.28）

中兴发布业界第一款 XG-PON1 家庭宽带终端，采用中兴通讯自主研发的 XG-PON1 ASIC 芯片，支持 4 路 GE 接口和 2 路语音接口。

2014 年 12 月 3 日，海思正式发布新产品 kirin（麒麟）620 智能手机芯片，采用全新 ARMV8—A 指令集，这是基于 ARM A53 架构的 64 位处理器，具有内置 8 颗 ARM A53 的内核，基于 28nm 制程打造，主频 1.2GHz，在高通、三星、联发科、Marvell 等推出 64 位智能手机处理器后，国内手机应用处理厂商也已追赶上来了。

（中国电子报 2014.12.5）

2014 年 11 月 30 日 ，江苏省人民政府与中国电信集团签约，双方决定开展新一轮战略合作，5 年内，中国电信在江苏投入建设资金 570 亿元，采购江苏相关企业产品 440 亿元，创造信息产值 460 亿元，带动信息消费 2900 亿元，互联网接入宽带 1 万 G，4G 移动通信网络入口覆盖率达 95%等。2011—2014 年 8 月，中国电信在江苏已投入 281 亿元。

（中国电子报 2014.12.2）

由英飞凌科技公司支持的中国建设银行“龙卡公交卡”正式发行，这是搭载英飞凌“芯”

的全国首例互连互通金融IC卡正式发行。

（中国电子报 2014.12.2）

海尔公司继2014年6月苹果公司首次推出智能家居应用后，最近海尔公司也宣布推出可穿戴产品进军移动互联网。

（中国电子报 2014.12.12）

为破解微电子人才困局，2014年12月8日，合肥工业大学与Cadence公司携手建立联合教育培训实验室。Cadence是全球EDA设计系统三大公司之一，校企合作共同建设软件实验平台。

（中国电子报 2014.12.12）

海思携手创维推出G8200产品，这款电视除继续采用华为海思芯片之外，核心处理器由32位提升到64位，这也是全球首款采用64位ARM架构处理器作为“芯脏”的智能电视。

（中国电子报 2014.12.16）

天宇朗通公司品牌nibiru发布一款专为老年人打造的智能手机土星一号T1，配备4.5英寸屏幕，搭载Android 4.2操作系统，对手机界面进行定制化设计，使用超大图标和极简的操作模式。

（中国电子报 2014.12.16）

第十一节　2014 年（四季度）中国 IC、IT 产业投资合作信息

一、2014 年我国集成电路行业固定资产投资持续加速

据工信部统计，2014 年我国集成电路产业完成固定资产投资额 644 亿元，同比增长 11.4%。但增速同比下降 68.2%，其中新增固定资产 554 亿元，同比增长 103.4%，高于电子信息行业 84.7 个百分点，新开工项目 144 个，同比增长 0.7%，占电子信息行业新开工项目总数的 1.8%。

二、2014 年四季度中国 IC 产业投资合作信息

世纪互联与富士康在京签约成立合资公司兴泰科技，双方均称此番合作是为了在全球市场共同打造互联网数据中心（IDC）与云计算基础服务供应链，同时还举行“世纪互联——富士康互联网基础设施与工程技术联合研发中心”成立揭牌仪式。

（中国电子报 2014.10.21）

国家集成电路产业投资基金正式成立。在国家工信部、财政部的指导下，由国开金融、中国烟草、北京亦庄国际投资、中国移动、上海国盛、中国电科集团、北京紫光、华芯投资等于 2014 年 9 月 24 日共同签署了《国家集成电路产业投资基金股份有限公司发起人协议》和《国家集成电路产业投资基金股份有限公司章程》。设立国家集成电路产业投资基金是贯彻《国家集成电路产业发展推进纲要》的重要举措，也是适应集成电路产业投资大、风险高的产业特征，破解集成电路产业融资瓶颈，推动创新产业投资体制机制市场化改革的积极探索。国家集成电路产业投资基金采取公司制形式，吸引大型企业、金融机构以及社会资金，共同投资基金股份公司；基金将采取股权投资等多种形式，重点投资集成电路芯片制造业，兼顾芯片设计、封装测试、设备和材料等产业，推动企业提升产能水平和实行兼并重组，规范企业治理，形成良性自我发展能力；基金实施市场化运作、专业化管理，努力为投资人创造良好回报。

（中国电子报 2014.10.17）

TCL 意欲收购 HTC，之前 TCL 收购阿尔卡特手机业务，这也是有可能之举。

（中国电子报 2014.10.10）

2014 年 1 月紫光集团拟投资 130 亿元，在济南建科技城；在 7 月以 9 亿美元收购锐迪科公司。

今年以来 8 英寸晶圆厂产能严重吃紧，由于电源管理 IC、CMOS 影像感测器、微机电（MEMS）、LED 驱动 IC 等对 8 英寸厂产能需求强劲，所以台积电对上海松江厂已展开扩产，

月产量由目前的9万片提升至11～12万片，先进制程可支持0.13微米。目前台积电看好28纳米制程并继续保持领先地位，占到全球80%的代工份额。

联华电子加大在苏州和舰科技公司的产能，新增产能1.1万片/月，总产能达到月投6万片以上。

2014年9月26日，英特尔投资90亿元（15亿美元）入股清华紫光，追赶高通公司抢占手机芯片市场。英特尔将拥有展讯通信20%的股份，二者将合作开发芯片技术（SoC），另一方面也为英特尔打开了中国移动技术市场的大门，同时展讯通信在ARM之外可以从英特尔学到技术，打破高通、联发科的垄断。但展讯可能失去独立发展的价值，绑在了英特尔的战车上，前景还是不明。

（环球时报 2014.10.29）

世纪互联获金山、小米和淡马锡2.96亿美元投资。认购后，金山占19.9%的投票权，小米占10%的投票权，淡马锡占5.8%的投票权。以此发展世纪互联，加强互联网基础设施服务核心技术和拓展新业务。

（经济参考报 2014.12.9）

中芯国际向ASML订购4.5亿欧元光刻设备，意在2014年年底实现28nm批量投产。

中国台湾地区1～9月进口110.1亿美元半导体设备，一季度进口38.6亿美元，二季度进口37.4亿美元，三季度进口34.1亿美元，有望超过2013年的水平。

华为宣布，将会加大固定宽带领域的研发力度，未来三年将投入超过40亿美元，在固定宽带技术、产品和解决方案上打造更好的泛在超宽带网络，继续拓宽管道能力，在芯片、算法、硅光电子、IP和光传送领域等基础技术上持续投入研发和创新。

（中国电子报 2014.9.30）

2014年10月，联想宣布完成对IBMX86服务器收购，联想集团一跃成为继惠普、戴尔之后的全球第三大服务器厂商。

联想集团于2014年10月30日正式收购摩托罗拉，包括摩托罗拉品牌、丰富的产品组合、3500名移动领域丰富经验的员工，全球各地运营商和渠道商。联想以14亿美元现金和15亿美元余款额（2015年付清），总计29亿美元收购摩托罗拉，联想将在高端市场切入，包括MOTOG、MOTOX、MOTO360等未来产品，并带来2000个专利和2100个交叉授权专利，解决联想手机进入成熟市场专利保护问题等。联想可成为仅次于三星、苹果的第三大手机厂商。

（中国电子报 2014.11.4）

曙光计算机股份有限公司近日前已在上海证交所挂牌上市，发行7500万支新股，募集资金4亿元，中科院寄希望于第二个联想。

（中国电子报 2014.11.18）

11月20日，上海浦东科技投资公司与CEC公司收购在美国纳斯达克上市的澜起科技公司，交易额为 6.93 亿美元。澜起公司主设计研发 DRAM 缓存控制器芯片，为英特尔认证的两个产品之一，全球市场占有率达 50%以上。

2014 年 10 月 28 日，海润光伏拟以 2.83 亿元收购控股子公司鑫辉剩余的 49%股权。

（中国电子报 2014.10.31）

2014 年 12 月 14 日，美的集团公告称，小米以 12.66 亿元入股美的，小米持美的 1.29%的股份。智能家居互联网企业与传统家电企业深度融合将加快智能家居产业的发展进程，无锡上市公司小天鹅有望迎来利好。

（无锡日报 2014.12.17）

英特尔公司近日宣布，将在未来 15 年内投资 16 亿美元，对英特尔成都工厂的晶圆预处理封装及测试业务进行全面升级，并将英特尔最新的“高端测试技术”（Advanced Test Technology）引入中国。此项计划旨在加强英特尔在计算机和通信细分市场业务战略，尤其是在移动领域、平板电脑、智能手机、物联网和可穿戴设备等细分市场。为英特尔成都工厂引入的“高端测试技术”是一项重要创新技术，将大幅扩展测试的覆盖范围，适用于多类产品，预计将在 2016 年下半年投入量产。英特尔已在成都工厂投资 6 亿美元。

（中国电子报 2014.10.31）

Qualcomm 公司承诺向华登及多家中国公司投资 4000 万美元，广泛部署在移动互联网、智能家电、可穿戴设备、车载导航、医疗、教育和呼叫等领域。

（中国电子报 2014.12.16）

2014 年 10 月，集成电路晶圆代工巨头联华电子与厦门市政府、福建省电子信息集团签订参股协议书，计划从 2015 年起的 5 年内，在厦门建设 12 英寸晶圆工厂，投资额为 13.5 亿美元，占股 21.77%。据悉该项目最快将在 2016 年量产，初期为 55—40 纳米制程切入，主要从事晶圆代工，产品锁定通信、信用卡、银联卡等芯片应用，规划最大产能月投为 5 万片。该厂总投资额为 62 亿美元。

中国台湾力成与美光联手在西安建封测生产线。

2014 年 12 月 30 日，中国南车和北车联合发布公告，宣布合并，以打造世界最大的轨道交通装备制造核心，跨国经营，形成世界领先的大型综合性产业集团，新公司名为“中国中车股份有限公司”。

台积电 2014 年投资预计达到 120 亿美元，2010—2013 年连续投入资金超 300 亿美元。2015 年计划投资金额为 115～120 亿美元，其中对 16 纳米达产和 10 纳米制程及对上海松江 8 英寸线扩产和 12 英寸规划筹建仍是其中的重点。

三星电子（西安）集成电路 12 英寸晶圆线于 2014 年 5 月 9 日进行竣工投产典礼，该项目投资 70 亿美元，月投片量为 10 万片，主流技术达到 10 纳米，主产品为 NAND 快闪记忆体，年产值达 600 亿元人民币。在 2014 年四季度已月投 3～5 万片产能。

中芯国际（北京B2）12英寸生产线，2014年计划安装月投1000片的能力。在2015年计划安装达到1万片的能力，2015年可进入28纳米PoLy Sion工艺的量产。

2014年1～11月，中国集成电路领域完成投资606亿元，同比增长17.4%；半导体分立器件领域完成投资92亿元，同比下降10%；光电子器件领域完成投资1795亿元，同比增长19.20%。外商企业投资完成1198.3亿元，同比增长4.8%，其中四成以上投资于集成电路和光电子器件领域；内资企业投资完成9038.5亿元，同比增长13.7%。

联发科参与上海五岳峰集成电路信息基金投资上海华力等公司开展28纳米晶圆芯片制程代工。

2014年12月15日，上海华力微电子与中国台湾联发科技合作开发12英寸28纳米晶圆制程业务，藉此以加快上海华力公司在原有55—40纳米技术提升到28纳米技术平台，共同开发多元化的移动通信芯片市场。

（中国电子报2014.12.18）

联发科旗下子公司杰发与合肥市政府签订发展汽车电子芯片，总投资额为5亿元。

中芯国际拟在深圳建12英寸生产线，与8英寸线共建投资15.8亿美元，技术水平达28纳米。

华虹集团旗下的上海华力微电子公司将于2015年起规划投资建新的12英寸晶圆生产线，从28纳米Poly Sion制程开始导入三个世代先进制程技术（包括16/14纳米、10纳米），规划月投片量为3～5万片，已确定与IC设计大厂联发科联手。

2014年12月16日，台积电宣布将赴大陆建设12英寸晶圆工厂，将以28纳米制程切入，初期投资数百亿元新台币，总投资将达千亿元新台币，台积电初步规划是落后中国台湾两个世代的制程，产量按台积电新增产能的10%的打算，并取得大陆政策支持，获得大陆晶圆代工业务。

美国高通公司近期投资4000万美元帮助眼球追踪解决方案：七鑫易维、移动娱乐平台触控科技、智能家居硬糖等中国潜力公司。该注资款来自7月高通宣布的1.5亿美元中国战略投资基金，投资承诺面向中国互联网、电子商务、半导体、教育及健康领域等。

2014年12月24日，联电董事会通过2015年93.4亿元预算，用来扩充南科12英寸Fab 12A的28纳米产能，联电28纳米制程良品率冲高至90%以上，预计2015年月产能可扩大至2万片的规模。现高通、联发科、博通、迈威尔等大客户已下订单。

中国台湾华亚科与两大股东台塑集团和美光三方之间已达成共识，在2015年将投资500亿元新台币（约15.7亿美元）加速转入20纳米制程。在20纳米产出量逐月提升，制造成本持续下降的情况下，只要DRAM价格维持不变，获利可望有大的跃进。

（中国电子报2014.12.22）

2015年1月12日，合肥市集中签约25个项目落户，总投资达138亿元。其中：IC设计19个、封测和特色晶圆制造类4个、材料设备类2个。其中：50亿元以上项目1个、

10 亿元以上项目 1 个、1 亿元以上项目 10 个，形成集成电路设计、制造、封测、材料、设备全产业链。按照“应用牵引、创新驱动、特色发展”的原则，紧密结合市场，围绕新型显示、智能家电、汽车电子等领域推进专用特色芯片设计，制造封装为重点，以与龙头企业合作为抓手，对推动合肥市加快转型升级、提升企业竞争力、抢占战略发展制高点具有十分重要的意义。

台积电计划在 2015 年采购 ASML 两套 EUV 光刻机，针对 10 纳米在 2016 年的应用，在 2018 年开发 7 纳米，EUV 光刻机每台 9000 万欧元，台积电初期应用 12 英寸晶圆线，未来将导入 18 英寸生产线。台积电 10 纳米技术已与十多家企业合作进行产品设计，包括手机基带芯片、绘图芯片、服务器、游戏机及可编程逻辑陈列（FPGA）等领域，预计在 2016 年试产。

（中国电子报 2014.11.15）

台积电董事会通过 1672.43 亿元新台币，加快主流 40—28 纳米制程扩充脚步，加快 16 纳米制程量产，应对智能手机、平板电脑、PC、可穿戴设备、物联网及智能家居等庞大商机对芯片的需求。

到 2014 年止，过去的 18 个月里，中资企业已斥资 50 亿美元参与 5 项与芯片产业有关的重大收购活动，超过 2005—2012 年八年间总和的 60 倍。

三、以市场经济法则促进我国集成电路产业资产整合、兼并、重组

我国集成电路产业链发展起步较早，长期以来由于受到各种原因的困扰，发展迟缓，“起了个大早，赶了个晚市”，表现为资金注入不足、产业规模上不去、产业链不配套、企业小而散、自主发展乏力、核心技术缺失、高档人才不足等。

从国际上看，英特尔公司 2010—2014 年总投资为 410 亿美元，年均投 82 亿美元，每代都有代表产品引领国际潮流。

中国台湾台积电 2010—2014 年总投资为 470 亿美元，年均达 94 亿美元，促成台积电在封测业上的巨无霸地位。

中国中芯国际 2010—2014 年总投资 35.3 亿美元，年均投 7 亿美元，为英特尔的 8.5%，台积电的 7.4%，且年投不均衡。

为此，在集成电路晶圆业上，根据我国集成电路产业发展现状，积极实施企业兼并重组，可以尽快解决我国集成电路晶圆业结构不合理，集中度低下、企业小而散、同质化压价竞争积极、知识产权保护难等诸多不利因素。如在 2013 年美光兼并尔必达，在移动存储器市场份额增长一倍，成为该领域第二位；韩国 SK 投资和控股海力士公司，促使海力士公司实力大增等。在市场这一无形的巨手的推动下，通过兼并重组，形成一批具有竞争力的核心企业，集聚晶圆业优势，从而打造具有国际竞争力的集成电路晶圆业的航母产业群，形成鲜明特色的产业集群，带动我国集成电路晶圆业做大做强。

四、集成电路产业国际化协同及产业投资集约化发展的趋势

集成电路产业国际化协同发展特点突出，具体表现在：制造设备、原材料生产和产品销售的市场国际化，产业国际化，产品及工艺技术来源国际化，产业组织国际化，技术团队与管理团队的人才国际化，投资方式及融资渠道的国际化等。集成电路产业发展已与市场需求和市场发展趋势紧密结合，由市场、整机、软件设计、集成电路设计、晶圆制造到封装测试的循环，其间还与设备制造和原材料制造密切配合，共存共荣、协调发展。

从集成电路产业发展模式来看，有 IDM 模式（Integrated Designand Manufacture 垂直整合型制造）、Fadless 模式（无工厂芯片设计）、Foundry 模式（代工厂）、Chipless 模式（无芯片 IP 核设计），为降低投资风险和加快产业速度，现向轻晶圆制造模式（Fab Lite）发展。世界集成电路分工的细化使得产业国际化程度越来越高，任何一个国家（地区）都很难在产业发展中独立发展，传统的 IDM 企业也已向晶圆代工发展，IDM、Fadless、Foundry 界面越来越模糊。

投入产出性价比在市场法则面前更具杀伤力，目前建一条 12 英寸生产线需 50～70 亿美元，投资 1 条高规格的 12 英寸生产线需近百亿美元，建一条 18 英寸生产线则需 200～300 亿美元。许多晶圆企业望而生畏、停止了脚步，目前尚有台积电、英特尔、三星电子及格罗方德等公司有意参加建设（目前已暂停筹建，只作研发和规划）。在芯片特征尺寸不断缩小，单位面积的芯片产出大幅增加的情况下，产品必须有更巨大的市场需求来支撑，如 28 纳米工艺的设计研发经费需要 1 亿美元，产品投片量要达到 7000 万片以上才能达到盈亏平衡点，到 20 纳米工艺节点则需要达到上亿片的产量来支撑。目前具备如此规模市场需求的产品已很难找到，特别是面广量大的 CPU、存储器等通用芯片已被英特尔、三星等企业垄断。但为了国家信息社会的安全，不被人为控制，我国又必须集中财力、物力和人力，来发展我国集成电路产业，迈过这道坎。

第十二节　2015年中国集成电路产业发展预测

2015 年是国家“十二五”规划的收官之年，在中央经济工作会议精神：“坚持稳中求进工作总基调；坚持以提高经济发展质量和效益为中心，主动适应经济发展新常态，保持经济运行在合理区间，把转方式调结构放到更加重要位置，狠抓改革攻坚，突出创新驱动，强化风险防控，加强民生保障，促进经济平稳健康发展和社会和谐稳定”的总体要求下，我国集成电路产业在国内外市场发展的带动下，又迎来了一个大发展的时期，呈现在我国集成电路产业界的是光明前景：一是我国集成电路市场规模将达到 1.2 万亿元，同比增长10%；二是由深圳海思、清华紫光旗下的展讯和锐迪科得到英特尔入股支持；三是“大基金”及其支持项目开始运作并获得 1387 亿元的基金支持，将有力推进我国 IC 晶圆业、IC 设计业、IC 封装业、IC 设备材料的腾飞；四是我国将成为国际 IC12 英寸晶圆线投资热点区域，有一批国际国内大企业将投资 IC 晶圆业；五是 12 英寸晶圆将正式实现“Made in China”；六是我国 IC 晶圆业 28 纳米制程工艺将跻身国际主流水平；七是 4G “中国芯”将取得重大突破；八是芯片国产化替代将在多行业取得突破（IC 金融卡等）；九是智能终端与汽车电子仍是推动我国 IC 市场发展的主要动力，尤其是物联网、互联网、云计算、大数据、智慧城市、智慧家庭、城市安全、新能源管理、医疗电子等是我国 IC 产业的主攻方向；十是我国集成电路还是处在发展阶段，技术被垄断、被限制，处于劣势弱小状况还未根本改变，市场竞争、IP 专利争夺将愈加激烈。

据预测，2015 年我国集成电路产业收入将达到 3657.3～3700 亿元的规模，同比增长21.3%～22.7%，集成电路三业（设计、晶圆、封装）之比为 35:27:38，三业并举，同步发展（图 2.12.1）。

据预测，到“十三五”期末（2020 年），我国集成电路产业销售收入将达到 9000 亿元左右的规模，实现翻番，年平均发展速度预计可达到 20.8%。

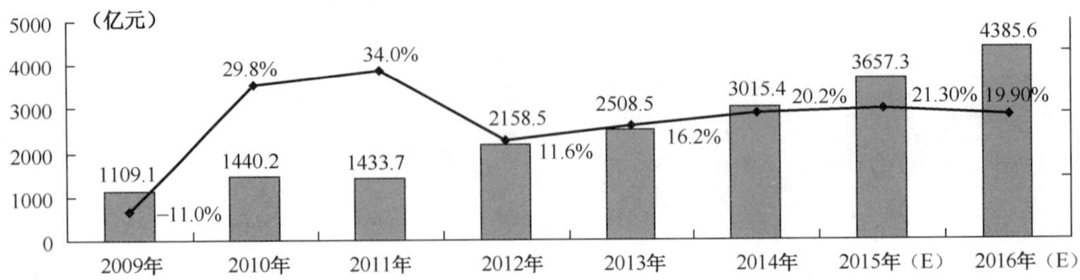

CAGR=25.75%（2009—2016 年）

（资料来源：JSSIA 整理）

图 2.12.1　2009—2016 年中国集成电路产业发展规模及增长

第十三节 2014 年中国台湾地区集成电路产业发展情况

中国台湾地区半导体产业崛起于 20 世纪 70 年代。1974 年 9 月台湾工研院电子工业研究发展中心（电子所）选择了当时应用广泛的单极技术及尚处于成长期的 CMOS 技术为切入点，引入和消化 RCA 公司技术，于 1980 年成立合资的联华电子公司。1979 年 7 月在新竹工业园，集中国台湾电子所、交大、清华等高校关联优势，对该园实行系列税收和金融优惠政策，1983 年电子所实施 7 亿美元的超大规模集成电路（VLSI）计划，诞生台积电公司。1990 年启动第三次大型半导体技术发展计划，成立 DRAM 技术研发的战略联盟，吸引海归人才，上市融资，抓住了集成电路设计、制造和封测、设备材料等环节和产业链延伸，将代工业做到极致，带动了中国台湾半导体产业的整体发展。

中国台湾地区现在是世界集成电路产业最为集中、技术水平最高、产业规模最大的地区之一，其集成电路晶圆代工业、封测代工业、设计业都处于世界同业的前茅，著名企业有：台积电、联电、日月光、联发科、矽品、力成、力晶、华亚科、南亚科、晨星、联咏等。

一、2014 年中国台湾地区集成电路产业发展规模及增长（图 2.13.1）

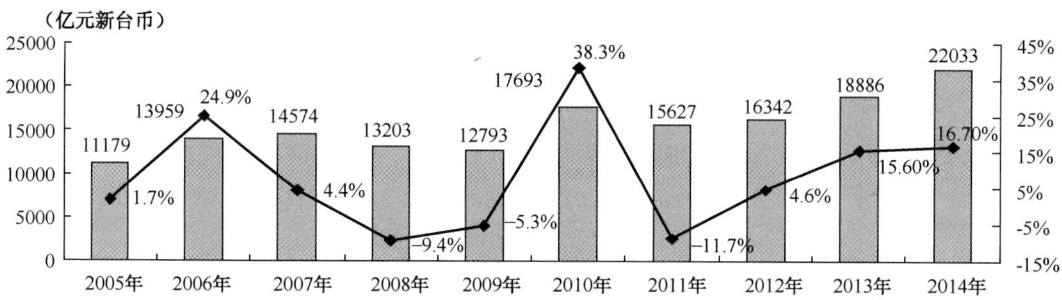

CAGR= 7.83 %（2005—2014 年）

图 2.13.1 2014 年中国台湾地区集成电路产业发展规模及增长

二、2014 年中国台湾地区集成电路产业发展情况

2014 年中国台湾地区集成电路产值达 22033 亿元新台币（725 亿美元），较 2013 年增长 16.7%，其中，集成电路设计业产值为 5763 亿元新台币（190 亿美元），较 2013 年增长 19.8%；集成电路制造业产值为 11731 亿元新台币（386 亿美元），较 2013 年增长 17.7%，其中晶圆代工产值为 9140 亿元新台币（301 亿美元），较 2013 年增长 20.4%；内存制造为 2591 亿元新台币（85 亿美元），较 2013 年增长 9.2%；集成电路封测业产值为 4539 亿元新台币（149 亿美元），较 2013 年增长 10.4%，其中，集成电路封装业产值为 3160 亿元新台

币（104 亿美元），较 2013 年增长 11.1%；集成电路测试业产值为 1379 亿元新台币（45 亿美元），较 2013 年增长 8.9%。

2014 年中国台湾地区集成电路产业发展优于世界半导体产业发展速度 6.8 个百分点，其中集成电路晶圆代工成长率表现最佳，同比增长 20.4%，上升 3.3 个百分点；集成电路设计业成长率为 16.7%，上升 1.1 个百分点；集成电路封装业成长率为 11.1%，上升 6.5 个百分点；集成电路测试业成长率为 8.9%，上升 4.7 个百分点；其他如集成电路制造业成长率达到 17.7%、内存制造成长率为 9.2%等，都大大高于世界和世界主要国家（地区）集成电路产业的同比增长率，登上了中国台湾地区集成电路产业的新高点（表 2.13.1）。

表2.13.1 2010—2014 年中国台湾地区集成电路产业营收产值分季情况

（单位：亿元新台币）

年度	2010 年		2011 年		2012 年		2013 年		2014 年	
指标名称	营收额	同比（±%）	营收额	同比（±%）	营收额	同比（±%）	营收额	同比（±%）	营收额	同比（±%）
IC 产业产值	17693	38.3	15627	–11.7	16342	4.6	18886	15.6	22033	16.7
IC 设计业	4548	17.9	3856	–15.2	4115	6.7	4811	16.9	5763	19.8
IC 制造业	8997	56.0	7867	–12.6	8292	5.4	9965	20.2	11731	17.7
晶圆代工	5830	42.8	5729	–1.7	6438	13.2	7592	17.1	9140	20.4
内存制造	3167	88.1	2138	–32.5	1809	–15.4	2373	31.2	2591	9.2
IC 封测业	4148	44.4	3904	–5.9	3935	7.9	4110	4.4	4539	10.4
封装业	2870	30.6	2696	–6.1	2720	0.9	2844	4.6	3160	11.1
测试业	1278	32.3	1208	–5.5	1215	0.6	1266	4.2	1379	8.9
IC 产品产值	7715	39.2	5994	–22.3	5924	–1.2	7184	21.3	8354	16.3

三、2014 年中国台湾地区集成电路三业发展规模

1. 2014 年中国台湾地区集成电路三业规模情况（表 2.13.2）

表2.13.2 2014年中国台湾地区集成电路三业规模情况

（单位：亿元新台币）

指标 \ 年份	2005	2006	2007	2008	2009	2010	2011	2012	2013	2014	CAGR% 2005—2013
IC 设计业	2850	3234	3997	3479	3859	4548	3856	4115	4811	5763	8.1
IC 晶圆业	5874	7665	7274	6542	5767	8997	7867	8292	9965	11731	8.0
IC 封测业	2455	3060	3303	3182	2873	4148	3904	3935	4110	4539	7.1
合计	11179	13959	14574	13203	12793	17693	15627	16342	18886	22033	7.83

2. 2013 年中国台湾地区集成电路三业结构情况（图 2.13.2）

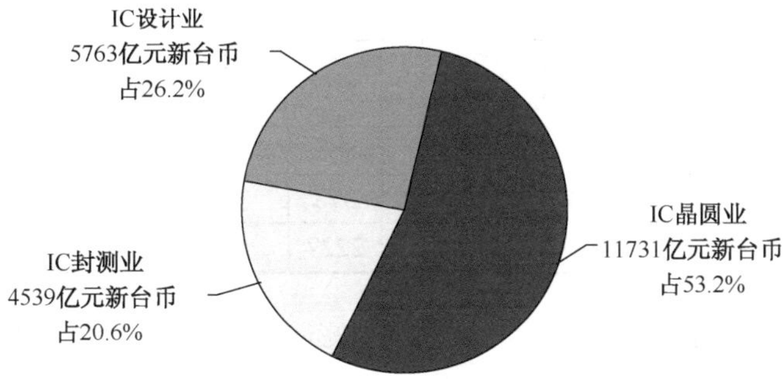

图 2.13.2 2013 年中国台湾地区集成电路三业结构情况

- 2014 年台湾地区集成电路设计业占比同比上升 0.8 个百分点。
- 2014 年台湾地区集成电路晶圆业占比同比上升 0.4 个百分点。
- 2014 年台湾地区集成电路封测业占比同比下降 1.2 个百分点。

3. 2005—2014 年中国台湾地区集成电路晶圆业营收规模及增长（图 2.13.3）

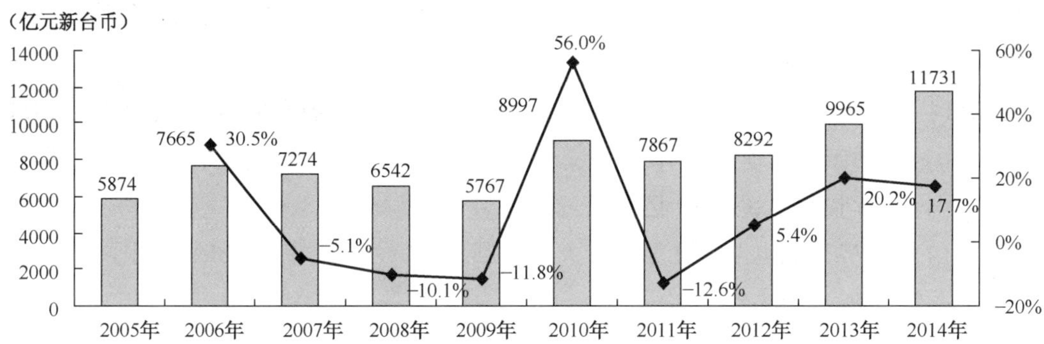

图 2.13.3 2005—2014 年中国台湾地区集成电路晶圆业营收规模及增长

四、2014 年中国台湾地区集成电路产业分季情况（表 2.13.3）

表2.13.3 2014 年中国台湾地区集成电路产业分季情况

（单位：亿元新台币）

季度	一季度		二季度		三季度		四季度		今年合计	
指标名称	实绩	环比（±%）	实绩	环比（±%）	实绩	环比（±%）	实绩	环比（±%）	实绩	环比（±%）
IC 产业产值	4736	–3.4	5512	16.4	5883	6.7	5902	0.3	22033	16.7
IC 设计业	1253	–3.0	1456	16.2	1549	6.4	1505	–2.8	5763	19.8
IC 制造业	2458	–3.6	2880	17.2	3116	8.2	3277	5.2	11731	17.7
晶圆代工	1807	–2.7	2215	22.6	2438	10.1	2680	9.9	9140	20.4
内存制造	651	–6.1	665	2.2	678	2.0	597	–11.9	2591	9.2
IC 封测业	1025	–3.3	1176	14.7	1218	3.6	1120	–8.0	4539	10.4

续表

季度	一季度		二季度		三季度		四季度		今年合计	
指标名称	实绩	环比（±%）	实绩	环比（±%）	实绩	环比（±%）	实绩	环比（±%）	实绩	环比（±%）
封装业	710	–3.4	815	14.8	845	3.7	790	–6.5	3160	11.1
测试业	315	–3.1	361	14.6	373	3.3	330	–11.5	1379	8.9
IC 产品产值	1940	–4.1	2121	11.4	2227	5.0	2120	–5.6	8354	16.3

从表 2.13.3 中可以看出，由于受市场季节的影响，2014 年一季度各业普遍下降，在二季度、三季度有较大的恢复和增长（金九银十），在四季度有升有降，其中封装、测试业下降幅度偏大。

五、2014 年中国台湾地区集成电路三业发展情况

1．IC 设计业

2014 年中国台湾地区集成电路设计企业共有 56 家。

2014 年在联发科带领下的中国台湾地区 IC 设计业营收额为 5763 亿元新台币，同比增长 19.8%，超过世界同业 7.2 个百分点。

在 2014 年世界集成电路设计业前二十大企业中，联发科居第四位，年营收额为 2130.6 亿元新台币，占中国台湾地区 IC 设计业总值的 37.0%。进入前二十位的还有联咏、群联、瑞昱等公司，年营收额均超过 10 亿美元。

在 2014 年世界集成电路设计业前十大无晶圆厂 IC 设计公司（Fabless）中，联发科居第三位。

1）2014 年中国台湾地区集成电路设计业前十大企业营收额情况（表 2.13.4）

表2.13.4　2014年中国台湾地区集成电路设计业前十大企业营收额情况

排名	企业名称	2014 年营收额（亿台币）	成长率（%）	排名	企业名称	2014 年营收额（亿台币）	成长率（%）
1	联发科	2130.6	56.0	6	立锜	119.3	11.2
2	联咏	494.1	30.3	7	奕力	100.5	4.3
3	群联	330.8	2.8	8	旭曜	98.9	5.6
4	瑞昱	321.6	10.9	9	晶豪	97.9	37.4
5	奇景	270.0	20.0	10	瑞景	80.9	–25.0

2）2014 年中国台湾地区 IC 设计业发展

在中国台湾地区集成电路设计业前十大企业中有 5 家企业为 LCD 驱动 IC 设计公司，有两家为内存 IC 设计公司，标准型芯片设计者占到七成。

在中国台湾地区集成电路设计业也十分重视模拟 IC 设计，小型公司也有不错的发展空间，只是单价偏低，营收规模难以迅速成长。

在中国台湾地区集成电路设计业企业中大多寻找多元化发展道路，如立锜科技、致新公司等，都从 PC 设计延伸到手机等移动通信产品。

随着集成电路新品开发成本的提高，IC 设计行业将大不如以往轻松成长，在获利方面遇到更多困难与挑战，将成为业界关注的焦点。有些企业将面临退市，但坚持下来的企业毛利率有所提升。

3）2014 年中国台湾地区 IC 设计业技术进步情况

联发科推出高端处理器芯片品牌“Helio”，意在切入三星供应链，与三星自家操作系统“Tizem”连线合作，联发科“Helio”以 8 核起步，再分顶级 X 系列和中级的 P 系列，第一款品牌产品“Helio X10”已面市。

联发科推出 4G 芯片 64 位 8 核处理器 MT6795，在 2014 年上半年推出 MT6735、MT6753 的 4 核、8 核全模芯片，获用户青睐。

2014 年移动 AP Cherry Trail 全球市场占有率排名为高通占 52.9%，苹果占 16.0%、联发科占 15.1%、三星电子占 4.2%。

联发科在 4G 与高通公司杀价竞争，在 3G 与展讯手机芯片扩大相对抗，在触控 IC 与汇顶的 IPO 冲撞，在车用 IC 与杰发、创发公司相对碰，都将成为 2015 年的看点。

联咏公司 2014 年营收以 236.76 亿元再创历史新高，主要受惠于高单价驱动 IC 及系统单晶片出货的提升，在全球驱动 IC 设计的龙头地位不受影响。联咏扩大全球大尺寸 LCD 驱动 IC 的市场占有率，加上电视系统单晶片（SoC）市场站稳脚步，因此在 4K、2K 电视透渗率提升时，联咏成为最大受惠者。

联群抢攻 SSD 并成为主流，在 SSD 控制 IC 上扩大市场占有率。在 2015 年将以 3.8 亿元入股宇瞻公司完成工控 SSD 布局，可形成年赚两个股本实力。

2. 2014 年中国台湾地区集成电路晶圆代工发展

由于受移动设备（智能手机、平板电脑等）市场需求提升，中国台湾地区 IC 代工业务一枝独秀，三个季度分别环比增长 22.6%、10.1%和 9.9%，全年平均增长 20.4%。

在晶圆代工中，28 纳米台积电占到全球的 80～90%，20 纳米市场占有率达 100%，45—40 纳米及以下占到其营收额的 60%以上，在 8 英寸晶圆代工中，中国台湾地区占到全球的 21%的业务量。

晶圆代工营收入，台积电是格罗方德的 5.6 倍，是联电的 5.6 倍。

晶圆代工投片量，台积电是格罗方德的 4.4 倍，是联电的 3.4 倍；台积电占到四大晶圆代工厂的 60.9%，联电占到 17.9%。

晶圆代工营收额，台积电占到四大晶圆代工厂的 69.9%，联电占到 12.0%。

台积电 12 英寸月投片能力为 43 万片，占全球 12 英寸投片比重的 10.3%，占其产能的 47%；8 英寸投片占 21%左右；6 英寸生产线投片占 9%。

联电 12 英寸月投片能力达 11 万片，占全球 12 英寸投片比重的 2.6%，占其能力的 26%；8 英寸投片产能占其总产能的 65%左右；6 英寸生产线占到其产能的 9%。

台积电 12 英寸投片产能排在世界同业的第五位，韩国三星公司居首位。其次是美光、海力士和英特尔。

中国台湾地区的力晶公司、世界先进公司、稳瀚公司分居 12 英寸晶圆投片产能第六位、第七位、第十二位。

3. IC 封装测试

中国台湾地区集成电路封装测试业居世界同业的前茅，其中：日月光公司居全球第一位，矽品科技居第三位，力成科技居第五位，南茂科技居第九位，芯邦科技居第十位。进入前二十位的还有京元电子（第十二位）、福懋科技（第十六位）、华东科技（第十七位）。

六、2014 年中国台湾地区集成电路晶圆制造业技术进步情况

集成电路的线宽仍按照摩尔定律不断缩小，以每两年缩小至原尺寸的 70%的步伐前行，如 2007 年达到 45 纳米，2009 年达到 32 纳米，2011 年达到 22 纳米，2013 年达到 20—16 纳米，2014 年达到 14 纳米，10 纳米已获成功。

1. 中国台湾地区集成电路晶圆制造业技术

1）台积电

2013—2014 年台积电以 28 纳米为主流技术，市场占有率达到 80%～90%，22—20 纳米市场占有率达到 100%，16 纳米 Fin FET 已投产（由于设备安装迟后，量产要到 2015 年下半年或 2016 年上半年）。

台积电 16 纳米工艺 Fin FET 技术已采用侧壁工艺，形成 Fin 间距为 48 纳米，栅极间距为 90 纳米，栅极长度为 25 纳米（没有达到英特尔的 20 纳米）。

台积电 14 纳米工艺技术已取得突破，并获得成功，在芯片速度、功耗、密度等方面与英特尔公司并驾齐驱。但仍落后于美国英特尔和韩国三星电子，三星电子以 16—14 纳米拿下苹果 A9 订单。

台积电 10 纳米技术已列入计划实施之中，已与多家企业合作进行产品设计，包括手机基带芯片、绘图芯片、服务器、游戏机及可编程逻辑阵列（FPGA）等（要到 2017 年可量产）。

台积电在 2014 年进入 3D NAND Flash 晶圆代工业取得好的业绩。

台积电在 2014 年投片产能达 820 万片，28—20 纳米工艺技术贡献率达 51%。

台积电在 2014 年 45—40 纳米及以下制程营收额占到总营收收入的 60%以上。

台积电已用 ASML 极紫外（EUV）光刻机 24 小时成功试产 600 片，在年底前达到单台日产 1000 片的能力，为 18 英寸（450mm）和 10 纳米及以下技术做准备。

台积电在 55—40—28 纳米制程关键技术嵌入式非挥发性存储器（e NVM）领域最具实力。

台积电与赛灵思（XiLinx）合作，用台积电 16 纳米 Fin　FET 制程推出 Fin Fast 专案产品。

2）台联电

台联电以 20 纳米技术抢下苹果公司 A8 订单，晶圆代工营收额增长 20.4%，存储器产值达 2591 亿新台币，同比增长 19.8%；下属中科晶圆厂产值达 2000 亿元新台币，占到台积电总值的 28%。

联电 28 纳米制程也取得重大突破，获得了博通认证，承接了先进网通及高端手机芯片的关键 HKMG 制程，营运出现大转机。22 纳米技术均导入生产。

联电公司营收额仍以 65—45—40 纳米为主，28 纳米收入占比仅为 2%左右。

联电公司意欲跳过 20—16 纳米，直接进入 14 纳米工艺技术。

联电公司与 IBM 共同开发 10 纳米 CMOS 制程工艺。

联电与 IBM 合作在 2014 年开发 14 纳米工艺制程，采用 IBM 公司的 Fin FET 工艺技术，但其还缺少 20—16 纳米的工艺储备，能否从 22 纳米直接进入 14 纳米仍待观察。

3）台南科

台湾南科 20 纳米已试产，16 纳米 Fin FET 已做好投片试制准备。

2．2013—2014 年台积电公司 IC 晶圆代工制程工艺技术情况（表 2.13.5）

表2.13.5　2013—2014年台积电公司IC晶圆代工制程工艺技术情况

工艺技术	MEMS	MCU	DRAM	Analog（5V）	Logic IC	RFIC	IC BCD	High V	CIS
～10nm									
～14nm					▲				
～16nm		▲	▲		●				
～20nm		●	●		●	▲			
28nm		●	●		●	●			
40nm		●	●		●	●			▲
55—65nm	▲	▲	●	▲	●	●		▲	▲
90nm	●	●	●	●	●	●		●	●
0.11～0.13μm	●		●	●	●	●	▲	●	●
0.15～0.18μm	●	●	●	●	●	●	●	●	●
0.25～0.35μm	●	●		●	●	●	●	●	●
0.5μm	●	●		●	●	●	●	●	●

注：●表示生产，▲表示试制/批量试产

3. 中国台湾地区集成电路封测业技术

- 2014 年中国台湾地区集成电路封测业营收额达 4539 亿元新台币，同比增长 10.4%，占中国台湾地区集成电路产业总值的 20.6%。
- 2014 年中国台湾地区集成电路封装业营收额达 3160 亿元新台币，同比增长 11.1%，占封测业总值的 69.6%；2014 年台湾地区集成电路测试业营收额达 1379 亿元新台币，同比增长 8.9%，占封测业总值的 30.4%。
- 中国台湾地区集成电路封装测试业以日月光公司、矽品公司、力成公司、南茂公司、芯邦科技等公司为代表，其中日月光和矽品公司更具代表性。

在集成电路封测业中，日月光与矽品公司除受惠于铜打线制程产能持续提升外，2012 年以来锁定应用处理器（AP）、基带芯片（Base Band）等通信应用芯片，朝先进制程与高整合方向发展，积极扩充凸块封装（Bumping）、覆晶封装（Flip Chip）、晶圆级封装（WLP）、系统级封装（SiP）、Fan—out 扇形晶圆级封装（Fo—MLP）、e MCP 等先进封装产能，使得中国台湾封测大厂得以掌握智能手机与平板电脑等移动网络装置出货高增长的商机，带动了中国台湾封测产业发展，表现优于全球封测产业。

由于智能手机与平板电脑出货在 2014 年仍将维持两位数增长，日月光与矽品等中国台湾地区封测大厂持续锁定先进封装产能进行扩充，通信应用与先进封装将成为带动中国台湾地区封测产业成长的重要动力，亦将优于同时期全球专业代工封测产业产值的 5.1 个百分点。

中国台湾地区集成电路制造业（晶圆、封测）总体围绕提高良品率、降低成本、加快研发实力等主题进步，成为当今世界集成设计、制造、封测及代工业的制高点。

七、中国台湾地区集成电路产业兼并投资情况

- 2014 年台积电投资达 100～103 亿美元，超过了英特尔公司，居第一位。
- 2014 年台积电在上海松江的 8 英寸生产线扩产，由原来的月投 8 万片，扩大到 10 万片。
- 2014 年台积电在上海松江规划筹建第一条 12 英寸生产线，以 28 纳米制程切入，技术水平落后中国台湾两个世代，产能为台积电新增产能的 10%，获得大陆晶圆代工业务。
- 台积电斥资 8500 万美元买下高通在龙潭科学院的厂房，筹建 InFo 高阶封装生产线。
- 台积电董事会通过 1672.4 亿元新台币投资，加快主流 40—28 纳米制程扩产脚步，加快冲刺 16 纳米制程量产，应对智能手机、平板电脑、PC、可穿戴设备、物联网及智能家居等市场需求。
- 2014 年联电将苏州和舰科技两条 8 英寸生产线扩产到月投 6 万片的能力。
- 2014 年联电与厦门市政府联合投资筹建第一条 12 英寸生产线，联电出资 13.5 亿美

元，技术水平初期为55—40纳米技术，从事晶圆代工、通信卡、银联卡等芯片切入，月投片能力为6万片。

- 2014年联电董事会通过93.4亿元预算，对台湾南科公司12英寸Fab 12A的28纳米进行扩产，月投新增2万片，良品率达90%以上。现高通、联发科、博通、迈威尔等大客户已下订单。
- 2015年中国台湾当局意欲出资在台中科园区建设产业园区，投资额达5000亿元新台币。
- 当大陆封装大厂江苏长电科技并购新加坡星科金朋科技之时，星科金朋将与台星科、台湾星科切割，将台湾星科以1500万美元超低价作为台星科的子公司，台星科成为最大的受益者（台湾星科拥有3.5万片12英寸晶圆凸块，0.5万片晶圆级封装WLCSP技术和产能），以及高通、博通、英特尔、超微的客户订单等，使台星科有一个巨大的提升。
- 力成科技公司与美光公司联手在中国大陆西安建设封装测试生产线。
- 台湾华亚科与台塑集团、美光等三方达成共识，将在2015年投资500亿元新台币（约15.7亿美元），加速转入20纳米制程，在20纳米产出量逐月提高，成本下降，在DRAM上获利跃进。

八、2015年中国台湾地区集成电路产业预测

2015年世界半导体产业在2014年处于高涨期，有一个惯性冲坡后，随着库存的增加和市场的退缩，世界半导体产业及市场有可能比2014年有一个稳增长的过程，预计增长率在3.6%左右。

2015年中国台湾地区集成电路产业的增长率预计在8.5%左右，营收规模为23900亿元新台币左右。

（资料来源：TSIA、工研院IEK/JISSA整理）

第三章

2014 年中国集成电路产品市场发展情况

第一节 2014年中国集成电路市场发展情况

2014年，我国集成电路市场由平稳发展转向较快发展，国内内生增长动力已逐步形成，电子信息市场正从消费类电子、通信、计算机等传统市场向智能电子（手机、平板、电视、家居、医疗电子、汽车电子、多媒体游戏等）整机市场发展，尤其在互联网、物联网、云计算、大数据、可穿戴设备等新兴市场快速发展的带动下，我国集成电路产品市场随之有了一个较高水平的发展，达到历史的新高点。在国家一系列政策支持下，我国集成电路产业市场快速增长，达到10723.4亿元，同比增长17.0%，开启了万亿元时代。随着国内终端市场继续扩大，国内集成电路产业市场继续增长，同时也带动本土产业快速发展。

一、2014年中国电子信息制造业快速发展，激发集成电路产品市场内生动力

1. 2014年中国电子信息制造业

2014年中国电子信息制造业实现销售产值10.39万亿元，同比增长10.3%，占全国电子信息产业总值的73.6%，占全国国内生产总值的16.2%。

2014年中国电子信息制造业内销产值达5.19万亿元，同比增长14.9%，贡献率达69.5%，占全国同期总值的50%。

2. 2014年中国电子信息制造业进出口

2014年中国电子信息产品进出口总额达1.32万亿美元，同比下降0.5%，其中：出口0.79万亿美元，同比增长1.2%；进口0.53万亿美元，同比下降2.8%。

3. 2014年中国集成电路产品进出口

2014年中国集成电路产品进口量为2856.6亿块，同比增长7.3%；出口量为1535.2亿块，同比增长7.6%，逆差1321.4亿块。

2014年，中国集成电路产品进口额为2176.0亿美元，同比下降5.9%；出口额为609.0亿美元，同比下降30.6%，逆差达1567.0亿美元，同比增长9.0%。

二、2014年中国电子终端应用向好，产业化规模快速增长

1. 2014年中国移动、互联网、宽带市场简况

- 2014年中国移动电话用户净增长5698万户，总数达12.86亿户。
- 2014年全国移动宽带用户累计达5.83亿户，占总数的45.3%。
- 2014年中国3G用户新增8364万户，总数达4.85亿户。
- 2014年中国4G用户新增9728万户，总数达0.97亿户。

- 2014 年中国互联网、宽带接入端口净增 4160 万个，总数突破 4 亿个。

2．2014 年中国手机、计算机、彩电产销简况

- 2014 年中国手机产量为 16.3 亿部，同比增长 6.8%。
- 国内手机市场出货量为 4.52 亿部，同比下降 21.9%，3G 手机仍为市场主力军。但 4G 手机爆发下半年 4G 市场出货量为 1.71 亿部，下半年出货率由 37.8%→45%→50%→64%，平均增长率超 50%以上，品牌手机和低价手机受追捧。
- 2014 年中国微型计算机产量为 3.5 亿台，同比下降 0.8%；因受智能手机和平板电脑的冲击，微型计算机市场有所萎缩，其中笔记本电脑产量为 2.27 亿台，同比下降 5.5%。但在下半年仍有温和回升的迹象。
- 2014 年中国彩色电视机产量为 1.41 亿台，同比增长 10.9%，其中 LCD 彩电产量为 1.39 亿台，同比增长 13.3%；出口 0.74 亿台，其中 LCD 出口 0.69 亿台，出口额增长 20.5%。LCD 电视机零售量为 4542 万台，大尺寸成主流，55 英寸 LCD 电视机增长 29.0%，线下占 19%，线上占 50%以上；4K 电视占 30.8%。

3．2014 年中国家电市场简况

- 2014 年中国洗衣机零售市场为 3292 万台，同比增长 0.8%。
- 2014 年中国空调机零售市场为 360 万台，同比增长 93%。
- 2014 年中国冰箱线上销售 375 万台，同比增长 65.2%。
- 2014 年中国厨卫销售同比增长 4.4%。

三、2014 年中国半导体市场需求情况分析

2014 年中国半导体市场需求额达 12044.3 亿元，同比增长 14.0%，其中：集成电路市场需求额为 10393.1 亿元，同比增长 13.4%，半导体分立器件市场需求额为 1651.2 亿元，同比增长 18.0%。

1．2009—2014 年中国半导体市场需求规模及增长

表3.1.1　2009—2014年中国半导体市场需求规模及增长

指标名称	2009 年	2010 年	2011 年	2012 年	2013 年	2014 年	CAGR（%）
市场需求规模（亿元）	6562.9	8477.0	9238.8	9826.2	10566.0	12044.3	12.91
同比成长率（%）	−4.8	29.2	9.0	6.4	7.5	14.0	—

（资料来源：CCID，2015.5）

2．2014 年中国半导体市场需求额占世界半导体市场的情况

2014 年中国半导体市场需求额占世界半导体市场的 59.3%的份额，同比提升 3.5 个百分点（表 3.1.2）。

表3.1.2　2009—2014年中国半导体市场需求额占世界半导体市场的份额

指标名称	2009 年	2010 年	2011 年	2012 年	2013 年	2014 年
市场占有率（%）	42.5	42.4	47.7	54.1	55.8	59.3
同比成长率（%）	4.2	−0.1	5.3	6.4	1.7	+3.5

（资料来源：CCID，2015.5）

3．2015 年中国半导体市场需求额发展预测

2015 年中国半导体市场需求额预计为 13537.8 亿元，同比增长 12.4%（表 3.1.3）。

表3.1.3　2012—2017年中国半导体市场需求额发展规模及增长

指标名称	2012 年	2013 年	2014 年	2015 年（E）	2016 年（E）	2017 年（E）
市场需求规模（亿元）	9826.2	10566.0	12044.3	13537.8	15135.3	16860.7
同比成长率（%）	6.4	7.5	14.0	12.4	11.8	11.4

（资料来源：CCID，2015.5）

四、2014 年中国集成电路市场分析

2014 年中国集成电路市场规模达 1.04 万亿元，同比增长 13.4%，开启了万亿元时代，占到同期世界半导体市场的 50.8%，占据全球半壁江山。其得益于政府发布《国家集成电路产业发展推进纲要》，成立了国家集成电路产业发展领导小组和咨询委，成立了国家集成电路产业发展投资基金，助力紫光集团、长电科技重大并购案；海思进入 16 纳米设计世代，紫光整合展讯、锐迪科将跻身全球十大设计企业；中芯国际产能及技术水平扩张与提升，达到 28 纳米制程等，都促进了我国集成电路市场规模的快速增长。

1．2014 年中国集成电路市场规模及增长情况（表 3.1.4 和图 3.1.1）

表3.1.4　2009—2014年中国集成电路市场规模及增长

年份 指标	2009	2010	2011	2012	2013	2014
销售额（亿元）	5676.0	7349.5	8065.6	8558.6	9166.3	10393.1
增长率（±%）	−0.5	29.5	9.7	6.1	7.1	13.4

CAGR=12.86%（2009—2014 年）

2．2014 年中国集成电路市场规模占世界同业的比重

2014 年中国集成电路市场规模达 1698 亿美元，同比增长 15.4%，为全球同业增长最快；占全球集成电路产业 50.9%的份额。

2000 年中国集成电路市场为 113.86 亿美元，占同期世界集成电路产业的 5.5%，到 2014 年中国集成电路市场为 1698 亿美元，占同期世界集成电路产业的 50.9%，14 年时间增长近 15 倍，平均增速达 21.4%，呈历年上升态势。

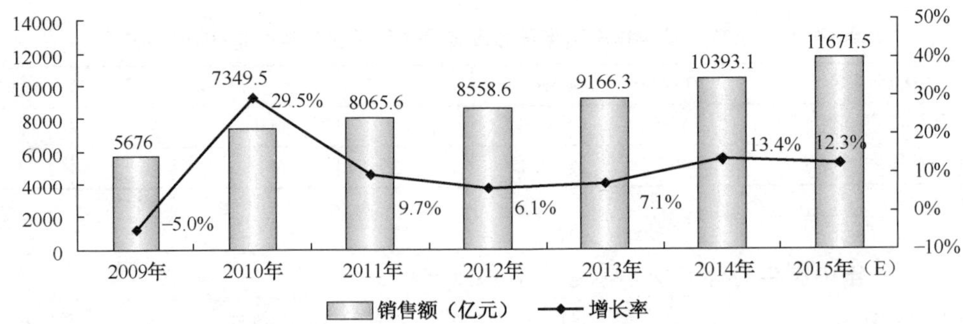

CAGR=12.77%（2009—2015 年）

（资料来源：CCID/JSSIA 整理）

图 3.1.1　2009—2015 年中国集成电路市场规模及增长趋势

1）2009—2015 年中国集成电路市场规模占世界同业产业的比重（表 3.1.5）

表3.1.5　2009—2015年中国集成电路市场规模占世界同业产业的比重

指标名称	2009 年	2010 年	2011 年	2012 年	2013 年	2014 年	2015 年（E）
世界集成电路产业规模（亿美元）	2263	2983	2995	2916	3056	3332	3445
中国集成电路市场规模（亿美元）	835	1086	1249	1356	1472	1698	1907.1
世界集成电路产业增长率（%）	-9.3	31.8	0.4	-2.7	4.8	9.0	3.4
中国集成电路市场增长率（%）	-4.2	30.1	15.0	8.6	8.6	15.4	12.4
中国 IC 市场占世界 IC 比重（%）	36.9	36.4	41.7	46.5	48.1	50.9	55.4

（资料来源：CCID，2015.3）

2）2009—2015 年中国集成电路市场规模 VS 世界集成电路产业规模（图 3.1.2）

CAGR（中国市场规模）=13.78%（2009—2015 年）

CAGR（世界产业规模）=7.26%（2009—2015 年）

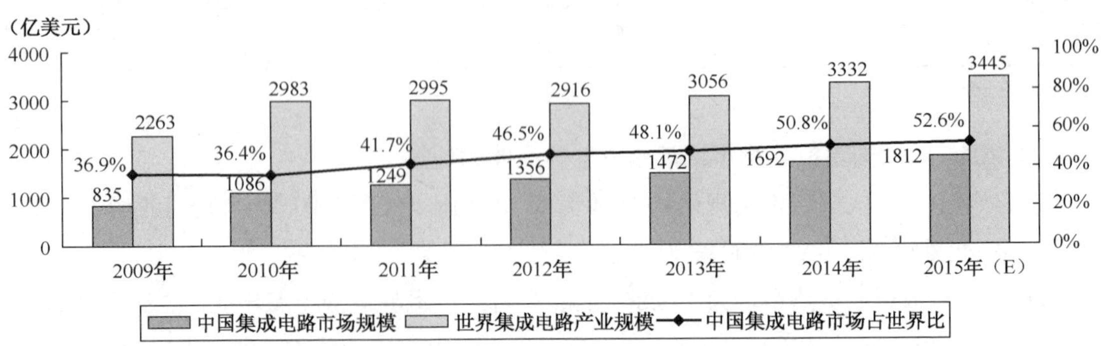

（资料来源：CCID/JSSIA 整理）

图 3.1.2　2009—2015 年中国集成电路市场规模 VS 世界集成电路产业规模

3．2014 年中国集成电路产品进出口情况（表 3.1.6、图 3.1.3、表 3.1.7、图 3.1.4）

表3.1.6　2009—2014年中国集成电路产品进口情况及成长率

指标名称	2009 年	2010 年	2011 年	2012 年	2013 年	2014 年
集成电路进口量（亿块）	1462.3	2009.6	2141.1	2418.2	2663.1	2856.6
同比成长率（%）	8.0	37.4	6.5	12.9	10.1	7.3
集成电路进口额（亿元）	1199.0	1569.9	1702.0	1920.6	2313.4	2176
同比成长率（%）	-7.2	30.9	8.4	12.8	20.5	-5.9

CAGR（进口量）=14.33%（2009—2014 年）

CAGR（进口额）=10.66%（2009—2014 年）

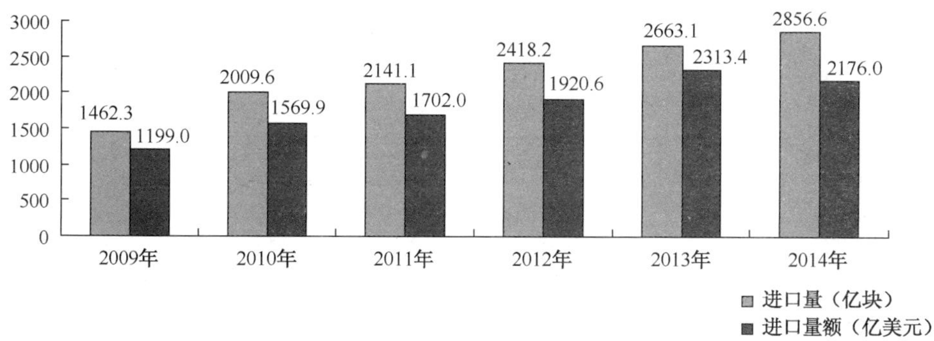

图 3.1.3　2009—2014 年中国集成电路产品进口情况

表3.1.7　2009—2014年中国集成电路产品出口情况及成长率

指标名称	2009 年	2010 年	2011 年	2012 年	2013 年	2014 年
集成电路出口量（亿块）	567.0	831.5	904.4	1182.2	1426.7	1535.2
同比成长率（%）	16.8	46.6	8.8	30.7	23.7	7.6
集成电路出口额（亿元）	233.0	292.5	325.7	534.3	877.0	609.0
同比成长率（%）	-4.3	25.5	11.4	64.0	64.1	-30.6

CAGR（出口量）=22.04%（2009—2014 年）

CAGR（出口额）=21.19%（2009—2014 年）

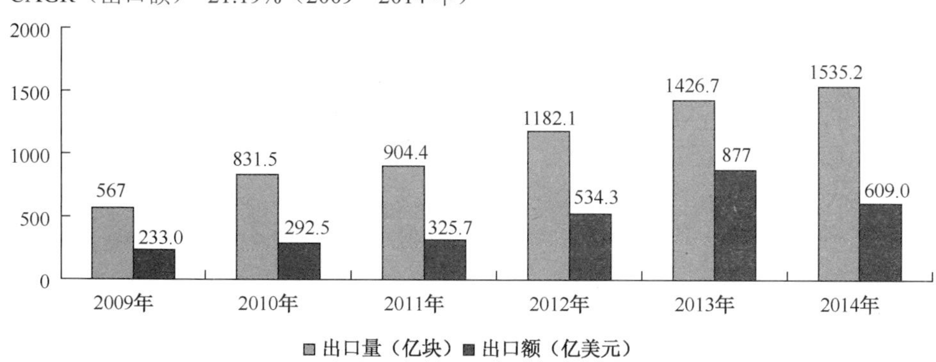

图 3.1.4　2009—2014 年中国集成电路产品出口情况

2014 年中国集成电路产品进口额占世界同业市场的比重：

- 2014 年中国集成电路产品进口额为 2176 亿美元，同比下降 5.9%，但仍占世界半导体市场总值 3331.5 亿美元的 65.2%的比重。
- 2014 年中国集成电路产品进口额逆差达 1567.0 亿美元，同比增长 9.0%，仍占世界半导体市场总值 3331.5 亿美元的 47.0%的份额。

4. 2014 年中国集成电路产品市场应用情况

得益于智能终端、消费电子、汽车电子、节能环保、物联网、新能源汽车和信息安全等热点应用领域的带动，以智能手机为代表的移动智能终端继续保持增长态势，特别是可穿戴产品呈现快速增长势头，使中国集成电路市场销售规模持续增长。2014 年中国集成电路市场销售额增至 10393.1 亿元，同比增长 17.0%（表 3.1.8）。

表3.1.8　2014年中国集成电路市场应用结构与增长情况

序	应用领域名称	销售额（亿元）	市场占比（%）	增长率（%）	说明
1	计算机与网络	1882.4	18.1	−1.2	受智能手机的广泛应用冲击而有所下降
2	IC 卡	1591.2	15.3	26.9	智能手机的广泛应用拉动产业大增
3	消费类电子	2558.4	24.6	12.1	仍将稳步发展
4	工业控制	1237.6	11.9	29.5	工业 4.0 的到来及两化融合，仍将促进应用领域的扩展
5	汽车电子	1695.2	16.3	30.2	新兴产业，增长最快
6	其他	1435.2	13.8	—	
7	合计	10393.1	100	17.0	

（资料来源：CCID，2015.3）

2014 年中国集成电路市场应用结构如图 3.1.5 所示。

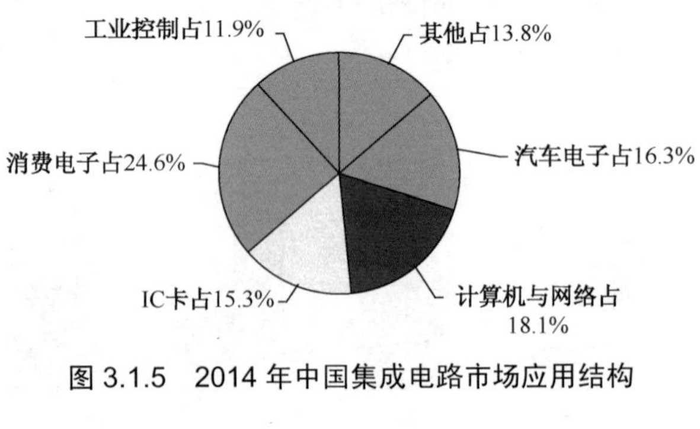

图 3.1.5　2014 年中国集成电路市场应用结构

5. 2014 中国集成电路市场产品结构及增长情况（表 3.1.9 和图 3.1.6）

表3.1.9　2014中国集成电路市场产品结构及增长情况

序	产品名称	销售额（亿元）	市场占比（%）	增长率（%）
1	Logic IC（逻辑电路）	469.9	4.5	15.2
2	MCU（微控制器）	295.2	2.8	13.5
3	ASICs（专用电路）	279.4	2.7	12.9
4	Microperip herals（微周边器）	951.7	9.2	-1.0
5	Memory （存储器）	2465.5	23.7	27.0
6	ASSPS（专用标准产品）	2067.6	19.9	14.5
7	Analog IC（模拟电路）	1682.2	16.2	14.7
8	CPU（中央处理器）	1417.4	13.6	-0.2
9	Embedded CPU（嵌入式 CPU）	575.9	5.5	16.5
10	Digital Microprocessor（数字微处理器）	188.3	1.8	
	合计	10393.1	100	13.4

（资料来源：CCID，2015.5）

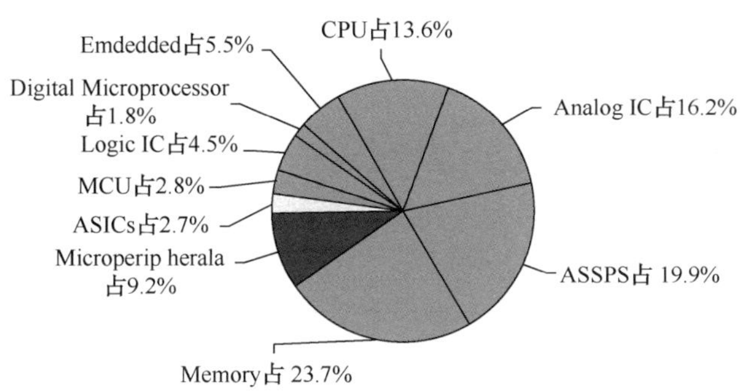

（资料来源：CCID，2015.5）

图 3.1.6　2014 中国集成电路市场产品结构

6. 2014 年世界前二十大半导体公司在华销售情况（表 3.1.10）

随着我国集成电路市场快速增长的需求和具备高度开放的国际化市场的特征，我国集成电路市场已成为世界各大半导体厂商最重要的营销业务收入的主要来源。2014 年世界前二十大在华半导体公司营收额平均占到其总收入的 47.8%的份额，最高的为联发科，占到 82.3%；占到 60%以上的有迈威尔（74.9%）、飞思卡尔（68.5%）；超过 50%的有海力士（55.3%）、英特尔（51.2%）、三星电子（50.4%）、博通（50.5%）等，最低的为索尼公司，也达到其总收入的 21.4%的份额。

中国大陆巨大的集成电路市场留给我国集成电路产业界人士巨大的发展空间。

表3.1.10 2014年世界前二十大半导体公司在华销售规模

序	企业	销售额（亿美元）	中国市场占比（%）
1	Intel（英特尔）	499.64	51.2
2	Samsung（三星）	382.73	50.4
3	Qualcomm（高通）	192.66	48.7
4	Micron（美光）	163.89	41.0
5	SK Hynix（海力士）	157.37	55.3
6	TI（德州仪器）	121.95	42.6
7	Toshiba（东芝）	84.96	39.2
8	Broadcom（博通）	83.87	50.5
9	ST（意法半导体）	73.95	40.1
10	MTK（联发科）	71.94	82.3
11	Renesas（瑞萨）	69.10	31.3
12	Sandisk（晟碟）	61.16	30.6
13	Infineon（英飞凌）	60.71	30.1
14	NXP（恩智浦）	54.57	31.6
15	A）ago（安华高）	54.28	49.3
16	AMD（超微）	53.88	47.5
17	Freescale（飞思卡尔）	45.6	68.5
18	Sony（索尼）	45.28	21.4
19	N）idia（英伟达）	40.07	38.0
20	Ma）ell（迈威尔）	38.12	74.9
	合计	2355.73	47.8

（资料来源：CCID，2015.3）

7. 2014 年度（第十届）最受中国市场欢迎的半导体品牌

由《中国电子报》评选出的 2014 年度（第十届）最受中国市场欢迎的半导体品牌如下。

1）长电科技：自主研发提升国际地位

长电科技是中国本土最大的封装测试企业，也是国内封装测试行业首家上市公司。本着“技术领先，客户满意”的宗旨，长电科技不断进取，努力创新。经过十几年的奋力拼搏，长电科技不但成为中国规模最庞大、品种最齐全、技术最先进、服务最完整的封测服务企业，而且还开发出了一系列具有自主知识产权的新型封测技术，逐步占据国际封测技术的制高点。

2）英特尔：不懈创新，稳居行业首位

英特尔（Intel）为计算机工业提供关键元件，包括性能卓越的微处理器、芯片组、板卡、系统及软件等，这些产品是标准计算机架构的重要组成部分。英特尔一直坚守“创新”的理念，根据市场和产业的变化不断自我调整。从微米到纳米制程，从 4 位到 64 位微处理器，从奔腾到酷睿，从硅技术、微架构到芯片与平台创新，英特尔不断地为行业注入新鲜活力，并推动行业标准的制定，从而为世界各地的用户带来更加精彩的体验。

3）瑞萨电子：推动绿色环保型社会实现

瑞萨（Renesas）电子以占有率第一的 MCU 为中心，提供系统 LSI、模拟及功率半导体器件等颇具竞争实力的产品，以及适合消费电子、汽车电子、移动通信工业等应用的解决方案。基于瑞萨过硬的产品质量、优质及时的技术支持、持续稳定的供货，以及不断满足客户需求的产品及技术的实力，2014 财年瑞萨电子营收预计超过 400 亿元。

4）展讯：致力于“5 年内超越联发科”

展讯通信有限公司致力于智能手机、功能型手机及其他消费电子产品的手机芯片平台开发，产品支持 2G、3G 及 4G 无线通信标准。基于高集成度、高效能的芯片，搭配客户化的软件及参考方案，展讯可提供完整的钥匙平台方案，帮助客户实现更快的设计周期，并有效降低开发成本。展讯的客户涵盖全球及中国本土制造商，可为中国及全球新兴市场的消费者提供卓越的手机产品。

5）飞思卡尔：新一轮战略布局见成效

飞思卡尔的策略是立足于通用 MCU、汽车 MCU、数字网络、模拟和传感器、射频五大产品领域，同时进行创新性开发。其 Connected Intelligence（智能互连）有助于实现物联网的全部潜能，使整个系统可以扩展和无缝交互。飞思卡尔和其生态系统合作伙伴共同带来硬件、软件和服务，以及长期实践验证的深厚的应用专业知识，为开创下一个创新浪潮提供动力，逐步将 IOT 变为现实。

6）恩智浦：2014 年营收再创新高

恩智浦（NXP）半导体以其领先的射频、模拟、电源管理、接口、安全和数字处理方面的专长，提供高性能混合信号和标准产品解决方案。这些创新产品和解决方案可广泛应用于汽车、智能识别、无线基础设施、照明、工业、移动、消费和计算等领域。公司在全球逾 25 个国家都设有业务执行机构，2014 年，公司的营业额创下了 56 亿美元的新记录。

7）中芯国际：成熟主流工艺是中国客户首选

中芯国际（SMIC）是中国大陆规模最大、技术最先进的集成电路芯片代工企业，因此，向更高技术、更先进工艺领域延伸成为它的使命。在技术方面，其在国内最早实现了 65/55 纳米技术的量产，拥有国内最先进的 45/40 纳米试生产技术，具备国内唯一的 32/28 纳米技术的研发能力，并于 2014 年第一季度完成了 28 纳米工艺的开发。目前，中芯国际可向全球客户提供 0.35 微米到 28 纳米晶圆代工与技术服务。

8）台积电：以先进工艺制程取胜

成立于 1987 年的台积电，是全球第一家，也是最大的一家专业集成电路制造服务（晶圆代工）企业。2014 年，借助智能手机市场增长的东风，台积电营收超过 1500 亿元，较上年增长 27.8%，全年净利润超过 520 亿元，较上年增长 40%，连续 3 年创出历史新高。

第二节　2015 年中国集成电路市场发展预测

2015 年是我国“十二五”规划的收官之年，在中央经济工作会议精神的指引下，围绕“稳中求进”的工作总方针，实行稳增长、促改革、调结构、惠民生、防风险的经济政策措施，使我国经济新常态在推进两化融合中，促进我国电子信息产业快速稳健地发展，带动和促进了我国集成电路市场进一步繁荣。

2015 年在社会消费类电子中 4G 牌照的发放，更进一步提升了我国移动通信设备的高速发展。4K 超高清电视、智能手机、平板电脑的普及，医疗保健电子、汽车电子、可穿戴设备的高速渗透，互联网、物联网、云计算、大数据等新兴电子市场的崛起，银行 IC 卡的使用、安监产品、信息安全等关乎国计民生的重点领域的产品等，都必将推动我国集成电路产品市场更快、更好、更强地发展。

据预测，2015 年我国集成电路产品市场为 11671.5 亿元，同比增长 12.3%（图 3.2.1 和图 3.2.2）。

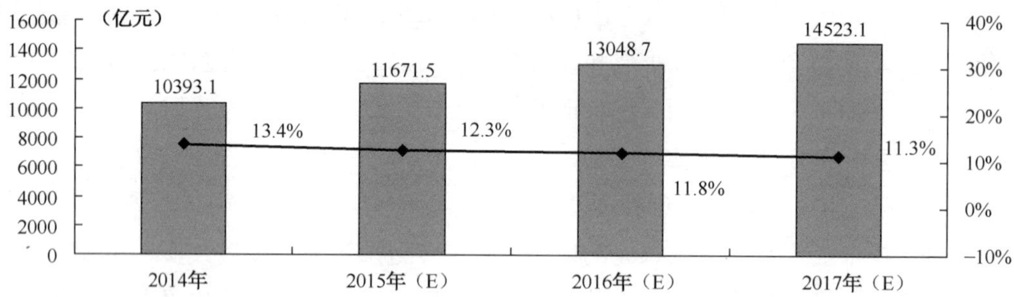

CAGR=11.80%（2014—2017 年）

（资料来源 CCID/JSSIA 整理）

图 3.2.1　2014—2017 年中国集成电路产品市场发展规模预测

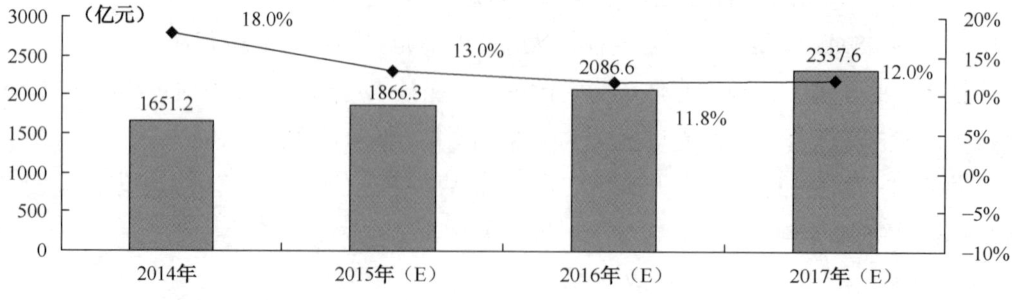

CAGR=12.29%（2014—2017 年）

（资料来源 CCID/JSSIA 整理）

图 3.2.2　2014—2017 年中国半导体分立器件产品市场发展规模预测

第三节　2014 年中国电子信息产品市场发展情况

一、2014 年中国集成电路产品市场情况概述

- 2014 年中国半导体产品市场需求额达到 1.20 万亿元，同比增长 14.0%。
- 2014 年中国集成电路产品市场需求额达到 1.04 万亿元，同比增长 13.4%，开启了万亿元时代。
- 2014 年中国半导体分立器件产品市场需求额达 0.17 万亿元，同比增长 18.0%。
- 2000 年中国集成电路产品市场规模为 945 亿元（合 113.86 亿美元），到 2014 年已增加到 1.04 万亿元（合 1690.4 亿美元），15 年来年均增长率达 21.4%；2014 年国内集成电路产品市场规模占亚太地区的 87%、占到全世界半导体产品市场的 50.8% 的份额，中国已当之无愧成为世界集成电路产品的“核心”市场。
- 2015 年中国半导体产品市场需求额预计将达到 1.35 万亿元，同比增长 12.4%。

二、2014 年中国手机市场情况分析

（一）2014 年世界手机市场简况

据 Gartner 统计，2014 年世界手机出货量为 18.9 亿部，同比增长 4.9%，其中智能手机销量突破 12.1 亿部，同比增长 28.4%，占手机总出货量的 63.5%。在智能手机中：三星为第一大供货商，约为 2.96 亿部，占到 24.7%，苹果全年销量达 1.91 亿部，占到 15.4%，联想、华为、LG 分列第三至第五位。但三星智能手机市场占有率比 2013 年下降 6.2 个百分点（图 3.3.1）。

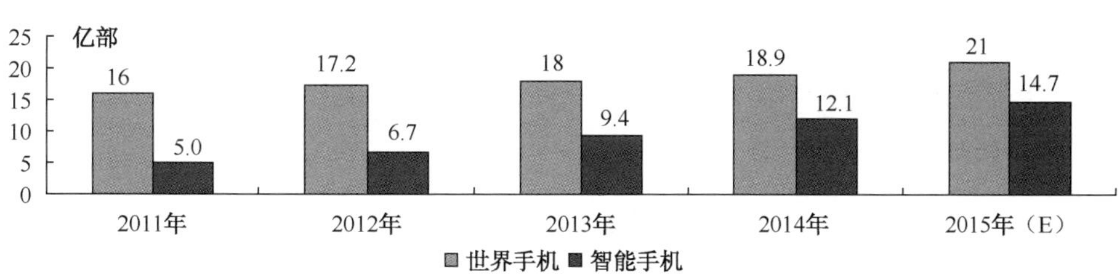

（资料来源：华强所/JSSIA 整理）

图 3.3.1　2011—2015 年世界手机和智能手机出货量

（二）2014 年中国手机市场情况

1. 2014 年中国手机产销保持稳定增长

据工信部运行监测协调局报道：

- 2014 年我国手机产量达 16.3 亿部，占世界手机总产量的 86.2%，同比增长 11.6%，增速同比回落 12 个百分点。
- 2014 年我国手机国内销量为 4.52 亿部，同比下滑 34.1%，我国手机市场正趋向于饱和。
- 2014 年我国手机出口 13.1 亿部，同比增长 10.5%，出口量占总产量的 80.4%；出口额达 1153.6 亿美元，同比增长 21.3%。
- 2014 年我国手机转型升级势不可当，4G 手机国内出货量达 1.71 亿部，占比达 37.8%；9 月份开始，4G 手机出货量超过 50%以上，最高的 12 月份达到 64%。
- 2014 年，智能手机国内出货量达 3.89 亿部，同比上升 8.2%，市场占有率为 86%，比去年同期上升 12.9 个百分点。

2．2014 年中国手机在世界同业中的占比

- 2014 年中国手机产量占世界同期总量的 86.2%，位居世界第一位。
- 2014 年中国手机出口量占世界同期总量的 69.3%。
- 2014 年中国智能手机出货量占世界同期总量的 32.1%。
- 华为公司手机出货量为 7500 万部，位居世界手机供应商第三位（仅次于三星与苹果）。

3．2014 年中国手机产量规模及增长

1）2009—2014 年中国手机产量及增长（表 3.3.1）

表3.3.1　2009—2014年中国手机产量及增长

年份	2009 年	2010 年	2011 年	2012 年	2013 年	2014 年
产量（亿部）	8.6	10.1	11.4	11.9	14.6	16.3
增长率（%）	18.0	17.6	12.9	4.7	22.3	11.6

2）2011—2015 年中国智能手机产量规模及增长（图 3.3.2）

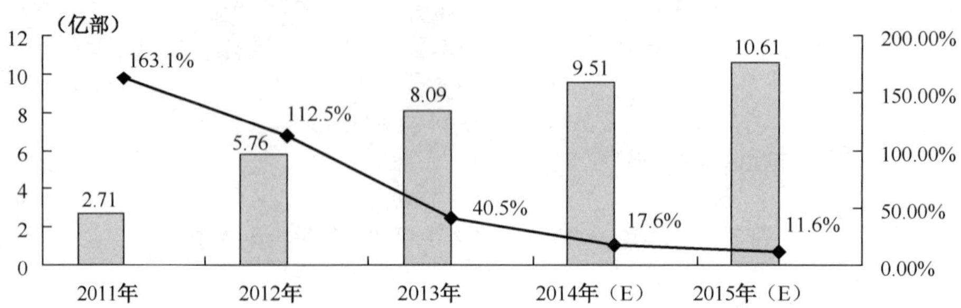

CAGR=40.67%（2011—2015 年）
（资料来源：CCID）

图 3.3.2　2011—2015 年中国智能手机产量规模及增长

4．2014 年中国手机国内市场出货结构

2014 年中国手机国内市场出货 4.52 亿部，其中：2G 手机为 0.61 亿部，同比下降 64.4%，占比为 13.5%；3G 手机为 2.2 亿部，同比下降 46%，占比为 48.7%；4G 手机为 1.71 亿部，占比为 37.8%。

1）2014 年中国手机国内市场产品结构（图 3.3.3）

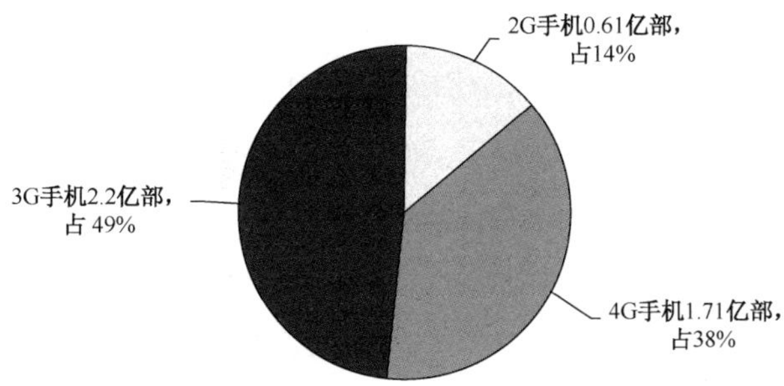

图 3.3.3　2014 年中国手机国内市场产品结构

2）2011—2015 年中国手机市场销量发展规模及增长（图 3.3.4）

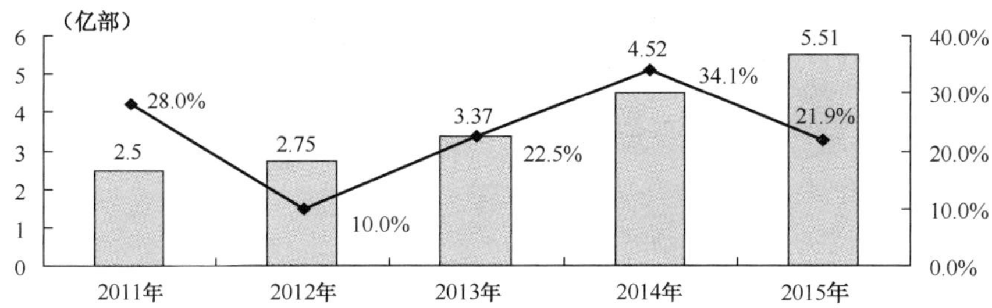

CAGR=21.84%（2011—2015 年）

（资料来源：CCID，2015.3）

图 3.3.4　2011—2015 年中国手机市场销量发展规模及增长

3）2014 年中国智能手机出货量概况

2014 年中国智能手机出货量为 3.89 亿部，同比增长 8.2%（图 3.3.5）。

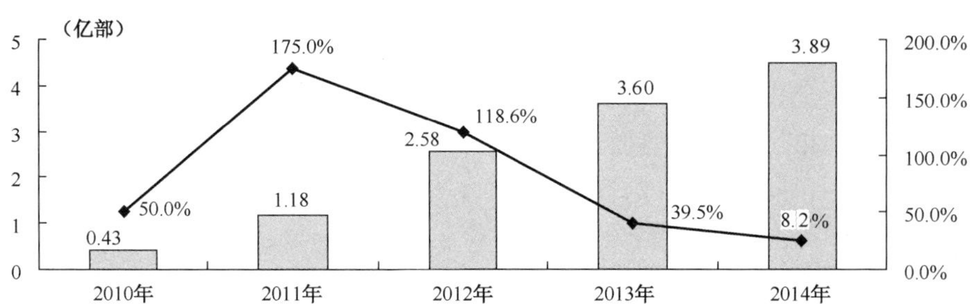

CAGR=73.43%（2010—2014 年）

（资料来源：中国电子报，2015.5.8）

图 3.3.5　2010—2014 年中国智能手机出货量规模及增长

4）2014 年中国智能手机技术与产品创新

从技术与产品创新来看，国产智能手机以华为 Ascend Mate7 为代表（2014 年世界智能手机以苹果 iPhone6、三星 Galaxy S5、谷歌 Nexus 6 为代表）；操作系统种类繁多，借助 Android 和 Linux 的开源特征，阿里、百度、小米、魅族、华为、锤子、创新工场、盛大等国产厂商纷纷推出基于 Android 和 Linux 深度优化后的系统平台，华为海思、展讯、联芯等基带芯片性能翻倍，其中海思推出 16 纳米麒麟系列芯片；中国台湾地区的联发科和高通、Mar）ell 等都纷纷推出性能更加强大的移动终端芯片。2014 年国产智能手机显示屏自给率达 60%，国产电声器件占全球 60%的份额；华为高端精品战略成功，酷派与互联网合作做手机，小米进军智能硬件行业，联想成立互联网子公司等。

在 2014 年发展中，一是智能手机成为家居的控制中心，二是智能手机具备医疗健康的检测功能，三是智能手机成为安防应用新设备，四是智能手机自带支付功能日益重要，五是 APP 赋予智能终端多样化功能，六是智能终端带动信息消费需求快速发展。

5）2014 年中国 4G 手机市场渗透率（表 3.3.2）

表3.3.2　2014年中国4G手机市场渗透率

月度	1	2	3	4	5	6	7	8	9	10	11	12
渗透率（%）	2	2	4	6	11	16	20	27	35	46	54	64

（资料来源：中国电子报，2015.2.3）

5．2014 年中国手机国内市场品牌结构

- 2014 年中国手机国产品牌占 78.3%，销售额占 49.4%。
- 2014 年中国手机国外品牌占 21.7%，销售额占 50.6%。
- 2014 年中国手机国外品牌诺基亚、索尼、摩托罗拉、LG 等销量逐步下滑，而苹果、三星品牌上升，占到中国市场的 47.7%，寡头效应更为集中。

6．2014 年国产手机强势崛起

- 2014 年中国国产品牌手机强势崛起为 3.54 亿部，占到 78.3%，高端手机有所突破，华为的 OPPO 及）i）o 手机突破 3000 元/部门槛。
- 2014 年国产手机以千元机为主流，占到 60%以上，2000～2500 元/部的有波动，2000 元/部以下的市场份额在增加。
- 2014 中国手机线上渠道较为集中，销量达 8000 多万部，同比增长 56.6%；线下渠道较为分散。

（三）2014 年中国手机芯片市场

1．2014 年中国手机芯片市场简况

2014 年中国手机芯片市场约为 298.3 亿块，同比增长 7.3%，销售额约为 2013.6 亿元，

同比增长 4.0%。

2014 年中国手机芯片市场中，高通基带芯片销售额为 85.7%，同比增长 6.1%，占比为 41.5%，联发科奋起直追，市占率达到近 29.0%，国内展讯公司位居第三位，市占率上升到 13.2%，三强合计占到 83.7%的份额。为此爱立信、NVIA、博通等老牌芯片厂商黯然离去。

2014 年我国华为手机以海思 4G 芯片独占鳌头，2014 年下半年进入市场；清华紫光集团以 17.8 亿美元收购展讯，以 9.07 亿美元收购锐迪科，显示了打造“中国芯”的决心和勇气。以海思、展讯为代表的国产芯片，厚积薄发成为 4G SoC 单片芯片厂商；中兴开发出基于 28 纳米工艺的 4 模 18 款 4G 商用芯片；大唐电信也开发出基于 28 纳米 5 模芯片，实现了从 3G 到 4G 的无缝迁移。

2．2014 年 4G“中国芯”取得重大突破

2014 年 4G“中国芯”取得重大突破，以三季度全球智能手机出货为例，华为、小米、联想位居前列，2014 年全球智能手机出货排名前十位，有 6 家为中国品牌，中国智能手机具有举足轻重的地位。在 4G“中国芯”上，展芯基带芯片系列进入三星供应链，华为终端 P 系列、Mata 系列及荣耀系列均采用海思麒麟系列芯片，小米联合联芯科技，推出低价手机芯片等。

2014 年 Q3 世界智能手机出货量占比如图 3.3.6 所示。

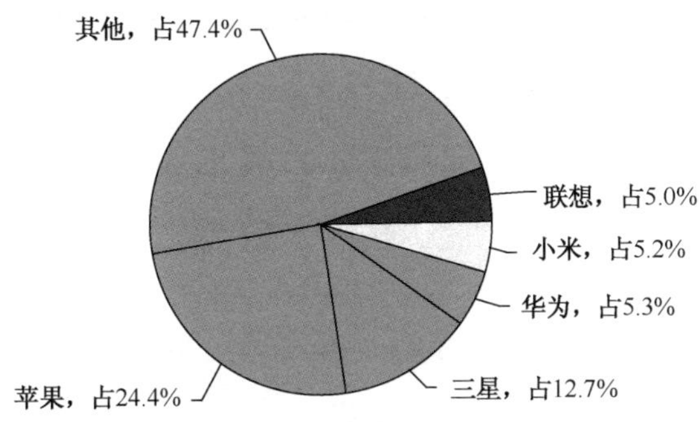

（资料来源：CCID）

图 3.3.6　2014 年 Q3 世界智能手机出货量占比

3．2014 年中国手机芯片销量及增长率

2014 年我国手机芯片销量为 334.7 亿块，同比增长 20.4%，增速回落 4.2 个百分点（图 3.3.7）。

4．2014 年中国手机芯片销售额及增长率

2014 年中国手机芯片由于 4G 芯片的带动销售额为 2358.3 亿元，同比增长 23.8%，但增速回落 0.6 个百分点（图 3.3.8）。

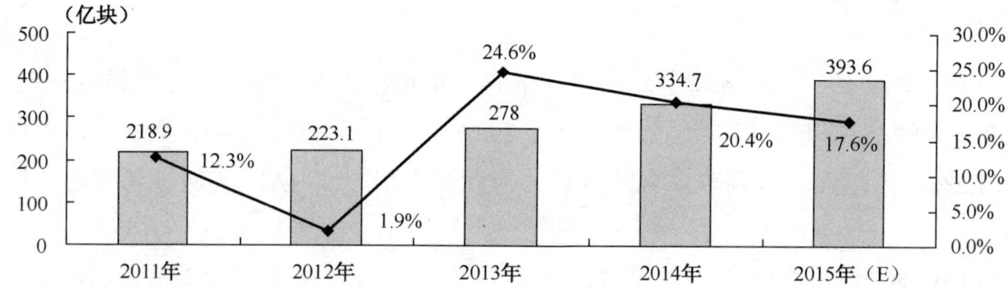

CAGR=15.80%（2011—2015 年）
（资料来源：CCID）

图 3.3.7　2011—2015 年中国手机芯片销量及增长率

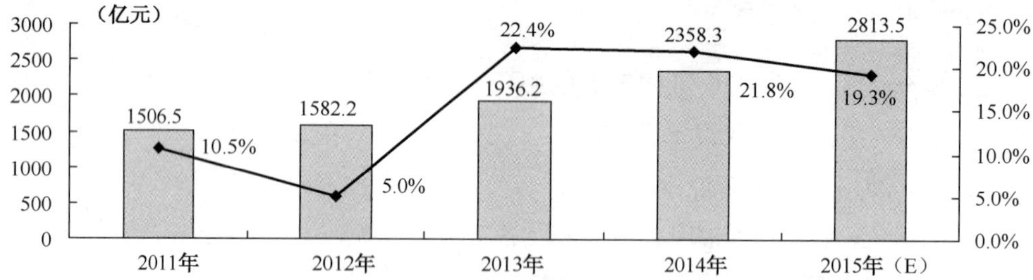

CAGR=16.90%（2011—2015 年）
（资料来源：CCID）

图 3.3.8　2011—2015 年中国手机芯片销售额及增长率

5．2014 年中国手机芯片价格

- 2014 年中国手机高端 4G 芯片价格降至 20 美元/块。
- 2014 年中国手机中端芯片价格为 15 美元/块。
- 2014 年中国手机低端芯片价格仅为 10 美元及以下。
- 2014 年迈威尔（Marvell）推出 64 位 4G 芯片，价格达 500 元/块（80 美元/块）。

6．2014 年中国市场主力手机芯片（表 3.3.3）

表3.3.3　2014年中国市场主力手机芯片

芯片型号	工艺制程	CPU	基带芯片
骁龙 810	20nm	4 核 ARM A53+4 核 ARM A57	CAT 6 LTE Advanced
骁龙 808	20nm	双核 ARM A57+4 核 ARM A53	4G LTE Advanced CAT 6
骁龙 615	28nm	8 核 ARM A53	4G LTE CAT 4
骁龙 610	28nm	4 核 ARM A53	4G LTE CAT 4
Marvell PXA 1908	28nm	4 核 ARM A53	4G LTE CAT 4
Marvell PXA 1936	28nm	8 核 ARM A53	4G LTE CAT 4
MT6795	28nm	8 核 ARM A53	TDD/FDD LTE R9 CAT 4

续表

芯片型号	工艺制程	CPU	基带芯片
MT6752	28nm	8 核 ARM A53	TDD/FDD LTE R9 CAT 4
MT6732	28nm	4 核 ARM A53	Rel.9 CAT 4 FDD / TDD LTE
三星 Exynos 5433	20nm	4 核 ARM A53+4 核 ARM A57	LTE CAT 6
Kirin 620	28nm	8 核 ARM A53	LTE CAT 4

（资料来源：中国电子报，2015.2.3）

7．2014 年中国手机基带芯片市场品牌结构（表 3.3.4）

表3.3.4　2014年中国手机基带芯片市场品牌结构

序	厂商	销售额（亿元）	市占率（%）
1	Qualcomm（高通）	85.7	41.5
2	MTK（联发科）	59.5	28.8
3	Spreadtrum（展讯）	27.1	13.2
4	Marvell（迈威尔）	14.3	7.0
5	Intel（英特尔）	13.9	6.7
6	Leadcore（联芯科）	3.3	1.6
7	IAtelecom（威睿电通）	1.4	0.7
8	Others（其他）	1.1	0.5
	合计	206.3	100.0

（四）2015 年中国手机市场展望

1．2015 年中国手机市场发展规模

2015 年，随着全球电信运营商陆续投入 LTE 商用网络，引领智能手机、平板电脑、可穿戴式装置等智能终端市场的蓬勃发展，2015 年全球智能手机出货量将达到 14.67 亿部，年增 14.8%左右。其中新兴市场将成为成长动力，如印度、拉美、中东和非洲等地区。其中高价手机成长空间将缩小，600 美元以上智能手机仅占 18%，而 300 美元以下的智能手机市场占有率将达到 37%～40%的份额，智能化、低价化将成为市场发展的必然趋势。

目前，世界智能手机系统领域被谷歌的安卓和苹果的 iOS 两分天下，微软的 WP 所占份额很小，中国没有自主的手机操作系统，几乎都用安卓系统，一旦安卓有“风吹草动”，中国庞大的手机市场将大受影响。

2015 年，我国手机行业在国际和国内市场发展的带动下，仍将保持一定的发展规模与速度，但受行业竞争的不断加剧因素的影响，产销增速有所平缓。据预测，2015 年我国手机芯片产量将达到 393.6 亿块，同比增长 17.6%，手机芯片销售额将达到 2813.5 亿元，同比增长 19.3%。

2015 年我国智能手机出货量将达到 4.5 亿部，其中 4G 手机出货量为 3.3 亿部，占到 71.7%，其中运营商渠道占比为 31%，开放渠道占比为 63%。

（资料来源：IDC）

2．2013 年 Q2～2015 年 Q1 世界及中国大陆智能手机平均尺寸走势（图 3.3.9）

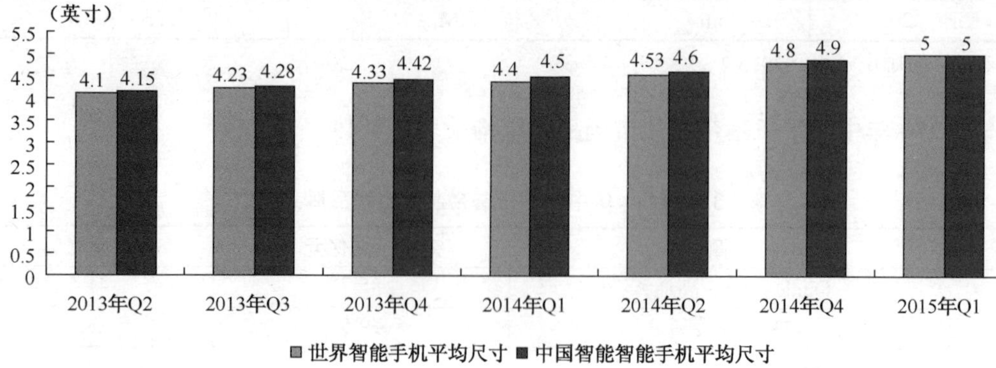

（资料来源：中国电子报，2014.10.14）

图 3.3.9　2013 年 Q2～2015 年 Q1 世界及中国大陆智能手机平均尺寸走势

3．国产手机将迎来换屏潮

AMOLED 屏幕一直以来是三星最引以为傲的显示技术，自 2010 年发布 Galaxy S1 手机之后，三星旗舰机型便一直使用 AMOED 显示屏，最近还将超高分辨率的 AMOLED 屏幕带到了旗舰级平板电脑上。不过，国内面板厂商在 AMOLED 技术方面也已经实现突破，量产化有望在 2014 年年底启动，2016 年前国内将有多条生产线相继实现量产。未来几年，随着国内 AMOLED 生产线的相继投产，AMOLED 显示屏将会出现在越来越多的国产手机上（图 3.3.10）。

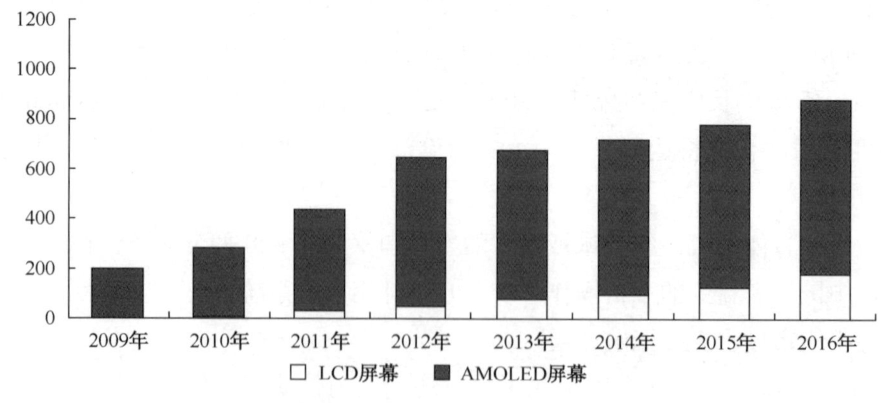

（资料来源：中国电子报，2014.8.5）

图 3.3.10　2009—2016 年显示屏市场情况示意图

三、2014 年彩电市场情况

（一）2014 年世界彩电市场情况

据 IHS 报告，2014 年世界 LCD 电视机出货量预测为 2.20 亿台，同比增长 7.4%左右。

1. 2012—2015 年世界 LCD 电视机出货量预测（图 3.3.11）

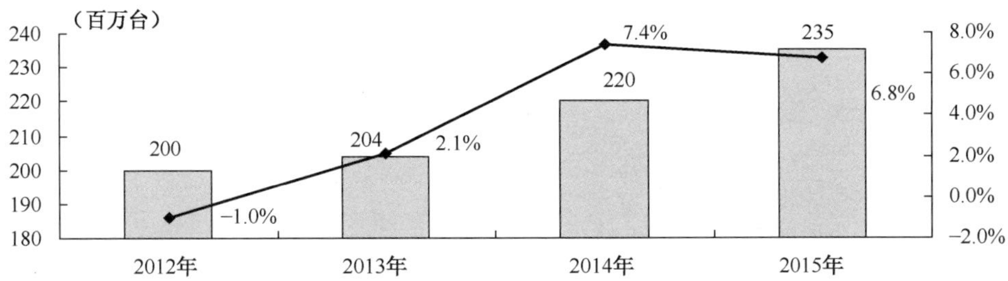

CAGR=5.52%（2012—2015 年）

（资料来源：中国电子报，2015.4.3）

图 3.3.11　2012—2015 年世界 LCD 电视机出货量预测

2. 2014 年世界主要液晶电视厂商情况

据美国 Display Search 2015 年 2 月 23 日公布报告：2014 年世界十大液晶彩电生产商中，中国企业有 5 家（TCL、海信、创维、康佳和长虹），共占到世界市场 35%的份额、韩国有 2 家（三星、LG）、日本有 2 家（索尼、夏普）、美国有 1 家（Vizio）。2013 年日本有 4 家厂商入围，现只存 2 家，中国原有 3 家（TCL、海信和长虹），现增加到 5 家。

三星彩电已夺九连冠，独占 29.2%的份额，韩系电视占到全球 45.7%的份额。

中国彩电六大品牌（TCL、海信、创维、康佳、长虹和海尔）占到全球的 35%的份额。

3. 2014 年世界彩电技术发展情况

- 黑白电视机（CRT）基本退出市场。
- 传统的 LCD 平板电视处于饱和状态，同比下降 6.2%。
- 等离子电视渐行渐远。
- 4K 超高清电视呈快速上升态势，渗透率大幅提升。
- 智能电视将与互联网结合成为今后推动彩电市场发展的主要动力。
- 新款的 OLED 彩电或许在 2018 年后才有气候。
- 曲面、OLED、大屏激光影院、量子点等新技术应用的彩电将成为彩电行业新的增长点。

4．2014 年世界智能电视发展情况

2014 年，世界智能电视出货量达 7600 万台，渗透率为 36%，北美、欧洲地区智能电视渗透率达 60%和 50%；谷歌、三星、LG、苹果等国际科技巨头已进入前瞻性布局，进一步巩固其优势地位（图 3.3.12）。

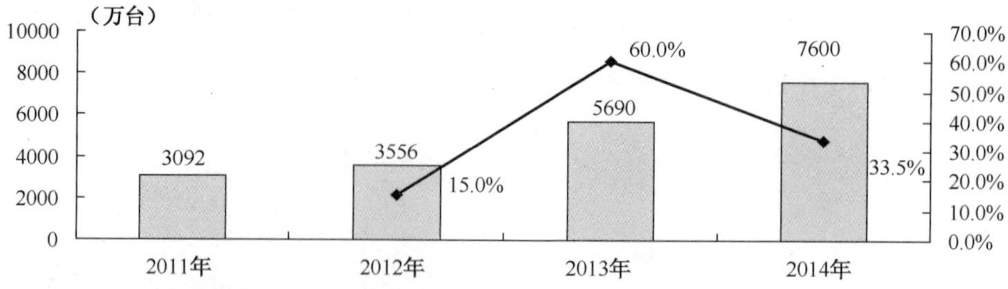

CAGR=34.96%（2011—2014 年）

（资料来源：中国电子报，2015.5.8）

图 3.3.12　2011—2014 年世界智能电视机发展规模及增长

（二）2014 年中国彩电市场情况

1．2014 年中国彩电产量情况

2014 年，中国彩电产量为 14129 万台，同比增长 10.9%，其中液晶彩电产量为 13866 万台，同比增长 13.3%，占比为 98.1%，占比提升 1.9 个百分点，占到世界 LCD 总产量的 63%的份额（图 3.3.13）。

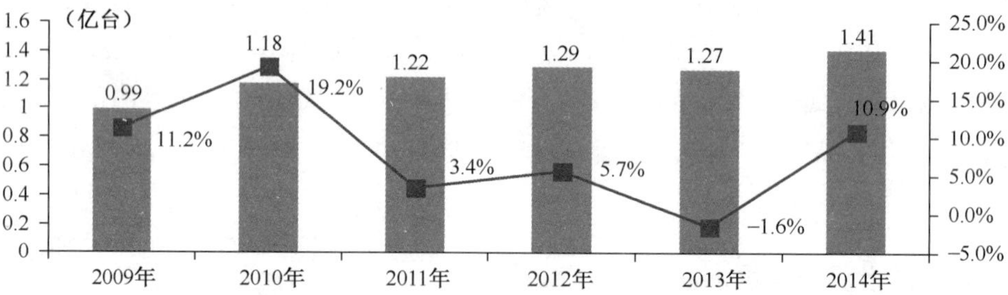

CAGR=7.33%（2009—2014 年）

（资料来源：JSSIA 整理）

图 3.3.13　2009—2014 年中国彩色电视机生产量

2．2014 年中国彩电出口情况

2014 年，我国共出口彩电 7406 万台，同比增长 24.3%，增速提高 27.4 个百分点，扭转连续三年的负增长，销售收入为 135.5 亿美元，同比增长 22.6%。

2014 年，我国出口液晶电视 6871 万台，液晶电视占彩电出口总量的 92.8%，同比增长 25.9%，增速提高 26.8 个百分点，占出口量的 92.8%；出口额为 128.3 亿元，同比增长

20.5%。

2014 年，我国彩电出口量占到全国总产量的 52.4%，说明国内液晶彩电内需正在增长；出口液晶彩电占全国 LCD 总产量的 49.6%，两者相比，说明国内液晶彩电仍有潜力可发展。

LCD 零售量为 4542 万台，大尺寸成主流，55 英寸 LCD 同比增长 29%，4K 超高清 LCD 占 30.8%。

3．2014 年中国彩电内销情况

2014 年我国彩电内销为 4461 万台，同比下降 6.6%，占总产量的 31.6%，仍有 2262 万台彩电进入库存，主要原因有：一是家电补贴政策的取消，市场在前两年已透支；二是经济增长放缓，市场需求不旺；三是楼市低速，对家电拉动不大；四是互联网进入家电领域。

（三）2014 年中国彩电结构情况

- 随着大屏、智能、4K、超高清电视的增加而带动产业的发展。
- 从 2012 年到 2014 年 3 年间，电视机平均尺寸不断提高，由 37 英寸→40 英寸→42 英寸→50 英寸以上，50 英寸为 2015—2016 年主要发展方向（表 3.3.5）。
- 2014 年平均单价分别为 3479 元/台、3576 元/台和 3456 元/台，基本处于同一单价水平。
- 2014 年我国国产品牌机在国际市场占有率仅为 25%，超日系品牌机 5 个百分点，但仍低于韩系 5 个百分点，中、日、韩三国占全球 LCD 机 75%的份额。
- 2014 年，我国外销彩电占电视总产量的 52.4%，LCD 外销占 49.6%。
- 2014 年，我国内销彩电占电视总产量的 31.6%，库存占 16%。
- 2014 年，我国外销 LCD 占出货量的 92.3%，内销 LCD 占 98.5%。
- 2014 年，我国 PDP 电视占比仅为 1.47%，CRT 电视基本退出市场，仅供外销。
- 2014 年，ULED 和 OLED 等新型彩电产品逐渐受到消费者的关注。

表3.3.5　2013—2014年我国液晶电视分尺寸零售对比

尺寸	2014 年 LCD 尺寸占比（%）	2013 年 LCD 尺寸占比（%）	2014/2013 年
32 英寸以下	0.9	1.8	−0.9
32～37 英寸	31.7	36.8	−5.1
39～45 英寸	29.9	28.9	+1.0
46～49 英寸	13.0	14.1	−1.1
大于 50 英寸	24.5	18.4	+6.1

（资料来源：中怡康，2014.7.1）

（四）2014 年中国智能电视发展规模及增长

2014 年中国智能电视产销规模迅速扩大，智能电视零售量达 3128 万台，同比增长 45.3%，渗透率达 70%。其特点有：一是超高清电视渗透率达 14%，50 英寸以上电视渗透率达 26%（55 英寸以上达 13%）；二是互联网模式持续上升，传统厂商加快转型；三是骨干企业优势扩大，竞争力持续提升，六大品牌占到市场 81%的份额；四是生态体系构建提速，融合发展态势显著，企业积极布局，构建智能电视生态体系。

2012—2014 年中国智能电视（零售量）发展规模及增长如图 3.3.14 所示。

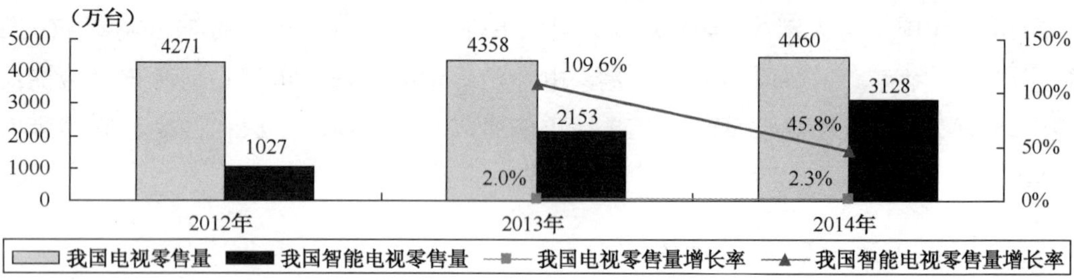

（资料来源：中国电子报，2015.5.8）

图 3.3.14　2012—2014 年中国智能电视（零售量）发展规模及增长

（五）2015 年中国彩电业展望

- 据预测，2015 年仍是世界彩电业发展较快的一年，LCD 电视同比增长 5%～6%，为 2.48～2.5 亿台。
- 2015 年是我国彩电行业继续深化产品结构调整和产业升级转型关键年，市场增长的机会将主要集中在技术升级、线上市场和农村市场的增加上；同时，智能电视拥有量偏低加上更新需求为智能电视、LCD 电视普及提供了条件；还有 2015 年房地产有所放缓上升，也是一个利好市场。但世界经济和中国经济发展的不确定性和不平衡性给彩电业带来不确定因素，市场变化和挑战更加增大。
- 2015 年，我国彩电产量预计为 1.5 亿台左右。
- 2015 年，我国 LCD 产量预计为 1.47 亿台左右，其中国内市场将达 0.47 亿台。
- 2014 年，我国 4K 超高清电视机为 805 万台，2015 年渗透率达 40%，到 2017 年达到 3400 万台，渗透率达 70%。
- 2014 年，我国 50 英寸 LCD 零售占比 24.5%，到 2015 年可达到 33.8%～40%。
- 2015 年曲面、OLED、大屏激光影院、量子点平板电视将逐渐替换传统的 LED 电视，成为消费市场的主力。
- 2015 年深圳海思电视芯片由 32 位提升到 64 位，成为 ARM 架构微处理器最大亮点。

（六）2014年中国平板显示产业

1. 2014年中国平板显示产业概况

我国平板显示产业体系已基本重构，形成北京地区、长三角地区、成渝地区以及珠三角地区4个面板产业集聚发展带。目前已建成面板生产线：17条TFT—LCD生产线和5条AMOLED生产线投入运营，在建和拟建有10条TFT—LCD生产线和5条AMOLED生产线，到2015年中国大陆将有8条8.5代线投产。

2014年我国面板自主配套率首次突破50%。

预计到2015年（在建项目如期达产），以面积计算，可满足国内LCD电视需求的75%的份额。

2015年，我国大尺寸超高清面板需求面积为3040万平方米，到2019年将达到7770万平方米，年复合增长率达26.4%；预计，其中60英寸以上超高清面板需求量为1040万平方米，到2019年将达到1890万平方米，年复合增长率达33.1%。

2. 2014年中国平板显示器件市场规模及增长

2014年中国生产了超过16亿部手机和2亿部平板电脑，智能终端产业成为推动平板显示器件市场发展的主要动力，在全年人均GDP达到6800美元的经济背景下，信息消费总规模突破2.5万亿元，内需增长刺激了平板显示器件市场不断繁荣和快速增长。

2014年中国平板显示器件市场规模达到7194.5亿元，同比增长15.7%，预计到2015年将达到8206.3亿元，同比增长14.1%（图3.3.15）。

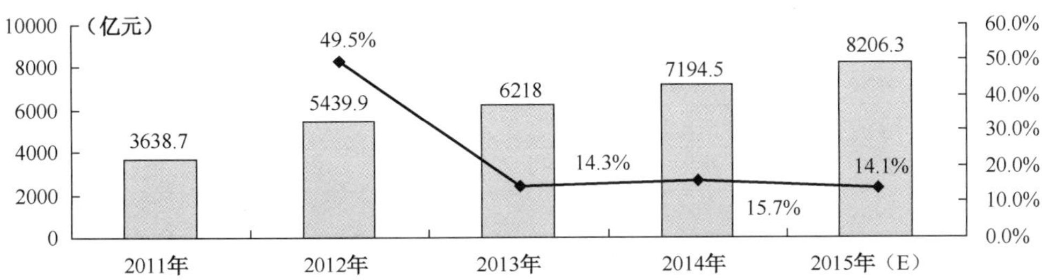

CAGR=22.55%（2011—2015年）

图3.3.15　2011—2015年中国平板显示器件市场规模及增长

3. 2014年中国平板显示器件产业规模及增长

2014年中国平板显示器件产业保持较快增长，产业规模达942.5亿元，同比增长25.0%，随着上下游产业合作加深尤其是互联网厂商更紧密合作，同时在LTPS、TFT—LCD、氧化物TFT—LCD和AMOLED等高端技术方面有所突破，我国平板显示器件产业规模将不断扩大，技术水平不断提高，直接推动市场的发展。预计到2015年中国平板显示器件产业规模将达到1315.7亿元，同比增长39.6%（图3.3.16）。

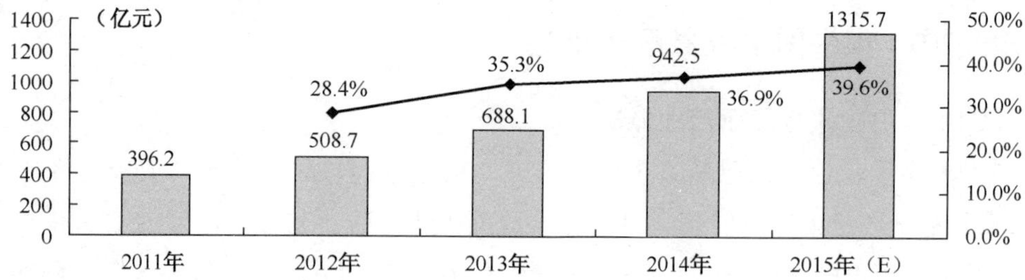

CAGR=22.55%（2011—2015 年）

（资料来源：CCID，2015.3）

图 3.3.16　2011—2015 年中国平板显示器件产业规模及增长

4．中国大陆 6 代及以上生产线及产能情况（表 3.3.6）

表3.3.6　中国大陆6代及以上生产线及产能情况

序号	公司	地点	世代	基板尺寸	产能（万片/月）	建设情况	技术规格	量产时间
1	京东方	合肥	6 代线	1500×1850	8	量产		
2		北京	8.5 代线	2200×2500	12	量产	a-S1	2011-Q3
3		合肥	8.5 代线	2200×2500	9.2	2014 年量产	a-Si/Oxide	2014-Q1
4		重庆	8.5 代线	2200×2500	9.0	2015 年量产	a-Si/Oxide	2015-Q2
5		合肥	10.5 代线	2850×3050	6.0	拟建	a-Si	2018-Q1
6	华星光电	深圳	8.5 代线	2200×2500	14	量产	a-S1	2011-Q4
7		深圳	8.5 代线	2200×2500	10.0	2015 年量产		
8		武汉	6 代线	1500×1850	3	2015 年量产	a-Si/Oxide	2015-Q2
9	中电熊猫	南京	6 代线	1500×1800	292	量产		
10		南京	8.5 代线	2200×2500	6	2015 年量产	Oxide	2015-Q2
11		成都	8.5 代线	2200×2500		筹建	Oxide	2018-Q1
12	天马	武汉	6 代线	1500×1850	3	签约		
13	三星	苏州	8.5 代线	2200×2500	5.5	量产	a-S1	2013-Q4
14	LGD	广州	8.5 代线	2200×2500	9.0	量产	a-Si/Oxide	2012-Q2
15	AUO	昆山	6 代线	1500×1850	3	2016 年量产		
16	天亿	成都	6 代线	1500×1850		筹建		
17	LGD	广州	8.5 代线	2200×2500	3	规划	a-Si	2016-Q2
18	三星	苏州	8.5 代线	2200×2500	5.5	规划	a-Si	2016-Q1
19	惠科	重庆	8.5 代线	2200×2500	6.0	规划	a-Si	未定

（资料来源：中国电子报，2015.4.3）

（七）2014 年中国触摸屏产业发展情况（图 3.3.17）

据赛迪网报道：

2014 年，世界触摸屏产品出货量达 18 亿片，同比增长 20%。

2014年，中国触摸屏产量约9～10亿片，同比增长25%，占世界总产量超过50%。

2014年，中国触摸屏直接工业产值达35～40亿元。

2015年，世界触摸屏产量规模将突破23亿片，同比增长27.8%，中国将继续成为世界最大的触摸屏制造大国和应用市场。

2014年，中国有大小触摸屏厂1000多家，收入达1亿元的仅有80余家。中国触摸屏产业面临前期投资过热，导致结构性产能过剩矛盾突出；产品价格下跌导致企业生产经营情况恶化；关键技术跃迁迫使企业主体产能跟踪失去动力；触摸屏生产震荡映射出行业配套体系尚不健全等矛盾和问题。

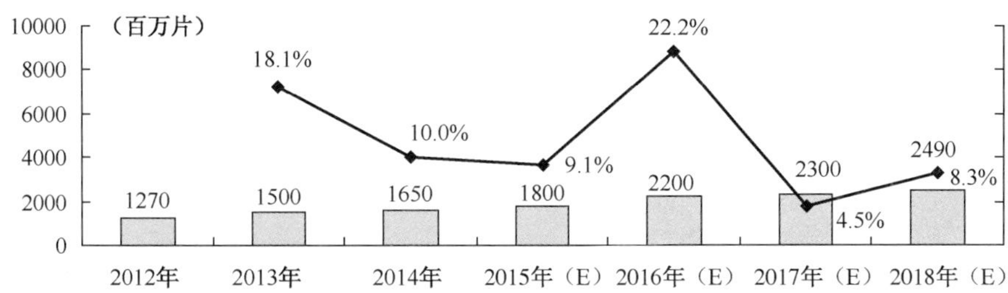

CAGR=22.55%（2011—2015年）

（资料来源：中国电子报，2014.12.12）

图3.3.17 2012—2018年触控模组出货预测

四、2014年中国微型计算机市场情况

（一）2014年世界PC出货量

据IDC预测，2014年世界PC出货量为3.086亿台(3.16亿台)，同比下降2.1%(-0.1%)，降幅小于前期预测，降速小于去年同期7.9个百分点。

2015年世界PC出货量将实现正增长，上调原因有：一是笔记本电脑出货预期2合1产品复合增长率将超30%（因平板电脑已渐向处于饱和），二是美国个人PC仍是工作中最常用的设备，使用率在90%以上，而智能手机、平板电脑在户外才能发挥更大作用；三是新兴市场的年需求量依旧不断上升，这为计算机行业在下阶段增长带来利好。据互连家庭终端（CHR）报道，2015年世界个人电脑升级换代使销量增长预计恢复到5%左右（表3.3.7）。

表3.3.7 2010—2015年世界计算机出货量规模及增长

年份	2010年	2011年	2012年	2013年	2014年	2015年（E）
PC出货量（亿台）	3.92	3.75	3.51	3.16	3.09	3.24
同比增长率（%）	3.9	-4.3	-0.5	-10.0	-2.1	+5

CAGR=-3.74%（2010—2015年）

（资料来源：Daiwa/中国电子报，2015.3.10/JSSIA整理）

（二）2014 年中国微型计算机产业情况

1．2014 年中国微型计算机生产情况

据工信部运行监测协调局报道，2014 年，我国生产微型计算机 3.51 亿台，同比下降 0.8%，其中，笔记本电脑产量为 2.27 亿台，同比下降 5.5%（表 3.3.8）。

2014 年，我国计算机行业实现销售产值 22729 亿元，同比增长 2.9%，低于全国电子信息制造业 7.4 个百分点，低于上年 2.6 个百分点。

表3.3.8　2010—2015年中国PC产量发展情况

年份 指标	2010 年	2011 年	2012 年	2013 年	2014 年	2015 年
产量（亿台）	2．46	3.25	3.54	3.52	3.51	3.50
同比（%）	—	+32.4	+8.9	−0.5	−0.8	−0.3

CAGR=7.31%（2010—2015 年）

（资料来源：中国电子报，2015.5.5/JSSIA 整理）

2．2014 年中国微型计算机出口情况

据海关统计：2014 年我国计算机产品出口额为 2267 亿美元，同比增长 1.0%，其中微型计算机实现出口额 1147.8 亿美元，同比下降 2.5%，降幅比上年扩大 1.2 个百分点。

2014 年，出口平板电脑数量占比上升到 53.8%，但出口额仅占 28.6%。

2014 年，出口台式微机比重下降 2.8%，比去年继续下滑 0.2 个百分点。

2014 年，出口笔记本电脑 758 亿美元，同比下降 31.6%。

2014 年，我国微型计算机实现出口交货值为 17373 亿美元，同比增长 1.0%。

3．2014 年我国微型计算机产品调整继续

2014 年我国微型计算机进行产品调整，在消费领域，便携、移动、娱乐等主导市场趋势；笔记本电脑取代台式电脑，但市场饱和，笔记本电脑占比达 65%，但销量下降 5%；平板电脑销量增长 10%，但增速大幅下降，售价下降也快。

2008 年我国有计算机企业 185 家，2014 年实际有整机产出的企业不足 100 家，且其中 90%为代工企业；国产品牌整机厂商联想、长城、海尔、同方等大公司产量都在迅速萎缩，转向其他业务。

中国台湾地区的和硕联合（Pegatron）和纬创（Wistron）也在另谋出路，投资核心业务（笔记本电脑）外的产业。

4．2014 年世界 PC 产业的整合

由于智能手机、智能平板电脑和可穿戴设备崛起，对个人计算机产生冲击，2014 年索尼宣布出售自己的 PC 业务，惠普将个人电脑和打印机业务单独分拆，究其原因就是核心

芯片不掌握在自己手中，为此戴尔、华硕、惠普等日子都不好过。掌握芯片技术的英特尔由于错失移动芯片机会，在 PC 行业反受整机下跌之苦，还是由于创新不足。

我国 PC 产业固有的一些顽疾仍未解决。一是产品竞争力不足，核心技术缺乏掌握力；二是产业结构不合理，对外依存度高；三是工业设计能力缺乏，产品同质化严重；四是成本优势逐渐削弱，企业盈利水平不高等。在技术上浪潮、曙光、宝德等围绕国产龙芯 CPU 和操作系统平台构成的产业生态平台初步建立，应用示范取得良好效果。

（三）2014 年中国平板电脑市场情况

（1）据 IDC 预计，2014 年世界平板电脑出货量将达到 2.36 亿部（2.296 亿部），同比增长 7.2%（4.4%），较 2013 年增长 52.5%，相比跌幅达 45.3%（图 3.3.18）。

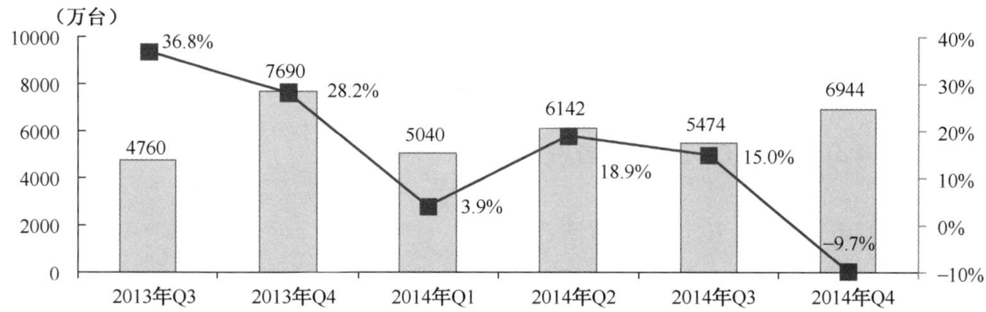

图 3.3.18　2013 年 Q3—2014 年 Q4 全球平板电脑单季出货量

（2）2014 年中国平板电脑电子出货量达 0.69 万台，同比增长 5.4%，产量预计为 1.89 亿台，同比增长 18.9%，高于世界同期 11.7 个百分点，预计占世界平板电脑产量的 80.1%的份额。

（3）2015 年中国平板电脑产量预计 2.19 亿台，同比增长 15.9%（图 3.3.19）。

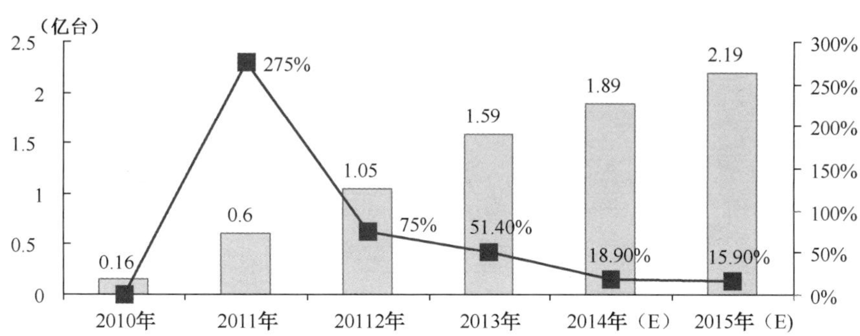

CAGR=68.76%（2010—2015 年）

图 3.3.19　2010—2015 年中国平板电脑产量发展规模及增长

（四）2014 年中国笔记本电脑市场情况

2014 年，中国笔记本电脑产量约为 2.27 亿台，同比下降 16.8%。

2014 年，中国笔记本电脑出口额为 758 亿美元，同比下降 31.6%。

2015 年，中国笔记本电脑产量预计为 2.0 亿台，同比下降 11.9%（图 3.3.20）。

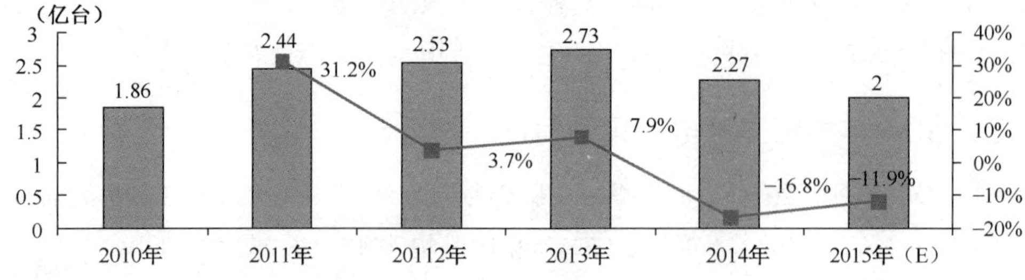

CAGR=1.46%（2010—2015 年）

图 3.3.20　2010—2015 年中国笔记本电脑产量及增长率

五、2014 年中国 IC 卡市场情况

（一）2014 年中国 IC 卡市场情况分析

据国家金卡工程协调领导小组办公室报道：中国智能卡发放总量超过 100 亿张，特别是在电信智能卡、第二代居民身份证（非接触 IC 卡）、社会保障卡、各种公用事业收费卡、智能交通卡、组织代码证卡、电子护照、医疗卫生等行业性 IC 卡应用及城市“一卡通”等工程建设中得到广泛应用。在物联网 RFID 应用试点与工程示范取得实质性进展，RFID 高频产业链更加成熟、超高频芯片设计研发及产业化不断突破、微波产业链加快发展等（图 3.3.21、图 3.3.22）。

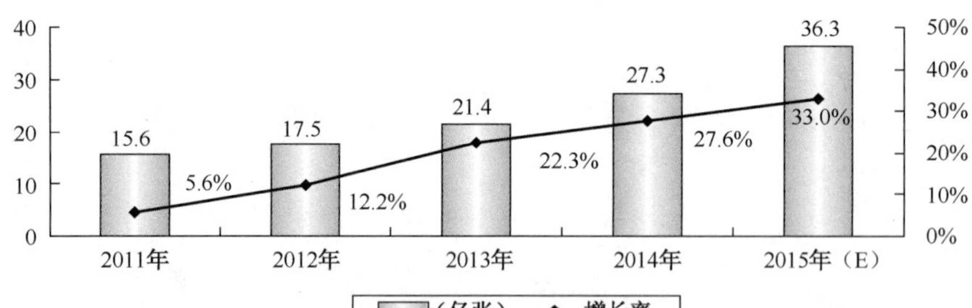

CAGR=23.51%（2011—2015 年）

（资料来源：CCID）

图 3.3.21　2010—2015 年中国智能卡市场产量规模及增长

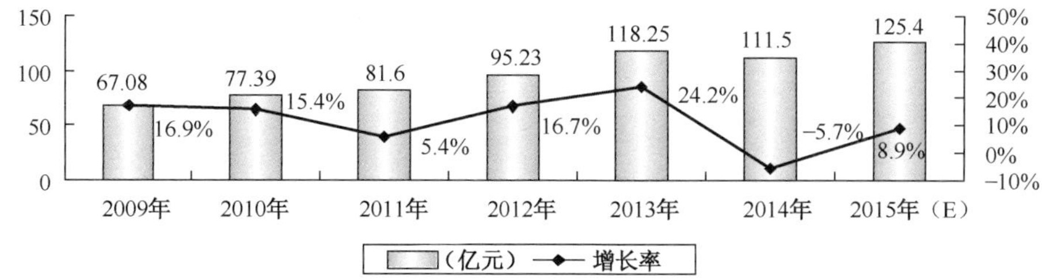

CAGR= 10.99%（2009—2015 年）

（资料来源：CCID/JSSIA 整理）

图 3.3.22　2009—2015 年中国智能卡市场收入规模及增长

- 2014 年我国 IC 卡发放累计 40 亿张。
- 磁条卡向 IC 卡迁移，在 2015 年全部完成；2014 年完成 4.8 亿张，2015 年将完成 9 亿张，但社会上还有 34 亿张磁条卡须换 IC 卡。
- 中国银联发布信息：2014 年中国金融 IC 卡发卡预计超 12 亿张，实现 6.2 万亿元，是 2013 年的 4.8 倍，但国产金融 IC 卡芯片只是小批量出货，总量不超过 1000 万张，国产芯片所占比重微乎其微。

2014 年我国智能卡市场收入下滑原因主要是国外芯片降价，从原来的十几元/张下降到 5 元/张，逼近国产芯片降价，预计在 2015 年 IC 卡芯片价格还将不断下降。

（二）2014 年中国金融 IC 卡发放情况

2014 年中国金融 IC 卡发放累计超过 12 亿张，同比增长 104.0%，2014 年新增 6.2 亿张，同比增长 32.8%。2015 年累计发卡突破 20 亿张。

1. 2011—2015 年中国金融 IC 卡累计发卡量及增长

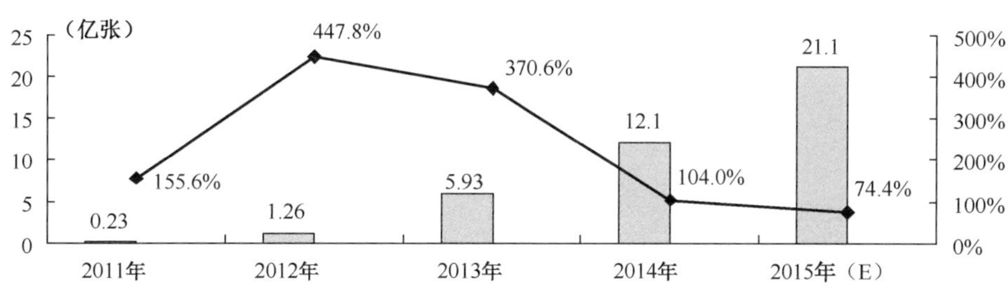

CAGR=209.48 %（2011—2015 年）

（资料来源：CCID）

图 3.3.23　2011—2015 年中国金融 IC 卡累计发卡量及增长

2．2011—2015 年中国金融 IC 卡当年发卡规模及增长（图 3.3.24）

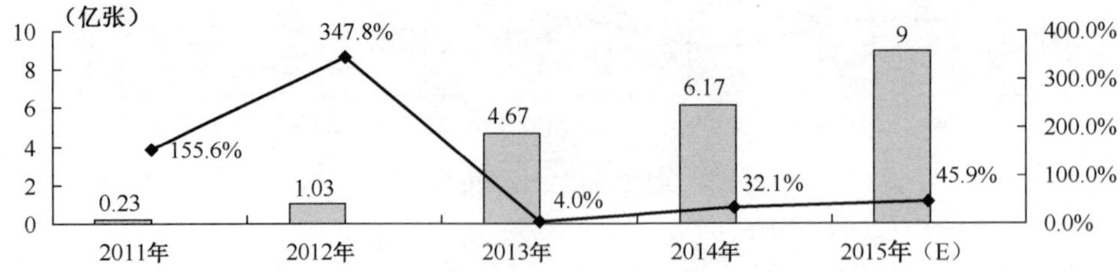

CAGR= 150.11%（2011—2015 年）

（资料来源：CCID）

图 3.3.24　2011—2015 年中国金融 IC 卡当年发卡规模及增长

3．2014 年中国智能卡市场应用结构

2014 年中国智能卡市场发展迅速，各项政策的相继出台大力促进了金融 IC 卡快速普及；移动支付卡市场蓄势待发，为国内外众多的智能卡企业提供了良好的发展机遇，从销售规模来看，金融 IC 卡、手机支付卡是市场份额增长最快的智能卡领域，分别增长了 104.0%和 66.7%（图 3.3.25）。

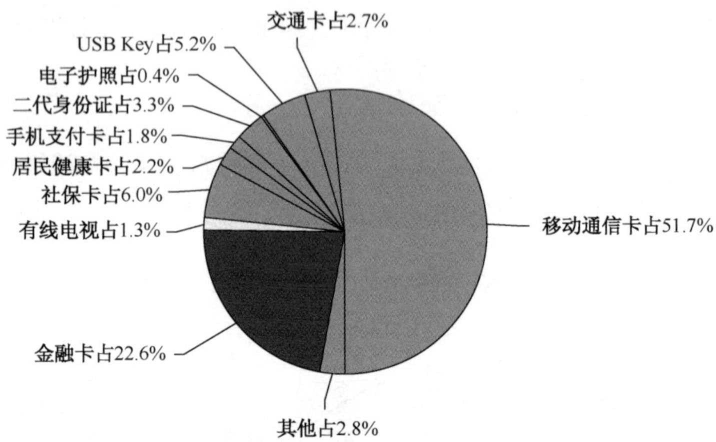

图 3.3.25　2014 年中国智能卡市场应用结构

（三）2014 年中国银行金融 IC 卡芯片市场情况

2014 年中国银行金融 IC 卡装的是荷兰恩智浦的“芯”，占到 95%以上，其次为英飞凌占 2%和三星电子占 1%的“芯”，中国芯微乎其微。

1．2014 年中国银行金融 IC 卡芯片市场品牌结构（图 3.3.26）

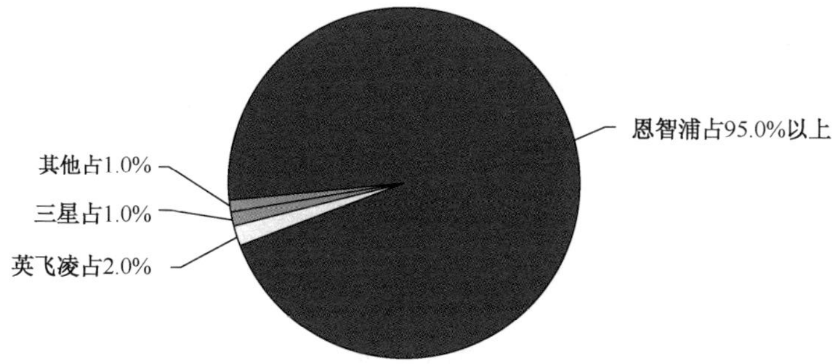

图 3.3.26　2014 年中国银行金融 IC 卡芯片市场品牌结构

2．中国银行金融 IC 卡市场巨大与国产“芯片”难产的窘境

国产芯片目前市场推广的矛盾，主要是受限于国内商业银行对国产芯片的接受程度，向商业银行推广的不顺利几乎成了每家国产芯片企业都会遭遇的窘境，这主要是三种原因导致的。

首先，在换芯之初，国外芯片企业用 CC 认证和 EMVCo 认证引导银行作为产品的要求，但当时中国还不是国际 CC 的互认国，银联也还不是 EMVCo 的成员国，国内芯片产品要获得这两个认证极其困难。其次，国内金融领域使用国产技术、设备的安全问责、免责机制尚未建立，银行使用国产 IC 卡芯片意愿不强。最后，国际巨头利用资金、技术优势，以“价格战”的形式击败国产厂商。

事实上，国产芯片刚刚上市，就要面对严峻的价格竞争压力，国外芯片价格就从最初的每张十几元下降到 5 元左右，而且价格还在继续下降。

随着 2015 年中国向金融 IC 卡的全面迁移，留给国产芯片进入市场的时间和发展空间越来越少。2015 年国产芯片在金融 IC 产品领域将占据 10%～20%的市场份额。

我国磁条卡换 IC 卡工程，从 2012 年起实际发行 1.07 亿张金融 IC 卡，2013 年超过 3 亿张，到 2014 年达到 5.8 亿张，到 2015 年预计将会达到 9 亿张，在 2014 年还有磁条卡 34 亿张，今后每年有 9 亿张需要更换，其中新增超 7.8 亿张。

（四）中国银行金融 IC 卡“芯”的奋斗之路

随着近几年来我国集成电路设计业和制造业的努力奋斗，中国银行 IC 卡芯片在技术上的差距正在缩小，国外智能卡工艺 65 纳米工艺已经成熟，40 纳米工艺正在研发，我国 65 纳米制卡工艺已从 2013 年开始进入角色，列为重大专项扶持。

2015 年我国金融 IC 卡市场需求量超过 7.8 亿张，低功耗、高安全是金融 IC 卡发展的趋势，一卡多用将受到关注。

目前，华虹宏力在智能卡上，从 0.35 微米 Flash/EEPROM 工艺发展到 0.13～0.11 微米 Flash/EEPROM 工艺，一直保持嵌入式非易失性存储器技术领先地位，现正在研发 90 纳米 Flash/EEPROM 工艺，今后 90 纳米成为 IC 金融卡的主流技术，追赶世界 65—45 纳米工艺技术。

在 IC 设计领域：华大电子采用 0.13 微米工艺的 IC 卡芯片已量产上市，95 纳米和 55 纳米工艺也已进行产品开发；大唐微电子有一款芯片已通过国际 EMVC0 安全认证，有两款芯片通过银联芯片安全认证；华虹设计公司的产品已通过国际 EMVC0 认证、CCEAL4+认证和银联卡认证；同方国芯芯片符合金融 IC 卡标准 PBOC3.0；国民技术金融 IC 卡研发的 32 位 CPU 双界面金融 IC 卡芯片产品 Z32H256CPR（D40）已被银行采用。

但由于国外“荷兰芯”的霸主地位的强压、国内银行的顾忌和我国 IC 芯片业的弱小，要赶上“国家金融安全”之道，任重而道远。

（中国电子报，2015.2.3“金融 IC 卡专辑”，JSSIA 整理）

六、2014 年中国汽车电子市场情况

（一）2014 年世界汽车市场简况

1. 2014 年世界汽车市场情况

2014 年世界汽车销量达 8520 万辆，同比增长 3.35%。

2014 年世界汽车电子市场达 217 亿美元，同比增长 10.8%。

2. 2014 年中国汽车市场概况

- 2014 年中国汽车销量达 2371.2 万辆，同比增长 7.2%，占世界汽车销售总量的 27.8%的份额，居世界汽车产销第一位。
- 2014 年，中国新动能汽车产量为 7.85 万辆，销量为 7.47 万辆，同比增长 4 倍，到 2014 年年底，中国新动能汽车累计产量达 8.34 万辆。
- 2014 年，中国纯电动汽车销量为 4.5 万辆，混合式汽车生产 2.99 万辆，销售 2.97 万辆。
- 2015 年，中国新动能汽车产量将达到 20 万辆，动力电池产值超过 250 亿元。
- 到 2020 年，中国新动能汽车产量将达到 240 万辆。

（二）2014 年中国汽车市场发展规模（图 3.3.27）

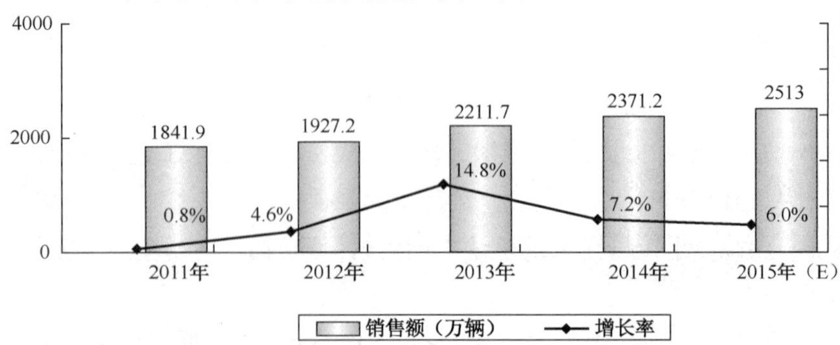

CAGR=8.08%（2011—2015 年）

（资料来源：CCID）

图 3.3.27　2011—2015 年中国汽车市场销售规模及增长

（三）2014 年中国汽车电子市场情况

1．2014 年中国汽车电子市场规模

中国汽车工业协会统计报道，2014 年中国汽车电子产品销售额达 3844 亿元，同比增长 19.1%，其中，汽车电子控制系统产品占 80%，车载电子产品占 20%。国产汽车电子产品成本占整车成本比重为 18.6%，还低于全球约 25%的平均水平，未来发展空间巨大。

据 CCID 报道：2014 年中国汽车电子市场销售额规模达 3740.3 亿元，同比增长 19.9%。

2015 年中国汽车电子市场销售额规模预计达到 4200 亿元左右，同比增长 12.0%（图 3.3.28）。

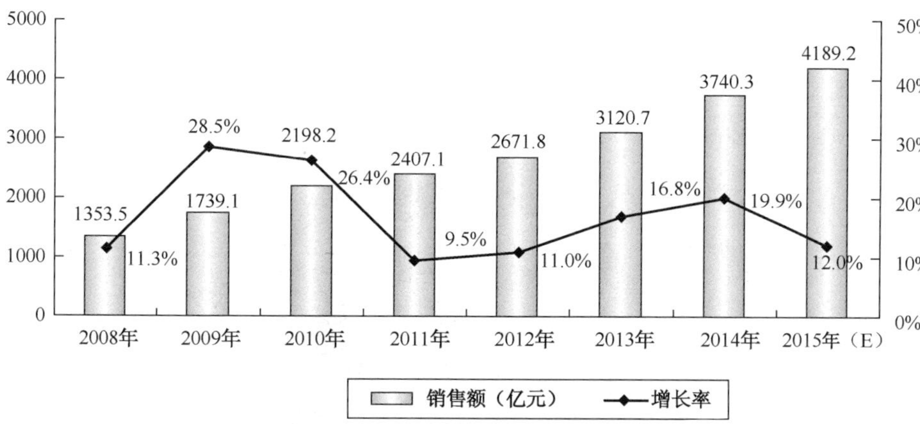

CAGR=17.52%（2008—2015 年）

（资料来源：CCID）

图 3.3.28　2008—2015 年中国汽车电子市场规模及增长

2．2014 年中国汽车电子市场主要产品应用结构（表 3.3.9）

表3.3.9　2014年中国汽车电子市场主要产品应用结构

分类	主要产品
动力控制产品	动力管理系统（EMS，包括可变气门、排放控制、喷油控制、涡轮增压控制、高压共轨控制）、故障自诊断（OBD）等
底盘控制产品	防抱死系统（ABS）、电子稳定程序（ESP）、加速防滑系统（ASR）、牵引力控制系统（TCS）、转弯防滑系统（CBC）、动态稳定控制系统（DSC）、巡航控制（ACC）、电子自动控制变速箱（ETC）、电子悬架系统（ECS）、智能泊车等
安全控制产品	安全气囊控制、安全带检测系统等
车身电子产品	电动车窗、车门控制、雨刷器控制、座椅控制、电动后视镜、车灯控制、汽车仪表等、无钥起动、中控锁、防盗器等
车载电子产品	车载音响、车载视频、北斗（GPS）导航系统、车载通信系统、倒车雷达、胎压检测系统（TPMS）、倒车影像等

3．2014 年中国汽车电子市场主要产品市场分类应用结构（图 3.3.29）

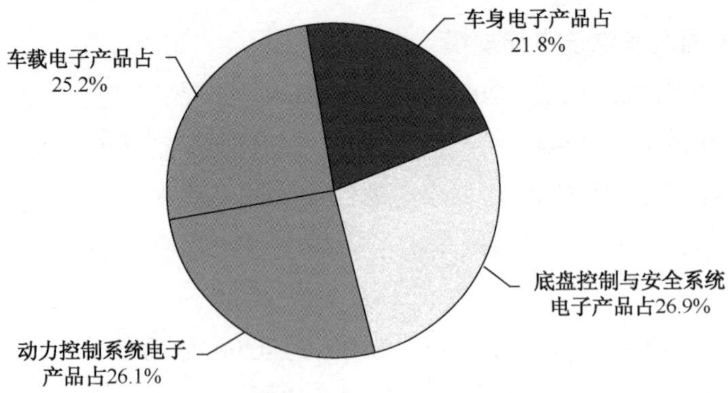

图 3.3.29　2014 年中国汽车电子市场主要产品市场分类应用结构

4．2014 年中国汽车电子市场产品结构（图 3.3.30）

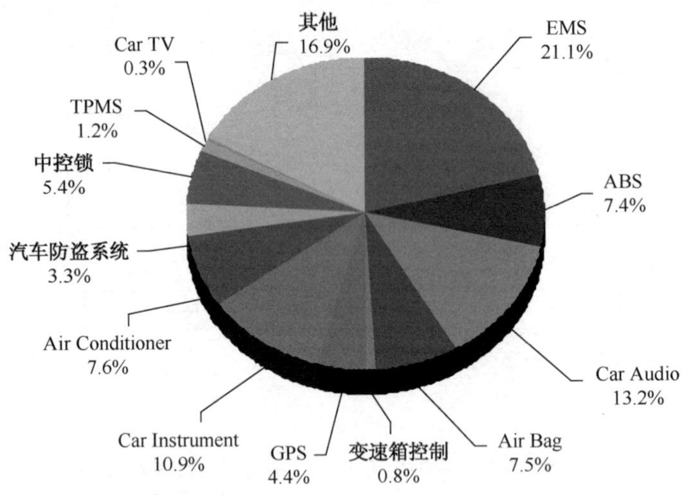

（资料来源：赛迪顾问，2014.02）

图 3.3.30　2014 年中国汽车电子市场产品结构

5．2014 年中国智能汽车与车联网概念升温，车载电子市场快速发展（图 3.3.31）

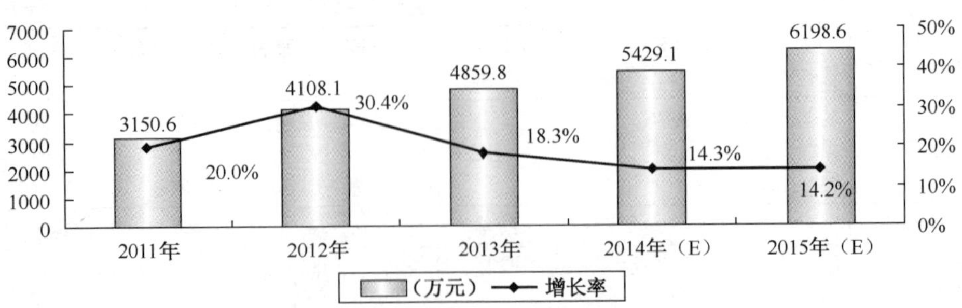

CAGR=18.4 %（2011—2015 年）

（资料来源：CCID，2014.02）

图 3.3.31　2011—2015 年中国车载电子终端市场规模及发展

6．2014 年中国汽车电子市场品牌结构（表 3.3.10）

表3.3.10 2014年中国汽车电子市场品牌结构

序号	厂商名称	占比（%）	序号	厂商名称	占比（%）
1	博世（德国）	14.9	7	天合集团（美国）	2.6
2	德尔福（美国）	12.6	8	现代莫比斯（韩国）	2.5
3	德国大陆（含西门子 VDO）	10.7	9	深圳航盛（中国）	1.4
4	电装（日本）	8.8	10	江森自控（美国）	1.2
5	伟世通（美国）	4.3	其他		38.0
6	法雷奥（法国）	3.0	合计		100.0

7．汽车电子在整车成本中的占比（按档次和科技含量划分）（图 3.3.32）

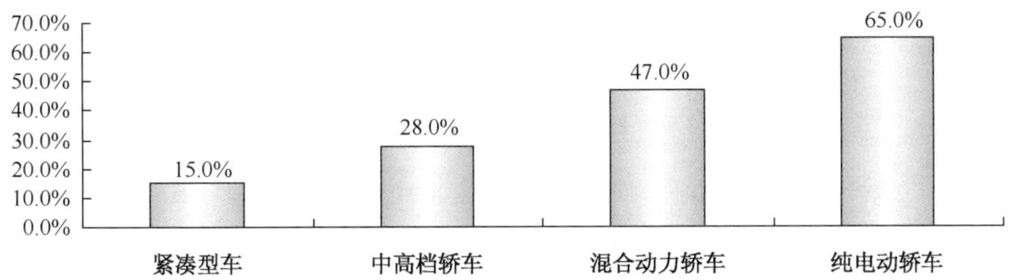

图 3.3.32 汽车电子在整车成本中的占比（按档次和科技含量划分）

8．汽车电子在整车成本中的占比（国内 VS 国外）（图 3.3.33）

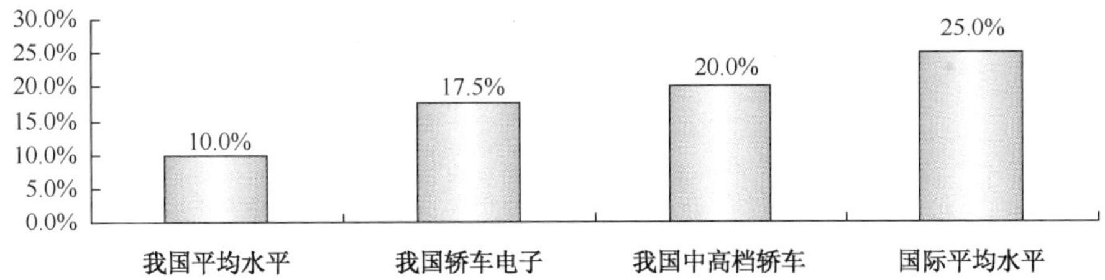

（资料来源：中国行业研究网）

图 3.3.33 汽车电子在整车成本中的占比（国内 VS 国外）

9．本土汽车电子企业缺乏核心技术

国外汽车电子企业用 40%的资本控制了中国 50%的汽车电子市场，攫取了中国汽车电子 70%的利润。而今，这样的格局未有太多改变。据调查，目前中国汽车电子市场 70%以上的份额由国外汽车电子厂商所掌控，这些企业包括博世、德尔福、伟世通、德国大陆、现代莫比斯、电装、西门子、法雷奥。在激烈的竞争中，孱弱的中国汽车电子企业缺失自主知识产权和关键技术，几乎无话语权可言（表 3.3.11）。

表3.3.11　汽车电子的关键核心技术

电控单元（ECU）	它是电控系统的核心。具备性能强劲、耐久可靠、高质量、低成本，并能在复杂和恶劣环境下工作的汽车嵌入式电子芯片和PCB，是汽车电控系统对电控单元的基本要求
控制和软件技术	控制算法和嵌入式软件是汽车电子技术发展的关键部分之一，也是较大的技术瓶颈，要实现核心的控制功能、故障诊断和故障安全保护、与其他系统和零部件的通信
电控执行机构	电控系统是关键部件，其工作精度、性能和可靠性直接决定了控制系统的性能和质量。对执行机构的基本要求是精度高、反应快、功率密度高（体积小重量轻）、噪声低、耐久可靠
传感器技术	所需的传感器种类和数量不断增加，高精度、高可靠性、高质量、低成本是系统应用的基本要求。未来传感器技术也正朝着多功能化、集成化、智能化和微型化方向发展
电子系统网络化和整车集成	系统的性能和成本取决于零部件在系统中的优化匹配。集成包括电控系统自身、整车网络通信的集成

（四）中国新动能汽车核心芯片市场潜力巨大

新能源动力汽车电子市场潜力巨大，主要有以下几个方面：一是车身控制，二是主动安全，三是手势控制，四是智能电量管理，五是高级胎压监测。为此，安全是基础，智能是趋势，核心芯片是关键。目前核心芯片主要包括电池管理芯片（BMS）、胎压监测芯片（TPMS）和车身控制芯片（BCM）。车用芯片ESD保护安全要承受放电电压2000V，据JEDEC 22—A114D规定车用芯片承受ESD放电电压最高要达到8000V。

车用控制器以微控制器（MCU）为核心，包括前置的A/D转换器、数字信号缓冲器以及放大器，随着通信、连接、计算机技术与汽车日益融合，微控制器在汽车电子应用越来越多，一般汽车的微控制器在50个左右，从简单的车灯控制到复杂的发动机控制、汽车远程控制器等；汽车电子包括汽车信息系统、行车电脑、导航系统、汽车音响与娱乐、车载通信等，还有各类传感器、报警器、继电器等。车载电子还需要高可靠、高性能、高安全的保证，应对长期处于振动和严酷外部环境，需要抗拉、抗弯、抗震、耐腐蚀、耐高/低温等特性。

2014年，中国汽车电子产品占新动能汽车整车成本超过45%，电动机控制、动力电池等得到大量应用。

2014年，中国汽车车载电子产品占汽车电子市场份额达27.2%。

2014年，中国汽车电子产品市场约70%～75%的份额被外资企业和合资企业所占据。

目前世界高档汽车正向全智能化方向发展（包括自动式或无人驾驶，在驾驶、安全、舒适和信息服务四个方面多维度、多层次进行全面智能化演进），同时对电子产品（集成电路）依赖性更大，但对电子产品的各种要求会更多、更高、更严。

（五）汽车后装时代的到来，产业巨大

汽车后装产业，大致可分为后装产品研发与制造、后装产品的安装、安全检测和后装产品服务四个环节。目前我国绝大部分汽车后装都通过4S店来进行，顾客可根据自己

的喜好，自由选择需要的汽车后装服务，包括汽车美容、汽车装饰、汽车电子、汽车娱乐、汽车导航、汽车改装等多种领域，汽车娱乐包括音响、车载电视、车载互连网络（车联网）等。未来 5 年内汽车后装规模达 5000 亿元，其中车联网市场就达 2000 亿元，市场潜力巨大。

（六）2014 年中国汽车锂电池市场概述

2014 年中国国内动力锂电池需求量快速增长，按单车平均配置 20KWh 计算，2014 年中国新能源汽车按 7.9 万辆计算，则需要动力锂电池 1.58GWh，产值规模约 43 亿元。目前我国锂电池生产的最大企业为比亚迪股份有限公司，产能为 1.6GWh，产品为磷酸铁锂电池，2014 年年底将扩能到 3GWh；其次是天津神力公司，动力电池产能约为 0.7GWh，合肥国轩高科公司产能约为 0.32GWh，东莞新能源科技公司产能约为 0.6GWh。

国家重视节能环保，大力推进新能源汽车的生产、销售和服务，国务院及有关部门发文做好新能源汽车的推广应用工作，免征新能源车辆购置税，建成 723 座充电站、2.8 万个电桩。

中国汽车锂电池主要是磷酸铁锂电池，该产品稳定性高、安全可靠、价格便宜、技术成熟，但受到理论密度值上升空间的限制，最大值为 150Wh/kg，目前世界同业关注三元材料开发（技术被美国波士顿电池公司掌握），理论密度可达 180Wh/kg，主要开发富锂锰基正极材料、高电压电解液、硅—碳负极材料、石墨烯材料等。主要产品为镍钴铝酸电池、镍钴锰酸锂电池等，优势为高温稳定性好、抗电解质腐蚀性好，但安全性、一致性等方面有待改进。

七、中国智能交通管理系统市场情况

中国智能交通管理市场包括：交通、管理、控制、收费、服务等需求（图 3.3.34、图 3.3.35）。

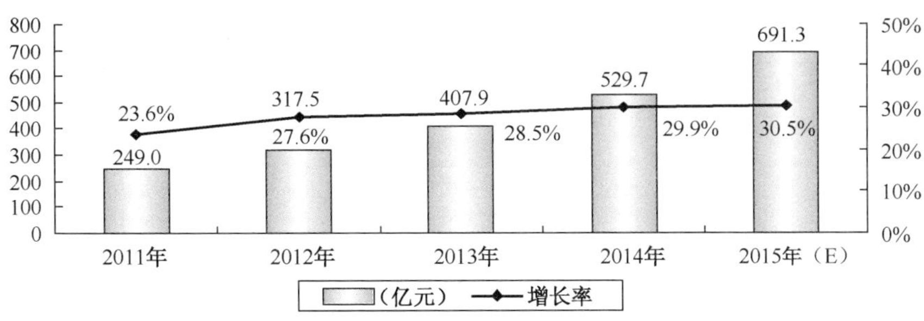

CAGR=29.08%（2011—2015 年）
（资料来源：CCID）

图 3.3.34　2011—2015 年中国智能交通系统市场规模及增长

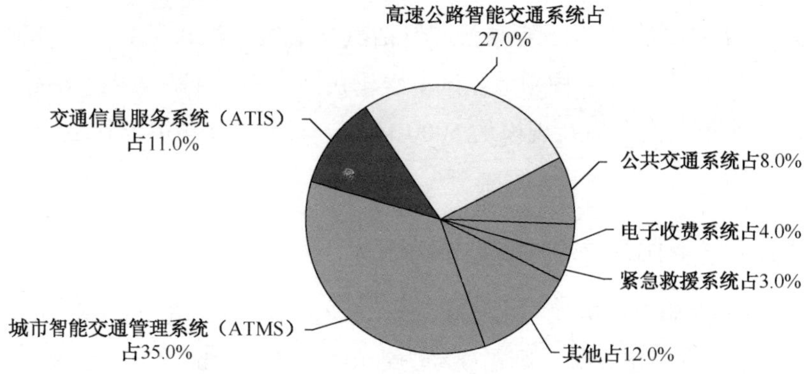

（资料来源：CCID）

图 3.3.35　2014 年中国智能交通管理系统市场结构

八、2014 年中国金融电子设备市场情况

对金融电子产品而言，安全性、精确性是这类产品赖以生存的基础；其产品功能也在上述条件下进行扩展，目前市场上主要以金融结算设备和货币处理设备为主，两者占比达到 70%。

中国金融电子市场重要 IC 芯片有 MCU、图像传感芯片。

中国金融电子市场主要设备有金融结算设备、货币处理设备、票据处理设备和金融安全终端设备等。

2014 年中国金融电子设备市场销售额为 493.2 亿元，同比增长 20.2%。

2015 年和 2016 年中国金融电子设备市场销售额分别为 558.3 亿元和 644.9 亿元，同比分别增长 13.2%和 15.5%（图 3.3.36）。

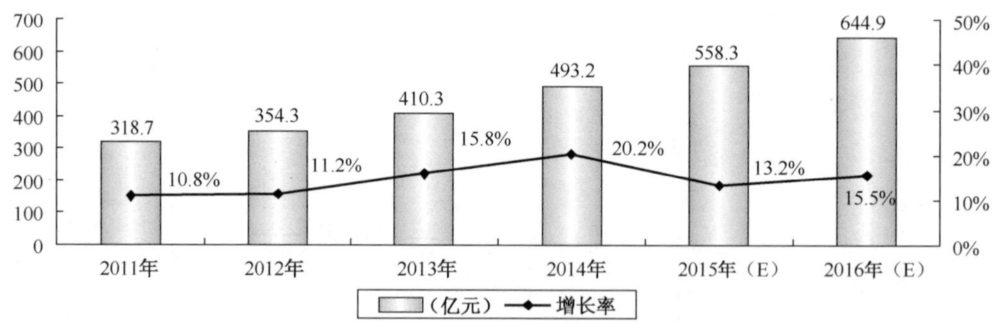

CAGR=15.14%（2011—2016 年）
（资料来源：CCID）

图 3.3.36　2011—2016 年中国金融电子设备市场规模及增长

九、2014 年中国安监电子产品市场情况

1．2014 年中国安监电子产品市场简况

2014 年中国安防行业总产值达 4300 亿元，其中：安防产品产值为 1700 亿元，安防工程市场产值为 2300 亿元，报警系统及运营服务等产值为 300 亿元。

2015 年中国安防行业总产值将达到 5000 亿元，其中视频监控系统产值将达 1000 亿元。

随着国家智慧城市、平安社区等建设热潮到来，民用安防、安监成为市场热点，相比发达国家民用安防产品普及率达 70%。我国民用安防产品正处在培育期和成长期，市场前途广阔。

2．2014 年中国安防监控摄像头产量规模（图 3.3.37）

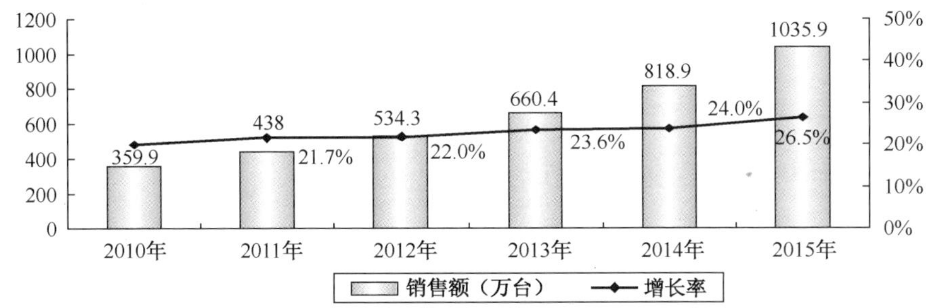

CAGR=23.5%（2010—2015 年）

（资料来源：CCID）

图 3.3.37　2014 年中国安防监控摄像头产量规模

3．2014 年中国安防各子系统产品规模及结构（图 3.3.38）

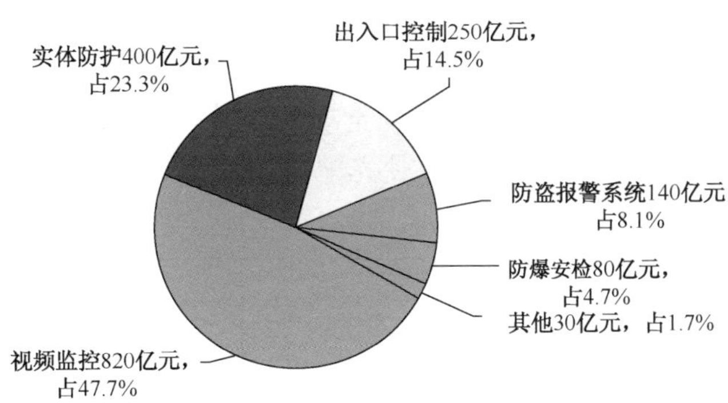

（资料来源：CCID）

图 3.3.38　2014 年中国安防各子系统产品规模及结构

4．2014 年中国安防产品应用结构（图 3.3.39）

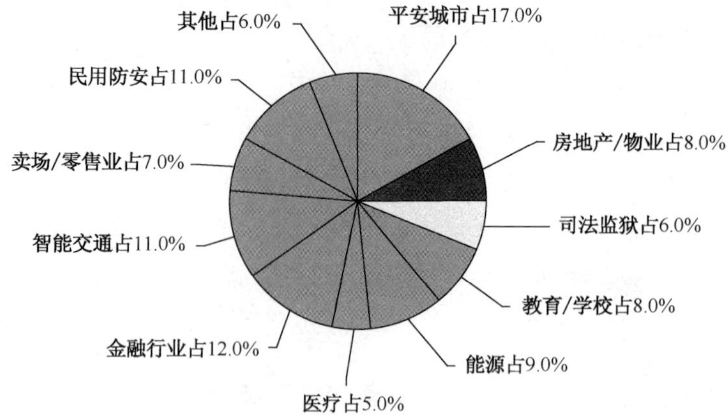

（资料来源：CCID）

图 3.3.39　2014 年中国安防产品应用结构

十、2014 年中国通信设备业市场情况

（一）2014 年世界通信设备业市场简况

1．2014 年世界通信设备业市场规模及增长

2014 年世界通信设备产业达到 1498 亿美元，同比增长 8.39%，其中，运营商网络设备规模为 866 亿美元，同比增长 8.9%；企业网设备规模为 632 亿美元，同比增长 7.8%（表 3.3.12）。

2．2014 年世界通信设备业细分领域

2014 年，受 4G 建设驱动，世界通信设备产业规模出现明显增长，通信设备细分领域出现分化，一是基站配套设备、无线主设备均实现增长；二是 4G 后周期无线网络优化出现拐点；三是运营商宽带投资放缓致使光配线厂商业绩不佳；四是专网通信领域厂商整体收入平稳增长；五是终端设备厂商、智能卡厂商、终端天线厂商迎来高速发展契机等。

3．2014 年世界通信设备产业发展特点

2014 年世界通信设备产业发展特点有：一是主要竞争市场和重心由发达国家向发展中国家转移；二是服务取代技术成为产业发展的新驱动力；三是企业纷纷转型，展开新一轮深层次竞争，软件定义、企业市场、视频业务、LTE 网络部署、5G、大数据、云计算等成为大多数企业的共同选择等。

表3.3.12 2011—2014年世界通信设备产业规模及增长

指标＼年	2011年营收额	2012年		2013年		2014年	
		营收额	同比（%）	营收额	同比（%）	营收额	同比（%）
产业规模（亿美元）	1374	1337	-2.69	1382	3.37	1498	8.39
运营商网络设备规模（亿美元）	828	772	-6.8	795	3.0	866	8.9
企业网设备规模（亿美元）	546	565	3.5	586	3.7	632	7.8
产业规模同比增长（%）	3.85	—	-2.7	—	3.4	—	8.4

（二）2014年中国通信设备业市场情况

1. 2014年中国通信设备产业发展简况

2014年中国通信设备产业产值约为19822亿元，同比增长16.6%，其中：出口额为1976亿美元，同比增长11.5%；进口额为460亿美元，同比下降5.6%，出口顺差1516亿美元（表3.3.13）。

表3.3.13 2011—2014年中国通信设备制造业发展情况

指标名称	2011年	2012年	2013年	2014年
销售产值（亿元）	11652.6	13717.9	17000	19822
同比增长（%）	17.1	19.2	23.9	16.6

2. 2014年中国通信设备业发展特点

一是4G业务启动拉动产业投资明显增加，二是国内厂商实力继续增强，三是一体化解决方案成为产业竞争关键产品，四是移动宽带成为热点及主导趋势，五是光通设备迎来新的发展契机。

3. 我国通信设备面临的问题

一是通信设备企业数量过多、力量分散、龙头企业少，本土化进程、产品质量、生产成本与世界先进水平有一定的差距；二是基础薄弱、依赖进口，国内微电子产业与国外先进水平相比差距较大，导致我国通信设备制造具备国际竞争力的难度增大，国内现有芯片设计水平和工艺水平均不能满足国内通信设备的需求，高度依靠进口，致使进口成本大；三是企业具备优势，但在软件、芯片、技术、网络、应用等整体有机系统和生态圈方面不具备优势，未能形成可持续的长效竞争的态势；四是过度依赖国外市场，受到的干扰很大，缺少自主的知识产权和核心技术。

（资料来源：中国电子报，2015.5.5）

（三）2014年中国宽带通信类产品市场

2013年12月，国家对三大运营商发放4G牌照，将带动移动通信设备市场对集成电路产品的需求。在LTE时代小型基站如Micro、PLCO、Femto、ReLay用量将快速增长，成为市场新亮点。宽带中国战略推进，用户对于宽带要求将带动以太网交换机、路由器以及

FTTH 设备用量的增加。

1. 2014 年中国移动通信设备产量

2014 年中国移动通信设备产量预计为 64.9 万台，同比增长 4.2%（图 3.3.40）。

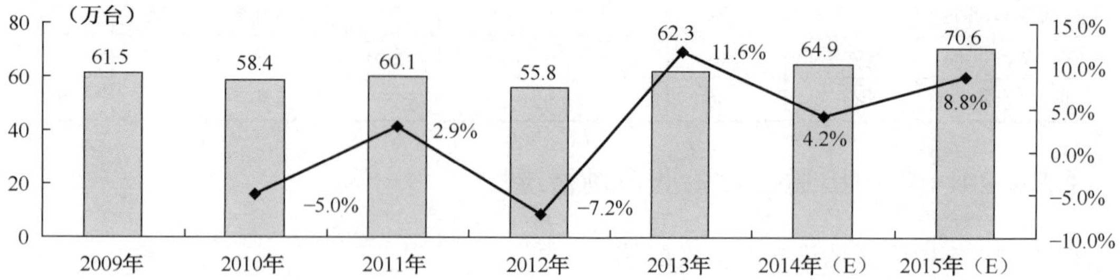

CAGR=2.3%（2009—2015 年）

（资料来源：CCID）

图 3.3.40　2009—2015 年中国移动通信设备产量及增长

2. 2014 年中国以太网交换机产量

2014 年中国以太网交换机产量预计为 4966.5 万线，同比增长 10.4%（图 3.3.41）。

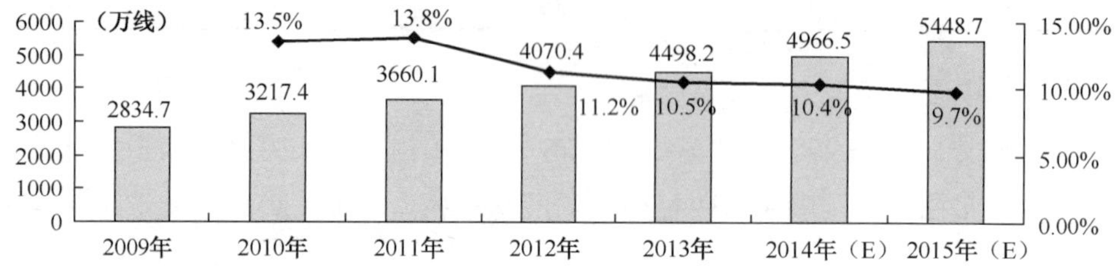

CAGR=11.5%（2009—2015 年）

（资料来源：CCID）

图 3.3.41　2009—2015 年中国以太网交换机产量及增长

3. 2014 年中国 FTTH 设备产量

2014 年中国 FTTH 设备产量预计为 264.9 万台，同比增长 15.2%（图 3.3.42）。

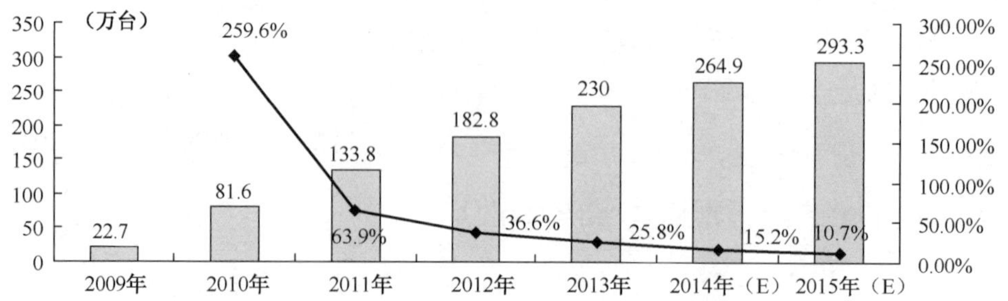

CAGR=53.2%（2009—2015 年）

（资料来源：CCID）

图 3.3.42　2009—2015 年中国 FTTH 设备产量及增长

4. 2014 年中国路由器产量

2014 年中国路由器产量预计为 107 万台，同比增长 10.8%（图 3.3.43）。

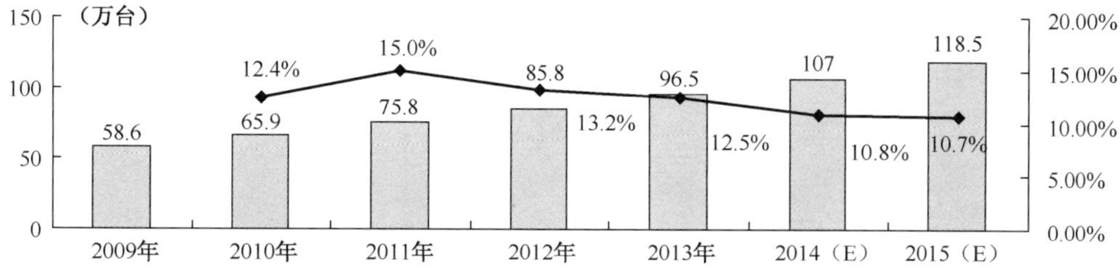

CAGR=12.5%（2009—2015 年）

（资料来源：CCID）

图 3.3.43　2009-2015 年中国路由器产量及增长

十一、2014 年中国智能电网产品市场

据国家电网公司“十二五”规划，在“十二五”期间国家电网公司在智能电网建设本身及智能化方面的投资约为 1.7 万亿元，即每年投资 0.34 万亿元左右。

智能电网就是电网的智能化。智能电网建立在集成和高速双向通信网络基础上，通过先进的设备、先进的技术、先进的控制技术、先进的传感和测量技术等，对电网线路、电网输送、电网用户等实现可靠、安全、高效，进行远程控制、调度和信息收集等，促进生产和社会和谐稳定。

智能电表作为推动智能电网配电环节智能化的主要手段之一，其应用得到了广泛的快速发展。2014 年智能电表招标数达到 0.97 亿只，同比增长 21.9%，2015 年预计招标数为 1.09 亿只。

智能电表作为智能电网主要计量工具，其使用高质量、多品种的集成电路芯片和传感器等，伴随着智能电网的建设，将实现大规模的推广和应用。

1. 2011—2015 年中国智能电表招标数量与增长（图 3.3.44）

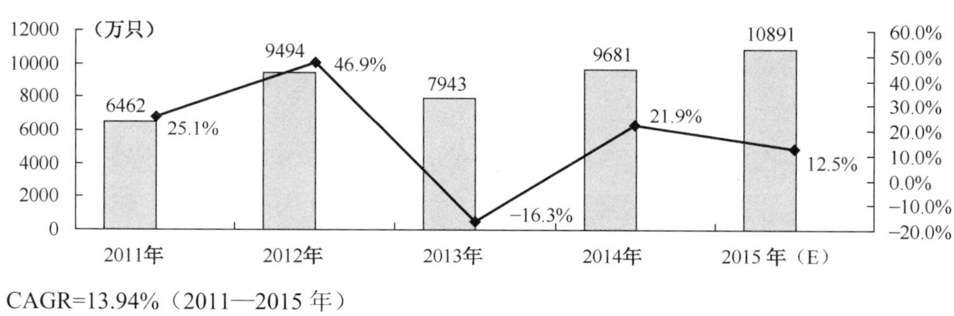

CAGR=13.94%（2011—2015 年）

（资料来源：CCID）

图 3.3.44　2011—2015 年中国智能电表招标数量与增长

而在实际智能电表的生产中，2011 年生产了 9850 万只，2012 年生产了 10920 万只，2013 年生产了 24600 万只，2014 年生产了 22200 万只，2015 年预计生产 23000 万只，都大大超过了国家电网的招标数两倍多，出现产能过剩的态势（图 3.3.45）。

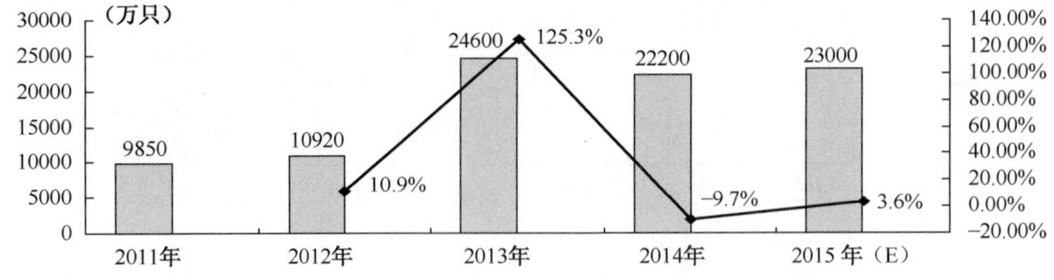

CAGR=23.62%（2010—2015 年）
（资料来源：CCID）

图 3.3.45　2011—2015 年中国智能电表实际产量规模及增长

2．2010—2015 年中国电力载波芯片市场规模及增长（图 3.3.46）

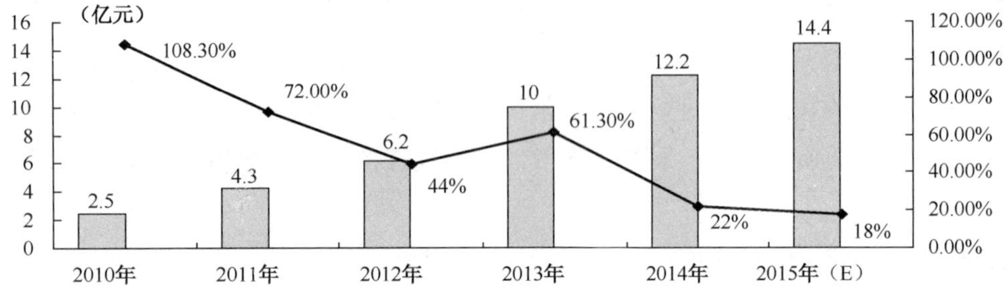

CAGR=41.9%（2010—2015 年）
（资料来源：CCID）

图 3.3.46　2010—2015 年中国电力载波芯片市场规模及增长

十二、2014 年中国卫星导航产品市场情况

2012 年 12 月 27 日，北斗导航系统正式提供亚太区域服务，标志着我国北斗产业发展进入新阶段，将撬动我国卫星导航产业的大发展（包括卫星通信、导航、智能位置服务等）。

2014 年 11 月，国际海事组织海上安全委员会，正式将中国北斗系统纳入全球无线电导航系统，这是我国北斗导航系统继美国 GPS 和俄国的 GLONASS 之后，第三个被联合国认可的海上卫星导航系统。

随着北斗导航系统的正式投入使用，对于导航产品服务的高精度和多样性要求也越来越高，移动地图与导航、生活服务类、位置签到都是围绕位置服务兴起的一系列业务模式。

我国北斗导航产品主要集聚在：以西安为主的川渝陕地区，发展以卫星零部件制造为主的产业集群；以上海、南京为主的长三角地区，发展芯片、无线制造等产品；以广州、深圳、中山等城市为主的珠三角地区，引进、组装、制造卫星导航终端产品；以湖南、湖北为主的中部地区，形成以高精度定位服务和地理信息采集、处理、分析为主的产业发展格局。

我国北斗形成了基础产品、应用终端、系统应用和运营服务为一体的比较完整的产业链体系，涌现出如江苏三友、北斗星通、国腾电子、中国卫星、中海达、超图软件、四维图新等一批上市公司。

最近以来，互联网巨头纷纷投资导航地图，包括阿里巴巴全资收购高德软件、腾讯入股四维图新、小米注资凯立德，巨大资本的流入以及与互联网企业的结合将有利于打开车联网、O2O 等领域的新局面，为卫星导航产业的发展增添资金动力（图 3.3.47、表 3.3.14）。

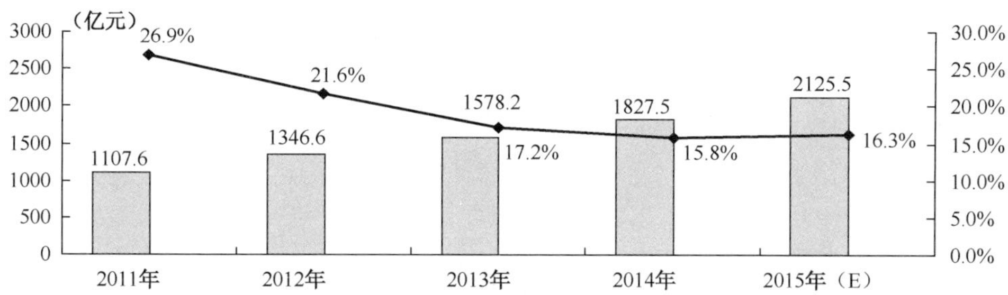

CAGR=17.7%（2011—2015 年）
（资料来源：CCID）

图 3.3.47　2011—2015 年中国卫星导航产业规模及增长

表3.3.14　2014年中国卫星导航产品结构

序号	产品类别	营收额（亿元）	占比（%）
1	运营服务	391.1	21.4
2	系统集成	352.7	19.3
3	终端集成	824.2	45.1
4	基础构件	259.5	14.2
5	合计	1827.5	100.0

北斗导航产业链包括基础产品（天线、芯片、板卡等）、终端设备、系统集成、空间系统、地面系统和运营服务系统等，这里面都与集成电路产品紧密相关。当前我国卫星导航产业链最薄弱的是芯片、OEM 板、模块等硬件核心技术缺失，最关键的基带芯片和射频芯片主要通过国外进口，或进行二次开发集成，核心专利掌握在瑟浮、高通等国外企业手中。中国航天西安航天华讯公司已成功开发出第四代高性能北斗/GPS 导航芯片，该导航定位精

度可达到 2.5 米，俘获灵敏度、跟踪灵敏度等各项指标达到国际领先水平。但目前国产终端芯片与国外 GPS 芯片相比还有一定的差距，导航仪在国际市场上还缺乏竞争力等。

十三、2014 年医疗电子产品市场情况

（一）2014 年世界医疗电子产品市场简况

1. 2014 年世界医疗电子产品市场规模

- 2014 年世界医疗电子产品市场规模为 509 亿美元，同比增长 8.0%。
- 2014 年用于医疗电子产品的半导体器件销售额为 49 亿美元，同比增长 11.4%（图 3.3.48）。
- 2014 年世界医疗电子产品中，用于医疗电子设备和诊断用医学影像设备占到整个医疗电子市场的 52.9%。
- 2014 年无线移动医疗系统和可穿戴健身跟踪设备市场预计为 12 亿美元。

2. 2017—2018 年世界医疗电子产品市场规模预测

- 到 2017 年世界医疗电子产品市场规模将达到 654 亿美元，复合成长率为 7.3%。
- 到 2017 年用于医疗电子产品市场的半导体器件销售额将达到 68 亿美元，复合成长率为 10.5%。
- 到 2017 年无线移动医疗系统和可穿戴健身跟踪设备市场预计达到 19 亿美元，成长率为 27%。
- 到 2018 年，世界医疗电子设备和诊断用医学影像设备中，用于监测、手术用设备增长率为 13.4%，医学影像设备增长率为 16.9%，其中亚太地区占到 17.2%的份额。

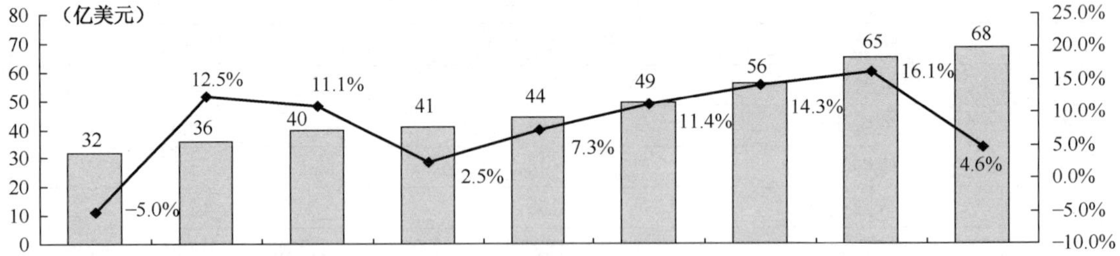

CAGR=9.88%（2009—2017 年）
（资料来源：IC Insights）

图 3.3.48　2009—2017 年世界医疗电子设备用半导体产品规模及增长

（二）2014年中国医疗电子产品市场简况

随着新医改政策的持续推动，以及医院信息系统的持续升级，医用医疗电子产品备受市场青睐，扫描仪、磁共振仪、高档超声波诊断仪等产品仍为主流产品。个人用家庭医疗电子产品和移动式医疗电子产品近几年来得到较快发展，以满足人们对医疗和健身保健的需求。

智能化、人性化将是医疗电子产品下一步发展的趋势，其中：3D 打印、MEMS 等产品技术将极大地推动新型医疗电子产品的发展。智能可穿戴的轻便型医疗电子产品将进入爆发式成长期。

1. 2014年我国医疗电子设备产品分类

- 消费性医疗设备：数字式体温计、血糖仪、血压计、胰岛素泵、辅助听力机。
- 诊断、监护与治疗设备：心电图、脑电图、呼吸机、除颤器等。
- 医疗仪器：实验室配备电子设备、透析机、分析仪器、外科手术设备等。
- 医学影像：超声波、计算机化的 X 射线断层扫描（CT）、核磁共振成像（MRI）、X 射线仪器与设备、正电子发射断层显像仪等。

2. 2014年中国医疗电子市场发展情况

据赛迪智库报道：2014 年，我国医疗电子市场近年来得到快速发展，一是 2014 年我国医疗电子市场规模达到 186.8 亿美元，同比增长 21.3%（图 3.3.49），增速高于全球 5.7 个百分点；二是在全球市场的份额占比不断扩大，由 2008 年的不足 3%增长到 2014 年的 8.5%，成为仅次于美国、日本的第三大医疗电子市场；三是我国医疗电子产品进出口额继续扩大，实现进出口额 163.8 亿美元，同比增长 6.11%。

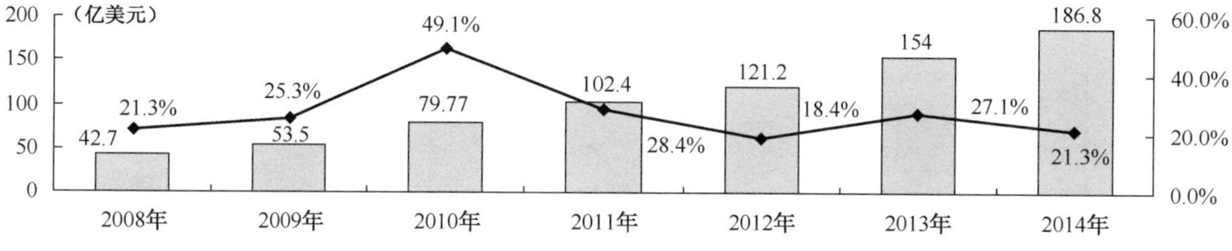

CAGR=27.89%（2008—2014 年）

（资料来源：赛迪智库/中国电子报，2015.6.19）

图 3.3.49 2008—2014 年中国医疗电子产品市场规模及增长

3. 2010—2014年中国医疗电子产品市场规模及增长

2014 年，我国医疗电子产品市场规模继续扩大，达到 956.1 亿元，同比增长 21.7%，增速回落 1.3 个百分点，但仍高于世界同业增速 10.3 个百分点。但医疗电子产品市场仍处于整体短缺状态，市场增长仍有增长的空间，改善性增长所占比例较小，新产品应用层出不穷，受到用户欢迎（图 3.3.50）。

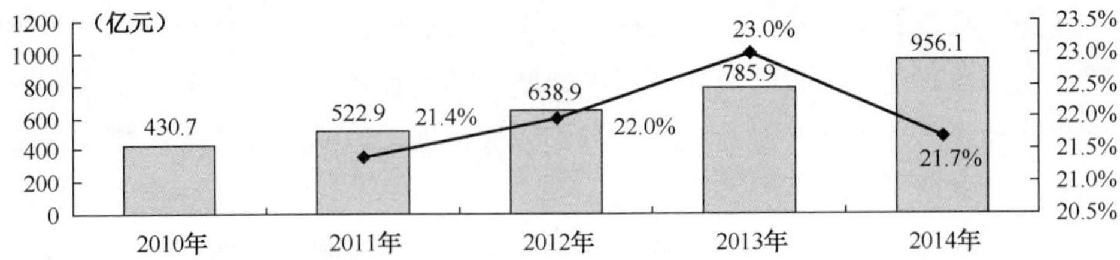

CAGR=22.06%（2010—2014 年）

（资料来源：CCID）

图 3.3.50　2010—2014 年中国医疗电子产品市场规模及增长

4. 2014—2018 年中国医疗电子产品市场规模及增长（图 3.3.51）

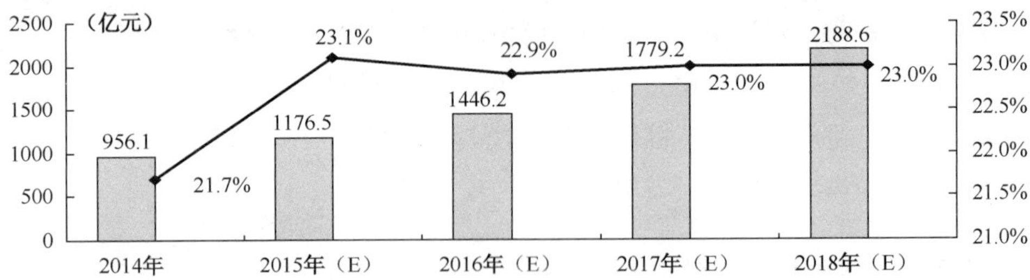

CAGR=23.00%（2014—2018 年）

（资料来源：CCID）

图 3.3.51　2014—2018 年中国医疗电子产品市场规模及增长

5. 2012—2016 年中国智能穿戴医疗设备市场规模及发展（图 3.3.52）

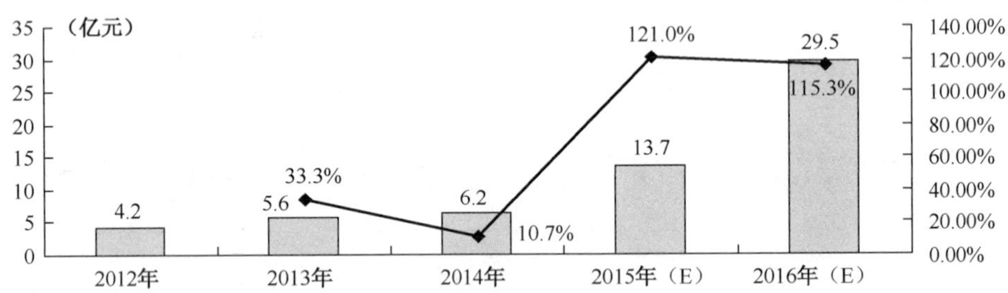

CAGR=62.8%（2012—2016 年）

（资料来源：中国电子报/华强电子，CCID/JSSIA 整理）

图 3.3.52　2012—2016 年中国智能穿戴医疗设备市场规模及发展

十四、2014 年中国工业仪器仪表产品市场情况

1. 2014 年中国工业仪器仪表市场

2014 年全球工业制造在美国“回归制造业”、德国“工业 4.0”和“中国制造 2025”的

带动下，自动化控制市场保持较快增长。应用领域由传统的冶金、石化、建筑、制造业正快速向数字化、智能化方向发展，向家居业、金融业、政府服务业、国防军工等行业发展和渗透。

仪器和仪表是中国工业控制芯片最大的应用市场；应用领域有智能电表、电工仪表、自动化仪表、医用器械仪器、科学测试仪器、信息技术电测仪器等；工业自动化技术发展趋势有在线测试仪器、基于现场总线技术的主控系统装置以及智能化仪表、特种专用自动化仪表等，其应用和发展都与集成电路产品息息相关。

2014年中国仪器仪表市场需求为22441万台，同比增长21.4%，同比增速提升近1个百分点（图3.3.53）。

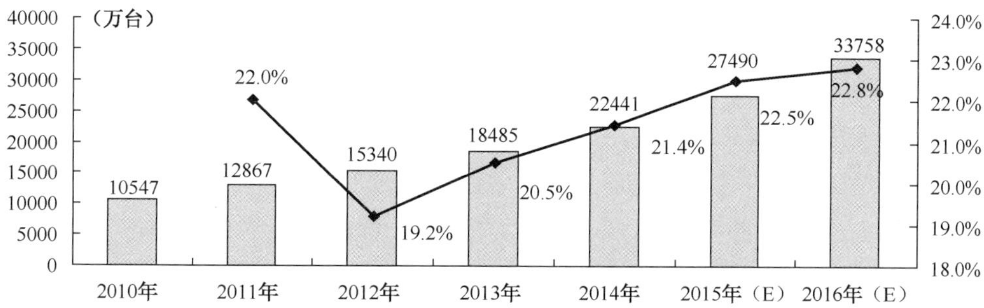

CAGR=21.40%（2010—2016年）
（资料来源：CCID/JSSIA整理）

图3.3.53 2010—2016年中国工业仪器仪表市场规模及发展

2. 中国高效电动机市场

随着电动汽车的发展，电动机及电动机控制将越来越多地应用于汽车行业，同时，物联网也是电动机控制的重点应用领域。目前，电动机控制市场的发展呈现高端和低端应用的两极分化现象。

2014年中国高效电动机产品市场规模为12192万台，同比增长40.4%（图3.3.54）。

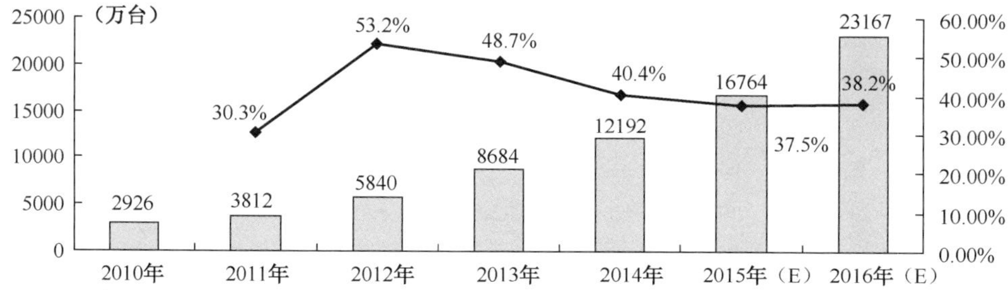

CAGR=41.18%（2010—2016年）
（资料来源：CCID/JSSIA整理）

图3.3.54 2010—2016年中国高效电动机市场规模及发展

电动机控制芯片是中国工业控制芯片快速增长的市场之一，其应用范围广泛，表现为大电动机生产集中度高，中小电动机生产竞争激烈，微型电动机以民营企业为主的特点；其技术发展趋势是向永磁化、全数字化、集成化和智能化方向发展，交流伺服电动机应用更加广泛。

3．2014 年中国机器人市场情况

据德国《经济新闻报》报道，国际机器人协会（IFR）公布：2014 年世界工业机器人销量增长 27%。

2014 年中国将成为全球最大的机器人市场，2014 年为 35 万台左右，到 2015 年，中国机器人市场需求量将达到 47 万台，到 2030 年，将保持 30%以上的迅猛发展速度。在公布的国家《智能制造装备产业十二五发展规划》中指出，到 2020 年，我国智能制造装备产业销售收入将超过 3 万亿元的规模。

国际机器人协会（IFR）还指出：中国机器人销售市场非常庞大，但机器人使用密度上远低于其他发达国家，在工业制造行业中，中国每万名工人仅拥有 30 台机器人、德国则达到 282 台机器人/万人、韩国为 347 台/万人。预计到 2020 年中国工厂里使用机器人数量将超过其他国家，且中国有望在未来 10 年内成为世界机器人制造大国。

机器人将成为下一个改变世界的技术，世界各国都十分重视工业机器人产业的发展。韩国政府投资 1 万亿韩元（合 61.2 亿元人民币），力争在 2018 年成为全球机器人主导国家。

机器人技术集合了计算机、机械、材料、制造等多个领域的先进技术，集合了设计制造、控制系统的软硬件、运动学、轨迹技术，需要关键元器件来支撑，广泛应用于汽车、化工、工程机械、船舶、电气电子、化工、电力、军工、高危险作业等领域，是一个国家科技水平的总体体现。

2014 年中国机器人安装量为 35 万台，同比增长 27.3%（图 3.3.55）。

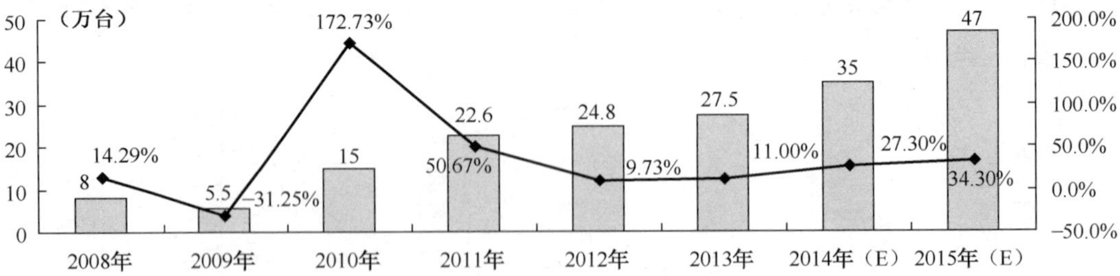

CAGR=28.78%（2008—2015 年）

（资料来源：赛迪顾问/JSSIA 整理）

图 3.3.55　2008—2015 年中国工业机器人新安装量及发展

十五、2014年可穿戴设备市场情况

（一）2014年世界可穿戴设备市场简况

世界可穿戴设备产业生态体系已形成，可穿戴设备各种产品应运而生，市场迅速升温和扩大。

可穿戴设备已从跑步机、眼镜等产品向服装、腕表、手环、腰带、鞋帽等发展，已与互联网、云计算、大数据相连，可长期、不间断记录，为治病提供可靠信息。

可穿戴设备在初级应用上，可通过 RFID 传感器收集个人血糖、血压、心率、血氧含量、体温、呼吸等生理特征；在中级应用上，可连接云计算和大数据提供医疗健康保健方案；在高级应用上，可结合综合医学科技、助力疾病医治等。

可穿戴设备由于其微型化、便携化与医疗科技相结合等特点，备受人们的欢迎。

1. 2014年世界可穿戴设备产业发展情况

- 据 IDC 报道预测：

2013年，世界可穿戴设备出货量为633万台；

2014年，世界可穿戴设备出货量为2000万台，同比增长216%；

2018年，世界可穿戴设备出货量为1亿台，复合增长率为78%。

- 据英国市场调研公司 CCS Insight 报道：

2013年，世界可穿戴设备出货量为970万台；

2014年，世界可穿戴设备出货量为2200万台，同比增长129%；

2018年，世界可穿戴设备出货量为1.35亿台。

- 据 Canalys 报道：

2014年，世界可穿戴设备销量将达到1700万台。

2. 2014年世界可穿戴设备产品市场结构（图3.3.56）

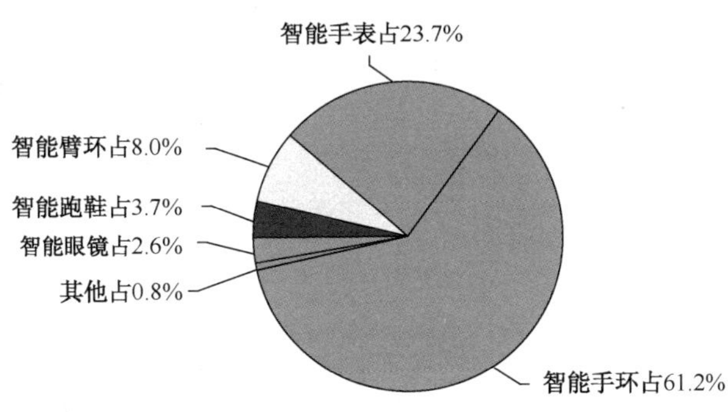

图3.3.56 2014年世界可穿戴设备产品市场结构

3. 2014 年世界智能手表产量情况

据报道，2014 年世界智能手表产量约为 500 万台，同比增长 5 倍，占比为 23.7%。各国消费者对智能手表市场应用的意愿比例见表 3.3.15。

表3.3.15 各国消费者对智能手表市场应用的意愿比例

场景 国家	与医院健康信息共享	公共交通	身份识别	无线支付
中国	69%	63%	68%	54%
美国	50%	41%	49%	40%
韩国	43%	54%	37%	28%
英国	34%	32%	33%	27%
德国	25%	31%	25%	20%
所有国家	46%	46%	45%	35%

（资料来源：中国电子报，2014.11.14）

4. 2014 年世界智能可穿戴设备进入行业者

- 硬件巨头公司现有：苹果、三星、小米、华为、华硕等公司。
- 传统医疗器械公司，如：九安医疗、宝莱特等公司。
- 新近创业者有：科技达人、专业人群、时尚族群人士加入。
- 智能可穿戴设备的行业有：休闲娱乐、运动健身、医疗及防治三大类。
- 可穿戴设备开发生产者如下。

智能手表：苹果、三星、LG、Moto 360。

智能眼镜：东芝、索尼。

智能手环：小米、OPPO。

智能头盔：LifBEAM。

（二）2014 年中国可穿戴设备市场情况

中国可穿戴设备市场总体尚处于市场培育阶段。

- 据 Canalys 报道：

2014 年，中国可穿戴设备市场约 30 亿元；

2015 年，中国可穿戴设备规模将达到 114.9 亿元的水平，同比增长 283%。

- 据 IDC 报道预测：

2013 年，中国可穿戴设备市场出货量为 675 万台，市场规模约 20.3 亿元；

2014 年，中国可穿戴设备市场出货量为 1026 万台，同比增长 52%，市场规模约 33 亿元，同比增长 62%；

2015 年，中国可穿戴设备市场出货量为 1780 万台，同比增长 73.5%，市场规模约 59.2

亿元，同比增长 80%。

● 据 Fnfodesk 易观智库分析报道：

2013 年，中国可穿戴设备市场规模为 9.0 亿元，同比增长 80%；

2014 年，中国可穿戴设备市场规模为 22 亿元，同比增长 144%；

2015 年，中国可穿戴设备市场规模预计为 135.6 亿元，同比增长 516%；

2016 年，中国可穿戴设备市场规模预计为 228 亿元，同比增长 68%。

● 据 iMedia 咨询报告：

2015 年，中国可穿戴设备市场出货量将达到 5000 万台。

（三）2014 年可穿戴设备芯片业情况

继谷歌率先推出智能眼镜以来，三星、苹果已开发智能手表；英特尔、联发科都已介入可穿戴芯片设计开发；高通、博通、MTK、RDA 都以蓝牙技术开发可穿戴设备；英特尔、IT、谷歌、微软、Facebook 等都在加大可穿戴设备的投资力度，抢占市场先机。

中国中兴公司也已投入可穿戴设备的开发，TCL 已出产品。

2014 年已成为可穿戴设备芯片大发展的“拐点”和“亮点”。

1. 英特尔 Edison

英特尔 Edison 模块，采用 22 纳米英特尔 Atom 系统芯片，包括一个双核、双线程的 500MHz CPU 和一个 32 位 100MHz Quark MCU。它可以支持多达 40 个 GPIO、1G LPDDR3 内存、4G eMMC、双频段 WiFi 和低功耗蓝牙。同时推出第一个针对可穿戴设备的软件开发工具包（SDK）和应用程序编程接口（API），让开发者能够为 iOS 和 Android 开发健身与健康应用程序。现阶段已支持利用 Arduino 和 C/C++进行开发，近期还将扩展到 Python、RTOS 和）isual Programming。英特尔 Edison 包括设备间和从设备到云的连接框架，以实现跨设备通信以及基于云的多租户时间序列分析服务。

2. 联发科 Aster

Aster 系统单芯片号称是目前市场上体积最小的穿戴式设备专用 SoC，封装尺寸为 5.4mm×6.2mm，可协助开发者社群与设备制造商开发各式价格便宜、规格完整的可穿戴与物联网产品及解决方案。在 MT2502 芯片上集成低功耗蓝牙和 GSM/GPRS 等，该单芯片可扩展 WiFi 和 GPS，同时还包括 LinkIt OS 操作系统，以及 Arduino 插件形式的 Linklt SDK，同时以 Aster 为核心推出的 LinkIt 软件开发平台，提供完整的参考设计、高度整合微处理器及通信模块，提供各种连网功能以简化发展流程，让开发者可以更专注于产品外观、创新功能及相关服务，支持空中传输（OTA）以更新应用程序、算法及驱动程序，可通过手机或电脑，向采用联发科技 Aster 的设备进行推送安装及更新（联发科技胶囊包技术）。联发科为 Arduino 与）isualStudio 提供插入软件开发工具包（Plug-in SDK），此外第三方伙伴也将基于 LinkIt 平台提供硬件开发工具包（HDK）。

3．村田制作所薄膜温度传感器

可穿戴设备大量用于健康监控，重视对人或者物体温度状态的有效监测，因此有效提高有限的机体空间的散热性能成为尤为重要的问题。村田温度传感器全长 10～70μm，厚度约为 0.55mm，宽 3.17mm，在复杂的构造和狭窄的空间里也能够灵活地进行布置，进行空间的温度检测。另外，由于元件热容量小，因此具有优越的热响应性。

4．博通

博通在 WiFi、蓝牙等无线连接领域具有业界领先地位，在可穿戴设备上也充分运用了这一优势，不仅推出整合了 WiFi、蓝牙的 WICED 平台，2014 年 9 月又推出一款新的开发套件 WICED Sense，包含最新 WICED 蓝牙智能芯片、五个低功率 MEMS 传感器和一个兼容蓝牙 4.1 的软件堆栈。

5．Marvell

Marvell 于 2014 年年中之际同时推出三款以 MB300 芯片分别搭载 WiFi、蓝牙和 ZigBee 的单芯片方案，提供了更为多样可穿戴设备的无线传输可能。

6．高通

高通重视可穿戴市场的布局，CEO 史蒂夫·莫伦科普夫认为，可穿戴设备与平板电脑相似，是智能手机的延伸。随着可穿戴设备的发展，高通将推出可穿戴的参考设计。高通还提出，“数字第六感”是可穿戴设备应用创新的主要方向。

（资料来源：中国电子报，2014.11.14/JSSIA 整理）

十六、2014 年中国家电市场情况

（一）2014 年中国家电产业市场简况

1．2014 年中国家电业保持了整体稳定增长的态势，效益继续提升

据中国家用电器协会综合国家统计局数据报道：

- 2014 年中国家电主营业务收入达 1.41 万亿元，同比增长 10.0%。
- 2014 年中国家电完成利税总额为 1407.3 亿元，同比增长 19.5%。
- 2014 年中国家电实现利润总额为 931.6 亿元，同比增长 18.4%。
- 2014 年中国小家电市场零售额为 1470 亿元，同比增长 20%。
- 2014 年中国家电出口额为 581 亿美元，同比增长 5.2%，其中大家电出口额为 231 亿美元，小家电出口额为 259 亿美元，零部件出口额为 91 亿美元。

2. 2014年中国家电业产品产量处于历史高位

根据国家统计局公布2014年中国家电产品生产情况，有部分产品产量出现下降，但仍处于历史高位。

- 2014年，大家电中冰箱（含冰柜）产量零增长或小幅下降。
- 2014年，洗衣机产量零增长或小幅度下降。
- 2014年，空调器产量增长25.7%，但销量仅增3.1%。
- 2014年，微波炉产量增长8%。
- 2014年，净水器零售量为706万台，同比增长56.4%，零售额为166.1亿元，同比增长72.1%。
- 2014年，空气净化器（含车载产品）销量为760万台，同比增长95.4%，零售额为151亿元，同比增长94.8%。其中：市场零售量超320万台，同比增长80%，零售额近70亿元；其中在线零售量超200万台，零售额超35亿元。

（二）2014年中国家电业主要产品产销情况

1. 空调机

- 2014年，中国空调机产量为1.07亿台，同比增长25.7%。
- 2014年，中国空调机销量为1.00亿台，同比增长3.1%。
- 2014年，中国变频空调仍为主流热线产品。
- 2014年，国产品牌格力、美的、海尔、志高等进入销量前四名。
- 2014年，国外品牌LG、松下、富士通等进入销量前十名。
- 格力、美的、海尔等频频发动价格战，高企的库存也为2015年蒙上一层阴影。
- 2015年的增长点在于：一是城镇化带来三、四级市场空间，二是一、二级市场更新换代，三是电商渠道的发力。2015年预计销售量可增长14.7%，销售额可有11.1%的增幅。

2. 电冰箱

- 2014年，中国电冰箱（含冰柜）总产量为7582万台，同比下滑0.8%。
- 2014年，中国电冰箱（含冰柜）总销量为7634万台，同比下滑0.6%。
- 2014年，中国电冰箱出口2299万台，同比增长9.5%。
- 2014年，中国电冰箱内销5335万台，同比下滑4.4%。
- 2014年，中国电冰箱销量中，对开门、多门、大容量、节能、除菌等仍为销售热点，小容量（<160L）同比下降8.8%，大容量（200～220L）上升6.2%，500L容量以上的上升2.2%。

3. 洗衣机

- 2014 年，中国洗衣机产量 5645 万台，同比下降 1.0%。
- 2014 年，中国洗衣机销量 5636 万台，同比增长 0.8%。
- 2014 年，中国洗衣机内销 3762 万台，同比略有下降。
- 2014 年，中国洗衣机外销 1875 万台，同比增长 2.8%。
- 2014 年，中国洗衣机市场零售 3292 万台，同比增长 0.8%，销售额 576 亿元，同比增长 3.6%。
- 2014 年，中国洗衣机大容量（7.1～8.0kg）滚筒洗衣机占零售额的 34.7%，渗透率达 64.0%，波轮式洗衣机同比下降 3.3%，变频洗衣机占到市场的 46.3%。
- 2014 年，洗衣机线上零售 450 万台，同比增长 35.4%，占市场 13.7%，零售额为 58 亿元，同比增长 36.5%。

（三）2014 年中国小家电市场简况

中国小家电（为 IT 类产品、小家电、黑色家电、厨卫类、影像类产品等），产品约 100 多种。

1. 2014 年，中国小家电全国零售额约为 1470 亿元，同比增长 20%，取得较好的业绩

- 2014 年，中国机器人吸尘器同比增长 30%，其中线下零售额同比增长 11.8%，其中吸尘洗地式占 16.9%，增速提高 9.1 个百分点；线上市场高达 47.6%，成为吸尘器销售主流。
- 2014 年，中国净水设备零售额约为 166.1 亿元，同比增长 72.1%。
- 2014 年脱排油烟机同比增长 10.4%，燃气灶同比增长 7.4%，热水器同比增长 6.2%。
- 2014 年，电饭煲同比增长 11.3%，榨汁机同比增长 96.5%。
- 2014 年，空气净化器同比增长 95.4%。

（资料来源：中怡康，2014.12.9）

2. 2014 年中国热水器销售额市场品牌结构（图 3.3.57）

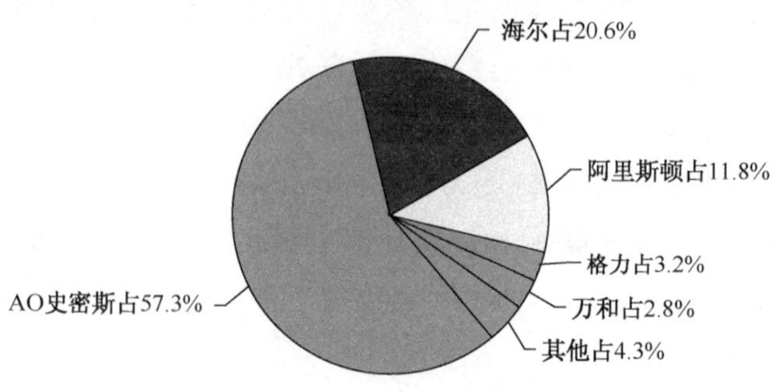

图 3.3.57　2014 年中国热水器销售额市场品牌结构

2014 年各类热水器均价见表 3.3.16。

表3.3.16　2014年各类热水器均价

类别	太阳能式	燃气式	空气能式	电加热式	电储水式
均价（元/台）	3109	2346	6438	2398	1729

2010—2015 年中国电热水器市场规模及发展如图 3.3.58 所示。

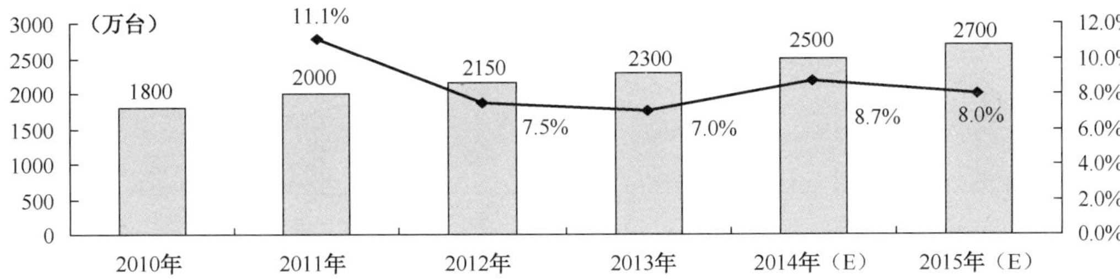

CAGR=8.45%（2010—2015 年）
（资料来源：中国电子报，2014.12.19）

图 3.3.58　2010—2015 年中国电热水器市场规模及发展

（四）2015 年中国家电业预测

（1）2015 年中国家电业主营业务收入预计增长 8%，达到 1.52 万亿元的规模，其中电冰箱、洗衣机增幅不大，维持在 2014 年水平。

（2）2014 年，中国空调机行业库存 1800～2000 万台，创历史新高，库存金额超 500 亿元，2015 年空调市场仍然艰难。

（3）2015 年厨卫产品零售额预计达到 1532 亿元，同比增长 14.3%，其中：净水器销售额约为 264 亿元，同比增长 58.9%；洗碗机增长 61.4%；油烟机、燃气灶、燃气热水等同比增长 10%以上。

（4）2015 年，中国家电业全面走上智能化、数字化、变频化，使家庭能成为绿色环保型、会“呼吸”的家。

- 会“呼吸”的家实际上是一个家居空气解决方案，由空气智能盒子、空调、加湿型空气净化器、除湿机和全热净化换风机组成，能实时监测用户家中的空气质量和环境，主动分析室内温度、湿度、空气洁净度以及人体活动等，通过云端空气大数据的交互，调节室内温度、湿度和空气纯净度，去除 PM2.5、甲醛、笨、病菌等有害物质。
- “高、大、上”将继续成为家电市场消费的新趋势。
- 创新产品将继续为小家电市场开辟更加广阔的市场。
- 网络销售的新动向将向农村市场延伸。
- 海外市场更是我国家电产品发展的广阔天地。

十七、2014 年云计算产业市场情况

（一）2014 年全球云计算市场简况

2014 年全球云服务市场营收额约为 1547.9 亿美元，同比增长 17.5%（图 3.3.59），其中，发达国家占到市场 75%以上的规模（美国占 50%，欧洲占 23.5%）。

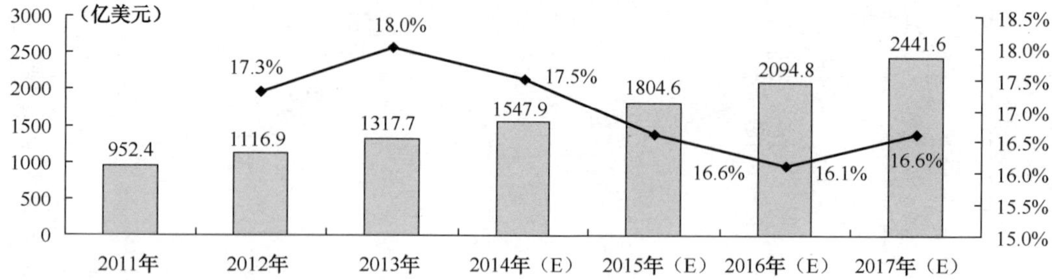

CAGR=16.99%（2011—2017 年）

（资料来源：Gartner）

图 3.3.59　2011—2017 年全球云服务市场规模及增长

2014 年，以 IaaS（基础设施服务）、PaaS（平台服务）、SaaS（软件服务）为代表的典型云服务市场达到 333.4 亿美元（图 3.3.60），同比增长 29.7%，占比为 25.3%，其中 IaaS 市场规模为 91.7 亿美元，同比增长 45.2%；PaaS 市场规模为 15.7 亿美元，同比增长 28.8%；SaaS 场规模为 226 亿美元，同比增长 24.4%。

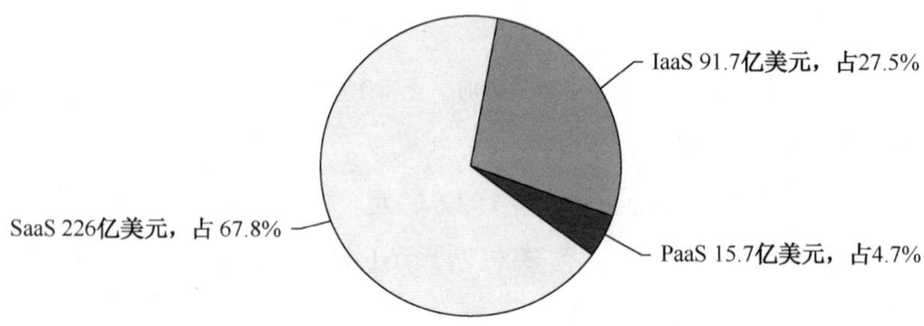

图 3.3.60　2014 年全球典型云服务市场结构

（二）2014 年中国云计算市场情况

近几年来，我国云计算一直保持了较快的发展速度，产业运行良好，产业规模不断扩大。2013 年国内公共云市场规模达 47.6 亿元左右，较 2012 年增长 36%，远高于同期国际市场近 18 个百分点。随着云计算业务逐渐成熟，商业运行模式逐渐清晰，用户信任和认知程度逐渐加强，云计算产业规模进一步扩大，2014 年，我国公共云计算市场规模将达到 62.8 亿元的规模，同比增长 32%以上。2015 年预计达到 100 亿元，同比增长 59.2%。

2013 年腾讯继阿里和百度之后正式开发市场，华为旗下云服务正式商用，中国电信、中国联通的“翼云”、“沃云”向用户开放，已广泛应用于 IaaS 和 SaaS 服务。国外亚马逊、IBM、微软等跨国公司进入我国云服务市场，竞争十分激烈。

1．2011—2015 年中国云计算市场规模及发展（图 3.3.61）

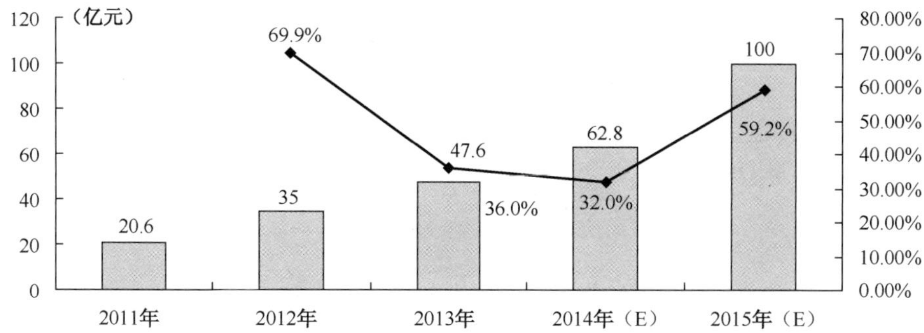

CAGR=48.43%（2011—2015 年）

（资料来源：中国电子报，2014.3.21）

图 3.3.61　2011—2015 年中国云计算市场规模及发展

2．2014 年中国典型云服务市场结构

2014 年中国云服务中 IaaS 服务市场规模约 14.0 亿元，同比增长 33.4%；PaaS 市场规模为 2.95 亿元，同比增长 34.1%；SaaS 市场规模为 45.84 亿元，同比增长 31.4%，合计为 62.8 亿元，同比增长 47.6%（图 3.3.62）。

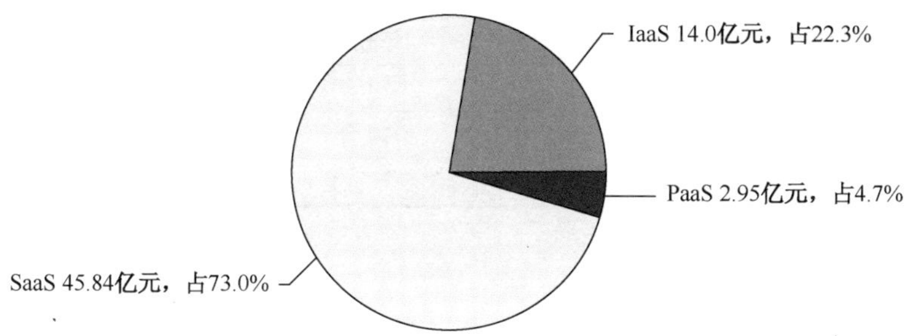

图 3.3.62　2014 年中国典型云服务市场结构

3．2014 年中国云计算产业链规模与市场结构（图 3.3.63、图 3.3.64）

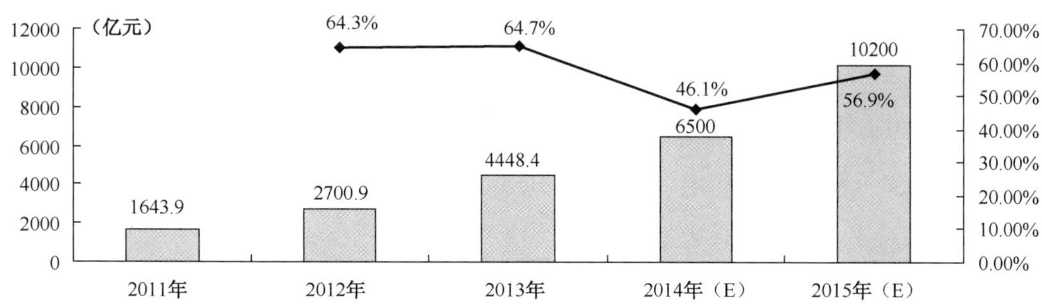

CAGR=57.83%（2011—2015 年）

（资料来源：CCID）

图 3.3.63　2011—2015 年中国云计算产业链规模及发展

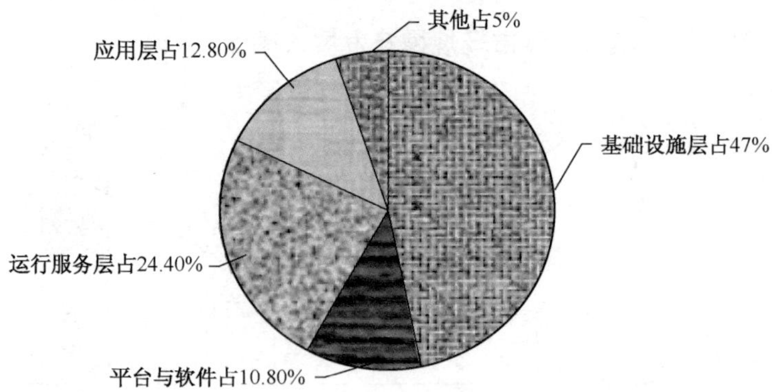

（资料来源：CCID）

图 3.3.64　2014 年中国云计算产业市场结构

4．2014 年中国工业云市场情况（表 3.3.17）

工业云包括弹性云计算、存储、数据库等 IaaS，开放平台 PaaS 及各类应用软件 SaaS。目前，国内工业云的使用范围大多局限在 CAD、CAE 等应用软件的 SaaS 服务，应用于国内几大公有云服务的 IaaS 平台，工业软件企业和 IaaS 服务商进行深度合作。

表3.3.17　2010—2015年中国云计算（工业云）行业市场规模与增长

年份	市场规模（亿元）	增长率（%）	年份	市场规模（亿元）	增长率（%）
2010 年	167.3	81.4	2013 年	606.8	28.3
2011 年	293.7	75.5	2014 年	1174.1	93.5
2012 年	472.8	61.0	2015 年（E）	1878.4	60.0

CAGR=62.2%（2010—2014 年）

（资料来源：上善咨询，中国电子报，2015.4.3）

十八、2014 年大数据产业市场情况

所谓大数据（Big data）是指需要新处理模式才能具有更强的决策力、洞察发现力和流程优化能力的海量、高增长率和多样化的信息资源。大数据技术的战略意义不在于掌握庞大的数据信息，而在于对这些含有意义的数据进行专业化处理。

（一）2014 年世界大数据市场情况

据调研公司（M・M）报道：从 2013 年到 2018 年，世界大数据市场年复合增长率为 26%，即从 2013 年的 148.7 亿美元增长到 2018 年的 463.4 亿美元。

据 WiKibon 数据显示：2014 年世界大数据市场规模达到 285 亿美元，同比增长 53.2%。大数据逐渐成为世界 IT 支出新的增长点，据 Gartner 数据显示，2014 年数据中心系统支出达 1430 亿美元，对世界 IT 产业直接推动达 2320 亿美元，预计到 2018 年这一数据将增 3 倍之多。

1．2011—2017 年世界大数据市场规模及增长（图 3.3.65）

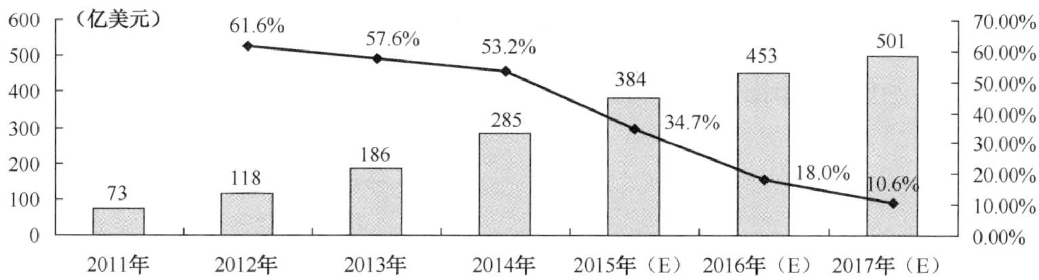

CAGR=37.85%（2011—2017 年）

（资料来源：中国电子报，2015.5.19）

图 3.3.65　2011—2017 年世界大数据市场规模及增长

2．2014 年世界大数据市场应用结构（图 3.3.66）

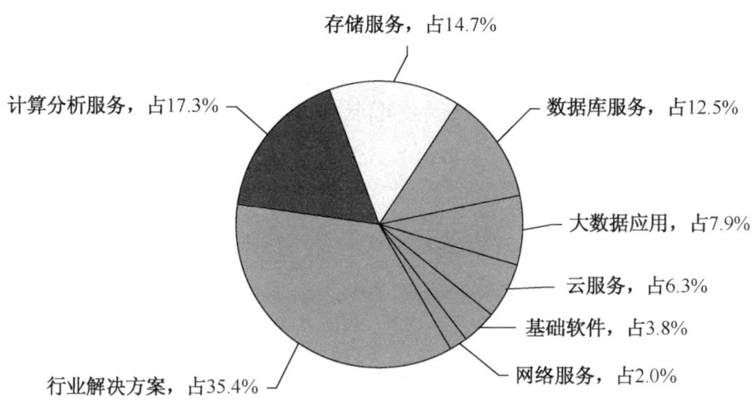

图 3.3.66　2014 年世界大数据市场应用结构

（二）2014 年中国大数据市场情况

中国大数据产业是近年来才热闹起来的新名称、新产业。

“互联网+”是 2014 年至今最热的热点。“互联网+”战略的实施，将促进传统产业转型升级，新兴产业加速培育，由此激发产业的定制生产、产业智慧物流、智慧医疗、智能家居、能源互联网等，为工业等多个领域构建场景和市场应用模式，助其获得指数级增长。

“中国制造 2025”近期开始火热，以制造的数字化、网络化、智能化为核心，使企业在用户需求分析中研发创新，市场营销、企业精细管理等都能使企业成为智能制造的受益者。

“创新创业”是从 2013 年延续至今的市场热点，虽然创新创业领域空间非常广阔，但信息技术产业、互联网产业一定是其中最主要的部分。大数据肯定为其创新创业助一臂之力。

不断涌现的新热点都与知识、高新技术紧密相关。由于大数据本身就是聚焦知识处理、发现和应用的业务，所以这些热点总能与大数据相联系，给大数据创造新的发展契机，使我国大数据发展更加落地、更加成熟、更加快速。

2014 年，中国大数据行业市场规模约为 75.7 亿元，同比增长 28.3%。

2014 年，中国大数据行业市场应用规模约为 19.9 亿元，同比增长 148.8%。

1．2011—2018 年中国大数据市场规模及增长（图 3.3.67）

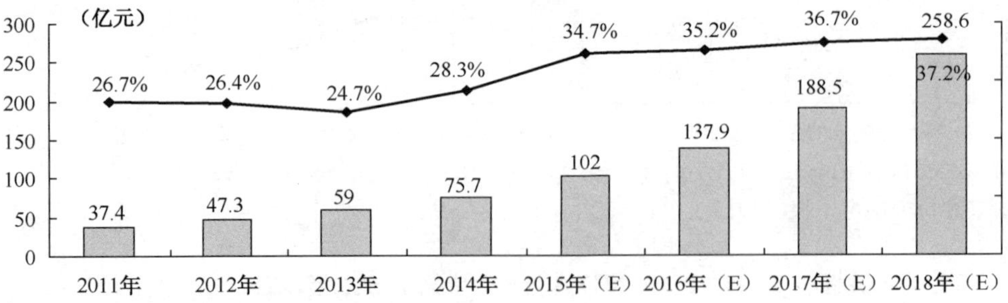

CAGR=31.82%（2011—2018 年）

（资料来源：易观智库，2015.3）

图 3.3.67　2011—2018 年中国大数据市场规模及增长

2．2014 年中国大数据市场应用规模及增长（图 3.3.68）

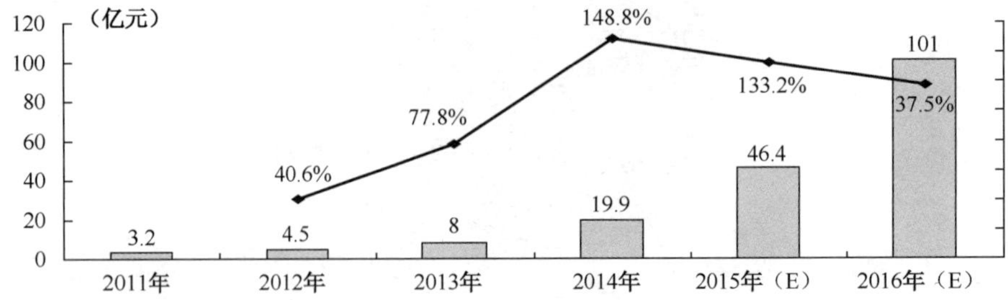

CAGR=99.45%（2011—2016 年）

图 3.3.68　2014 年中国大数据市场应用规模及增长

3．2014 年中国大数据行业市场应用结构（图 3.3.69）

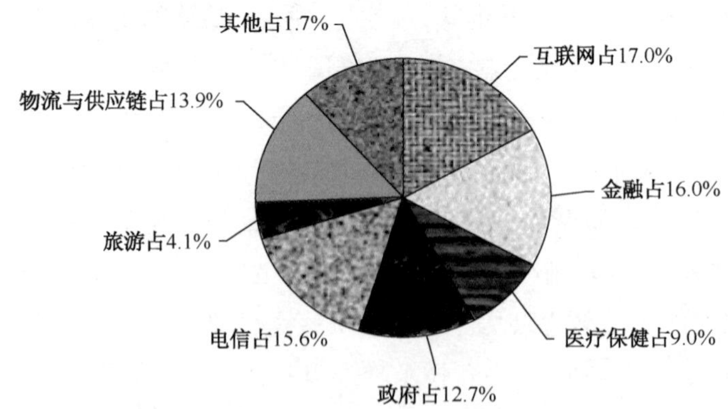

（资料来源：CCID/JSSIA 整理）

图 3.3.69　2014 年中国大数据行业市场应用结构

十九、2014 年中国互联网市场情况

（一）2014 年中国互联网产业市场简况

截止 2014 年 12 月底，我国固定电话用户达 2.49 亿户，移动电话用户达 12.86 亿户；固定宽带接入用户突破 2 亿户，其中 8M 以上用户达到 8206.7 万户；移动宽带用户达到 9728.4 万户。2014 年，新型业务和应用创新活跃，3 家基础电信企业 IPT）用户达到 3363.6 万户，智能手机出货量达到 9050.9 万部，月户均移动互联网接入流量突破 200M，较 2013 年增长 47.1%，全国已备案网站达 349.8 万个，互联网拉动消费作用更加显著。

2014 年，我国网民规模达 6.49 亿人，互联网普及率为 47.9%。其中，手机旅行预订以 194.6%的年度用户增长率领跑移动商务类应用，O 2 O 市场快速发展，成为引领行业的商务模式。我国互联网在整体环境、互联网应用普及和热点行业发展方面取得长足进步。

2014 年，我国手机网民规模达 5.57 亿人，较 2013 年增加 5672 万人。网民中使用手机上网人群占比由 2013 年的 81.0%上升到 85.8%。手机端即时通信使用保持稳步增长趋势，使用率为 91.2%。手机网购同比增长 63.5%，手机支付同比增长 73.2%，手机银行商务同比增长 69.2%。个人互联网应用中通信为第一大应用，使用率达 90.6%；平板电脑凭借娱乐性和便捷性成为国民重要娱乐设备，使用率达到 34.8%。

2014 年 O2O 企业在一线城市率先布局，中度和重度用户占比达 39.2%，O2O 消费由数量增长向质量提升转变；二、三线城市 O2O 业务布局正在逐步展开，巨大的消费潜力促使 O2O 市场进入增量成长阶段。

2014 年，我国网购规模达 2.8 万亿元，同比增长 48.7%，相当于社会消费品零售总额的 10.7%，其中，移动端购物市场规模达到 9297.1 亿元，占全国网购总额的 33.2%，年成长率达到 239.8%。

（二）2014 年中国产业互联网催生智能化生产

互联网正从面向消费应用转向面向产业应用。从互联网发展来看，2010 年以来，互联网在向下一代互联网、泛在网演进，云计算、物联网、大数据蓬勃发展，与此同时工业技术也越来越多地使用互联网为代表的 ICT 技术，从虚拟设计、远程运维，到网络制造、云制造、智能制造，形成了将互联网技术和工业融合发展的产业互联网（表 3.3.18）。

表3.3.18　2014年互联网对中国产业的影响

2013—2015 年	GDP 的增加值	占行业 GDP 比例	对行业生产率提升贡献
消费电子产业	2000～5300 亿元	14%～38%	7%～23%
汽车产业	600～1800 亿元	10%～29%	8%～24%
化工产业	800～4700 亿元	3%～21%	4%～27%

（资料来源：麦肯锡全球研究院/中国电子报，2015.2.6/4.3/JSSIA 整理）

目前，德国提出的工业 4.0、美国的重归制造、中国的“中国制造 2025”以及 GE、IBM、英特尔、思科和 AT&T 成立的工业互联网联盟等，都更加注重软件、网络和大数据，工业互联网的端到端集成要素：智能机器、先进分析工具到人机交互等。

二十、2014 年中国物联网市场情况

物联网（IOT），是在计算机互联网的基础上，利用 RFID、无线数据通信技术构建一个“物物相连的互联网”。当今物联网产业被认为是继计算机和互联网之后的第三次信息技术革命，成为国家重点发展的战略性新兴产业。

（一）2014 年世界物联网市场情况

据 IDC 数据显示，2013 年世界物联网市场规模为 1.9 万亿美元，从 2013 年到 2020 年间，世界物联网以每年平均 13%的速度增长，预计可达到 3.04 万亿美元的规模，而全球物联网设备将达到 300 亿台的水平。

据 IC Insights 报道：2014 年世界物联网产值约 483 亿美元，同比增长 21%，到 2018 年有望可达到 1036 亿美元（图 3.3.70）。

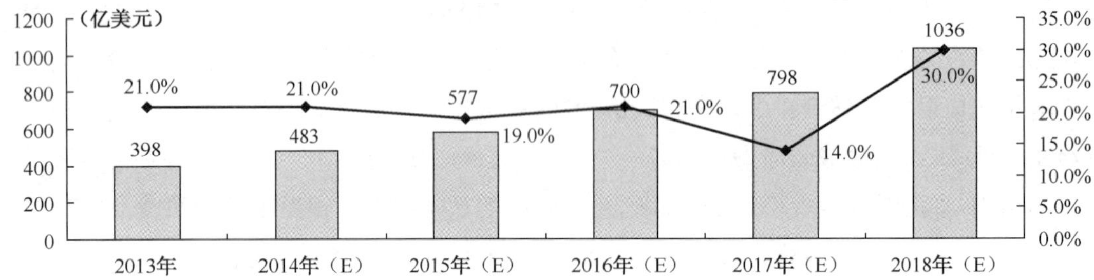

注：具备联网及感测功能的物联网市场规模

CAGR=21.09%（2013—2018 年）

（资料来源：IC Insights，2014.12）

图 3.3.70　2013—2018 年世界物联网产业规模及增长

（二）2014 年中国物联网市场情况

2014 年，中国物联网正以超乎想像的速度发展，在生活中快速渗透。微加速度计、压力传感器、微镜、气体传感器、微陀螺等器件已在汽车、手机、电子游戏、生物、传感网络等领域得到广泛应用。

物联网由云端和无数节点所组成，在这一系统里，每个终端产品、网关和路由器，以及云端服务器都需要大量的 IC、MCU 以及处理器、电源管理、传感器等。这对中国集成电路企业而言，物联网带来了一次难得的发展机遇。

中国物联网市场主要应用领域为智能工业、智能物流、智能交通、智能电网、智能医

疗、智能农业和智能环保，目前物联网在工业和商业领域应用最具发展潜力。

1. 2014 年中国物联网产业规模发展情况

据中国物联网研究发展中心预测，2013 年中国物联网规模达到 4896 亿元（有可能达到 5000 亿元），2014 年预计可达到 6125.8 亿元，同比增长 25.1%，到 2015 年将超过 7500 亿元，同比增长 22.9%，到 2018 年中国物联网市场规模将超过 1.5 万亿元的规模（图 3.3.71）。

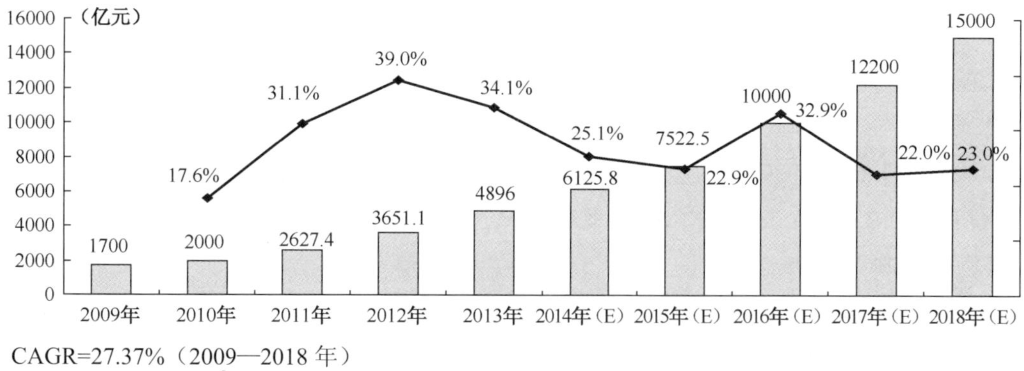

图 3.3.71 2009—2018 年中国物联网产业规模及增长

2. 2012 年中国物联网产业结构（图 3.3.72）

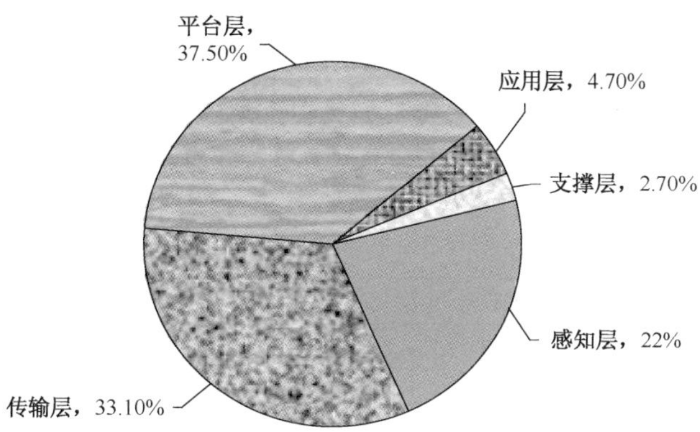

（资料来源：CCID/中国电子报，2014.5.9/JSSIA 整理）

图 3.3.72 2012 年中国物联网产业结构

3. 物联网对集成电路芯片设计的要求

物联网大系统设计对集成电路芯片设计的要求越来越高，要求芯片设计工程师需要考虑从原来的芯片级扩展到（PCB）板级再到系统级别，要更多地考虑软硬件配合、系统级验证及其可制造性设计（DFM）和面向成品率的设计（DFY），这些都是必不可少的设计技术。谷歌、亚马逊、阿里巴巴等，无论是互联网还是科技公司都在致力于开发各种新的应用，所有这些都需要性能优秀的芯片给予支持，芯片是物联网产业的基础。

传感器、射频识别（RFID）芯片是物联网机站的关键芯片。我国企业已基本掌握了中低端传感器技术。全国从事传感器研制、生产的单位有 2000 多家，年产 40 亿只，中低端传感器产品基本已能满足国内市场的需求。

在射频识别（RFID）芯片领域，已攻克了低频和高频射频识别（RFID）芯片核心技术，并具备一定的生产能力。其中高频射频（RFID）芯片产品性能与国外芯片相比已处在同一水平线上，设计水平与国外相比差距不大。

在错失智能手机之后，英特尔显然不想再失去物联网、可穿戴设备的市场机会，英特尔公司宣布推出“Edison 模块”成为英特尔开拓新市场的重要利器之一。该产品采用 22 纳米凌动系统芯片（之前代号为 Silvermont），包括一个双核、双线程 500MHz CPU 和一个 32 位 100MHz Quark MCU，具有微缩的尺寸和极大降低功耗的能力，可支持多达 40 个 GPIO、1G LPDD R3 内存、4G eMMC、双频段 WiFi 和低功耗蓝牙。

我国物联网产业已初步形成长三角、环渤海、珠三角及中西部地区四大区域集聚发展的空间格局，在无锡、重庆、杭州建立了三个国家级物联网产业示范基地和 20 余个省、市级物联网产业园区。我国将成为世界物联网产业高速发展的先行者。

（资料来源：中国电子报，2014.9.5/JSSIA 整理）

二十一、2014 年 3D 打印产业市场情况

（一）2014 年世界 3D 打印产业市场情况

3D 打印主要集中在美国和欧洲，占到 71%和 11%的份额。

2013—2020 年世界 3D 打印产业市场规模及增长见表 3.3.19。

表3.3.19　2013—2020年世界3D打印产业市场规模及增长

年份	2013年	2014 年		2015 年		2016 年		2017 年		2018 年		2020 年	
		实绩	同比（%）	预计	同比（%）	预计	同比（%）	预计	同比（%）	预计	同比（%）	预计	同比（%）
营收额（亿美元）	5	11	120	16	45.5	31	93.8	63	103.2	134	112.6	200	49.3

CAGR=69.38%（2013—2020 年）

2014 年世界 3D 打印市场结构如图 3.3.73 所示。

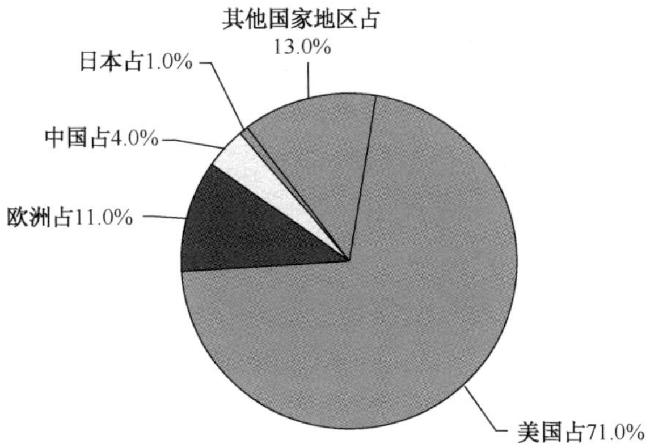

图 3.3.73　2014 年世界 3D 打印市场结构

（二）2014 年中国 3D 打印产业市场情况

2014 年中国 3D 打印产业还主要集中在桌面级 3D 打印机上，工业版 3D 打印、金属材料研究以及 3D 打印生态发展依然是弱项。我国 3D 打印与欧美先进水平相比还有很大的差距，主要在：一是产业规模差距正在拉大，我国 2014 年全国 3D 打印产值约 4400 万美元，占世界同业的 4%的份额，还没有一家企业产值过亿元；二是装备水平的落后；三是我国使用的金属粉末等主要材料基本依赖进口；四是投入不足，企业和科研单位很少有投资；五是欧美国家已完成国内市场布局，而我国有很多企业还在为生存而努力，无法考虑产业布局。

据预计到 2015 年我国 3D 打印产业规模将达到 50～80 亿元，到 2016 年有望达到 100 亿元的规模水平。

（资料来源：中国电子报，2015.4.3/JSSIA 整理）

二十二、2014 年半导体存储器产品市场情况

存储器主要包括 DRAM（动态随机存取存储器）和 Flash（快闪存储器）两大类，根据功能的不同 Flash 又分为 NAND Flash 和 NOR Flash。

存储器是半导体产业的风向标。据 Trend Force 报告，由于苹果 iPhone 手机对移动内存的需求的增加，带动 DRAM、NAND 产销的增长和合约价格持续上涨。

据 WSTS 报道，2014 年世界存储器产品销售额达到 786.1 亿美元，同比增长 17.3%。

其中：DRAM 营收额预计可达 471 亿美元，同比增长 34.7%，是带动 2014 年市场的最大动力。

其中：NAND Flash 产品销售额为 244.0 亿美元，同比增长 36.0%。

当前世界 DRAM 和 NAND 产业厂商分布为：DRAM+NAND+NOR 开发商有三星、美光、海力士等公司，DRAM+NAND/NOR 开发商有东芝、闪迪、南亚科，单一存储器开发商有华邦、飞索和旺宏等公司。原有的尔必达、奇梦达等公司已被整合兼并掉。

（一）2014 年世界半导体存储器产品市场情况

据 IC Insights 报道：随着世界智能手机和平板电脑升级和热销，对存储器需求增大，2014 年全世界存储器销售额达 860 亿美元，同比增长 28.7%，其中：DRAM 销售额达 460 亿美元，同比增长 29.2%；Flash 销售额达 400 亿美元，同比增长 28.2%（图 3.3.74）。

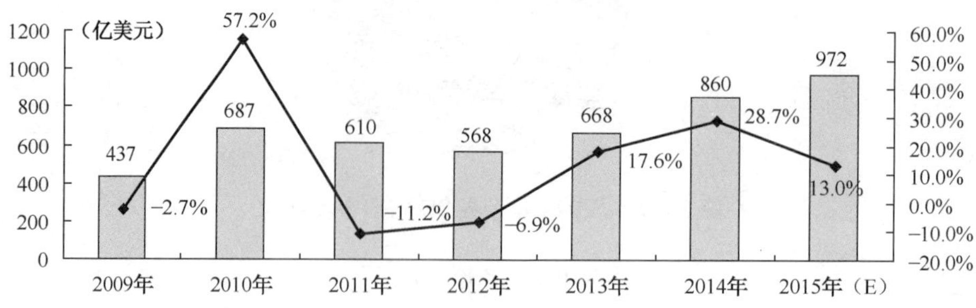

CAGR=14.25%（2009—2015 年）

（资料来源：IC Insights/JSSIA 整理）

图 3.3.74　2009—2015 年世界半导体存储器市场规模及增长

（二）2014 年世界 DRAM 产品市场情况

据 IC Insights 报道：2014 年世界 DRAM 销售额达 460 亿美元，同比增长 29.2%。

1．2009—2015 年世界 DRAM 产品市场规模及增长（图 3.3.75）

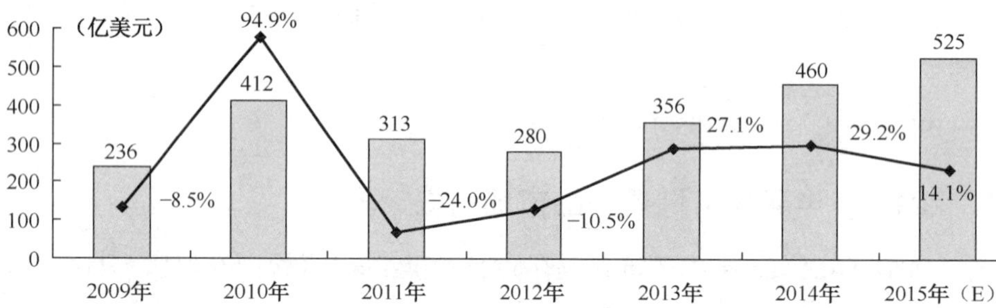

CAGR=14.25%（2009—2015 年）

（资料来源：IC Insights/JSSIA 整理）

图 3.3.75　2009—2015 年世界 DRAM 产品市场规模及增长

2014 年第四季度，韩国三星公司和海力士公司共占全球 DRAM 销售额的 70.4%，创下历史最好成绩。

2．2014 年世界 DRAM 产业产销技术情况

2014 年全球前五大存储芯片公司三星、美光、海力士、东芝、闪迪总营收已占到整个市场 95%的份额（其中三星占 41.4%，海力士占 27.7%，美光占 24%）。

2014 年 DRAM 占海力士公司比重达 80%，占美光营收额的 70%以上，占三星营收入的 32%。

2014 年英特尔扩大 PC 市场占有率来维持公司成长动能，抢攻平板处理器市场来扭转被赶超的局面。

海力士因 2013 年 9 月无锡工厂大火后也在 2014 年逐季恢复生产投片，月投片量达到 14 万片的规模，技术水平达到 20 纳米，并向 1X 纳米制程进发。

三星电子正式量产20纳米Mobile DRAM将有助于三星提升生产力和降低成本的优势，提高竞争力。三星在 2006 年推出 50 纳米 DRAM，2010 年进展到 30 纳米 DRAM，2014 年实施 20 纳米 DRAM，极有可能在 2016 年进入 10 纳米技术。

美光 DRAM 进入 20 纳米世代制程。

3．2014 年中国（大陆）DRAM 产品市场情况

中国大陆目前还不具备生产 DRAM 的条件，但使用和消耗量居世界前茅。

2015 年 3 月，上海武岳峰资本宣布以 6.4 亿美元并购美国上市的芯成半导体，这是我国向存储产业进军的重要一步。

据集邦科技数据，2014 年中国大陆市场消耗的 DRAM 达 102 亿美元，销量为 47.89 亿块，占全球营收额的 20%，其中，Mobile DRAM（移动端的 DRAM）占到全球消耗量的 33.1%，据市场调研机构 DRAMeXchange 预测，2015 年中国大陆将消耗 5.3 亿颗 Mobile DRAM。

（三）2014 年世界 NAND Flash 产品市场情况

2014 年世界 NAND Flash 市场规模达 400 亿美元，同比增长 26.6%。

2014 年 NAND Flash 制程已进入 10 纳米级（三星公司），使智能手机、平板电脑的闪存 eMMC 和笔记本电脑的 SSD 市场转趋强劲。

1．2009—2015 年世界 NAND 闪存产品市场规模及增长（图 3.3.76）

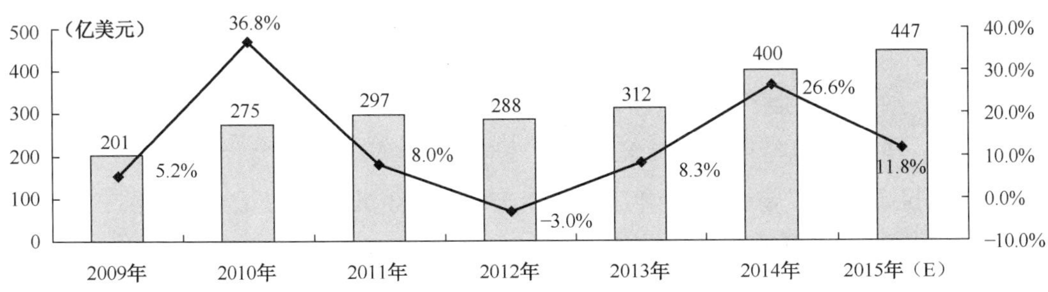

CAGR=8.43%（2009—2015 年）

（资料来源：IC Insights/JSSIA 整理）

图 3.3.76　2009—2015 年世界 NAND 闪存产品市场规模及增长

2．2014 年世界 NAND 闪存产销技术情况（表 3.3.20）

表3.3.20　2014年世界半导体四大NAND Flash厂的2D/3D NAND产品与技术情况

公司名称	2014 年 2D NAND 制程 （nm）	2015 年 2D NAND 制程 （nm）	2015 年 3D NAND 制程 （nm）	3D NAND 制程技术
三星电子	16	14	32/24	电荷撷取闪存（CTF）
东芝/新帝	16	12	28	管道成形位元可变成本（P-Bics）
海力士	16	13	32	垂直堆叠阵列电晶体
美光/英特尔	18	15	32	高介电金属闸极（HKMG）

（资料来源：模组业者）

- 海力士 16 纳米在 2014 年四季度量产，2015 年转入 13 纳米世代；包括三星 14—10 纳米、东芝 12 纳米、美光 15 纳米，在 2015 年将实现 3D NAND 量产。
- NAND Flash 产能上，日本东芝公司现月投 45 万片；三星公司现月投 47 万片，再加韩国平泽工厂和中国西安工厂的建成投产则可拉大与日本东芝的距离。
- 2014 年 10 月 9 日，三星正式宣布 32 纳米 32 层的 128Gb　3D V-NAND 晶圆片量产，包括东芝、海力士、美光、英特尔均将在 2015 年开始投产 3D NAND，使 NAND Flash 由平面 2D 制程走向 3D 制程，2015 年将是 3D NAND 市场起飞的元年。
- 三星在此基础上，2015 年制程将微缩到 24 纳米，拉高到 36 层，产能可增加 1 倍，大幅度提高产能效率。
- 目前三星、东芝、海力士、美光正在全力抢攻高容量 NAND Flash，退出低容量 NAND Flash 行列（芯片容量为 8Gb 以下产品），主要应用于电视、机顶盒、功能型手机、车用电子等市场。
- 三星公司在中国西安市 12 英寸 NAND 生产线正式投产，月投 10 万片，技术水平达 20 纳米，增强了其在 NAND 第一的位置，也引发了世界同业对 NAND 产品的扩张。东芝为维持市场占有率，加快日本 Fab 5 第二期量产；海力士、美光、英特尔也拉高产能，导致 2014 年上半年 NAND Flash 市场供过于求。进入三季度由于苹果 iPhone 及 iPad 的上市旺季，让 NAND Flash 价格止跌回升。

3．近一年来 128Gb NAND Flash 晶圆片平均价格变化（图 3.3.77）

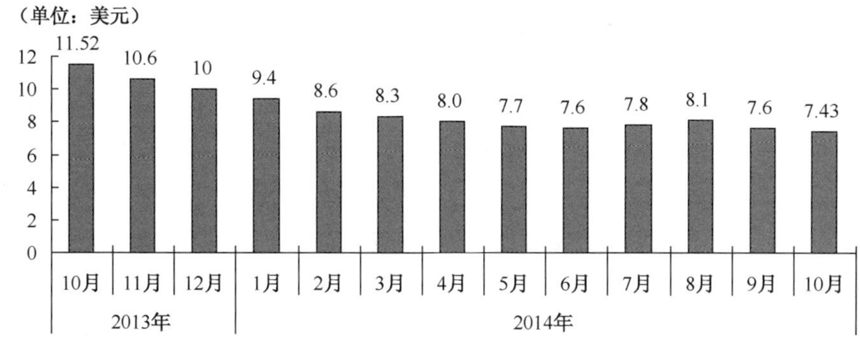

（资料来源：模组业者/JSSIA 整理）

图 3.3.77　近一年来 128Gb NAND Flash 晶圆片平均价格变化

4．2014 年世界半导体从事动态存储记忆体主要生产厂商情况（表 3.3.21）

表3.3.21　2014年世界半导体从事动态存储记忆体主要生产厂商情况

（单位：百万美元）

序	公司名称	2014 年	2013 年	增长率（%）	2014 年占有率（%）
1	英特尔	50840	48590	4.6	15
2	三星	35275	30636	15.1	10.4
3	高通	19194	17211	11.5	5.6
4	美光	16800	11918	41	4.9
5	海力士	15915	12625	26.1	4.7
合计		138024	120980	14.1	40.6

资料来源：Garter

5．2014 年中国（大陆）NAND 产业情况

- 武汉新芯公司已能自主开发和生产 NAND Flash 产品，技术水平达 55—32 纳米，月投 2.5 万片。武汉新芯与美国飞索半导体（SpanSion）签约，联合研发 3D NAND；目前与北京大学、清华大学、复旦大学、中科院微电子所等组成技术先导研发中心，力追世界先进水平，其 3D NAND 项目研发已取得突破性进展，第一个具有 9 层结构的存储芯片通过了存储器功能的电学验证，只用了 8 个月时间。按计划在 2015 年年底将拿出 32 层结构的测试芯片。
- 全球最大 NAND Flash 工厂三星电子西安厂正式于 2014 年三季度量产，并宣布开始投产 128Gb 3D V-NAND 晶圆芯片；四季度 NAND Flash 月投片量提高到 3.5 万～4 万片。
- 中芯国际自主研发 38 纳米 NAND 闪存工艺准备就绪，开始为客户提供代工服务。
- 2014 年中国（大陆）市场需求 NAND Flash 约 63 亿美元，占全球同期总值的 16%

左右；销量为 70.4 亿块，占世界同期总量的 20.6%份额。

（四）中国半导体存储器市场情况

近几年来，中国集成电路产品进口额都超过 2000 亿美元，居全国大宗进口物的第一位。其中 CPU、DRAM、NAND Flash 等都居进口大头之列，我国位列世界存储器消费第一位。

2013 年中国“龙芯”经过三年打造已有了一定规模的基础，形成 CPU 系列产品，在三大应用领域中，安全和嵌入式已走上可持续发展的道路，通用领域仍需政府支持。2014 年是“中国龙芯”大发展时期。

自 2009 年华芯收购奇梦达（西安）研发中心，开始自制研发 DRAM 芯片和固态存储 SoC 主控芯片，DDR3 产品形成了华芯四大产品系列。

在中国自制 CPU、DRAM、NAND 都绕不开设计、晶圆、封装三大制程的制约，都绕不开市场应用、资金的支持和人才的支撑等。在这几方面我国都缺失，技术、产品都被国外大公司所占据。

如果自身没有安全可控的 CPU、DRAM、NAND 产品，市场都被国外企业垄断，一旦出现激烈竞争，在供货上“卡脖子”、“断粮”的现象并非天方夜谭，那时中国产业将会极端被动。

有报道称：中国积极发展 DRAM 产业，将选择一个省市设置本土 DRAM 厂。据业内人士表示，DRAM 厂最终将落户武汉，并由武汉新芯集成电路负责 DRAM 厂设厂事宜。

2008—2015 年中国存储器产品市场规模及预测如图 3.3.78 所示。

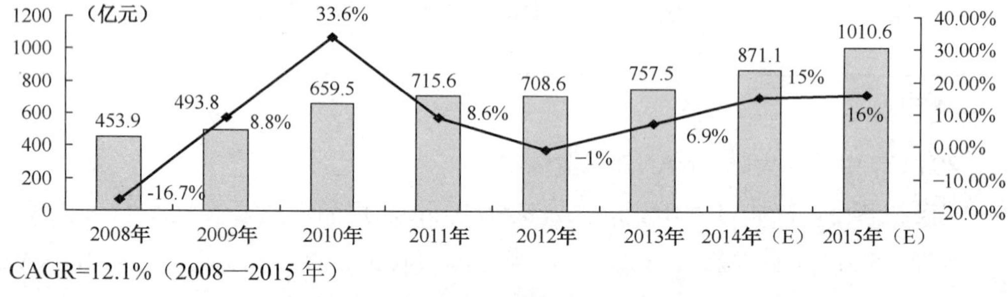

图 3.3.78 2008—2015 年中国存储器产品市场规模及预测

二十三、2014 年世界 CMOS 影像感测器产品市场情况

据市场研究机构（Y.D.I）统计：2014 年世界互补式金属氧化物半导体影像感测器（CMOS Image Sensor）总营收入约为 88.5 亿美元，其中索尼（Sony）占比达 27.0%，与第二名三星（Samsung）的市场差距由 2012 年的 3%拉大到 8%，而豪威（Omni ）ision）则以 17.0%暂居第三位（表 3.3.22）。

表3.3.22　2014年世界CMOS影像感测器市场占比

序号	厂商名称	营收额占比（%）	序号	厂商名称	营收额占比（%）
1	索尼（Sony）	27.0	8	意法（ST）	4.0
2	三星（Samsung）	19.0	9	尼康（Nikon）	3.0
3	豪威（Omni）ision）	17.0	10	派视尔（Pixel Plus）	2.0
4	佳能（Canon）	7.0	11	原相科技（Pixart）	2.0
5	安森美（On Semil Aptina）	6.0	12	赛丽康（Si Li Con File）	2.0
6	格科微（Galaxy Core）	3.0	13	其他（Others）	4.0
7	东芝（Toshiba）	4.0		合计（Total）	100.0

（资料来源：新电子，2015.4）

二十四、2014 年模拟电路产品市场情况

2014 年世界模拟电路产品市场规模为 442.2 亿美元，同比增长 10.2%，占世界半导体市场的 13.3%，占到世界集成电路市场的 16.1%的份额。

据预测，到 2015 年，世界模拟电路市场规模达 474.3 亿美元，同比增长 7.3%，到 2016 年市场规模预计达到 491.8 亿美元，同比增长 3.7%。

1．2010—2016 年世界模拟电路产品市场发展规模及增长（图 3.3.79）

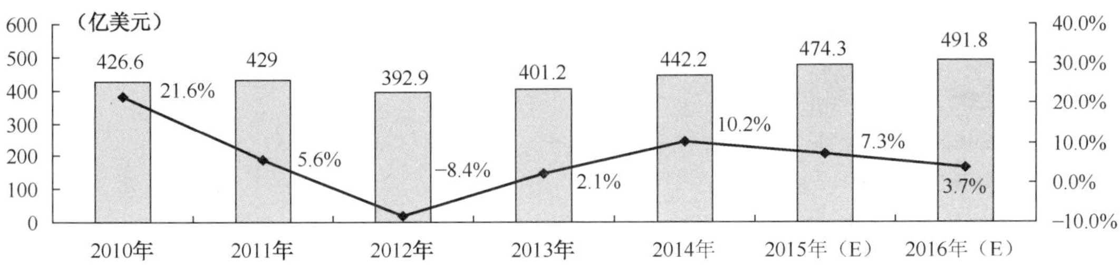

CAGR=2.40%（2010—2016 年）

（资料来源：WSTS/JSSIA 整理）

图 3.3.79　2010—2016 年世界模拟电路产品市场发展规模及增长

从 2013 年以来，当有些企业对模拟电路市场“黯然惜别”之时，国际大公司美信、TI、ADI 等“意气风发”地投入模拟电路。TI 甚至放弃了一部分数字 IC 业务而转投模拟 IC 领域（如传感器类）。模拟 IC 还是高利润率的业务，美国凌力尔特公司利润率达到 70%左右。其高利润率的原因之一就是用 8 英寸和 6 英寸老线在生产，成本相对低下，利润就高了。

2．2014 年中国模拟电路产品市场

中国模拟电路的生产厂家（IC 设计企业）自 2012 年的 146 家大幅度减少到目前的 68 家，我国晶圆制造企业也因模拟电路的下滑和数字电路的兴起，由单一的模拟电路生产转为数字电路或数模混合加工。

模拟电路主要靠技术和工艺相结合，特别需要工艺的支持，其主要瓶颈在于：一是数

字 IC 有标准的 Foundry 来帮助实现，特别是设计工具自动化水平很高。二是模拟 IC 设计工具没多大进展，模拟设计门槛不高，但对模拟设计人员要求很高，需要设计人员经验的积累。三是模拟 IC 工艺和技术集中在 IDM 公司中，国内模拟设计公司缺少代工厂的支持，缺少工艺等方面的“验证”支持。

目前，我国部分 8 英寸生产线和基本全部 6 英寸生产线都用于数模混合或模拟电路生产，如上海华虹宏力公司、华润微电子公司、上海先进公司、首钢微电子、江苏东晨、北京燕东、杭州士兰、宁波比亚迪、杭州立昂、西岳电子、福顺等公司，月投片量达 40 万片（折 6 英寸）的产能，成为我国集成电路产业的主力军。

二十五、2014 年微处理器产品市场情况

据 WSTS 报道：2014 年世界微处理器（Microperip）市场由于受到个人电脑等小幅度增长的带动，其销售规模达 622.1 亿美元，同比增长 6.0%，占到同期世界半导体产业总值的 18.7%（图 3.3.80）。

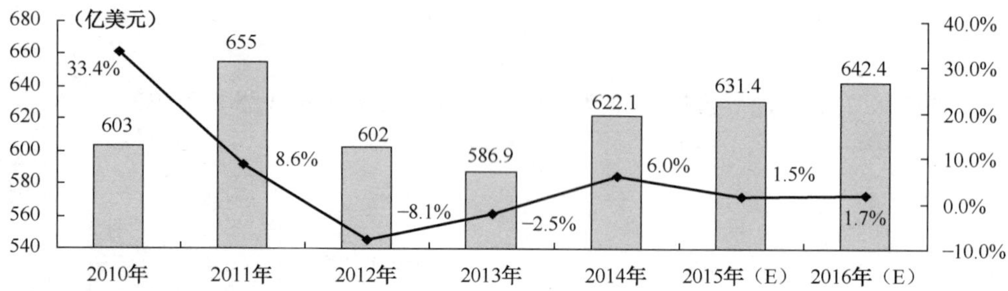

图 3.3.80　2010—2016 年世界微处理器产品市场发展规模及增长

据 IC Insights 报道，由于手机和平板电脑的移动处理器保持较高增长，在手机中应用处理器的销售额 2014 年达到历史最好业绩的 193 亿美元，同比增长 19%，占到微处理器总值的 31%；在平板电脑中应用处理器的销售额 2014 年达 49 亿美元，同比增长 35%，占微处理器总值的 7.9%，也创历史最高水平。

2014 年，个人电脑、服务器、大型计算机和嵌入式应用微处理器市场销售量依然非常巨大，占到微处理器总销量的 64%。

到 2018 年，预计世界微处理器市场规模将达到 870 亿美元，其中：手机应用占 33%，平板电脑应用占 9%，而电脑、服务器、大型计算机、嵌入式应用等领域将缩小市场占比，为 58%左右。

二十六、2014 年逻辑电路产品市场情况

据 WSTS 报道，2014 年世界逻辑电路（Logic）市场规模达 895.5 亿美元，同比增长 4.2%，占同期世界半导体产业总值的 26.9%，成为世界半导体应用市场第一大门类产品，

自 2011 年以来，呈平稳发展的态势（图 3.3.81）。

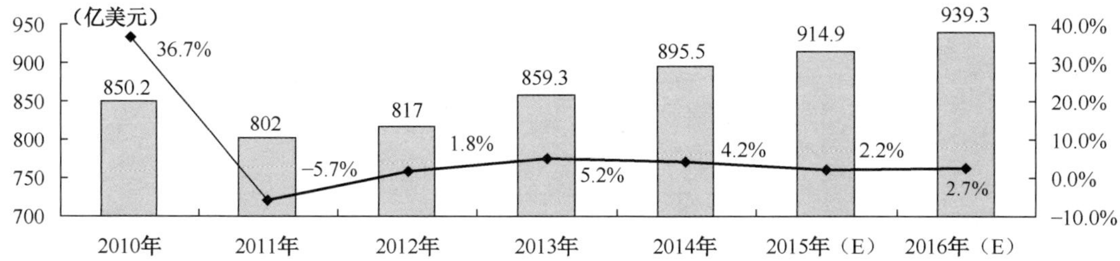

CAGR=1.68%（2010—2016 年）

（资料来源：WSTS/JSSIA 整理）

图 3.3.81　2010—2016 年世界逻辑电路产品市场发展规模及增长

二十七、2014 年微控制器（MCU）产品市场情况

随着智能卡、可穿戴设备、汽车电子、工业控制、智能电网、物联网、医疗电子及消费类电子等领域快速发展，对 MCU 应用需求也越来越多，由于智能化的需求，作为控制中枢的 MCU，要求其性能越来越强大，接口越来越多。从层次上来说，传统的 8 位和 16 位已不能满足市场变化和产品升级的要求；从工艺上来看，32 位 MCU 采用更新的制造工艺，在生产制程和生产成本上已成为可能，更高的性能，更低的价格，更快地占领应用市场。

这几年，MCU 厂商将传统专有内核转向采用 ARM 核来开发，收到了好的效果。飞思卡尔、TI、ST、英飞凌等国际大公司纷纷致力推出 ARM 内核的 MCU 产品。用 ARM 核的 MCU 市场份额由 13%增至 23%，其中采用 Cortex-M 核的市场份额更大。低成本、低功耗的 32 位 MCU 成为市场的主流产品。

据 HIS 报道，中国 MCU 市场从 2013 年至 2017 年复合增长率将达到 7.7%，市场规模由 31 亿美元增长至 45 亿美元。

（一）2014 年世界 MCU 产品市场情况

1．2009—2016 年世界 MCU 产品市场发展规模及增长（图 3.3.82）

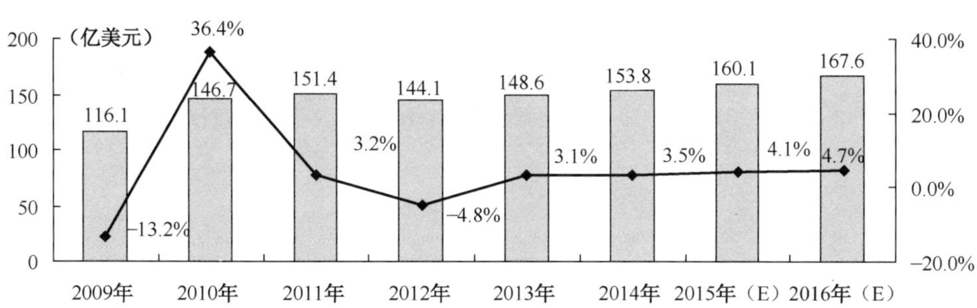

CAGR=5.38%（2009—2016 年）

（资料来源：中国电子报，2014.7.25/JSSIA 整理）

图 3.3.82　2009—2016 年世界 MCU 产品市场发展规模及增长

2．2012—2018年世界MCU产品出货量规模及增长（图3.3.83）

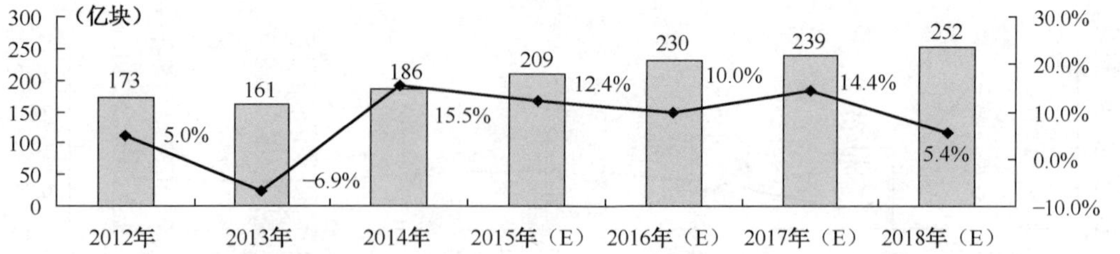

CAGR=6.47%（2012—2018年）

（资料来源：中国电子报，2014.7.5/JSSIA整理）

图3.3.83　2012—2018年世界MCU产品出货量规模及增长

3．2012—2018年世界MCU芯片出货价格情况（表3.3.23）

表3.3.23　2012—2018年世界MCU芯片出货价格情况

年份	2012年	2013年	2014年	2015年（E）	2016年（E）	2017年（E）	2018年（E）
平均价（美元/只）	0.88	0.94	0.85	0.81	0.79	0.75	0.73

（资料来源：IC Insights，2015.02）

（二）2014年中国微控制器（MCU）产品市场情况

1．2009—2016年中国微控制器（MCU）产品市场规模及增长（图3.3.84）

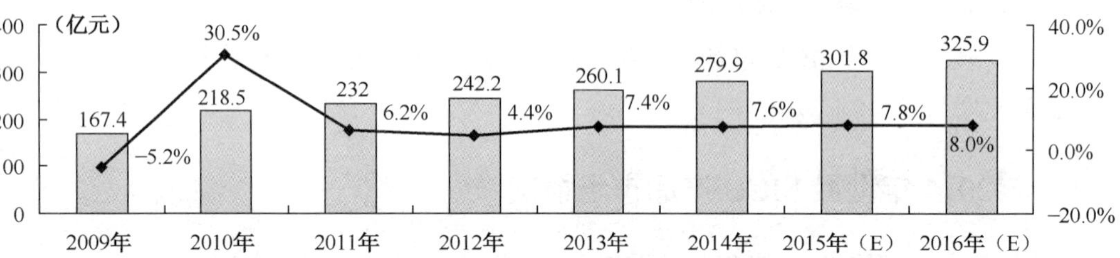

CAGR=9.98%（2009—2016年）

（资料来源：中国电子报，2014.7.25）

图3.3.84　2009—2016年中国微控制器（MCU）产品市场规模及增长

2. 2014年中国MCU应用市场结构（图3.3.85）

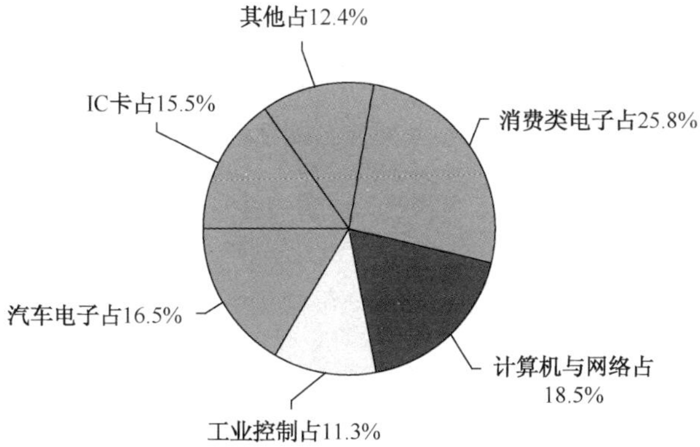

图3.3.85 2014年中国MCU应用市场结构

3. 2013年中国MCU市场品牌结构（图3.3.86）

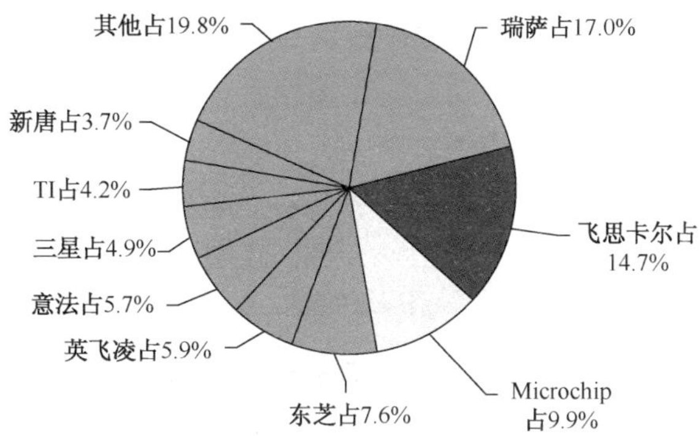

（资料来源：中国电子报，2014.7.25）

图3.3.86 2013年中国MCU市场品牌结构

4. 2014年中国MCU市场应用

2014年，中国MCU市场仍以8位MCU为主流，16位MCU呈下降趋势，32位MCU市场增长最快，但竞争也最激烈。我国工业控制领域是MCU应用最大的市场。此外，汽车电子、智能电表、家用电器、电视、游戏机和传感系统都是MCU的主战场。

（三）2014年MCU技术进步情况

2014年，中国国内MCU市场在工业领域、汽车电子、消费电子、物联网、互联网、IC卡的带动下，增速加快；在部分大厂相继推出4位、8位MCU的情况下，以易兆创新为代表的一批国内企业迅速切入MCU市场，并在2014年进入32位MCU市场，开始在竞争激烈的MCU市场崭露头角。

在世界MCU技术方面Silicon labs公司推出高性能8位单片机MCU，TI推出实时控制应用的32位MCU，ST公司推出ARM Cortex-M4 MCU；飞思卡尔公司推出Kinetis L系列 MCU 和基于 ARM Cortex MO+的 MCU 产品等。

2015 年以后，MCU 发展趋势：

一是 4 位、8 位 MCU 替代需求成为国内企业重要发展的机遇；

二是低成本、低功耗、高精度、高稳定性 MCU 占据更大市场份额；

三是 MCU 企业向提供整体解决方案商发展；

四是传感器搭配 MCU 成为一种新的趋势；

五是丰富的生态系统资源促进 MCU 内核高度趋同，ARM M 系列内核 32 位 MCU 成为发展的主要方向。

二十八、2014 年传感器（MEMS）产品市场情况

传感器（MEMS）作为电子产品的“感知中枢”，在消费类电子、工业、医疗、汽车等领域的应用越来越广泛，在基本功能之外也开始越来越多地承担自动调零、自校准、自标定功能，同时具备逻辑判断和信息处理能力，能对被测量信号进行信号调理或信号处理，这就需要其拥有越来越强的智能处理能力，也即朝着智能化的方向发展。为了使客户能够更快、更便捷地完成系统开发，一些传感器厂商开始将 MCU 与传感器 MEMS 加以整合，提供 MCU+传感器的模块化开发平台，逐渐成为一类产品发展的趋势。

（一）2014 年世界 MEMS 产品市场情况

MEMS 随着汽车电子转向平板电脑、智能手机、数码相机、投影仪后，又迎来高速发展时期，MEMS 已全面渗透到消费电子领域里。亚太地区是 MEMS 主要消费地区，北美仍是 MEMS 汽车电子消费地区。

世界 MEMS 现以 8 英寸生产线为主，汽车电子、医疗电子中的 MEMS 以 6 英寸生产线为主，到 2018 年将全部转为 8 英寸线生产。世界 MEMS 以博世、意法、飞思卡尔等公司为主。

2014 年，世界 MEMS 产品市场规模达 86.3 亿美元，同比增长 7.4%，占到同期集成电路产业总值的 2.6%份额。预计到 2015 年市场规模达 91.5 亿美元，同比增长 6.1%。

1. 2009—2016 年世界 MEMS 产品市场规模及增长（图 3.3.87）

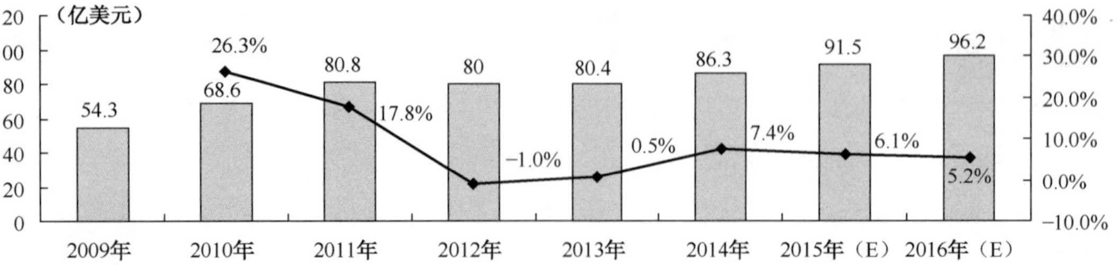

CAGR=8.54%（2009—2016 年）

（资料来源：WSTS/JSSIA 整理）

图 3.3.87　2009—2016 年世界 MEMS 产品市场规模及增长

据 Yole Development 预测，2015—2020 年世界 MEMS 市场年复合增长率为 10%～13%；未来几年里，MEMS 产品将从目前相对成熟的惯性传感器、压力传感器、MEMS 麦克风和红外传感器拓展到 MEMS 执行器、生物传感器、气体传感器等更多种类产品，MEMS 产品也将随智能移动智能终端、汽车电子等向更加宽广的物联网市场发展。

2. 2014 年世界 MEMS 产业前十大企业营收入情况（表 3.3.24）

表3.3.24　2011—2014年世界MEMS产业前十大企业营收入情况

（单位：亿美元）

序	企业名称	2014 年		2013 年		2012 年		2011 年
		收入	同比（%）	收入	同比（%）	收入	同比（%）	收入
1	博世	12.0	20.0	10.01	26.1	7.94	8.0	7.35
2	意法	8.0	3.0	7.77	-2.1	7.94	23.3	6.44
3	德仪	7.8	9.4	7.13	-9.4	7.87	1.4	7.76
4	惠普	5.4	-12.9	6.20	-8.1	6.75	-9.8	7.48
5	楼氏电子	4.6	-7.1	4.95	47.3	3.36	23.1	2.73
6	安华高科	3.9	8.9	3.58	7.8	3.32	20.2	3.69
7	电装	3.7	—	—	—	—	—	—
8	松下	3.6	—	—	—	—	—	—
9	Qorvo	3.4	—	—	—	—	—	—
10	应美盛	3.3	—	—	—	—	—	—

（资料来源：CCID 2015.5/JSSIA 整理）

3. 有关 MEMS 的信息

据《大陆传感器产业发展白皮书 2014》显示，2012 年世界传感器市场规模达 952 亿美元，2013 年约为 1055 亿美元。

据《全球 MEMS 产业联盟》统计报道，2014 年世界 MEMS 传感器市场规模达 130 亿美元，其中最大消费类应用规模达 59 亿美元，到 2019 年预计超过 100 亿美元，年复合增长率约 11.2%。

（二）2014 年中国 MEMS 产品市场情况

“物联天下，传感先行”。近年来随着物联网、智能手机、汽车电子、医疗电子等产业的快速发展，对陀螺仪、加速度传感器、MEMS 麦克风等传感器件的需求不断增加，传感器产业进入快速发展阶段。

作为物联网服务实现的载体，传感器在物联网领域的地位至关重要，无论是智能电网、智能医疗、智能交通，还是智能家居、智能监控、智能楼宇等各大物联网应用系统中，传感器都发挥着举足轻重的作用，离开了传感器，所有关于智能世界的美好理想都将化为乌有。传感技术应同计算机技术与通信技术一起合称为信息技术领域的三大支柱。以传感器为代表的感知制造业将是未来重要的战略性新兴产业，是信息系统的源头，是实现自动化、智能化的核心。

但是，我国传感器产业在迎来发展机遇的同时，也面临着挑战。目前，我国的敏感元器件、传感器与国际先进水平的差距还很大，国内企业提供的产品还远远满足不了物联网和 IT 行业等的需求。我国市场上使用的高端传感器核心芯片大量来自进口，国内大多数企业只能集中于中低端市场。2014 年，我国传感器市场销售额突破 1000 亿元（860 亿元），但进口占比较大，其中传感器约 60%，传感器芯片约 80%，高端 MEMS 芯片 100%为进口。由于半导体芯片/MEMS 技术进展较慢，国产可用于智能终端、可穿戴设备等产品的传感器种类及数量较为有限。

（三）2014 年中国 MEMS 产品技术进步情况

当前传感器产业正处于传统型产品向新型传感器转型的阶段。以 MEMS 等为代表的新型传感器，不仅促进了传统产业的改造，而且在工业化、信息化推进过程中作用巨大，属于战略性产业。同时，传感器产业也是我国可以大有作为的重要产业之一。中国不应在这一领域有所缺失。

中国大陆美新科技公司等大力发展传感器产业。格科微电子公司从 200 万美元创业发展到 2013 年销售额达 2 亿美元，图像传感器月产量近 9000 万，十年间每年递增 70%以上。格科微电子发展是自身由小变大的历程，还将带动 MEMS 产业链由弱变强。无锡中星微致力于研发传感芯片、多媒体传感网芯片，建立我国物联网工程研发、科技创新和产业化基地，其射频芯片产品应用于可穿戴产品设备，处理器芯片应用于平板电脑、智能手机等，视频 IC 芯片应用于视频监控产品设备等。

2014 年苏州明皜传感科技公司开发出 MEMS 加速度传感器系列产品：da210、da211、da213，该产品系列采用自主研发的 8 英寸 MEMS 制造工艺和晶圆级封装，以 BGA 技术为基础，采用制造工艺和芯片设计同步优化，加工效率高，具有倒装芯片封装的优点。

（四）2014 年中国 MEMS 产品生产情况

1. 2014 年中国 MEMS 产品生产规模

据 CCID 报道，2014 年中国 MEMS 产品销售额突破 200 亿元规模。生产企业有华润上华、中芯国际、上海先进，其中部分 MEMS 代工厂拥有 8 英寸生产线，拥有 MEMS—CMOS 平台、硅中介层，并提供一站式服务。

2. 2014 年中国 MEMS 封测规模

国内企业有：天水华天、长电科技、苏州晶方科技、通富微电等公司，部分企业采用三维硅通孔技术（TS））、晶圆级封装（WLP）等。

3. 2014 年中国 MEMS 正掀起建线扩产的热潮

2014 年中国 MEMS 正掀起建线扩产的热潮，洛阳力盛芯正在建 8 英寸 MEMS 生产线，辽宁抚顺罕王集团正在建 8 英寸生产线，中电 13 所建 6 英寸线，山东淄博建 4 英寸中试线，蚌埠建 6 英寸中试线。可以肯定，随着 MEMS 生产线的建成，我国 MEMS 发展能力将大大加强，但也要克服一哄而上的低水平重复建设的弊端。

2008—2016 年中国 MEMS 传感器市场规模及增长如图 3.3.88 所示。

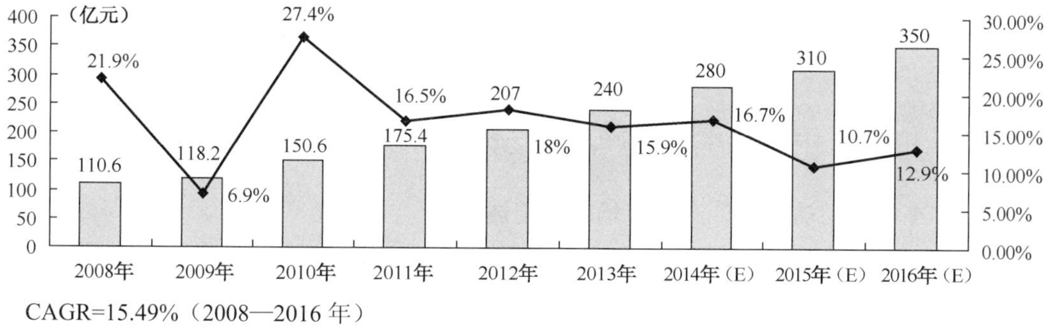

图 3.3.88　2008—2016 年中国 MEMS 传感器市场规模及增长

江苏 MEMS 产业资源集聚度最高，正成为国内 MEMS 创新与产业化最具吸引力的区域，MEMS 产业资源主要集聚在南京、无锡、苏州三个城市。苏州在 MEMS 产业布局多年，目前形成了 MEMS 传感器的芯片设计、研发、中试、封装测试的全覆盖的产业特色，苏州纳米科技发展有限公司投资 4.6 亿元建成 6 英寸微纳机电制造（MEMS）中试线，2014 年正式运营，该中试线占地 16000 平方米，其中超净工艺场地占地 5200 平方米，为中小 MEMS 企业新产品开发和发展带来了福音。

二十九、2014 年功率器件产品市场情况

（一）2014 年世界功率器件产品市场情况

由于互联网、3G 等新应用领域的出现，使得半导体产业发展的驱动力更多地来自于应用和相应功能开发。当前半导体产业的应用热点已从最初的计算机、通信和消费类电子向智能消费类、智能移动、新能源、汽车电子等领域扩展。

半导体市场上功率器件产品主要包括电源管理电路、功率 MOSFET、IGBT、晶闸管和达林顿管等。

目前功率器件无论是产品还是技术，欧美日厂商都占据绝对优势，尤其是美商对市场一直保持较大的领先优势。

2009—2015 年世界功率器件产品市场规模及增长如图 3.3.89 所示。

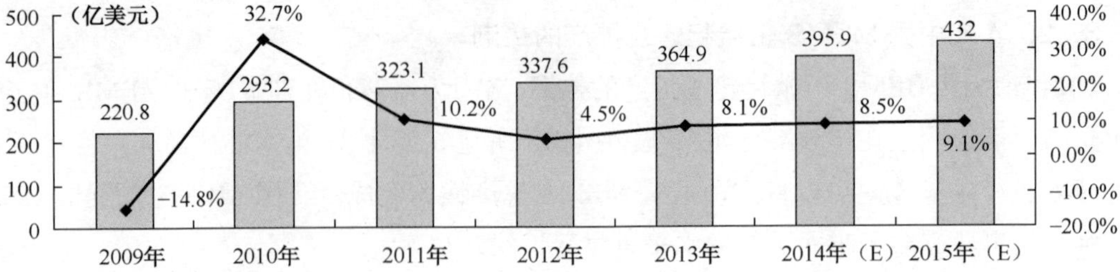

CAGR=11.84%（2009—2015 年）

（资料来源：CCID/JSSIA 整理）

图 3.3.89　2009—2015 年世界功率器件产品市场规模及增长

（二）2014 年中国功率器件产品市场情况

1．2014 年中国功率器件产品市场发展简述

中国是世界最大的功率器件消耗市场，尽管国外企业掌握着先进技术和高端产品，占据中国 40%的高端产品应用市场。但是，我国本土企业凭借多年技术积累，扩大生产线建设数量、提升产品研发能力以及积极快速的客户服务响应，功率器件快速得到发展，产品竞争力进一步提升。

2014 年中国功率器件产品市场上扬的原因：一是智能消费电子市场持续火爆，引发中国电子信息产业“中国制造”走向世界；二是汽车、物联网、家居、医疗保健等领域市场增长迅猛；三是 IGBT、MOSFET 在高压领域得到广泛应用；四是电源管理 IC 在 LDO、DC/DC 及 PMU、电池管理应用提高；五是功率器件在工业控制、轨道交通、计算机、汽车电子、网络通信等领域成为主要应用领域。

2．2014 年中国功率器件产品市场情况

2014 年中国功率器件产品市场为 1344.3 亿元，同比增长 9.4%。

预计 2015 年中国功率器件产品市场为 1484.1 亿元，同比增长 10.4%（图 3.3.90）。

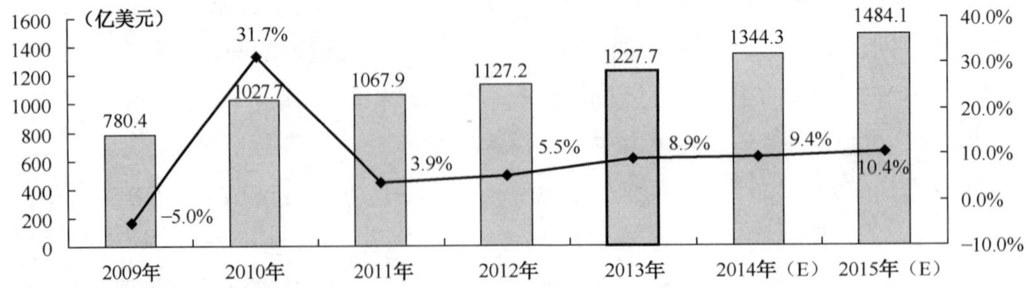

CAGR=11.31%（2009—2015 年）

（资料来源：CCID/JSSIA 整理）

图 3.3.90　2009—2015 年中国功率器件产品市场规模及增长

2014年中国功率器件市场产品结构如图3.3.91所示。

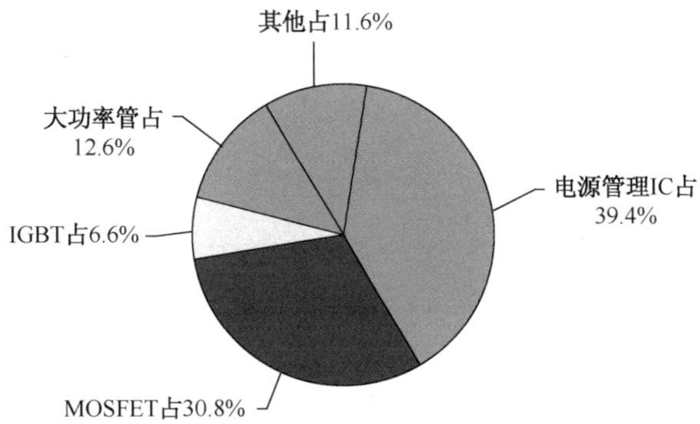

图3.3.91　2014年中国功率器件市场产品结构

2014年中国功率器件市场品牌结构如图3.3.92所示。

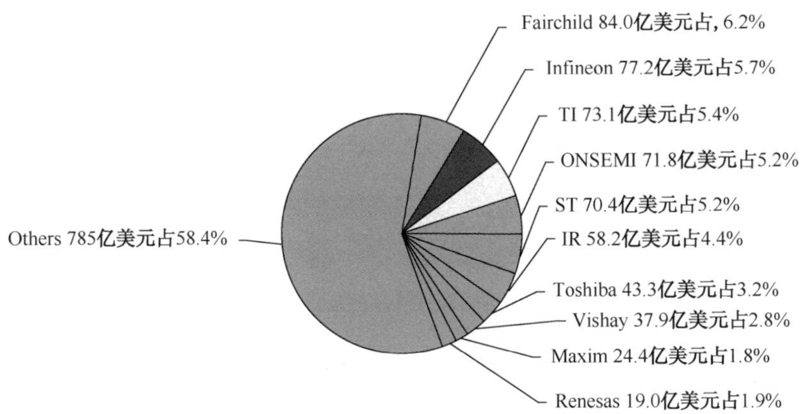

（资料来源：CCID/JSSIA整理）

图3.3.92　2014年中国功率器件市场品牌结构

3．2014年中国功率器件IGBT产品市场和产品进步情况

1）2014年中国功率器件IGBT产品市场情况

IGBT模块广泛应用于UPS、SVG、动车组变频器、高压风机水泵变频器、高频电焊机、风电变流器、光伏逆变器等领域，对节能环保经济意义重大。

2014年，我国IGBT产品市场销售规模约为5.1亿个，销售额达88.7亿元。目前我国IGBT市场绝大部分份额被国外品牌所占有。

2014年6月，我国第一条、世界第二条8英寸IGBT芯片生产线在湖南株洲原南车株洲所建成投产，目前月投1万片，技术水平为0.35～0.18微米，IGBT受制于人的局面已被打破，实现了IGBT从研制到应用完全国产化的成果。2014年年底，原北车的永济电机公司自助研发IGBT产品中标国家智能电网，这一成果标志着国产IGBT产品已进入国际高端产品之列。

2）2014 年中国功率器件 IGBT 产品技术进步情况

2014 年江苏宏微科技股份有限公司自主开发出一种新型的 NPT IGBT 结构的新产品和新技术，如增加 MOS 栅控晶体管原胞密度的制作方法，可实现高抗闩锁能力、软的关断特性和短拖尾电流等。

无锡华润华晶微电子有限公司开发出 600～6500V IGBT 配套 FRD 芯片制造技术——平面超高压终端结构，采用多场限环+场板+截止环的复合结终端结构设计，以实现器件的超高阻断电压，实现超过电压的稳定可靠等技术。

淄博美林电子有限公司开发出 8A/1200V 绝缘栅双极型晶体管单管（IGBT 单管）及 50A、150A、200A/1200V 绝缘栅双极型晶体管模块（IGBT 模块）。

吉林华微电子股份有限公司采用 VLD 终端设计的垂直双扩散金属——氧化物半导体场效应晶体管。

3）2014 年中国功率器件 IGBT 产品生产与发展情况

- 中国功率器件 IGBT 生产企业有：华润上华、天津中环、吉林华微、宁波比亚迪、上海华虹宏力、上海先进等。
- 2014 年正在建设中的功率器件 IGBT 厂家有：吉林华微 8 英寸生产线、吉林华微斯帕克电气公司的功率模块封装线、苏州同冠低功耗半导体功率器件生产线、广州多晶电子功率半导体器件封装线等。
- 中车永济（北车）、广州美的、国家电网等骨干巨头也投资建厂。
- 上海先进（ASMC）与中车北车股份（CNR）签署联合协议，以上海先进公司在 IGBT 芯片技术及生产、开发上的能力，加上北车在 IGBT 模块封装上的能力和应用市场的能力来扩大 IGBT 大规模商用产业生态链。

4. 2014 年中国 MOSFET 产品市场情况

2014 年中国 MOSFET 产品市场规模预计达 414 亿元，同比增长 8.7%左右。就目前国内 MOSFET 市场来看，高端 MOSFET 仍被意法、英飞凌、东芝、飞兆等公司占有，国内企业正在通过提升产品质量及服务等手段来不断增强竞争实力。在中档产品中已达到和超过国外同类产品，同时也伴随着不断降价，产生了不应有的竞争。

三十、2014 年电源管理电路产品市场情况

（一）2014 年世界电源管理电路产品市场简况

2014 年，由于便携式智能互连终端，尤其是新型的平板电脑和智能手机、工业控制等产业的快速发展，推动了智能电源管理电路市场规模的增长。2014 年世界电源管理电路市场预计为 349.4 亿美元，同比增长 8.5%。

1．2010—2016 年世界电源管理电路产品市场发展规模及增长（图 3.3.93）

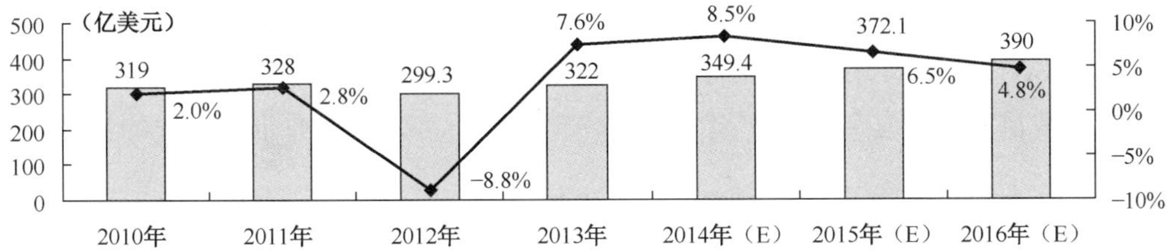

CAGR=3.41%（2010—2016 年）

（资料来源：JSSIA 整理）

图 3.3.93　2010—2016 年世界电源管理电路产品市场发展规模及增长

2．2010—2016 年世界智能电源管理芯片出货量发展规模及增长（图 3.3.94）

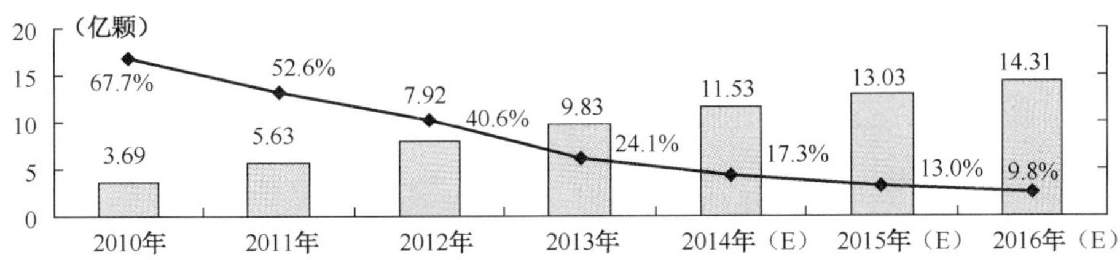

CAGR=25.34%（2010—2016 年）

（资料来源：CCID，2014.7）

图 3.3.94　2010—2016 年世界智能电源管理芯片出货量发展规模及增长

（二）2014 年中国电源管理电路产品市场情况

1．2014 年中国电源管理电路市场

2014 年，由于受到智能手机、平板电脑、智能彩电的快速增长需求的扩大，同时也受到 PC 和笔记本电脑的需求下跌的干扰，2014 年电源管理电路仍有较好的增长，其主要原因有：多数终端设备需要改进电源管理电路功能，这将促进电源管理 IC 产业的发展，应用于移动通信、通信、能源、建筑等领域，尤其是混合动力及电动汽车、太阳能、智能手表、电网升级、医疗电子等。

传统的电源管理 IC 种类繁多，包括 LDO、DC—DC、Driver 和 PMU，近年来随着手机等移动设备对电源管理要求的提升，一些分立的电源管理芯片，如 LDO、DC—DC 等，都被集成到电源管理单元（PMC）中，消费电子、网络通信、移动互连领域都是目前电源管理 IC 的主要市场，汽车电子、新能源领域也开始逐渐发力。

电源管理 IC 市场还包括电压调节、电源接口 IC、专用电源管理 IC 及其重要的功率分立器件，如功率小于 1W 的功率晶体管，0.5A 以上的整流器、晶闸管等，长期以来处于头号电源管理器件的绝缘栅双极晶体管（IGBT），发展前景看好的高功率的 MOSFET 和用于保持稳定电压的线性稳压器等。

电源管理电路生产企业中，国外的有：德仪、美信、飞兆、安森美、国家半导体、Intersi、理光、意法等著名公司。国内企业有：昂宝、美芯、芯源、中芯微、圣邦微、长运通、启达等公司。我国企业功能较专一，各有特色，但起点不高，还没有形成较大的规模。

2．2014 年中国电源管理电路市场发展规模

2014 年中国电源管理电路市场规模预计达 529.7 亿元，同比增长 10.3%。

到 2015 年中国电源管理电路市场规模预计达 600 亿元，同比增长 13.2%（图 3.3.95）。

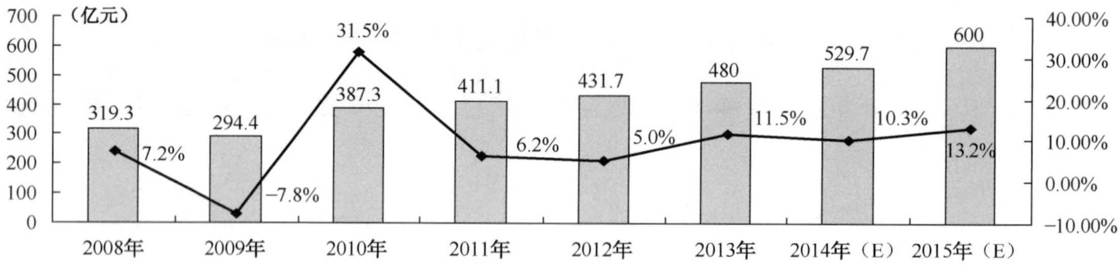

CAGR=9.43%（2008—2015 年）

（资料来源：中国电子报、HIS isuppli/JSSIA 整理）

图 3.3.95　2008—2015 年中国电源管理电路市场规模及增长

3．2014 年中国智能电源管理芯片出货量（表 3.3.25）

表3.3.25　2014年中国智能电源管理芯片出货量

年份	2007	2008	2009	2010	2011	2012	2013	2014	2015（E）	2016（E）
智能电源管理芯片出货量（亿颗）	0.55	1.0	1.28	2.40	3.85	5.11	6.53	8.02	9.24	10.02
同比增长率（%）	—	81.8	28	87.5	60.4	32.7	27.8	22.8	15.2	8.4

CAGR=38.06%（2007—2016 年）

4．2014 年中国智能电源管理芯片市场品牌结构（图 3.3.96）

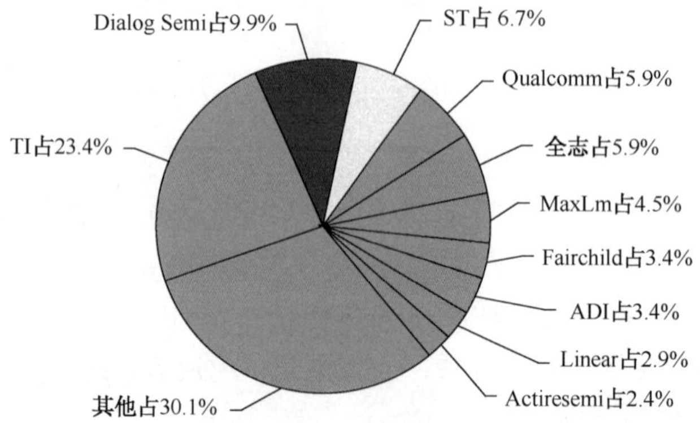

图 3.3.96　2014 年中国智能电源管理芯片市场品牌结构

第四节 2014年中国LED产品市场发展情况

一、2014年世界LED产业发展简况

（一）2014年世界LED产业发展情况

1．2014年世界LED产业销售收入

随着LED照明市场快速启动，LED进入高速发展的成长期。由于LED背光源领域的渗透率已超过90%，成长空间有限，同时LED照明市场的渗透率仅为7%，因而LED未来的增长空间在照明领域，据Display Search的预测，在2014年LED照明用芯片需求量将超过背光源，成为行业最大的应用市场。

2．2008—2014年世界LED产业销售收入规模与增长（图3.4.1）

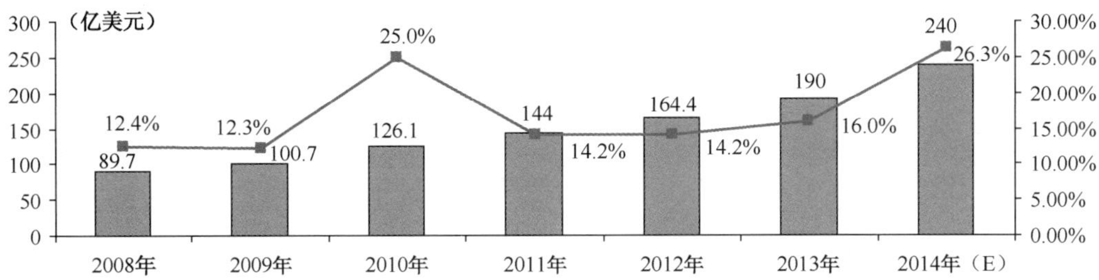

CAGR=17.82%（2008—2014年）

图3.4.1 2008—2014年世界LED产业销售收入规模与增长

3．2009—2014年世界LED照明市场规模与增长（图3.4.2）

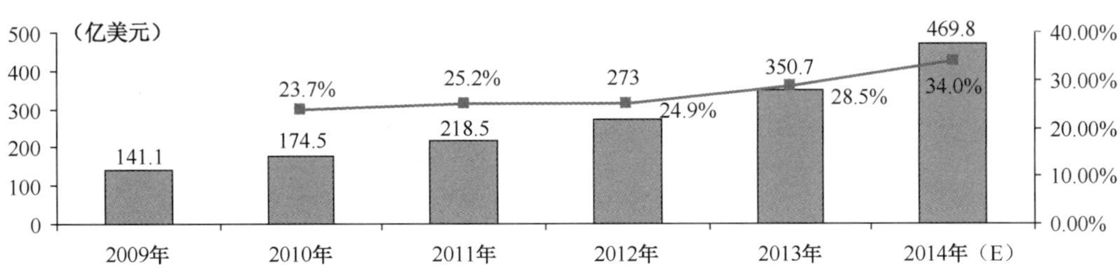

CAGR=27.20%（2009—2014年）

（资料来源：赛迪智库）

图3.4.2 2009—2014年世界LED照明市场规模与增长

4．2014年世界前十大LED企业产业链布局情况

2014年世界LED产业链（外延、芯片、封装、模组、应用）前十位企业见表3.4.1。

表3.4.1　2014年世界前十大LED企业产业链布局情况

序号	企业名称	外延	芯片	封装	模组	应用
1	日亚化学	√	√	√	√	
2	三星 LED	√	√	√	√	√
3	欧司朗	√	√	√	√	√
4	LG Innotec	√	√	√	√	
5	首尔半导体			√	√	√
6	飞利浦流明	√	√	√	√	√
7	科锐	√	√	√	√	√
8	丰田合成	√	√	√	√	√
9	亿光电子			√	√	
10	晶元光电	√	√			

（资料来源：中国电子报，2014.8.26/JSSIA 整理）

5．2014 年世界 LED 产业前十五大企业营收额情况（表 3.4.2）

表3.4.2　2014年世界LED产业前十五大企业营收额情况

序号	公司名称	2014 年收入（亿美元）	2013 年收入（亿美元）	同比增长率（%）	市场份额（%）
1	日亚化学	26.1	25.1	3.9	15.6
2	欧司朗	19.7	16.2	21.8	11.7
3	飞利浦流明	18.9	13.4	41.0	11.3
4	科锐	16.5	13.9	18.9	9.8
5	三星电子	14.0	13.9	0.6	8.4
6	首尔半导体	10.6	9.2	14.9	6.1
7	亿光电子	10.1	8.1	24.9	6.0
8	LG innotek	9.1	9.3	−2.7	5.4
9	晶元光电	8.9	7.1	24.6	5.3
10	光宝科技	7.9	6.7	17.5	4.7
11	三安光电	7.4	6.0	22.7	4.4
12	Lumens	7.1	5.8	22.7	4.2
13	夏普	5.1	4.9	4.5	3.0
14	龙达电子	4.7	4.5	4.4	2.8
15	丰田合成	4.3	4.5	−4.4	2.6

（资料来源：CCID，2015.5）

（二）2014 年世界 LED 产业技术进步情况

1．2014 年日裔科学家在 LED（兰光）获诺贝尔物理学奖

2014 年 10 月 8 日，据诺贝尔官方网站消息，日裔科学家赤崎勇、天野浩和中村修二因发明“高亮度蓝色发光二极管”获得 2014 年诺贝尔物理学奖。他们分别开发出氮化镓

（GaN）结晶化技术、青紫色激光二极管，使得LED生产商能够生产三原色（红、绿、蓝）LED，从而使实现1600万色成为可能。三位获奖者发现新型高效、环境友好型光源，在蓝色发光二极管（LED）方面做出巨大贡献，在蓝光LED的帮助下，白光可以以新的方式被创造出来，使用LED灯，人们可以拥有更加持久和更加高效的灯光来代替原来的光源。

2．2014年世界LED产业技术情况

LED技术（知识产权）仍由日亚、丰田合成、美国科锐、飞利浦流明及德国欧司朗五大公司控制，达成LED专利交叉许可协议，形成了严密的专利交叉网。

目前LED白光实验室可达254 Lm/W，产业化为140～150 Lm/W；最近CREE推出160 Lm/W的产品，蓝光光效达300 Lm/W，红光光效达240 Lm/W，绿光光效达160 Lm/W。

3．LED外延、芯片业技术情况

在图形化衬底及同质外延方面，采用多种方法生产采用GaN衬底，并在GaW衬底上生长GaN的LED，可降低成本50%。

在8英寸的Si衬底上生长GaN，可用现有多余生产设备，简化工艺流程，大幅度降低成本，提高产品均匀一致性，这将推动8英寸的Si衬底上生长外延的进程。

在芯片结构方面已出现多种新结构。有典型的六面体发光芯片，采用纳米级六角棱锥结构技术做出LED，可实现半极性、非极性生长GaN，散热好、晶体质量好，取得突破性进展。

由于GaN外延、芯片技术的不断突破，采用不同衬底、新结构和纳米级技术等可生长低位错的GaN，做出高光效的LED。在没有波长转换时，其光效可超过300 Lm/W。在采用荧光粉波长转换时，光效可超过200 Lm/W。还可开拓单芯片多色的新技术路线，目前世界LED芯片发光效率最高的是美国Gree公司，达到200Lm/W左右的水平。同时，采用新技术和大圆片技术生长外延，可大幅度降低外延、芯片制造成本。

4．LED封装业技术情况

LED封装已向倒装、COB、集成封装、模块化等形式发展，更加符合应用需求。COB技术可将多颗LED芯片直接封装在金属基板印制电路板上，可以通过基板直接散热，也可减少支架的制造工艺与成本，还可减少热阻，COB现在发展到铝基板和陶瓷基板上，成为一个新的LED光源模组。

目前，美国Cree公司采用COB光源生产工艺，单次可以集成100粒芯片，良品率可达98%以上，技术水平和生产工艺处于领先的状态。

但COB封装仍存在光衰、寿命短、可靠性差等不足，现正在进行技术攻关，如能得到解决将是未来封装的主导方向。

现在玻璃衬底LED技术、免封装芯片技术、软基板封装技术（COF）等新技术也在不

断出现。

（三）2014 年世界 LED 照明市场情况

2014 年对世界 LED 行业来说，是充满“刺激”的一年，又是“精彩纷呈”的一年。

据 SU 报道，2014 年以来普通照明的全球市场为 595 亿美元，其中 LED 灯具占到三分之一。预计 LED 灯具从 2014 年到 2022 年将保持 11%的年增长量，随着 LED 技术创新发展，未来 LED 灯具平均价格将会进一步下降而增加其市场渗透率。

1. 2013—2015 年世界 LED 照明市场规模比重分布情况（表 3.4.3）

表3.4.3　2013—2015年世界LED照明市场规模比重分布情况

国家（地区）	2013 年	2014 年	2015 年（E）
日本	20.6%	18.7%	17.0%
美国	15.7%	17.8%	18.8%
欧洲	16.0%	17.4%	19.2%
中国大陆	10.7%	13.0%	15.3%
俄罗斯	3.7%	4.1%	4.1%
印度	1.8%	2.6%	2.7%
其他	31.5%	26.6%	22.8%

（资料来源：DIGITIMES）

2. 2014 年世界 LED 照明市场规模及渗透情况（图 3.4.3）

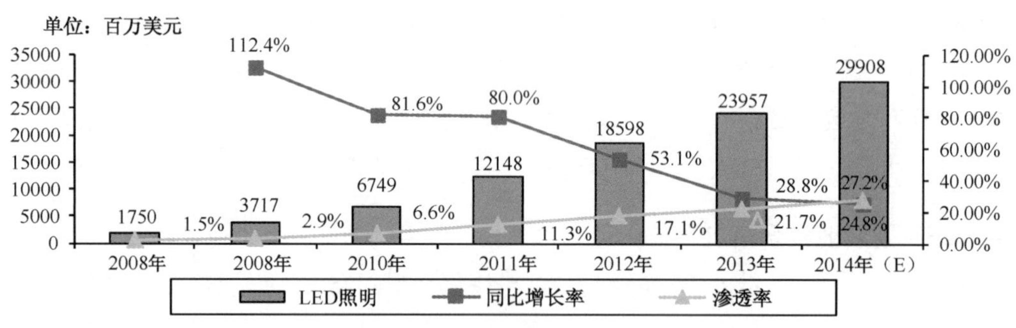

CAGR=60.49%（2008—2014 年）

（资料来源：DIGITIMES，2015.2）

图 3.4.3　2008—2014 年世界 LED 照明市场规模及渗透率

3. 半导体厂商跨界进入照明行业

2014 年世界半导体厂商纷纷跨界进入 LED 照明行业，以智能照明为平台，抢占智能家居入口，基于智能照明技术优势，进军物联网市场。

恩智浦（NXP）发布了业界第一个基于低成本、低功耗 32 位 ARM 处理器的有线照明控制系统开发平台。德州仪器（TI）推出具有 ARM 微控制器高集成芯片，能满足智能照明系统需求。美满科技（Mar）ell）正在打造全面智能照明芯片平台解决方案。IDM 厂商英特尔（Intel）公司也在 2014 年推出软、硬件一体化的智能照明网关解决方案。

据预测，未来 5 年各种物联网、互联网设备增长 300%，到 2020 年，物联网与互联网应用将带来 10 万亿美元市场规模，未来智能照明包括照明、感知、控制、通信四大要素，结合远程控制及近距监控的无线通信技术，整合照明终端设备，建立闭环生态系统。

4．2014 年 LED 照明新应用

全球 LED 植物照明源 2013 年起呈高速成长态势，从千万美元规模到 2014 年的 3500 万美元，到 2017 年有望达到 3 亿美元。LED 灯不仅比普通荧光灯节能 60%～80%，且光源组合特殊，除红、蓝光外，还可以加入不同比例的绿光、黄光及远红外光，可增加植物体本身的叶绿素等各种营养成分，还可以提高植物产量 10%～20%。LED 光源还可随季随气候条件调控。

二、2014 年中国 LED 产业发展简况

（一）2014 年中国 LED 产业发展情况

据 CCID 报道，2014 年中国 LED 产业规模达 687 亿元，同比增长 28.4%，预计到 2015 年将达到 920.5 亿元，同比增长 34.0%。

2014 年我国 LED 产业发展强劲，外延芯片企业开工率有所提升，封装企业订单饱满，企业进入稳定盈利阶段，一改过去增收不增利的状况；国产芯片市场占有率继续提升，但芯片厂两极分化愈加严重，芯片朝着小尺寸、大电流、低电压、高流明方向发展；LED 技术主要集中在美、日、韩等国际大厂手中，国际大厂屡屡对我国国内企业施加专利压力，智能 LED 照明及其芯片是 LED 产业下一个发展的新增长点。

1．2011—2015 年中国 LED 产业规模及增长（图 3.4.4）

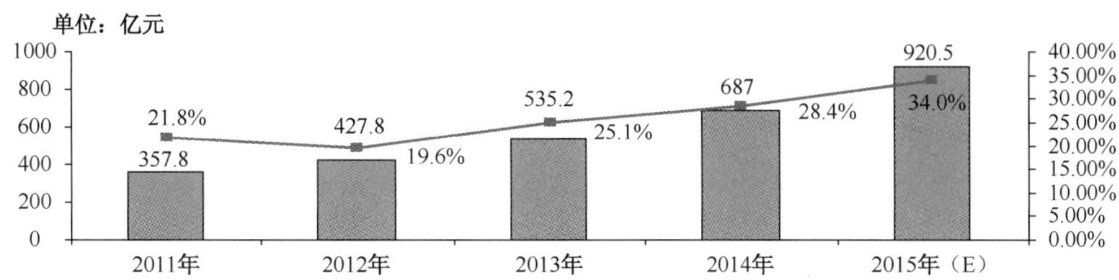

GAGR=26.65%（2011—2015 年）

（资料来源：CCID）

图 3.4.4　2011—2015 年中国 LED 产业规模及增长

2. 2014 年中国 LED 产业结构情况

中国 LED 产业区域分布：

2014 年中国 LED 产业形成了上海、大连、南昌、厦门、深圳、扬州和石家庄七个国家半导体照明工程产业化基地，形成长三角、珠三角、闽三角及北方地区的 LED 产业集聚地。

2014 年中国 LED 产业结构比重如图 3.4.5 所示。

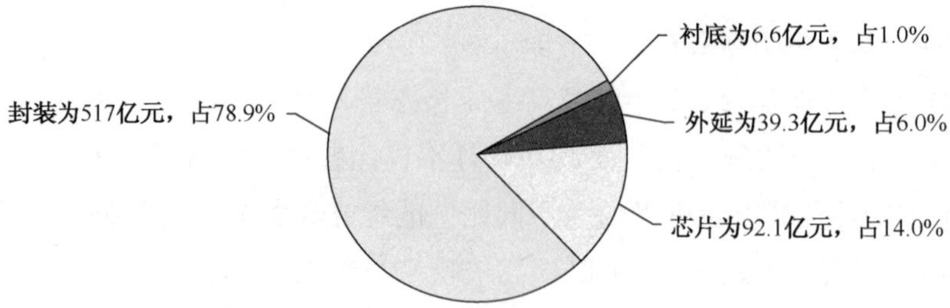

图 3.4.5　2014 年中国 LED 产业结构比重

2014 年我国 LED 产业前道制程收入为 138 亿元，同比增长 31%，产量增幅达 69%；其中外延芯片制造收入为 131 亿元，同比增长 36.5%，其中 GaN 芯片产量占 60%，InGaALP 芯片产量占 28%，GaAs 芯片产量占 12%。

2014 年我国 LED 倒装芯片凭借其优良的电流扩展和出光率特性，已被市场认可，产量增长较快，LED 总体封装业收入达 517 亿元，同比增长 28%，占比为 78.9%。

2014 年我国 LED 产品规格以 0.2～1W 的中功率器件成为市场的主流产品，市场占有率超过 55%，而大功率 LED 占比不到 15%，近 30%的为 0.2W 以下的小功率 LED 器件。

2009—2014 年中国 LED 外延芯片业发展规模及增长如图 3.4.6 所示。

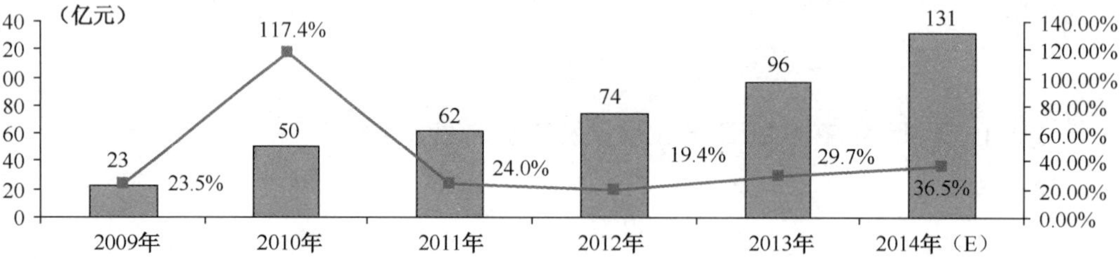

GAGR=41.61%（2009—2014 年）

（资料来源：中电科第 13 所/JSSIA 整理）

图 3.4.6　2009—2014 年中国 LED 外延芯片业发展规模及增长

3. 2014 年中国 LED 产品封装业情况

由于 LED 照明井喷式发展，带动 LED 封装市场迅猛发展，虽然产品降价过快，导致大多数企业增产不增收，但整体封装规模增长 23.1%（图 3.4.7 和表 3.4.4）。

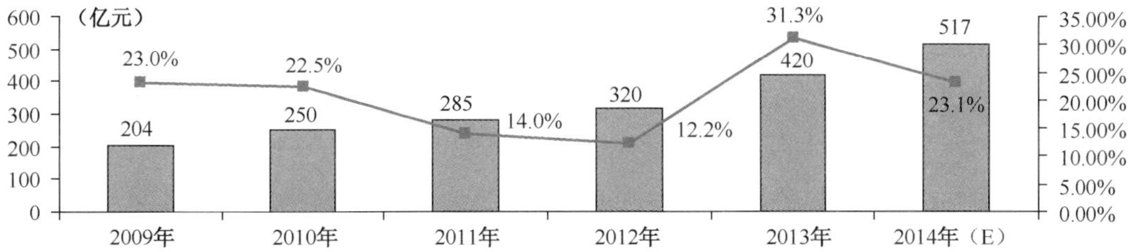

GAGR=20.44%（2009—2014 年）

（资料来源：中电科第 13 所/JSSIA 整理）

图 3.4.7　2009—2014 年中国 LED 产品封装业发展规模及增长

表3.4.4　2014年中国部分LED封装企业销售额情况

序号	单位名称	企业性质	2014 年总销售额（万元）
1	木林森股份有限公司	股份制	400166
2	佛山市国星光电股份有限公司	股份制	154303
3	广州市鸿利光电股份有限公司	股份制	101766
4	深圳市聚飞光电股份有限公司	股份制	99050
5	深圳市长方半导体照明股份有限公司	股份制	92119
6	深圳市瑞丰光电子股份有限公司	股份制	90684
7	厦门华联电子有限公司	内资	77000
8	深圳万润科技股份有限公司	股份制	52326
9	深圳雷曼光电科技股份有限公司	股份制	40500
10	江苏稳润光电有限公司	合资	32000
11	宁波升谱光电半导体有限公司	合资	30000
12	苏州东山精密制造股份有限公司	股份制	28000

4．2014 年中国 LED 产品应用结构情况

2014 年智能手机、平板电脑及大尺寸电视的出货量持续扩大，LED 背光应用增幅趋缓，年增长率约 20%，产值达到 468 亿元。 随着小间距 LED 显示技术成熟和成本逐渐降低，2014 年 LED 显示应用也有较快增长，年增长率约 35%，产值约 324 亿元。

此外，LED 汽车照明、医疗、农业等新兴领域的应用也不断开拓，智慧照明、光通讯、可穿戴电子的应用成为 2014 年 LED 应用的新亮点。

5．2014 年中国 LED 产品技术进步情况

1）2014 年中国 LED 产品技术进步总体情况

在业界的共同努力下，我国 LED 产业自主创新能力正持续提高，与国际先进水平的差距已明显缩小。在 LED 外延材料、芯片制造、器件封装、荧光粉等方面已具有自主技术产权，形成了较为完整的研发、生产、应用的产业链，LED 芯片国产化率不断上升，2014 年达到 80%，虽然大功率照明应用的芯片还须进口，中小功率应用已具有较强的竞

争优势。

随着关键技术取得突破，器件发光效率不断提高，蓝光 LED 功率达 140Lm/W，红光 LED 达到 85Lm/W，绿光 LED 达到 140Lm/W；硅衬底 LED 功率达到 140Lm/W，并已经进行大规模生产，走在了世界的前列。同时，封装技术向倒装技术、COB、集成封装和标准化模组等形式发展，满足了多应用领域快速发展的需求。

从 LED 照明产业链来看，上游 LED 外延芯片白光 LED 发光效率已经达到 130～150Lm/W，随着生产规模的扩大，成本逐渐下降。中游封装环节也派生出多种新的技术，COB 封装在照明应用中的比例逐步扩大，器件的模块化为下游的照明应用提供了便利。

LED 产业竞争日趋白热化，价格压力越来越大。追求越来越小的封装体积，并在体积更小的情况下达到更高的光效，进行协同创新研发，致力于基于芯片级高压倒装芯片封装以及一体化光源模组的研究。覆晶及高压倒装 LED 芯片的优化设计及芯片级封装、应用端的光源模组应用关键技术的攻关和产业化，是一种必然的技术发展趋势。

2）2014 年中国 LED 背光源技术进步情况

2014 年我国智能手机、平板电脑及大尺寸电视背光源应用增长约 20%，处于平稳增长状态，LED 显示应用同比增长 35%。

目前看来，在笔记本电脑市场，传统的 CCFL 背光源几乎全部被 LED 背光源所取代；在大尺寸桌面显示器和电视市场，LED 背光源有望在 2015 年全面取代 CCFL 背光源。

随着侧光式背光模组入光方式的变化，其对 LED 的亮度、功率和散热能力都提出了更高的要求，侧光式 LED 封装更趋向于标准化，同尺寸封装产品的功率呈增大趋势，LED 支架材质性能和结构性能都在不断提升。

直下式背光技术在朝着低混光、低成本方向迈进的同时，LED 功率从 1W 不断提升至 3W，支架材质也从 PCT 发展至 EMC，发光体向电光源靠拢，发光面直径不断减小，芯片从正装到倒装覆晶也提升了 LED 的散热能力。

自发光 OLED 显示屏出现后，还是给 LED 背光模组带来很大冲击，那怎样提高 LED 背光源液晶显示屏的色域呢？一是用新型窄半波宽红绿粉组合，色域约为 85%；二是添加绿光芯片补偿，色域能达到 95%以上；三是采用量子点荧光粉方案，就可实现 100%以上的色域。

提高色域只是努力的方向之一，超薄机身、超窄边框、高亮度、超低功耗、曲面等都是 LED 背光源液晶显示技术迎接新技术挑战的应对措施。最终目的还是通过技术创新推动成本持续降低，以高性价比赢得市场空间。

（二）2014 年中国 LED 照明产业情况

1．2014 年中国 LED 照明产业各环节规模分布

2014 年全国规模以上照明企业达 2499 家。

2014 年，我国半导体照明产业整体规模达到 3507 亿元人民币，较 2013 年的 2576 亿元，同比增长 36%，继续保持高速增长态势。其中上游外延芯片规模约 138 亿元，占总值的 4%；中游封装规模约 517 亿元，占总值的 14.7%；下游应用规模则上升至 2852 亿元，占总值的 81.3%。到 2015 年有望超过 4000 亿元，同比增长 14%以上。

据 LEDinside 报道，2014 年中国 LED 照明产业规模达 3606 亿元，其中：衬底芯片实现产值 142 亿元，封装实现产值 484 亿元，下游应用产值达到 2493 亿元。

据 CCID 报道，随着政府对节能减排、绿色能源政策支持力度的加大和显示业背光源市场重回稳定增长，LED 照明市场渗透率攀升，使中国 LED 产业发展强劲，其特点：一是芯片朝着小尺寸、大电流、低电压、高流明方向发展；二是 LED 企业增收不增利的现象有所改善；三是智能照明领域成为 LED 下一个新的增长点，但国际大厂屡屡对我国企业施加专利压力；四是中国已成为世界最大的 LED 照明产品的生产基地；五是中国 LED 照明产品出口市场结构呈现较大变化，传统的欧美市场继续高速增长，金砖国家、中东地区等新兴市场迅速崛起，但日本市场有所萎缩。

2014 年中国 LED 照明市场规模为 707.9 亿元，同比增长 54.8%（图 3.4.8）。

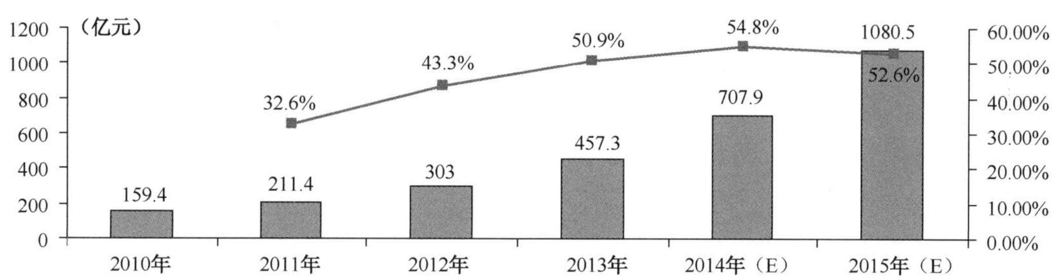

GAGR=46.63%（2010—2015 年）

（资料来源：CCID，2015.3）

图 3.4.8　2010—2015 年中国 LED 照明市场规模及增长

2. 上游增长强劲，产业集中度提高

2014 年中国 MOCVD 设备保有数量超过 1290 台，较 2013 年的 1090 台增加约 200 台。从设备数量来看，MOCVD 设备进一步向大企业集中，其中 11%左右的企业装机数量超过 50 台，45%的企业装机数量在 10～25 台，还有 44%的企业装机数量不到 10 台，设备数量较少的企业其规模效益处于相对劣势（图 3.4.9）。

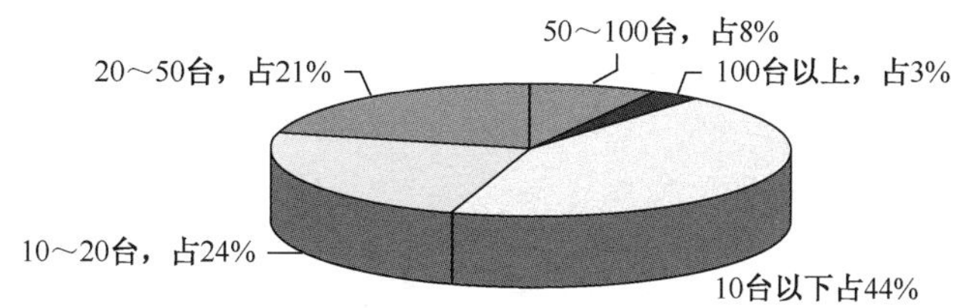

图 3.4.9　2014 年中国 MOCVD 设备企业占有率

2014 年，我国外延芯片环节产值约 138 亿元，较 2013 年增长 31%。因多数企业产能利用率显著提高，且前期扩产企业产能继续释放，产值增幅达到 69%，远大于产值增幅。其中 GaN 芯片的产量占比达 60%，而以 InGaAIP 芯片为主的四元系芯片的产量占比约为 28%，GaAs 等其他芯片占比为 12%左右。倒装芯片凭借其良好的电流扩展和出光率特性，开始为市场所认可，产量有较快增长（图 3.4.10）。

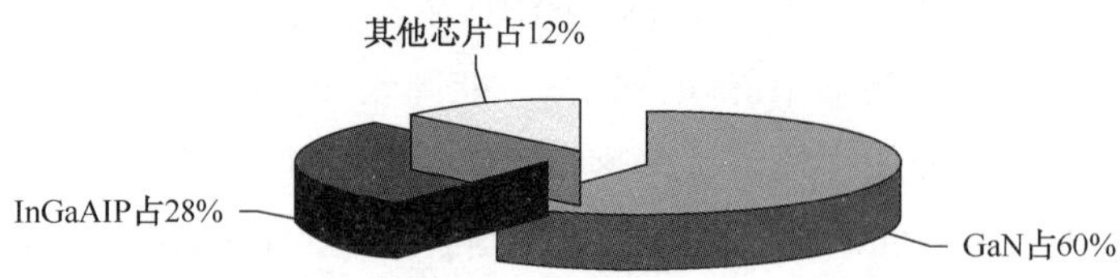

图 3.4.10　2014 年我国 LED 芯片结构分布

3．中游发展平稳，中功率器件成为主流

2014 年，我国 LED 封装环节发展平稳，产值达 517 亿元，较 2013 年增长了 28%。在产品规格上，2835、3030、5630 等 0.2～1W 的中功率器件成为市场应用主流，其中管灯、球灯泡、面板灯、吸顶灯、天花灯等中小功率照明灯具所用光源 70%以上为中功率封装器件，封装企业由以往的向大功率看齐，因应用需求导向，向加工大中功率器件转变，2014 年中功率器件产量占比为 56%，而大功率器件占比为 13%，其余产品为 0.2W 以下的小功率器件（图 3.4.11）。

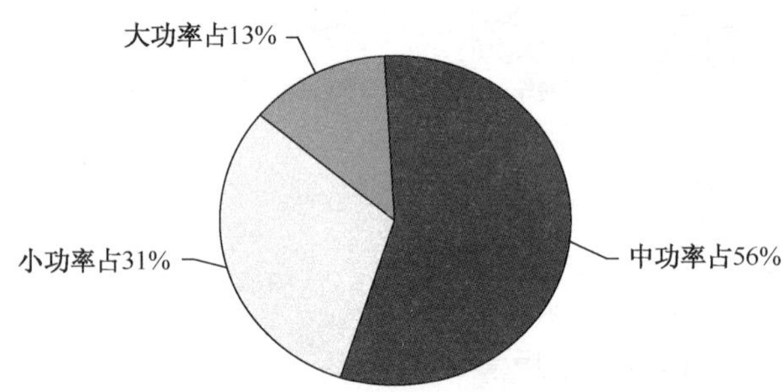

图 3.4.11　2014 年我国 LED 封装器件不同功率产品占比

4．下游应用爆发增长，通用照明渗透提速

2014 年，我国半导体照明应用领域的产业规模达到 2852 亿元，虽然受到价格不断降低的影响，但仍然是产业链中增长最快的环节，应用整体增长率接近 38%。其中通用照明市场全面爆发，增长率约 68%，产值达 1171 亿元，占应用市场的比重也由 2013 年的 34%，增加到 2014 年的 41%（图 3.4.12）。

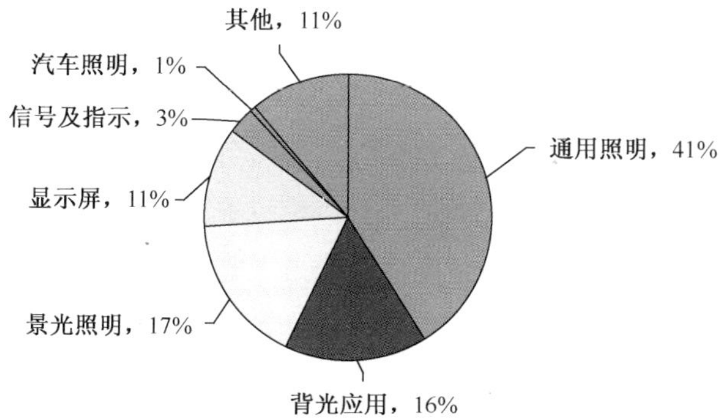

图 3.4.12 2014 年 LED 照明应用领域分布

5. 2014 年 LED 照明灯具品类市场分布占比（图 3.4.13）

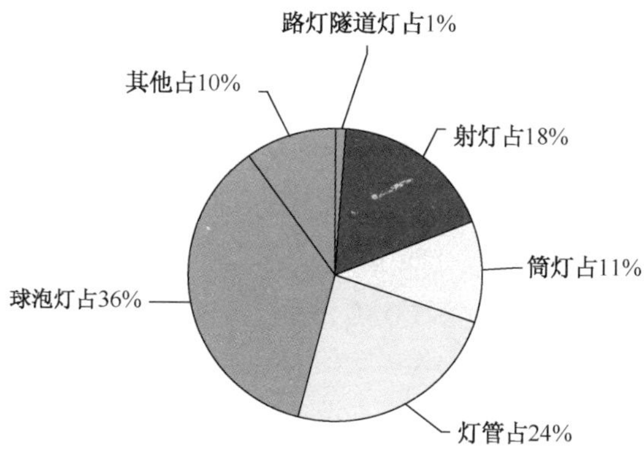

图 3.4.13 2014 年 LED 照明灯具品类市场分布占比

6. 2014 年 LED 照明灯具市场渗透率

2014 年 LED 照明灯具市场渗透进一步提速，LED 大厂不断加大渠道下沉力度，电商渠道开发迅猛，我国照明市场二三线城市加速启动，LED 照明市场渗透率由 2014 年的 16% 上升到 2015 年的 30%，迎来市场快速上升期（表 3.4.5）。

表3.4.5 2014年LED照明灯具市场渗透率

	主要灯具	主要场所	渗透率	特点
商业照明	筒灯、射灯、T5、T8、格栅灯、灯饰	酒店、商超、餐厅	15%	价值高、功能多、设计要求高、投资回收期短
办公照明	球泡、台灯、T5、T8、格栅灯	机关、写字楼、学校、医院	5%	政府机关等动作较快、注重节能
工业照明	T5、T8、大功率	仓库、车间	8%	注重节能及安全防爆、高压特殊要求
家居照明	球泡、台灯、T5、T8、灯饰	家庭	3%	潜力大、想象空间大、注重性价比、投资回收期长
道路照明	路灯、隧道灯	道路、隧道	20%	示范工程推动其成熟（支次干道）需求稳定

7．2014 年中国 LED 产业跨界介入

LED 品牌效应和跨界介入融合，企业间被动和主动跨界介入融合，兼并重组已是大势所趋，产品应用正在从技术创新向应用方案与集成服务创新的商务模式转变，出现：三安光电收购上游企业美国流明，获得 151 项专利，三安光电与下游企业阳光照明成立合资光源公司，实现上下游产业一体化；万润科技收购日上光电，珈伟股份收购品上照明等；同方股份入股真明丽，小米、美的、海尔等大企业跨界进入 LED 照明行业。

8．2014 年中国 LED 照明趋于智能化发展

随着产业发展和时代的要求，通用照明被 LED 照明所取代，通用 LED 照明正在向智能化方向发展，趋于智能化、高端化、可控化。目前我国智能照明产品市场全部被国外公司产品和品牌所垄断。高端 LED 在汽车、健康医疗、酒店、博物馆等特殊领域的巨大市场潜力逐渐受到重视，在智慧型多模 LED 路灯系统、LED 光通信、LED 汽车大灯、可穿戴电子设备等新兴领域中得到了拓展应用。

9．2014 年中国 LED 器件及照明灯具产品出口情况

2013 年我国 LED 器件进口数量 759 亿只，进口额为 53 亿美元，出口数量为 605 亿只，出口额为 28 亿美元，进口平均单价为 7.0 美分/只，进口单价为 4.6 美分/只，这反映了我国 LED 的出口以中低档产品为主。

2014 年我国 LED 照明灯具产值达 800 亿元，增长 50%，其中出口 400 亿元，据海关统计，前 5 大出口地区分别是美国（占 19%）、日本（占 10%）、中国香港（占 8%）、德国（占 8%）、俄罗斯（占 4%），前 5 个地区占到近 50%的份额。

2014 年我国 LED 照明灯具出口继续保持高增长速度，北美市场仍可保持不错的势头，俄罗斯增长率也相当不错，2015 年重点放在东南亚及拉美、非洲地区。

（三）2014 年中国 LED 产业发展布局

1．2014 年我国 LED 照明分布情况

经过数年的发展，在地方政府大力推动下，各地结合自身优势逐渐形成了 LED 照明产业集聚区。如环渤海地区依托北京政策和技术优势形成以北方微、易美芯光、清华同方为代表的企业群；长三角地区有半导体制造和 IC 产业的基础，迅速在芯片设备等上游环节形成规模；福建地区承接中国台湾转移技术和产业链，结合政策支持，出现三安这样的“巨无霸”；珠三角地区历来贴近市场，在下游的封装和应用环节集中了全国一半的产销能力。

国内的芯片前些年有过一波扩张热潮，随着地方政府补贴的退出，MOCVD 机台需求回归理性，但仍有大量的产能需要消化。三安以 160 台机台的生产能力领跑全国，但仍然只占全国机台的 18%，与国外高度集中的产业结构不同，国内的芯片业较为分散，90 家厂

商分布在全国各地，因此不利于优胜劣汰及做大做强，随着地方政府补贴退出，市场机制进入，这一市场正在整合，芯片产能将向优势厂商集中。

2014 年随着应用市场的回暖，芯片厂商扩产欲望有所回升，三安发出公告宣称扩产 100 台，华灿紧随其后宣布扩产 60 台，从某种意义上说此次扩产更多的是基于市场而非政府补贴。

与此同时，为了降低成本，芯片厂和光源/模组厂在一些产品线上进行直接对接，意味着部分封装市场将被挤压侵占。但封装环节不可能完全被取消，能够提供自己附加价值的封装厂商仍然会发展壮大，同时针对不同的客户，更加细化的市场和服务平台是必要的。

2．2014 年中国 LED 产业投资与政策支持

2014 年我国 LED 投资呈现回暖态势，已立案的项目总投资达 231.1 亿元，较 2013 年的 208.2 亿元，同比增长 11.3%，投资主要集中在 LED 产业配套和应用环节，配套由 47.7%上升到 51.3%，成为热门环节；应用环节投资由 23.1%上升到 31.2%；研发检测投资也有所增加，投资更趋理性。

2014 年中国 LED 产业得到政府和国开银行 101.7 亿元投资的支持，重点支持三安光电、同方股份、华灿光电等企业。

2014 年中国 LED 产业政策支持从三个方面入手，一是上游材料制备重点支持蓝宝石衬底、MO 源等，外延芯片重点支持大尺寸、PSS，封测及应用侧重技术和品牌，核心装备重点支持 MOCVD、刻蚀机等；二是支持垂直一体化整合，上下游企业整合；三是支持并购。

2014 年，我国 LED 照明行业兼并重组事件频发，相关案例超过 100 个，并购金额超过 100 亿元，其中产业链上市公司并购超过 20 个，并购金额超过 60 亿元。

3．理性看待 LED 产业进入爆发式增长期

LED 蓝光成功后，白光具体应用进入爆发式增长期，未来 3 年至 5 年我国 LED 灯具出口将每年增长 40%。但目前国内 LED 消费市场还不成熟，仍要进一步宣传引导，才能进入发展和应用的高涨期。

蓝宝石市场 LED 占到 83%，预计到 2018 年将达到 117 亿元，非 LED 用蓝宝石产值将达到 109 亿元。2014 年蓝宝石衬底的总需求量在 5000 万片（折 2 英寸），到 2015 年将超过 7000 万片，蓝宝石晶棒价格从 2.1 美元/mm，回升到 4.5～5.0 美元/mm 的水平。

因此，在爆发式增长时，要防止 LED 产业过热致使蓝宝石产业过热而出现产能过剩，引发低功率 LED 价格战和低质量、高成本等问题，防止太阳能光伏、风能产业因产能过剩而引发的“雪崩”现象的发生。

（四）2014年中国MOCVD设备制造情况

研究机构的统计数据显示，2014年MOCVD设备保有量为1290台，较2013年1090台增加约200台。

中国LED外延芯片进口MOCVD设备市场主要集中在美国维易科（VEECO）和德国爱思强（AIXTRON）两家公司，占到中国MOCVD市场90%的份额。

在2013年中国国产MOCVD已见身形，如光达光电、中微半导体、中晟等公司涉足MOCVD设备研发制造，且部分国产MOCVD设备具有较高的竞争力，有些设备在产能和成本方面同维易科相比甚至具有一定的优势。由于中国已有国产MOCVD设备，迫使国外MOCVD 4腔机由原先750万美元/台降到460万美元/台。这对我国LED外延芯片产业有利，但对国产MOCVD设备企业是一个挑战和压力。

从2014年LED芯片设备增长来看进一步向大企业集中，三安光电、德豪润达、乾照光电、澳洋顺昌等企业在2015年的扩产意向仍旧强烈。再加上LED芯片企业新旧设备的更替，预计2015年新购MOCVD设备约300台左右。

中国LED外延芯片MOCVD设备利用率处在80%左右的水平，设备利用率严重不足，供过于求，产能严重过剩。据预测，2015年我国MOCVD设备保有量有可能超过1500台，并且，随着产业集中度进一步提高，小型LED芯片企业将进一步甩卖MOCVD设备。LED产业“大者恒大”的趋势更加明显，未来LED芯片龙头企业将超不过5家。

（五）中国LED产业面临的问题与对策

中国作为全球LED照明应用产品最大的应用市场，未来的3～5年是中国LED照明市场竞争最为激烈的市场。而未来市场份额将越来越向有品牌、有渠道、有创新的企业集中，行业在洗牌，可能会有大量中小企业在竞争中退出，最后生存下来的是少数品牌大厂。当然，挑战与机遇永远是并存的。当前LED行业格局尚未形成，巨头企业尚未产生，LED企业只要找准自身独特的核心竞争优势，由点带面实现快速、持续发展，就有机会跻身行业前列。

随着LED技术不断发展，经过产品、品牌阶段，必然进入资本、社会资源整合的阶段，一部分希望做大做强的企业正在寻找投资并购目标，通过整合来提升产品品质以及成本控制能力；一部分缺乏技术核心的企业也正在寻找具有调光技术、无线控制技术等的企业来增加LED照明产品附加值；还有一部分企业希望通过整合以强强联合开拓国内外市场。因此，优势互补、资源共享是未来照明行业发展的趋势，也是中国照明行业立足世界的强劲助力。

2014年LED芯片行业整体营收呈现上升趋势，行业发展前景良好，但由于行业集中度的提升，LED芯片将迎来分水岭，产业“大者愈大，弱者愈弱”的局面将更加明显。

2014年LED封装市场可谓是“水深火热”，在同质化竞争加剧、价格战促发倒逼的情况下，2014年LED封装光源价格同比2013年下降幅度超过30%，业内普遍发出了“增收不增利”的声音。

而在 LED 下游的 LED 照明市场有喜也有愁，欧司朗、GE 照明、雪莱特、比亚迪照明业绩报喜，而飞利浦、勤上光电、珈伟股份、雷士照明却出现利润下滑，2014 年上半年 LED 照明全线上涨，下半年受到行业产能释放以及需求阶段性疲软的影响，出现了利润下滑现象，虽然“双十一”期间照明电商渠道带来一股振奋，但仍无法改变 LED 照明下半年降低的趋势。

目前，全球 LED 照明节能产业产值年增长率保持在 30%以上。我国 LED 照明产品的应用范围也在不断加大，植物照明、安全防务、光源通信等一系列新型应用领域不断涌现，市场规模日益扩大，LED 产业得到政府的大力支持，以至于越来越多的国外企业把目光转向国内。随着 LED 照明技术发展迅速，成本快速下降，产品示范应用逐步推开，产业整合速度明显加快，产业集中度将逐步提高。

三、2014 年江苏省 LED 产业发展情况

（一）2014 年江苏省 LED 产业现状

江苏省是我国重要的 LED、节能点光源产品生产基地之一，现有各类照明电器企业近 3000 家。江苏 LED 行业主要阵地在南京、扬州、常州、无锡、苏州。其中，扬州国家半导体照明高新技术产业化基地仅仅经过几年的建设，便已发展成为特色鲜明的新型产业基地。凭借多年来的技术沉淀，江苏省逐渐形成“政策体系+科技人才+示范应用”的新型发展模式，促使半导体照明产业实现爆发式增长。

受益于地区产业优势，近年来江苏照明设计行业也在不断发展，目前整体处于高速发展阶段，但与国外相比还存在很大的差距，并且当地十分缺乏照明设计的高端人才，有碍于江苏省 LED 产业的发展。

1. 2014 年江苏省 LED 部分骨干企业

2014 年江苏省 LED 产业中，较知名的企业有：扬州灿扬、扬州中科、扬州德豪润达、扬州乾照、苏州华灿、苏州聚灿、苏州达亮、苏州华上、苏州固锝、无锡新广联、无锡欧司朗、常州晶品、常州银河、南通同方、南通中谷、淮安澳洋顺昌、镇江稳润等公司。

2. 2014 年江苏扬州国家 LED 照明产业化基地情况

扬州国家半导体照明高新技术产业化基地仅仅经过几年的建设，便已发展成为特色鲜明的新型产业化基地。统计显示，到 2013 年年底，基地内已拥有企业总数 58 家，其中主导产业企业 44 家，主导产业规模以上企业 28 家，国家高新技术企业 17 家，上市企业 1 家，收入上亿元以上企业 36 家。2013 年，实现总产值达 290 亿元，较 2012 年同比增长 28.4%，实现税收 2.78 亿元、利润 8.05 亿元。扬州已形成了“衬底材料—外延片—芯片—封装—应用”一条较为完整的产业链。

3. 2014 年江苏省 LED 产业新兴企业介绍

- 江苏新广联科技股份有限公司（简称新广联）瞄准超高亮度 LED 外延芯片，开发出绿光芯片，平均发光效率超过 160Lm/W，超过中国台湾和大陆同行水平。后又开发出 120Lm/W 大功率芯片，项目获江苏省科技成果转化专项资金支持，公司荣获“江苏省创新团队”称号。新广联公司采用国际最先进技术开发蓝绿芯片、白光芯片，以技术带动市场，再创佳绩。
- 由世界 LED 巨头德国欧司朗公司在无锡投资的无锡欧司朗公司于 2014 年 5 月 21 日正式建成投产，投资金额为 15 亿元，主营 LED 芯片外壳封装，年产数十亿只光电半导体器件。
- 中国华灿光电公司对华灿光电（苏州）公司 LED 外延芯片二期项目投资 3.05 亿元，建设年产 48 万片 2 英寸红、黄光 LED 外延片，可达 154 亿颗红、黄光芯片生产能力。

（二）2014 年江苏省 MOCVD 台机分布情况

MOCVD 是 LED 外延芯片生产的关键设备，2013 年江苏省 LED MOCVD 拥有量达 364 台，占到全国 MOCVD 总量的 31.9%，到 2014 年江苏省将拥有 459 台 MOCVD，同比增长 26.1%，发展速度较快。

在江苏省 MOCVD 设备拥有量分布中，主要集中在扬州市、苏州市和南通市，占到全省的 84.3%，其中扬州市占到全国的 13.2%，占到全省的 41.2%，生产实力较强（表 3.4.6）。

表3.4.6　2014年江苏省MOCVD台机分布状况

序号	企业名称	2013 年拥有量（台）	2014 年预计拥有量（台）	同比（%）	序号	企业名称	2013 年拥有量（台）	2014 年预计拥有量（台）	同比（%）
	全省合计	364	459	26.1	（三）	无锡市	18	26	44.4
（一）	扬州市	150	150	平	12	无锡新广联	8	16	100.0
1	扬州中科	50	50	平	13	无锡蓝星	5	5	平
2	扬州璨扬	38	38	平	14	无锡北极皓天	5	5	平
3	德豪润达	30	30	平	（四）	常州市	29	29	平
4	扬州乾照	21	21	平	15	常州晶能	2	2	平
5	扬州隆耀	6	6	平	16	常州汉莱	4	4	平
6	扬州真明丽	5	5	平	17	常洲晶品	23	23	平
（二）	苏州市	83	159	91.6	（五）	南通市	74	74	平
7	苏州华灿	34	94	176.5	18	南通同方	59	59	平
8	苏州聚灿	14	24	71.4	19	南通中谷	13	13	平
9	苏州达亮	16	16	平	20	南通海迪科	2	2	平
10	苏州华上	10	10	平	（六）	淮安市	10	20	100
11	苏州新纳晶	9	15	66.7	21	澳洋顺昌	10	20	100

（三）江苏省 LED 产业发展的“短板”与对策

按产业发展规律，LED 市场集中度会越来越高。全国现有生产企业 3 万多家，江苏占 1/10。南京大学电子科学与工程学院教授韩平直言，江苏 LED 等产业链完整，但有影响力的终端品牌不多，全国 30 多个一线品牌中，江苏仅三四家入围，年销售额最高也就 5 亿元。

LED 产业存在 3 个“短板”：核心技术缺乏，MOCVD 来自欧美；下游企业技术水平、产品质量参差不齐；企业规模小，产业集中度低。省经信委人士透露，江苏中小功率 LED 灯已达国际水平，但路灯等大功率灯差距不小。

按同等发光量，大功率灯价格比小功率灯贵一倍，国内 LED 灯两成需求是大功率灯。江苏有上百家企业生产大功率灯，但多是进口国外已封装好的核心器件，再到国内简单组装，附加值不高。

2014 年全省 LED 产业上游企业将增至 20 余家，MOCVD 超过 350 台，2015 年年底将达 375 台，加之设备生产效率提高，产能将比 2012 年增加一倍。行业整合洗牌在所难免，小企业可能面临开工不足风险。

打造千亿产业，需要强“芯”走新路。江苏省 LED 产业发展指导意见提出，提高准入门槛，引导企业重组整合，避免盲目扩张和低水平重复建设。同时，加强技术攻关，到 2020 年核心器件发光效率与应用产品质量达到国际先进水平。

（四）2015 年江苏省 LED 照明产业发展趋势

为引导推动江苏省半导体照明（LED）发展产业发展，扩大产能产品消费需求，江苏省经信委、发展改革委、科技厅、财政厅、住房城乡建设厅、质监局六部门印发了《加快推进半导体照明产业发展的意见》。

该《意见》强调：率先在公共机构、财政或国有资本投资建设的公共场所照明工程推广普及技术成熟、节能效果明显的 LED 照明，新建照明工程一律采用 LED 照明产品，原有使用的非 LED 照明产品应于 2016 年年底前分期分批改造完成；在落实好中央财政支持政策的同时，各级节能主管部门每年择优支持一批 LED 照明应用示范工程，推动 LED 重点骨干企业产品推广应用；落实节能产品政府采购政策，政府机关和公共机构带头采用 LED 照明产品；在财政或国有资本投资建设的固定资产投资项目中，将 LED 照明作为项目节能评估和审查的重要内容。

《意见》提出，到 2015 年，全省 LED 功能性照明产品市场占有率达 20%以上，LED 照明产业产值达到 450 亿元，产业化白光 LED 器件的光效达到国际同期先进水平（150～200 Lm/W），LED 光源/灯具光效达到 130 Lm/W；到 2020 年，全省 LED 照明产品市场占有率进一步提高，LED 照明产业产值达到 1120 亿元，核心器件发光效率与应用产品质量保持国际先进水平。

据悉，2013 年江苏省全省 LED 照明总产值约 280 亿元人民币，约占全国的 12%，上游外延片、芯片产能占全国 25%以上。但还存在一些亟待解决的问题：一是核心技术专利缺乏，关键技术研发有待加强。二是 LED 外延材料、芯片生产以中、低档为主，下游企业技术水平和产品质量参差不齐，产业整体水平有待进一步提高。三是企业规模偏小，产业集中度低，盲目投资、低水平建设的现象仍然存在。为此，该《意见》重点围绕推广应用、提升产业发展水平、构建有利的政策和市场环境等方面提出了具体的政策措施。

四、2014 年中国 OLED 产业发展情况

1．2014 年世界 OLED 产业发展情况

研究机构 DisplaySearch 的研究报告显示，2014 年 OLED 面板市场格局正在发生变化，以往手机 OLED 面板主要影响 OLED 面板市场表现的情况有了变化，电视以及智能可穿戴设备的 OLED 面板市场呈现明显大幅增长。数据显示，2013 年手机 OLED 面板市场规模达到了 99 亿美元，在整体 OLED 市场中占比高达 96.7%，但 2014 年手机 OLED 面板基本停止了增长，在整体市场的占比降至 85%，也影响到了 OLED 的整体市场表现，市场总额从 2013 年的 103 亿美元下滑至 2014 年的 98 亿美元。

三星电子投资 36 亿美元建立新型 OLED 液晶面板生产线，将 LED 面板和 OLED 业务分拆成两个部门经营，掀起 55 英寸以上大尺寸 OLED 电视面板的高潮，OLED 被业界赋予更多的期待。

DisplaySearch 的平板显示市场报告 2014 年 OLED 电视面板市场总额为 5 亿美元。预计，2015 年将达到 14.3 亿美元，较 2014 年的 5 亿美元有近 3 倍的增长，OLED 市场规模首次突破 3 亿片。

2．2014 年世界 OLED 产业技术发展情况

OLED 将是下一代平板显示技术，平板显示器在过去曾经历两次变革。第一次变革是颜色的变革，第二次变革是体积的变革，而未来将掀起在 OLED 引领下的第三次平板显示革命。在这场新的革命中，关键词应该是更自由的设计、更自然的颜色。

目前 OLED 很多技术难点都已经被攻克了，可实现各种各样的自由设计。从颜色的范围来看，OLED 在颜色的广域上比 LCD 更完美，并且能做到显示出完美的黑色、完美的对比度，对动态图像的反应速度更灵敏。

OLED 的柔性非常高，可以根据需求实现各种弯曲和折叠，甚至可以做成球形，这是 LCD 无法实现的。OLED 为了实现柔性可以把刚性素材都改成柔性薄膜素材。未来的终端可以实现折叠，甚至连电视机都是可以折叠的，LG Display 现在已经在量产 18 英寸的可折叠 OLED。

OLED 已经实现了透明显示器的商用化。与 LCD 相比，OLED 的透明度更容易实现，

透明度更高。现在已经上市的OLED最高的透明度能达到15%，而LG已经生产出了能实现30%透明度的18英寸OLED。

现在的平板显示器厂商要想继续生存有两条路可以选择。第一条路是在技术上实现差别化，扩大现有的市场。第二条路是进行创新，用新技术开创出新的市场。

从技术差别化这条路来看，未来平板显示器可以肯定的方向是更大型化、更高清晰度、更高的颜色分辨率。手持设备还要做到减少耗电，输入触控方式的多样化、差别化。

从创造新的市场来说，一是可穿戴设备市场，要实现可穿戴，就要做到低耗电、高亮度室外可见性，这是目前技术还不太成熟的地方。二是汽车市场，比如车内的中央信息显示器、平视显示器等，车载市场将有很大发展。三是商业和工业市场，比如智能窗户、可弯曲折叠屏幕等。

OLED厂商从一开始就跟材料厂、制造厂进行强有力的合作，三方配合起来，必定能够掀起新的技术创新。

3. 2014年世界可穿戴设备OLED面板情况

被称为“下一代显示技术”的OLED面板此前更多被应用在手机领域。形成对比的是，智能可穿戴设备用OLED面板市场却在持续增长。2014年塑性OLED面板市场总额为2亿美元，2015年智能手表等可穿戴产品所搭载的塑性OLED面板市场总额也将达到7亿美元，较2014年增长超过3倍。

4. 2014年中国液晶面板投资情况

据群智咨询统计，2014年中国大陆玻璃基板自给率仅20.4%，偏光板的自给率也只有23.2%，TFT混合液晶的自给率更低，2014年还不到2成，仅有19.1%。换言之，目前大陆TFT-LCD上游核心材料与零组件市场，约有8成的比重仍由外资企业掌握。

2014年华星光电、京东方、天马等面板企业先后宣布建设6代LTPS面板线，此外成都与重庆各自又签约一条8.5代液晶面板线。相对于液晶面板新线建设几近停滞的日韩及中国台湾地区，中国大陆的投资可以说是一枝独秀。经过未来两三年的建设，中国将拥有至少4条4.5代线，4条5代线，3条6代线，10条（或以上）8.5代线。届时8.5代线从拥有数量来看，将居全球之首，中国亦会成为全球第一的液晶面板产区。

第四章

2014 年江苏省集成电路产业发展情况

第一节　2014 年江苏省集成电路产业发展情况分析

2014 年江苏省半导体产业界在《国家集成电路产业发展推进纲要》精神的鼓舞下，在江苏省委、省政府及江苏省经信委、科技厅、商务厅和中国半导体行业协会的领导、关心和支持下，全省产业界同仁努力奋斗，克服了 2014 年上半年因世界经济复苏起伏疲弱、世界半导体市场发展动力不足、国内集成电路出口受阻、订单减少等不利因素，抓住三季度及以后世界半导体市场趋旺契机，利用传统消费类电子、PC、通信类产品市场转机，在互联网、物联网、智能电子（手机、平板、电视、家居、医疗电子、汽车电子、可穿戴设备）等新兴产品市场需求旺盛的带动下，迎头发力赶上，使江苏省半导体产业仍取得较好的业绩，实现了稳中求进、稳中向好的发展势头，并为江苏省集成电路产业“十二五”2015 年圆满收官打下了坚实的基础。

2014 年江苏省半导体产业销售收入为 1114.86 亿元，同比增长 10.6%，其中：集成电路产业销售收入为 809.96 亿元，同比增长 10.89%；集成电路支撑业销售收入为 304.9 亿元，同比增长 9.9%。在集成电路产业三业中：集成电路设计业销售收入为 119.9 亿元，同比增长 12.37%；集成电路晶圆业销售收入为 194.80 亿元，同比增长 19.06%；集成电路封测业销售收入为 495.26 亿元，同比增长 7.65%。在集成电路产业三业中，有较多的企业实现产品产量、销售收入、利润同步增长的好势头，新技术、新产品取得了好成果。

一、2014 年江苏省半导体产业基本情况

1．江苏省半导体产业企业数量

2014 年江苏省半导体产业企业 420 家，其中：集成电路设计业企业 245 家、集成电路晶圆制造业企业 16 家、集成电路封测企业 60 家、半导体分立器件企业 40 家、半导体（IC）支撑业企业近 60 家。

2．江苏省半导体产业从业人数

2014 年江苏省半导体产业从业人数约 10 万人。其中，本科学历人员占职工总数的 21.2%，硕士学历人员占职工总人数的 2.8%，博士学历人员占职工总人数的 0.4%，研发人员占职工总数的 14%。

3．2014 年江苏省半导体产业发展规模（表 4.1.1）

表4.1.1　2014年江苏省半导体产业发展规模

序	指标名称	2014 年度实绩（亿元）	2013 年度实绩（亿元）	同比（±%）	占比（%）
1	半导体产业销售收入	1114.86	1007.89	+10.61	100.0

续表

序	指标名称	2014 年度实绩（亿元）	2013 年度实绩（亿元）	同比（±%）	占比（%）
2	集成电路产业	809.96	730.39	+10.89	72.65
3	支撑业产业	304.90	277.50	+9.87	27.35

二、2014 年江苏省集成电路产业基本运行情况分析

1. 2014 年江苏省集成电路产业三业发展规模及增长（表 4.1.2）

表4.1.2　2014年江苏省集成电路产业三业发展规模及增长

序	指标名称	2014 年度实绩（亿元）	2013 年度实绩（亿元）	同比（±%）
1	集成电路产业销售收入	809.96	730.39	+10.89
2	IC 设计业	119.90	106.7	+12.37
3	IC 晶圆业	194.80	163.61	+19.06
4	IC 封测业	495.26	460.08	+7.65

2. 2014 年江苏省集成电路产业三业发展比重（图 4.1.1）

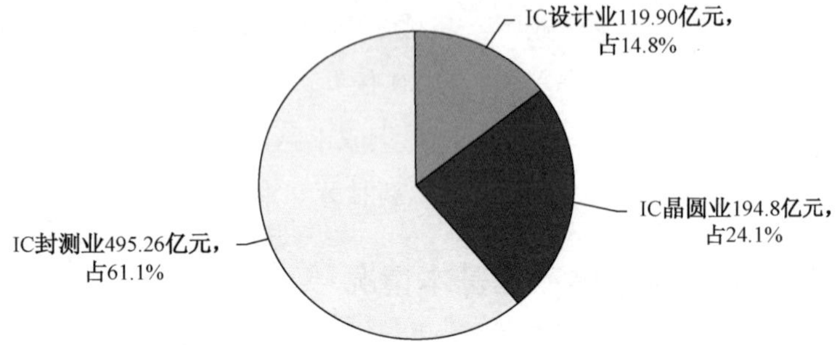

图 4.1.1　2014 年江苏省集成电路产业三业发展比重

3. 2014 年江苏省集成电路产业在全国同业中所占比重

2014 年江苏省集成电路销售收入 809.96 亿元，占到全国集成电路产业销售收入 3015.4 亿元的 26.9%，集成电路产业三业在全国三业中的占比情况如图 4.1.2 所示。

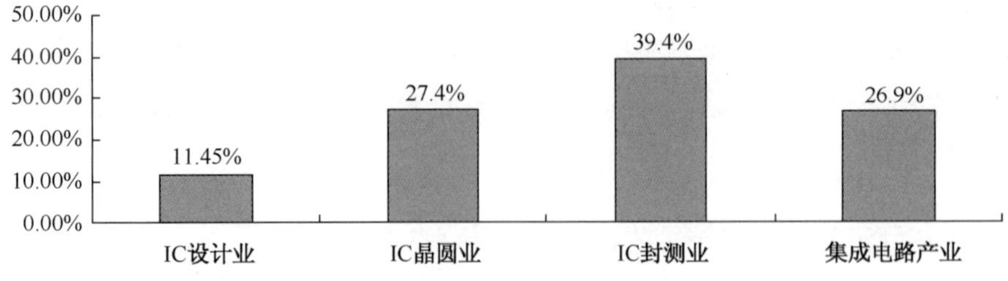

图 4.1.2　2014 年江苏省集成电路产业在全国同业中所占比重

4. 2014 年江苏省集成电路产业分季度运行情况分析

1）江苏省集成电路产业（2011 年 Q1～2014 年 Q4）分季度同比情况（图 4.1.3）

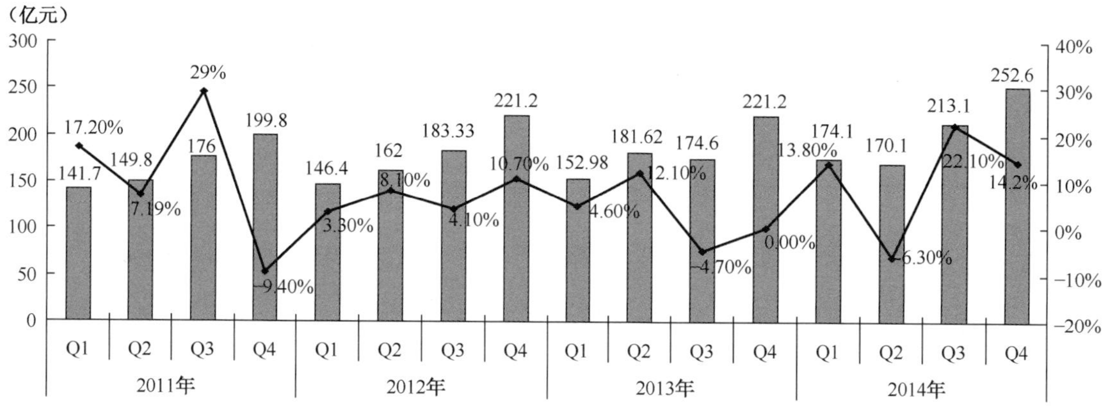

图 4.1.3　江苏省集成电路产业（2011 年 Q1～2014 年 Q4）分季度同比情况

2）2014 年江苏省集成电路产业分季度环比情况（表 4.1.3）

表4.1.3　2014年江苏省集成电路产业分季度环比情况

指标名称	2014 年合计	一季度		二季度		三季度		四季度	
		实绩（亿元）	环比（±%）	实绩（亿元）	环比（±%）	实绩（亿元）	环比（±%）	实绩（亿元）	环比（±%）
集成电路产业销售收入	809.96	174.14	−21.3	170.11	−0.6	213.11	+21.4	252.6	+18.6
IC 设计业	119.90	20.90	−50.4	20.80	−0.5	35.70	+71.6	42.5	+19.0
IC 晶圆业	194.80	42.43	+34.3	44.70	+3.9	53.38	+19.4	54.29	+1.7
IC 封测业	495.26	110.81	−20.0	104.61	−5.6	124.03	+18.6	155.81	+25.6

5．2014 年江苏省半导体产业发展规模及增长

1）2009—2014 年江苏省半导体产业销售收入发展规模及增长（图 4.1.4）

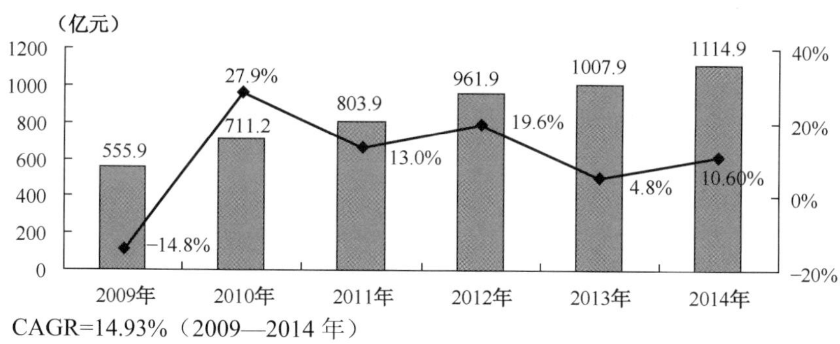

图 4.1.4　2009—2014 年江苏省半导体产业销售收入发展规模及增长

2）2009—2014 年江苏省半导体产业销售收入在全国同业中所占比重（图 4.1.5）

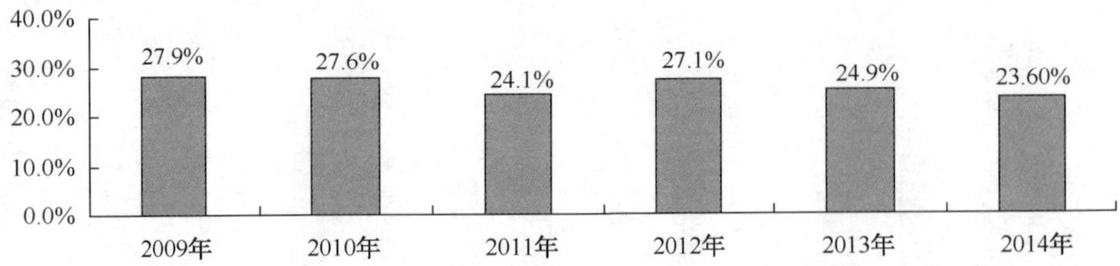

图 4.1.5　2009—2014 年江苏省半导体产业销售收入在全国同业中所占比重

6．2014 年江苏省集成电路产业发展规模及增长

1）2009—2014 年江苏省集成电路产业销售收入发展规模及增长（图 4.1.6）

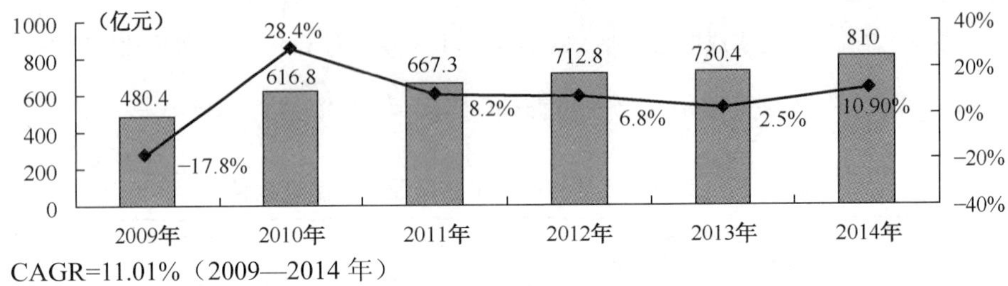

图 4.1.6　2009—2014 年江苏省集成电路产业销售收入发展规模及增长

2009—2014 年江苏省集成电路产业销售收入在全国同业中所占比重如图 4.1.7 所示。

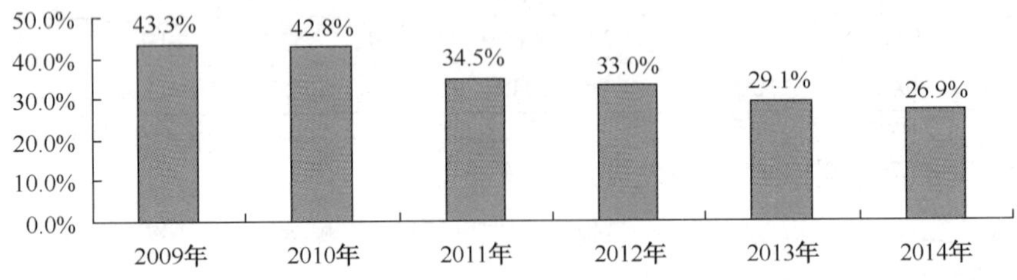

图 4.1.7　2009—2014 年江苏省集成电路产业销售收入在全国同业中所占比重

2）2009—2014 年江苏省集成电路设计业发展规模及增长（图 4.1.8）

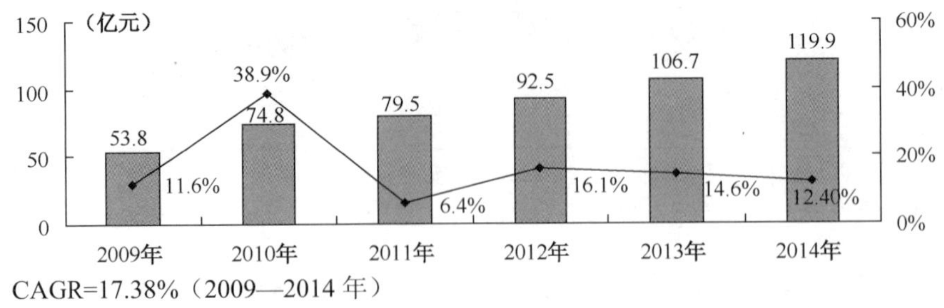

图 4.1.8　2009—2014 年江苏省集成电路设计业发展规模及增长

2009—2014 年江苏省集成电路设计业在全国同业中所占比重如图 4.1.9 所示。

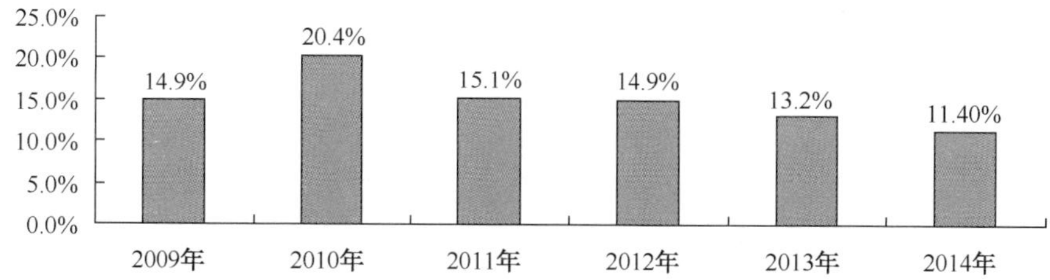

图 4.1.9　2009—2014 年江苏省集成电路设计业在全国同业中所占比重

3）2009—2014 年江苏省集成电路晶圆业发展规模及增长（图 4.1.10）

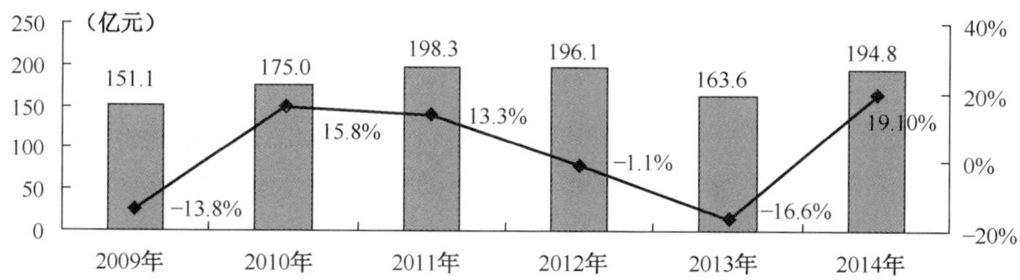

CAGR=5.21%（2009—2014 年）

图 4.1.10　2009—2014 年江苏省集成电路晶圆业发展规模及增长

2009—2014 年江苏省集成电路晶圆业在全国同业中所占比重如图 4.1.11 所示。

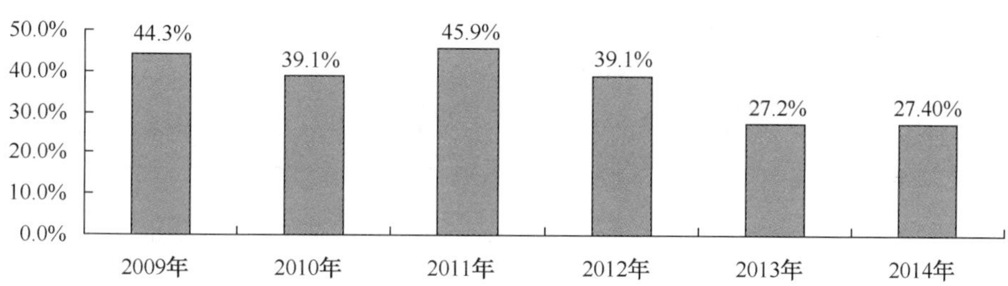

图 4.1.11　2009—2014 年江苏省集成电路晶圆业在全国同业中所占比重

4）2009—2014 年江苏省集成电路封测业发展规模及增长（图 4.1.12）

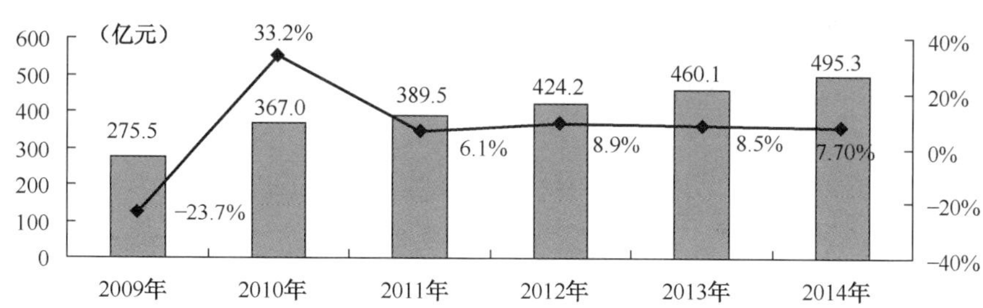

CAGR=12.45%（2009—2014 年）

图 4.1.12　2009—2014 年江苏省集成电路封测业发展规模及增长

2009—2014 年江苏省集成电路封测业在全国同业中所占比重如图 4.1.13 所示。

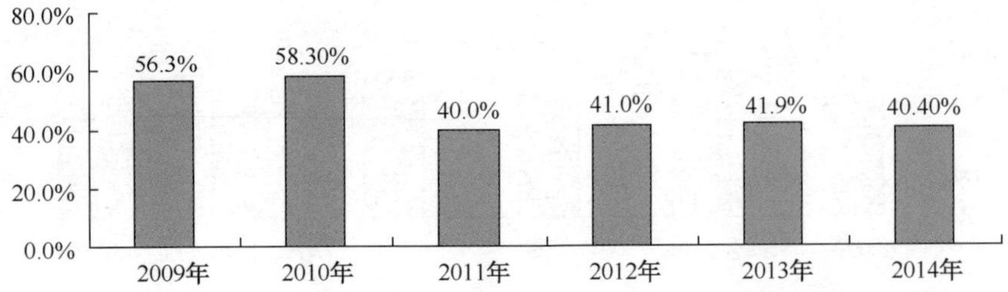

图 4.1.13　2009—2014 年江苏省集成电路封测业在全国同业中所占比重

7．2014 年江苏省半导体分立器件产业发展规模及增长（图 4.1.14、图 4.1.15）

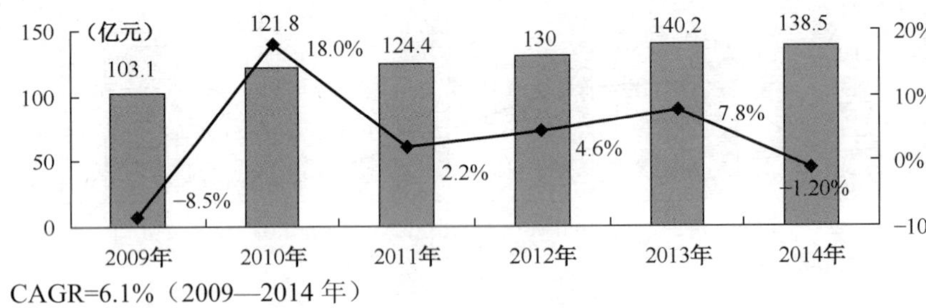

图 4.1.14　2009—2014 年江苏省半导体分立器件产业销售收入规模及增长

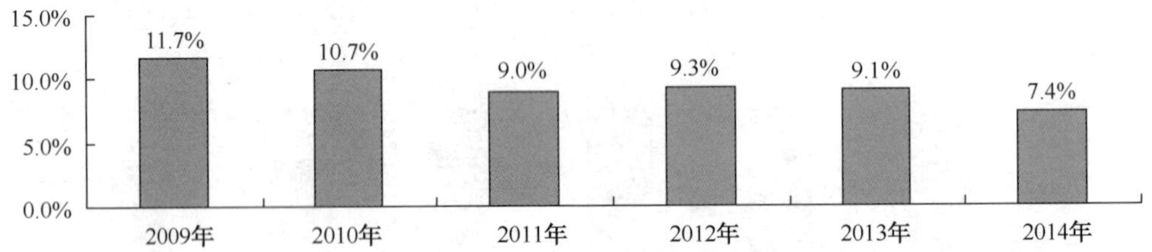

图 4.1.15　2009—2014 年江苏省半导体分立器件产业销售收入在全国同业中所占比重

8．2014 年江苏省集成电路产业与兄弟省市同业对比情况（表 4.1.4）

表4.1.4　2014年江苏省集成电路产业与兄弟省市同业对比情况

省市	IC 销售收入		其中						支撑业		半导体产业	
			设计业		晶圆业		封测业					
	合计（亿元）	同比（±%）	实绩（亿元）	同比（±%）	实绩（亿元）	同比（±%）	实绩（亿元）	同比（±%）	实绩（亿元）	同比（±%）	实绩（亿元）	同比（±%）
江苏	809.96	10.9	119.90	12.4	194.80	19.1	495.26	7.7	304.90	9.9	1114.86	10.6
上海	737.2	12.2	240.9	14.7	186.2	22.6	310.1	5.0	84.4	15.9	821.6	12.5
北京	338.2	7.8	188.3	18.0	63.7	−5.4	86.2	11.4	—	—	—	—
陕西	171.1	—	22.8	33.0	69.5	186.0	78.8	14.0	87.5	—	258.6	—

续表

省市	IC 销售收入		其中						支撑业		半导体产业	
	合计（亿元）	同比（±%）	设计业		晶圆业		封测业		实绩（亿元）	同比（±%）	实绩（亿元）	同比（±%）
			实绩（亿元）	同比（±%）	实绩（亿元）	同比（±%）	实绩（亿元）	同比（±%）				
天津	152	—	40.0	—	—	—	—	—	—	—	—	—
浙江	193.7	19.5	70.0	22.3	123.6	17.9	—	—	194.6	—	388.3	—
深圳	322.4	—	265.2	19.7	5.2	—	52.0	—	—	—	—	—

注：浙江省 IC 封装已含在晶圆制造业中。

从表 4.1.4 中可以看出，江苏省集成电路产业以 809.96 亿元位居全国同业省市第一位；在集成电路晶圆业和封测业中，也位居全国同业省市第一位；在集成电路设计业中位居全国同业省市第四位，仍落后于上海市、深圳市、北京市，其主要原因是江苏省集成电路设计业小而散、缺乏龙头骨干企业、游离于热点产品之外、没有大宗产品市场的支撑，导致集成电路设计业在全国同业的比重下滑，设计业在全国的影响力日益下降。

三、2014 年江苏省半导体（集成电路）产业地区（城市）发展情况分析

1. 2014 年江苏省半导体产业地区发展规模（表 4.1.5）

表4.1.5　2014年江苏省半导体产业地区发展规模

序号	城市名称	合计（亿元）	同比（±%）	占比（%）	IC 业			支撑业		
					小计（亿元）	同比（±%）	占比（%）	小计（亿元）	同比（±%）	占比（%）
	半导体产业销售收入	1114.86	10.61	100	809.96	10.89	72.65	304.90	9.87	27.35
	集成电路产业	—	—	—	809.96	10.89	100.0	—	—	100.0
1	苏州市	364.50	4.5	32.7	263.50	4.39	32.5	101	4.80	33.1
2	无锡市	600.4	13.3	53.9	426.8	13.84	52.7	173.6	12	56.9
3	南通市	53.71	13.53	4.8	53.71	13.53	6.6	—	—	—
4	常州市	22.27	1.69	2	12.27	-1.05	1.6	10	5.26	3.3
5	扬州市	15.20	10.95	1.4	15.20	10.95	1.9	—	—	—
6	南京市	43.1	47.6	3.8	37.3	—	4.6	5.8	29.0	2
7	连云港市	7.7	6.94	0.7	—	—	—	7.7	6.94	2.5
8	泰州市	7.98	7.08	0.7	1.18	33	0.1	6.8	10.24	2.2

2．2014 年江苏省集成电路产业三业分地区发展规模（表 4.1.6）

表4.1.6　2014年江苏省集成电路产业三业分地区发展规模

序号	城市名称	合计		其中					
		实绩（亿元）	同比（±%）	设计业（亿元）	同比（±%）	晶圆业（亿元）	同比（±%）	封测业（亿元）	同比（±%）
1	IC 合计	809.96	10.89	119.90	12.37	194.80	19.06	495.26	7.65
2	苏州市	263.50	4.39	23.80	9.70	16.20	1.80	223.50	3.00
3	无锡市	426.80	13.84	64.60	10.23	171.80	19.96	190.40	10.20
4	南京市	37.30	23.0	31.00	19.20	—	—	6.30	46.0
5	南通市	53.71	13.53	—	—	—	—	53.71	7.42
6	常州市	12.27	-1.05	0.50	25.00	—	—	11.77	-1.90
7	扬州市	15.20	10.95	—	—	6.80	1.50	8.40	20.00
8	泰州市	1.18	33.00	—	—	—	—	1.18	18.00

3．2014 年江苏省集成电路产业三业分地区发展所占比重（表 4.1.7）

表4.1.7　2014年江苏省集成电路产业三业分地区发展所占比重

序号	城市名称	合计		其中					
		实绩（亿元）	占比（%）	设计业（亿元）	占比（%）	晶圆业（亿元）	占比（%）	封测业（亿元）	占比（%）
1	IC 合计	809.96	100.00	119.90	100.00	194.80	100.00	495.26	100.00
2	苏州市	263.50	32.5	23.80	19.85	16.20	8.32	223.50	45.13
3	无锡市	426.80	52.7	64.60	53.88	171.80	88.19	190.40	38.44
4	南京市	37.30	4.60	31.00	25.85	—	—	6.30	1.27
5	南通市	53.71	6.60	—	—	—	—	53.71	10.84
6	常州市	12.27	1.60	0.50	0.42	—	—	11.77	2.38
7	扬州市	15.20	1.90	—	—	6.80	3.49	8.40	1.70
8	泰州市	1.18	0.10	—	—	—	—	1.18	0.24

四、2014 年江苏省集成电路产业主要企业发展情况分析

2014 年江苏省集成电路产业主要企业取得了较好的业绩，会员单位销售收入统计数据排列分析如下。

1．2014 年江苏省集成电路设计业企业情况（表 4.1.8、表 4.1.9）

表4.1.8　按销售收入规模大小排序

序号	企业名称	序号	企业名称
1	中电科技集团第 55 所	3	中电科技集团第 58 所
2	无锡华润矽科	4	美新半导体（无锡）

续表

序号	企业名称	序号	企业名称
5	无锡新洁能	13	无锡晶源
6	无锡中科芯集成电路	14	无锡硅动力
7	无锡力芯微电子	15	无锡中微腾芯
8	无锡芯朋微电子	16	无锡颐鼎
9	无锡中微爱芯	17	苏州硅能
10	三星研发（苏州）	18	无锡东集
11	无锡友达电子	19	苏州力生美
12	苏州国芯	20	无锡矽林威

表4.1.9　按销售收入增长率大小排序

序号	企业名称	序号	企业名称
1	苏州力生美	9	中电科技集团第55所
2	苏州明皜	10	美新半导体（无锡）
3	苏州国芯	11	无锡硅动力
4	无锡新洁能	12	无锡中微爱芯
5	无锡力芯	13	无锡叹咏微电子
6	无锡中微腾芯	14	三星研发（苏州）
7	无锡中科芯集成电路	15	无锡晶源
8	中电科技集团第58所	16	无锡芯朋

2．2014年江苏省集成电路晶圆企业情况（表4.1.10、表4.1.11）

表4.1.10　按销售收入规模大小排序

序号	企业名称	序号	企业名称
1	海力士	4	江阴新顺
2	华润微电子	5	江苏东晨电子
3	和舰科技（苏州）	6	无锡中微晶园

表4.1.11　按销售收入增长率大小排序

序号	企业名称
1	华润微电子
2	江苏东晨电子
3	海力士
4	无锡中微晶园
5	和舰科技（苏州）

3．2014 年江苏省集成电路封测业企业情况（表 4.1.12、表 4.1.13）

表4.1.12　按销售收入规模大小排序

序号	企业名称	序号	企业名称
1	江苏新潮科技集团	14	扬州扬杰
2	南通华达微电子集团	15	力特半导体（无锡）
3	无锡海太半导体	16	苏州晶方半导体
4	三星电子（中国）	17	嘉盛半导体（苏州）
5	英飞凌科技（无锡）	18	常州星海电子
6	矽品科技（苏州）	19	常州银河世纪
7	快捷半导体（苏州）	20	京隆科技（苏州）
8	超威半导体（中国）	21	无锡红光微电子
9	日月新半导体（苏州）	22	力成科技（苏州）
10	苏州固锝	23	苏州震坤科技
11	颀中科技（苏州）	24	苏州太极半导体
12	瑞萨半导体（苏州）	25	泰州海天
13	无锡华润安盛科技	26	无锡通芝

表4.1.13　按销售收入增长率大小排序

序号	企业名称	序号	企业名称
1	华进半导体	8	无锡通芝
2	苏州晶方	9	无锡海太半导体
3	泰州海天	10	苏州日月新半导体
4	扬州扬杰	11	苏州固锝
5	华诚常半	12	瑞萨半导体
6	江苏新潮科技集团	13	三星电子
7	通富微电	14	嘉盛半导体

五、2014 年江苏省半导体支撑业企业情况分析

江苏省半导体支撑业在 2014 年里经受了考验和锤炼，上半年处于困难阶段，下半年由于集成电路产业和光伏产业、平板产业的好转而发力向上，取得了较好的成绩，销售收入达到 304.9 亿元，同比增长 9.9%（图 4.1.16、表 4.1.14～表 4.1.16）。

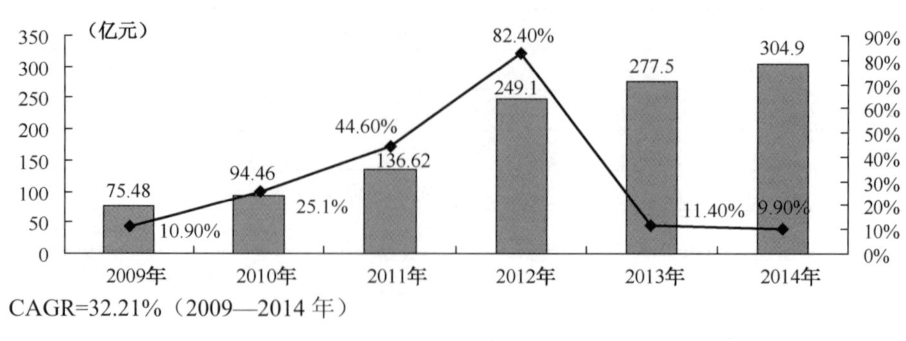

图 4.1.16　2009—2014 年江苏省半导体支撑业发展规模及增长

表4.1.14　2014年江苏省半导体支撑业地区发展情况

序号	指标名称	2014 年实绩（亿元）	2013 年实绩（亿元）	同比（±%）	比重（%）
1	销售收入合计	304.9	277.5	9.87	100.0
2	无锡市	173.6	155	12	56.9
3	苏州市	101	96.4	4.8	33.2
4	连云港市	7.7	7.2	7.0	2.5
5	泰州市	6.8	6.2	9.7	2.2
6	南京市	5.8	3.2	81.25	1.9
7	常州	10	9.5	5.3	3.3

表4.1.15　销售收入规模大小排序

序号	企业名称	序号	企业名称
1	贺利氏招远（常熟）	6	泰州华龙
2	汉高华威	7	江阴润玛
3	苏州金宏	8	江阴试剂
4	苏州瑞红	9	江苏中鹏
5	江阴康强	10	无锡创达

表4.1.16　按销售收入增长率大小排序

序号	企业名称	序号	企业名称
1	苏州金宏气体	5	泰州东田
2	苏州瑞红	6	汉高华威
3	江苏中鹏	7	江阴润玛
4	江阴康强		

六、2014 年江苏省半导体分立器件产业情况分析

1. 2014 年江苏省半导体分立器件产业情况（图 4.1.17～图 4.1.20）

2014 年由于受节能灯功率器件市场需求的剧减（部分大型骨干企业调整产品结构，减少分立器件生产而扩大 LED 产品、集成电路产品生产产能）等原因，2014 年江苏省半导体分立器件产业呈下滑态势。

2014 年江苏省半导体分立器件销售收入为 138.5 亿元（已含在集成电路封测业和晶圆业中），同比下滑 1.2%，占到全省集成电路产业总收入的 17.1%，占全国同业总值的 7.4%；与 2013 年同期相较下滑 1.4%，但 2014 年四季度比三季度提高了两个百分点。

2014 年江苏省半导体分立器件产品产量约为 835.6 亿只，同比增长 6.6%，占全国同业总量的 15.7%。

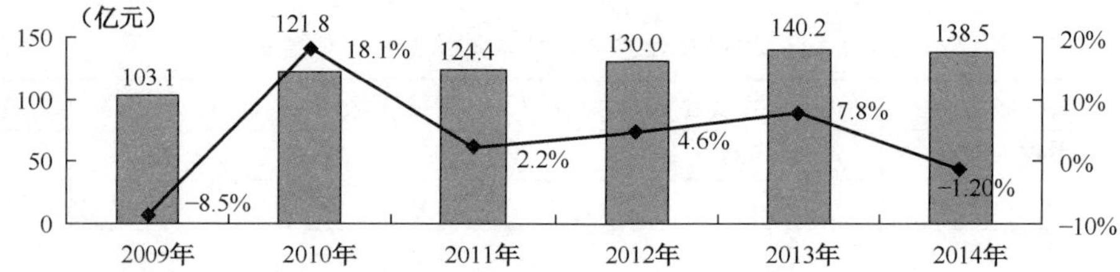

CAGR=6.08%（2009—2014 年）

图 4.1.17　2009—2014 年江苏省半导体分立器件销售收入规模及增长

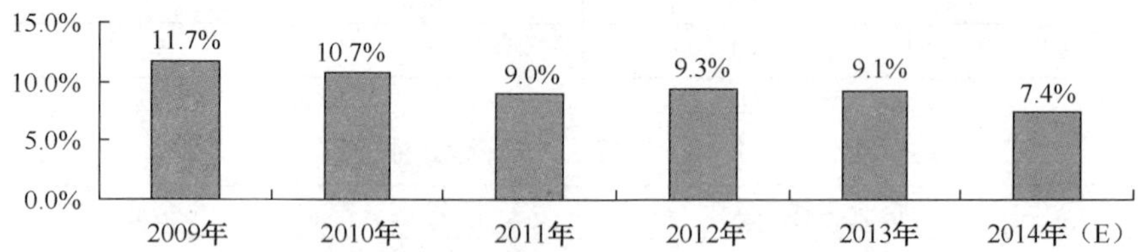

图 4.1.18　2009—2014 年江苏省半导体分立器件销售收入在全国同业中所占比重演进

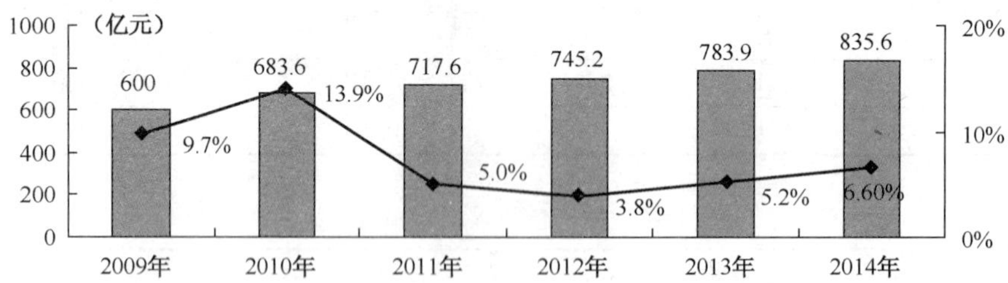

CAGR=6.85%（2009—2014 年）

图 4.1.19　2009—2014 年江苏省半导体分立器件产品产量规模及增长

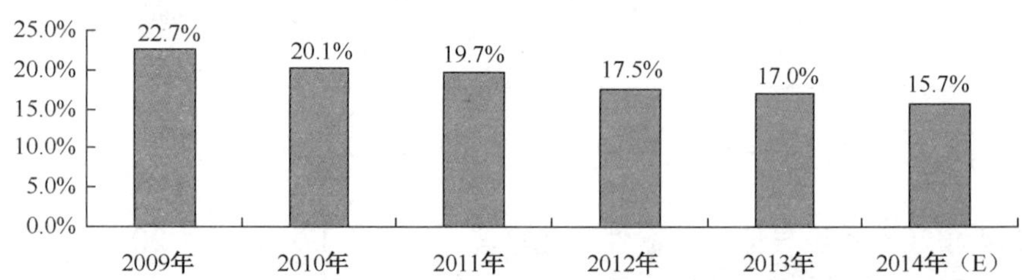

图 4.1.20　2009—2014 年江苏省半导体分立器件产品产量在全国同业中所占比重演进

2．2014 年江苏省半导体分立器件企业销售收入情况（表 4.1.17、表 4.1.18）

表4.1.17　按销售收入规模大小排序

序号	企业名称	序号	企业名称
1	英飞凌科技（无锡）	8	常州星海
2	江苏长电科技	9	常州银河世纪
3	无锡华润华晶	10	力成科技（苏州）
4	苏州固锝电子	11	无锡红光微电子
5	力特半导体（无锡）	12	江苏东晨电子
6	扬州扬杰	13	启东吉莱
7	苏州晶方科技	14	南通皋鑫

表4.1.18 按销售收入增长率大小排序

序号	企业名称	序号	企业名称
1	江苏东晨电子	5	南通华达微电子
2	无锡罗姆	6	苏州晶方半导体
3	南通皋鑫	7	无锡华润华晶
4	常州银河世纪	8	江苏长电

3. 2014年江苏省半导体分立器件企业产品产量情况（表4.1.19、表4.1.20）

表4.1.19 按产品产量规模大小排序

序号	企业名称	序号	企业名称
1	江苏新潮科技集团	6	常州银河世纪
2	苏州固锝电子	7	力特半导体（无锡）
3	英飞凌科技（无锡）	8	扬州扬杰
4	华润华晶	9	苏州晶方
5	无锡强茂电子	10	无锡红光

表4.1.20 按产品产量增长率大小排序

序号	企业名称	序号	企业名称
1	无锡红光	5	苏州固锝
2	常州银河世纪	6	南通华达微电子
3	江苏东晨电子	7	江苏长电科技
4	力特半导体（无锡）	8	南通皋鑫电子

第二节 2014 年江苏省集成电路产品产量情况分析

1．2014 年江苏省集成电路产品产量情况

2014 年江苏省集成电路产品产量约为 366 亿块，同比增长 13.8%，占全国同期集成电路产品产量 1034.8 亿块的 35.4%的份额（图 4.2.1 和图 4.2.2）。

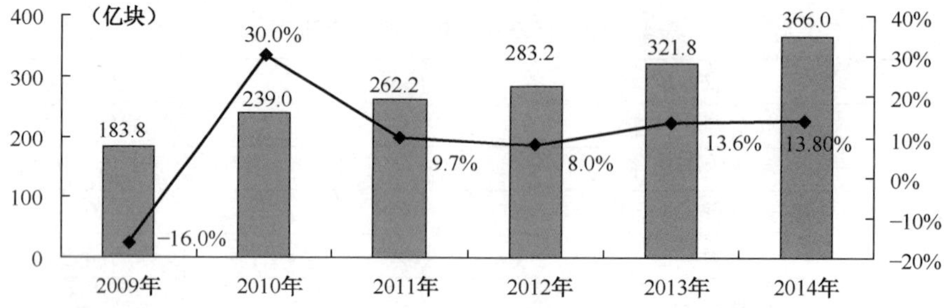

CAGR= 15.73%（2009—2014 年）

图 4.2.1 2009—2014 年江苏省集成电路产品产量发展规模及增长

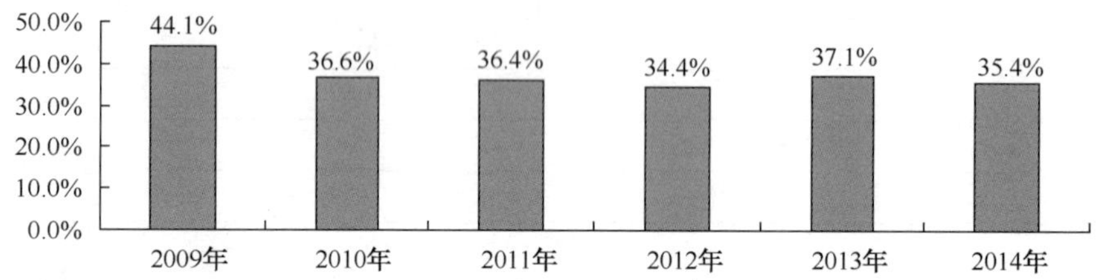

图 4.2.2 2009—2014 年江苏省集成电路产量在全国同业中所占比重演进

2．2014 年江苏省集成电路企业产品生产情况（表 4.2.1、表 4.2.2）

表4.2.1 按产品产量规模大小排序

序号	企业名称	序号	企业名称
1	江苏新潮科技集团	6	无锡海太半导体
2	南通华达微电子集团	7	无锡中微晶园
3	无锡华润安盛	8	颀中科技
4	无锡红光微电子	9	无锡力芯微电子
5	矽品半导体（苏州）	10	英飞凌科技（无锡）

表4.2.2 按产品产量增长率大小排序

序号	企业名称	序号	企业名称
1	力成科技（苏州）	3	无锡力芯
2	美新半导体（无锡）	4	江苏新潮科技集团

续表

序号	企业名称	序号	企业名称
5	海力士	8	无锡华润安盛
6	中电集团第55所	9	南通华达微电子集团
7	无锡红光微电子	10	无锡晶源

第三节　2014 年江苏省集成电路产业分布情况分析

江苏省集成电路的产业布局形成了苏南的“硅谷”和沿江的“硅走廊带”。江苏省集成电路产业主要集中在苏南及沿江走廊带，集中在苏州、无锡、常州、南京、南通、扬州、泰州等城市（图 4.3.1）。

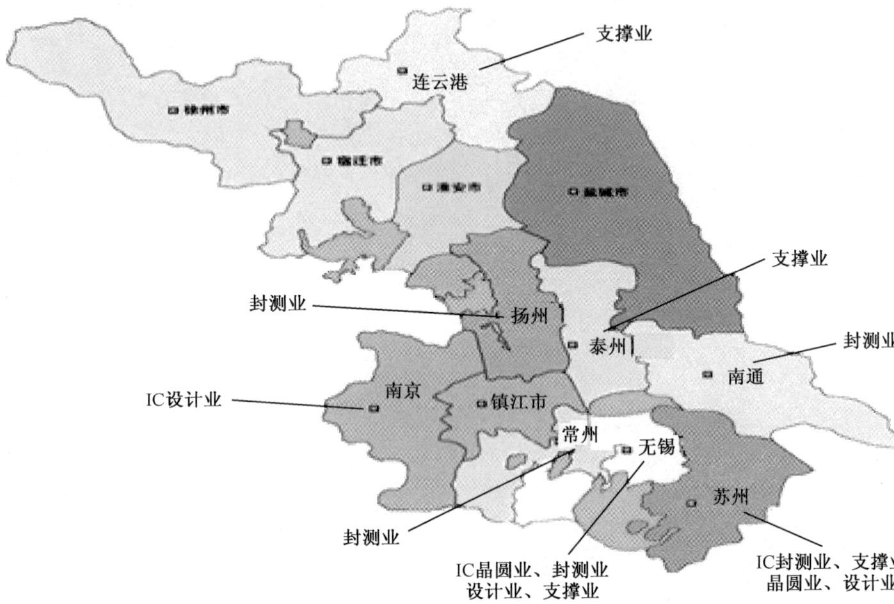

图 4.3.1　江苏省半导体产业分布图

一、2014 年江苏省半导体产业分布情况

苏南地区占到全省的 92.3%，其中：苏州市占到全省同业的 32.7%，无锡市占到全省同业的 53.9%，常州市占到全省同业的 2%，南京市占到全省同业的 3.8%，

苏中地区占到全省同业的 6.9%，其中：南通市占到全省同业的 4.8%，扬州市占到全省同业的 1.4%，泰州市占到全省同业的 0.7%。

苏北地区占到全省的 0.7%，其中：连云港市占到 0.7%的份额。

二、2014 年江苏省集成电路产业分布情况

2014 年江苏省集成电路产业主要集中在苏南和苏中地区。

苏南地区占到全省的 91.4%，其中：苏州市、无锡市、常州市、南京市分别占到全省同业的 32.5%、52.7%、1.6%、4.6%。

苏中地区占到全省的 8.6%，其中：南通市、扬州市、泰州市分别占到全省同业的 6.6%、

1.9%和 0.1%。

三、2014 年江苏省半导体支撑产业分布情况

苏南地区占到全省同业的 95.3%，其中：苏州市占 33.1%、无锡市占 56.9%、常州市占 3.3%、南京市占 2%。

苏中地区占到全省同业的 2.2%，其中：泰州市占 2.2%。

苏北地区占到全省同业的 2.5%，其中：连云港市占 2.5%。

第四节　2014 年江苏省集成电路产业经营情况分析

一、2014 年江苏省电子信息产业经营运行情况

- 2014 年江苏省实现生产总值 6.51 万亿元，同比增长 8.7%，人均 GDP 突破 8 万元，连续 3 年居全国各省区首位。
- 2014 年江苏省工业增加值增长 10%，其利税率增长 13%，利润率增长 4%。
- 2014 年江苏省新一代信息技术收入 8300 亿元，同比增长 22%。
- 2014 年江苏省物联网业务收入 2800 亿元，同比增长 35%。
- 2014 年江苏省软件业收入 6439 亿元，同比增长 24.4%。
- 2014 年江苏省信息技术中的新兴产业占全省 GDP 29%。
- 2014 年江苏省智能化产品收入占全部销售收入 16%。
- 2014 年江苏省信息技术领域累计发明专利申请量为 23611 件，占全省全部专利的 31%。
- 2014 年江苏省城镇光纤覆盖率超过 95%，共建 4G 基站 4.7 万个，4G 用户达到 53.5 万户，宽带入户超 1950 万户，移动互联网用户超 5500 万人，全省移动数据流量增长 65.5%。
- 2014 年江苏省电子信息产品制造业实现主营业务收入 2.92 万亿元，同比增长 6.4%。
- 2014 年江苏省电子信息产品产量完成情况良好，其中：彩电产量为 1522 万台，同比增长 10.1%；显示器产量为 5299 万台，同比增长 14.2%；手机产量为 2884 万台，同比增长 39%。

二、2014 年江苏省集成电路产业产销情况分析

1. 2014 年中国集成电路产业产销情况

根据中国半导体行业协会统计，2014 年中国集成电路产业销售收入为 3015.4 亿元，同比增长 20.2%。其中，设计业增速最快，销售额为 1047.4 亿元，同比增长 29.5%；制造业受到西安三星投产影响而上升，2014 年增长率达到了 18.5%，销售额达 712.1 亿元；封装测试业销售额 1255.9 亿元，同比增长 14.3%。

2014 年我国集成电路产品产量为 1015.5 亿块，同比增长 17.0%；半导体分立器件产品产量预计为 5359 亿只，同比增长 16.4%。

集成电路产业销售收入增速高于其产品产量的增速，实现了业界的预期，设计、制造、封测三业继续保持增长的态势。

2. 2014 年江苏省集成电路产业产销情况

2014 年江苏省集成电路产业克服重重困难，取得了良好业绩。

2014 年江苏省集成电路产业界抓住下半年市场需求复升的态势，扩大生产以满足市场的需求，产品产量达到 366 亿块，同比增长 13.8%，同时，江苏省集成电路产业 2014 年度销售收入为 809.96 亿元，同比增长 10.89%，在增长率上产品产量比销售收入增长率快 2.9 个百分点，但仍没有摆脱增产不增收的局面。

3. 2014 年江苏省半导体分立器件产业产销情况

2014 年江苏省半导体分立器件产品产量为 835 亿只，同比增长 6.55%，同期分立器件销售收入为 138.5 亿元，同比下降 1.2%，较三季度下滑幅度有所缓解。但在增长率上，产销仍差约 8 个百分点，没有摆脱增产不增收的困境。

2014 年江苏省半导体分立器件销售收入下滑，究其主要原因有：一是产业结构调整，部分骨干企业减少分立器件的产品产量，增加集成电路的产品产量；二是国内分立器件市场需求减少，订单剧减；三是国外分立器件市场减少而引发分立器件出口减少；四是省内分立器件产量减少，而省外分立器件增加，其一减一增使省内分立器件在全国的占比下降；五是功率器件减少而 LED 产品产量大增；六是分立器件中低端产品价格竞争激烈，降价促销引发分立器件压产减负；七是分立器件高端产品、高附加值的新产品面市缓慢；八是一些大型骨干企业的分立器件产品产量同比剧减。

三、2014 年江苏省集成电路企业销售收入情况分析

1. 2014 年江苏省集成电路设计企业销售收入情况

2014 年江苏省集成电路设计企业中销售收入同比增长的企业占 72%，销售收入同比减少的企业占 22%，持平的占 6%，相比三季度增长有所放缓。一些大型骨干集成电路设计企业都有不同程度的增长，如苏州国芯，无锡新洁能，无锡力芯，中科芯 IC，中电科技第 58 所、55 所，美新半导体，无锡中微爱芯，三星研发（苏州）等公司。

2. 2014 年江苏省集成电路晶圆企业销售收入情况

2014 年江苏省集成电路晶圆企业中销售收入同比增长的企业占 74.3%，增长率同比减少的企业占 16.5%，持平的占 9.2%。其中海力士公司全力复产，经过 2014 年一年的努力，虽然尚未达到该公司最佳生产状态，但同期有较大幅度增长。得到较大幅度增长的企业还有华润微电子公司、江苏东晨电子等。

3. 2014 年江苏省集成电路封测企业销售收入情况

2014 年江苏省集成电路封测企业中销售收入同比增长的企业占 63.3%，同比增长率下降的企业占 33.4%，持平的企业占 3.3%；一些大型骨干企业增长率得到较大提升，如苏州

晶方、无锡华润安盛、三星电子（苏州）、苏州固锝、南通华达集团、江苏新潮集团、无锡通芝、苏州瑞萨、常州银河等公司。

4. 2014 年江苏省半导体分立器件企业销售收入情况

2014 年江苏省半导体分立器件企业中销售收入同比增长的企业占 50%，同比增长率下降的企业占 30%，持平的企业占 20.0%；销售收入增长率较大的企业有南通皋鑫、常州银河、南通华达等公司。究其原因，主要还是骨干企业产品结构调整，减少了分立器件产品份额。

5. 2014 年江苏省半导体支撑业企业销售收入情况

2014 年江苏省半导体支撑业企业中销售收入同比增长的企业占 61.5%，同比增长率下降的企业占 23.1%，持平的企业占 15.4%；销售收入增长率较好的企业有苏州金宏气体、苏州瑞红、江苏中鹏、无锡创达、江阴康强、泰州华龙、泰州东田等公司。

第五节 2014 年江苏省集成电路企业经济效益情况分析

- 2014 年江苏省集成电路企业销售收入利润率为 6.5%，较前三季度有所上升，比全国同业提高 0.7 个百分点。
- 2014 年江苏省集成电路设计业销售收入利润率为 8.9%。其中，销售收入利润率提高幅度较大的企业有：苏州三星研发、无锡力芯微电子、中电科第 55 所、无锡美新半导体、苏州力生美、无锡晶源、无锡新洁能、无锡友达电子等公司。
- 2014 年江苏省集成电路晶圆业销售收入利润率为 18.5%，其中海力士恢复生产，四季度发力，占全省晶圆销售额的 57.5%，实现销售利润率 28.9%。如不含海力士，则全省利润率仅为 4.6%。
- 华润微电子在 2014 年实现扭亏为盈。
- 2014 年江苏省集成电路封测业销售收入利润率为 5.5 %，同比有所下降，部分骨干企业利润率出现小幅度下降。销售收入利润率提高较大的企业有南通华达集团、苏州日月新半导体、常州银河世纪等。
- 2014 年江苏省半导体支撑业销售收入利润率为 10.8%。其中，销售收入利润率提高较大的企业有江阴康强、江阴润玛等公司。

2014 年江苏省集成电路产业经济指数情况分析：

- 2014 年江苏省集成电路产业固定资产同比增长 5.4%。
- 2014 年江苏省集成电路产业新增资金投入同比增长 13.4%。
- 2014 年江苏省集成电路产业研发投入同比增长 8.8%。
- 2014 年江苏省集成电路产业新品收入同比增长 24.8%。
- 2014 年江苏省集成电路产业资金利润率为 11.4%。
- 2014 年江苏省集成电路产业资金利税率为 12.8%。
- 2014 年江苏省集成电路支撑业资金利润率为 19.5%。
- 2014 年江苏省集成电路支撑业资金利税率为 33.1%。

第六节　2014 年江苏省集成电路产品出口情况分析

一、2014 年中国电子信息制造业进出口情况

据工信部运行监测协调局报道

- 2014 年中国电子信息产品进出口总额为 13237 亿美元，同比下降 0.5%，其中出口 7897 亿美元，同比增长 1.2%，占全国外贸出口的 33.5%；进口 5340 亿美元，同比下降 2.8%，占全国外贸进口的 27.1%，贸易顺差为 2557 亿美元。
- 2014 年中国电子器件出口 1318 亿美元，同比下降 17.9%。
- 2014 年中国手机出口 1154 亿美元，同比增长 21.3%；笔记本电脑出口 758 亿美元，同比下降 31.6%。
- 2014 年中国电子器件进口 2930 亿美元，同比下降 5.6%。
- 2014 年中国电子仪器设备进口 487 亿美元，同比下降 5.6%。
- 2014 年中国电子材料进口 81 亿美元，同比增长 5.8%。
- 2014 年中国液晶显示板进口 438 亿美元，同比下降 11.7%。
- 2014 年中国硬盘驱动器进口 159 亿美元，同比下降 1.1%。

二、2014 年中国集成电路产业进出口情况

据海关统计：

- 2014 年我国进口集成电路 2856.6 亿块，同比增长 7.3%；进口金额 2176.2 亿美元，同比下降 5.9%。
- 2014 年我国出口集成电路 1535.2 亿块，同比增长 7.6%；出口金额 608.6 亿美元，同比下降 30.6%。
- 2014 年我国进口集成电路产品金额逆差达 1567.6 亿美元。
- 2014 年我国集成电路产品继续成为大宗进口商品，占 2014 年度世界集成电路产品总值 47.1%的份额。

三、2014 年江苏省集成电路产品出口情况

2014 年江苏省电子信息产品进口为 912 亿美元，同比下降 2.6%，仅次于广东省，居全国第二位。

2014 年江苏省电子信息产品出口为 1439 亿美元，同比增长 2.0%，仅次于广东省，居全国第二位。

2014 年江苏省集成电路产业继续努力扩大集成电路产品出口加工业务和代工业务，尤

其是在下半年，抓住“金九银十”有利时机，发力加工制造，扭转了前期不利的局面，收到较好的成效。

2014 年 1～12 月，江苏省集成电路产品出口额为 267.46 亿美元，同比增长 21%，占全国集成电路产品出口额 608.6 亿美元的 7.2%，其中海力士恢复生产对出口额增长做出了很大的贡献。

2014 年 1～12 月，江苏省集成电路产品出口额上升的企业占 64%，下降的企业占 22%，持平的企业占 14.0%。

2014 年 1～12 月，江苏省集成电路出口额上升幅度较大的企业有：苏州明皜、南通皋鑫、无锡力芯微电子、南通华达微电子、无锡美新半导体、江苏新潮科技、泰州海天、三星研发（苏州）、无锡海太等公司。

2014 年 1～12 月，江苏省集成电路出口额较大的企业有：海力士、南通华达微电子、江苏新潮科技、力特半导体（无锡）、英飞凌科技（无锡）、超威半导体（苏州）、颀中科技（苏州）、力成科技（苏州）、三星研发（苏州）等公司。

第七节 2014年江苏省集成电路产业从业人员结构情况分析

（1）2014年江苏省集成电路产业从业人员10万余人。

（2）2014年江苏省集成电路产业人员同比增长2%。

（3）2014年江苏省集成电路产业本科以上学历人员占职工总数21.2%，同比增长近一个百分点，其中硕士学历占职工总人数的2.8%，博士学历人员占职工总数的0.4%。

（4）2014年江苏省集成电路产业研发人员占职工总人数的14%，同比提高了近3个百分点，占本科学历人数的66%，同比增长11个百分点。

（5）2014年企业普遍存在人工成本提高、高层次管理人缺少、招工难、人员流动性大、留住关键人才难等问题。

第八节　2014 年江苏省集成电路产业发展环境分析

一、政策环境分析

集成电路产业的发展离不开政策环境的影响。2014 年 6 月，国务院印发了《国家集成电路产业发展推进纲要》，这是继 18 号文件、4 号文件发布以后业界所瞩望的集成电路产业新政。《推进纲要》从宏观政策层面为集成电路产业打开新的突破口，新政策的实施将进一步优化产业发展创新环境，逐步破解产业发展中的各种难题，激发企业活力和创造力，带动产业链协同可持续发展。作为今后一段时期指导我国集成电路产业发展的行动纲领，对加快产业发展具有重要意义。这个利好的政策环境给江苏省集成电路产业界带来了极大的鼓舞，给江苏省集成电路产业实现跨越式发展注入了新的强大动力。

江苏省各级政府在贯彻落实国家关于集成电路产业发展各项政策的同时，根据本地区产业发展情况适时制订并颁发相关的政策和实施意见，为本地区的集成电路产业发展创设了良好的政策环境。面对全球集成电路产品市场和技术的高速发展，江苏省集成电路产业还需要解决产业发展资源力量分散、政策落实不到位的问题。这还需要江苏省各级政府统筹协调省内各地区集成电路产业发展，强化全省及各地区的总体规划设计，整合调动各方面资源，发挥政府层面为做大做强集成电路产业起到“四两拨千斤”的作用。

二、投融资环境分析

集成电路产业“高投入、高风险”的状况，令金融界不敢触碰。长期以来，社会资本缺乏对集成电路产业的投入意愿，导致该领域融资问题突出。江苏省集成电路企业数量多、体量小，受资金困扰的集成电路企业发展艰难；更多的中小型集成电路企业只能守着小家小业慢慢地在市场上“磨”着寻找商机。江苏省现有规模较大的集成电路企业也迫切需要国家、政府层面的大规模持续的资金支持。

2014 年出台的《国家集成电路产业发展推进纲要》破解了集成电路产业的融资难题。与 18 号文件和 4 号文件相比，《推进纲要》最大突破点是设立国家集成电路产业投资基金。这就是以国家级产业投资基金吸引大型企业、金融机构和其他社会资金，以应对投资额巨大、回报周期长的集成电路产业特征，跨过大规模持续投入资金难的门槛。国家集成电路产业投资基金的设立，带动了各地方政府设立投资基金的热情。江苏省也积极行动起来，从政府层面开展广泛的调查研究，寻求解决江苏地区集成电路产业发展面临的困难和问题，挖掘江苏省集成电路产业发展的潜力，推动产业发展迈上新的台阶。省级财政将设立江苏省集成电路产业发展基金，充分发挥财政资金的政策引导和杠杆作用，吸引更多的社会资本支持江苏省集成电路产业发展。这将缓解江苏地区集成电路企业投融资的压力，进一步支持龙头骨干封测企业确立国内领先和全球第一阵营的优势；加速江苏省集成电路制造业的快速升级，并为省内企业实施兼并扩张提供有力支持。

三、公共服务平台环境分析

服务平台是指按照开放性和资源共享性原则，为区域和行业中小企业提供信息查询、技术创新、质量检测、法规标准、管理咨询、创业辅导、市场开拓、人员培训、设备共享等服务的法人实体。服务平台在解决中小企业共性需求、畅通信息渠道、改善经营管理、提高发展质量、增强市场竞争力、实现创新发展等方面发挥着重要支撑作用。

江苏省自从设立无锡国家集成电路设计产业化基地以来，在苏州、无锡、南京等地区先后设立了数家公共 EDA 平台。这些平台在降低设计企业创业门槛，加快集成电路产品开发，促进江苏省集成电路设计企业繁荣与发展中发挥了重要作用。同时，江苏省集成电路领域的研究机构、重点实验室、工程技术中心和大型企业中，现有一批价值较高、指标先进的测试、实验和分析仪器设备，而中小企业往往因为资金问题无力配置这些仪器设备。因此，实现大型专用仪器设备的共享，是支持中小企业、创业型企业创新与发展的重要措施。为此，可以由省主管部门牵头、行业组织承担对全省现有的可供开放的 EDA 资源分布情况调查摸底，再提出江苏省集成电路产业公共平台建设方案。按照“合作、共赢”的原则，建立服务标准和业务受理流程，透过公共平台集中推出面向全省设计企业的 EDA 资源，形成方便企业使用的设计平台；集中推出可共享的大型仪器设备资源，使全省集成电路企业可使用相关单位的仪器设备，完成测试、试验和分析任务，实现整合集成、优化配置。

通过加强江苏省集成电路产业服务平台建设，可以更好地落实国家和省政府关于促进中小企业发展的政策，解决现实存在的设计工具和流程不完整、技术支持与服务力量薄弱、工具利用率偏低等问题。对改善江苏省中小型集成电路企业发展环境，促进社会资源优化配置和专业化分工协作，推动共性关键技术的转移与应用，逐步形成社会化、市场化、专业化的公共服务体系和长效机制具有重要现实意义。

四、人才环境分析

近年来，江苏省集成电路企业普遍反映缺少高层次的管理人才与技术人才，人员流动性大和用人难、难用人等问题。因此，如何营造集成电路产业人才环境、破解产业发展过程中的人才问题显得非常迫切。

江苏省先于其他省市建成投产的超大规模集成电路生产线曾经为我国的集成电路行业培养了一大批人才。然而，由于这个新兴的高科技产业规模呈几何级数增长，而与之相对应的人才呈现出巨大的缺口。从目前情况看，江苏省集成电路行业的人力资本相对匮乏，中高级人员供给确实存在严重不足，且从业人员存在一个较大的断层。就集成电路设计方面的人才而言，从业的人员经验不足，不少企业的设计人员只有2年到3年的工作经验，而拥有4年到6年工作经验的就是“高级工程师”了，而且为数较少。而在后续培养阶段，虽然每年都有毕业生输出，但供应量远不能满足需求。从整个集成电路行业来看，既缺乏一批有创意、会规划和能设计的高端人才，又缺乏一大批拥有一定技术能力的蓝领。据估计，今后若干年人才紧缺的状况还会持续升温。

通过对省内集成电路企业调查了解，造成人才匮乏的原因主要有两方面，一方面是人才的培养跟不上行业发展的需求。微电子专业的前期人才培养乏力，很多高校没有开设微电子专业，即使有这个专业，培养的人数也较少，远远满足不了集成电路产业快速发展的需求。另一方面是企业对专业的需求很片面，只想着“招进来就能用”，看重所谓的“专业对口”。实际上一些相关的专业，如理化、机电等专业毕业的学生，掌握了基本的知识后，到单位经过一段时期的技能培训后也能够胜任某个专项工作。

人才的高流动率成为集成电路行业的又一特色。从江苏省集成电路产业人才流动情况看，流动的范围大、地域广。既有流向国外的集成电路企业、国内的合资或外资企业的，也有在内资企业相互之间流动的。对于人才流动的原因，寻求更高的薪资待遇成为其中最重要的一个因素，也有些人是借此完成转型和自我提升。

为应对人才短缺，江苏省集成电路企业也动足了脑筋。企业所需的设计、测试、市场等专业人员通过猎头招聘。这些年来，通过猎头帮助企业寻觅合适的人才，引发了招聘成本和人力成本持续升高。再就是到高校“预订”人才。由于人才竞争激烈，江苏的集成电路企业就把人才争夺转向了全国范围内的校园招聘。开设有微电子专业院校的毕业生供不应求。由于江苏省有不少外资企业，更激发了对集成电路人才的需求。

目前，江苏省集成电路行业发展中最紧缺的人才是研发类工程师、市场营销人才、中高层管理人才和高级技工。

（1）研发类工程师。设计人才成为集成电路行业发展的重要资源。江苏省现在有集成电路设计企业200多家，但有经验的设计人才不足2000人，技术上的精英人才更是凤毛麟角。据大致统计，设计人才在未来5年的需求至少要增长2倍到3倍。

（2）市场营销人才。除了研发工程师外，市场营销人员也是猎头苦苦追寻的对象，特别是那些资深的市场营销人员。集成电路行业与其他行业的市场人员最大的区别在于，除了需要具备沟通能力、团队精神等基本素质以外，还必须有专业技能，最好有市场研发或相关从业背景。

（3）中高层管理人才。从集成电路行业发展情况看，在某种程度上取决于领军人才的领导和开拓创新。江苏集成电路产业发展过程中，培育出了多位既懂管理又懂技术的领军人才，对江苏地区产业的发展功不可没。然而更多的企业中层、高层管理人才紧缺也是现实。一位具有多年从业经验的美资公司管理者表示，在集成电路行业，一个好的管理者，必须是一个能够与国际接轨的国际村民，因为这个行业是一个没有国界的行业。所以要求管理者必须能够熟练使用英文、具有行业发展的全局观、了解国际业内标准行为准则。

（4）高级技工。在江苏集成电路企业中有不少微电子专业毕业的有一定工作经验的专业技术人员和成熟操作工，这些高级技工成为企业生产经营的骨干力量。由于集成电路企业所需高级技工的岗位对个人的素质和能力要求比较高，技工的知识和能力需要跟得上当前企业引进的最先进设备的操作技术、需要能够领悟最新工艺技术节点的工艺规范，这就需要这类人才具有比较强的学习能力。由于现在很多年轻人的就业观念阻碍了技工人才的培养，因而，每年能够进入企业的技工人才数量有限，满足不了企业的需求。

江苏省政府和相关职能部门很重视集成电路企业人才短缺的问题，提出了一系列措施，包括大力引进国内外一流的集成电路人才和团队来江苏省创新创业。支持各类教育培训机构采取多种形式，大力培养培训集成电路领域高层次、紧缺和骨干专业技术人才。完善鼓励创新创造的分配激励机制，落实科技人员科研成果转化的股权、期权激励和奖励等收益分配政策。相关专业院校也积极落实人才培养方案，着手解决专门的实训基地进行技能培训。这些举措为江苏省集成电路行业人才的培养搭建了良好的平台。

第九节　2014 年江苏省集成电路产品和技术信息

由中国半导体行业协会、中国电子材料行业协会、中国电子专用设备工业协会和中国电子报社共同评选出“第九届（2014 年度）中国半导体创新产品和技术”共计 36 项，其中江苏省有关企业获 12 项，占三分之一。

一、集成电路产品和技术

无锡华润矽科公司的内置低压差电源模块的自适应 RS485 接口系列电路 CS485X。

东南大学的横向绝缘栅双极型器件电流密度和可靠性提升技术。

无锡中普微电子公司的数字辅助高线性度多模多频手机功率放大器模块（58 系列）。

二、半导体器件

江苏宏微科技公司的一种新型的 NPT IGBT 结构。

无锡华润华晶微电子公司的 600～6500V IGBT 配套 FRD 芯片制造技术。

苏州明皜传感科技公司的三轴 MEMS 加速传感器系列产品：da210、da211、da213。

三、集成电路封装与测试技术

江苏长电科技公司的指纹识别模块 IC 的双面系统级封装技术。

南通富士通微电子公司的 IPM 封装技术产品。

苏州日月新半导体公司的 Jelly Bean Package 产品（果冻豆微型封装）。

四、半导体设备和仪器

张家港易化设备科技公司的 SpotBlend A-D，Pumpcart，CFD55G，CFCsD。

五、半导体专用材料

江苏中鹏新材料公司的 QFN 封装用绿色环保型塑封料产品 SP—G900。

苏州金宏气体公司的 7N 电子级超纯氨（99.99999%）。

第十节　2014 年江苏省 IT、IC 产业投资合作信息

- 2014 年 2 月 19 日，SK 海力士中国区销售总部落户无锡新区，将整合在华销售业务。
- 北京弘高建筑设计公司作价 28 亿元借壳江苏东光微电，原江苏东光重组为“江苏东晨电子科技有限公司”，现更名为“江苏东晨电子科技有限公司”。
- 无锡视乐美公司 2014 年 4 月投资多款激光投影显示产品，涵盖激光电视、激光客厅影院、激光工程投影机和激光超短焦投影机等产品。
- 联华电子加大在苏州和舰科技公司的投资，扩大其 8 英寸线产能，新增产能 1.1 万片/月投，总投片量达月投 6 万片的产能。
- 2014 年 SK 海力士在无锡工厂追加投资 1 亿美元，以提高 12 英寸晶圆生产线技术水平，海力士公司（无锡）工厂历经四次增资，三次技术投资，投资额由原先的 20 亿美元增至 106.55 亿美元，成为江苏省首个超百亿美元的外资项目，实现资本、产能、技术、利润的同步快速增长。
- 2014 年 10 月 28 日，无锡海润光伏科技公司以 2.83 亿元控股鑫辉剩余 49%的股权。
- 2015 年 1 月 12 日，江苏振发控股集团公司旗下的振发新能源公司出资 270 万美元收购美国在纽证所上市的 STR 公司 51%的股权。STR 公司是美国第一家生产太阳能电池组件——太阳能用 EVA 薄膜的公司，其领先的密封技术是全球光伏封装材料的领导者。
- 华润微电子正在对 8 英寸晶圆生产线进行投资扩产。
- 2014 年 5 月 21 日，世界 LED 巨头欧司朗在无锡投资 LED 工厂建成投产，投资金额 15 亿元，主营为 LED 芯片外壳封装，年产数十亿只 LED 光电半导体器件。
- 通富微电计划投资 2.5 亿元，建设 TCB-NCP 高密度系统集成封装开发与产业化项目。
- 2014 年 9 月，富士通位于南通苏通园区投资的全资子公司——江苏通富微电子有限公司进行奠基，该项目总投资 20 亿元，建筑面积 14 万平方米。预计到 2015 年年底可投入生产。
- 按《关于华灿光电（苏州）有限公司 LED 外延片芯片二期项目的议案》，华灿公司在 2014 年将投资 3.05 亿元，建立年产 48 万片 2 英寸红黄光 LED 外延片，154 亿颗红黄光芯片的生产能力。
- 2014 年 8 月 13 日，日本夏普公司在无锡夏普新增 3 条自动化生产线，预计可增加销售超 30 亿元，该生产线主要生产中型液显示模块和高科技电子元器件，该公司

预计2014年可实现销售收入250亿元。

- 江苏长电科技公司与中芯国际12英寸凸块加工合作项目2014年8月8日正式签约落地江阴市。该项目总投资1.5亿美元，其中：长电科技和中芯国际共同出资5000万美元，长电科技占股49%，中芯国际占股51%。该项目生产40—28纳米先进工艺终端芯片，初期规划产能1万片/月，全部产能规划为5万片/月。为确保项目能够尽快投产，中芯国际将利用长电科技江阴在建厂房和FC先进后段封装生产线，根据规划项目将于2015年二、三季度投产。
- 2014年11月16日，长电科技联合国家集成电路产业投资基金股份有限公司、芯电半导体（上海）有限公司斥资7.8亿美元（约合人民币48.34亿元），其中长电科技出资2.6亿美元、芯电上海出资1亿美元、大基金出资2.9亿美元（其中1.4亿美元为贷款），收购设立在新加坡并在新加坡证券交易所上市的星科金朋，“以小吃大”跻身全球前三，新设公司名称为长电新朋。
- 8月15日，无锡红光微电子有限公司“红光股份”在“新三板”挂牌上市，公司为半导体封测企业。
- 无锡汉咏公司“汉咏股份”在“新三板”挂牌上市，无锡汉咏公司为集成电路设计企业。
- 2014年9月16日，无锡海澜光伏科技公司首次完成非公开发行49250万股新股，募集资金38.02亿元，使公司负债率降至65%，达到健康的财务水平。2015年上半年实现销售收入33亿元，实现扭亏为盈。首期撬动200亿元左右的光伏电站投资规模。
- 江苏艾科公司二期在镇江科技新城建成投产，可为第三方提供半导体测试服务业务，填补了华东地区的空白。

第十一节　2014 年江苏省集成电路设计业发展情况

一、2014 年江苏省集成电路设计业概况

自 20 世纪 90 年代末至 90 年代初，在国家实施“六五”、“七五”、“八五”科技攻关和实施“六五”、“七五”和“九〇八”工程，分别在北京、上海、深圳、杭州等中心城市建立若干个集成电路设计中心和建立无锡等 8 个国家级集成电路设计产业化基地，使无锡的“九〇八”工程和上海的“九〇九”工程相配套。江苏省集成电路设计产业也应运而生，期间经历了由小到大的发展历程。

1．2014 年江苏省集成电路设计业布局

2014 年江苏省集成电路设计企业约有 245 家，其中：苏州市约有 100 家，无锡市约有 80 家，南京市约有 45 家。三市的集成电路设计企业占到全省的 91.8%左右，占到全国同业近三分之一。

2．2014 年江苏省集成电路设计企业类型

江苏省集成电路设计业中，民营和海归创业者创办的企业约占到 60%，外资和合资企业占到 40%左右。无锡地区以民营（海归）企业为主，苏州地区以外资（合资）企业为主。

3．2014 年江苏省集成电路设计业产学研结构

- 相关高校有：南京大学、东南大学、南京航空航天大学、南京理工大学、南京邮电大学、苏州大学、江南大学、扬州大学、南通大学、江苏省信息职业技术学校、南京三江学院等民办院校等。
- 相关的科研所有：中电科第 14 所、55 所、58 所，江南计算所，江苏产业技术研究院无锡微电子研究所等。
- 相关的产业化基地有：国家微电子高技术产业基地（发改委）、国家集成电路设计无锡产业化基地（科技部）。
- 相关的服务平台有：高密度集成电路封装技术国家工程实验室、无锡国家集成电路设计基地有限公司、苏州中科集成电路设计中心有限公司、华进半导体封装先导技术研发中心有限公司以及南京市（江宁区）、常州市（新北区）、昆山市、南通市、扬州市等经济开发区的服务平台。

二、2014 年江苏省集成电路设计业发展情况

2014 年江苏省集成电路设计业销售收入为 119.9 亿元，同比增长 12.4%，占到全省集成电路产业总收入的 14.8%，占全国同业 11.4%的比重，居全国省市同业第四位。

1．2009—2014 年江苏省集成电路设计业发展规模及增长（图 4.11.1）

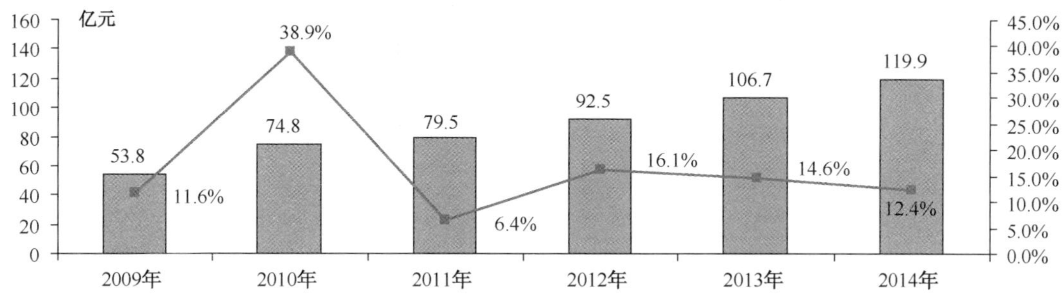

CAGR=17.38%（2009—2014 年）

图 4.11.1　2009—2014 年江苏省集成电路设计业发展规模及增长

2．2009—2014 年江苏省集成电路设计业在全国同业中所占比重（图 4.11.2）

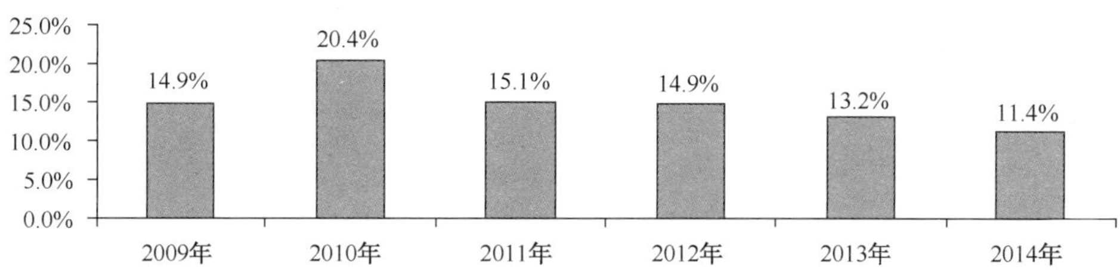

图 4.11.2　2009—2014 年江苏省集成电路设计业在全国同业中所占比重

3．2014 年江苏省集成电路设计业与兄弟省市同业的比较

江苏省集成电路设计业规模位居全国同业第四位，仅次于深圳市、上海市、北京市。从产业发展看，自 2008 年后产业规模逐年扩大，但在全国同业中所占比重却逐年下降。

- 2014 年深圳市集成电路设计业销售收入达 265.2 亿元，同比增长 19.7%，占到全国同业的 25.3%。
- 2014 年上海市集成电路设计业销售收入达 240.9 亿元，同比增长 14.7%，占全国同业 23%。
- 2014 年北京市集成电路设计业销售收入达 188.3 亿元，同比增长 18.0 %，占全国同业的 18.0%。
- 2014 年浙江省集成电路设计业销售收入为 70.0 亿元，同比增长 22.3%，占到全国同业 6.7%份额。
- 2014 年天津市集成电路设计业销售收入为 40.0 亿元，占全国同业 3.8%份额。
- 2014 年陕西省集成电路设计业销售收入达 22.8 亿元，同比增长 33.0%，占全国同

业 2.2%左右。

相比上述有关省市集成电路设计业发展速度和规模，江苏省集成电路设计业进步速度较为缓慢。

三、2014 年江苏省集成电路设计业城市区域分布情况

2014 年江苏省集成电路设计业主要分布在无锡、南京、苏州，这三个城市的集成电路设计业销售收入占到全省同业总收入的 99.7%，其中：

无锡市集成电路设计业销售收入为 64.6 亿元，同比增长 10.2%，占全省 53.9%的份额；

苏州市集成电路设计业销售收入为 23.8 亿元，同比增长 9.7%，占全省 19.9%的份额；

南京市集成电路设计业销售收入为 31.0 亿元，同比增长 19.2%，占全省 25.9%的份额。

1．全省有关城市集成电路设计业销售规模及增长率（表 4.11.1）

表4.11.1 全省有关城市集成电路设计业销售规模及增长率

地区	2014 年销售额（亿元）	2013 年销售额（亿元）	增长率（%）	占比（%）
南京	31.0	26.0	19.2	25.9
无锡	64.6	58.6	10.2	53.9
苏州	23.8	21.7	9.7	19.9
其他	0.5	0.4	25.0	0.3
合计	119.9	106.7	12.4	100

（资料来源：JSSIA 整理）

2014 年江苏省集成电路设计业主要集中在无锡市、南京市和苏州市，其中无锡市同比增长 10.24%，占到全省近 54%；南京市增幅最大，同比增长 19.2%，占到全省总值的 25.9%；苏州市增长 9.7%，占到全省总值的近 20%。

2．江苏省集成电路设计业区域分布结构特点

1）南京

以高校、研究所为主，有东大国家 ASIC 工程中心、东大射频与光电集成电路研究所、南大微电子设计研究所等，研究相对前沿技术，承接政府项目，形成 IP 和论文，培育学生；研究所以中电 55 所和 14 所为代表，前者以研究微波和光电子器件为主，后者以 ASIC 和系统解决方案为主。

2）无锡

以企业、研究所为主，企业有国有、民营企业，530 海归企业，以无锡华润矽科微电子有限公司等为代表的一批从事消费类电子集成电路研发的企业，面向市场，为境内外客户提供集成电路及配套解决方案，具有良性发展循环能力；还有一批海归创业企业，从事

网络、音视频、RFID 电路等研发；研究所有中电 58 所、总参 56 所，主要从事 ASIC 和系统解决方案设计。

3）苏州

以境内外研发机构为主，海归企业为辅。境外研发机构有飞思卡尔（苏州）设计中心、瑞萨集成电路设计（北京）有限公司苏州分公司等，以集团配套开发为主，主要从事微控制器等相关研发和解决方案提供；有一批海归创业企业，从事 RFID、WLAN、CMOS Sensor 等芯片开发。

四、2014 年江苏省集成电路设计业技术进步情况

1. 江苏省集成电路设计业现状

江苏省集成电路设计业总体属于跟随型发展，整个产业规模小而弱，欠缺自主知识产权的核心技术。大部分设计企业主导型产品的市场附加价值不高，同类产品业务的小企业多，竞争激烈。企业兼并重组的案例不多，还未显现出具有相当规模的龙头骨干企业。

江苏省集成电路设计业有少部分企业设计技术进入 65—90 纳米级水平，部分企业进入到 0.11 微米级水平，大部分企业还处在 0.13—0.18—0.25 微米级水准。江苏省集成电路设计目前正处于转型成长期，基于 SoC 设计平台的技术较为成熟。

2. 2014 年江苏省集成电路设计业技术进步成果

由中国半导体行业协会、中国电子材料行业协会、中国电子专用设备工业协会、中国电子报社、中国赛迪顾问等组织业界专家评选出的“第九届（2014 年度）中国半导体创新产品和技术项目”中，江苏省集成电路设计业界获奖的企业、产品、技术与创新特点见表 4.11.2。

表4.11.2　2014年江苏省集成电路设计业获奖产品和技术

序号	单位名称	获奖产品和技术	技术与创新特点
1	无锡华润矽科微电子有限公司	内置低压差电源模块的自适应 RS485 接口系列电路 CS458X	本产品属于原始创新，设置极性判断结构，端口可自动判断极性并进行极性的切换；内置稳压电路 SIP 封装，可同时提供 5V 稳压输出和 RS485 通信功能；极性自适应系列电路内置有独特的兼容两光耦设计，系统成本更低；独特的 ESD 保护结构，具有+15kV 的 ESD 防护能力，在 4kVEMC 干扰下可正常通信；特殊的端口结构，可实现-7—+12V 情况下的正常通信
2	东南大学	横向绝缘栅双极型器件电流密度和可靠性提升技术	本项目属于原始创新，提出的带有“W”型缓冲层的 LIGBT 器件结构及制备技术，能将器件的输出电流密度提升 15%；提出的级联型 LIGBT 器件结构，可以将器件电流密度提升 40%以上；提出的带有三维多发射级的 LIGBT 器件结构，可以在击穿电压和开启电压不变的基础上，将器件的电流密度提升 50%以上，同时将安全工作区扩展 30%以上

续表

序号	单位名称	获奖产品和技术	技术与创新特点
3	无锡中普微电子有限公司	数字辅助高线性度多模多频手机功率放大器模块 58 系列	本产品属于原始创新，创新研发了以数字电阻取代修调电阻，通过软件编程精确控制数字电阻大小；创新设计了全新的多模多频的芯片结构；发明了改进相应匹配的多模功率放大器，在不损失效率的前提下保障了信号的线性度和通信质量；创新研发了动态电压调节和预失真结合的技术，发明了自偏置差分放大器，实现高效率的同时保证了线性度

- 无锡华润矽科微电子有限公司的超低功耗微控制器入围。该产品采用超低功耗 16 位 CPU 构架设计技术，采用嵌入式闪存的 CPU 在线调试设计技术，采用微控制器的电磁兼容设计技术，采用编译器及仿真系统开发技术。
- 苏州雄立科技有限公司的网络数据包智能搜索处理器 ISE 入围。该产品属于原始创新，技术创新包括独创的自适应映射算法，独特的编码方案，全新的芯片体系结构；架构创新包括每个宏单元是重复单元，每个宏单元可以编程为不同的 Hash 映射；应用创新包括使用了典型的 SRAM 晶体管实现了 3 态存储。
- 无锡中星微、无锡新硅和神念电子科技（无锡）这三家公司以近几年来优异的创新体系、快速发展的规模、可以预期的良好收益，入选“2013 年度十大最具发展潜力中国 IC 设计公司”候选名录。
- 无锡中星微公司获 2013 年度中国芯“最具投资价值”企业称号。

3. 2014 年江苏省集成电路设计业技术进步情况

- 2014 年 8 月 27 日，美新半导体（无锡）有限公司制造出全球第一款单片集成信号处理器和 MEMS 三轴（3D）加速器设计，并采用圆片级封装工艺。由于采用了当今世界最先进的技术，产品在面积缩小一半的情况下，制造成本压缩近 60%，包括手机、平板电脑、玩具和可穿戴设备等都可以使用这一最新科技产品。体积更小，性能也更好，价格方面美新的产品也极具竞争力，该新产品单颗售价为 0.19 美元，而这几乎跟竞争对手的成本价相当。性能指标全面超越国际同行，以及低成本的制造工艺，凭借着这两项，美新将在国际市场掀起一轮革新，打破国外产品垄断。
- 华润微电子有限公司旗下的华润上华科技有限公司自主研发的“跑道形 NLDMOS 晶体管及其制作方法”专利技术，荣获 2014 年第七届无锡市专利金奖。该项专利填补了国内空白，开创了国内首个可应用于单片智能开关电源集成电路工艺技术，达到国际领先水平。
- 苏州国芯科技有限公司董事长郑茳先生荣获由江苏省知识产业局、江苏省科技厅、江苏省经信委等九部门组织评选的江苏省第六届“十大杰出专利发明人”光荣称号。
- 苏州晶湛半导体有限公司通过利用 ALXTRON 爱思强反应器，成功在 200 毫米的硅基（硅基氮化镓）上生产高压氮化镓 HEMT（高电子迁移率晶体管）结构材料。该材料具有良好的均匀性和低缓冲漏电性能，以及小于 0.5%的理想厚度均匀性。在特殊条件下，可实现均匀值的进一步改善。

- 无锡华润矽科有限公司的内置低压差电源模块的自适应 RS485 接口系列电路 CS485X 获第九届中国半导体创新产品和技术项目。
- 东南大学的横向绝缘栅双极型器件电流密度和可靠性提升技术获第九届中国半导体创新产品和技术项目。
- 无锡中普微电子有限公司的数字辅助高线性度多模多频手机功率放大器模块（58 系列）获第九届中国半导体创新产品和技术项目。
- 无锡力芯微电子股份有限公司开发出：创新型高压、大功率芯片制造技术和输入负压保护技术；开发出多款大功率电池开关、充电保护和管理电路；开发出背光控制等应用物联网设备的超低功耗节能电源管理产品，广泛应用手机和平板电脑；开发出民爆行业数字化产品系列等。
- 无锡硅动力在绿色电源 IC 领域，成功开发出了高性价比、具有市场竞争力的系列产品。2014 年，在应用于手机、平板、ADSL 等数码产品的电源充电器、适配器细分市场，产品的市场占有率已达 8%以上，已进入国内前三位，产品已成为国内一线品牌。2015 年，随着新一代自主研发的满足更高能效标准的产品推向市场，该公司将在这一领域保持技术和产品的领先性，进一步提高市场占有率。
- 美新半导体（无锡）有限公司开发出模拟和混合信号集成电路产品，建立省新型微纳器件及系统工程技术研究中心、省软件技术中心等。
- 苏州能讯高能半导体有限公司针对目前移动通信宽带的新要求开发出具有竞争优势的产品，预计在 2015 年初发布并量产。
- 江苏洛希尔应用电子研究所开发出“超级 WiFi”通信芯片（60GHz 天线通信芯片），该芯片传输速度比蓝牙快 1000 倍，把它装在手机、电脑里，不需要数据线，相互之间就可以互连，其分布着上万个肉眼难以分辨的焊点。
- 苏州英诺迅科技股份有限公司面向北斗导航及通信应用推出新一代 L 频点射频功率放大器模块。

五、2014 年江苏省通过认定的集成电路设计企业情况

2014 年通过国家工信部年审的集成电路设计企业有 480 家，比 2013 年增长 21.5%(2014 年第二批审报和审定工作正在进行之中)，其中江苏省集成电路设计业通过 2014 年年审的有 92 家，同比增长 15%，占全国通过年审总数的 19.2%，同比下降 1.1 个百分点。其中，上海市通过 120 家、北京市通过 79 家、深圳市通过 45 家。江苏省集成电路设计企业通过认定年审的数量位居全国第二位。

1. 2014 年江苏省通过认定的集成电路设计企业分布情况（表 4.11.3）

表4.11.3 2014年江苏省通过认定的集成电路设计企业分布情况

序号	城市	2014 年认定数	2013 年认定数	同比（%）	占比（%）
1	无锡市	39	38	+2.6	42.4
2	苏州市	32	27	+18.5	34.8
3	南京市	19	12	+58.3	20.6
4	常州市	1	2	−50.0	1.1
5	扬州市	1	0	+100.0	1.1
6	南通市	0	1	−100.0	0.0
合计		92	80	15.0	100.0

江苏省集成电路设计业主要集中在无锡市（占 42.4%）、苏州市（占 34.8%）、南京市（占 20.6%），三市合计占到全省总数的 97.8%，苏北、苏中地区几近空白。

2014 年江苏省通过集成电路年审认定的企业，南京市同比增长 58.3%，增加了 7 家；苏州市同比增长 18.5%，增加了 5 家；无锡市增加了 1 家；扬州市增加了 1 家。

2. 2014 年江苏省通过认定的集成电路设计企业名单（表 4.11.4）

表4.11.4 2014年江苏省通过认定的集成电路设计企业名单

序号	企业名称	序号	企业名称
1	无锡华润矽科微电子有限公司	20	江苏东大通信技术有限责任公司
2	无锡友达电子有限公司	21	南京通华芯微电子有限公司
3	无锡市晶源微电子有限公司	22	彩优微电子（昆山）有限公司
4	无锡杰芯科技有限公司	23	苏州日月成科技有限公司
5	无锡杰电科技有限公司	24	苏州矽湖微电子有限责任公司
6	南京微盟电子有限公司	25	无锡禾芯微电子有限公司
7	苏州国芯科技有限公司	26	无锡紫芯集成电路系统有限公司
8	无锡力芯微电子股份有限公司	27	南京异或科技有限公司
9	无锡中微爱芯电子有限公司	28	苏州博创集成电路设计有限公司
10	江苏意源科技有限公司	29	苏州芯动科技有限公司
11	三星半导体（中国）研究开发有限公司	30	无锡日松微电子有限公司
12	苏州英诺迅科技有限公司	31	无锡思扬微电子科技有限公司
13	苏州银河龙芯科技有限公司	32	无锡友芯集成电路设计有限公司
14	南京芯力微电子有限公司	33	苏州瀚瑞微电子有限公司
15	苏州超锐微电子有限公司	34	江苏华丽网络工程有限公司
16	开源集成电路（苏州）有限公司	35	苏州源赋创赢微电子科技有限公司
17	无锡颐鼎科技有限公司	36	盛科网络（苏州）有限公司
18	无锡硅动力微电子股份有限公司	37	无锡博赛半导体技术有限公司
19	无锡芯朋微电子股份有限公司	38	无锡辐导微电子有限公司

续表

序号	企业名称	序号	企业名称
39	无锡华大国奇科技有限公司	66	苏州数伦科技有限公司
40	苏州云芯微电子科技有限公司	67	苏州芯通微电子有限公司
41	秉亮科技（苏州）有限公司	68	苏州智浦芯联电子科技有限公司
42	南京国博电子有限公司	69	苏州中科集成电路设计中心有限公司
43	南京派爱电子有限公司	70	无锡鸿图微电子技术有限公司
44	南京智浦芯联电子科技有限公司	71	无锡泽太微电子有限公司
45	无锡德思普科技有限公司	72	无锡矽瑞微电子有限公司
46	无锡汉咏微电子股份有限公司	73	江苏利鼎微系统有限公司
47	无锡士康通讯技术有限公司	74	无锡芯霖华科技有限公司
48	无锡帅芯科技有限公司	75	无锡康森斯克电子科技有限公司
49	无锡思泰迪半导体有限公司	76	江苏钜芯集成电路技术有限公司
50	无锡新硅微电子有限公司	77	无锡芯响电子科技有限公司
51	无锡中科龙泽信息科技有限公司	78	苏州华芯微电子股份有限公司
52	中科芯集成电路股份有限公司	79	思瑞浦微电子科技（苏州）有限公司
53	无锡矽林威电子有限公司	80	扬州稻源微电子有限公司
54	无锡中星微电子有限公司	81	无锡普雅半导体有限公司
55	江苏沁恒股份有限公司	82	益海芯电子技术江苏有限公司
56	苏州聚元微电子有限公司	83	无锡中科微电子工业技术研究院有限责任公司
57	苏州澜起微电子科技有限公司	84	江苏国石半导体有限公司
58	苏州磐启微电子有限公司	85	南京埃科孚电子科技有限公司
59	无锡艾立德智能科技有限公司	86	南京拓品微电子有限公司
60	无锡英诺浦斯微电子有限公司	87	昆山锐芯微电子有限公司
61	常州新超电子科技有限公司	88	南京矽力杰半导体技术有限公司
62	江苏万邦微电子有限公司	89	苏州赛芯电子科技有限公司
63	宽腾达通讯（无锡）有限公司	90	苏州雄立科技有限公司
64	灵芯微电子科技（苏州）有限公司	91	苏州易能微电子科技有限公司
65	南京矽志微电子有限公司	92	南京美辰微电子有限公司 （原：南京国睿嘉源微电子有限公司）

六、2014年江苏省集成电路设计业经济效益情况

- 2014年江苏省集成电路产业销售收入利润率为6.5%，比全国同业提高0.7个百分点。
- 2014年江苏省集成电路设计业销售收入利润率为8.9%，增长2.4个百分点。其中，销售收入利润率提高幅度较大的企业有：苏州三星研发、无锡力芯微电子、中电科第55所、无锡美新半导体、苏州力生美、无锡晶源、无锡新洁能、无锡友达电子等公司。

- 2014 年江苏省集成电路设计业销售收入同比增长的企业占 72%，销售收入减少的企业占 22%，持平的企业占 6%，一些大型骨干企业都有不同程度的增长，增长情况较好的企业有苏州国芯、无锡新洁能、无锡力芯、中科芯 IC、第 58 所、第 55 所、美新半导体、无锡中微爱芯、三星研发（苏州）等公司。

七、江苏省集成电路设计业面临的问题和挑战

1. 2014 年江苏省集成电路重点企业“十三五”发展调查情况

江苏省半导体行业协会受江苏省经信委的委托，在 2014 年 10 月～12 月对江苏省集成电路产业重点企业“十三五”规划进行情况调查，参加重点企业调查的单位有 37 家，其中集成电路设计业有 17 家，占 45.9%，调查的项目有 20 项，占总数的 40%。在调查中，企业反映的情况有：

- 江苏省集成电路设计业起步较早，进步不大。
- 缺少大型骨干集成电路设计企业来引领。
- 缺少大的应用产品作为中坚力量。
- 缺少与大型整机厂联姻。
- 缺少资金投入和高端人才匮乏。
- 产品影响力不大。
- IC 设计技术水平落后于国内先进企业 3、4 世代。
- 设计企业缺乏工艺知识，也没有定制和修改参数的能力。
- 设计企业对第三方 IP 核心的依赖程度奇高。
- 设计企业没有建立内部设计工具维护和发展队伍，缺少根据自己的产品开发和优化设计流程的人才和能力。
- 设计企业大多通用的 ASIC 设计方法，较少定制化和 COT 的设计模式。
- 江苏 IC 设计业虽然集中在苏州、无锡、南京，但普遍规模偏小、同类产品相互竞争激烈。

2. 2014 年江苏省集成电路设计业存在的问题

- 缺乏面广量大的产品，如各类 IC 卡芯片、Logic 芯片。
- 缺乏高端产品面市，如 CPU、GPU、MCU 等。
- 缺乏自主的 DRAM、NAND 等。
- 缺乏自主的液晶彩电主芯片、超高清机顶盒芯片。
- 缺乏 PC（笔记本电脑、平板电脑）芯片。
- 在新兴的汽车电子、安监、医疗保健芯片等产品领域，还处于无人涉足、无人问津的现象。

3. 江苏省集成电路设计业重点企业产品发展方向

江苏省集成电路设计业企业今后重点发展趋向：传感网芯片、嵌入式 CPU、显示驱动 IC、移动终端 TFT 驱动器、模拟 IC、数模混合 IC、LED 驱动 IC、RFID 芯片、通信类 IC、MEMS 系统 IC、化合物 IC、射频 IC、智能电网芯片以及水表气表远程控制 IC、安监芯片、IC 卡芯片及高压 IGBT 等。

第十二节　2014 年江苏省集成电路晶圆业发展情况

一、江苏省集成电路晶圆制造业现状

1. 2014 年江苏省集成电路晶圆制造业现状

江苏省集成电路产业是我国集成电路产业化大生产的发祥地之一，也是我国最大的集成电路生产基地。2014 年江苏省集成电路产业销售收入达 809.96 亿元，同比增长 10.89%，占全国集成电路产业销售收入 3015.4 亿元的 26.9%，位居全国首位，其中：集成电路晶圆制造业销售收入为 194.8 亿元，同比增长 19.06%，占全国集成电路晶圆产业销售收入 712.1 亿元的 27.4%，位居全国同业之首位（图 4.12.1）。

2014 年江苏省集成电路晶圆业主要集中在无锡市和苏州市，分别占到全省同业总值的 88.2%和 8.3%。

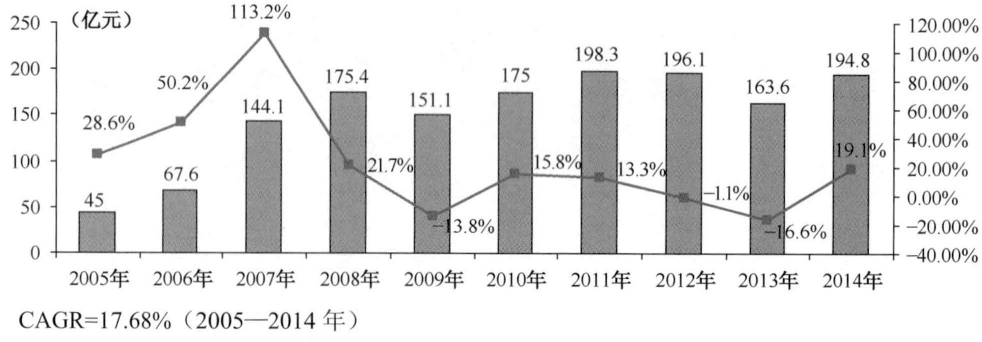

图 4.12.1　2005—2014 年江苏省集成电路晶圆制造业发展规模及增长

2014 年江苏省集成电路晶圆业同比上升速度较快的原因有：一是 SK 海力士公司自 2013 年 9 月初火灾停产后，经韩国政府、无锡市政府支持帮助和海力士公司员工努力奋斗，于 2014 年年初恢复生产，逐步达到灾前水平；二是华润微电子、和舰科技（苏州）、江苏东晨、江阴新顺、中微晶园等公司抓住市场大发展的有利契机满负荷生产，都取得了较好的业绩，使江苏省集成电路晶圆业取得了近年来的较好成绩。

2. 江苏省集成电路晶圆生产线情况

江苏省集成电路有晶圆生产线 36 条，从晶圆产业分布来看主要集中在无锡、苏州和扬州市。现拥有：12 英寸生产线 2 条，8 英寸生产线 3 条，6 英寸生产线 6 条，5 英寸生产线 8 条，4 英寸生产线 12 条，3 英寸生产线 5 条（表 4.12.1）。

表4.12.1 江苏省集成电路晶圆生产线分布情况

（单位：条）

线直径	形态	合计	苏州	无锡	南通	扬州	常州	南京
12 英寸线	生产	2		2				
8 英寸线	生产	3	2	1				
6 英寸线	生产	6	1	4		1		
5 英寸线	生产	8		5		3		
4 英寸线	生产	12		7	3	1		1
3 英寸线	生产	5	1	1	1	1	1	
合计	—	36	4	20	4	6	1	1

从生产结构上来看 12 英寸、8 英寸、6 英寸、5 英寸（部分）生产线为集成电路生产线，2 条 6 英寸线及部分 5 英寸线及 4 英寸线主要是分立器件晶圆生产线。

3. 江苏省集成电路晶圆生产线技术和产能情况（表 4.12.2）

表4.12.2 江苏省集成电路晶圆生产线技术和产能情况

序号	晶圆尺寸	状况	企业名称	工艺	技术水平（μm）	产能（万片/月）
1	12	生产	海力士半导体（中国）有限公司	DRAM	0.090—0.040	10
2		生产	海力士半导体（中国）有限公司	CMOS	0.045—0.025	6
3	8	生产	和舰科技（苏州）有限公司	CMOS	0.35—0.15	6～10
4		生产	和舰科技（苏州）有限公司	CMOS	0.13—0.11	
5		生产	华润微电子（无锡）（华润上华 2 厂）	CMOS（数模）	0.35—0.11	6.0
6	6	生产	无锡华润上华 1 厂	CMOS、BCD、SOI、FRD	>0.35	8
7		生产	无锡华润上华 5 厂	IGBT、MEMS、Bipolar、BCD MOSFET	0.5—0.35	5
8		生产	无锡华润华晶	IGBT、FRD、Bipolar、MOSFET	1.2—0.8	12.5
9		生产	江苏东晨（宜兴）	IGBT、VDMOS	0.8—0.35	3
10		生产	苏州纳科	MEMS	中试线	
11		生产	扬州晶新	CMOS	0.35—0.18	3
12	5	生产	华润华晶（无锡）	VDMOS	>3.6	>10
13		生产	华润华晶（无锡）	TR	1.6—0.8	>10
14		生产	中电科第 58 所（无锡）	CMOS	0.6	0.6
15		生产	江阴新顺公司	TR	2.0—1.6	7
16		生产	扬州国宇	VDMOS	0.6	2
17		生产	扬州晶新	双极&TR	1	5
18		生产	力特半导体（无锡）	TR	1.6	

续表

<table>
<tr><th>序号</th><th>晶圆尺寸</th><th>状况</th><th>企业名称</th><th>工艺</th><th>技术水平（μm）</th><th>产能（万片/月）</th></tr>
<tr><td>19</td><td>5</td><td>生产</td><td>扬州中芯晶来</td><td>TR</td><td>1.6</td><td>3</td></tr>
<tr><td>20</td><td rowspan="6">4</td><td>生产</td><td>中电科第 58 所（无锡）</td><td>声表</td><td>2</td><td>0.6</td></tr>
<tr><td>21</td><td>生产</td><td>江苏东晨微电子（宜兴）（3 条）</td><td>TR、IGBT、可控硅</td><td>5.0—2.0</td><td>5</td></tr>
<tr><td>22</td><td>生产</td><td>敦南微电子（无锡）（3 条）</td><td>TR</td><td>2.0—1.6</td><td>18</td></tr>
<tr><td>23</td><td>生产</td><td>江苏捷捷微电子（启东）（3 条）</td><td>TR、可控硅、二极管</td><td>5.0—2.0</td><td>6</td></tr>
<tr><td>24</td><td>生产</td><td>扬州中芯晶来</td><td>TR、晶闸管等</td><td>5.0—2.0</td><td>3</td></tr>
<tr><td>25</td><td>生产</td><td>中电科第 55 所</td><td>GaAs 射频</td><td>0.35—0.15</td><td>2</td></tr>
<tr><td colspan="7">3 英寸生产线有：华诚常半、扬晶、宜兴环洲、苏半总厂、南通皋鑫等公司</td></tr>
</table>

（资料来源：JSSIA 整理）

二、江苏省集成电路晶圆制造技术进步情况

江苏省集成电路晶圆制造技术以 SK 海力士半导体（中国）有限公司 12 英寸生产线为代表，该公司现有 2 条 12 英寸生产线，该工程分五次增资，在一期工程时以 90 纳米技术为主，二期工程达到 65 纳米，三期工程已达 45 纳米，月投片 14 万～16 万片。2012 年 4 月 24 日经韩国政府批准，在不增用地、不增已批产能的情况下，全部利用企业自有折旧资金，再投资 20 亿美元进行 12 英寸技术升级。生产技术从 45 纳米提升到 29 纳米，2013 年 11 月进行五期工程，再投资 25 亿美元，目前已达到 25 纳米水平，并全力提升至 20—10 纳米级水平，累计投资达 106.6 亿美元，主要从事 DRAM、Flash 生产，成为我国、我省单体投资规模最大的外资项目。2014 年因经营发展需要增加公司注册资金 1 亿美元，以加强在市场领先地位。预计到 2016 年完成该项目技术升级，处于世界和全国集成电路晶圆制造的领先水平。

作为我国民族微电子旗舰的华润微电子有限公司的 8 英寸晶圆生产线，达到 0.25—0.18—0.13 微米，二期工程达到 0.11 微米的水平，处于内资集成电路制造业 8 英寸线的领先水平，月投片超 3 万片，向月投 6 万片进发。

由中国台湾联华电子投资的和舰科技（苏州）有限公司拥有 2 条 8 英寸生产线，技术水平达到 0.25—0.18—0.13—0.11 微米的制程能力。

联华电子近期对和舰科技（苏州）有限公司 8 英寸生产线进行扩产性投资，新增产能 1.1 万片/月，月投片量扩大到 6 万片以上（6 万～10 万片的规模）。

1. 江苏省集成电路晶圆制造工艺技术简况

江苏省集成电路晶圆制造工艺技术呈现多样性和专业性，晶圆工艺技术已涵盖了 0.8

微米～25纳米的数代技术节点。代表性制程有：DRAM工艺制程、标准CMOS工艺制程、逻辑制程（Logic）、混合模式制程（Mixed Mode）、高压制程（High Voltage）、非挥发性记忆体制程（Non-Volatile Memory）、e-EEPROM及e-Flash等嵌入式工艺制程、CMOS图像传感器制程（CMOS image sensor）、e—NVM工艺制程、Flash工艺制程、SONOS e—Flash工艺制程、SONOS EEPROM工艺制程、高压MOSFET工艺制程、MEMS工艺制程、SOI工艺制程、高压BCD技术、功率器件IGBT技术、浮动闸嵌入式闪存技术、射频技术以及双极型线性技术，较好地满足了集成电路设计对制造工艺的多样化需求。

2. 江苏省集成电路晶圆制造业技术发展动态

- 海力士采用45nm制程技术，在全球率先开发出1Gb DDR3 DRAM。
- 2014年SK海力士公司对12英寸生产线进行复产后的扩产，提升产能和技术水平，目前达到25纳米水平，正向20纳米前行。
- 在节能及高压功率的需求下，700V BCD工艺前景广阔，华润上华作为领先的模拟晶圆代工厂，一直将BCD工艺作为最优先发展的技术，做大做强700V BCD系列特色工艺。

华润微电子旗下的华润上华第三代超高压 700V BCD 系列工艺开放代工平台开发成功。该工艺平台是在华润上华第三代硅基700V BCD工艺基础上自主开发的，通过工艺技术的持续改进，比第二代700V BCD面积缩小15%，其核心的700V DMOS器件特征导通电阻已达到国际领先的19 Ωmm^2，且700V DMOS器件的ESD和UIS等关键性能比前一代工艺有大幅度提升。可用于制造更高功率的LED照明驱动芯片和AC-DC电源转换芯片。

华润上华公司将从以下几个方面来持续做强BCD技术。

第一，在高电压（High voltage）方面，持续研发具有更低导通电阻、更少工艺层次的700V BCD技术。

第二，在高功率（High power）方面，将0.25μm BCD工艺的最高工作电压从40V扩展到100V，最大工作电流从3A扩展到5A，满足更多电源管理芯片的需求。

第三，在高密度（High density）方面，近期将推出可比拟于国外最优性能的0.18μm BCD工艺，可全面满足PMU、数字电源（Digital power）等产品需求。

第四，华润上华几个最主流的BCD工艺平台将陆续配备OTP、MTP等嵌入式存储器（e-NVM），这将为设计者带来更大的便利，也能够使得模拟功率芯片变得更加智能。

第五，华润上华将持续加大在超高压BCD等特色工艺技术方面的投入，正在开发中的下一代工艺将采用SOI技术，可以面向通信和汽车电子市场。

华润微电子重点关注智能互连和绿色节能方面的产品，应用领域具体集中在绿色照明、新能源、移动智能终端、智能仪器等，同时聚焦于模拟与功率半导体的设计与生产制造。重点方向定位于延续摩尔定律下的特色工艺和技术：功率半导体、智能控制、微机电系统、电源管理和光电产品。

- 华润上华自主研发的“跑道形 NLDMOS 晶体管及其制作方法”获 2014 年无锡市专利金奖，填补了国内空白，首个可应用于单片智能开关电源的集成电路工艺技术，达到国际领先水平，新增效益 4500 万元。NLDMOS 采用圆环形结构在 N 型漂移区形成 P 型同心环，通过调整 P 型同心环的半径控制 P 型杂质总量，从而与 N 型杂质达到电荷平衡，提高跑道形器件结构弯道部分耐压；采用 NLDMOS 技术不仅可以在跑道形器件结构的弯道部分提高耐压，而且可以在弯道部分保留沟道，使器件电流变大，达到有效利用芯片面积，增大电流，降低导通电阻的目的。
- 华润上华生产的单芯片 LED 照明驱动电源市场中的占有率达到 100%，国内外知名用户有 21 家，部分产品已被大众、奥迪等汽车厂商使用。
- 2014 年华润微电子成功开发出无线充电芯片及其解决方案。
- 2014 年华润微电子成功开发出环境光接近检测芯片。
- 2014 年华润微电子公司对 8 英寸线进行扩产，提升技术水平正向 0.13～0.11 微米前行。
- 无锡华润华晶微电子有限公司的 600～6500V IGBT 配套 FRD 芯片制造技术获第九届中国半导体创新产品和技术项目。
- 无锡华润上华半导体有限公司的用于智能功率集成的 SOI 工艺技术，含深槽隔离技术、无栓锁能力工艺技术、深槽刻蚀技术、多晶回填及平坦化技术，后段金属互连使用 CMP 平坦化技术、集成低压 CMOS 工艺、200V 高压 N 型及 P 型 LDMOS、200V LIGBT 等技术，实现了芯片高电压大电流驱动能力，共获发明专利 58 项，其中 11 项申请国际专利。
- 华润微电子公司 0.25 微米～0.11 微米工艺技术，拥有模拟和功率工艺技术、数模混合信号、BCD、Bi CMOS、平面和沟槽式 DMOS、IGBT、EEPROM 和 CMOS 逻辑工艺技术等。
- 华润微电子公司 IGBT 工艺平台通过中科院微电子所产品验证，验证产品采用 LanarNPT 器件结构，产品规划为 15～43A/1200V。
- 华润微电子研发基地落成使用；华润微电子注资三期项目扩大模拟集成电路生产和 IGBT 工艺平台，扩大产量规模。
- 和舰科技（苏州）公司的 0.15 微米 CMOS 工艺技术应用于大生产。
- 江苏东晨电子（原江苏东光微电子股份有限公司）采用硅硅直接键合工艺（SBD）技术，减少碎片率，采用背面光刻技术及离子注入技术实现内部集成二极管，形成逆导型绝缘双极晶体管，采用微细加工技术，采用多晶掺杂技术等，在 RC-Fs-IGBT 上实现（获第八届中国半导体创新产品和技术项目）。
- 江苏东晨电子（原江苏东光）在功率器件 IGBT 技术上有了较大进步，研发出高雪崩耐量功率场效应管、超低电容固体放电管、Kp3016 高压大电流方片可控硅等。

- 江苏东晨电子（原江苏东光）“台面+高低结+SIPOS 钝化”工艺开发出高速网络安全保护用功率防护模块。
- 江苏宏微科技公司开发出一种新型的 NPT IGBT 结构（获第九届中国半导体创新产品和技术项目）。
- 苏州明皜传感科技公司开发出三轴 MEMS 加速传感器系列产品 da210、da211、da213（获第九届中国半导体创新产品和技术项目）。
- 无锡中微晶圆公司开发出 LDMOS、NESD 等新产品。
- 江苏捷捷微电子股份有限公司采用区域调制方法，精确控制调制区域的宽度为 30～150 微米，使低结电容过压保护晶闸管芯片的 J1 和 J2 结面中不同电阻率区域面积问题得到有效控制，实现了低结电容过压保护晶闸管器件迅速面市（获第八届中国半导体创新产品和技术项目）。
- 苏州能讯高能半导体有限公司采用有效均衡电场分布的三级复合场板结构，实现 SiN/Al_2O_3 复合钝化层技术，降低电流崩塌的同时抑制栅级漏电，采用成核层热阻控制技术，提出原位钝化层技术，设计矩阵通孔结构，降低输出电感等，推出了基于 SiC 衬底的氮化镓功率器件技术（获第八届中国半导体创新产品和技术项目）。
- 苏州固锝电子公司实现了单晶硅光模块用旁流二极管模块 DTB 工艺技术。
- 中电科技集团第 55 所拥有 GaAs 微波毫米片集成工艺技术。
- 江苏新潮集团下属江阴新顺公司完成 4 英寸改 5 英寸圆片生产线，月投片量达 7 万片。

三、江苏省集成电路晶圆代工业情况

1．江苏省集成电路晶圆代工业简述

江苏省集成电路晶圆业始于原中国华晶电子集团公司与香港上华公司合作，开中国集成电路晶圆业代工的先河，使中国集成电路晶圆制造业由原先的 IDM 型走向晶圆代工业（Foundry）。

2．江苏省集成电路晶圆代工方式

一是 IDM 型（如华润微电子、江阴新顺、江苏东晨等公司），以本企业加工制造为主，同时兼顾晶圆代工。

二是单纯为其母公司服务（如 SK 海力士（中国）有限公司）。

三是双方兼顾型（如华润微电子、和舰科技（苏州）有限公司）。

四是目前 IDM 与 Foundry 界限越来越模糊，较难以区分。

3. 江苏省集成电路晶圆代工（Foundry）技术

- 和舰科技（苏州）有限公司的两条 8 英寸生产线，有多项目晶圆代工服务、IP 服务、BOAC.Mini-Library、Chip Shuttle、NMOS/PMOS 混合信号/射频电路、逻辑电路等标准工艺和服务平台。技术水平达到 0.25～0.13～0.11 微米的水平。
- 华润微电子有限公司旗下华润上华科技公司拥有 1 条 8 英寸生产线主攻模拟、模数混合、RF 工艺；华润上华半导体公司 1 条 6 英寸线主攻 BCD、SOI、IGBT、BipoLar、MOSFET、CMOS-MEMS 工艺；华润华晶拥有两条 6 英寸线主攻 FRD、IGBT、BipoLar、MOSFET，两条 5 英寸生产线，主攻 VDMOS 和 TR。华润微电子在整体竞争力方面，在各个细分领域都比较领先，包括分立器件、代工等。代工占业务的三分之一，设计、封装、测试业务各占 20%，具备全产链形态的优势。在高、中、低 IGBT 均实现了突破，模拟工艺平台在国内处于领先地位。
- 华润上华公司拥有 e—NVM 工艺平台（0.18 微米 OTP 技术、0.18 微米～0.13 微米 e—Flash 工艺、0.13 微米 SONOS e—Flash 工艺、0.18 微米～0.13 微米 SONOS EEPROM 工艺），高压 MOSFET 从传统工艺升级到超结工艺模块，还拥有功率器件（IGBT）工艺平台、MEMS 工艺平台、模拟 SOI 工艺平台等。
- 江苏集成电路晶圆代工（Foundry）企业拥有 CMOS、PMOS、NMOS、DMOS、MIXED、FRD、BipoLar、HVCMOS、MG、NVM（be/OTP）、EEPROM/Flash、BICMOS、BIPOLAR、BCD、MEMS、MOSFET、IGBT 等标准工艺技术平台，客户遍及全球。

四、江苏省集成电路晶圆制造业竞争力分析

江苏省集成电路晶圆业自 2007 年以来一直居全国同业首位，最高时占到全国同业的 45.9%的份额，几近一半。但近几年来，由于兄弟省市集成电路晶圆发展迅速，如上海中芯国际、上海华力、上海华虹宏力、上海台积电、上海先进、三星西安、英特尔（大连）、武汉新芯等公司发力增长和建成投产，使江苏省集成电路晶圆业在全国同业中所占的比重有所下滑。

1. 2005—2014 年江苏省集成电路晶圆业在全国同业中的比重（图 4.12.2）

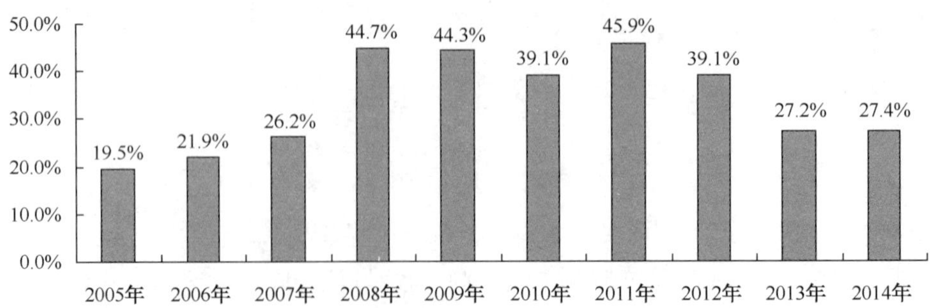

图 4.12.2 2005—2014 年江苏省集成电路晶圆业在全国同业中的比重

2. 2014 年江苏省集成电路晶圆业与兄弟省市同业相较（表 4.12.3）

表4.12.3　2014年江苏省集成电路晶圆业与兄弟省市同业相较

序号	省市	2014 年收入（亿元）	2013 年收入（亿元）	同比（±%）	序号	省市	2014 年收入（亿元）	2013 年收入（亿元）	同比（±%）
1	江苏省	194.8	163.6	19.1	3	北京市	63.7	67.3	-5.4
2	上海市	186.2	151.9	22.6	4	陕西省	69.5	24.3	186.0
3	深圳市	5.2	—	—	5	浙江省	123.6	104.9	17.9

注：浙江省 IC 晶圆制造业中包括封装业。

从表 4.12.3 中可以看出，2014 年江苏省集成电路晶圆制造业还暂居首位，但随着上海中芯国际、上海华力、上海华虹宏力、台积电（上海）、三星西安、英特尔（大连）、武汉新芯等公司发力追赶，江苏省集成电路晶圆业首位的位置将难以保持。

3. 2014 年中国集成电路晶圆制造业十大企业排序（表 4.12.4）

表4.12.4　2014年中国集成电路晶圆制造业十大企业排序

（单位：亿元）

序号	企业名称	2014 年销售收入	序号	企业名称	2014 年销售收入
1	中芯国际集成电路制造有限公司	120.2	6	台积电（中国）有限公司	39.3
2	海力士半导体（中国）有限公司	112.3	7	英特尔半导体（大连）有限公司	33.8
3	三星（中国）半导体有限公司	50.5	8	西安微电子技术研究所	19.0
4	华润微电子有限公司	50.4	9	和舰科技（苏州）有限公司	16.2
5	上海华虹宏力半导体制造有限公司	40.3	10	吉林华微电子股份有限公司	12.6

（资料来源：中国半导体行业协会）

2014 年江苏省集成电路晶圆制造业在全国十大企业中占有三席，占 30.0%，其中，SK 海力士（中国）有限公司居第二位，华润微电子有限公司居第四位，和舰科技（苏州）有限公司居第九位。其中，内资企业有 5 家，占 50%，华润微电子有限公司居第二位。其中，上海市占 3 家，辽宁省占 1 家，陕西省占 2 家，吉林省占 1 家。

2014 年我国集成电路晶圆业前十大企业销售收入为 494.6 亿元，占到全国集成电路晶圆业总值的 69.5%，其中江苏省集成电路晶圆业 3 家占到前十大企业销售收入的 36.2%，略超三分之一。

江苏省集成电路晶圆业第二的位置已有相当的紧迫感，首先是中芯国际超过 SK 海力士（中国）公司居首位，其二是三星（中国）半导体公司在 2014 年 5 月建成投产就一举超过华润微电子公司居第三位，来势迅猛，在近两年中可能超过 SK 海力士（中国）公司。

4．2014 年江苏省集成电路企业在中国集成电路产业前二十名销售额排名情况（表 4.12.5）

表4.12.5　2014年江苏省集成电路企业在中国集成电路产业前二十名销售额排名情况

序号	企业名称	销售额（亿元）	企业类型	企业性质	所在地
1	深圳海思	146.0	IC 设计	内资	广东省
2	中芯国际	120.2	IC 晶圆	内资	上海市
3	SK 海力士	112.3	IC 晶圆	外资	江苏省
4	展讯通信	72.0	IC 设计	内资	上海市
5	江苏新潮集团	69.1	IC 封测	内资	江苏省
6	威迅联合	63.0	IC 封测	外资	北京市
7	飞思卡尔（中国）	53.9	IC 封测	外资	天津市
8	南通华达集团	52.1	IC 封测	内资	江苏省
9	三星（中国）	50.5	IC 晶圆	外资	陕西省
10	华润微电子	50.4	IC 晶圆	内资	江苏省
11	英特尔（成都）	42.6	IC 封测	外资	四川省
12	上海华虹宏力	40.3	IC 晶圆	内资	上海市
13	天水华天集团	40.3	IC 封测	内资	甘肃省
14	台积电（中国）	39.3	IC 晶圆	台资	上海市
15	海太半导体（无锡）	35.5	IC 封测	外资	江苏省
16	英特尔（大连）	33.8	IC 晶圆	外资	辽宁省
17	华大半导体	32.1	IC 设计	内资	北京市
18	大唐半导体	31.3	IC 设计	内资	北京市
19	深圳中兴	30.6	IC 设计	内资	广东省
20	三星电子（苏州）	25.9	IC 封测	外资	江苏省
合计		1141.2			

从表 4.12.5 中可以看出：

- 2014 年中国集成电路产业前二十大企业销售收入为 1141.2 亿元，占到全国总值 3015.4 亿元的 37.8%，同比下降 7.1 个百分点。
- 2014 年中国集成电路产业前二十大企业中，内资企业有 11 家，占 55%。
- 2014 年中国集成电路产业前二十大企业中，内资企业销售额为 684.4 亿元，占 60%，同比提升 4.2 个百分点。
- 2014 年中国集成电路产业前二十大企业中，IC 设计企业有 5 家，占 25%，IC 晶圆企业有 7 家，占 35%；IC 封测企业有 8 家，占 40%；与 2013 年相比，IC 设计业增加 2 家，IC 封测业减少 2 家，IC 晶圆业持平。这说明，在 2014 年 IC 设计业进步较大。与 2013 年相比，华大半导体、大唐半导体、深圳中兴等公司进入前二十大企业，而在 2013 年进入前二十大企业的锐迪科（上海）、上海松下、英飞凌（无锡）

等公司退出2014年前二十大企业之列。

- 2014年中国集成电路产业前二十大企业中，有3家企业收入超百亿元：深圳海思公司以146.0亿元位居榜首，第二次以IC设计业企业位居第一位；还有两家为中芯国际和SK海力士（中国）公司。
- 在2014年中国集成电路产业前二十大企业中：长三角地区有10家，占到50%，同比下降10个百分点；京津环渤海湾地区有5家，占25%，同比上升5个百分点；珠三角地区有两家，占10%，同比上升5个百分点；中西部地区有3家，占15%，与2013年持平。
- 在2014年中国集成电路产业前二十大企业销售收入中，长三角地区10家企业为617.1亿元，占54.0%；京津环渤海湾地区5家为214.1亿元，占18.9%；珠三角地区两家为176.6亿元，占15.5%；中西部地区3家为133.4亿元，占11.7%。
- 在2014年中国集成电路产业前二十大企业中，江苏省有6家，占30%；其中上海市有4家，占20%；北京市有3家，占15%；广东省有两家，占10%；陕西省有1家，占5%；天津市有1家，占5%；四川省有1家，占5%；甘肃省有1家，占5%；辽宁省有1家，占5%；江苏省以6家暂居首位。
- 在2014年中国集成电路产业前二十大企业中，外资企业有9家，占到45%，内资企业占55%；外资企业营收额为456.8亿元，占到前二十大企业营收总值的40%的份额，内资企业占到60%，同比上升5.2个百分点，其主要原因有：深圳海思、展讯通信、江苏新潮、南通华达、华润微电子、上海华虹宏力、天水华天等公司都有不同程度的增长，且华大、大唐、深圳中兴等中资公司进入前二十，增加了内资企业的实力；其二是海力士火灾后未达到往年最高水平，无锡海太、英飞凌（无锡）等还未发挥最好水平；虽有三星西安公司的新近建成投产加盟，但上海松下、英飞凌（无锡）退出，使内资企业领先一步。

5. 国内晶圆投资增长，企业活力凸现

1）国内内资晶圆业投资情况

- 中芯北方集成电路制造（北京）有限公司投资35亿美元建设12英寸晶圆生产线（北京b2），2014年已进入月投1000片的试投阶段，在2015年将进入竣工投产，专注45纳米以下先进晶圆制程。2014年国家IC大基金注资100亿元人民币，提升至28纳米。
- 中芯国际（上海）实现12英寸38纳米NAND闪存工艺制程后，于2014年12月18日实现28纳米制程，与高通公司合作生产出骁龙410处理器，为2014年中国内资企业晶圆制程最高标准的产品。国家IC大基金注资31亿港元，用于晶圆技术提升和产能扩张，推动中芯国际向22/20、16/14纳米技术进军。

- 南车株洲所投资 15 亿元人民币建设 8 英寸 IGBT 高压器件生产线，于 2014 年 6 月 21 日竣工投产，打破了国外对高压 IGBT 产品的垄断。
- 中芯国际（深圳）8 英寸生产线于 2014 年 12 月 17 日竣工投产，投资总额达 15.8 亿美元（与 12 英寸线共建），技术水平达 0.18—0.13 微米，月投片能力为 5 万片。
- 苏州纳米科技投资 4.6 亿元人民币建设 6 英寸微纳机电制造（MEMS）中试线投产。
- 重庆渝芯公司由中航公司接手投资，形成两条 8 英寸生产线，已进入生产期。

2）在华外资晶圆业投资情况

- 三星电子（西安）12 英寸 NAND 闪存晶圆线于 2014 年 5 月 9 日竣工投产，该项目投资 70 亿美元，技术水平直奔 20—10 纳米，月投 10 万片。主产当今世界上最热门的 NAND Flash 闪存芯片。
- 美国德州仪器（TI）在成都投资 16.92 亿美元，投资建设德仪成芯 8 英寸线，有望开建 12 英寸晶圆和封装生产线。

3）国内内资企业晶圆线在建（筹建）情况

- 2014 年 9 月 25 日，武汉新芯（XMC）与美国飞索半导体签署协议，筹建 12 英寸生产线开发 3D NAND，技术水平为 32 纳米，计划在 2016 年建成，2017 年量产，月投 20 万片。
- 中芯国际北方公司拟建第二条 12 英寸生产线（Cu 制程与 b2 同建）。
- 中芯国际拟在深圳筹建 12 英寸生产线（与 8 英寸共建，投资 15.8 亿美元），技术水平为 28 纳米。
- 厦门政府拟建 12 英寸生产线，总投资为 62 亿美元，由 55—40 纳米切入，主事晶圆代工、IC 芯片等，月投 5 万片。
- 上海华力拟建 12 英寸晶圆生产线，投资额为 195 亿元（约 32 亿美元），上海武岳峰 IC 信息基金入股投资，从 28 纳米导入，推进至 16/14 纳米技术，月投 3 万～5 万片。
- 由永明发展公司和长沙创芯 IC 公司共同投资 60 亿元，正在河北省沧州市建设 8 英寸芯片生产线，月投 8 万片。
- 杭州士兰公司于 2015 年 3 月收购美国英特尔公司旗下 1 条 8 英寸生产线。
- 杭州士兰公司于 2015 年 4 月在成都市金堂县经济开发区开工建设 8 英寸晶圆生产线，以及设计、封装 IGBT 功率模块的 IDM 方式的生产线。

4）在华外资（台资）企业晶圆线在建（筹建）情况

- 台积电拟在上海松江筹建 12 英寸晶圆生产线，始于 28 纳米。
- 台积电投资扩大上海松江 8 英寸晶圆线产能，技术水平提升到 0.13 微米，月投片能力提升到 12 万片。
- 联电参股厦门筹建的 12 英寸晶圆生产线，从 2015 年起投资 13.5 亿美元，占股 21.8%。

6．国内晶圆产能扩张，市场占据份额进一步提升

1）兄弟省集成电路晶圆制造产能（8英寸以上）

- 12英寸晶圆生产线产能：

中芯国际（上海）2万片/月、中芯国际（北京）4.6万片/月、英特尔大连6万片/月、武汉新芯2.5万片/月、上海华力3.5万片/月、三星电子（西安）10万片/月，合计28.6万片/月，其中内资企业为12.6万片/月，占44.1%。

- 8英寸晶圆生产线产能：

中芯国际（上海、深圳、天津）22.2万片/月、上海华虹宏力15万片/月、上海先进3.0万片/月、台积电（上海）12万片/月、成都（德仪）成芯5万片/月、中航（重庆）渝芯3万片/月、株洲南车1万片/月，合计61.2万片/月，其中内资企业为41.2万片/月，占67.3%。

2）江苏省集成电路晶圆制造产业（8英寸以上）

- 12英寸晶圆生产线产能：

SK海力士（中国）公司产能16万片/月，实际月产14万片。

- 8英寸晶圆生产线产能：

华润微电子为6万片/月，目前实际还达不到这个投片量；和舰科技（苏州）为10万片，目前实际达到6万片以上的产量；内资企业占到40%～45%的规模。

3）江苏省集成电路晶圆制造业（内资）与兄弟省市相比

- 在12英寸晶圆线上，江苏省为空白，落后于武汉市、西安市、大连市等，更不及上海市、北京市；在2016年后还将落后于深圳市、厦门市。
- 在8英寸晶圆线上，江苏省为4万～5万片/月，落后于上海市45.0万片/月，只有其十分之一。
- 江苏省集成电路晶圆制造业（内资）企业产能已落后于兄弟省市，由原先的领军企业逐渐被边缘化。

7．国内晶圆业销售额攀升，8英寸以上成为主力

2014年，我国集成电路晶圆业销售收入以8英寸以上为主力，销售额不断攀升，其中8英寸晶圆线销售额占到全年总值的39%，12英寸晶圆生产线占到全年总值的34%，两者合计占到全年总值的73%。相比较而言，6英寸及6英寸以下晶圆线只占到27%，且逐年呈收缩之势。

江苏省8英寸晶圆生产线（内资）只有华润微电子的1条生产线，销售收入只占到全国总值的7.1%（含6英寸、5英寸、4英寸收入在内），不足全国的十二分之一，且占比差距正在拉大。

1）2014年我国部分省市集成电路晶圆8英寸生产线（内资）规模对照（表4.12.6）

表4.12.6　2014年我国部分省市集成电路晶圆8英寸生产线（内资）规模对照

序号	省市名称	公司名称	型别	数量（条）	产能（万片/月）	技术水平（μm）
1	江苏省	华润微电子	内资	1	4～6	0.35—0.11 CMOS 数模混合
2	上海市	中芯国际（上海）	内资	2	12.0	0.35—0.11 CMOS 0.18—0.11 CMOS
				1	3.0	0.13—0.11（Cu 制程）
		中芯国际（深圳）	内资	1	3.0	0.35—0.11 CMOS
		中芯国际（天津）	内资	1	4.2	0.35—0.18 CMOS
		华虹宏力	内资	2	10.0	0.35—0.11 CMOS
				1	5.0	0.35—0.09 CMOS
3	广东省	中芯国际（深圳）	内资	1	3.0	0.35—0.11 CMOS
4	湖南省	株洲南车	内资	1	年产 1 万片	功率器件（IGBT）
5	重庆市	中航（重庆渝芯）	内资	2	3.0	0.35—0.18 CMOS
6	天津市	中芯国际（天津）	内资	1	4.2	0.35—0.18 CMOS

从表 4.12.6 中可以看出，华润微电子 8 英寸晶圆线只有 1 条，而上海市有 6 条，重庆市有两条；在产能上，华润微电子最高产能为 6 万片/月（现还达不到满产，约 4.5 万片/月），而上海市有 30.0 万片/月。

2）在华 8 英寸晶圆生产线（外资）规模对照（表 4.12.7）

表4.12.7　在华8英寸晶圆生产线（外资）规模对照

序号	省市名称	公司名称	型别	数量（条）	产能（万片/月）	技术水平（μm）
1	江苏省	和舰科技（苏州）	台资	2	6.5/（10）	0.35—0.13 CMOS
						0.13—0.11 CMOS
2	上海市	上海先进	台资	1	3.0	0.35—0.25 CMOS 数模混合
		台积电（中国）	台资	1	12.0	0.25—0.13 CMOS
3	四川省	成都德仪（成芯）	美资	1	5.0	0.35—0.18 CMOS 数模混合

从表 4.12.7 中可以看出，江苏省 8 英寸外资晶圆生产线，产能占到 24.5%左右，不足四分之一。

3）12 英寸晶圆生产线企业销售收入情况对照

（1）SK 海力士半导体（中国）有限公司（表 4.12.8）。

表4.12.8　2008—2014年SK海力士（中国）公司销售收入情况

	2008 年	2009 年	2010 年	2011 年	2012 年	2013 年	2014 年
销售收入（亿元）	122.1	106.4	121.1	129.5	137.8	96.8	112.3
增长（%）	30.4%	−12.9%	13.8%	6.9%	6.4%	−29.8%	+16.0%

（资料来源：JSSIA 整理）

SK 海力士（中国）公司晶圆制造总投资超 100 亿美元，现有两条 12 英寸生产线，月产能达 16 万片，技术水平达到 65—40 纳米和 45—32—25 纳米水平，主要生产 DRAM、NAND Flash。在 SK 海力士的第五次投资后，将提升至 22—20 纳米，力争达到 10 纳米水平，预计到 2016 年完成。届时，该公司总投资将超过 106 亿美元。

SK 海力士（中国）公司凭借韩国 SK 海力士多年积累的技术、经济和管理方面的经验，以及生产规模优势，具有较强的竞争能力。其世界一流的存储器生产技术，可引领世界行业发展。SK 海力士以 3.5 亿美元设立海太半导体（无锡）公司，从事封装业务，增强整体竞争力。

（2）中芯国际集成电路制造有限公司（表 4.12.9）。

表4.12.9　2009—2014年中芯国际销售收入情况

	2009 年	2010 年	2011 年	2012 年	2013 年	2014 年
销售收入（亿元）	73.09	104.60	85.0	106．76	126.50	120.2
增长（%）	-21.4%	43.1%	-18.7%	25.6%	18.5%	-5.0%

（资料来源：JSSIA 整理）

中芯国际作为国内最大、世界第四大芯片代工企业，在国内 IC 芯片行业最具技术实力和市场竞争力，在政府的扶持下，通过企业自身的努力，不断发展增长。现拥有 3 条 12 英寸生产线（上海 1 条、北京 2 条），月投片目前为 5.5 万片；中芯国际北京第 2 条（b2）12 英寸生产线已建成，进入试产阶段，月投 1000 片/月，设计能力达 3.5 万片，在 2015 年可以竣工投产，到 2015 年为 9.0 万片，技术水平达 90—65—40—32—28 纳米。中芯国际拥有 5 条 8 英寸生产线，月投 22.2 万片，技术水平达 0.35—0.18—0.13—0.11 微米，制造技术水平不断提高，中芯国际已成为中国集成电路晶圆制造业的领军企业。

（3）上海华力微电子公司。

上海华力微电子公司有 1 条 12 英寸 55—40 纳米工艺技术生产线，主要技术包括 CMOS、数模混合 CMOS、RFCMOS、CIS、NOR Flash 等，月产 3.5 万片，拥有 4 台浸没式光刻机，可生产 55 纳米和 40 纳米逻辑电路芯片、55 纳米 CIS 芯片、55 纳米嵌入式存储芯片等。

2014 年上海华力与联发科达成合作协议，共同筹建新的 12 英寸晶圆生产线，技术水平达 28 纳米，主产移动通信处理器芯片。

（4）武汉新芯公司。

武汉新芯公司得到湖北省和武汉市政府的全力支持和帮助，已开发和生产 55—40 纳米嵌入式闪存芯片，生产高压器件（HV）和单元存储（Cell），优化良品率。武汉新芯公司已与美国飞索公司达成授权协议，联合开发 3D NAND，技术水平达 32 纳米。武汉新芯公司已与北大、清华、复旦、中科院微电子所合办“中国 IC 先导技术研究院”，下决心抓 16/14 纳米先进技术节点，加快发展步伐。

4）8 英寸晶圆生产线企业销售收入情况对照

（1）华润微电子有限公司（表 4.12.10）。

表4.12.10　2008—2014年华润微电子公司销售收入情况

	2008 年	2009 年	2010 年	2011 年	2012 年	2013 年	2014 年
销售收入（亿元）	45.5	36.9	45.3	40.8	35.2	39.2	50.4
增长（%）	-2.5%	-19.0%	22.8%	-9.9%	-13.7%	11.4%	28.6%

（资料来源：JSSIA 整理）

华润微电子公司目前拥有 1 条 8 英寸生产线，技术水平为 0.25—0.18—0.13 微米（一期）和 0.13—0.11 微米（二期），月投量为 3 万片（一期）和 6 万片（二期），以数模混合信号 CMOS 为主；有三条 6 英寸生产线，月产 23.5 万片（其中有两条为分立器件生产线），技术水平达 1.0—0.35—0.25 微米，以 SOI、BCD、IGBT、MEMS、Biploar、MOSFET、FRD 工艺技术为主。具有 e—NVM 工艺平台 0.18 微米 OTP 技术，0.18 微米—0.13 微米 e-Flash 工艺，0.13 微米 SONOS e-Flash 工艺，0.18 微米—0.13 微米 SONOS EEPROM 工艺，高压 MOSFET 从传统工艺升级到超结工艺模块，功率器件工艺平台，MEMS 工艺平台，模拟 SOI 工艺平台等。现为中国（香港）华润集团公司控股所有。二期工程月产能 6 万片，还未能达产，市场竞争力受到限制。

其中：无锡华润上华公司拥有 1 条 8 英寸生产线，工艺技术水平 0.35—0.13—0.11 微米，月投产 4 万～6 万片；1 条 6 英寸生产线，工艺技术水平在 0.35 微米以下，月投片 7 万片。现开发成功 MEMS、IGBT（1200V—1700V，3300V—4500V—6000V），SOI/BCD（0.18 微米 BCD，0.8 微米 700V BCD，0.35 微米 BCD、1 微米 600V HVIC，0.5 微米 700 V BCD，0.5 微米 200V SOIBCD 等）。

华润上华公司已具备 IGBT/FRD 完整的生产线，具备 600V/1200V/1700V NPT IGBT 及 60 微米超薄片量产能力，4500V 开发产品主要参数 vce/Eoff 已通过考核，达到国际同类水平，已建立 1700V/2500V 配套 FRD 工艺平台，有较好的竞争实力和发展潜力。

华润华晶公司目前拥有两条 6 英寸生产线和 2 条 5 英寸生产线。6 英寸线技术为 0.8—0.6—0.35 微米，月投片为 16.5 万片，工艺技术为 IGBT、MEMS、Bipolar、MOSFET、FRD 等；5 英寸生产线技术为 1.5—0.8 微米，工艺技术主要有 IGBT/VDMOS，月投片近 20 万片，主产分立器件，在国内有较强的竞争实力。

（2）和舰科技（苏州）公司（表 4.12.11）。

表4.12.11　2008—2014年和舰科技（苏州）公司销售收入情况

	2008 年	2009 年	2010 年	2011 年	2012 年	2013 年	2014 年
销售收入（亿元）	11.0	12.2	15.1	13.4	13.6	13.7	16.2
增长（%）	-32.6%	10.9%	23.8%	-11.3%	1.5%	0.7%	18.2%

（资料来源：JSSIA 整理）

和舰科技（苏州）公司现有两条 8 英寸生产线，技术水平为 0.25—0.15—0.13—0.11 微米水平，以 CMOS 工艺为主。在 2013 年中国台湾联华电子（UMC）正式合并和舰科技，是台联电公司在中国大陆的关键性布局。台联电是世界集成电路第三大晶圆代工企业，有坚实的技术、资金、市场作为支撑，同时表现在特色工艺的广度上，全方位涵盖 eFlash、CIS、EHV、BCD 等特色技术，工艺从 200 毫米的 0.11 微米全铝工艺，到 300 毫米的 55—45 纳米，现准备跨过 20 纳米进入 16—14 纳米。和舰科技（苏州）有限公司在台联电的直接支持下，更能为大陆集成电路设计业提供最佳性价比的晶圆代工业务，在同行业中竞争力日增。

（3）上海华虹宏力（表 4.12.12）。

表4.12.12 2009—2014年上海华虹宏力销售收入情况

	2009 年	2010 年	2011 年	2012 年	2013 年	2014 年
销售收入（亿元）	27.39	40.30	40.07	38.18	35.20	40.3
增长（%）	-19.3	47.1	-0.5	-4.7	-7.8	14.5

（资料来源：JSSIA 整理）

上海华虹 NEC 是国家 909 工程主体、中国大型 IC 芯片企业代表，上海宏力是国内主要 IC 芯片制造企业之一。2011 年两家企业强强联合，合并成立上海华虹宏力公司。

上海华虹宏力公司共有 3 座 8 英寸晶圆厂，洁净室达 3.4 万平方米，其中 8 英寸生产线 Fab1 和 Fab2 月产 10 万片，Fab3 月产 5 万片，工艺能力达 0.35 微米—0.11 微米—90 纳米，为中国台湾、日本、北美和欧洲的客户均提供销售和技术支持。涉及领域包括身份证、社保卡、手机 SIM 卡、各种电子门票、金融 IC 卡，涉及计算机、通信设备、消费电子产品、汽车电子、轨道交通、智能电网等。

在技术开发路线上拥有 0.25—0.18—0.13 微米 eFlash、0.35—0.18 微米 eEEPROM、0.35—0.18 微米 eOTP/MTP、1 微米 BCD、0.35—0.18 微米 BCD、0.35—0.18—0.13 微米 CMOS、20-200V Power MOSFET、600V MOSFET、1200V IGBT、0.18—0.16 微米 Logic、0.15—0.13—0.11 微米 Logic/MS、90 纳米 Logic/MS、0.25—0.18 微米 RFCMOS、0.35—0.18—0.11 微米 SiGe、0.2 微米 SOIRF 及 IPD 等。

该公司 8 英寸代工领域有较强的竞争优势，在 8 英寸特色工艺领域得到提升和快速发展，2014 年进入世界晶圆代工第九位，在中国集成电路晶圆芯片市场起到举足轻重的地位。

（4）台积电（上海）公司（表 4.12.13）。

表4.12.13 2009—2014年台积电（上海）公司销售收入情况

	2009 年	2010 年	2011 年	2012 年	2013 年	2014 年
销售收入（亿元）	8.69	17.8	23.66	34.17	35.30	39.3
增长（%）	-21	104.8	32.9	44.4	3.3	11.3

（资料来源：JSSIA 整理）

台积电（上海）公司作为台积电在大陆的一个重要生产基地，有 1 条 8 英寸生产线，月投入片量达到 12 万片，居国内 8 英寸生产线之首，其管理、生产、技术可与总部相当，近几年来生产得到逐年提升。

自 2014 年以来，台积电本部对上海公司不断加大投入，有意向在上海松江筹建 12 英寸晶圆生产线，以 28 纳米为切入点，可以大大提升台积电（上海）公司的竞争实力。

（5）上海先进半导体制造有限公司。

上海先进半导体制造公司拥有 5 英寸、6 英寸、8 英寸生产线各 1 条，技术水平达到 0.5—0.35—0.25 微米。主要工艺技术有：双极型工艺、数模混合 CMOS 工艺、BiCMOS 和 BCD，非挥发性存储器（EEPROM）CMOS 工艺，高压功率半导体器件（IGBT）工艺、MEMS 工艺等。该公司 IGBT 1200V 已量产，3300V 已开发成功，有较好的市场竞争力。

综上所述，集成电路产业具有持续高投入、高风险的特性，需要代代相传的努力和连续不断的投入才能跟上产业发展的潮流。而从近几年的情况看，江苏省集成电路产业的投入力度不大，在国内的排位逐年下滑。

五、大力发展江苏省集成电路芯片制造业仍是当务之急

1. 江苏省集成电路产品离市场需求有较大的差距

世界 IT 市场需求快速发展，新产品层出不穷，以满足人们的物质文化的需求，如物联网、互联网、智能手机、智能电视、医疗保健电子、汽车电子、安全环保电子等，促进着世界半导体产业规模和技术的快速发展。而江苏省集成电路产品在主芯片上几乎还没有沾上边，只能在外围和中低产品中“转圈”，与世界集成电路技术、产品、市场的距离正在拉大。

2. 江苏省集成电路技术离先进技术水平有较大的差距

当今世界集成电路已是 65—45—32—28—22 纳米的大生产为主流技术，16 纳米已进入大生产，14 纳米已正式量产。10 纳米也已试制成功，并正向 7 纳米进军。

江苏省集成电路晶圆业国企（华润微电子）处在 8 英寸 0.25—0.18—0.15—0.13 微米的水平上，正向 0.11 微米目标奋斗，与国外同类型企业的差距很大。

江苏省集成电路晶圆外资企业（SK 海力士）目前处在 45—40—25 纳米大生产，通过五期 25 亿美元的投资，有望达到 20—16 纳米技术，但与韩国本土和国际先进技术相比，江苏省的生产技术还有两个世代的差距。

3. 产能不足绊住了江苏省集成电路产业发展的步伐

世界集成电路晶圆制造业已进入 12 英寸时代（6 英寸已逐步淘汰，8 英寸已萎缩，12 英寸生产线多达 50 条以上）。在美国、韩国、日本、中国台湾等一些主要企业月投片量都

在几十万片。

SK海力士在无锡的工厂12英寸月投片量为14万～16万片（只是海力士公司40%的投片量）。

华润微电子公司8英寸月投片量只在4万～6万片的规模，处在盈亏的平衡点上，也只是上海市同业的十分之一不到的产能。

台资企业苏州和舰公司月投片量达6万片的规模，主要为联电代工。

4．内资晶圆代工不足制约产业发展规模

江苏省集成电路晶圆制造业国企和民企有1条8英寸线、6条6英寸线（有1条为MEMS中试线）、7条5英寸线。一是产量规模都不大，除自给封装外，代工业务尤为不足。其主要原因不外乎技术、工艺的落后，工艺流程周期长，跟不上集成电路设计和市场的需要，造成客源不足。

5．世界贸易壁垒设置重重阻力

追忆往事，当我国引进生产线时，受“巴统”的限制，很多技术、关键设备不向我国出口。从投资到建成，“十年磨一剑”。引进的生产线投产之时产品已是淘汰落后的产品，技术已是落后的技术了。当我国加入世贸组织，在我国国发（2000）18号文件实施之时，受到美国等国家的干扰，集成电路制造企业增值税受益取消了。目前，仍有些国家和地区有对华建线要落后2、3个世代的不成文规定，以及利用IP核、技术专利对华进行封锁。

6．外资晶圆企业规模仍占较大比重

江苏省集成电路晶圆业中外资企业仍占较大比重（2条12英寸线、2条8英寸线、1条5英寸线），在2014年集成电路晶圆业销售收入194.8亿元中，外资企业（包括台资企业）占到66.0%的份额，内资企业销售收入只占到34.0%的份额。这说明在江苏省集成电路晶圆产业中外资企业在产品技术上占到绝对优势，在代工市场上占到三分之二的份额。

7．江苏省集成电路产业投入不足严重制约发展进程

加大资金投入主导产业发展格局和垄断产品市场已成为一定的共识。在20世纪60、70、80年代，美国、日本、韩国和中国台湾地区都是由政府出资出政策大力扶持本国、本地区集成电路产业发展（表4.12.14）。

表4.12.14　2012—2014年世界半导体产业主要企业投资情况

序号	企业名称	2012年投资额（亿美元）	2013年		2014		三年（或两年）平均投入（亿美元）
			投资额（亿美元）	同比（±%）	投资额（亿美元）	同比（±%）	
1	英特尔	125.0	106.1	−15.1	110.0	3.7	113.7

续表

序号	企业名称	2012 年投资额（亿美元）	2013 年		2014		三年（或两年）平均投入（亿美元）
			投资额（亿美元）	同比（±%）	投资额（亿美元）	同比（±%）	
2	三星	131.0	115.6	−11.8	115.0	−0.5	120.5
3	台积电	82.5	97.1	+17.7	97.5	+0.4	92.4
4	格罗方德	36.8	45.0	+22.3	55.0	+22.2	45.6
5	SK 海力士	30.0	31.5	+5	37.0	+17.5	32.8
6	美光	—	19.4	—	30.5	+57.2	25.0
7	东芝	—	16.3	—	19.5	+19.6	17.9
8	晟碟	—	8.6	—	16.0	+86.1	12.3
9	联电	20.0	11.0	−45	12.0	+9.1	14.3
10	中芯国际	—	6.5	—	8.8	+35.4	7.7

集成电路产业发展的特征是需要不间断、持续性的大投入才能跟上技术发展和市场发展的需求。英特尔、三星、台积电、格罗方德、SK 海力士、美光、东芝、联电等国际著名公司不间断的大投入造就了其在产业中的霸主地位。我国中芯国际的投入也只是英特尔公司的 6.8%、三星公司的 6.4%、台积电的 8.3%的水平。

江苏省集成电路晶圆业在近十几年里都没有大的投入，这是江苏省集成电路产业发展滞后的重要原因之一。

8. 国内兄弟省市集成电路晶圆业快速发展加速了江苏省晶圆业占比下滑

1）国内有关地方政府投资集成电路晶圆业热情高涨

自国务院发布《国家集成电路产业发展推进纲要》以来，成立了国家集成电路产业发展领导小组，设立了国家集成电路产业投资基金和咨询委员会。目前已筹措到位资金 1387 亿元，极大地鼓舞了全国有关省市积极投资集成电路晶圆业的热情（表 4.12.15）。

表4.12.15　2014年中国集成电路晶圆业投资（部分）情况表

省市名称	典型事例及投资金额（预计）
北京市	北京市集成电路促进基金已到位，规模约 300 亿元，其中政府出资 90 亿元，社会筹款为 210 亿元 国家大基金向中芯北方公司投资 100 亿元，以支持中芯国际北京两条 12 英寸生产线建设，其中北京 b2 线已试生产，有望在 2015 年竣工，技术水平达 28 纳米 附：国家大基金向清华紫光集团投资近 100 亿元，以支持 IC 设计业，北京市成立 IT 产业上市并购俱乐部，支持 IC 企业兼并重组
上海市	上海市集成电路发展基金约 500 亿元，已开始投资运作 上海成立集成电路武岳峰 IC 信息投资基金，已开始投资运作，收购美国芯成公司（主产 DRAM） 国家大基金向上海中芯国际投入近 31 亿港元，支持中芯国际运营 上海市政府历来大力支持集成电路晶圆业建设，如“九〇九”工程—上海华虹公司、中芯国际 8 英寸—12 英寸生产线、华力公司 12 英寸晶圆线、上海华虹 NEC 与上海宏力公司的合并、成立上海华虹宏力公司等

续表

省市名称	典型事例及投资金额（预计）
上海市	台积电加大对上海台积电投资，扩大产能，由9万片/月扩大到12万片/月，拟建12英寸生产线，技术水平达28纳米 上海华力公司与联发科合作，投资195亿元拟建第2条12英寸生产线，武岳峰入股投资，从28纳米导入，推进至16/14纳米，月投3万～5万片 中芯国际与高通公司合作生产出28纳米骁龙410处理器后，准备向22/20、16/14纳米进军
陕西省	陕西省和西安市大力支持三星电子（西安）12英寸晶圆生产线的建设，使三星电子12英寸晶圆线于2014年5月9日竣工投产，一举跃居全国同业第三位。该线总投资70亿美元，技术水平达20—10纳米，月投10万片 附：三星电子投资5亿美元，建设12英寸晶圆封测线已于2015年4月竣工投产，形成前后工序一条龙生产体系
浙江省	浙江省集成电路发展基金规模约为200亿元（近期已投资20亿元） 杭州士兰公司于2015年3月收购美国英特尔下属的1条8英寸生产线 杭州士兰公司于2015年4月在四川成都金堂县工业区开工建设8英寸生产线
安徽省	合肥市集中签署两次合作投资项目，共计达220亿元，打造集成电路设计、晶圆、封测、设备、材料等全产业链格局；其中有1个8英寸晶圆制造项目、两个封测项目等
福建省	福建省计划在两年内（2014—2015年）投资150亿元，提升信息基础产业建设 厦门市投资筹建12英寸晶圆生产线（厦门联芯），总投资62亿美元，由55—40纳米切入，其中联合联电公司一起共同建设，联电出资13.5亿美元，占21.8%的股权，背靠中国台湾、联系福州，形成海峡两岸IC生产基地
河北省	依托京津冀经济开发区，与北京中关村一起建设石家庄、保定等IT产业发展基地 沧州市拟建8英寸生产线，投资60亿元（由永明、创芯共同筹建），月投8万片
广东省	中芯国际（深圳）8英寸晶圆线于2014年12月17日竣工投产，技术水平达0.18—0.13微米，月投5万片 深圳市规划每年投资50亿元，发展IC、IT产业 深圳市大力支持中芯国际在深圳市筹建12英寸生产线，总投资15.8亿美元，从总体上提升深圳市在集成电路产业中的地位和实力，从而带动珠三角地区集成电路产业的快速发展，更贴近中国港、澳、台和东南亚市场
湖北省	2013年，武汉市政府投资10亿美元，支持武汉新芯重组 湖北省和武汉市政府大力支持武汉新芯公司12英寸线的成长，NAND技术水平达55—45—32纳米，现又支持武汉新芯与美国飞索公司筹建新的12英寸3D NAND晶圆生产线
山东省	山东省支持华芯公司，规划投资30亿元，800亩土地，布局IC设计研发、固态存储（SSD）、固态硬盘、先进封装 山东省规划在2016—2020年投资30亿美元，建设先进晶圆厂
四川省	成都市与美国德州仪器投资16.9亿美元，在成都建设集成电路制造基地，包括晶圆厂成芯公司扩建和建封测工厂等。首先扩建8英寸晶圆厂，随后即有意建设12英寸晶圆厂，形成前后道协同发展的产业格局（英特尔公司在成都有大型封测厂） 杭州士兰公司于2015年4月在四川成都金堂县工业区开工建设8英寸生产线
重庆市	中航接手重庆渝德公司（重庆渝芯），现已形成两条8英寸生产线，主产航天航空IC产品

2）江苏省集成电路晶圆业投资情况

- 2014年9月，苏州纳米科技公司投资4.6亿元建成6英寸微纳机电制造（MEMS）中试线，正式运营，该中试线占地16000平方米，超净工艺场地7000平方米，建筑面积32000平方米。这是江苏省“十二五”重大科技平台项目，为中小MEMS

企业新产品开发和发展带来福音。

- 2014 年韩国 SK 海力士对无锡海力士公司追加投资 1 亿美元作为注册资金，以整合无锡公司的业务管理运作（在无锡设立中国运营总部）。

江苏省在集成电路产业投资规模、投资效应方面，与兄弟省市相比，落差很大。

9. 江苏省集成电路晶圆业面临的其他的一些困境

- 江苏省集成电路晶圆业持续发展的方向、途径不明确，政府和产业界不能有效牵手。
- 晶圆制造企业面临员工流动性大、留住高端人才难、同质恶性竞争加剧的难题。同时，成本上升、材料涨价、动力源涨价、员工工薪上升、企业税费增加、盈利能力减弱的现实。
- 政府政策支持并帮助企业解决投融资的力度不大。

第十三节　2014 年江苏省集成电路封测业发展情况

一、2014 年江苏省集成电路封测产业发展概况

江苏省集成电路封装测试业是全国集成电路封测业大生产的发源地之一，是全国集成电路封测业的重镇。江苏省集成电路封测业规模居全国第一位。

江苏省集成电路封测业主要集中在苏南和苏中地区，呈集群分布，分别占到全省集成电路封测业的 87.2%和 12.8%。

江苏省集成电路封测业由大到小、发展迅速，已从传统封装形式（如 DIP、SOP、PLCC）、中档封装（如 QFP、QFN……）向先进封装（如 BGA、MCM、SiP、CSP、WLP、FC、TSV、3D/2.5D 叠片等）形式发展，在先进封装技术领域取得突破性进展和创新产品，部分拥有自主知识产权的封装技术已达到国际先进水平。

2014 年江苏省集成电路封测产业完成产量 366.0 亿块，同比增长 13.8%，占全国产量 1034.8 亿块的 35.4%。

2014 年江苏省集成电路封测产业实现销售收入 495.26 亿元，同比增长 7.65%。

2014 年江苏省集成电路封测产业的销售收入占全国集成电路封测产业销售收入 1255.9 亿元的 39.4%，持续保持全国第一的位置。

2014 年江苏省集成电路封测产业销售收入占全省集成电路产业销售收入的 61.1%，同比回落 1.9 个百分点；在全省集成电路设计、制造和封测三业中位居首位。

二、2014 年江苏省集成电路封测产业发展规模（图 4.13.1）

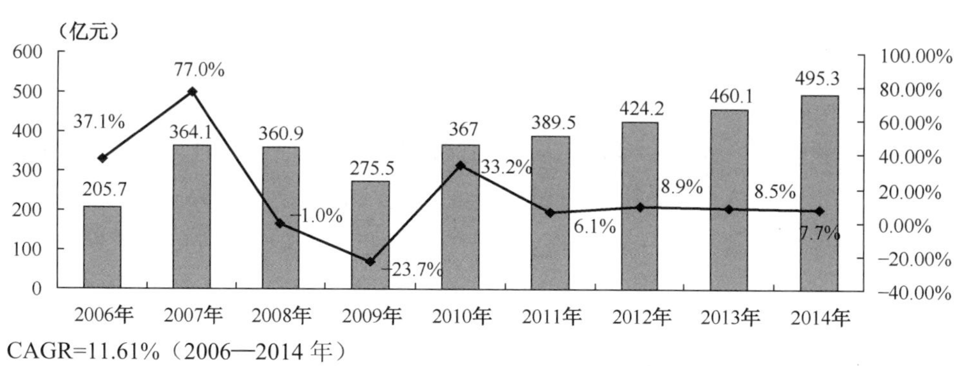

图 4.13.1　2006—2014 年江苏省集成电路封测产业销售收入及增长率

三、2014 年江苏省集成电路封测业在同业中的地位（表 4.13.1～表 4.13.3）

表4.13.1　2006—2014年江苏省集成电路封测业销售收入占全国同业的比重

年　度	2006	2007	2008	2009	2010	2011	2012	2013	2014
占全国同业比重	41.4%	58.0%	58.3%	56.3%	58.3%	40.0%	41.0%	41.9%	40.4%

表4.13.2　2006—2014年江苏省集成电路封测业销售收入占全省集成电路销售收入的比重

年　度	2006	2007	2008	2009	2010	2011	2012	2013	2014
占全省比重	70.5%	65.8%	61.7%	57.4%	59.5%	58.4%	59.5%	63%	61.1%

表4.13.3　2013—2014年江苏省集成电路封测业销售收入与兄弟省市同业对比

省市	2014 年封测业销售收入（亿元）	2013 年封测业销售收入（亿元）	同比增减（%）	占全国同业（%）
江苏省	495.3	460.1	7.65%	40.4
上海市	310.1	295.3	5.0%	25.3
北京市	86.2	77.4	11.4%	7.0
陕西省	78.8	69.1	14.0	6.4
浙江省	123.6	104.9	17.9	10.0
深圳市	52.0	—	—	—

注：浙江省 IC 封装测试业收入含有晶圆制造业收入。

四、2014 年江苏省集成电路封测产业区域分布

2014 年江苏省集成电路封测企业近 60 家，规模以上封测企业超 40 家，主要集中在苏南和苏中地区（表 4.13.4）。

表4.13.4　2014年江苏省各地区集成电路封测产业主要企业数

地区	苏州市	无锡市	南通市	常州市	扬州市	泰州市	合计
企业数（家）	16	15	3	3	3	1	41

从封测企业所在地区和企业性质来看，苏州市企业数量最多，且大多以外商或合资企业为主；无锡市企业数量次之，大多以民营企业为主。

从封测企业生产形式来看，都以代工为主。其中外商和合资企业以为其母公司制造为主。

从封测企业制造技术水平来看，大型骨干企业（长电科技、通富微电）封装水平领先，部分接近世界先进水平；外资和部分企业以中档水平为主；大部分民营中小型企业以传统的封装为主。

- 苏州市：快捷半导体（苏州）、矽品科技（苏州）、京隆科技（苏州）、日月新（苏州）、瑞萨半导体（苏州）、三星电子（苏州）、智瑞达（苏州）、超威（苏州）、苏

州晶方科技、颀中科技（苏州）、嘉盛（苏州）、苏州固锝、力成科技（苏州）、震坤科技（苏州）。

- 无锡市：江苏长电、华润安盛、矽格微（无锡）、无锡固电、力特科技（无锡）、无锡红光、无锡海太、英飞凌科技（无锡）、罗姆半导体（无锡）、东芝半导体（无锡）、华润华晶、强茂电子（无锡）、中微高科（无锡）。
- 南通市：通富微电、启东吉莱、南通皋鑫。
- 常州市：常州银河、常州星海、华盛常半。
- 扬州市：扬州扬杰、扬州晶来、扬州晶新。
- 泰州市：泰州海天。

2014 年江苏省各市集成电路封测产业销售收入情况见表 4.13.5。

表4.13.5　2014年江苏省各市集成电路封测产业销售收入情况

序号	省市	2014 年销售收入（亿元）	2013 年销售收入（亿元）	同比增减（%）	占全省比重（%）
	全省合计	495.26	460.1	7.65	100
1	苏州市	223.50	217.0	3.00	45.1
2	无锡市	190.40	173.1	10.00	38.4
3	南京市	6.30	—	—	1.3
4	南通市	53.71	50.0	7.42	10.8
5	常州市	11.77	12.0	-1.90	2.4
6	扬州市	8.40	7.0	20.00	1.7
7	泰州市	1.18	1.0	18.00	0.3

五、2014 年江苏省集成电路封测业骨干企业情况

江苏省集成电路封测企业销售规模在国内名列榜首。

在 2014 年中国十大封测企业评比中，江苏省分别有江苏新潮科技集团有限公司（位居全国第一位）、南通华达微电子集团有限公司（位居全国第四位）、海太半导体（无锡）有限公司（位居全国第七位）、三星电子（苏州）半导体有限公司（位居全国第八位）四家企业入围，这四家封测企业的年销售额 182.6 亿元，占前十大企业总销额的 42.3%，下滑 4.2 个百分点。

江苏新潮科技集团有限公司 2014 年销售收入位居全国集成电路封测业首位，同时位居世界封测业的第六位。

2014 年江苏省集成电路封测主要骨干企业前二十家，从统计分析看，其销售收入占到全省集成电路封测业销售收入的 66.6%，排名前十位企业销售收入占到全省封测业的 55.2%。

2014 年江苏省集成电路主要封测业企业情况见表 4.13.6、表 4.13.7。

表4.13.6　按销售收入规模大小排序

序号	企业名称	序号	企业名称
1	江苏新潮科技集团	14	扬州扬杰
2	南通华达微电子集团	15	力特半导体（无锡）
3	无锡海太半导体	16	苏州晶方半导体
4	三星电子（中国）	17	嘉盛半导体（苏州）
5	英飞凌科技（无锡）	18	常州星海电子
6	矽品科技（苏州）	19	常州银河世纪
7	快捷半导体（苏州）	20	京隆科技（苏州）
8	超威半导体（中国）	21	无锡红光微电子
9	日月新半导体（苏州）	22	力成科技（苏州）
10	苏州固锝电子	23	苏州震坤科技
11	颀中科技（苏州）	24	苏州太极半导体
12	瑞萨半导体（苏州）	25	泰州海天
13	无锡华润安盛科技	26	无锡通芝

表4.13.7　按销售收入增长率大小排序

序号	企业名称	序号	企业名称
1	华进半导体	8	无锡通芝
2	苏州晶方	9	无锡海太半导体
3	泰州海天	10	苏州日月新半导体
4	扬州扬杰	11	苏州固锝
5	华诚常半	12	瑞萨半导体
6	江苏新潮科技集团	13	三星电子
7	通富微电	14	嘉盛半导体

江苏省集成电路封测企业中的长电科技、通富微电是国内集成电路封测领军企业，晶方科技是大陆首家、全球第二大能够大规模提供影像传感芯片晶圆级芯片尺寸封装量产的企业。这三家公司分别是上海和深圳证券交易所的上市公司。从三家公司披露的2014年度年报可见，在产品销售收入、净利润等方面，都取得了很好的业绩。长电科技净利润同比增长1308.6%，通富微电子净利润同比增长99.2%，苏州晶方净利润同比增长27.7%（表4.13.8）。

表4.13.8　2014年江苏省三家集成电路封测上市公司运营情况

简称	代码	总股本（万股）	总资产（亿元）	销售收入（亿元）	同比增幅	净利润（万元）	同比增幅
长电科技	600584	98457	109.02	64.28	26.0%	15666.7	1308.6%
通富微电	002156	64986.7	39.55	20.91	18.3%	12082.4	99.2%
晶方科技	603005	22669.7	20.48	6.16	36.7%	19631.1	27.7%

六、2014 年江苏省封测产业技术进步情况

2014 年江苏省封装业在创新技术和产品方面获得较大突破，有三家公司的创新技术和产品获得 2014 年度“第九届中国半导体创新产品和技术”称号。

1. 江苏省集成电路封测企业 2014 年度“第九届中国半导体创新产品和技术”获奖项目（表 4.13.9）

表4.13.9　江苏省集成电路封测企业2014年度“第九届中国半导体创新产品和技术”获奖项目

序号	单位名称	获奖产品和技术	创新特点
1	江苏长电科技股份有限公司	指纹识别模块 IC 的双面系统级封装技术	本产品是一个 SiP 模块，能够独立进行指纹感应、指纹处理、指纹存储和指纹比对，同时产品的集成度也很高，此封装体集成了指纹感应芯片、MCU、Flash、ESD 元件、电阻电容，集成了 SiP 技术、双面封装、芯片 trench、点胶、装片、焊线、SMT 等封装技术，从而实现产品的高度集中
2	南通富士通微电子股份有限公司	IPM 封装技术产品	本技术属于集成创新，采用先进 IGBT 智能功能模块封装测试技术。主要创新点集中在：框架设计中单元结构采用竖排方式；键合夹具采用特殊形状结构设计（定制），一次性完成模块中所有焊线连接；框架内部结构的最经济设计，使焊线与芯片之间距离最短；封装用芯片厚度达到 65μm min；焊料单个空洞率达到 2%以下，累计达到 4%以内；两侧外引线双排交错排列
3	苏州日月新半导体有限公司	Jelly Bean Package 产品（果冻豆微型封装）	本产品属于消化吸收创新，产品的引线框架采用引脚焊晶技术，基于开发无芯片底座的引脚焊晶工艺（COL），创造性地引进了晶圆背面涂覆工艺（WBC）；采用了晶圆背面涂覆工艺（WBC）封装技术；使用绿色环保的铜基底表面预镀镍钯金镀层的引线框架，并将其应用在 Jelly Bean Package 封装技术产品中

江苏省集成电路封测业 2013 年度 “中国半导体创新产品和技术”获奖项目见表 4.13.10。

表4.13.10　江苏省集成电路封测业2013年度 “中国半导体创新产品和技术”获奖项目

序号	企业名称	创新产品和技术名称
1	江苏长电科技股份有限公司	3D-MIS 封装技术 （被动元器件叠装于 FC 芯片 MIS 封装技术）
2	南通富士通微电子股份有限公司	FCCSP 封装技术产品
3	苏州晶方半导体科技股份有限公司	扇出型晶圆级封装技术

2. 2014 江苏省集成电路封测业技术水平发展特点

（1）集成电路封测业产品结构进一步优化，中高端产品占比提升。2014 年随着 3D 电视、平板电脑和智能手机等消费及通信领域技术的发展，国内集成电路市场对中高端产品的需求明显增加，带来对 BGA、CSP、3D、WLP（WLCSP）、FC、BUMP、SIP 等高端先

进封装技术需求的日趋迫切。在国家科技重大专项的持续支持下，江苏省的长电科技、通富微电及华润安盛等本土封测企业的先进封装技术领域的技术水平与量产能力大幅提升，企业产品结构进一步优化，BGA、CSP、WLP、SIP 等高端先进封测产品的销售收入占全年产品销售收入的比例达 25%以上，打破了先进封装完全依赖海外公司的局面。

（2）先进高端封测项目建设，推动江苏省封测产业上一新台阶。2014 年，长电科技、通富微电在 FC 技术应用方面取得重大突破，其中通富微电在国内本土封测企业中首家实现 FC/CSP 量产。

2014 年，承担国家集成电路封测产业链技术创新战略联盟及国家级封测系统集成先导技术研发中心建设的无锡华进半导体封装先导技术研发中心有限公司联合中微、北方微、盛美等集成电路设备制造企业建立了先进封装国产装备评估与改进联合体，联合微电子所、半导体所、东南大学等建立了硅基光电集成创新联合体，同 11 所大学、研究院建立了大学合作计划，封测技术专利申请数超过百件。

（3）2014 年 2 月，江苏长电科技股份有限公司与中芯国际签署合同，成立 12 英寸 3D 铜凸块封装公司。首期达产 1 万片/月，之后产能要达到 5 万片/月。凸块封装是三维晶圆级封装技术的基础，目前，终端芯片对凸块加工的需求急剧增长，在 40 纳米及 28 纳米等先进 IC 制造工艺中大量采用。江苏长电与中芯国际携手联合，实现了我国晶圆第一位的厂家与封测第一位的厂家在制造业联合共建的创新，并开始为用户提供 28 纳米先进封装。这一创新举措能就近配套，具有倒装等先进封装，缩短前后道生产流程，有效控制制造成本，必将获得各方资本的支持。这对促进我国集成电路封测技术的提升，起到了积极的示范作用。

3. 2014 年江苏省集成电路封测业技术进步

- 江苏省集成电路封装技术正由低端（也有较大市场）向中端技术发展（QFP、QFN），向多层多圈 BGA、WLP、CSP、WL-CSP、FC、SiP、SOC、2.5/3D（TSV）等高端先进方向发展。
- 高端封装产品收入占到 20%以上，有望在 2015 年达到 30%。
- 江苏长电科技与中芯国际强强联手，在晶圆 12 英寸 40—28 纳米技术上，开发三维晶圆凸块封装技术。
- 江阴长电先进公司主攻手机芯片封装的 FBGA、RF-LGA、MSDSIM、TSV/CIS、QFN、WLCSP、DICS、MEMS，取得了技术进展和业绩。
- 江苏长电科技公司 LED TSV 封装技术比传统的 SMT 封装成本下降 50%。
- 江苏长电科技公司 TSV、RF、SiP、3D、wafer-level RDL、铜柱凸块封装、高密度铜线 WB 及 FC BGA、3D 芯片堆叠封装、超薄片减薄及堆叠（50 微米）、MEMS 多芯片先进封装技术取得巨大进展。

- 江苏长电科技公司拥有专利的微小型集成系统基板工艺技术（MIS），可用于多芯片和 SiP 集成的 QFN、LGA、BGA 封装，其关键技术是在引线框架上实现扇入（Fan—in）和扇出（Fan—out）的设计能力。
- 江苏长电科技公司在指纹识别模块的双面系统封装技术方面获得新进展。
- 江苏长电科技公司筹建 0.3—0.25 微米的薄型 QFN 封测线，技术处于领先地位。
- 江苏长电科技公司 FBGA、TSV/CIS、WLCSP、MEMS 等先进封装产品已被苹果公司应用到 iPhone 5s 中，7 颗芯片由长电科技封装。
- 江苏长电科技公司智能手机芯片 fc CSP 封装取得突破，采用 12 英寸 40 纳米节点低价电常数工艺技术进行芯片晶圆加工制造。
- 江苏长电科技承担的国家科技重大专项“重布线/嵌入式圆片级封装技术及高密度凸点技术研发及产业化”已通过专项办组织的正式验收。
- 通富微电子的晶圆级封装 WLP、IGBT 封测技术获南通市科技进步一、三等奖。
- 通富微电子与上海华虹宏力、上海华力签署合作协议，为其提供 8/12 英寸凸点封装、微凸点测试等中段工艺技术，在 FC/TSV/SiP 等先进封装测试技术进行战略性合作，合作开发相关技术，实现产业链畅通，优势互补、资源共享。
- 通富微电子的 LQFP、TQFP、CSP、MCM、MEMS、无铅电镀及 Strip Test 等多项封装技术处于国内领先、国际领先的水平。
- 通富微电子在国内首先实现 28 纳米、12 英寸晶圆 Cu Pillar 量产，以及 Flin Chip（倒装）产品线顺利建成投产。
- 通富微电公司 SIP、BGA、BUMP、WLP、IGBT、FC、FC—CSP、WLCSP 汽车电子等先进封装技术产品具备了规模化大生产的能力。
- 通富微电承担的国家科技重大专项“高集成度多功能芯片系统封装技术研发及产业化”已通过专项办组织的正式验收。
- 通富微电公司 12 英寸 28 纳米 Copper Pillar 顺利投产。
- 华进半导体封装先导研发中心承担开发的 3D TSV 技术为核心的“高密度三维系统级封装技术开发与产业化”项目，取得了进展，并形成了自主知识产权和建立了新的标准，实现了 TSV 的高端封装量产与推广。
- 华进半导体封装先导研发中心成立了研究 2.5D 转接板制造技术、Low-K 芯片封装 CPI、Low Cost PoP 封装等技术的联合研发团队，在 2014 年形成多项研究成果，并解决了许多关键技术问题。
- 华天科技（昆山）公司的阵列式镜头智能成像 TSV-CIS 封装技术项目进展顺利。
- 苏州晶方持续加强技术研发创新投入：12 英寸晶圆级芯片尺寸封装技术、生物身份识别芯片封装技术、三维晶圆级芯片尺寸封装技术等开发成功。
- 苏州晶方封装技术持续自主创新：除引进光学型晶圆级芯片尺寸封装技术、空腔型晶圆级芯片封装技术外，还自主开发了超薄晶圆芯片封装、硅通孔晶圆芯片封装、发光电子器件晶圆芯片封装等技术，可广泛应用于 MEMS、影像传感芯片、医疗电子、射频识别芯片等封装领域。

- 苏州晶方以市场需求为动力，开发封装产品满足用户需求，拓展了客户群，以 12 英寸晶圆级封装产品、TSV 封装技术，为客户进行封装设计服务，推广和统一产业链工艺标准等。
- 苏州晶方完成"先进晶圆级芯片尺寸封装（WLCSP）技术项目"，有效地释放该项目的产能，保证了公司封装能力与技术工艺能力的持续提升，使公司的技术能力更领先、创新和全面。
- 苏州晶方科技的 WLCSP 开发成功，该产品可将芯片封装与晶圆封装融合在一起，与传统的 BGA 相比，尺寸小 5%，重量轻 40%。
- 海太半导体（无锡）公司开发成功 DDR4 并投入生产。
- 苏州固锝公司开发出 MEMS 传感器、新型表面贴装器件、功率器件等新技术和新产品。
- 南通皋鑫电子公司开发出汽车电子用 CL05—04 型高压硅堆。

七、2014 江苏省集成电路封测业投资合作信息

- 2013 年年底江苏长电科技宣布计划投资 8.41 亿元，用于年产 9.5 亿块 FC（倒装）集成电路封装测试项目建设。
- 2014 年 2 月 19 日，SK 海力士中国区销售总部落户无锡新区，注资 1 亿美元注册资金，将整合在华销售业务（含无锡海太半导体公司的封测业务）。
- 华润微电子正在对 8 英寸晶圆生产线及华润安盛封装业务进行投资扩产。
- 通富微电计划投资 2.5 亿元，建设 TCB-NCP 高密度系统集成封装开发与产业化项目。
- 2014 年 9 月富士通位于南通苏通园区投资的全资子公司——江苏通富微电子有限公司进行奠基，该项目总投资 20 亿元，建筑面积 14 万平方米，预计到 2015 年年底可投入生产。
- 2014 年 8 月 13 日，日本夏普公司在无锡夏普新增 3 条自动化生产线，预计可增加销售超 30 亿元，该生产线主要生产中型液显示模块和高科技电子元器件，该公司预计 2014 年可实现销售收入达 250 亿元。
- 江苏长电科技公司与中芯国际 12 英寸凸块加工合作项目 2014 年 8 月 8 日正式签约落地江阴市。该项目总投资 1.5 亿美元，其中长电科技和中芯国际共同出资 5000 万美元，长电科技占股 49%，中芯国际占股 51%。该项目以 40—28 纳米先进工艺终端芯片为主，初期规划产能 1 万片/月，整个全部产能规划 5 万片/月。为确保项

目能够尽快投产，中芯国际将利用长电科技江阴在建厂房和 FC 先进后段封装生产线，根据规划项目将于 2015 年二、三季度投产。

- 2014 年 9 月，长电科技募集资金 12 亿元，原计划将其中 8.4 亿元投入年产 9.5 亿块 FC（倒装）封测项目，现将拿出 5.9 亿元用于收购星科金朋。
- 2014 年 12 月 13 日，长电科技联合国家集成电路产业投资基金股份有限公司、芯电半导体（上海）有限公司斥资 6.5 亿美元，其中：长电科技出资 2.6 亿美元、芯电上海出资 1 亿美元、大基金出资 2.9 亿美元（其中 1.4 亿美元为贷款）收购设立在新加坡并在新加坡证券交易所上市的星科金朋。通过本次收购，长电科技不仅可以提升先进封装技术水平，如星科金朋的晶圆级封装、3D 封装等先进技术，还可以引入全球一流的客户群，缩小与世界先进封装水平的差距，极大地扩大了公司的经营规模，跻身全球前三，新设公司名称为长电新朋。
- 8 月 15 日，无锡红光公司“红光股份”在“新三板”挂牌上市，无锡红光微电子有限公司为半导体封测企业。
- 韩国纳沛斯（NEPES）集团在淮安工业园区投资 3 亿美元建设 12 英寸、8 英寸集成电路晶圆级芯片封装项目（2014 年 4 月 8 日签约），建设投资 1.7 亿美元，纳沛斯占 40.1%、淮安兴盛占 40.1%、淮安中盛投资公司占 19.8%。占地面积 50 亩，建筑面积 14.8 万平方米，年生产能力 12 英寸、8 英寸晶圆片 236 万片、COF 封装 10 亿颗，工程正在顺利推进中。
- 2015 年 4 月 15 日，三星电子（苏州）半导体公司全线智能自动化半导体后道生产线—I LINE 竣工投产，“I LINE”主要生产 DRAM、SSD 等世界排名领先的 Memory 产品，该项目的建成将大幅度提升三星半导体的生产能力，三星电子（苏州）公司经历了从低端生产到高端制造，从追求最高生产力向谋求半导体最强竞争力的转变。谋求从产品研发、原材料购买，到产品的生产和销售全部在中国实现，形成当地完结型经营模式。

八、IC 封测业有望成为我省达到国际先进水平的突破口

2014 年 12 月下旬，长电科技发布公告称：长电科技、中芯国际全资子公司芯电上海、国家集成电路产业投资基金股份有限公司（以下简称“大基金”），三方于 2014 年 12 月 22 日签署《共同投资协议》，分别出资 2.6 亿美元、1 亿美元、1.5 亿美元，成立 100%控股公司。此次共同投资的终极目标是帮助长电科技“蛇吞象”，收购新加坡上市的全球第四大集成电路封装测试公司，即星科金朋。国家集成电路大基金终于出手了，在业界受到了广泛关注。

1. 集成电路封测产业链战略整合已成趋势，长电科技并购星科金朋是中国半导体产业步入国际并购的有益尝试

集成电路产业是国民经济和社会发展的战略性、基础性和先导性产业，是培育发展战略性新兴产业、推动信息化和工业化深度融合的核心与基础，是转变经济发展方式、调整产业结构、保障国家信息安全的重要支撑，其战略地位日益凸显。长电科技是中国半导体封测生产基地、国内集成电路封装测试龙头企业，是国家重点高新技术企业、高密度集成电路封装技术国家工程实验室依托单位及集成电路封测产业链技术创新战略联盟的理事长单位。近几年来成长飞速，2013 年收入 8.5 亿美元，排名全球第六，在 2014 年销售收入达到 11.2 亿美元，同比增长 31.8%，排名世界封装第五位，前进 1 位。长电科技所在的集成电路封测产业是集成电路产业的重要组成部分，但此行业内大部分企业均属于跟随发展的代加工模式，国内企业间竞争激烈且在与国际同行竞争的过程中处于相对劣势，发展模式亟待转型。从体量上讲，长电科技与全球排名的前 4 位相比，还有很大差距，虽然长电科技近几年的封测技术水平与国际先进水平正逐步接近，且先进封装在封装营收中的比重也在逐年上升，但总体与星科金朋的先进封测技术相比，差距仍较大，此次收购无疑大大增强了中国封测业在国际中的地位，也是中国半导体产业步入国际并购的有益尝试。

近年来，全球集成电路产业呈现出从发达地区向发展中地区转移的趋势，全球封测基地正转向中国。海力士在无锡、英特尔在大连和成都、三星在西安、TI 在成都都是独资建厂，至于日月光、Amkor、矽品、星科金朋等全球顶级封装厂也早已布局中国大陆。

另一方面，集成电路封测产业链战略整合已成趋势。集成电路产业已步入“全产业链竞争”时代，我国技术竞争力偏弱，但发展潜力巨大。国内规模以上集成电路封装测试企业约有 83 家，其中本土企业或内资控股企业占 32.5%，其余为外资、台资企业。在封测前十大企业中，内资企业销售收入占到 35.7%，产业发展主导能力仍然较弱。中国已成为世界第一大半导体消费市场，但半导体的自给率却不到 40%，大部分还由境外企业提供。中国作为消费大国和生产潜力国，未来半导体市场的高增长还将持续，集成电路国产化需求旺盛。

长电科技这次并购有利于把握战略机遇，实现跨越式发展。星科金朋主要从事半导体芯片委外封装及测试业务，是全球半导体封装及测试行业的主要骨干企业。星科金朋管理总部位于新加坡，在新加坡、韩国、中国上海和中国台湾四地经营半导体封装及测试业务，拥有 4 个制造测试中心和两个研发中心，同时在美国、韩国、日本、中国上海及中国台湾、新加坡和马来西亚拥有销售团队。受终端市场疲软影响，星科金朋近年业绩表现不佳，其控股股东希望出售公司股份。因此长电科技有机会以合适的交易价格收购星科金朋，通过并购实现跨越式发展。

2．封测业将是我国集成电路产业最有希望也最有可能接近国际先进水平的突破口

长电科技与星科金朋分别是全球第六大与第四大封测企业，若顺利合并，给长电科技带来的主要益处：一是有利于长电科技提升国际影响力及行业地位。若顺利合并将提升长电科技的国际影响力，帮助长电科技借助星科金朋的品牌效应，迅速建立中国企业在海外市场的认知度。星科金朋具备提供涵盖封装设计、焊锡凸块、针探、组装、测试、配送等一整套半导体解决方案服务体系，依托现有在倒装芯片、晶圆、3D封装等方面的技术优势，为客户提供创新与低成本高效益的半导体解决方案。若顺利合并，星科金朋的主要产品与技术将与长电科技的业务形成有效互补，有助于长电科技提升技术和服务水平，实现规模优势。

二是有利于长电科技拓展海外市场，扩大客户基础。若顺利合并将为长电科技开拓海外市场，扩大海外高端客户群体奠定基础。星科金朋在全球主要地区均有销售业务布局，拥有完整的专业销售服务团队，包括销售、项目管理、产品技术市场、客户服务等部门，提供一系列成体系的销售服务，并在欧美地区的销售额占比较高，2013年，星科金朋美国业务收入占总收入的69.2%，欧洲地区业务收入占总收入的11.8%，且客户质量优，2013年世界前20大半导体客户中约有11个大半导体客户与星科金朋有业务往来，对其余客户也有覆盖，若顺利合并将有助于长电科技迅速扩大在海外市场的业务覆盖，发挥协同效应，加强国际化布局。

三是有利于长电科技获得先进封装技术，提升研发实力。若顺利合并将帮助长电科技有效实施“适度发展传统封装，重点发展高端封装，加快发展特色封装”的产品发展战略。倒装是星科金朋最重要的业务，前五大客户销售收入的90%来自倒装，星科金朋的业务特点与长电科技的发展战略相契合。星科金朋在先进封装中占有领先地位，共计申请专利2594项，分布于美国、新加坡、韩国、中国等，其中76%的专利集中于美国，与其销售市场以美国为重点相匹配；其关键核心专利有300余项，主要是Fan-Out与芯片凸点倒装方面的专利；星科金朋的技术或产品种类与长电科技形成了较高的互补性，其较为完善的研发体系和清晰的技术战略与市场需求相匹配，有助于提升长电科技的研发实力，为长电科技建成技术先进、管理成熟、业绩优良、国际一流的封测企业奠定基础。

四是若顺利合并长电科技将跻身全球前四大、甚至有可能跻身前三大封测企业，对国内半导体产业而言将具有战略意义。随着这次合并成为可能以及国内封测技术的快速发展，封测业将是我国集成电路产业最有希望也最有可能接近国际先进水平的突破口。

对于中国的整个集成电路封测产业来说，一是先进的量产化技术水平可以使产业的价值得到提升；二是可带动先进封测关键材料与装备的大力发展；三是有利于国内封装测试业投资结构的进一步优化，提升国内封测企业的国际竞争力。

3. 具备规模效应的大型集成电路企业是《国家集成电路产业发展推进纲要》及集成电路产业大基金首选的扶持对象

2014 年国家出台《国家集成电路产业发展推进纲要》及集成电路行业一系列刺激政策的主要目的在于通过兼并收购等手段促进中国集成电路行业实现跨越式发展。因此，具备规模效应的大型集成电路企业是首选的扶持对象。

长电科技收购星科金朋借助于国家 IC 产业基金，符合了《国家集成电路产业发展推进纲要》的基本原则，就是充分利用全球资源，推进产业链各环节开放式创新发展，提升在全球产业竞争格局中的地位和影响力。当前，全球市场格局加快调整，投资规模迅速攀升，市场份额加速向优势企业集中。另外，我国拥有全球规模最大的集成电路市场，市场需求将继续保持快速增长。基于以上考量，外加我国集成电路封装测试业过于分散、规模过小，而体量不大，要尽快提升国内封测企业的国际竞争力，兼并收购、强强联合、培育龙头骨干企业，是我国封装测试技术和规模迅速跻身国际第一梯队的有效手段，所以，国家 IC 产业基金的出手理所当然，主要体现在：一是集中力量，突出重点，重点支持大项目；二是扶优扶强，切实发挥产业投资基金的支持作用。

从国家产业基金在收购项目中的作用来看，一是有利于封装测试业投资结构进一步优化，促进产业结构的升级，有利于消除企业高负债率；二是有利于帮助国内企业扫清国际收购的壁垒；三是有利于借这次项目完善投资方式，寻找基金公司与企业之间的平衡点。除此，国家产业基金为优势企业和发展前景广阔、成长潜力大的企业提供有力的资金支持，促使这些企业尽快做大做强。

4. 产业基金参与并购，真正体现出“以企业为主体，市场化运作”的思路，可以更大地激发企业活力和创造力

国家投资基金以这种形式参与并购的作用，首先在于充分体现了《推进纲要》的主要精神，也体现了国家政策支撑，为兼并重组、强手联合做出了示范作用。其次，产业基金的股权投资方式、退出机制的公开和明朗化，以这样的方式参与并购，真正体现出“以企业为主体，市场化运作”的思路，可以更大地激发企业活力和创造力，带动产业链协同可持续发展，加快追赶和超越国际先进水平的步伐。

当然，长电科技收购星科金朋后，必然会碰到整合的难题，遇到磨合期的阵痛，这是任何兼并整合中都会遇到的问题。要达到兼并后的预期效果，还要在法律法规、企业文化、人才团队、市场管理等方面花大力气，而由此国家投资基金的目光还要着眼于未来，这不仅因为产业投资基金在国内是新事物，它的经济作用还没有得到充分的认识。设立国家产业投资基金的目的在于重点支持集成电路产业发展，推动企业提升产能水平、实行兼并重组、规范企业治理，形成良性自我发展能力。而产业投资基金必然遵循基金运营规律，实行市场化、专业化运作。这两者之间必然有平衡点，这就是依据市场规则、市场竞争实现

效益最大化和效率最优化。

对于长电科技而言，此次收购星科金朋后的整合工作，将是十分艰巨的。尤其是在人才团队、市场管理、品牌维护、客户服务等方面，要在形成优势互补的基础上，进一步规范和完善企业治理，提升公司治理效率与水平，协调好相关权益者利益，实现企业自身价值的最大化与社会化；要更加注重战略管理、目标管理和长远管理，真正做到“整”与“合”的结合，激发企业潜力，实现跨越式发展。

第十四节　2014 年江苏省半导体分立器件产业发展情况

一、2014 年江苏省半导体分立器件产业概况

江苏省半导体分立器件产业是我国半导体分立器件产业化大生产的基地之一，拥有分立器件企业 40 余家，具有产业基础雄厚、企业众多、产业链齐全、人才集聚等优势，在全国占有重要的地位。

2014 年江苏省半导体分立器件产业产品产量为 835.6 亿只，同比增长 6.6%；销售收入达 138.5 亿元（已含在集成电路产业销售中），同比下降 1.2%。分立器件销售收入占到 2014 年全省集成电路产业总销售收入的 17.1%，同比增速下降 2.1%，是近年来增长较差的一年。

二、2014 年江苏省半导体分立器件产业发展背景

1. 2014 年全球半导体市场情况

2014 年全球经济继续处于缓慢的复苏过程中，持续的宏观经济形势景气向好直接影响到电子产品消费和更新的提度。更受益于移动互联网、物联网、新能源等热点应用，特别是智能手机的迅猛发展，全球半导体市场实现 9.0%的增长，销售规模达到 3331.5 亿美元，创下历史最高记录，同时也是半导体产业首次突破 3000 亿美元大关（图 4.14.1）。

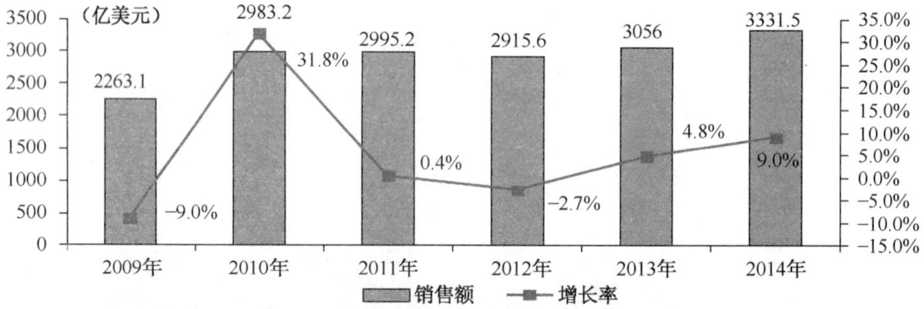

GAGR=8.04%（2009—2014 年）
（数据来源：赛迪网）

图 4.14.1　2009—2014 年全球半导体市场规模

2. 2014 年中国半导体分立器件市场规模

中国半导体分立器件产业经济在国际市场占有举足轻重的地位，并保持着持续、稳定的发展。2014 年国内集成电路封测业销售额为 1255.9 亿元，同比增长了 14.3%。2014 年国内半导体分立器件销售收入为 1872.4 亿元，同比增长 21.9%，分立器件产量为 5316.8 亿只，同比增长了 15.4%（图 4.14.2～图 4.14.5）。

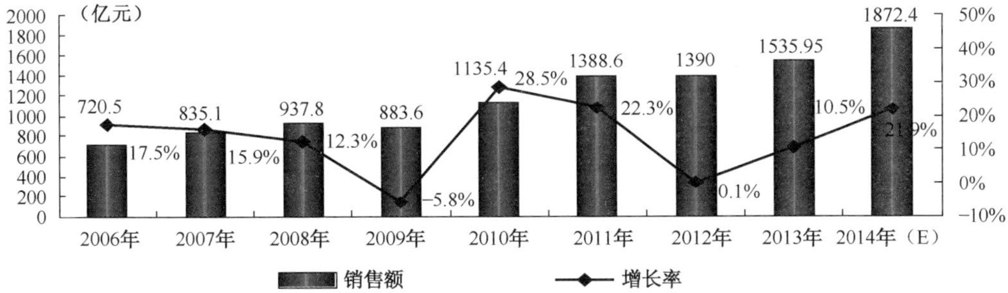

CAGR=12.68%（2006—2014 年）

图 4.14.2　2006—2014 年中国半导体分立器件销售额情况

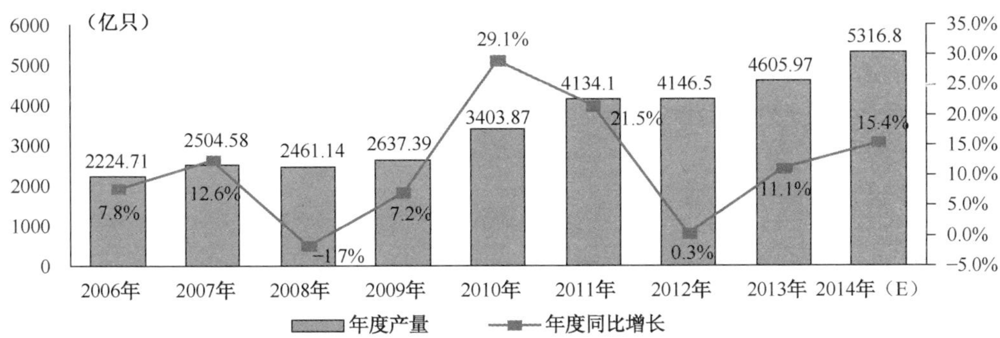

CAGR=11.51%（2006—2014 年）

（数据来源：CCID/JSSIA 整理）

图 4.14.3　2006—2014 年中国半导体分立器件产量情况

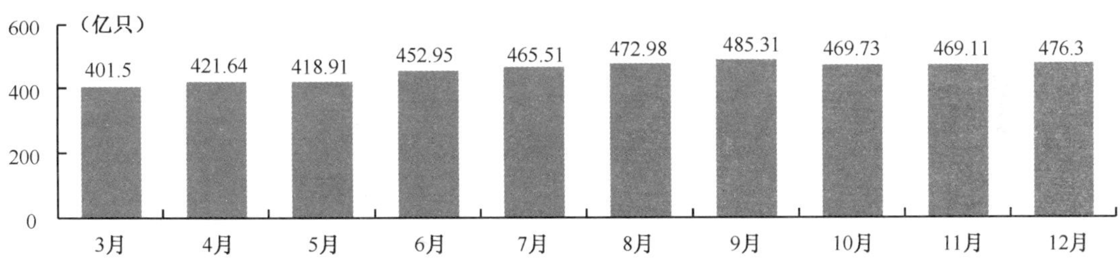

（数据来源：中国产业信息网）

图 4.14.4　2014 年中国半导体分立器件月度产量情况

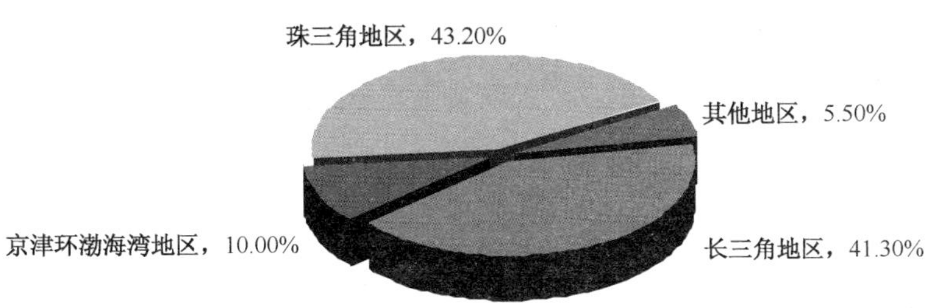

（数据来源：中国产业洞察网）

图 4.14.5　2014 年我国半导体分立器件产量区域分布格局

3．2014 年中国主要半导体分立器件企业情况

2014 年国内主要分立器件封测厂家产能规模排名，与 2013 年相比，基本没有大的变化。国内分立器件封测厂家内资企业占主导地位，外资和合资企业占国内总产能的 30%左右。前十大厂家产量占国内总产量的 50%以上（表 4.14.1）。

表4.14.1　2014年中国主要半导体分立器件企业情况

序号	公司名称	主要产品	生产能力（亿只）	企业性质
1	乐山菲尼克斯半导体有限公司（ON）	SOT/SOD 系列	450	合资
2	江苏长电科技股份有限公司	TO-92 系列、SOT/SOD 系列、FBP、TO-126、TO-220、TO-251/252 等	250	内资
3	NXP 恩智浦	SOT-23/54、SOD-323/523/723 等	250	外商独资
4	罗姆半导体（中国）有限公司	SOT/SOD 系列二、三极管	250	合资
5	乐山无线电股份有限公司（LRC）	SOT-23、SOD-323/523/723/923 等	250	内资
6	泰丰国际集团有限公司（先科）	SOT\SOD\DFN 系列	200	内资
7	上海凯虹电子	SOT/SOD 系列	120	外资
8	银河半导体控股有限公司	SOT/SOD/SMA/SMB 系列二、三极管	120	内资
9	佛山市蓝箭电子有限公司	SOT-23、SOT-323、SOT-89、SOT-252、TO-92、TO-92S、TO-92LM、TO-126F、TO-126、TO-220F、TO-220	120	内资
10	广东省粤晶高科股份有限公司	TO-92、TO-92Ls、TO-126、TO-220、TO-220F、TO-251&TO-252、SOT-23、SOT-23A、SOT-25、SOT-26、SOT-223、SOT-323、SOT-89、SOD-123、SOD-323	60	内资
11	广州半导体器件有限公司	TO-92L、TO-92、半导体分立器件、快恢复二极管、 开关二极管、稳压二极管、可控硅、节能灯用晶体管	30	内资
12	南通华达微电子集团有限公司	SOT23，SC70，SOT89，SOT223、TO92，TO251，TO252，TO263，TO220，TO247	30	内资
13	苏州固锝电子股份有限公司	TO-220AB，TO-220AC，TO-263 等	30	内资
14	英飞凌科技（无锡）有限公司	SOT-23 、SOD323 等	27	外资
15	天水华天微电子有限公司	TO252 、TO263、SOT89、 TO220、 TSOT223	20	内资
16	吉林华微电子股份有限公司	TO-126、TO-220 封装的功率晶体管、MOS、肖特基	20	内资

三、2014 年江苏省半导体分立器件产业发展情况

1. 2014 年江苏省半导体分立器件产业分布情况

江苏省半导体分立器件生产企业主要分布在无锡、苏州、常州、扬州、南通和泰州等地。无锡市、苏州市、常州市三市占到全省半导体分立器件总值的 91.4%。

2. 2014 年江苏省半导体分立器件产业发展情况

2014 年由于受节能灯功率器件市场需求的剧减（因 LED 灯具取代功率器件节能灯市场份额，部分大型骨干企业调整产品结构，减少分立器件生产而转向生产 LED 或转产集成电路产品）等缘故，2014 年江苏省半导体分立器件产业总体呈现下滑的态势（图 4.14.6～图 4.14.9）。

2014 年江苏省半导体分立器件产品产量约为 835.6 亿只，同比增长 6.6%；

2014 年江苏省半导体分立器件产品销售收入约为 138.5 亿元，同比下滑 1.2%。

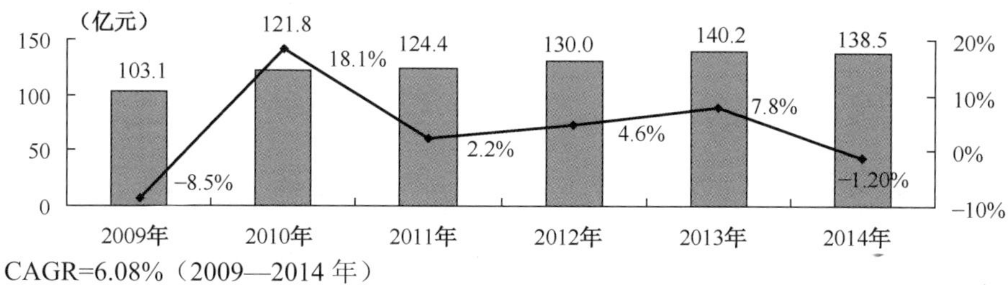

图 4.14.6 2009—2014 年江苏省半导体分立器件销售收入规模及增长

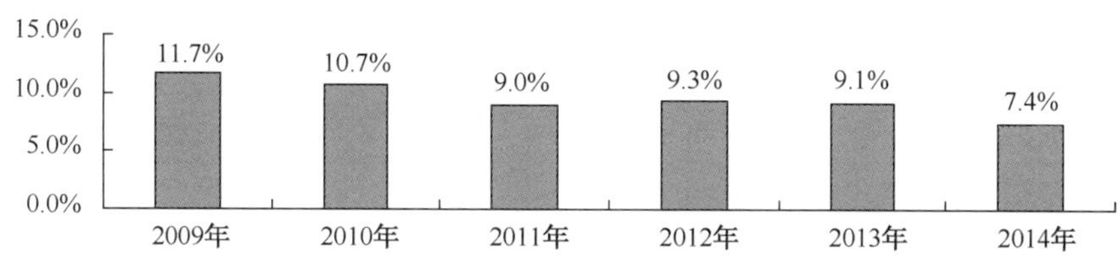

图 4.14.7 2009—2014 年江苏省半导体分立器件销售收入在全国同业中所占比重

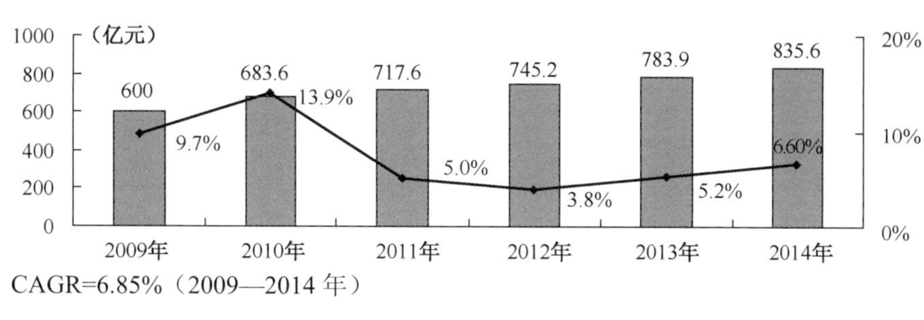

图 4.14.8 2009—2014 年江苏省半导体分立器件产品产量规模及增长

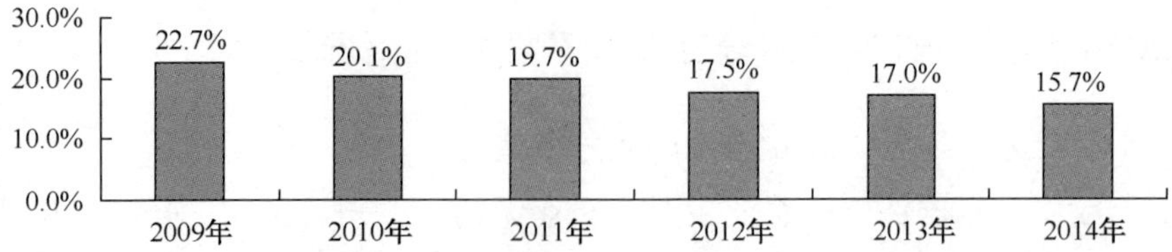

图 4.14.9　2009—2014 年江苏省半导体分立器件产品产量在全国同业中所占比重

3．2014 年江苏省半导体分立器件城市（地区）发展情况（表 4.14.2）

表4.14.2　2014年江苏省半导体分立器件城市（地区）发展情况

序号	城市名称	2014 年销售收入（亿元）	2013 年销售收入（亿元）	同比（%）	占比（%）
	合计	138.5	140.2	-1.2	100
1	无锡市	110.3	114.2	-3.4	79.6
2	苏州市	9.0	8.0	12.5	6.5
3	常州市	6.5	7.2	-9.7	4.7
4	扬州市	7.27	5.8	25.3	5.2
5	南通市	4.28	4.0	7.0	3.1
6	泰州市	1.1	1.0	10.0	0.8

4．2014 年江苏省半导体分立器件企业情况（按销售额排序）（表 4.14.3）

表4.14.3　2014年江苏省半导体分立器件企业情况（按销售额排序）

序号	企业名称	序号	企业名称
1	英飞凌科技（无锡）有限公司	10	常州星海电子有限公司
2	江苏新潮科技集团公司	11	力成科技（苏州）有限公司
3	无锡华润华晶微电子有限公司	12	无锡红光微电子有限公司
4	苏州固锝电子股份有限公司	13	江苏东晨微电子有限公司
5	力特半导体（无锡）有限公司	14	启东吉莱电子有限公司
6	强茂电子（无锡）有限公司	15	南通皋鑫电子股份有限公司
7	扬州扬杰电子有限公司	16	泰州海天半导体有限公司
8	苏州晶方半导体科技有限公司	17	南通华达微电子有限公司
9	常州银河世纪微电子有限公司	18	无锡罗姆半导体科技有限公司

5．部分半导体分立器件企业情况

1）英飞凌科技（无锡）有限公司

英飞凌科技（无锡）有限公司主要从事封装与测试业务，2014 年封装总收益达到 1.0565 亿欧元，公司始终以零缺陷的质量标准，进行汽车电子中的分立器件与智能卡的封装测试，因其过硬的封装与测试质量，使得产品成为汽车电子分立器件和智能卡行业的标杆。

英飞凌科技（无锡）有限公司的半导体分立器件产业起步较早，产业链全面，无论在封装测试，还是在分立器件设计上，在国内具有一定的优势。但是随着电子产品向小型化、轻薄化、低能耗等方向发展，半导体分立器件则为适应电子产品要求，向高频、宽带、高速、低噪声、高灵敏、低功耗、低成本、高可靠、微小型等方面快速发展。汽车电子使用的分立器件随着汽车电子多样性的增加销量同步增多，同时汽车电子又要具备高可靠性。

英飞凌科技（无锡）分公司生产的功率分立器件中，耐压 600 伏特及以下采用 5 英寸氮化镓材料，而耐压 1000 伏特及以上采用了 5 英寸碳化硅材料。2014 年制造出第五代 1200 伏特碳化硅二极管，极大地提高了静态与开关电特性。

2）无锡红光微电子股份有限公司

无锡红光微电子股份有限公司是从事半导体产业的省高新科技企业，主要从事半导体分立器件和集成电路产品的设计和封装测试业务，可进行：SOT-223、SOT-23-23L/25L、SOT-89、TO-252/251、TO-92/92L/92S、TO-126、TO-200/5L、7L、TO-200、TO-263、TO-247、TO-3P、MEMS 以及 QFN、DFN、ESOP/8 等的封装测试。

无锡红光微电子股份有限公司在 2014 年 8 月 15 日于“新三板”挂牌上市，名为“红光股份”。

3）启东吉莱电子有限公司

启东吉莱电子有限公司主要从事于 TO3P、TO-220B/C/P/F、TO-220 ST、TO-247、TO-220 M-1/M-2、TO-220 HD、TO-126/D、TO-92、TO-251/252/263、SOT223、SOT/89-3L、SOT23 等。

4）江苏长电科技有限公司

江苏长电科技有限公司为江苏省最早从事半导体分立器件封装代工的大型骨干企业之一，该公司拥有 1 条 5 英寸分立器件晶圆生产线，技术水平为 2～1.6 微米，月投片量达 7 万片。该公司可以封装 TO-92 系列、SOT/SOD 系列、FBP、TO-126、TO-220、TO-251/252 等。

5）无锡华润华晶微电子有限公司

无锡华润华晶微电子有限公司是江苏省半导体分立器件产业的元老级公司，现拥有两条 6 英寸晶圆生产线，技术水平分别为 1.2～0.8 微米和 0.6～0.35 微米的双极模拟、IGBT、MEMS 等，月投片量达 12.5 万片和 4 万片；拥有两条 5 英寸晶圆生产线，技术水平达 3.6 微米和 1.6～0.8 微米，月投片量各 10 万片，主要从事分立器件和 VDMOS 工艺；拥有 1 条封装测试生产线，可封装 TO-92 系列、SOT/SOD 系列、TO-126、TO-220、TO-251/252 系列等。

6）南通华达微电子集团有限公司

南通华达微电子集团有限公司是江苏省半导体分立器件起家最早的大型骨干企业之一，主要以代工为主。主封测产品有：SOT23、SC70、SOT89、SOT223、TO-92、TO-251/252、TO-220、TO247 等。

四、2014 年江苏省半导体分立器件产业技术进步情况

随着以节能环保、新能源、新能源汽车等产业为代表的战略性新兴产业的进一步发展，对上游基础性元件的半导体分立器件的要求越来越高，促进了江苏省半导体分立器件企业加快技术和产品创新的步伐。2014 年，江苏省半导体分立器件企业在提升技术水平、提高产品的技术含量上取得了可喜的成绩。2014 年， 在由中国半导体行业协会等主办的“第九届中国半导体创新产品和技术”评选活动中，无锡华润华晶微电子有限公司的“600V—6500V IGBT 配套 FRD 芯片制造技术”、苏州明皜传感科技有限公司的“三轴 MEMS 加速传感器系列产品：da210、da211、da123”、江苏宏微科技股份有限公司的“一种新型的 NPT IGBT 结构”等产品技术获得了 2014 年度“第九届中国半导体创新产品和技术”的称号（表 4.14.4）。

表4.14.4　2014年度“第九届中国半导体创新产品和技术”获奖单位和产品技术

序号	单位名称	获奖产品和技术	创新特点
1	江苏宏微科技股份有限公司	一种新型的 NPT IGBT 结构	本产品属于原始创新，主要创新点包括：增加 MOS 栅控制晶体管原胞密度的制作方法，虚拟原胞的设计，高抗闩锁能力，软的关断特性和短拖尾电流的实现，PN 结两端电场的精确设计以提高器件的雪崩耐量，硅片背面工艺的精确控制及良好欧姆接触的形成技术，沟槽型绝缘栅双极晶体管的沟槽栅结构及其制作方法，新型绝缘栅双极晶体管背面结构，功率半导体分立器件第一层光刻对位标志的制作方法等
2	无锡华润华晶微电子有限公司	600V—6500V IGBT 配套 FRD 芯片制造技术	本技术属于原始创新，主要创新点集中在：平面超高压终端结构：采用多场限环+场板+截止环的复合结终端结构设计，以实现器件的超高阻断电压；芯片表面钝化技术，采用多层膜复合钝化技术，以实现超过电压的稳定可靠；少子寿命控制技术：采用缓变基区结构+铂扩散技术，以实现快速软恢复特性
3	苏州明皜传感科技有限公司	三轴 MEMS 加速传感器系列产品：da210、da211、da123	本系列产品属于原始创新，采用自主研发的 8 英寸 MEMS 制造工艺和晶圆级封装；开发了三轴 MEMS 加速传感器的原形并加以验证，最终产品封装尺寸达到 2mm×2mm×1.1mm；采用制程工艺和芯片设计同步优化，灵敏度保持在大于 0.5μF/G 以上、在±16G 的范围内保持线性输出；晶圆级封装以 BGA 技术为基础，加工效率高，具有倒装芯片封装的优点

2013 年度“第八届中国半导体创新产品和技术”获奖的单位和产品技术还有：

- 江苏东光微电子股份有限公司的 1200V 逆导型场终止绝缘栅双极晶体管（RC-FS-IGBT）的实现，该产品采用硅硅直接键合工艺（SBD）实现场终止层的技术，并减小了碎片的概率；采用背面光刻技术及注入技术实现内部集成二极管，形成逆导型绝缘栅双极晶体管；采用去键合工艺；采用微细加工技术；采用多晶掺杂技术。

- 江苏捷捷微电子股份有限公司的新低结电容过压保护晶闸管器件，该产品采用区域调制方法，大大提高了硅单晶材料的适用范围；精确控制调制区域的宽度为 30～150μm，使低结电容过压保护晶闸管器件芯片的 J1 和 J2 结面中不同电阻率区域面积得到有效的控制。
- 苏州能讯高能半导体有限公司的基于 SiC 衬底的氮化镓功率器件技术， 该产品实现基于量子阱调制结构和多沟道异质结的新材料结构；采用有效均衡电场分布的三极复合场板结构；提出 SiN/Al2O3 复合钝化层技术，降低电流崩塌的同时抑制栅极漏电；采用成核层热阻控制技术；提出原位钝化层技术以抑制电流崩塌；设计矩阵通孔结构，降低输入电感。
- 2014 年无锡力芯微公司开发出创新型高压、大功率芯片制造技术，开发出多款大功率电池开关，开发出民爆行业数字化系列产品和技术。

五、2014 年江苏省半导体分立器件产业投资合作信息

- 2014 年 5 月 21 日，世界 LED 巨头欧司朗在无锡投资 LED 工厂并建成投产，投资金额为 15 亿元，主营 LED 芯片外壳封装，年产数十亿只 LED 光电半导体器件。
- 按《关于华灿光电（苏州）有限公司 LED 外延片芯片二期项目的议案》，华灿公司在 2014 年将投资 3.05 亿元，建设年产 48 万片 2 英寸红黄光 LED 外延片、154 亿颗红黄光芯片的生产能力。

六、2014 年江苏省半导体分立器件产业存在的问题

一是省内分立器件生产企业众多，但都规模小（外资企业、国企除外）、档次低，同质化竞争日益激烈；

二是由于节能灯用功率管被 LED 灯取代，节能灯用管急剧下降，而江苏省 LED 灯用管又没有及时大量供货，所以造成分立器件产销量、收入都低于往年，呈下滑态势。

三是省内一些原来从事分立器件生产的企业，因产业竞争激烈、压价销售、企业盈利微薄和困难，或因生产需要转变产品结构，向集成电路产品发展，这也是造成江苏省分立器件产销量下降的原因。

四是高档的大功率分立器件市场长期被欧、美、日系大型企业所垄断，对国内企业进行技术封锁，国内企业都以民营资本为主，难以与国外大企业在技术上相抗衡，也一定程度延缓了江苏省分立器件的发展速度。

七、2014 年江苏省半导体分立器件产品开发动向

分立器件具有集成电路产品某些不可替代的功能，如在大功率、大电流、高电压、低噪声、高频率、低功耗等方面。

2014 年江苏省半导体分立器件企业正在开发和生产电子信息产品急需的高端分立器件。一是 Si、GaAs 微波功率器件、功率 MOS 器件、光电子器件、变容管、肖特基二极管等，从高压大电流的 GTO 到高频多功能的 IGBT、功率 MOSFET 的自关断、全控型器件，向着集成化、复合化、模块化及功率集成方向发展，如 IGPT、MCT、HVIC 等产品发展。二是开发和生产 SiGe、SiC、InP、GaN 等化合物半导体材料为基础的新型器件，以尽快上量上市，满足市场需求，促进企业发展。三是在分立器件封装上目前仍以片式器件发展，以适应市场设备的小型化、轻量化、薄型化的需要，向着更小型化的 SOT—723/923、SOD—723/923、DFN/FBP 1006 等封装发展，向着片式小型化功率器件、功率更大的 SOT—89 到 10W 的 TO—252 等大功率封装发展。四是有些企业正在开发和生产大功率 LED 产品、MEMS 传感器产品、功率 IGBT 等，如苏州固锝公司、常州银河的 LED，无锡美新公司、苏州纳米科技、苏州明皜的 MEMS 传感器，华润微电子、江苏东晨的高压 IGBT，江苏捷捷公司的低结电容过压保护晶闸管、苏州能讯高能公司的 SiC 衬底氮化镓功率器件、无锡力芯公司的大功率电池开关、民爆数字系列产品和技术等，都取得了很大的进步和较好的业绩。

八、江苏省半导体分立器件行业展望

从未来几年的市场发展来看，工业控制、计算机、汽车电子、消费电子和网络通信依旧是中国分立器件市场四大主要应用领域。受消费电子产业快速发展的影响，其部分相关领域的分立器件需求也将稳定增长。据预计，2015 年消费电子类分立器件市场仍将保持 7%～8%的增长（图 4.14.10）。

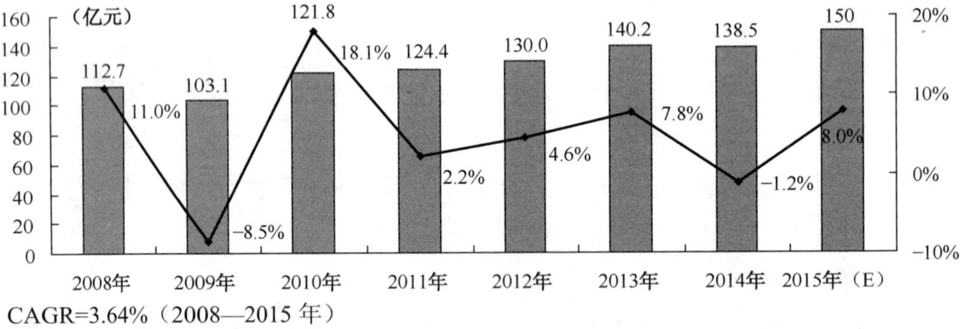

图 4.14.10　2015 年江苏省半导体分立器件年销售额增长预测

根据我们对江苏省半导体分立器件企业的调查了解，随着市场对分立器件的需求不断更新，在未来的产业发展过程中，江苏省半导体分立器件产业还将继续壮大，企业产能和生产技术水平还将有所提升，产品将向高频、宽带、高速、低噪声、大功率、大电流、高线性、大动态范围、高效率、高亮度、高灵敏度、低功耗、低成本、高可靠、微小型等方面快速发展。

分立器件作为基础性电子元件仍然是电子世界里不可缺少的组成部分。从总体看，过去两年来，全球分立器件市场经历了从负增长到反弹，再到增幅回落的行情后，2015年半导体分立器件产业发展性周期将步入平稳发展的阶段。LED以及功率器件成为带动市场加速增长的主要动力。

第十五节 2014 年度江苏省集成电路企业的主要举措

一、加大研发投入，推动自主产品、高新产品

- 南京矽力杰公司非常重视自主创新，所开发的半导体芯片拥有完全自主知识产权，目前获得全球独占许可中国发明专利 3 项，获得授权集成电路布图设计专有权 8 项。
- 无锡美新半导体公司是全球消费类电子市场最大的 MEMS 加速度传感器供应商之一，其系列产品已在消费电子、智能交通、农业、燃气、工业生产、环保监测等众多领域得到很好的应用，并与三星、微软、松下、尼康、博世等国际大公司在传感器、传感网整体解决方案等领域建立良好的合作关系。
- 中微晶园公司以持续创新的理念，提高企业运行效率和经营效益，开发自主产品、拓展销售渠道，经营利润较同期有明显改善。
- 无锡硅动力在智能 LED 照明领域，基于自主开发的 SoC 芯片，通过软件和硬件的二次开发，成功地开发出了国内第一个在蓝牙 2.0 版本上可以实现 Android 和 iOS 系统都可进行无线连接和控制的低成本方案。该系统的软件和硬件包括 SoC 芯片、电源控制芯片、无频闪芯片、软件通讯协议、应用 App 等全套解决方案都由公司自主研发，具有极高的性价比，未来市场前景广阔。

二、优化产品结构，开拓国内外市场

- 代工市场回暖，但代工技术升级快，技术要求和产品集成度不断提高，中电科 58 所在有限资金投入的基础上，拓展个性化自主产品来应对市场需求，使销售收入同比有所增加。
- 通富微电公司以智能终端为主的产品市场需求持续旺盛，企业新品研发及市场开拓进入收获期，使公司产品结构进一步优化，先进封装产品占比进一步增加。
- 苏州硅能公司已开始从前几年的纯晶圆销售及代工销售逐步向自主品牌销售转型，产品已成功进入一些国际化大公司。目前，已成为三星正式供应商。
- 无锡晶源公司在华南（深圳、中山）成立应用开发、销售及售后服务窗口，通过销售代理扩大国内应用市场，扩大出口及新品上市推广，扩大应用领域（如遥控发射等），进一步占领新市场。

三、加强企业内部管理，开展目标管理，走可持续发展之路

- 省内很多集成电路企业坚持实施经营目标管理、负责到人；细化项目预算，走内延挖潜之路；通过对料、工、费的控制，达到节约成本、挖潜增益，使企业利润达到

最大化。

- 通富微电经营模式进行调整，成立事业部制，积极推进管理创新，从中国台湾、马来西亚等地区和国家引进生产管理高端人才，充实到生产管理队伍中。
- 江苏东晨电子科技公司坚持自主创新，注重科技投入，并重视科技人才的引进和培养。
- 天水华天（昆山）公司加强培养青年学科带头人，营造有利于人才成长的环境；完善人才培养与管理机制，建立了有效的人才激励机制。
- 中电科 58 所以“三个转变”为指导，内部以目标管理、预算控制为抓手，扎实推进管理提升工作；经营上积极调整产业方向，策划并实施了百千万门 FPGA 产品、晶圆八寸工艺线等一批重大项目，应对严峻经济形势的挑战。在新产品开发、科研生产、一体化经营、内控管理、人才队伍及党建方面都取得较为可喜的成绩。为全面实现“十二五”规划目标，未来实现跨越式发展，提供了强有力的支撑。
- 无锡创达公司在产销均衡稳步增长的基础上，加大技术研发方面的投入，新增加两个实验室，以提高企业紧贴市场需求的能力。

第十六节　2015 年江苏省集成电路产业发展预测

集成电路产业是我国电子信息产业的核心，是支持经济社会发展的基石，是保障国家安全的战略性基础性和先导性产业，当前和今后一段时期是我国集成电路产业发展的重要战略机遇期和攻坚期。为加快推进我国集成电路产业发展，国务院于 2014 年 6 月公布了《国家集成电路产业发展推进纲要》，成立了《国家集成电路产业投资基金股份有限公司》和咨询委员会，由国家投资和吸引大型企业、金融机构和社会资金共同推动和发展我国集成电路产业，投资基金重点投资集成电路芯片制造业，兼顾芯片设计业、封装测试业、设备材料业等。《推进纲要》和国家科技重大专项的实施必定对我国集成电路产业起到强有力的推进作用。

一、2015 年世界半导体营销额预测

据 Gartner 预测，2015 年世界半导体市场营收入将达到 3540 亿美元，同比增长 4.0%。

据世界半导体贸易统计组织（WSTS）报道，由于受半导体硅周期的影响和产品市场的调节等原因，2015 世界半导体市场需求比预期有所收缩，同比增长 3.6%，市场营销额将达到 3480 亿美元。

二、2015 年中国集成电路产业销售收入预测

2014 年中国集成电路产业销售收入突破了 3000 亿大关，达到了 3015.4 亿元，同比增长了 20.2%，其中设计业激增 29.5%，制造业受西安三星投产影响猛升 18.5%。封测企业增长 14.3%。考虑到《推进纲要》的公布实施对我国集成电路的积极推进作用，预计 2015 年中国集成电路销售收入将达到 3657 亿元以上，增长率预计将达到 21.3%。

三、2015 年江苏省集成电路产业发展预测

2015 年是“十二五”规划收官之年，也是实现目标冲刺的一年，江苏省集成电路产业将在国内外半导体（集成电路）市场扬起的大好形势下，坚持“市场牵引、弯道超越”，“引进来、走出去”，“有所为、有所不为，实行差异化竞争”，加大投入开发新产品，加强内部管理、挖潜增益；在《推进纲要》和“大基金”、重大科技专项等推动下，实现江苏省集成电路产业跨越式发展。为“十三五”规划的发展打下坚实的基础。

- 集成电路设计业：设计企业在现有的基点上，围绕面广量大的消费类电子产品、传感器、音视 IC、专用 IC、物联网、互联网、可穿戴设备、医疗电子、汽车电子、家居电子、功率器件等方面的应用不断开发新产品，抢占新市场。

- 集成电路晶圆业：主要是 SK 海力士公司通过 2014 年的努力，产能基本恢复到灾前水平，但还未达到峰值，2015 年有望再创佳绩。
- 集成电路封测业：由长电科技、通富微电、苏州晶方等公司提高中高档产品的产销量，拉动全省封装产业的上升；在苏州市、无锡市的外资封测企业则利用世界半导体市场需求趋旺的有利时机，为江苏省集成电路封测业规模持续上升做出贡献。
- 半导体分立器件业：市场回暖的趋向，半导体分立器件销售收入还会有所增高，但江苏省骨干企业调整产品结构向高端产品发展必定有个过程，预计 2015 年销售收入变动不大。
- 集成电路支撑业：由于太阳能光伏业的上升，各专用设备制造和材料企业积极调整产品结构，开发自主产品，拓宽销售渠道，预计在 2015 年会有好的表现。

2015 年江苏省半导体产业销售收入预计为 1201.0 亿元，同比增长 7.7%。

2015 年江苏省集成电路产业销售收入预计为 875.0 亿元，同比增长 8.0%，其中：IC 设计业预计销售收入达 130.8 亿元以上，同比增长 9.1%；IC 晶圆业预计销售收入达 218.2 亿元，同比增长 12.0%；IC 封测业预计销售收入达 526 亿元，同比增长 6.2%（表 4.16.1 和表 4.16.2）。

2015 年江苏省集成电路支撑业销售收入预计 326.0 亿元，同比增长 6.9%。

2015 年江苏省集成电路产业规模在全国同行业中仍会位居前茅。

表4.16.1　2015年江苏省半导体产业发展规模预测

项目名称	单位	2015 年（E）	2014 年	同比（%）	占比（%）
半导体产业销售收入	亿元	1201.0	1114.96	+7.7	100
IC 产业销售收入	亿元	875.0	809.96	+8.0	72.9
支撑业销售收入	亿元	326.0	304.90	+6.9	27.1

表4.16.2　2015年江苏省集成电路产业发展规模预测

项目名称	单位	2015 年（E）	2014 年	同比（%）	占比（%）
集成电路产业销售收入	亿元	875.0	809.96	+8.0	100.0
IC 设计业收入	亿元	130.8	119.90	+9.1	14.9
IC 晶圆业收入	亿元	218.2	194.80	+12.0	25.0
IC 封测业收入	亿元	526.0	495.26	+6.2	60.1

第五章

2014 年江苏省集成电路支撑业发展情况

第一节　2014 年江苏省集成电路支撑业发展情况概述

江苏省集成电路支撑业由集成电路专用装备（设备、仪器、工模具）、专用材料（外引线、内引线、塑封料、基板、掩模板、光刻胶、硅材料、石英、磨抛材料）、零部件、化学试剂、特种气体等组成，是集成电路产业的重要组成部分，是支撑集成电路产业发展的有力基石。本章主要介绍 2014 年江苏省集成电路支撑业各部分的发展情况。

一、2014 年江苏省集成电路支撑业总体发展规模

江苏省集成电路支撑业 2014 年销售总收入为 304.9 亿元，同比增长 9.9%，占到全省半导体产业销售收入的 27.4%。2014 年江苏省集成电路支撑业发展较快，主要得益于集成电路、分立器件、LED 业、TFT 及其他产业市场迅速复苏，产业需求增大，支撑企业抓住机遇迅速扩大生产（图 5.1.1）。

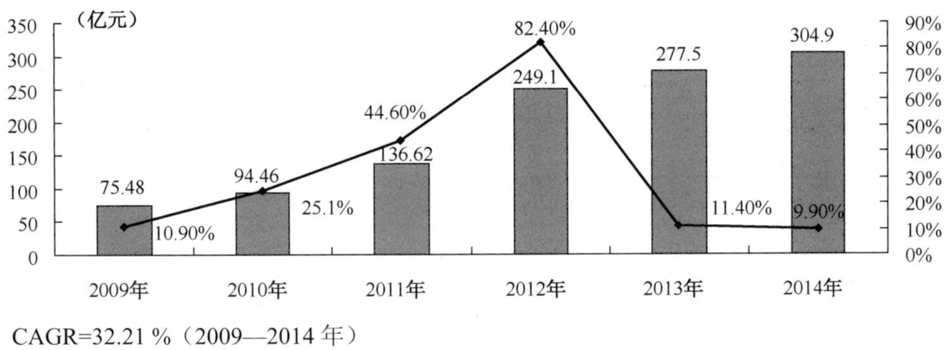

图 5.1.1　2009—2014 年江苏省集成电路支撑业发展规模及增长情况

二、2014 年江苏省各地区集成电路支撑业发展情况

江苏省集成电路支撑业主要集中在苏州市、无锡市、常州市、连云港市、泰州市和南京市等地，各地区产业发展各具特色。2014 年苏州市支撑业销售收入达 101 亿元，同比增长 4.8%，占到全省同业总收入的 33.2%；无锡市支撑业销售收入为 173.6 亿元，同比增长 12%，占全省同业总收入的 56.9%；常州市支撑业销售收入为 10 亿元，同比增长 5.3%，占全省同业总收入的 3.3%；连云港市支撑业销售收入为 7.7 亿元，同比增长 7%，占全省同业收入的 2.5%；泰州市支撑业销售收入为 6.8 亿元，同比增长 9.7%，占全省同业收入的 2.2%；南京市支撑业销售收入为 5.8 亿元，同比增长 81.25%，占全省同业总收入的 1.9%。南京市、无锡市、泰州市和苏州市发展较快，集成电路材料产业已大量延伸到其他产业中去，使其规模得到扩大，2014 年呈现乘势而上的态势（表 5.1.1）。

表5.1.1　2014年江苏省各地区集成电路支撑业发展规模

（单位：亿元）

序号	指标名称	2014 年实绩	2013 年实绩	同比（%）	比重（%）
1	销售收入合计	304.9	277.5	9.87	100.0
2	无锡市	173.6	155	12	56.9
3	苏州市	101	96.4	4.8	33.2
4	常州市	10	9.5	5.3	3.3
5	连云港市	7.7	7.2	7	2.5
6	泰州市	6.8	6.2	9.7	2.2
7	南京市	5.8	3.2	81.25	1.9

三、2014 年江苏省集成电路支撑业主要企业情况

主要企业按销售收入规模大小排序见表 5.1.2。

表5.1.2　主要企业按销售收入规模大小排序

序号	企业名称	序号	企业名称
1	贺利氏招远（常熟）	6	泰州华龙
2	汉高华威	7	江阴润玛
3	苏州金宏	8	江阴试剂
4	苏州瑞红	9	江苏中鹏
5	江阴康强	10	无锡创达

主要企业按销售收入增长率大小排序见表 5.1.3。

表5.1.3　主要企业按销售收入增长率大小排序

序号	企业名称	序号	企业名称
1	苏州金宏气体	5	泰州东田
2	苏州瑞红	6	汉高华威
3	江苏中鹏	7	江阴润玛
4	江阴康强	8	江阴江化

四、2014 年江苏省集成电路支撑业经济效益情况

2014 年江苏省集成电路支撑业销售收入利润率为 10.8%，高出全省集成电路产业销售利润率 4.3 个百分点。

2014 年江苏省集成电路支撑业销售收入利润率提高较大的企业有江阴康强、江阴润玛、江阴江化等公司。

第二节　2014 年江苏省集成电路装备产业发展情况

一、2014 年世界半导体设备业情况

2014 年世界集成电路晶圆厂、封测厂、测试厂的投资热潮，引发了半导体设备的热销，带动了世界半导体设备业的快速发展。

世界最大的芯片设备制造公司 ASML 卖出多台极紫外（EUV）光刻机，2014 年 6 月和 7 月分别在英特尔、台积电使用，24 小时产量为 12 英寸 600～1000 片。

据 SEMI 报道，2014 年世界半导体设备市场由于受世界半导体产业及市场好转的影响，打了个翻身仗，市场规模达到 380 亿美元，同比增长 19.4%，2015 年预计市场规模将达到 440 亿美元，同比增长 15.8%。2009—2015 年平均递增速度为 18.5%。

1．2014 年世界半导体产业资本支出市场情况

由于受 2014 年世界半导体市场出乎意料的较大幅度增长（产业营收额规模达 3331.5 亿美元，同比增长 9.0%）的刺激，世界半导体资本性投入高涨，2014 年世界半导体产业资本投入预计达到 701 亿美元，属于触底反弹，同比增长 22.10%。世界半导体产业资本支出市场规模高度集中，资本性投入大者恒大，寡头效应明显（图 5.2.1）。

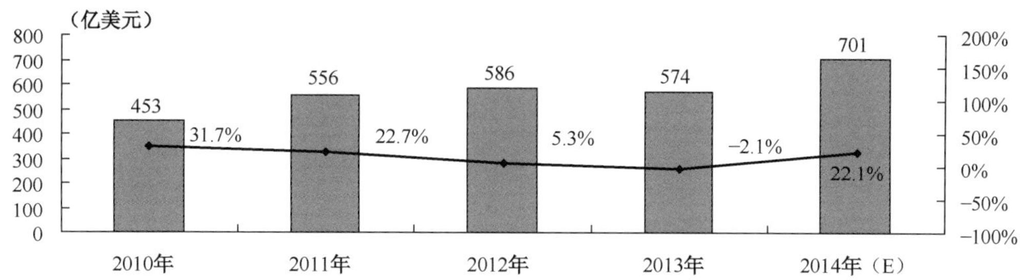

CAGR=11.53%（2010—2014 年）
（资料来源：国家 IC 产业推进研究）

图 5.2.1　2010—2014 年世界半导体产业资本市场规模及增长

2．2014 年世界半导体主要厂商资本投入情况

2014 年世界半导体主要厂商资本投入为 543.35 亿美元，同比增长 26.8%，占到资本总投入的 77.5%。其中，台积电、三星和英特尔分居前三位，分别占世界半导体产业主要厂商资本投入额的 25.8%、25.1%和 17.5%（表 5.2.1）。

表5.2.1　2011—2014年世界半导体主要厂商资本投入情况

（单位：百万美元）

公司名称	2011 年	2012 年	2013 年			2014 年（E）		
	资本投入	资本投入	资本投入	同比（%）	占比（%）	资本投入	同比（%）	占比（%）
台积电（TSMC）	7286	7500	11000	46.7	25.7	14000	27.3	25.8
三星（Samsung）	11565	12636	9091	–28.1	21.2	13636	50.0	25.1
英特尔（Intel）	10764	11027	11000	–0.2	25.7	9500	–13.6	17.5
海力士（SK Hynix）	3043	3636	2455	–32.5	5.7	3636	48	6.7
格罗方德（Globalfoundnes）	4900	3000	2750	–8.3	6.4	3250	18.2	6.0
东芝（Toshiba）	1588	1688	1950	15.5	4.6	2750	41.0	5.1
闪迪（Sandisk）	1450	1100	1000	–9.1	2.3	1250	25.0	2.3
尔必达（Elpida）	941	500	0	—	—	0	—	—
IBM	500	600	550	–8.3	1.3	550	平	1.0
德仪（TI）	816	550	500	–9.1	1.2	600	20.0	1.1
联电（UMC）	1800	1700	1700	平	4.0	1750	2.9	3.2
意法（ST）	1260	500	750	50.0	1.8	1000	33.3	1.8
华亚科技（Inotera）	387	133	100	–24.8	0.2	100	平	0.2
合计	46300	44570	42846	–3.9	100.0	54335	26.8	100.0

2014 年世界半导体设备市场仍以中国台湾、韩国、美国为最大的设备资本支出地区。

2014 年中国台湾地区台积电设备资本支出为 100 亿～103 亿美元，与 2013 年基本持平，超过英特尔公司，居世界半导体设备投资第一位。2015 年预计可达到 120 亿美元，同比增长 20.0%。

2014 年英特尔公司投资约为 101 亿美元，三星公司半导体设备资金支出也在 100 亿美元左右。

3．2014 年世界半导体设备市场情况

据 SEMI 报道，2014 年世界半导体设备市场营销额为 375 亿美元，同比增长 17.9%。

2015 年世界半导体设备市场营销额预计为 440 亿美元，同比增长 17.3%，半导体制造设备市场看好（图 5.2.2）。

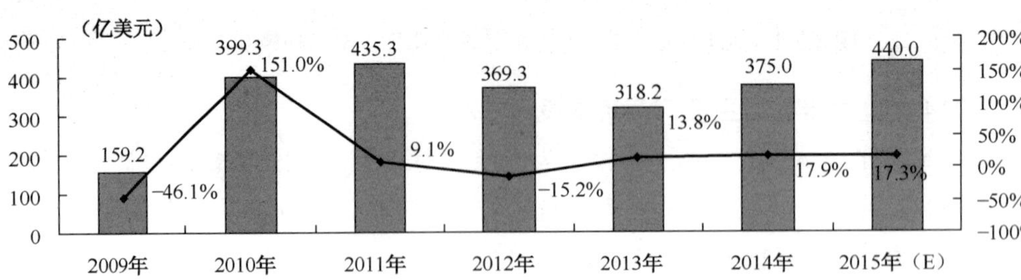

CAGR=18.46%（2009—2015 年）

（资料来源：SEMI/JSSIA 整理）

图 5.2.2　2009—2015 年世界半导体设备市场情况

4．2014 年世界半导体设备市场结构情况

晶圆制造设备市场规模达到 292 亿美元，同比增长 19.1%；封装设备市场规模达到 31 亿美元，同比增长 29.2%；测试设备市场规模达到 35 亿美元，同比增长 25.0%；其他设备（光罩、专用材料设备）市场规模约为 17 亿美元，同比下降 8.6%（图 5.2.3）。

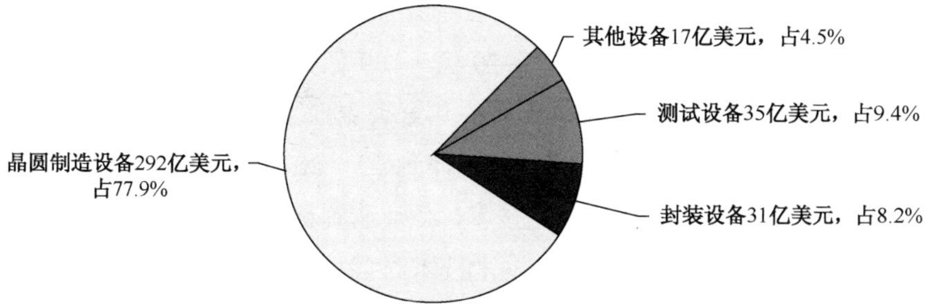

图 5.2.3　2014 年世界半导体设备市场结构

5．2014 年世界半导体产业前后端装备市场结构情况

2012—2014 年相关市场结构情况见表 5.2.2。

表5.2.2　2012—2014年世界半导体产业前后端装备市场结构情况

（单位：亿美元）

前、后端设备	2014 年			2013 年			2012 年	
	销售额	同比（%）	占比（%）	销售额	同比（%）	占比（%）	销售额	占比（%）
晶圆制造设备	292.0	19.1	77.9	245.2	–13.0	77.7	281.7	76.3
封装组装设备	31.0	29.2	8.2	24.0	–22.1	7.6	30.7	8.3
测试设备	35.0	25.0	9.4	28.0	–20.7	8.9	35.4	9.6
其他设备	17.0	–8.6	4.5	18.6	–13.5	5.9	21.5	5.8
合计	375.0	18.0	100.0	320.2	–13.3	100.0	369.3	100.0

1）2014 年世界半导体设备前端装备情况

2014 年世界半导体设备市场以 375 亿美元的投入一改 2013 年普遍下跌的窘态，同比增长 18.0%。其中，前端工艺设备销售额达 292 亿美元，同比增长 19.1%，占整个产业的 77.9%，占比增长近 1 个百分点。干式刻蚀机、光刻机、表面沉积和自动化制程方面的设备表现相对强劲。

2014 年世界半导体设备制造商为适应市场需求，实行几代设备共同生产，以推动集成电路产业的发展，一代产品由一代先进设备来保障。在新技术发展的同时，28 纳米、22 纳米、20 纳米、16 纳米、14 纳米及相应 Fin FET 和 3D NAND 更需要先进的半导体设备机台来保证产品质量和产能的扩张，同时也使相关的资本支出再攀新高。

2014 年世界半导体制程前端设备更注重有选择性的产品升级和采购最新技术的设备，

主要集中在 20—16—14 纳米制程设备，如关键设备准分子激光扫描分步投影光刻机（Stepper）、非管式（Nontube）化学沉积设备（CVD）、导体蚀刻设备（Con-ductor etch）等，以及前端高端领域里的各类检测设备。

半导体制造厂商建设一条 12 英寸的晶圆生产线需数十亿美元，且投资风险大，回报周期长，自 2009 年（32 纳米时代）以来，只有十几家企业能做。目前建设一条 12 英寸高技术（20 纳米）以下的晶圆生产线需要投资 70 亿～100 亿美元，能参加该俱乐部的只剩下英特尔、三星、台积电、格罗方德等为数不多的几家大企业了。进入 28 纳米时代后，原有的 193 纳米浸没式光刻机可通过两次图像曝光延伸到 22～20 纳米，现已延伸到 14 纳米；但进入 10 纳米时代就必须采用极紫外曝光技术，必须购置极紫外光刻机才能生产。在半导体产业发展到 18 英寸（450mm）或 10～7 纳米技术时代后，设备支出更是天文数字，预估可达 200 亿～300 亿美元，届时“玩得起”的只有英特尔、三星、台积电等为数不多的几家寡头企业了。

半导体前端制程投入资金有 70%～80%用于购买设备，目前购置设备不仅仅是单纯的买设备，还要买诸多技术和专利，才能保证生产出产品。为此，半导体设备正向高精度、大尺寸、代工化、设备组合化、全自动化方向发展。

2）2014 年世界半导体设备后端装备情况

2014 年世界半导体设备后端（封装测试）设备资本支出为 66 亿美元，同比增长 26.9%。

2014 年世界半导体设备后端设备支出占到设备总支出的 17.6%。其中，封装设备市场为 31 亿美元，同比增长 29.2%，占比为 8.2%；测试设备市场为 35 亿美元，同比增长 25.0%，占比为 9.4%。

3）2009—2015 年世界半导体封测设备市场规模及增长（图 5.2.4）

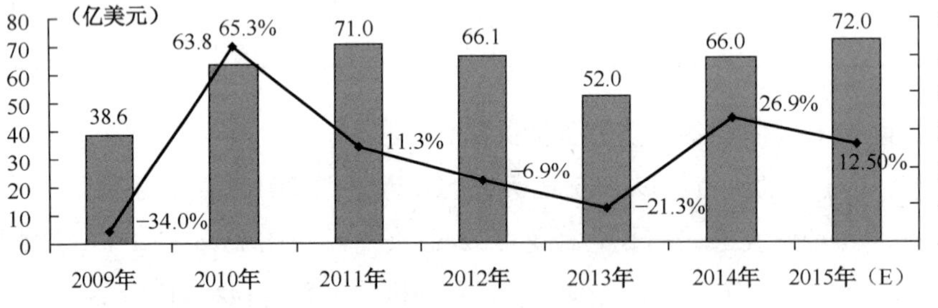

CAGR=10.95%（2009—2014 年）

（资料来源：SEMI/JSSIA 整理）

图 5.2.4　2009—2015 年世界半导体封测设备市场规模及增长

4）2008—2014 年亚太地区半导体封测设备市场规模及增长（图 5.2.5）

世界集成电路封测设备主要集中在亚太地区，其支出占到世界封装测试设备支出的 74%左右。

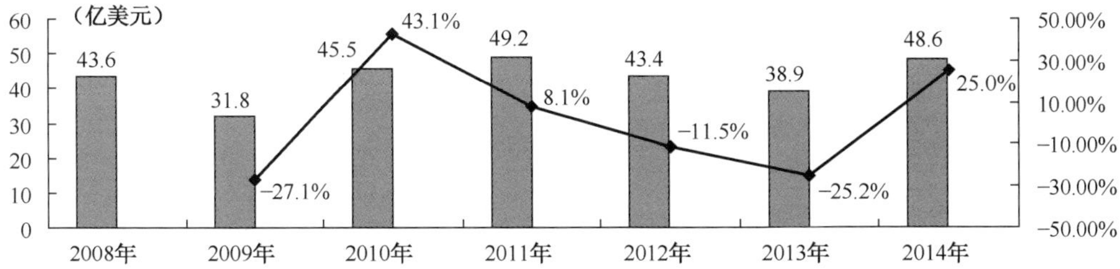

CAGR=1.83%（2008—2014 年）

（资料来源：中电科第 45 所/JSSIA 整理）

图 5.2.5　2008—2014 年亚太地区半导体封测设备市场规模及增长

6．2014 年世界半导体设备市场地区分布情况（表 5.2.3 和图 5.2.6）

表5.2.3　2014年世界集成电路设备区域市场分布情况

（单位：亿美元）

区域	日本	中国台湾	韩国	美国	中国大陆	欧洲	其他	合计
2009 年	22.5	49.5	26.0	33.9	9.4	9.7	14.4	159.2
2010 年	44.4	112.5	86.3	57.5	36.8	23.3	38.4	399.3
2011 年	58.1	85.2	86.6	92.6.	36.5	42.2	34.1	435.3
2012 年	34.2	95.3	86.7	81.5	25.0	25.5	21.0	369.3
2013 年	33.8	105.7	52.2	52.7	33.7	19.2	20.8	318.2
2014 年	41.8	94.1	68.4	81.6	43.7	23.8	21.5	375.0
2015 年（E）	40.0	120.0	90.0	70.0	47.0	25.0	13.0	405.0
2016 年（E）	47.1	128.3	91.1	58.1	46.2	42.5	23.5	437.0

CAGR=15.52%（2009—2016 年）

（资料来源：SEMI/国家 IC 产业推进研究/JSSIA 整理）

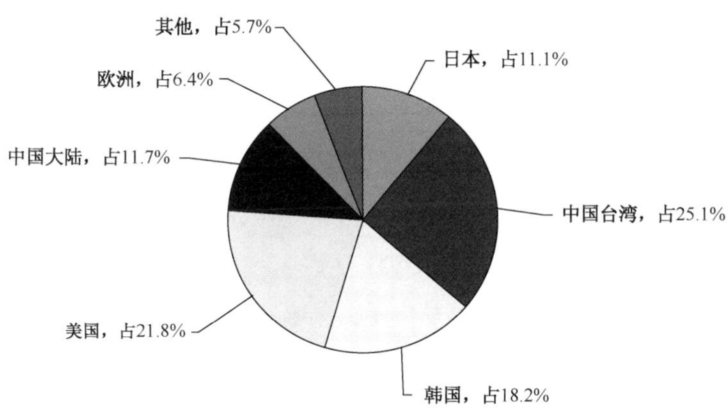

图 5.2.6　2014 年世界半导体设备区域市场分布结构情况

2014 年中国台湾地区以 94.1 亿美元连续三年设备投资排名世界第一位，显示了其在晶圆和封测代工方面争先的雄心和力量；美国和韩国分居第二位、第三位；中国大陆首次超过日本居第四位，显示了中国大陆在晶圆制造业上追赶的决心。

2015 年世界半导体制造设备支出预计达 405 亿美元，同比增长 8%，其中晶圆制造设备同比增长 15%，尤其是中国台湾地区达 119 亿～120 亿美元，占到世界同业设备支出的近 30%，继续保持第一位。

7. 2009—2013 年世界主要半导体制造设备厂商营收情况（表 5.2.4）

表5.2.4　2009—2013年世界主要半导体制造设备厂商营收情况

（单位：亿美元）

序号	公司名称	2013 年	2012 年	2011 年	2010 年	2009 年
1	应用材料（AM）	54.601	55.134	74.378	59.460	24.410
2	艾司摩尔（ASML）	53.028	48.875	78.771	50.435	16.003
3	东京电子（TEL）	30.571	42.190	62.033	41.222	16.531
4	科林研发（LAM）	31.634	28.057	28.041	24.332	7.787
5	科磊（KLA）	21.634	24.635	31.062	18.120	8.385
6	戴邦显示（DS）	12.227	14.836	21.049	13.795	6.017
7	日立先端科技（Hitachi HT）	8.620	11.377	11.387	5.670	3.346
8	爱德万（Advantest）	8.448	14.234	14.467	11.350	4.160
9	泰瑞达（Teradyne）	8.220	9.176	11.062	15.650	5.520
10	尼康（Nikon）	6.363	10.068	16.455	7.489	7.553
	合计	235.346	258.582	348.705	247.413	99.712
	同期 SEMI 总计	318.2	369.3	435.3	399.3	159.2
	前十大设备厂商占世界同期（%）	74.0	70.0	80.1	62.0	62.6

（资料来源：国家 IC 产业推进研究，2015.5）

美国 IC 设备制造厂商约有 200 家，占 20%的市场份额，在刻蚀、薄膜沉积、CMP 等方面具有领先地位。前十六大企业中有 7 家（应用材料、诺发、泰瑞达等公司）成立了 SEMATECH 联盟、设备新技术研发中心等。

欧洲有荷兰 ASML 公司、ASM 公司，德国 SUSS 公司、Perter Wolters 公司，意大利 LPE 公司，瑞士 HCT 公司等。主要设备有投影光刻机、接触式光刻机、键合机、多线切割机、化学沉积设备、化学机械抛光机（CMP）等。其中，ASML 位居世界第一；ASM 为世界第二大公司，主产封装设备、ALD 和 CVD 设备。

日本有 5 家企业进入前十六大（东京电子、爱德万、日本高技术、尼康、大日本网屏），占到 35.7%的市场份额。

8. 2014 年世界半导体设备业技术进步情况

应用材料（Applied Materials）公司推出首创的产线用 3D 临界尺寸测量扫描电子显微镜（3D CD SEM）量测系统——Applied Verity SEM 5i，在测量 3D NAND 和 Fin FET 元件的高深比方面，能有效克服瓶颈。在控制 Fin FET 侧壁和闸极与鳍片高度方面，微小的变异量即会对元件性能和良品率造成影响，而 Verity SEM 5i 系统的倾斜电子束可提供精确且稳定的线上测量，高解析度 BSE 能强化垂直方向高深宽比的灵敏度，方便为非对称侧壁及 3D NAND 元件的 CD 底部进行测量，其深宽比可达 60∶1 以上。

世界先进的半导体行业沉积设备提供商德国爱思强（AIXG）推出新一代 MOCVD 系统。新型的 AIX R6 是为氮化镓基 LED 的生产而设的，能提供 12×6、31×4、121×2 英寸规格晶圆配置。集多项技术创新于一体的新系统将大幅降低运营成本，以及简化用户界面和制程控制。

ASML 推出 300mm 32nm 晶圆 Twin Scan NXT 系统，晶圆高生产效率、高对准精度、高成像分辨率是该系统独有的特性。

9. 2014年世界半导体设备投资有关情况

据市场调研机构 Gartner 报道，2014 年世界半导体设备资本支出总金额预计将达到 645 亿美元，较 2013 年的 578 亿美元增长 11.6%。其中，晶圆代工设备投资增长 45%，IDM 工厂投资相对减少 0.3%，而为满足 DRAM 和消费类电子产品市场需求，其资本投入大增 17.1%。

光刻机生产巨头 ASML 生产的极紫外光刻机先后出售给英特尔和台积电，共计 6 台，都试产成功。24 小时每台投片量产 600 片 12 英寸晶圆片，台积电在 2014 年年底达到日产 1000 片，为 18 英寸和 10 纳米及以下技术发展铺平了道路。

中芯国际在达到 32 纳米技术量产后，为在 2015 年实现 28 纳米量产，于 2014 年 10 月 27 日向 ASML 订购了 4.5 亿欧元的光刻机设备，单台金额达 5000 万美元。

10. 2015年世界半导体设备市场走势预测

随着世界半导体产业的发展，先进半导体设备的增加势在必行，尤其是进入 28 纳米时代后，对高端设备的需求有所增加，但不会太大。因设备费用越来越贵，能买得起、用得起的厂家越来越少，且要承担高额的分摊成本和维护费用等。2014 年世界半导体设备投资的走向有以下几个方面：一是几家大厂（英特尔、三星、台积电、格罗方德、日月光等）继续扩大投资，买高端设备，抢占新技术、新产品、新高点；二是广大用户仍以中端设备扩大生产（90—65—45—32nm 区段），这其中有中国大陆建成的厂家；三是满足 MEMS、IGBT、太阳能光伏、音视专用设备等产业发展需求的设备；四是更高端的研发，如 18 英寸（450mm）和 10 纳米及以下的研发攻关，以推动世界半导体产业的发展。

2015 年，世界半导体设备市场营收额预计在 405 亿美元，同比增长 8%。亚太地区仍是世界半导体设备热销的主战场，台积电公司 2015 年预计设备投资约 120 亿美元，同比增长 27.5%；韩国预测设备投入 90 亿美元，同比增长 31.6%；而美国、日本相应会有所收缩。据报道，三星公司预计投入 140 亿美元（部分已在 2014 年投入了）在京畿道华诚（DRAM）、中国大陆西安（NAND Flash）与美国奥斯汀公司扩充生产线；海力士公司在 2015 年计划投资 50 亿美元，在京畿道利川建设 M14 生产线（DRAM）；美国英特尔公司 2015 年设备投资预计在100亿美元。

二、2014年中国集成电路设备产业发展简况

集成电路装备业是集成电路产业发展的基础支撑产业，是集成电路产业升级、技术进步的重要保障。我国政府十分重视集成电路制造设备产业的发展，在“十一五”和“十二五”规划期内，实施国家科技重大专项“极大规模集成电路制造装备及成套工艺”专项（简称“02专项”），公布了《电子专用设备仪器“十二五”规划》、《高端装备制造业“十二五”发展规划》、《机械基础件、基础材料和基础制造工艺“十二五”发展规划》等。

2014年6月，国务院公布的《国家集成电路产业发展推进纲要》指出：要突破集成电路关键装备和材料，加强集成电路装备、材料与工艺结合，研发光刻机、刻蚀机、离子注入机等关键设备，开发光刻胶、大尺寸硅片等关键材料，加强集成电路制造企业和装备、材料企业的协作，加快产业化进程，增强产业配套能力。2014年9月成立工信部、财政部指导下的“国家集成电路产业投资基金公司”和由37人组成的咨委会。集成电路“大基金”募集到1300亿元，主要用于晶圆制造业，兼顾设计业、封测业和设备材料业等。

国家以巨额资金与配套资金支持和推进我国集成电路制造装备业及材料基础业。在各有关厂所的共同努力下，近年来，在集成电路芯片制造业、封装测试业、LED业、太阳能光伏业等专用设备研制方面取得了突破，开发出一些具有世界先进水平的集成电路制造设备，广泛地应用于6英寸生产线和部分8英寸制程，有的还应用于12英寸大生产线，个别设备还出口国外。这标志着我国集成电路装备制造业达到了一个新的里程碑和新的发展起点。

1．2014年中国电子专用设备行业经济运行情况

据中国电子专用设备工业协会报道，2014年中国电子专用设备行业销售收入为218.61亿元，同比增长11.2%。其中，半导体器件和集成电路设备销售收入为40.52亿元，同比增长34.6%；销售量为3849台/套，同比下降5%。

2014年全行业完成利税21.39亿元，同比增长12.56%，其中利润为14.46亿元，同比增长17.14%。

2014年全行业出口交货总值为15.1亿元，同比增长38.28%。其中电子专用设备出口交货值增长103.11%，达到9.12亿元，占出口总值的60.4%；半导体设备和平板显示器设备出口交货值为7.08亿元。

2014年我国电子专用设备主营业务销售止跌并快速回升；硅太阳能设备市场复苏，全年销售晶硅太阳能设备1225台，销售收入为14.66亿元，同比增长11.5%。前十强单位销售收入排名见表5.2.5。

表5.2.5 2014年中国电子专用设备行业前十强单位销售收入排名

序号	单位名称	2014年销售收入		2013年销售收入	
		金额（万元）	同比（%）	金额（万元）	同比（%）
1	中电科集团第48所	647423.0	7.31	36831.0	37.55
2	江苏苏净集团公司	303502.7	12.32	243219.4	15.26
3	西北机器有限公司	153809.0	14.72	35001.0	–25.32
4	北京七星华创股份有限公司	94153.6	14.92	52561.4	20.34
5	格兰达技术（深圳）有限公司	81626.8	15.06	17365.2	15.06
6	中电科集团第2所	78238.0	30.38	78238.0	30.38
7	北京京运通科技股份公司	69481.0	49.14	26567.9	30.94
8	中电科集团第45所	55809.0	31.01	53591.0	41.22
9	四川丹甫制冷压缩机责任公司	55389.9	–8.62	176.0	–70.81
10	天通吉成机器技术公司	45001.0	9.0	36660.0	22.94
	合计	1584434.0	12.25	580210.9	17.93

2. 2014年中国集成电路设备制造业经济运行分析

2014年，在国家一系列扩大内需、稳增长、淘汰落后产能的各项政策的推动下，在国内外半导体产业快速发展的刺激下，我国半导体设备行业加快了自主创新和转型升级的步伐，呈现快速增长的态势。根据中国电子专用设备工业协会对国内35家重点半导体设备制造商的统计，相关情况如下。

- 2014年中国半导体设备制造商全年销售设备3849台/套。其中，半导体器件（IC、LED、TR等）2624台，太阳能光伏电池设备1225台/套。
- 2014年中国半导体设备制造商全年销售收入为40.53亿元，同比增长34.52%。其中，半导体器件（IC、LED、TR等）设备销售收入为25.86亿元，同比增长52.3%；太阳能光伏电池设备销售收入为14.66亿元，同比增长11.48%（表5.2.6和图5.2.7）。

表5.2.6 2014年中国半导体设备制造业销售收入规模及增长

指标名称	销售收入（亿元）		出口交货值（万元）	
	实绩	同比（%）	实绩	同比（%）
半导体设备总计	40.53	34.52	44107.1	50.51
其中：太阳能电池设备	14.66	11.48	996.2	–23.77
集成电路设备	15.96	54.35	42340.3	44.4
LED设备	7.14	26.15	305.1	76.99
分立器件及其他设备	2.77	75.33	465.5	2013年为0

（资料来源：中国电子专用设备工业协会/中国电子报，2015.6.19）

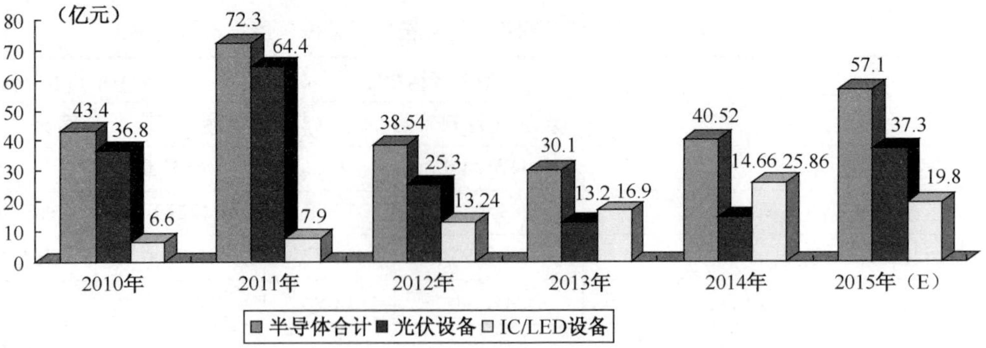

图 5.2.7　2010—2015 年中国半导体设备销售收入发展规模及增长

- 2014 年中国半导体设备制造业实现利润 8.48 亿元，同比增长 13.8%。
- 2014 年中国半导体设备出口交货值为 4.41 亿元，同比增长 50.5%，其中半导体设备出口占到 96%（图 5.2.8）。

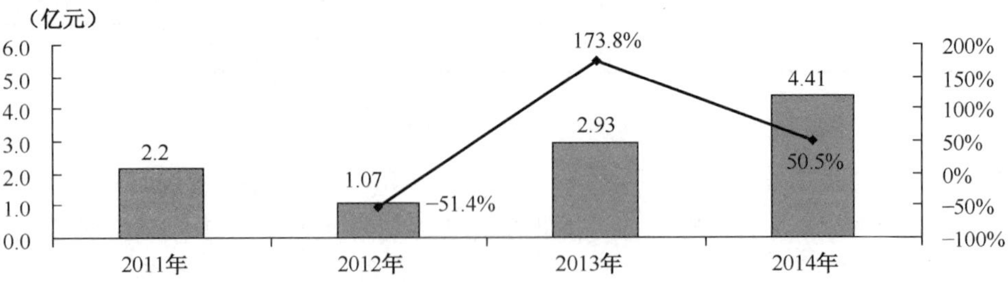

CAGR=26.09%（2011—2014 年）

图 5.2.8　2011—2014 年中国半导体设备出口交货值规模及增长

3．2014 年中国半导体器件设备产销情况

2011—2014 年中国半导体器件设备销售收入规模及增长如图 5.2.9 所示。

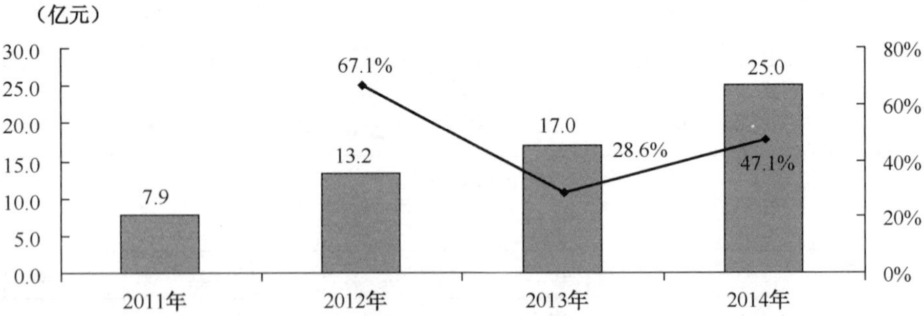

CAGR=46.76%（2011—2014 年）

图 5.2.9　2011—2014 年中国半导体器件设备销售收入规模及增长

2014 年中国半导体器件设备分类销售收入结构情况如图 5.2.10 所示。

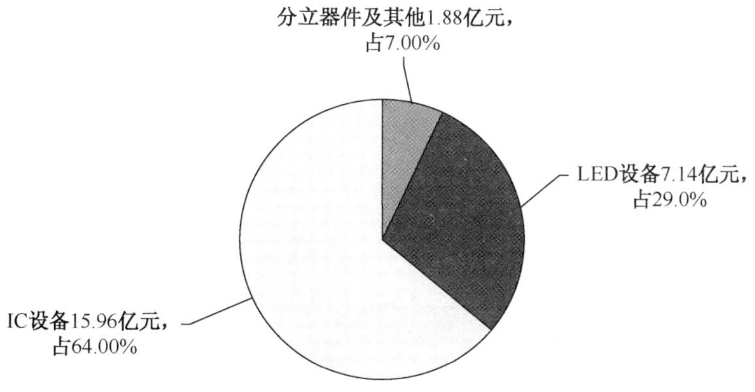

图 5.2.10　2014 年中国半导体器件设备分类销售收入结构情况

其中，分立器件及其他同比增长 20.0%，LED 设备同比增长 26.1%，IC 设备同比增长 54.4%。

2014 年中国半导体器件设备产量情况如图 5.2.11 所示。

2014 年中国半导体器件设备产量为 2624 台/套。

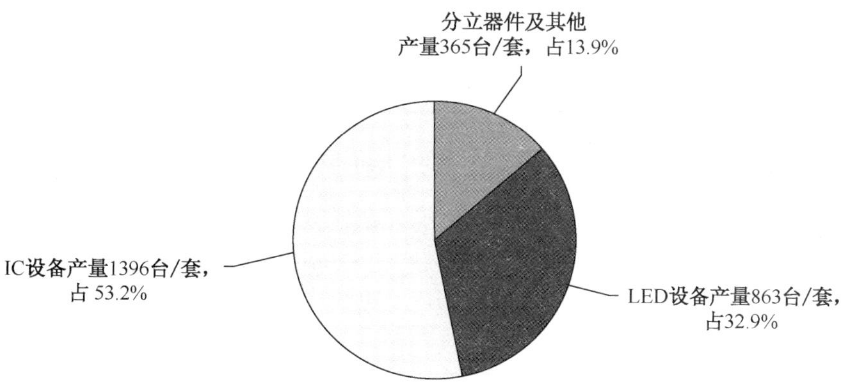

图 5.2.11　2014 年中国半导体器件设备产量情况

4．2011—2014 年中国太阳能光伏电池设备销售收入规模及增长（图 5.2.12）

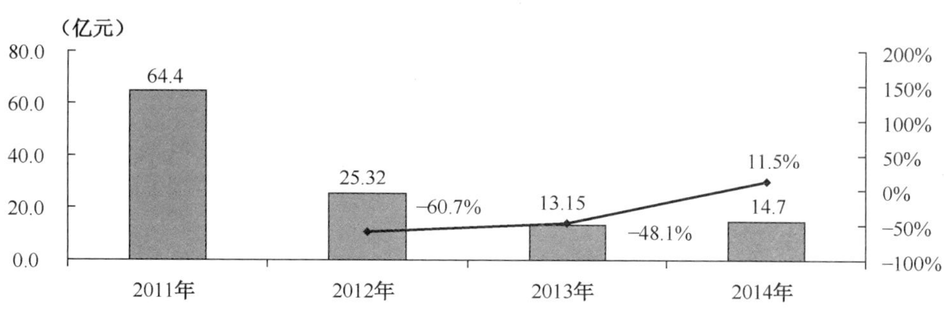

CAGR=−38.94%（2011—2014 年）

图 5.2.12　2011—2014 年中国太阳能光伏电池设备销售收入规模及增长

5．2014 年中国集成电路封装测试设备市场情况

2014 年中国集成电路封装测试设备市场规模达 128.1 亿元，同比增长 18.3%，占国内半导体设备市场规模 284 亿元的 45.1%（图 5.2.13）。

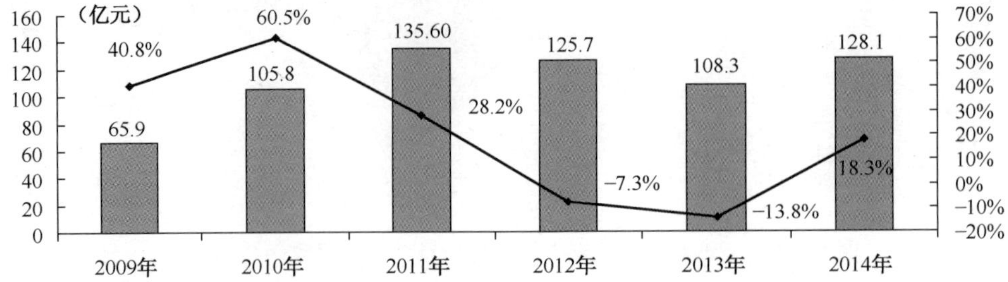

CAGR=14.22%（2009—2014 年）

（资料来源：中电科第 45 所）

图 5.2.13　2009—2014 年中国集成电路封测设备市场规模及增长

2014 年中国封装设备前十家主要厂商情况见表 5.2.7。

表5.2.7　2014年中国封装设备前十家主要厂商情况

序号	企业名称	销量（台/套）	销售额（亿元）	序号	企业名称	销量（台/套）	销售额（亿元）
1	格兰达（深圳）	158	1.74	7	南通金泰	64	0.26
2	中电科电子装备	564	1.40	8	江阴新基	130	0.22
3	铜陵三佳科技	35	1.20	9	上海中艺自动化	131	0.16
4	铜陵三佳机械	245	0.80	10	合肥恒力电子	18	0.11
5	铜陵三佳山田	210	0.76		其他企业	1200	3.10
6	大连佳峰	143	0.46		合计	2898	10.21

（资料来源：中电科第 45 所）

6．2014 年中国半导体设备销售收入前十名企业情况（表 5.2.8）

表5.2.8　2014年中国半导体设备销售收入前十名企业情况

序号	单位名称	2014 年销售收入（亿元）	同比（%）	占比（%）
1	中电科技集团第 45 所	5.36	+25.8	13.5
2	中微半导体设备（上海）有限公司	4.44	—	9.0
3	深圳市捷佳伟创新能源装备公司	3.90	—	9.8
4	中电科技集团第 48 所	2.73	−95.5	6.9
5	北京北方微电子基地设备工艺中心	2.66	—	6.7
6	北京京运通科技股份公司	2.66	−4.3	6.7
7	北京七星华创电子股份有限公司	2.23	−72.8	5.6
8	浙江晶盛机电股份有限公司	2.15	—	5.4

续表

序号	单位名称	2014 年销售收入（亿元）	同比（%）	占比（%）
9	上海微电子装备有限公司	2.08	—	5.2
10	苏州郝瑞特电子专用设备科技公司	1.97	—	5.0
	合计	29.23	−79.3	73.8

2014 年中国半导体设备前十大企业销售收入同比下降的主要原因是太阳能光伏电池设备销售收入大幅下降。

7. 2014 年中国半导体设备实现国产化状况

2014 年中国半导体设备行业有三大亮点：一是 12 英寸 28—15 纳米去耦合反应等离子体刻蚀机等 14 项集成电路产品通过工艺考核，达到量产并实现销售；二是 LED 设备出售 15 台，实现了产业化；三是全自动单晶制绒酸洗综合设备等 7 项太阳能设备成功进入生产线。我国半导体设备制造业国产化迈出了可喜的一步。

2014 年实现销售的集成电路关键设备见表 5.2.9。

表5.2.9　2014年实现销售的集成电路关键设备

序号	企业名称	关键设备名称
1	中电科集团第 45 所	12 英寸硅片单面抛光（CMP）机
2	中电科集团第 45 所	12 英寸硅片多线切割机
3	中微半导体设备（上海）	12 英寸 28—15 纳米去耦合反应等离子体刻蚀机
4	北京七星华创	12 英寸集成电路立式氧化炉
5	北京中科信电子装备	12 英寸中束流离子注入机
6	北京北方微电子基地设备工艺研究中心	12 英寸金属物理气相沉积系统（PVD）
7	北京北方微电子基地设备工艺研究中心	12 英寸 28 纳米等离子硅刻蚀机
8	大连佳峰	全自动装片机
9	北京中电科装备	芯片倒装键合设备
10	北京中电科装备	8 英寸晶圆减薄机
11	北京中电科装备	8 英寸全自动划片机
12	格兰达技术（深圳）	芯片全自动测试分选机
13	铜陵富仕三佳机器	170 吨全自动封装系统
14	中电科第 2 所	在线式等离子清洗工艺设备

（资料来源：中国电子专用设备工业协会/中国电子报，2015.6.19）

2014 年中国 LED（照明）生产线关键设备销量见表 5.2.10。

表5.2.10　2014年中国LED（照明）生产线关键设备销量

序号	设备名称	销量	序号	设备名称	销量
1	金属有机化学气相沉积设备（MOCVD）	6 台	3	物理气相薄膜沉积设备（PVD）	3 台
2	等离子体刻蚀机	40 台	4	化学气相沉积设备（CVD）	2 台

注：等离子体刻蚀机已占中国（大陆）市场的 60%以上。

2014 年成功进入生产线的新型晶硅太阳能电池生产设备见表 5.2.11。

表5.2.11　2014年成功进入生产线的新型晶硅太阳能电池生产设备

序号	企业名称	设备名称
1	浙江晶盛机电	基于 CFZ 技术的高效单晶设备
2		全自动半熔高效多晶铸锭炉
3	深圳捷佳创新能源装备	全自动单晶制绒酸洗综合设备
4		全自动石墨舟装卸片机
5	北京七星华创电子	减压扩散炉
6	中电科集团第 48 所	减压扩散炉
7		太阳能电池片全自动印刷烘干机系统
8	中电科第 2 所	太阳能电池片自动分选测试设备

此外，还有以下设备进入生产线：

- MOCVD 设备 2014 年销售 6 台，用于 LED 生产线；
- 刻蚀机设备 2014 年销售 40 台，其中 65%用于 LED 生产线；
- PVD/CVD 设备 2014 年用于 LED 生产线；
- 七星华创公司全自动晶硅太阳能电池示范生产线。

8．2014 年中国半导体设备进口情况

2014 年中国半导体设备市场规模为 43.7 亿美元，同比增长 29.3%，占世界半导体市场总值的 11.5%（图 5.2.14）。

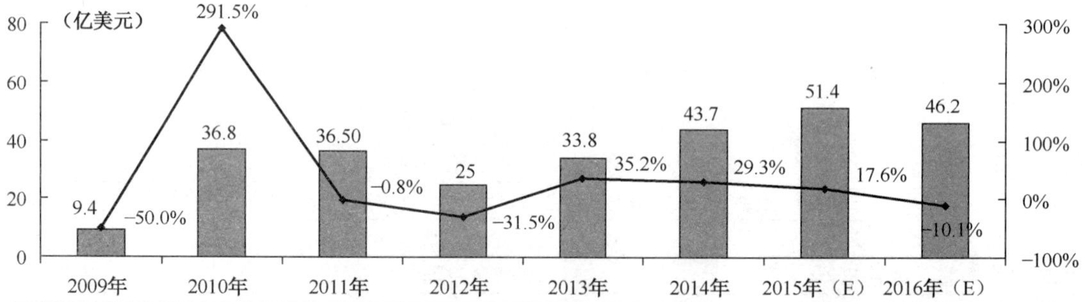

年份	2009	2010	2011	2012	2013	2014	2015（E）	2016（E）
中国市场实绩	9.4	36.8	36.5	25.0	33.8	43.7	51.4	46.2
同比（%）	−50.0	291.5	−0.8	−31.5	35.2	29.3	17.6	−10.1
世界半导体市场	159.2	399.3	435.3	369.3	318.2	380.0	440.0	437.0
中国市场占比（%）	5.9	9.2	8.4	6.8	10.6	11.5	11.7	10.6

CAGR（中国）=25.54%（2009—2016 年）

CAGR（世界）=15.52%（2009—2016 年）

图 5.2.14　2009—2016 年中国半导体设备市场规模及增长

2014 年中国（大陆）主要半导体设备进口情况见表 5.2.12。

表5.2.12 2014年中国（大陆）主要半导体设备进口情况

（单位：亿美元）

序号	设备名称	进口额	占比（%）	序号	设备名称	进口额	占比（%）
1	化学气相沉积机	10.1	23.0	7	物理气相沉积机	1.8	4.0
2	等离子体刻蚀机	8.45	19.0	8	离子注入机	1.74	4.0
3	分步重复光刻机	6.79	16.0	9	化学机械抛光机	1.23	3.0
4	引线键合机	4.71	11.0	10	其他	2.40	5.0
5	氧化扩散炉	4.18	10.0		合计	43.70	100.0
6	切割机	2.3	5.0				

2014 年进口设备中：

- 制造硅单晶的单晶硅炉、切割机和研磨机三种设备进口 1871 台，价值 3.43 亿美元；
- 前道制造的沉积装置、等离子体刻蚀机、光刻机等进口 1578 台，价值 25.35 亿美元；
- 后道封装引线键合机和塑封压机等进口 8828 台，价值 5.56 亿美元。

9. 2014 年中国集成电路设备和仪器技术进步情况

近年来中国集成电路设备产业在国家科技重大专项的支持下得到快速发展。中国集成电路设备业除能够为 8 英寸生产线提供一部分集成电路产品制造所需的设备仪器外，以上海中微、北京北方微、七星华创、中电科第 45 所和第 48 所等为代表的企业还能够为 12 英寸生产线提供一部分集成电路产品制造所需的设备，打破了国外同类设备的垄断，降低了设备的投资成本。如高密度等离子蚀刻机、大角度离子注入机、45 纳米清洗设备、氧化炉薄膜生长设备、LPCVD、退火炉、单晶生长设备、CMP 设备、封装设备等关键装备已经应用于生产线，关键设备仪器研发技术不断有新的突破，有力地支撑了集成电路产业及太阳能光伏业和光电产业的发展。

在 12 英寸 45 纳米部分关键设备中，刻蚀机、PVD、离子注入机、氧化炉、铜互连清洗机、LPCVD、PECVD、光学检测设备等已完成工艺验证，主要技术指标达国际主流产品水平。

1）近年中国集成电路专用设备产品发展情况

- 中电科集团第 48 所的 SiC 离子注入机、离子束刻蚀机、全自动硅片品质分选机、RBM 系列钟罩式氮气保护烧结炉、BG—406 型系列曝光机、减压扩散炉、手套箱式激光焊接机。
- 北京七星华创公司的 300/200mm 单片清洗机、300/200mm 立式炉、在线湿法刻蚀机、在线多晶制绒设备、负压扩散炉、全自动太阳能电池生产线。
- 中电科集团第45所的JB—802全自动晶圆减薄机、HP—802全自动切割机、DXQ401

多线切割机、激光切割机。

- 北京北方微电子设备公司的 iTops A330 A1N 缓冲层物理气相沉积设备、APE 系列高密度等离子刻蚀机、EPEE 550 半导体照明 PECVD 设备。
- 北京京运通公司的 JZ—460/660 型多晶硅铸锭炉。
- 中电科集团第 2 所的碳化硅单晶生长炉。
- 格兰达技术（深圳）公司的 CM30 料条二维码打标机、GIS 126 全自动三次光检机、Strip—Map 管理系统。
- 大连佳峰电子公司的 JAF—380 软焊料固晶设备、JAF—480 全自动 IC 固晶机。
- 西北机器有限公司的焊锡带机、多线切割机。
- 大连佳峰公司的 IGBT 全自动装片机。
- 兰州瑞德公司的 X62 360—1 型单面抛光机。
- 北京京运通公司的 JZ800/1000 型多晶硅铸锭炉。
- 浙江晶盛公司的 JSH800 气冷多晶硅铸锭炉。
- 中电科第 45 所 TXQ 系列超硬（SIC、AL203）专用金刚石切割机。
- 北京北方微公司的 iTops、LED ITO 薄膜溅射设备。
- 中电科第 45 所的全自动引线键合机等集成电路专用设备研制成功。
- 格兰达技术（深圳）公司的 GIS126 全自动三次光检机。
- 江苏华盛天龙光电设备公司的 DRF-B80 型蓝宝石晶体生长炉。
- 中电科集团第 45 所的 WB—6102 全自动引线键合机。
- 北京自动测试技术所的智能卡专用测试系统。
- 北京七星华创电子公司的适用于 300mm 大规模 IC 装备的气体质量流量控制器。
- 中电科电子装备公司研制生产的全自动引线键合机可与国外进口设备相媲美，结束了我国该类设备长期被国外垄断的局面。
- 中微半导体设备公司研制生产的等离子刻蚀设备有 240 个反应台，产品已在 20 多条国内晶圆生产线中实现量产，占国内高端介质刻蚀设备 30%的份额。在中国台湾地区有 100 多个反应台进入量产，包括从 40 纳米到 20 纳米的流程量产。
- 盛美半导体设备（上海）公司研制生产的 12 英寸清洗设备在海力士公司使用，在台湾合晶、江苏长电先进等公司有多台使用。
- 睿励科学仪器（上海）公司的光学测量设备已在 12 英寸生产线中使用。
- 北京北方微电子基地设备工艺研究中心有限责任公司研制生产的 DSE200 系列深硅等离子刻蚀机。
- 中国电子科技集团公司第 45 研究所研制生产的 JHQ—400 型激光划切机。
- 中微半导体设备（上海）有限公司研制生产的 45～28 纳米去耦合反应等离子体刻蚀机和用于三维芯片封装、微机电系统制造等的硅通孔刻蚀设备。

- 北京中电科电子装备有限公司研制生产的 DZ82QJ—1 型划片机交流空气静压电主轴。
- 中国科学院微电子研究所研制生产的原子层沉积设备。
- 中晟光电设备（上海）有限公司研制生产的 ProMaxy MOCVD 设备。
- 中国电子科技集团公司第 48 研究所研制生产的 YO5—1/UM 型全自动太阳能电池测试分选系统。

以上产品已应用到我国集成电路晶圆业 6 英寸生产线，部分设备已进入 8 英寸生产线，还有的已进入 12 英寸生产线；有些设备已出口国外；有些设备已应用到集成电路封装测试业中；有些设备还扩大应用到太阳能电池、LED 等产业中。

2）2014 年中国集成电路设备和仪器技术进步项目

经中国半导体行业协会、赛迪顾问咨询公司、中国电子专用设备工业协会、中国电子材料协会等单位评选，表 5.2.13 中的设备获得了第九届 2014 年中国半导体设备和仪器创新产品和技术项目称号。

表5.2.13　2014年中国集成电路设备和仪器技术进步项目

序号	企业名称	技术进步项目
1	北京中电科电子装备有限公司	芯片倒装键合设备 Octopus-1000
2	大连佳峰电子有限公司	300mm 全自动装片机
3	中微半导体设备（上海）有限公司	28～15 纳米去耦合反应等离子体刻蚀机 Primo AD-RIE
4	北京北方微电子基地设备工艺研究中心有限责任公司	DSE200L 深硅刻蚀设备
5	张家港易化设备科技有限公司	SpotBlend A-D,Pumpcart,CFD55G,CFCsD
6	格兰达技术（深圳）有限公司	IC 芯片自动测试分选机

10. 2014 年国家科技重大专项集成电路装备业发展情况简述

1）集成电路装备产业技术创新支撑体系研究

由国家集成电路封测产业链技术创新战略联盟和光刻设备产业技术创新战略联盟联合承担的“我国工业领域产业技术创新支撑体系建设研究”——集成电路装备产业创新支撑体系研究专题业已完成，并一次性验收通过。

2）中国集成电路装备产业链初步形成，总体达到 28 纳米技术水平

- 中微上海：40—20 纳米介质刻蚀机进入批量生产销售，12 英寸 28—15 纳米去耦合反应等离子刻蚀机进入销售。
- 北京北方微电子：55—28 纳米硅刻蚀机、PVD 进入销售，TSV 封装与 LED 系列装备开始批量生产销售，12 英寸金属物理气相沉积系统（PVD）、12 英寸 28 纳米等离子硅刻蚀机进入销售。
- 上海微电子：封装光刻机等产品进入批量销售。

- 七星华创：65—28 纳米 Low—K 清洗机、氧化炉等产品进入销售，12 英寸集成电路氧化炉（立式）进入销售。
- 上海盛美：28 纳米超声波清洗机等产品开始进入销售。
- 北京中科信：12 英寸中束流离子注入机等产品已进入销售。
- 沈阳拓荆：65—28 纳米 PECVD 等产品进入销售。
- 上海睿励：光学检测设备等产品开始进入用户试用考核等。
- 中电科第 45 所：12 英寸硅片单面化学抛光（CMP）机、12 英寸硅片多线切割机进入销售。

3）近年来封装设备业项目实施效果

- 上海微电子的先进封装步进投影光刻机开发成功，形成先进封装核心设备及产业化。
- 北京中电科的封装设备关键部件及核心技术已形成核心零部件及产业化。
- 沈阳芯源的凸点封装涂胶显影、单片湿法刻蚀设备开发成功，形成先进封装核心设备并与光刻机配套和产业化。
- 长电、通富、华天、深南等公司承担的关键封装设备应用、材料应用、通信与多媒体封装设备应用工程等已完成。
- 关键封测设备、材料应用工程成果有：B200 测试系统、高速自动电镀线、切割机、键合机、划片机、装片机、激光打印机、测试分选编带机、多功能编带机、全自动贴膜机、自动塑封压机与模具、自动切筋成形机与模具等，已销售 697 台/套，累计销售额为 4.23 亿元。
- 通讯与多媒体芯片封装测试设备与材料应用工程成果有：先进封装测试用高性能探针卡、大视场/双面对准步进投影光刻机、高密度倒装设备、高端封装（TSV）PVD 设备、单片湿法去胶机、全自动晶圆植球机、极小型测试编带机、模拟/混合电路测试系统、超宽框架上料机、湿制程设备等，已销售 101 台/套，累计销售额达 1.93 亿元。
- 北京时代民芯公司多目标先进封装技术和测试公共平台正在实施之中。
- 大连佳峰公司的全自动装片机已进入销售。
- 格兰达（深圳）公司的芯片自动测试分选机已进入销售。
- 中电科装备公司的芯片倒装键合机、8 英寸减薄机、8 英寸全自动划片机已进入销售。
- 铜陵富士三佳公司的 170 吨全自动封装系统进入销售。
- 中电科第 2 所的在线等离子清洗工艺设备已进入销售等。

4）未来急需的几种先进封装设备

- 超薄晶圆临时键合与拆键合机。
- 高精度热压倒装设备达到直接完成芯片和基板高精度对准、加热和永久键合。

- 全自动晶圆电镀设备，具有高深宽比空洞电镀填充能力。
- AOI 检测仪器，可实现 3D 检测。
- 封装体切割分选一体机设备，具有较大尺寸封装体（4mm×4mm 以上）。
- 等离子刻蚀设备，具备晶圆表面处理功能，可去除表面异物。
- 化学机械抛光设备，具有 TSV 背面露铜抛光功能。
- 全自动基板植球机，具有在基板上高密度、高精度植球等功能。

11. 2014 年中国集成电路设备重点企业情况

1）中国集成电路设备重点企业（表 5.2.14）

表5.2.14　中国集成电路设备重点企业

序号	企业名称	产品种类	地域
工艺设备整机			
1	北京北方微电子基地设备工艺研究中心有限责任公司	硅刻蚀、PVD、外延、封装	北京
2	北京七星华创微电子股份有限公司	氧化炉、LPCVD、清洗、ALD	
3	北京中科信电子设备有限公司	离子注入机	
4	中电科第 45 所	切磨抛、CMP、键合机	
5	北京华卓精科	快速退火	
6	中电科电子装备有限公司	封装、切磨抛成膜	
7	北京京运通科技股份有限公司	区熔硅单晶炉	
8	睿励科学仪器（上海）有限公司	膜厚测量、颗粒测量	上海
9	上海微电子设备有限公司	光刻机、刻蚀、封装	
10	中微电半导体设备（上海）有限公司	介质刻蚀、封装	
11	上海盛美半导体设备有限公司		
12	沈阳芯源微电子设备有限公司	匀胶、清洗、去胶	沈阳
13	沈阳拓荆科技有限公司	PECVD	
14	天津华海精科	CMP	天津
关键零部件			
15	沈阳富创精密设备有限公司	金属零部件	沈阳
16	中科院沈阳科学仪器有限责任公司	干泵、阀门	
17	北京七星华创微电子股份有限公司	气体质量流量计	北京
18	中科院北京科学仪器有限责任公司	磁悬浮分子泵	
19	北京自动化研究院	倒片机、温度控制器	
20	川北真空	真空阀门、管道	
21	北京华卓精科	工件台、自动化部件	
22	靖江先锋	刻蚀机腔室	江苏
23	苏州珂玛	陶瓷部件	
24	中科院长春光机所	光刻机镜头	吉林
25	中科院成都光机所	光刻机镜头	四川

2）2014年中国集成电路设备重点企业情况简介

（1）北方微电子公司。

北京北方微电子公司基地设备工艺研究中心有限责任公司（简称北方微电子公司），为国内首家将集成电路高端装备应用到大生产线的本土装备制造企业。其国产12英寸28纳米刻蚀机（ETCH）已通过中芯国际认证，缩短了与国际一流设备的差距，还开发出物理气相沉积（PVD）、化学气相沉积（CVD）等三项关键核心设备。

该公司还生产等离子硅刻蚀机（NMC）、高密度等离子刻蚀机（APE）、MEMS及功率器件、LED高端设备。

目前，北方微电子还承接了12英寸14纳米的刻蚀机重点攻关项目，计划在2017年达到量产的水平，进一步缩小与国外同类产品的差距。

（2）七星华创电子。

北京七星华创电子股份有限公司（简称七星华创电子），成功研制出完全具有自主知识产权的12英寸立式氧化炉，通过了中芯国际90—65—45—28纳米生产线的工艺验证，关键工艺指标、可靠性、安全性达到国际同类同等技术水平，实现了产品系列化。同时，还完成了12英寸LPCVD、单片清洗机等产品研制，扩大了集成电路装备产品线的应用范围和能力。

（3）北京中电科电子装备有限公司。

该公司主要研发离子注入、CMP、气相淀积等多种芯片制造关键设备，减薄、划片、键合等多种先进封装关键设备，切片、磨片、抛光等多种材料加工关键设备。目标是缩小与国际先进水平的差距，12英寸线45—22纳米装备实现产业化，20—14纳米进入研发。

（4）睿励科学仪器（上海）有限公司。

该公司将在2015年前完成光学测量设备28—16—10纳米技术布局并批量生产。

（5）中微半导体设备（上海）有限公司。

该公司将在2015年前完成MOCVD关键技术研发，在2020年前完成14—10纳米刻蚀机量产，完成MOCVD大产能、低功耗、智能化自动控制。

（6）上海微电子装备有限公司。

该公司将在2015年完成90纳米、2020年完成65纳米光刻机开发，将在2015年推出4.5G、2016年推出6/6.5G、2020年前推出8G平板光刻机。

（7）沈阳芯源微电子设备有限公司。

该公司将在2015—2020年攻克65～45纳米均胶显影设备、三维凸点（40～30微米间距）高端关键设备。

（8）时代民芯。

该公司自主开发了一款芯片测试仪，经硬件系统确认、软件设计、系统测试及外观设计四个阶段，已得到客户验证使用，进入批量生产。时代民芯公司承担的“多目标先进封装和测试公共服务平台”已进行验收。

（9）沈阳拓荆科技公司。

该公司开发出 12 英寸 PECVD 设备，已在前道工序 45 纳米及后道工序 TSV 封装客户端进行使用。该公司 PECVD 设备已量产，技术指标稳定可靠。该公司开发的 CCI 系列 4～8 英寸设备经授权已实现规模化生产，可应用于 IC、LED、光波导、MEMS、TSV 等产品生产之中。

（10）国家集成电路封测产业链技术创新战略联盟。

该联盟对“通信与多媒体芯片封装测试设备”项目组织实施检查督促，在“开发圆片级封装用关键设备”、“高密度封装用设备”、“各类先进封装用关键设备”、“高端数字/模拟/射频产品混合测试系统关键设备与相关材料产品”等方面已获很大进展。

12. 中国集成电路设备产业发展的思考

长期以来，我国集成电路行业制造工艺设备、封装测试设备等都依赖国外进口，每年需要花数十亿至上百亿美元进口设备，且技术方面总是受制于人。为扭转这一不利局面，促进我国集成电路产业快速健康发展，国务院公布的《国家集成电路产业发展推进纲要》指出：要突破集成电路关键装备和材料，要加强集成电路装备与工艺结合，重点研发光刻机、刻蚀机、离子注入机等关键设备。国家实施科技重大专项工程“极大规模集成电路制造装备及成套工艺”（以下简称国家重大科技专项），经几年来的发展，在推动我国集成电路产业发展、形成协同发展的产业链和推进集成电路关键设备面市上线的过程中，起到了催化作用。

1）中国集成电路设备业发展的基点

中国集成电路设备业的发展应立足于中国集成电路制造业（晶圆、封测）。以中芯国际为例，中芯国际已实现 90—60—45—40—32 纳米的制程，已解决了 28 纳米技术代的关键技术（多重曝光工艺技术、高 K 金属栅工艺技术、CMOS 核心技术模块等）等，并向 22—20—16 纳米晶圆制程技术发展。我国集成电路设备业理应跟上这一发展节奏。但现实表明，我国的集成电路专用设备与世界先进水平相比还差 2～3 代。

2）中国集成电路设备业发展应具备共同的产业链价值

国家重大科技专项采用“大兵团”作战的思路整体布局，支持上下游企业，由 100 多家企业、研究单位一起参与，从政府、院所到集成电路设计、制造、封测、设备仪器、材料和应用等整个产业链协同奋战，提升集成电路产业链的共同价值。这打破了国外设备的垄断，迫使国外设备降价 20%，降低了我国集成电路设备的采购成本，提高了线上国产化率。

3）中国集成电路设备业存在的差距

目前世界集成电路已实现 28—22—20—16 纳米的大生产，现已进入 14 纳米的批量生产，未来 1～2 年里将达到 10 纳米量产。集成电路技术的突破和实现都离不开精密设备仪器。我国集成电路部分设备已达 65 纳米技术水平（少数达到 45/40 纳米技术水平，极少数产品达到 32～28 纳米水平），与国际先进设备相比存在着明显的差距。

我国部分设备企业在进行产品开发时，较注重设备在芯片加工中能否达到先进工艺指标，而对设备在用户芯片生产线上运行的可靠性、重复性和稳定性等方面研究得不够。例如，在不同反应腔所加工芯片的同一性、多次加工芯片结果的重复性，以及设备在大生产线运行的可靠性和及时服务等方面，较难满足国内用户的要求。

我国集成电路设备业起步晚、设备开发的高端人才不多、技术经验不足、研发投入资金缺乏等，都阻碍了我国集成电路专用设备业的发展。目前由于集成电路制造工艺的提升，又对集成电路专用设备提出了更高的要求，给我国集成电路专用设备业的发展提出了更新的挑战。

4）我国集成电路专用设备研究的目标

我国集成电路专用设备已能满足 6 英寸生产线生产，部分设备已进入 8 英寸生产线，有少量设备已进入 12 英寸生产线（部分设备可满足 65 纳米技术，少量设备可满足 40 纳米以下的技术），与国际半导体设备先进水平相比还差 2～3 代。我国集成电路专用设备在国家重大科技专项的支持下，在某些领域里瞄准开发 28 纳米世代技术的设备，并且少量设备已实现，用以满足国内大型骨干企业 12 英寸生产线新品开发的需求。在此基础上，有条件的设备企业还可以研发 22/16 纳米的先进设备，做到更上一层楼。

13. 中国集成电路设备行业发展前景展望

国内外市场需求为国产半导体设备业带来了光明前景。目前一批极大规模集成电路制造设备、集成电路先进封装工艺制造设备、高亮度发光二极管制造设备开发成功，国产设备实现从无到有、从低端设备到高端设备的突破，在以美、欧、日为主导的半导体领域形成了突破。

1）2015 年中国半导体设备业发展规模及增长

2015 年中国半导体设备业销售收入预计为 50 亿元，同比增长 26.2%。其中，集成电路制造设备销售收入预计为 22 亿元，同比增长 37.8%；太阳能光伏电池设备销售收入预计为 16 亿元，同比增长 9.1%；LED 设备销售收入预计为 10 亿元，同比增长 40.0%；分立器件及其他设备销售收入预计为 2 亿元，同比增长 6.4%。

面对快速发展的半导体工业和各层次半导体及集成电路产品的大量需求，按照“战略性、前瞻性、宏观性”和可持续发展的宏观思路，以及“有所为，有所不为”的原则，根据我国的具体现状，我国半导体设备采取了分层次发展的方式，已经在局部领域取得了初步进展。

2）业绩方面

● 组织优势力量，利用国内外技术资源，选择制约我国产业发展的关键技术和设备，采取引进消化吸收与自主创新相结合的方式，开展基础技术研究、联合开发和技术创新，实现跨越式发展，培养队伍，形成支撑我国半导体和集成电路产业良性发展的专用设备技术平台，为长远发展打下基础。在此方面，我国几台高水平的关键设备已取得不同程度的进展，有的已在用户的生产线上安装，目前正处于验收阶段。

- 根据半导体和集成电路专用设备递进发展、多代共存的特点，在瞄准世界先进水平的同时，巩固已有成果，提高产品质量，满足其他工艺层次生产线对专用设备的需求。在此方面，国内企业研制的一批 12 英寸及以下的生产设备已经取得初步成果并正在稳步推进。
- 在高技术的平台下扩大覆盖范围，积极开发宽禁带半导体材料和器件制造设备、新型显示器件制造设备、半导体照明设备、太阳能电池制造设备，以及其他越来越广泛的半导体设备应用领域所需要的各种专用设备，形成多品种、系列化的产品结构。

3）政策方面

“十二五”期间国家出台了支持发展半导体设备制造业的诸多政策，国家科技重大专项“极大规模集成电路制造装备与成套工艺专项”明确提出，“十二五”期间将重点进行 45—22 纳米关键制造装备攻关等，使装备和材料占国内市场的份额分别达到 10%和 20%，并开拓国际市场。

国务院发布的《国家集成电路产业发展推进纲要》明确了对集成电路专用设备的扶持政策：要突破集成电路关键装备，使关键设备和材料进入国际采购体系；加强集成电路装备、材料与工艺结合，研发光刻机、刻蚀机、离子注入机等关键设备，开发光刻胶、大尺寸硅片等关键材料；加强集成电路制造企业和装备、材料企业的协作，加快产业化进程，增强产业配套能力；落实集成电路专用材料和设备企业所得税优惠政策；对符合条件的集成电路重大技术装备和产品关键零部件及原材料实施进口免税政策，以及有关科技重大专项所需国内不能生产的关键设备、零部件、原材料进口免税政策，适时调整免税进口商品清单或目录。

根据《国家集成电路产业发展推进纲要》的要求，国家成立集成电路产业投资基金，重点支持和兼顾集成电路装备、材料环节，加大金融支持力度。

4）技术方面

为推动中国集成电路产业进入“黄金发展时期”，面向国家集成电路产业链建设和战略性新兴产业发展，从以局部关键技术突破为主向全局性、系统性、集成性重大创新转变，组织创新研发联盟，重点提升企业创新能力。同时从“跟随战略”转向“创新跨越”，在若干核心技术领域形成具有特色的创新技术和创新产品。

SMT（表面贴装）设备与半导体设备融合趋势日趋明显，随着表面贴装技术的日益发展和成熟，中国的 SMT 产业也得到了快速发展，涌现出了众多以表面贴装技术为主的中小型电子制造服务企业，快速发展的市场为 SMT 设备提供了强劲的需求动力。

基于电子产品小型化的要求，电子产品制造中的晶圆级封装也得到了更多的应用，这些使得 SMT 设备向上端半导体设备融合的趋势日趋明显。传统的 SMT 厂商不提供半导体封装设备，传统的半导体设备厂商不提供 SMT 的封装设备，在 SMT 与半导体日益融合的今天，需要有人来提供这样一种融合的设备。芯片级封装对设备提出了更高的要求，要求设备有更高的精度。为了将更多功能放入更小空间之中，越来越多的元件以堆叠封装（PoP）的形式被贴装在电路板上。

未来驱动各半导体厂投资的新技术为 20 纳米及以下的 Fin FED 和 3D NAND 制程，需要的半导体机台设备不断发展，带动相关业者资本支出再攀高峰。未来半导体设备技术呈现以下几个发展方向。

（1）高精度设备。

不断缩小的芯片特征尺寸要求设备高精度化。如其中的关键设备 stepper（准分子激光扫描分步投影光刻机）必须通过缩小曝光光束的波长、增大数值孔径（NA）、扩大视场面积、提高分辨率来不断提高光刻精度。

（2）加工晶圆大尺寸设备。

不断扩大的晶圆尺寸可以提高产量和降低成本，从而获取更大的利润。

（3）晶圆单片设备。

200mm 晶圆生产线采用常规的高半成品（WIP）晶圆批处理生产方式。300mm 晶圆生产线将采用低半成品、单晶圆片、连续流生产方式。据估计，一家采用单晶圆片流程加工 300mm 晶圆的工厂每月初始生产的晶圆片数量是加工 200mm 晶圆片普通工厂的两倍，而且成本和复杂性都大幅度降低。因此，随着晶圆的大尺寸化，对 300mm 晶圆必须采用单晶圆片连续流生产方式。

（4）专用设备组合。

随着 IC 集成度的不断提高，IC 制造工艺越来越复杂，工艺流程越来越长，为了减少对晶圆的污染和提高生产效率，设备制造商将多种设备组合在一起，变成联动机，具有多种功能。原来后道封装、测试设备多制成联动机，现在逐渐扩大到前道设备。为了满足 300mm 晶圆生产线采用单晶圆片、连续流生产方式，必须使设备、工具、晶圆片都发生变动，彼此之间应尽量紧凑。目前日本正在研发迷你型生产线，如 DIIN 计划，投资 125 亿日元，建立迷你型工厂，以超短出货时间生产数码家电用 SoC。

（5）全自动化设备。

由于 300mm 晶圆生产线采用单晶圆片、连续流生产方式，所以 300mm 晶圆生产线应完全采用自动化操作。在 300mm 晶圆生产线中，只有 40%的作业是人与各种材料的移动有关，而在 200mm 晶圆生产线中，这个比例是 60%。

综上所述，2015 年我国集成电路产业正处于大发展时期，正在掀起一股建设热潮，从中央到地方都很注重集成电路产业和信息化工业的建设，有一大批项目已开工，国家 IC 大基金已开始介入其中，这对我国半导体设备业而言是强大的推动力。我国集成电路设备业要坚持立足本职、发展未来，立足基础、发展高端，走出一条具有自主知识产权的集成电路设备制程的发展道路。

三、2014 年江苏省集成电路装备业发展情况简述

江苏省集成电路装备业主要是依靠一些大型骨干企业在“自我武装”、“自制设备”的基础上发展起来的，起步较晚，技术水平较低，加工能力较弱，在全省范围内还未形成一个较强的产业群体。

1. 江苏省集成电路装备业企业及分布情况

江苏省集成电路装备业企业主要集中在苏州市和无锡市，两市合计占到全省总量的 90.1%，苏州市以外资（台资）企业为主，无锡市以民资企业为主（表 5.2.15）。

表5.2.15　江苏省集成电路装备业企业情况

城市	序号	企业名称	类别	主要产品
苏州市	1	江苏苏净集团有限公司	内资	净化设备
	2	库力索法半导体（苏州）有限公司	美资	键合设备及零部件
	3	均强机械（苏州）有限公司	台资	贴片机
	4	TOWA 半导体设备（苏州）有限公司	日资	塑封机
	5	爱德万测试（苏州）有限公司	日资	测试设备及部件
	6	永科电子科技（苏州）有限公司	新加坡	封包设备
	7	爱发科真空技术（苏州）有限公司	日资	真空镀膜设备
	8	苏州赛力精密工具有限公司	内资	切割刀片
	9	泉瑞科技（苏州）有限公司	台资	探针卡
	10	昆山中辰矽晶有限公司	内资	磨片机、抛光机
	11	张家港市德科超声有限公司	内资	清洗机
	12	安泰半导体（苏州）有限公司	台资	设备研发、生产、加工
	13	顺德工业（江苏）有限公司	台资	配输电设备、工模具
	14	昆山登祥光电设备有限公司	外资	光学仪器、工业成像等
	15	苏州斯利德电子有限公司	合资	磨片机、划片机、备件等
	16	苏州微影光电科技有限公司	内资	激光直接成像曝光机
	17	苏州美图半导体有限公司	内资	晶圆键合、光刻喷涂机
	18	苏州赫瑞特电子专用设备科技有限公司	外资	抛光机、研磨机、双面磨机
无锡市	1	江阴新基电子设备有限公司	内资	分选机、贴片机、去飞边机等
	2	江阴新杰科技有限公司	内资	编带机
	3	无锡瑞达电子科技有限公司	内资	清洗机、贴片机等
	4	无锡华晶电子设备有限公司	内资	清洗机、去胶机等
	5	江阴格朗瑞科技有限公司	内资	编带机、分选机、装料机等
	6	无锡帕特纳科技有限公司	日资	热老化箱、高低温试验箱
	7	无锡南亚环境设备厂	内资	高低温烘箱
	8	无锡凯世通科技有限公司	内资	太阳能设备研发生产
	9	无锡超钰微电子有限公司	台资	电脑外围设备
	10	无锡宏源芯盛半导体科技有限公	内资	半导体设备研发制造
	11	纽威仕微电子（无锡）有限公司	内资	通讯电缆、电力设备
	12	无锡机床厂股份有限公司	内资	平面磨

续表

城市	序号	企业名称	类别	主要产品
无锡市	13	无锡斯威克自动化设备有限公司	内资	自动化焊接机
	14	无锡新智达自动化设备有限公司	内资	TO、IGBT、SMC 非标设备
	15	无锡华普微电子有限公司	内资	全自动分选机、编带机、测试系统
南通市	1	南通金泰科技有限公司	内资	压焊机、打印机、排片机、编带机、分选机、机械手等
南京市	1	南京翰纳科技有限公司	内资	高频预热机、测试仪
	2	南京中南激光设备有限公司	内资	激光打印机
	3	南京大恒光电子技术有限公司	内资	激光打印机
	4	南京三超金刚石工具有限公司	内资	切割、磨削、抛光机
泰州市	1	靖江先锋半导体科技有限公司	内资	半导体设备、零部件
常州市	1	常州天龙光电设备有限公司	内资	单晶、多晶生长炉、宝石炉体
	2	常州瑞择微电子科技有限公司	内资	光掩模清洗设备
	3	江苏省华盛天龙机械股份有限公司（金坛市）	内资	单晶炉、切片机、研磨机等
	4	常州快克锡焊股份有限公司	内资	四轴焊接机器人、工具

2．2014 年江苏省集成电路设备业技术进步情况

2014 年江苏省集成电路装备业在全国处于落后地位，但在近几年里也得到了较快的发展，取得了一定的成绩。

江苏苏净集团公司是我国规模最大的净化设备公司之一，生产高效超净过滤器、超净厂房、超净管道等，装备收入居全国第二位。

江苏华盛天龙光电设备股份有限公司的 DRF-B80 型蓝宝石晶体生长炉，采用高精度称重技术、先进传动减速机构和驱动机构、高效的导电环技术、独有的创新算法及电器控制机理提高了控制精度，满足了市场对 4″～6″ 蓝宝石晶体片的生产需求，共申请了 8 项专利，其中已获授权实用新型专利 4 项。

江阴新基、江阴新杰、无锡瑞达、无锡华晶电子设备、江阴格朗瑞、南通金泰科技、常州华盛天龙等公司在集成电路部分专用设备制造方面，也有所建树。

2014 年江苏省集成电路专用设备技术进步情况如下：

- 张家港易化设备科技有限公司的 Spot Blend A-D，Pumpcart，CFD 55G，CFSCSD；
- 江阴格朗瑞科技有限公司的 QFN 条带测试分选编带一体机；
- 江阴格朗瑞科技有限公司的 QFN 装料管机；
- 江阴格朗瑞科技有限公司的 QFN 转盘式测试/打印/编带一体机；
- 江阴新基电子设备有限公司的 QFN 自动测试分选机 ；
- 南通华达微电子集团有限公司的全自动装片机；
- 南通华达微电子集团有限公司的全自动激光打印机；
- 南通华达微电子集团有限公司的 LQFP 测试分选机；
- 无锡华晶电子设备制造有限公司的 QFN 转盘式测试/打印/编带一体机；

● 江苏华盛天龙光电设备股份有限公司的 DRF-B80 型蓝宝石晶体生长炉。

3．江苏省集成电路装备制造业主要企业产品发展情况

1）江苏新基电子设备有限公司

该公司目前生产 OFN 自动测试分选机、高密度倒装贴机、SOT/SOD 激光去飞边机、高压水射流去飞边机、外观检测机等。

2）无锡瑞达电子科技有限公司

该公司生产清洗机（蚀刻机、双槽全自动去胶机、清洗机）、后道工序的装备（划片机、装片机、倒角机、贴片机、键合机）、后道流程的工装夹具、料盒等。

3）无锡华晶电子设备有限公司

该公司主要生产清洗机、去胶机、腐蚀机、测试打印机、编带机、自动分选机、料盒等。

4）无锡凯世通科技有限公司

该公司从事太阳能设备的研发和生产。

5）无锡宏源芯盛半导体科技有限公司

该公司从事半导体设备服务、制造和研发，半导体和 LED 光刻、蒸发和 CVD 设备的设计、制造等。

6）无锡新智达自动化设备有限公司

该公司致力于 S、TO、IGBT、COB、轴向二极管及非标设备的研发，并生产、销售 SMA、SMB、SMC、SOD、MBC 等全自动一体设备。

7）无锡华普微电子有限公司

该公司由中电科集团第 58 所控股，生产全自动分选机、编带机、打标机、转塔式一体机、数字/模拟集成电路测试系统等，设备广泛应用于集成电路和分立器件产品中。

8）江苏苏净集团有限公司

该公司是我国规模最大的净化设备公司之一，以生产高效超净过滤器、超净厂房、超净管道、超净专业设备等为主。

9）苏州汇科机电设备有限公司

该公司以生产锂电池粉料设备和陶瓷元件设备为主，曾获得电子专用设备产业最具成长性企业称号。

10）顺德工业（江苏）有限公司

该公司主要生产电工电气—配电输电设备、五金工具、单体导线架、极体电路架、精密模具等。

11）安泰半导体（苏州）有限公司

该公司从事集成电路有关设备和材料的研发、生产、加工，集成电路及其模块的设计、

测试、应用等。

12）苏州赫瑞特电子专用设备科技有限公司

该公司主要生产 X61/62 D9B2M—9T 双面研磨/抛光机等。

13）苏州美图半导体有限公司

该公司主要生产晶圆键合系统、光刻胶喷涂系统及热板等半导体先进工艺设备。

14）苏州斯利德电子有限公司

该公司主要生产磨片机、划片机、划片周边设备、备品备件等。

15）苏州微影光电科技有限公司

该公司 Catamount 系列激光直接成像曝光机，适用于高阶 HDI、软板、软硬结合板、多层板的小批量多品种生产及成像解决方案，配备专利技术的动态倾斜扫描技术和业内最先进的光学系统及数据传输系统等。

16）南通金泰科技有限公司

该公司目前主要生产超声波粗铝线压焊机、全自动测试分选机、图像分析仪、全自动激光打印机、半自动激光打印机、半自动打印机、上料机、自动装片机、全自动编带机、晶圆字符识别系统、测试分选机械手、QFP 三维引脚外观检测机等。

17）江苏华盛天龙光电股份有限公司

该公司主要产品有硅、锗、砷化镓等各种晶体生长设备，单晶炉、单晶硅切片机、滚磨机，多晶硅铸造系统、硅芯炉等。

18）常州市天龙光电设备有限公司

该公司主要生产一、二类压力容器、单晶硅晶体生产炉体、多晶硅铸锭炉、宝石炉炉体，是目前国内专业生产光伏设备炉体部件的最大企业之一，也是压力容器行业专业制造厂商和领军者。

19）南京翰纳科技有限公司

该公司主要生产臭氧发生器、EMC 高频预热器。

20）南京三超金刚石工具有限公司

该公司产品主要应用于硅、蓝宝石、石英、陶瓷、硬质合金等材料的切割、磨削、精密抛光，还生产硅背面减薄砂轮、倒角砂轮、划片刀、金刚石线锯等产品。

4．江苏省承担国家科技重大专项主要设备项目进展情况

由江苏长电科技股份有限公司、南通富士通微电子股份有限公司联合承担的“关键封装设备、材料应用工程项目”，有 24 家单位参与，包含 39 个设备和材料课题，有 29 项设备通过了验收，其中有 8 家江苏企业参与（表 5.2.16）。

表5.2.16　国家科技重大专项主要设备验收情况

序号	项目名称	承担单位
1	AccoTEST STS 8200 模拟器件测试系统	北京华锋测控技术有限公司
2	高速自动电镀线	上海新阳半导体材料股份有限司
3	QFN 自动切割机	北京中电科电子装备有限公司
4	引线键合机	北京中电科电子装备有限公司
5	晶圆减薄机	北京中电科电子装备有限公司
6	全自动晶圆划片机	北京中电科电子装备有限公司
7	IC 封装用全自动装片机	大连佳峰电子有限公司
8	Gmark AIO 620 多功能全自动激光打标机	格兰达技术（深圳）有限公司
9	LQFP/QFN 测试分选编带一体机	格兰达技术（深圳）有限公司
10	QFN 条带测试分选编带一体机	江阴格朗瑞科技有限公司
11	QFN 装料管机	江阴格朗瑞科技有限公司
12	QFN 转盘式测试/打印/编带一体机	江阴格朗瑞科技有限公司
13	QFN 自动测试分选机	江阴新基电子设备有限公司
14	全自动装片机	南通华达微电子集团有限公司
15	全自动激光打印机	南通华达微电子集团有限公司
16	LQFP 测试分选机	南通华达微电子集团有限公司
17	全自动外观检测及编带包装机	秦拓微电子技术（上海）有限公司
18	全自动晶圆切割膜贴膜机（带减薄膜撕膜装置）	上海技美电子科技有限公司
19	全自动晶圆减薄膜贴膜机	上海技美电子科技有限公司
20	QFN 重力式测试分选机	上海微曦自动控制技术有限公司
21	全自动 IC 激光打标机	深圳大族激光科技股份有限公司
22	全自动激光去溢料机	深圳大族激光科技股份有限公司
23	自动塑封压机/模具	铜陵三佳科技股份有限公司
24	自动切筋成形机、模具	铜陵三佳科技股份有限公司
25	QFN 转盘式测试/打印/编带一体机	无锡华晶电子设备制造有限公司
26	等离子清洗设备	中国电子科技集团公司第二研所
27	高速自动电镀线	中国电子科技集团公司第二研所
28	无氧化烘箱	中国电子科技集团公司第二研所
29	封装翘曲测量设备	上海飞恩微电子有限公司

由江苏长电、通富微电、天水华天、深南电路等公司承担的“通信与多媒体芯片封装测试设备与材料应用工程”有关项目和课题正在按计划进行。

由苏州晶方科技公司承担的“12 英寸硅通孔工艺国产集成电路制造关键设备与材料量产应用工程”项目已通过检验，正在进行之中。

由苏州固锝电子公司承担的“国家集成电路封测关键设备与材料量产应用工程”项目已通过检验，正在进行之中。

第三节　2014 年江苏省集成电路引线框架产业发展情况

引线框架是半导体封装的基础材料，其作为集成电路的芯片载体，借助于键合材料（金丝、铝丝、铜丝或连接铜条）实现芯片内部电路引出端与外引线的电气连接，形成电气回路的关键结构件，起到和外部导线连接的桥梁作用。其主要功能就是电路连接、散热、机械支撑等。

从半导体封装发展历史来看，封装材料在封装技术的更新换代过程中具有决定性的作用，基本形成了一代封装、一代材料的发展定式。不同的半导体封装方式需要采用不同的引线框架或基板，因此半导体封装方式的发展趋势决定了引线框架的发展趋势。

总体来说，半导体封装方式主要受表面安装技术的影响。近年来，随着通信技术及互联网技术的高速发展，全新的产品需求引领了封装技术的快速变革，往微型化及集成化发展。因此，近年来引线框架也在不断向薄型化、小型化及集成化方向发展。

一、2014 年世界半导体引线框架产业发展状况

（一）2014 年世界引线框架市场概况

世界引线框架市场在 2007 年以前呈较快增长态势；受世界金融危机影响，2008 年下半年至 2009 年上半年，世界引线框架市场伴随着全球经济萎靡，受到严重冲击，出现下滑；但紧跟着 2009 年下半年世界经济开始复苏，半导体封装市场快速回暖，引线框架需求量也快速增长；到 2010 年，世界引线框架市场基本恢复到了金融危机前的增长水平；2011 年后，受欧债危机等因素影响，世界经济增长放缓，引线框架的市场需求也受到影响，增长速度放缓。同时，近年来全球经济不景气带来的大宗商品价格下滑，也使得以铜材为主的引线框架市场价格下跌，带来的后果是，虽然总产量每年都有一定比例的增长，但销售额没有多少增长，甚至出现下跌。比如 2014 年较 2011 年，虽然产量提升了 20%，但销售额却降低了 1.7%，这主要是铜材价格下跌引起的。

（二）2014 年世界半导体引线框架市场发展规模及增长

2014 年世界半导体引线框架产量约为 5718 亿只，同比增长 6.5%（图 5.3.1）。

从图 5.3.1 中可以看出，从 2004 年到 2014 年的 11 年间，世界引线框架产量增长了 111.5%，翻了一番多，平均递增发展速度为 7.78%；自 2011 年到 2014 年的 4 年间，均为平稳发展，没有出现大起大落的现象。

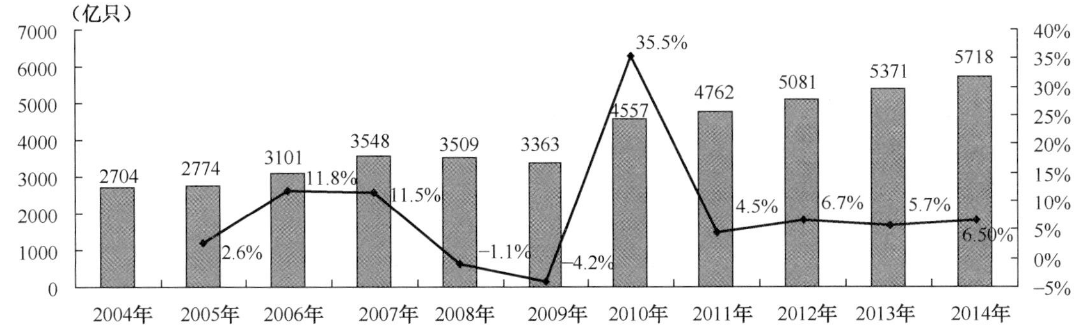

GAGR=7.78%（2004—2014 年）
（资料来源：JSSIA 整理）

图 5.3.1 2004—2014 年世界半导体引线框架产量发展规模及增长

2014 年世界半导体引线框架销售收入发展规模及增长

2014 年世界半导体引线框架销售收入为 34.4 亿美元，同比增长 3.0%（图 5.3.2）。

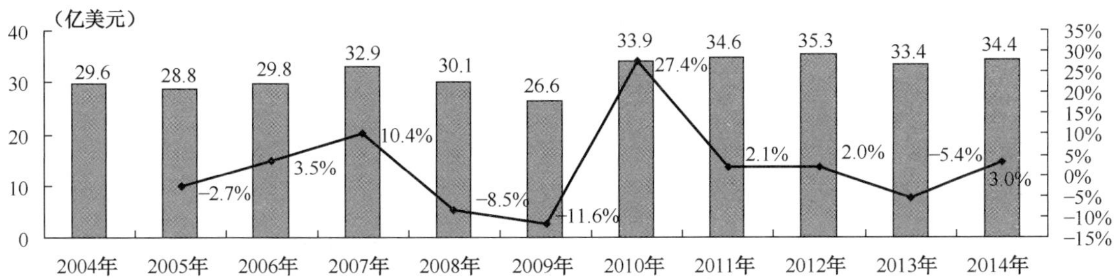

GAGR=1.51%（2004—2014 年）
（资料来源：JSSIA 整理）

图 5.3.2 2004—2014 年世界半导体引线框架销售收入发展规模及增长

（三）2014 年世界半导体引线框架品种产量情况

2014 年世界半导体引线框架总产量缓慢增长，这一趋势目前没有大的变化。但不同系列产品的增长情况差距很大，表现好的是 Leadframe CSP 和 Other Discrete，前者主要是 QFN/DFN/SON/LGA/BCC 等高端封装用框架，后者主要得益于 LED 引线框架的快速成长需求（表 5.3.1 和图 5.3.3）。

表5.3.1 2009—2014年世界半导体引线框架主要产品产量规模

（单位：百万只）

年份	2009	2010	2011	2012	2013	2014
SOIC/SOJ	45872	63974	62684	64362	68130	71100
TSOP/SSOP	23174	27411	22062	24084	25990	26200
PQFP/TQFP	14794	17038	16486	15802	16440	16800

续表

年份	2009	2010	2011	2012	2013	2014
PDIP/SEP/CerDIP	4946	7450	7554	5962	5940	5760
Leadframe CSP	21882	36741	44220	54858	61960	70770
PLCC	793	921	714	448	430	440
SOT	123641	158969	167436	183764	185600	195980
TO Discrete	32315	37142	38469	38149	38100	39240
TO Power Discrete	29388	39189	40，247	38823	40130	42610
Other Discrete	39525	66944	76278	81834	94330	102940
TOTAL	336330	455779	476150	508091	537050	571840

（资料来源：SEMI Industry Research and Statistics）

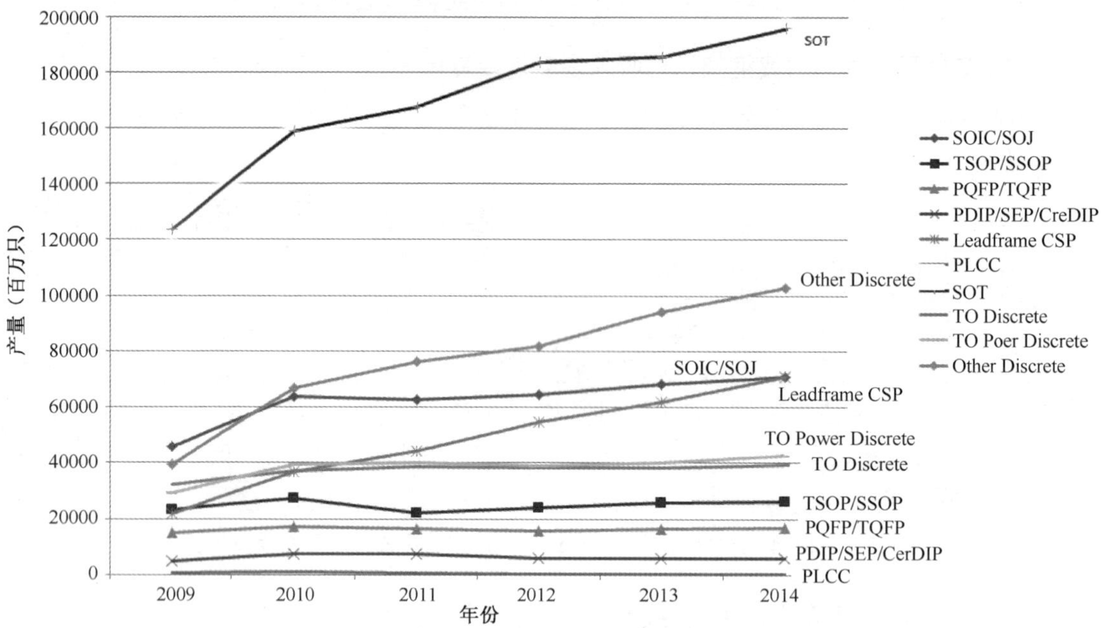

图 5.3.3　2009—2014 年世界半导体各类引线框架产量规模变化情况

二、中国半导体引线框架产业发展现状

（一）国内引线框架企业在国际市场中的地位

SEMI 统计的 2012 年及 2013 年全球引线框架市场分布情况见表 5.3.2。2014 年，世界引线框架生产厂家市场供应格局没有发生大的变化，仍以日韩及中国台湾等外资企业为主，国内引线框架企业只有康强电子排在了第 8 位（表 5.3.3），比上年度提升 1 位。

三井高科在 2014 年增长很大，年收入达到 4.76 亿美元，占全球引线框架市场的 14%，稳坐全球第一的宝座。这是由于其接手了较多的原日立电线的引线框架客户市场（日立电线在 2013 年退出了引线框架业务），以及对 QFN 蚀刻引线框架市场的拓展。国内企业康强电子 2014 年收入为 1.3 亿美元，比 2013 年略有增长。

表5.3.2 2012年与2013年全球引线框架市场分布情况

供应商	2012 年			2013 年		
	排名	年收入（百万美元）	年市场占有率（%）	排名	年收入（百万美元）	年市场占有率（%）
三井（Mitsui High-tec）	1	349	10.6	1	384	11.5
住矿（Sumitomo Metal Mining）	2	320	9.7	2	350	10.5
新科（Shinko Electric Industries）	3	290	8.8	3	260	7.8
顺德（SDI）	4	251	7.6	4	255	7.6
日立（Hitachi Cable）	5	230	7.0	—	—	—
先进（ASM Pacific）	6	212	6.5	5	236	7.1
三星（Sansung Techwin）	7	207	6.3	6	232	6.9
柏狮（Posschl Electronics）	8	170	5.2	7	157	4.7
康强（Ningbo Kangqiang Electronics）	9	120	3.7	8	128	3.8
一铨（I-Chiun）	10	115	3.5	9	118	3.5
易能达（Enomoto）	11	105	3.2	12	84	2.5
华龙（Ningbo Hualong Electronics）	12	92	2.8	11	96	2.9
复盛（Fu Sheng Industry）	13	90	2.7	10	113	3.4
DCI	14	80	2.4	13	80	2.4
LG Innotek（fomerly LG Micro）	14	80	2.4	—	—	—
大日本印刷 Dai Nippon Printing	15	65	2.0	14	61	1.8
丰山（Poongsan Microtec）	16	55	1.7	—	—	—
Magic Micro（fomerly Flec Co. Ltd.）	17	51	1.6	—	—	—
Toppan Printing	18	50	1.5	—	—	—
Jentech	19	44	1.3	—	—	—
QPL Limited	20	36	1.1	—	—	—
APIC Yamada	21	29	0.9	—	—	—
其他	—	243	7.4	—	544	16.3
合计	—	3284	100	—	3342	100

国内引线框架企业与国际先进水平差距大的原因还是在于产品结构，主要是国内企业在高端蚀刻引线框架方面有所欠缺。表 5.3.2 中的绝大多数国外企业都有蚀刻框架，并且是其主要的支撑业务。而国内框架企业中，由于以前国内高端封装市场小，最近几年封装企业才形成一定规模，因此国内蚀刻引线框架开发得晚，基本被国外企业垄断（表 5.3.4）。目前对于高密度蚀刻框架，国内只有康强电子一家具备大批量供货的能力。

因此，国内框架企业的特点表现为：在冲压框架上，具备了参与国际竞争的能力；但在蚀刻框架上，国内企业才刚刚开始打破国外垄断，任重而道远。

表5.3.3　2014年世界主要冲压引线框架供应商

序号	供应商	主要产品
1	住矿电子（Sumitomo Metal Mining）	SOIC/SOJ、TSOP/SSOP、PQFP/TQFP、PLCC 等
2	新光电器（Shinko Electric Industries）	SOIC/SOJ、TSOP/SSOP、PQFP/TQFP、PLCC 等
3	三井高科（Mitsui High-tec）	SOIC/SOJ、TSOP/SSOP、PQFP/TQFP、PLCC、TO Power Discrete 等
4	先进半导体（ASM Pacific）	SOIC/SOJ、TSOP/SSOP、PQFP/TQFP、PLCC 等
5	三星科技（Samsung Techwin）	SOIC/SOJ、TSOP/SSOP、PQFP/TQFP、PLCC 等
6	顺德工业（SDI）	SOT、TO Discrete、TO Power Discrete 等
7	柏狮电子（Possehl）	SOT、TO Discrete、TO Power Discrete 等
8	康强电子（Kangqiang Electronics）	SOIC/SOJ、TSOP/SSOP、PQFP/TQFP、PLCC、SOT、TO Discrete、TO Power Discrete 等
9	DCI（Dynacraft Industries）	SOIC/SOJ、TSOP/SSOP、PQFP/TQFP、PLCC 等
10	丰山电子（Poongsan Microtec）	SOIC/SOJ、TSOP/SSOP、PQFP/TQFP、PLCC、TO Power Discrete 等
11	复盛工业（Fu Sheng Industries）	SOIC/SOJ、TSOP/SSOP、PQFP/TQFP、PLCC 等

表5.3.4　2014年世界主要蚀刻引线框架供应商

序号	供应商	主要产品
1	住矿电子（Sumitomo Metal Mining）	LQFP、QFN/DFN 等
2	LG 电子（LG Innotek）	QFN/DFN 等
3	三井高科（Mitsui High-tec）	LQFP、QFN/DFN 等
4	大日本印刷（Dai Nippon Printing）	LQFP、QFN/DFN 等
5	三星科技（Sansung Techwin）	LQFP、QFN/DFN 等
6	品质电子（QPL）	LQFP、QFN/DFN 等
7	先进半导体（ASM Pacific）	LQFP、QFN/DFN 等
8	新光电器（Shinko）	LQFP、QFN/DFN 等
9	Toppan	LQFP、QFN/DFN 等
10	柏狮电子（Posschl）	LQFP、QFN/DFN 等
11	Dynacraft Industries	LQFP、QFN/DFN 等

（二）国内半导体引线框架技术能力

1. 冲压引线框架

经过二十多年的发展，国内冲压引线框架及时跟上了国际封装客户对框架的高密度化及宽排化发展的需求，技术水平上与国际先进同行的差距也在不断缩小，已能满足绝大多数国外企业的要求，具有很好的竞争力。

目前集成电路的主要发展趋势是高密度、高脚位、薄型化、小型化，封装方式从最初的 DIP 封装方式逐步向 SOP、QFP、BGA、CSP 等封装方式发展。随着数字电视、信息家电和 3G 手机等消费和通信领域技术的迅猛发展，集成电路市场对高端集成电路产品的需求不断增加。因此，近年来国内引线框架企业的新型高密度引线框架开发速度明显加快，而传统的 DIP、SOP、TSOP、SOT 等引线框架也根据封装客户的要求往多排、MTX、小基岛、IDF 方向发展。

目前国内主要供应的引线框架为 70mm×250mm，而 83mm×250mm 的多排引线框架也已开发成功，开始投入大批量供货；而国外厂商主要供应的框架在 78mm×250mm 以上，以后会朝着 90mm×290mm 设计。另外，集成电路的冲压框架还朝着深打凸、引脚小间距方向发展，目前国内供应的框架引脚间距小于 3.9mil，引脚宽小于 4.3mil，特殊情况下也能满足国外厂商引脚间距最小 3.6mil、引脚宽最小 3.8mil 的要求。

2. 蚀刻引线框架

宁波康强电子股份有限公司以承担国家 02 重大科技专项“QFN 高密度蚀刻引线框架研发及产业化”项目为契机，建成了蚀刻框架生产线，技术能力达到国际一流水平，产品经多家国际客户考核通过，已大批量生产，公司建成了一条年产 1000 万只蚀刻高密度阵列引线框架生产线，具有与国际同行竞争的能力，并成为第一家生产高端蚀刻引线框架的国内企业，打破了高端引线框架长期以来被国外企业垄断的局面。

（三）国内引线框架主要生产企业概况

中国的引线框架生产企业中，外资企业与内资企业各占 50%左右，主要集中在长江三角洲、珠江三角洲一带。近几年，中国西部地区引线框架产业也有了较大的发展（表 5.3.5 和表 5.3.6）。

表5.3.5　国内主要外资引线框架企业

序号	公司名称	企业性质	所在区域	主要产品	
				冲压框架	蚀刻框架
1	住矿电子有限公司	日本独资	西部（四川成都） 长三角（江苏苏州）	精密 IC 框架	高端蚀刻框架
2	三井高科技有限公司	日本独资	珠三角（广东东莞） 长三角（上海） 津京环渤海（天津）	精密 IC 框架	高端蚀刻框架
3	顺德工业有限公司	中国台湾独资	长三角（江苏张家港）	分立器件框架 功率 TO 框架	无
4	新光电气工业（无锡）有限公司	日本独资	长三角（江苏无锡）	精密 IC 框架	无
5	先进半导体材料（深圳）有限公司	中国香港独资	珠三角（广东深圳）	精密 IC 框架	高端蚀刻框架
6	深圳赛格柏狮电子有限公司	合资（港资控股）	珠三角（广东东莞）	分立器件框架 功率 TO 框架	无
7	中山复盛机电有限公司	中国台湾独资	珠三角（广东中山）	精密 IC 框架	无

续表

序号	公司名称	企业性质	所在区域	主要产品	
				冲压框架	蚀刻框架
8	东莞长安品质电子制造厂	中国香港独资	珠三角（广东东莞）	无	高端蚀刻框架
9	中山益能达精密电子有限公司	日本独资	珠三角（广东中山）	分立器件框架 功率TO框架	无
10	中山品高电子材料有限公司	中国香港独资	珠三角（广东中山）	分立器件框架	无
11	LG伊诺特（福州）有限公司	韩国独资	长三角（福建福州）	无	高端蚀刻框架

表5.3.6 国内主要内资引线框架企业

序号	公司名称	企业性质	所在区域	主要产品	
				冲压框架	蚀刻框架
1	宁波康强电子股份有限公司	内资	长三角（浙江宁波） 长三角（江苏江阴）	分立器件框架 功率TO框架 普通IC框架 精密IC框架	高端蚀刻框架
2	宁波华龙电子股份有限公司	内资	长三角（浙江宁波） 长三角（江苏泰州）	分立器件框架 功率TO框架 普通IC框架	无
3	厦门永红科技有限公司	内资	长三角（福建厦门）	分立器件框架 功率TO框架 普通IC框架	无
4	广州丰江微电子有限公司	合资（内资控股）	珠三角（广东广州）	普通IC框架 精密IC框架	无
5	南京长江电子有限公司	内资	长三角（江苏南京）	普通IC框架 精密IC框架	无
6	无锡华晶利达电子有限公司	内资	长三角（江苏无锡）	普通IC框架	无
7	济南晶恒山田电子精密科技有限公司	合资（国内控股）	津京环渤海（山东济南）	普通IC框架	无
8	泰兴光电器材厂	内资	长三角（江苏泰州）	分立器件框架 功率TO框架	无
9	宁波埃斯科光电有限公司	内资	长三角（浙江宁波）	分立器件框架	无
10	四川金湾电子有限公司	内资	西部（四川遂宁）	分立器件框架 功率TO框架	无
11	天水华洋电子科技股份有限公司	内资	西部（甘肃天水）	普通IC框架	正在开发
12	江苏三鑫电子有限公司	内资	长三角（江苏江阴）	普通IC框架 分立器件框架 功率TO框架	无

续表

序号	公司名称	企业性质	所在区域	主要产品	
				冲压框架	蚀刻框架
13	泰州东田电子有限公司	内资	长三角（江苏泰州）	冲分立器件框架 功率 TO 框架	无
14	铜陵丰山三佳微电子有限公司	内资（韩国撤资）	长三角（安徽铜陵）	普通 IC 框架 分立器件框架	无

（四）国内引线框架销售规模及价格竞争力分析

1. 2014 年引线框架销售规模

2014 年，虽然全球经济恢复缓慢，但半导体行业稳步回升，封装企业虽仍面临较大市场压力，但从整体上看，国内封装企业封装总量还是有所增长，长电科技、通富微电、华天科技、华润安盛前几年的大投入使封测产能提升有了保证，推动国内封测市场稳定增长，相应的引线框架需求量也有一定增长。

2014 年国内引线框架市场有一定幅度的增长，比如康强电子 2014 年销售的引线框架数量比 2013 年增长了 8.8%，达到了 560 亿只。但受铜材价格下降等因素的影响，康强电子的销售额仅仅比 2013 年增长了 1.6%，。预估 2014 年中国引线框架市场销售总额比 2013 年略有下降，在 9.3 亿美元左右，下降 2.30%（表 5.3.7 和图 5.3.4）。

表5.3.7　2006—2014年国内引线框架销售规模

年份	2006	2007	2008	2009	2010	2011	2012	2013	2014
引线框架销售额（亿美元）	4.8	6.39	6.72	6.84	7.35	8.37	9.40	9.52	9.30
增长率（%）		33.1	5.2	1.8	7.5	13.9	12.3	1.3	–2.3

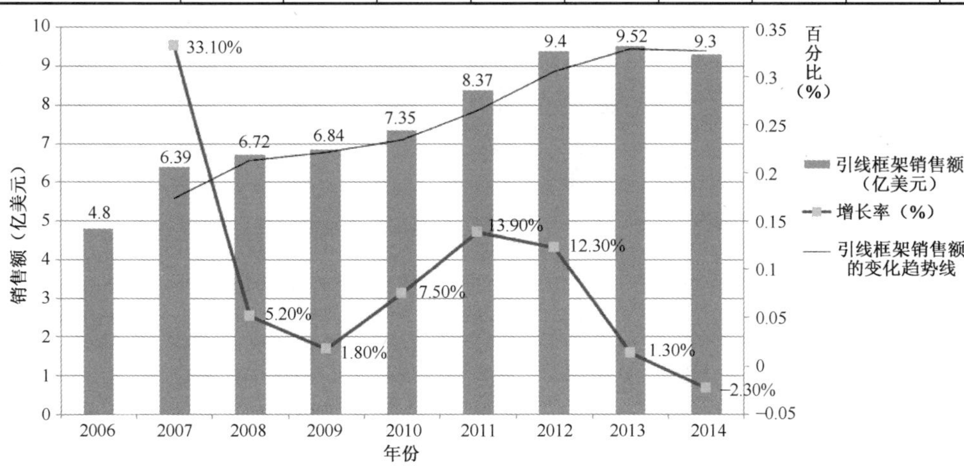

CAGR=8.62%（2007—2016 年）

图 5.3.4　2006—2014 年国内引线框架销售规模变化情况

2．国内引线框架价格竞争力

国内引线框架企业的低价格竞争发展模式正面临严重挑战，具体表现在以下几方面。

（1）国内企业一直在国际市场上有价格优势，但这个价格的差距在逐渐缩小，产品竞争力下降。

在产品价格竞争方面，价格下调的压力仍然是行业内各生产厂家需要长时间面对的问题，尤其在材料成本和人力成本迅猛增长的今天，如何降本增效是各个引线框架生产厂家亟待解决的难题。只有大力推动自动化，大幅提升生产效率，才是出路。

（2）面临产品升级换代的压力。

随着劳动力成本的快速增长及市场竞争的加剧，国内引线框架企业的利润空间大为压缩。为此，引线框架企业需要进一步投资进行技术升级改造，在提升效率的同时还要扩大规模，以降低单位产品成本；或者投资进行产品升级换代以提升毛利率来提升市场竞争力。但这对规模较小的引线框架企业来说不容易，其经营上的困难正显现出来。

（五）半导体引线框架产业发展趋势与展望

1．市场需求发展趋势

引线框架的全球市场规模今后几年将不会有太大增长，基本趋于稳定。

从区域分布来看，未来几年内中国及东南亚市场会略有增长，但增幅很小，欧美及日韩则会有所下降（图 5.3.5）。

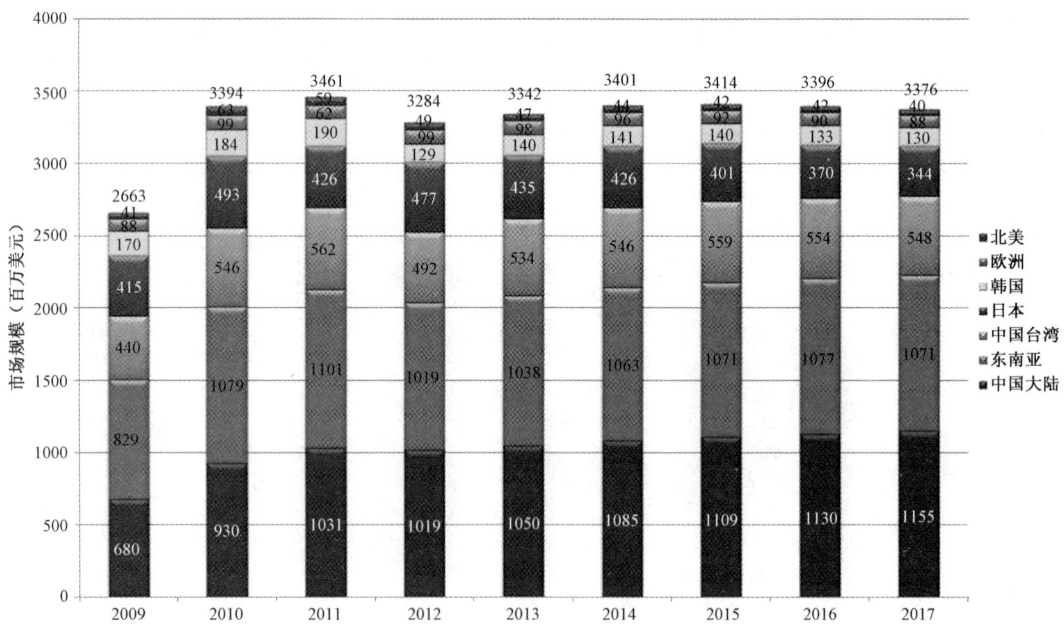

（资料来源：SEMI Industry Research and Statistics）

图 5.3.5　世界各地区的引线框架市场规模

2. 产品需求的变化

芯片级封装的大力发展对引线框架行业的影响如下：

（1）传统的冲压引线框架将大量被取代；

（2）蚀刻引线框架将会有一个快速成长阶段；

（3）长期来说，引线框架市场规模将缩小。

因此，国内引线框架企业迫切需要相应对策来应对芯片级封装带来的变化，可采取的对策包括：

（1）冲压引线框架企业要充分挖掘自身潜力，提高生产效率，并通过技术改造提高自身竞争力。

（2）市场方面，不能只盯着国内市场，要走出去开拓国际客户。

（3）抓紧产品升级转型，有条件的要开发蚀刻框架市场。目前国内外封装企业对蚀刻框架的配套要求正迅速扩张，而蚀刻引线框架在国内刚起步，基本被国外公司垄断。国内引线框架企业应当抓住这个时机，投入高密度蚀刻引线框架的研发及产业化。在这方面，宁波康强电子股份有限公司走在了前面，利用国家 02 专项承接国家“十一五”、“十二五”项目的平台，实现了蚀刻引线框架的产业化，现在企业蚀刻框架的生产已具规模，拥有多家国内、国外知名封装企业客户，供货量快速提升，已为多家企业大批量供货，取代进口。该企业正在进一步投入资金及设备，预期在两三年内，企业将实现蚀刻框架生产能力大飞跃，改变国内封装企业蚀刻框架采购完全依赖进口的局面。

3. 企业管理水平提升的挑战

国内引线框架企业目前的质量管理水平及技术管理能力，与国际高端封装企业要求还有差距，真正与国际大公司配套，还有一段路要走。关键还是要引进及培养高端人才。

2014 年，全球经济增长逐渐放缓，引线框架作为半导体的一个重要的支撑业，其增速也有所下滑，传统封装用的引线框架市场发展受限，但国内数条蚀刻生产线的建立预示着国内的引线框架产业正在往高端领域拓展。展望 2015 年，相信在全面落实国家出台的《中国集成电路产业“十二五”规划》及《国家集成电路产业发展推进纲要》之后，整个半导体集成电路行业将会更加明确集成电路产业的发展思路和目标，做好与国家各个发展基金的对接活动，促使本土的引线框架行业在增加投入稳步提升原有产销能力的同时，积极开展高端产品研发，使整个行业向更高端领域迈进。

三、2014 年有机封装基板产业发展情况

为实现电子产品高速化、高性能、小型化、低成本等特点，集成电路封装已发展到包括倒装芯片封装、焊接阵列（BGA）封装、圆片级封装、芯片尺寸封装、芯片堆叠封装、系统级封装、三维封装、三维堆叠（PoP）封装、TSV 封装等，大量封装基板材料及基板产品近年来增长旺盛。

根据基板中的主体材料，封装基板可以分为有机封装基板（含刚性和柔性封装基板）、陶瓷封装基板、硅/玻璃封装基板等。按照互连方式及封装外形，又可细分为引线键合 BGA 基板（WB—BGA 基板）、引线键合芯片尺寸封装基板（WB—CSP 封装基板）和倒装芯片封装基板（FC—BGA 基板和 FC—CSP 基板）等。

在应用领域中，智能手机多核应用处理器采用 FC—CSP 封装，28 纳米技术以下芯片陆续采用 FC—BGA/FC—CSP 封装。4G 网络芯片、可穿戴设备芯片越来越多地采用 SiP 模块，也对封装基板提出了强劲需求。

世界集成电路基板主要来自日本、韩国和中国台湾地区，其中以 Ibiden、Kyocera 为代表，实力最强。韩国和中国台湾具有产业链优势，中国台湾地区拥有全球 60%封装代工产能，成为世界 IC 封装基板生产和消耗的最大地区。

世界集成电路基板供应商与应用商如下：台资企业以索尼、英特尔为主要客户，Kinsus 以高通、博通为主要供应对象，日资企业以 CPU、GPU 为主要市场，韩资企业主要客户为高通和三星电子等（表 5.3.8～表 5.3.11）。

表5.3.8　2014年世界主要封装基板供应商基本信息

供应商	公司性质	备注	产值
Ibiden（揖斐电）	日资	主要产品包括积层封装基板、倒装封装基板等，主要客户包括 Intel 等	12 亿美元
Unimicron（欣兴）	台资	成立于 1900 年，主要产品包括印制电路板和封装基板，主要基板类型为 CSP、BGA、BOC、Hybrid（WB+FC）基板等	7.9 亿美元
SEMCO（三星电机）	韩资	封装基板产品主要类型为 FC—CSP 基板、积层 CSP 基板、Flip Chip xGA 基板等，主要客户有高通、三星电子、Intel、AMD 等	10.0 亿美元
Nanya（南亚）	台资	主要产品包括封装基板（Flip Chip、BGA、CSP）以及高端印制电路板，正在针对 20nm 技术代集成电路芯片布局封装基板	9.0 亿美元
Shinko（新光）	日资	引线框架及封装基板供应商，主要基板类型为 PBGA、积层基板以及 Tape BGA 等	10.0 亿美元
Kinsus（景硕）	台资	以封装基板为主业，主要客户包括高通、博通等	8.2 亿美元
ASEM（日月光材料）	台资	主要基板类型为 FCBGA 基板、PBGA 基板、BOC 基板等，产品主要供应日月光	12 亿美元
Kyocera（京瓷）	日资	主要基板类型为 FCBGA 基板、FC—CSP 基板和积层基板，2013 年收购 Toppan NEC 公司	
Simmtech	韩资	成立于 1987 年，主要基板类型为 CSP/PBGA、BOC、FC—CSP 等	
Daeduck（大德）	韩资	成立于 1965 年，主要客户包含三星电子、Hynix 等	

表5.3.9　2014年世界主要封装基板类型及其应用和核心供应商

封装基板类型	应用领域	核心供应商
FC—BGA 基板	MPU、GPU、Chipset、ASIC	Ibiden、Shinko、Nanya、SEMCO、Kyocera、Unimicron
FC—CSP 基板	Baseband/Apps Processor	SEMCO、Kinsus、Unimicron、Kyocera、Ibiden
WB—PBGA 基板	Logic、MCU、DSP	Nanya、Unimicron、ASEM、SEMCO、LG Innotek
WB—CSP 基板	Baseband/Apps Processor、Flash	SEMCO、Unimicron、Kinsus、Eastern
BOC 基板	DRAM	SEMCO、ASEM、Nanya、Unimicron、Simmtech

表5.3.10　2014年中国（大陆）主要封装基板制造企业基本情况

厂商名称	产品类型	2014 年封装基板生产/销售情况
深南电路	公司主要产品包含印制电路板和封装基板	封装基板主要提供 2L—6L 的 BGA 基板和 CSP 基板，量产产品的线宽/线距达到 25μm/25μm，研发产品能力达到 15μm/15μm；2014 年封装基板产值为 4.14 亿元人民币；部分产品已经供给全球主要的封测厂商
珠海越亚	产品应用于射频模块（RF Module）封装和系统级（SiP）封装，面向无线射频领域	封装基板销售额达到 5300 万美元
安捷利	主要产品包含 FPC 及柔性封装基板	柔性封装基板量产线宽/线距达到 25μm/25μm，研发达到 15μm/15μm；2014 年柔性封装基板产值达 2800 万元
芯智联	MIS 基板（无芯基板）	量产线宽/线距达到 25μm/25μm，研发达到 15μm/15μm
兴森快捷	产品包含 PCB 和封装基板	封装基板处于起步阶段，量产基板外层线路的线宽/线距最小达到 25μm/25μm，研发能力达到 20μm/20μm
深圳丹邦	产品包含柔性印制电路板（FPC）用材料、FPC、柔性封装基板等。	以柔性封装基板材料为主
中兴新宇	主要产品为 FPC	封装基板尚未形成规模

表5.3.11　2014年FC—BGA/FC—CSP基板技术水平

厂商名称	FC—BGA 基板			FC—CSP 基板		
	倒装焊盘节距（μm）	线宽/线距（μm）	层数	倒装焊盘节距（μm）	线宽/线距（μm）	层数
Unimicron	150	14/14	6/4/6	140	15/15	8
Kinsus	150	25/25	3/2/3			
SEMCO	130	9/12	7/2/7	125	12/12	
Kyocear	150	15/15	6/n/6	35（周边排布）	17/18	3/n/3
Ibiden	150	14/14	22	140	15/15	
Toppan NEC	110	10/10	10			
中国大陆供应商	180	18/18	3/2/3			

注：Toppan NEC 在 2013 年 8 月与 Kyocear 签订股份转让协议，成为 Kyocear 的全资子公司。

四、2014 年中国金属、陶瓷封装及外壳产业情况

部分半导体器件、电路需要用陶瓷封装。陶瓷封装有陶瓷基板和陶瓷外壳。陶瓷基板有

氧化铝、氮化铝、氧化铍、覆铜基板（DBC）等，陶瓷外壳主要有氧化铝、氮化铝 HTCC 等。

2014 年陶瓷外壳、陶瓷基板等总产值达 54.5 亿元，同比增长 9.0%（表 5.3.12）。

2014 年国内主要生产单位见表 5.3.13。

表5.3.12　相关产业产值

类型	金属外壳	陶瓷外壳	气密性封装	陶瓷基板	合计
产值（亿元）	9.0	3.5	8.0	34.0	54.5

表5.3.13　2014年国内主要金属与陶瓷外壳生产单位

序号	区域	单位	主要生产外壳类型
1	华东	江苏省宜兴电子器件总厂	各类陶瓷外壳
2		中电科第 55 所	微波外壳、IC 等用陶瓷外壳
3		钟山微电子有限公司	各类陶瓷外壳
4		宜兴市吉泰电子有限公司	混合集成电路用金属外壳
5		无锡市博精电子有限公司	各类金属外壳
6		无锡市惠波电子器材二厂	声表器件金属外壳、光电外壳等
7		江阴市赛英电子有限公司	功率金属陶瓷外壳
8		中电科第 43 所	混合集成电路、大功率模块等用金属外壳
9		合肥伊丰电子封装有限公司	各类金属外壳
10		蚌埠兴创电子科技有限公司	各类金属外壳
11		铜陵市晶威特电子有限责任公司	金属外壳帽
12		青岛凯瑞电子有限公司	大功率金属外壳
13		福建闽航电子有限公司	陶瓷外壳、陶瓷基板和陶瓷散热片
14		厦门宏发密封继电器有限公司	继电器用金属外壳
15		南平三金电子有限公司	各类平缝盖板、低温玻璃熔封外壳、陶瓷基板
16		浙江长兴电子厂有限公司	金属外壳、陶瓷外壳
17		海阳市佰吉电子有限责任公司	金属外壳
18		诸城市电子封装厂	金属外壳
19		上海京瓷电子有限公司	声表面波、晶体振荡器等表面安装型陶瓷外壳、陶瓷基板
20		苏州日铁住金电子有限公司	声表面波、晶体振荡器等表面安装型陶瓷外壳分割和检测
21	华南	潮州三环股份有限公司	陶瓷基板、声表面波、晶体振荡器等表面安装型陶瓷外壳
22	华北	河北中瓷电子科技有限公司（中电科第 13 所）	微波外壳、光电外壳、IC 等用陶瓷外壳、LTCC 和 AIN 基板等
23	华中	武汉钧菱电子有限公司	混合集成电路用金属外壳
24		鑫星电子陶瓷有限责任公司	晶振、声表等陶瓷外壳
25	西南	中电科第 44 所	光电外壳帽及金属外壳
26		重庆引虹电子器材有限公司	金属外壳

五、2014 年江苏省引线框架产业发展情况简述

（一）2014 年江苏省半导体引线框架产业状况

2014 年中国大陆的引线框架生产企业中，外资企业与内资企业仍然各占 50%左右。大陆引线框架企业主要集中在长江三角洲、珠江三角洲一带。但是，中国中西部地区引线框架产业也有了较大的发展。江苏省的引线框架企业数量与 2013 年相比没有增减，但为适应集成电路封装企业产品升级的需求，产品结构有了新的调整。

江苏集成电路引线框架外资企业有：住矿电子（苏州）有限公司、顺德工业（江苏）有限公司、新光电气工业（无锡）有限公司。

江苏集成电路引线框架内资企业有：无锡华晶利达电子有限公司、江阴康强电子有限公司、泰州华龙电子有限公司、南京长江电子有限公司、泰兴光电器材厂、泰州东田电子有限公司、江苏三鑫电子有限公司等。

（二）2014 年江苏省半导体引线框架主要企业情况

主要外资引线框架企业情况见表 5.3.14。

表5.3.14　主要外资引线框架企业情况

序号	公司名称	企业性质	所在区域	主要产品
1	住矿电子有限公司	日本独资	长三角（苏州）	中高端冲压框架（SOIC/SOJ、TSOP/SSOP、PQFP/TQFP）及蚀刻框架（LQFP、QFN/DFN 等）
2	顺德工业有限公司	中国台湾独资	长三角（张家港）	中端冲压引线框架（SOT、TO Discrete、TO Power Discrete 等）
3	新光电气工业（无锡）有限公司	日本独资	长三角（无锡）	中高端冲压框架（SOIC/SOJ、TSOP/SSOP、PQFP/TQFP）

主要内资引线框架企业情况见表 5.3.15。

表5.3.15　主要内资引线框架企业情况

序号	公司名称	企业性质	所在区域	主要产品
1	宁波康强电子股份有限公司	内资	长三角（宁波） 长三角（江阴）	冲压框架（SOIC/SOJ、DIP、TSOP/SSOP、PQFP/TQFP、PLCC、SOT、TO Discrete、TO Power Discrete 等）及高端蚀刻框架（LQFP、QFN/DFN 等）
2	宁波华龙电子股份有限公司	内资	长三角（宁波） 长三角（泰州）	冲压框架（SOIC/SOJ、DIP、TSOP/SSOP、SOT、TO Discrete、TO Power Discrete 等）
3	南京长江电子有限公司	内资	长三角（江苏）	冲压框架（SOIC/SOJ、DIP、TSOP/SSOP、SOT）

续表

序号	公司名称	企业性质	所在区域	主要产品
4	无锡华晶利达电子有限公司	内资	长三角（无锡）	冲压框架（SOIC/SOJ、DIP、）
5	江苏三鑫电子有限公司	内资	长三角（江苏）	冲压框架（SOIC/SOJ、DIP、TSOP/SSOP 、SOT、TO Discrete、TO Power Discrete 等）
6	泰州东田电子有限公司	内资	长三角（江苏）	冲压框架 TO 系列、DIP、TSOP/SSOP 、SOT 系列等
7	泰兴光电器材厂	内资	长三角（江苏）	冲压框架（TO Discrete、TO Power Discrete 等）

（三）企业规模扩大，产能升级

为配合国内封测市场的快速扩张，2013 年江苏省引线框架企业有多家进行了技改扩产及产能升级。江阴康强电子有限公司目前有 10 条电镀线，销售收入达到了 2500 万元/月；泰兴华龙电子有限公司有 3 条电镀线，江苏三鑫电子有限公司等投资新建的引线框架生产线已经投产，都增强了江苏省半导体引线框架生产能力和效益。

在蚀刻引线框架方面，住矿电子（苏州）有限公司的蚀刻框架生产线已投产，是江苏首先供应蚀刻引线框架的企业。

六、江苏省引线框架行业发展趋势与展望

（一）江苏省引线框架企业面临的发展机遇与挑战

1. 国内引线框架市场规模将进一步扩大

国内半导体封装企业近几年发展很快，随着长电科技、通富微电、华天科技、华润安盛等企业新扩产投资项目的投产上量，引线框架需求将会有相对较快的增长。据 SEMI 对引线框架市场的统计及预测，未来几年，中国的引线框架市场仍将保持全球最快增长。

用于集成电路（IC）、大规模集成电路（LSI）和超大规模集成电路（VLSI）的各类引线框架越来越受到人们的广泛重视。目前我国、我省引线框架的生产尚处于初、中级阶段，在品种、质量、性能和数量上均满足不了国内集成电路生产企业的需求，尤其是高端引线框架，仍将依赖进口。

江阴康强电子公司建立于 2008 年，经过 6 年多的发展，已成为生产高精度集成电路引线框架的知名企业，公司在 2014 年实现销售收入 2.32 亿元，同比增长 9.5%，实现利润 2181 万元，同比增长 13.4%，排在江苏省集成电路引线框架内资企业第一位。

2. 江苏省内资蚀刻引线框架处于空白，抓住市场机遇刻不容缓

目前国外集成电路市场对冲压引线框架的需求不是很旺盛，有走下坡路之势； BGA、

LGA、MCP/SiP、CSP/SiP、TSV等高端产品对应用基板的蚀刻引线框架需求巨大，且国内封装企业对蚀刻框架的配套要求也很紧迫。目前，国内企业只有宁波康强电子股份有限公司大批量生产蚀刻引线框架，与快速发展的封装企业的需求相差甚远。在这方面，江苏省蚀刻引线框架还处于空白状态，我省集成电路引线框架企业还有很大的发展空间，还有很长的路要走。

3. 国际封装企业对国内引线框架的需求将快速推进

根据2014年引线框架市场发展情况，东南亚及中国台湾地区的大型封装企业仍在积极开拓引线框架供应商，这是省内的引线框架生产企业向国际化发展的好机会。

江阴康强公司近三年来，通过自主创新、产学研合作等形式，共获得科技成果18项，其中实用新型专利14项、技术诀窍4项。自主研发的SoP 8L（209）、6Rows高精度引线框架；SOT-23、12R、SOP8、8R系列高精度集成电路引线框架，分别通过了省高技术产品认定。2014年江阴康强公司实现高新产品销售收入1.63亿元，占总销售收入的70.2%。2014年江阴康强公司出口销售收入达1352万元，同比增长12.8%，取得了良好的业绩。

（二）面对技术发展挑战，江苏省引线框架制造技术水平亟须持续提升

1. 宽排及高密度生产的技术突破要求

封装企业面临的价格竞争日趋严重，各企业为了拥有相对的竞争优势，一是通过提高封装密度以减少材料消耗，二是通过提高生产效率以减少单位产品的固定费用，这两个方面都要求引线框架配合开发出高密度及多排框架。因此，引线框架生产企业必须进行技术提升，开发出更加精密的冲制模具及大区域电镀设备和局部电镀技术。引线框架的宽度，2011年主流是50～60mm，2012年已使用60～70mm，2013年向70～80mm迈进。像SOP8/SOP16等产品，已开发出12排框架，宽度达到83mm。预计到2015年前后，主流多排引线框架宽度将达到90～100mm。

宽排产品及高密度框架，带来了设备及生产技术的提升要求，这将导致引线框架企业的较高投入及研发能力的提升，这要求江苏省引线框架行业内企业重新定位。因此，最近两年引线框架企业的投入还要加大，使引线框架产业在技术上、产量上持续发展。

2. 产品可靠性技术的挑战

随着客户对封装产品可靠性的要求越来越高，封装企业也开始转向要求引线框架企业配合开发新的引线框架技术，其中目前最流行的是引线框架的表面处理技术，通过对引线框架的特殊表面处理，达到框架与塑封料的紧密结合，提高产品的可靠性、一致性。江苏省引线框架企业若能在工艺技术研究方面狠下工夫，开发成功特殊工艺的表面处理技术，必将在今后的竞争中赢得先机和取得可喜的成绩。

3. 成本控制对企业竞争力的作用会进一步明显

近几年，引线框架的毛利率空间越来越小，而劳动力成本及管理成本却不断增加，使引线框架企业的利润空间非常小，有些企业甚至亏损。因此，成本控制对企业竞争力的作用进一步明显，企业不仅要从管理上控制成本，还要通过技术提升来控制成本。其努力的两个方向，一个是通过技术改造提升生产效率，降低生产成本；另一个是加速开发自动化机器设备，减少员工数量，降低劳动力成本。

第四节　2014 年江苏省集成电路塑封料产业发展情况

一、2014 年世界集成电路塑封料产业发展情况

日本、中国是当今世界半导体封装用环氧塑封料（Epoxy Molding Compound，EMC）的生产大国。

2014 年度世界十大半导体塑封料厂商排名为日本住友电木、日本日立化成、日系中国台湾长春、德系中国汉高华威、日本松下电工、日本京瓷化学、中国江苏中鹏、韩国金刚高丽化学、韩国三星 Cheil、日本信越化学。其中日系企业占 6 家，日系中国台湾长春为日本住友与中国台湾长春集团合资企业，只做低端产品；非日系企业有 4 家，其中韩系企业占两家，尚未在中国大陆设厂；中国品牌和欧洲品牌各占一家，两家工厂都设在江苏连云港。江苏中鹏是连云港塑封料中资世界级企业，致力于打造世界级非日系塑封料首选品牌；连云港汉高华威，是德国汉高集团并购美国 Hysol 塑封料业务和并购控股江苏华威电子后，整合转产而来的。

中国市场销量领先的 5 家生产企业为、常熟日系长春（只做低端产品）、连云港汉高华威、连云港江苏中鹏、苏州住友电木、苏州日立化成。

在全球市场上，无论是生产量上还是销售金额上，第一集团的日系三家供应商——住友电木、日立化成（日东电工）、住友日台合资长春占据了市场领导地位；处于第二集团的中资品牌江苏中鹏、德系汉高华威、日系两家二线厂商、韩系两家大厂所占份额在 6%～9%，差距不大，行业地位旗鼓相当。中国及韩国企业关联销量相对增长较快，有望进一步提升其全球行业地位和影响力，特别是中资江苏中鹏有望在 2016 年或 2017 年成为全球第四大塑封料销量、全球三大产品品牌（EME/CEL/SP）企业之一，其在全球的行业地位和影响力将日益突显（表 5.4.1 和图 5.4.1）。

表5.4.1　2013年与2014年使用塑封料的半导体封装出货对比

封装形式	2013 年（10 亿只）	2014 年（10 亿只）	变化率（%）
IC 封装	169.3	179	4.0
通孔即插封装	4.0	3.9	–2.5
SOIC/TSOP/SOT	81.0	83.2	2.7
QFP/LCC	17.0	15.5	–8.8
QFN	26.0	35	34.6
引线键合 CSP	8.4	9	7.1
堆叠 CSP	8.0	9	12.5

续表

封装形式	2013 年（10 亿只）	2014 年（10 亿只）	变化率（%）
BOC	11.0	10	–9.1
引线键合阵列	0.9	0.9	0
COB（引线键合）	12.0	12.5	4.2
分立器件	335	351.8	5.0
使用塑封料的半导体封装	504.3	530.8	4.7

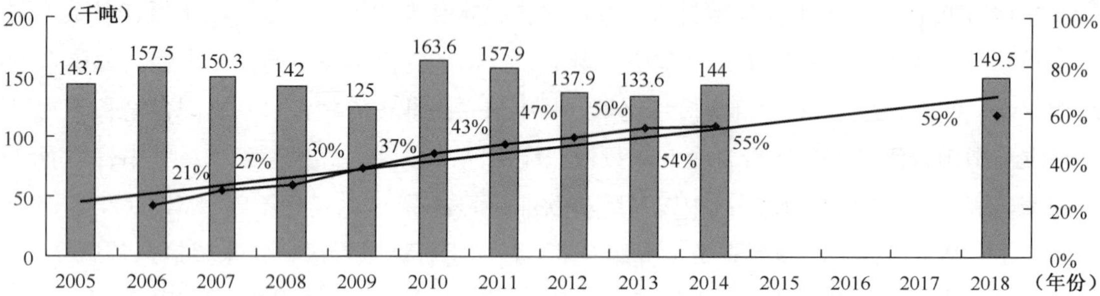

GAGR=0.3%（2005—2018 年）

（资料来源：Prismark）

图 5.4.1　2005—2018 年世界塑封料产量增长情况

二、2014 年中国集成电路塑封料产业发展情况

中资企业的 EMC 产销量在 25000 吨左右，已经远超韩国企业总销量，外资企业产销量超过 30000 吨，但是由于中资厂家较多，市占率相对分散，虽然产品定位各有不同，但仍以中低端为主。日系厂商的产品涵盖高、中、低端各个领域，而且产品高端占有率极高，因而产品附加值极高，在市场上占有绝对的优势。非日系的中资厂家和韩国、欧美厂家等主要争夺中低端市场。

由于半导体产品小型化和高集成度趋势让单位封装用 EMC 用量不断减少， 所以半导体塑封料的使用量增长率低于半导体出货增长率。终端市场的智能手机、平板电脑等对微型化、高集成度等越来越高的要求，推动了整个封装行业的快速演变和发展，也对半导体塑封料产业的发展提出了新的要求。

三、2014 年江苏省集成电路塑封料产业发展情况简述

1. 2014 年江苏省 EMC 产业情况

我国 EMC 生产企业有 20 家，江苏省中外塑封料制造企业有 10 家，另有外资在无锡设立 EMC 进口粉料打饼成形工厂 2 家，共 12 家企业（表 5.4.2）。

表5.4.2　2014年江苏省集成电路塑封料主要生产厂商情况

序号	企业名称	企业性质	所在地	国内产销量（吨）
1	长春封塑料（常熟）有限公司	日台合资	江苏苏州	11000
2	汉高华威电子有限公司	德资控股	江苏连云港	9500
3	江苏中鹏新材料股份有限公司	民营股份制	江苏连云港	8000
4	苏州住友电木有限公司	日资	江苏苏州	5200
5	日立化成工业（苏州）有限公司	日资	江苏苏州	4800
6	长兴电子材料（昆山）有限公司	台资	江苏苏州	3800
7	江苏华海诚科新材料有限公司	民营股份制	江苏连云港	3500
8	无锡创达电子有限公司	中资	江苏无锡	1500
9	江苏晶科电子材料有限公司	中资	江苏连云港	1200
10	科化新材料（泰州）有限公司	中资	江苏泰州	800
	合计			51000

除此之外，国内主要集成电路塑封料生产厂商有北京科化新材料有限公司（年产 3600 吨）、北京中新泰合电子科技有限公司（年产 3500 吨）、韩国三星 Cheil（2500 吨）、金刚高丽化学 KCC（2200 吨）、浙江恒耀电子材料有限公司和广州华塑电子有限公司等，其产能规模都比江苏省塑封料厂小。

2014 年中国 EMC 生产企业地区分布呈相对集中的特点，长三角地区集成电路封装企业相对集中，其中江苏省年产 EMC 达 5.1 万吨，同比增长 8.7%，占全国 EMC 总产销量 5.5 万吨的 92.7%；形成了连云港（占 43.5%）、苏州（占 49.0%）两大塑封料生产基地，成为中国乃至世界集成电路塑封料重镇。

2014 年世界集成电路 EMC 结构销量此消彼长，增长乏力。国内市场传统集成电路封装产品塑封料单位消耗和总量都在减少，中高端先进封装用塑封料增长较快。2014 年中国大陆集成电路封装用 EMC 总用量中，中国大陆厂商供货约占八成多，海外进口 EMC 约占一成多。

2. 中资企业加快扩张产能，外企加快绿色升级转型

中国低端成熟的 ECON 型（如江苏中鹏新材料 SP-100 系列，日系长春 EME1200 系列）EMC 产能明显过剩，价格竞争激烈，中资 EMC 企业总的市场份额不断扩大，改变了原来一两家外企独大的市场格局，形成了江苏中鹏与外企日系长春、德系汉高华威三足鼎立的新格局。

江苏中鹏新材与其他外企及海外企业等营销重点都有所调整，集中资源推广绿色环保型 EMC，开发外资封装厂家及拓展海外市场。

江苏中鹏 SP-G260 DIP、SP-G360 SOT 及其他中资同行产品已经取得了一定的市场份额，SP-G610 SOP 等中资同行产品也积极参与和日系厂家的竞争，发展趋势鼓舞人心。

3. 国家科技重大专项实施推动中资企业加快成为世界新巨头

自 2009 年承担国家科技重大专项以来，江苏中鹏等中资企业积极加大人力、物力与资

金的投入，研发出系列化绿色环保型环氧塑封料新产品，并加大产品和品牌市场推广力度，打破国际巨头垄断，深受市场欢迎，为企业产品升级转型打开了广阔的发展空间，产品应用于 QFN、LQFP、TSOP、SOP、SOT、SOD、DIP、TO、DO 等芯片封装形式。江苏中鹏不仅仅加强企业技术创新，还加强企业资本运营、市场品牌营销、产品销售等全面创新工作。江苏中鹏 QFN 绿色环保型环氧塑封料 SP-G900 荣获了 2014 年度中国半导体创新技术与产品奖项，这是该公司第三次获此奖项。

江苏中鹏新材料股份有限公司等企业在国家科技重大专项研发项目及地方政府部门等政策与资金支持下，在国内广大客户与产业链的支持与帮助下，快速崛起，成为世界十大半导体塑封料企业之一，与外资巨头企业同台竞技，初步改变了中国 EMC 市场国际化竞争的格局，为中国集成电路封装业大发展作出了积极贡献。

4．互联网+助力中资企业打造世界级非日系半导体塑封料首选品牌

中国大陆是全球最大的二极管、三极管封装制造基地，也是全球主要的集成电路封装基地，中外资大小封装企业众多，对 EMC 产品要求千差万别。二极管、三极管封装这两大块自主或 OEM 代工要求不高的用户群为中资 EMC 企业提供了广阔的生存空间。

IC 封装和 SOT 封装、三极管 MOS 芯片封装等 OEM 企业，特别是面向国际客户的 OEM 企业，对中资 EMC 企业品牌知名度和产品一致性要求较高，进入门槛高，难度大。不仅要面向封装企业，还要面向封装企业的客户，特别是面向中外资封装企业的国际客户如 IDM 企业等，如何快速提高品牌知名度和认可度，这对中资企业来说是个巨大的长期挑战。

现代商战不是产品之战，而是品牌认知战。行业对国产封装材料的认知总是滞后的，在与外企争夺行业话语权的竞争中，中资封装材料企业借力互联网+营销，快速扩大行业知名度和影响力。

特别是江苏中鹏 EMC 销量和宁波康强引线框架营收都名列全球前十位，它们相互促进，协同营销，共同提高中国封装材料企业的全球行业地位、知名度和影响力。

5．行业动荡整合

无论从市场品牌营销，还是技术研发、生产制造的角度，高素质人才短缺始终是制约本行业发展重要的因素。具有国际化背景的人才是中国 EMC 行业参与全球化竞争的重要条件。外资企业人事变动等变化，触发整个 EMC 行业动荡与加快整合，中资 EMC 骨干企业整体水平得到快速提升。中国 EMC 外企的管理、技术、品牌营销和人才的溢出效应及海归人才和对外交流，必将带动和促进中资 EMC 企业的快速发展。同时中资企业也积极拓展多元化模塑料市场，如换向器酚醛模塑料、LED 支架塑封料等，全球前四大厂家都是多元化塑封料企业。

中外众多案例表明，专利诉讼既是国际公司保护自己知识产权的重要手段之一，也是国际公司打压、拖延中资企业发展的一种常规手段。中资企业要加强知识产权保护，积极

应对国际公司专利战。

四、2014 年中国集成电路塑封料技术与产品市场分布情况

1．2014 年中国集成电路塑封料市场分布情况

中国 EMC 生产企业以满足中国大陆集成电路封装需求为主，以出口海外为辅，所以它们的市场主要集中在集成电路封装企业相对集中的长三角地区、珠三角地区，以及京津地区、西部地区等。

中国目前已成为世界 EMC 第二大生产国，随着中外资企业海外市场的拓展，中国制造的 EMC 出口量将会快速增长，有望带动中国成为世界集成电路 EMC 最大生产国，这将改变世界集成电路 EMC 主要被日本企业垄断的行业竞争格局，也有利于改变世界集成电路封装业对国产 EMC 的认知。

2．2014 年中国集成电路塑封料技术与产品结构

1）EMC 环氧树脂体系分类

目前国际上 EMC 环氧树脂体系分为 ECON（邻甲酚型环氧树脂）、DCPD（双环戊二苯酚型环氧树脂）、Biphenyl（联苯型环氧树脂）及 Multi-Function（多官能团型环氧树脂）等，不同类型的环氧树脂具有不同的特性，不同类型的 EMC 分别适用于不同的集成电路封装形式。

日系供应商在中国市场仍然凭借其技术优势以 Biphenyl 树脂 EMC 占据 SSOP、TSOP、LQFP、QFN、BGA 等中高端市场，非日系供应商则占据 DO、SOD、TO、SOT、DIP、SOP 等中低端市场。总体上中资 EMC 企业集中在 DO、TO、SOT、DIP、SOP 等封装的中资客户市场，中资企业中鹏等在大力拓展 SOD、SOT、SOP、LQFP、QFN 等封装客户市场，加快研发推广 SIP、BGA、CSP 等封装用绿色环保塑封料。

2）EMC 环氧树脂应用体系分类

按照芯片封装外形以及具体的应用，可以将集成电路封装分为通孔插装引线框架封装、表面贴装引线框架封装和表面贴装基板封装三大类。

（1）通孔插装引线框架封装用 EMC。

通孔插装引线框架封装用 EMC 主要是适用于半导体分立器件的封装，包括二极管、三极管、功率晶体管等，具体封装形式有 DO、TO 等，以及部分简单的 IC 如 DIP 和 SIP。其主要的共性就是不需要经过 Jedec 的级别考核，从而对 EMC 的性能要求相对不高。

中外资中小企业产品多集中在低端的 ECON 型环氧树脂体系 EMC，主要应用于中国大陆面广量大的二极管、三极管等中小企业自有产品普通封装中，然而普遍存在品牌认知度低、产品质量一致性差、技术力量薄弱等难题，亟须解决。

针对这种通孔式半导体封装市场的不同要求，江苏中鹏新材料股份有限公司、日系长春封塑料（常熟）有限公司和汉高华威电子有限公司这三家占据市场主导地位，中资企业

总量在快速扩大。

（2）表面贴装引线框架封装（Surface Mount/Lead Frame）用 EMC。

具体的封装形式主要有 SOD、SOT、DPAK/D2PAK、SOIC、SSOP、TSSOP、QFP、T/LQFP、QFN 等。

表面贴装引线框架封装已经成为目前中国大陆 IC 封装的发展主流，而与之相配套的 EMC，要求材料具有低吸湿性、低应力、高耐热性以及低成本等特性，才能在高温下不产生内部分层或开裂等失效问题。

目前 EMC 以外资企业的本土制造和中资企业为主，进口为辅。本土化采购已成为外资封装企业和中资封装企业的共识。目前中国大陆 EMC 生产厂家主要有外资苏州住友电木有限公司、日立化成工业（苏州）有限公司等。江苏中鹏新材料股份有限公司已成为国内客户 SOD、SOT、SOP 用 EMC 主流品牌厂家之一，并推出了其他中高端产品如 LQFP、QFN 绿色环保型塑封料，积极拓展市场。

（3）表面贴装基板封装（Surface Mount/Laminate）用 EMC。

利用基板材料（Substrate）将连接电路预设于基板中的封装形式已成为先进封装的主要发展方向。目前发展出来的主要封装形式有 BGA、CSP、MCP、SIP、MMC、POP、SCSP 等。这种封装对 EMC 的耐热性、吸湿性、低应力、翘曲控制以及黏度等都有很高的要求。

目前中国先进封装用 EMC 仍被日资企业本土制造或进口垄断，江苏中鹏新材料股份有限公司等中资企业正在加快研发国家科技重大专项 SIP、BGA、CSP 绿色环保型 EMC 和 TSV 三维高密度封装绿色环保型 EMC。

3. EMC 塑封料研发能力情况

外资企业苏州住友电木有限公司在苏州设立研发中心。外企汉高华威电子有限公司在中国和美国有技术研发中心。

江苏中鹏新材料股份有限公司拥有江苏省微电子封装材料工程技术研究中心，是国家级高新技术企业，江苏省著名商标、名牌产品企业，国家集成电路封测技术产业链创新战略联盟首批理事单位。其通过承担国家科技重大专项项目，加大技术研发投入，研发力量得到较大提升，并在中高端无卤环保绿色塑封料研发上陆续取得了突破。

其他中资骨干企业如北京科化、江苏华海诚科等也设有技术研发专门机构和人员，注重技术研发投入。

五、中国集成电路塑封料产业面临的挑战

为了适应绿色环保的发展趋势，集成电路封装用 EMC 将加快向绿色环保型方向发展，中外 EMC 企业面临升级转型和重新整合的挑战，对中资 EMC 中小企业是挑战大于机遇。

随着中国封装产业全球化、品牌化、专业化、规模化、系列化的发展，特别是中国 OEM

封装企业的客户国际化进程加快，要求提升中国 EMC 品牌全球化产业链客户认知度是中资 EMC 企业品牌市场营销必须积极面对的长期艰巨挑战。

集成电路封装设备从普通大饼料的传统模具转换为小饼料的 MGP 模具或 AUTO 模具，封装引线框架的排数越来越多，宽度不断提高，加上键合金丝改铜线等变化，不仅对 EMC 产品打饼设备的更新与精度一致性要求很高，还对 EMC 产品工艺流动适应性和吸湿性等提出了新要求，加之客户对 EMC 厂家产品系列化等要求的变化，这些都将制约中资中小企业和新兴企业进入市场和发展壮大。

中国集成电路塑封料产业发展方向如下：

（1）目前全球封装业更加亚洲化、中国化，中国集成电路封装业正加快国际化和产品绿色无铅化封装技术升级转型，中国 EMC 行业正处于快速发展和急剧变革时期，已形成江苏中鹏新材料股份有限公司、日资苏州住友电木有限公司、日立化成工业（苏州）有限公司、长春封塑料（常熟）有限公司中日四巨头同台竞技和其他诸侯割据的新格局，中资 EMC 企业市场规模不断扩大。

（2）绿色环保型与无铅化低应力 EMC 市场以世界级巨头间的竞争为主，中资 EMC 品牌企业等快速跟进崛起，中低端产品大批量供货，加快高端产品技术研发突破、产品推广和产业链品牌营销；低端非绿色环保型 EMC 中外厂家产能严重过剩，价格竞争激烈，市场占有率日趋分散，外资厂家或进口厂商都在主动或被动收缩低端市场，中资企业总体占有率在不断提高，总销量已经超过韩国企业，但中资中小企业也面临着 EMC 绿色环保升级转型的严峻挑战，生产经营艰难。

（3）随着快速崛起的欧美系连云港汉高华威、日系常熟长春和中资连云港中鹏先后跨进世界十大集成电路塑封料产销量领先企业行列，日系住友、日系日立先后在苏州设厂，并扩大生产规模，封装第一大省江苏芯装塑封料行业在世界集成电路行业中的地位将进一步提高，将来中国有望成为世界 EMC 最大生产国，并将在海外市场占有重要行业地位。

第五节　2014 年江苏省集成电路键合丝产业发展情况

键合丝（Bonding Wire）是半导体器件和集成电路组装时，使芯片内电路的输入/输出连接点（键合点）与引线框架的内接触点之间实现电气连接的内引线。键合丝作为键合内引线，应具有电导率高、导电能力强、与导体材料的结合力强、化学性能稳定等性能优点。

一、2014 年世界集成电路键合丝产业发展状况

据 SEMI 统计报道，2014 年世界集成电路键合丝材料市场规模预计为 39.7 亿美元，同比下降 4.8%；其他芯片粘结材料市场规模预计为 7.9 亿美元，同比增长 3.9%（图 5.5.1 和表 5.5.1）。键合丝材料营收下降的主要原因有：随着集成电路封装先进高端产品技术发展，开发生产更为先进的多圈阵列 BGA、SIP、CSP、WLP（WLCSP）、FC、BumP 等，引线改为植球式，因此内引线同比呈下降趋势；同时，由于铜丝代替了价格昂贵的金丝，因此在内引线市场营收规模上，也使总值同比下降较快。

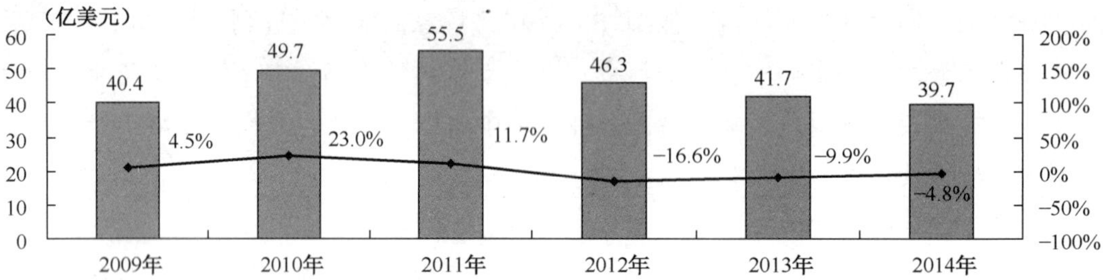

CAGR=−0.35%（2009—2014 年）

（资料来源：SEMI）

图 5.5.1　2009—2014 年世界半导体键合丝市场发展规模及增长

表5.5.1　2009—2014年世界半导体芯片粘结材料发展规模及增长

指标名称	2009 年	2010 年	2011 年	2012 年	2013 年	2014 年	CAGR（%）
芯片粘结材料（亿美元）	5.8	6.6	7.0	7.3	7.6	7.9	6.38
成长率（%）	5.6	13.8	6.1	4.3	4.1	3.9	—

（资料来源：SEMI）

二、2014 年中国集成电路键合丝产业发展情况

1. 2014 年中国集成电路键合丝产业规模及发展预测

2014 年国内集成电路键合丝市场总销量约为 5636kkm，比 2013 年增长 5.9%。

由于智能手机和平板电脑市场增速下降，预计 2015—2017 年间年均增长 3%～5%。金线

市场将持续降低，预计年均减少 10%～15%。铜线，尤其是镀钯铜线继续增长，但是增长率将由过去 3 年的平均 40%以上降低为 10%左右。银线在 IC 市场获得重大突破，保持高速增长。

2．2014 年中国集成电路键合丝产业主要厂商情况

国内主要键合丝企业情况见表 5.5.2。

表5.5.2　国内主要键合丝企业情况

序号	公司名称	产品类别	所在地
1	贺利氏招远常熟电子材料有限公司	Au、Cu、Pd-Cu、Ag、Al	常熟（江苏省）
2	贺利氏（招远）贵金属材料有限公司	Au、Cu、Pd-Cu、Ag、Al	招远（山东省）
3	田中电子（杭州）有限公司	Au、Cu、Pd-Cu、Ag、Al	杭州（浙江省）
4	杭州日茂新材料有限公司	Au、Pd-Cu	杭州（浙江省）
5	铭凯益电子（昆山）有限公司	Au、Cu、Pd-Cu、Ag	昆山（江苏省）
6	宁波康强电子股份有限公司	Au、Cu、Pd-Cu、Ag	宁波（浙江省）
7	北京达博有色金属焊料有限责任公司	Au、Cu、Pd-Cu、Ag	北京市
8	烟台招金励福贵金属股份有限公司	Au、Cu	招远（山东省）
9	山东科大鼎新电子科技有限公司	Au、Cu、Al	兖州（山东省）
10	广东佳博电子科技有限公司	Au、Cu、Ag	广州（广东省）
11	喜星金属（海外企业）	Au、Cu、Pd-Cu、Ag	仁川（韩国）
12	乐金股份有限公司（海外企业）	Ag	台中（中国台湾地区）

国内主要企业的销量及市场份额见表 5.5.3。

表5.5.3　国内主要企业的销量及市场份额

序号	公司	2014 年总销量（kkm）	序号	公司	2014 年总销量（kkm）
1	贺利氏招远常熟电子材料有限公司	1990	6	北京达博有色金属焊料有限责任公司	360
2	贺利氏（招远）贵金属材料有限公司		7	喜星金属	264
3	田中电子（苏州）有限公司	887	8	乐金股份有限公司	162
4	杭州日茂新材料有限公司（日铁）	718	9	宁波康强电子股份有限公司	160
5	铭凯益电子（昆山）有限公司	625	10	其他	510

2014 年国内主要企业键合丝市场份额如图 5.5.2 所示。

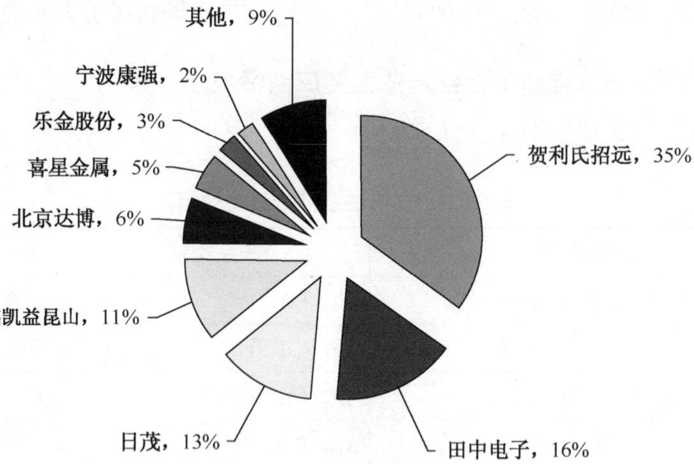

图 5.5.2　2014 年国内主要企业键合丝市场份额

3．2014 年中国集成电路键合丝技术进步情况

目前，半导体元器件 80%以上采用引线键合连接。随着集成电路及半导体器件向封装多引线化、高集成度和小型化发展，要求采用线径更小、电学性能更好的键合丝。智能手机和平板电脑等移动设备是半导体器件的主要增长点，并推动着先进工艺和材料技术的发展。在智能手机中，越来越多的新技术和新产品得到应用，如覆晶倒装的无线产品、堆叠芯片封装的记忆体、芯片尺寸级封装应用于更薄、更小的电子产品。同时，尽管 2014 年黄金的价格较上一年继续下降，但是仍处于相对高点。这些产品和技术的发展要求行业提供大规模生产的具有高性价比的材料，推动着键合丝行业发生深刻而重大的变化。

市场上主要有 4 种材料用做键合丝，分别为金、银、铜和铝。在过去几十年的键合产品中，金线一直是主要的材料。自 2007 年起，黄金价格开始大幅上升，这种趋势一直持续到 2011 年突破 1850 美元/盎司，并在随后数年保持相对高位。经过键合丝企业、设备厂商以及使用部门的共同努力，铜线（包含镀钯铜线）从 2007 年开始得到使用，规模快速扩大。2014 年，铜线的总量超过 45%。过去 4 年，合金银线也得到了快速发展。铝线主要用于低端消费电子及部分功率元器件。消费类电子和通信产品最先使用铜线及合金银线，并且工业电子、服务器甚至汽车电子也已开始评估或使用（图 5.5.3）。

键合丝市场及技术趋势主要为：

- 材料选择及成本下降；
- 采用先进封装键合技术。

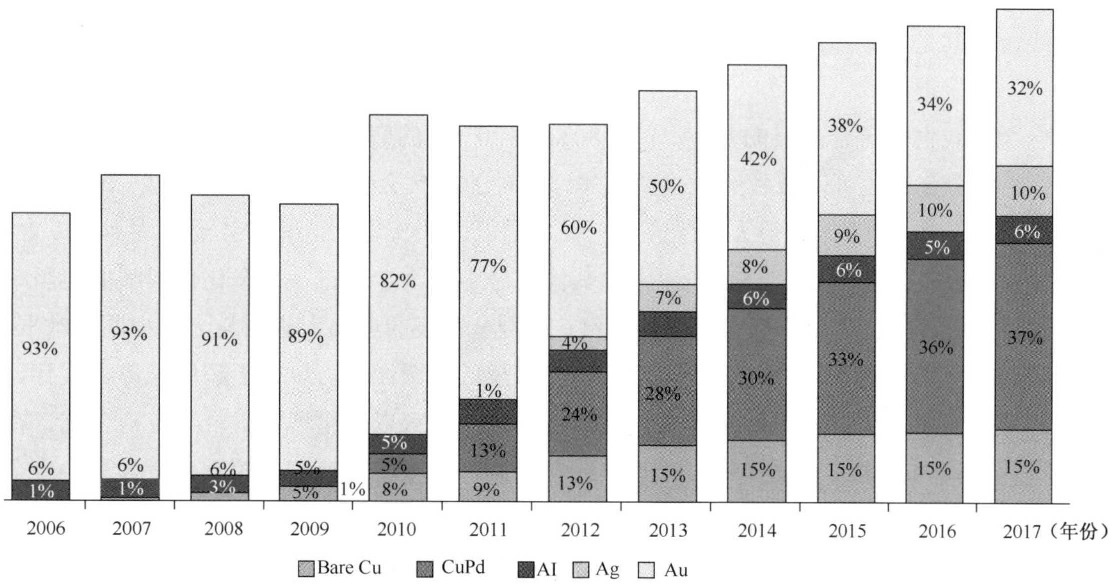

图 5.5.3 国内集成电路键合丝材料技术发展趋势

1）材料选择及成本下降

在键合丝市场，新材料的应用降低了新供应商进入的门槛，尤其是资金的压力。过去贺利氏、田中、住友占有主要的金线市场，3 家的市场份额合计超过 70%。随着金线转铜线的快速变化，住友于 2012 年退出键合丝市场，贺利氏借助成熟先进技术主导纯铜线市场，日铁获得极大发展并主导镀钯铜线市场。铜线以及合金银线的增长吸引了大批企业进入键合丝行业。

（1）纯铜线和镀钯铜线。

对于键合丝替代材料，目前市场主要选择铜线（镀钯铜线）。铜线具有高电导率和导热率，并能形成更可靠的金属间结合层，由此带来高温环境下的产品可靠性优势。相对于金线，铜线具有较高的杨氏模量，因此，铜线具有更好的线弧特性。然而，纯铜线容易氧化，开封后的使用寿命通常为一周，并且单轴长度一般不超过 1000m（金线可达 5000m）。目前，纯铜线几乎可用于所有封装产品，并能够提供 18～50μm 的各种线径。相对于早期出现的 2N、3N 纯铜线，目前大规模使用的纯铜线纯度为 99.99%，易于形成硬度较低的 FAB，对于键合过程中第一焊点的焊层开裂、铝挤出有明显改善。

纯铜线在键合过程中，必须使用混合气（如 95%N_2+5%H_2）防止 FAB 形成氧化。同时，必须调整键合相关参数，工艺窗口窄于金线。纯铜线在高湿度及高卤素环境中易被腐蚀，塑封材料及有机板中的卤素含量对元器件可靠性起到关键影响。

镀钯铜线克服了纯铜线易于氧化的缺点并带来了额外的好处。镀钯层一般为电镀，并经过拉丝、退火达到需要的线径。由于镀钯层的保护，多家封装企业反馈在键合时不使用混合气体或只使用纯氮气。由于镀钯层易于与框架或基板结合，镀钯铜线的工艺窗口宽于纯铜线，尤其是第二焊点。开封后的镀钯铜线使用寿命也可达到 30 天。

（2）合金银线。

合金银线也是键合金线的替代产品。80%金+20%银的产品首先被开发和使用，相同线径下，此种合金银线可以节省约 15%的成本，相对于 80%金+20%银的合金银线，成本更低的高银线产品在 2013 年获得大规模应用，银含量可达 88%以上，有的甚至可达 96%以上，并有企业开发纯银线产品。合金银线中的其他成分主要为金和钯，合金化使银线的电阻率升高，产品研发的趋势为降低金和钯的比例，使合金银线的电阻率达到与金线相同的水平。合金银线的大部分物理特性与金线类似，硬度甚至低于金线，可以用于超低弧形、反打、堆叠芯片等应用，工艺窗口和生产效率优于铜线，并且可以使用现有键合设备与工艺。在键合过程中，合金银线需要使用混合气体或者纯氮气，塑封材料需要控制卤素含量。合金银线主要为细线，线径在 18～25μm，应用于 BGA、记忆体等多种封装产品。LED 是合金银线应用的另一种主要产品，除了成本，其反射率亦优于金线。

2）先进封装键合技术

随着 15μm 金线的大规模量产，更小尺寸及功能整合的产品得到发展。焊垫间距、线弧间距和线弧高度的设计是主要的挑战。超细的金线强度不足，受到塑封料的冲击，易造成短路。行业内主要通过适当地掺杂合金化来提高金线的强度。相关材料物理特性分析见表 5.5.4。

表5.5.4　国内集成电路键合丝用金线（2N）、合金银线（96%）、纯铜线和镀钯铜线的物理特性分析

项目	金线（2N）	合金银线（96%）	镀钯铜线	纯铜线
延伸率（%）	2～7	2～8	6～12	7～15
断裂载荷（g）	4～9	>3	3～9	3～8
密度（g·cm^3）	19.3	10.58	9.03	8.92
电阻率（mW·cm）	2.9	3.2	1.85	1.69
熔点（℃）	1063	1004	1081	1083
热影响区（μm）	45～85	最大 125	—	—
熔断电流（mA）（L=10mm）	263	301	309	311
FAB 硬度/Hv（0.01/5s）	59～62	45～55	92～107	85～95
Wire 硬度（0.01/5s）	72～75	70～80	97～107	85～95
气体要求	—	Forming/N_2	Forming/N_2	Forming gas
工作寿命（天）	一年以上（含一年）	7	60	7
有效期（月）	一年以上（含一年）	12	6	6

4．2014 年中国集成电路键合丝供应厂商产销情况

1）2014 年中国集成电路键合丝供应厂商产能情况

● 目前行业拥有满足市场需求及可预见的键合丝增长的能力。

- 2014 年平均产能利用率为 40%～85%。
- 多数企业金线产能利用率降至 50%以下。
- 新增产能集中在镀钯铜线和合金银线。
- 贺利氏和田中主导键合丝市场，两家公司合计拥有 50%市场份额。
- 日铁几乎退出金线市场，镀钯铜线销量稳定，但是份额降至 55%左右。
- 银线市场增长迅速，乐金、喜星和贺利氏主导 IC 市场。
- 多家国内企业进入，据不完全统计，已有超过 30 家键合丝企业。

如前所述，键合铜线包含镀钯铜线的进入门槛较键合金线大大降低，目前国内有超过 30 家生产企业，主要分布在半导体封装企业聚集的长三角地区、黄金资源丰富的山东省以及中小企业居多的广东省。

2）2014 年中国集成电路键合丝市场价格情况

价格是推动金线向铜线及合金银线转移的主要驱动力。总体来说，相同产品的价格随着线径变小而下降，尽管更小的线径需要更高的加工费用。由于技术进步，主要厂商持续推出新产品，并且不断有新企业进入键合丝行业，造成行业价格竞争激烈，尤其是低端产品价格恶性竞争，行业利润大幅下滑。

不同线径纯铜线、镀钯铜线、合金银线（96%）和金线的价格比较见表 5.5.5。

表5.5.5　键合丝价格对比表

线径	纯铜线	镀钯铜线	银合金线（96%）	金线（2N）
18μm	X	2X～3X	2X～4X	13X～18X
20μm	X	2X～3X	2X～4X	17X～22X
25μm	X	2X～3X	3X～5X	26X～34X
50μm	X	3X～4X	5X～8X	100X～130X

3）2015—2018 年中国集成电路键合丝市场发展预测

中国集成电路键合丝市场将随着封装市场的增长而增长。预估 2015—2018 年年均增长 3%～5%。金线市场将持续降低，预计年均减少 10%～15%。铜线，尤其是镀钯铜线继续增长，但是增长率将由过去 3 年的平均 40%以上降低为 10%左右。银线在 IC 市场获得重大突破，保持高速增长。

三、2014 年江苏省集成电路键合丝产业发展情况简述

1．2014 年江苏省集成电路键合丝产业发展概况

江苏省为集成电路键合丝产业强省，在 2014 年全国十大键合丝厂商中占据两位，其中贺利氏招远常熟电子材料有限公司居第一位，铭凯益电子（昆山）有限公司居第五位，占到全国集成电路键合丝总销量近 35%的份额，居全国首位。

随着住友公司退出中国键合丝市场和日铁公司退出金线市场，江苏键合丝企业填补了它们让出来的部分市场份额和空缺。贺利氏招远常熟电子材料有限公司则主导了国内键合丝市场。

2．2014 年江苏省集成电路键合丝主要企业情况（表 5.5.6）

表5.5.6　2014年江苏省集成电路键合丝主要企业情况

序号	公司	企业性质	产品	所在地
1	贺利氏招远常熟电子材料有限公司	外资	Au、Cu、Pd-Cu、Ag、Al	常熟
2	铭凯益电子（昆山）有限公司	外资	Au、Cu、Pd-Cu、Ag	昆山
3	田中电子（苏州）有限公司	外资	Au、Cu、Pd-Cu、Ag	苏州
4	常熟市天益微电子有限公司	内资	Al、Cu	常熟
5	无锡雪浪电子焊料厂	内资	合金焊料	无锡
6	无锡黎宏电子材料有限公司	内资	合金焊料	无锡

3．2014 年江苏省集成电路键合丝产品技术进步

2014 年，在键合丝企业、设备厂商以及键合丝用户的共同努力下，铜线（包含镀钯铜线）键合丝快速发展，铜线键合丝的销售总量超过 40%。过去 3 年，合金银线也得到了快速发展。铝线主要用于低端消费电子及部分功率元器件。

江苏省键合丝企业贺利氏招远（常熟）电子材料有限公司借助成熟先进技术主导纯铜线市场。铜线具有高电导率和导热率，并能形成更可靠的金属间结合层，由此带来高温环境下的产品可靠性优势。相对于金线，铜线具有较高的杨氏模量，因此，铜线具有更好的线弧特性。纯铜线几乎可用于所有封装产品，并能够提供 15～50μm 的各种线径。相对于早期出现的 2N、3N 纯铜线，目前大规模使用的纯铜线纯度为 99.99%，易于形成硬度较低的 FAB，对键合过程中第一焊点的焊层开裂、铝挤出有明显改善。

随着集成电路及半导体器件向封装多引线化、高集成度和小型化发展，要求线径更小、电学性能更好的键合丝。创新成了键合丝行业关注的重点。宁波康强、贺利氏招远常熟等公司的先进封装用超高强度键合金丝，创新点在于采用高真空垂直连铸技术，可拉性得到了大幅度的提高；采用微量元素掺杂技术和可变张力复绕技术，从而达到键合丝的高强度、低长弧要求；产品实现批量生产，贺利氏招远常熟公司还加强产品设计和制造质量的控制手段和新产品导入流程控制等。

四、2014 年集成电路键合丝产业存在的问题

1．键合丝行业的利润大幅下滑

总体来说，相同产品的价格随着线径变小而下降，尽管更小的线径需要更高的加工费用。由于技术进步，主要厂商持续推出新产品，并且不断有新企业进入键合丝行业，造成

行业价格竞争激烈，尤其是低端产品价格恶性竞争，行业利润大幅下滑。

2．先进封装键合技术对键合丝的要求提高

随着15μm金线的大规模量产，更小尺寸及功能整合的产品得到发展。焊垫间距、线弧间距和线弧高度的设计是主要的挑战。超细的金线强度不足，受到塑封料的冲击，易造成短路。因此，要求键合丝生产厂家开发出线径更小、电学性能和物理性能更好的键合丝。

3．测试投入不足，影响产品质量

从2014年键合丝行业和键合丝用户反映的问题看，部分键合丝制造企业对新产品设计和制造质量的控制手段还存在问题。主要表现在对测试的投入不足，甚至有发现问题后才进行测试的现象。由于不能主动进行测试并提早发现问题，导致不稳定产品流入市场，影响了产品质量。这无益于企业自身产品设计、制造水平的提高。

第六节　2014年江苏省集成电路材料产业总体发展情况

一、2014年江苏省集成电路材料产业发展背景

（一）2014年世界半导体材料产业发展简述

1．2014年世界半导体材料产业发展规模

自2013年下半年以来，随着世界半导体市场上扬和半导体产业需求的走高，2014年世界半导体材料业一扫前两年下滑的态势触底反弹。据SEMI报道，2014年世界半导体材料市场规模达443.5亿美元，同比增长3.0%（图5.6.1）。另有报道称2014年世界半导体材料市场规模达489.4亿美元，同比增长4.0%，其中前工序材料同比增长5.4%，后工序材料同比增长2.5%。

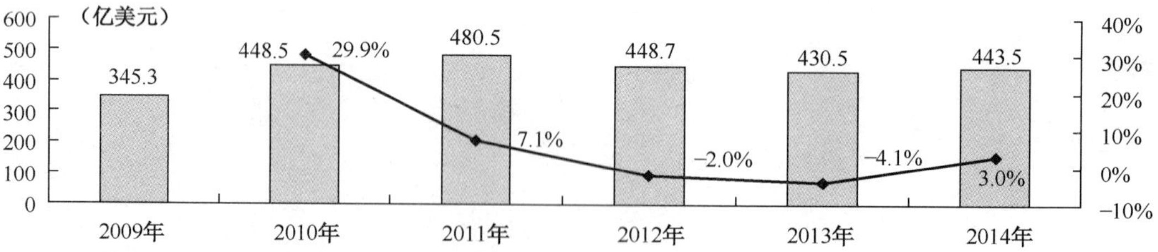

CAGR=5.13%（2009—2014年）

（资料来源：SEMI，2015.4）

图5.6.1　2009—2014年世界半导体材料产业发展规模及增长

2．2014年世界半导体材料市场情况

2014年世界半导体材料市场主要集中在中国台湾、日本、韩国、中国大陆和美国，由于中国台湾地区庞大的晶圆代工和先进的封装，中国台湾地区已连续5年成为世界最大的材料用户。日本、韩国分居第二、三位。在材料市场增长方面，中国台湾居第一位，美国居第二位，中国大陆居第三位，增长率分别为7.5%、4.6%和3.0%；在半导体材料市场占有率方面，中国台湾地区占21.6%，日本占16.2%，韩国占15.9%，中国大陆占13.1%，美国占11.2%，其他国家（地区）占到15.0%（表5.6.1）。

表5.6.1　2012—2014年世界半导体材料市场区域规模及增长

（单位：亿美元）

国家（地区）	2014年			2013年			2012年	
	市场规模	同比（%）	占比（%）	市场规模	同比（%）	占比（%）	市场规模	占比（%）
中国台湾地区	95.8	7.5	21.6	89.1	−0.1	20.7	89.7	20.0
日本	71.9	0.3	16.2	71.7	−13.0	16.7	82.4	18.4

续表

国家（地区）	2014年			2013年			2012年	
	市场规模	同比（%）	占比（%）	市场规模	同比（%）	占比（%）	市场规模	占比（%）
韩国	70.3	2.3	15.9	68.7	–5.8	16.0	72.9	16.2
中国大陆	58.3	3.0	13.1	56.6	2.9	13.2	55.0	12.3
美国	49.8	4.6	11.2	47.6	0.2	11.1	47.5	10.6
欧洲地区	30.8	1.3	6.9	30.4	3.1	7.1	29.5	6.6
其他地区	66.6	0.3	15.0	66.4	–7.4	15.3	71.7	16.0
合计	443.5	3.0	100	430.5	–4.1	100.0	448.7	100.0

（资料来源：SEMI/JSSIA整理）

3．2014年世界半导体制造前后道制程材料市场情况

据SEMI报道，2014年世界半导体晶圆制造材料市场规模为240亿美元，封装材料为203.5亿美元，与2013年相比，晶圆制造材料上升了5.7%，封装材料持平（表5.6.2）。

表5.6.2 2010—2014年世界半导体材料业前后道材料市场情况

（单位：亿美元）

指标 \ 年份	2010			2011			2012			2013			2014（E）		
实绩	实绩	同比增长	比重	实绩	同比增长	比重	实绩	同比增长	比重	实绩	同比增长	比重	实绩	同比增长	比重
前道材料	229.2	+29.1%	51.1%	242.0	+5.6%	50.4%	222.2	–8.1%	49.6%	227.0	+2.2%	52.7%	240.0	+5.7%	54.1%
后道材料	219.3	+30.5%	48.9%	238.5	+8.8%	49.6%	225.8	–5.5%	50.4%	203.5	–9.9%	47.3%	203.5	平	45.9%
合计	448.5	+29.9%	100%	480.5	+7.1%	100%	448	–2.0%	100%	430.5	–4.1%	100%	443.5	+3.0%	100%

（资料来源：SEMI/JSSIA整理）

4．2014年世界多晶硅产量情况

2014年世界多晶硅产量预计可达30.7万吨，同比增长22.8%。其中，中国产量为13.2万吨，同比增长61%；美国产量为5.8万吨，同比增长5.5%；韩国产量为4.9万吨，同比增长2.1%；德国产量为5.2万吨，同比增长21.4%；日本产量为1.2万吨，同比下降14.3%。中国产量位居世界第一位，占到世界多晶硅产量43%的份额。在世界多晶硅产量中，半导体电子级用多晶硅有3.5万吨左右，同比增长16.7%。

5．2014年世界硅晶圆片出货量情况

据国际半导体设备材料产业协会（SEMI）统计，2014年世界半导体硅晶圆片出货面积总计达100.98亿平方英寸，较2013年增长11.3%，创下自2010年以来的新高，但其收入表现平平，仅较2013年略升1.3个百分点（图5.6.2和图5.6.3）。

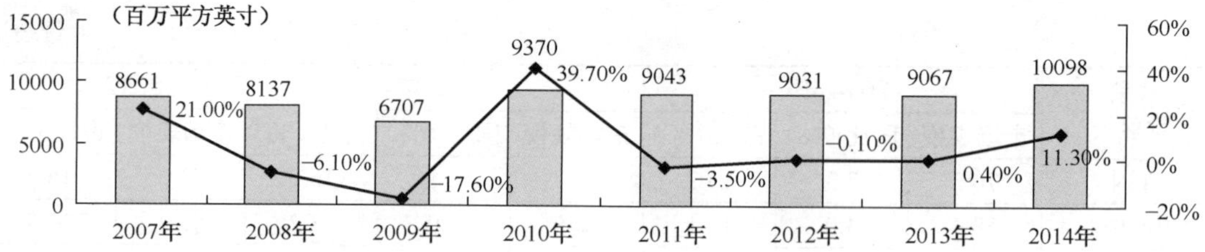

CAGR=2.22%（2007—2014 年）

（资料来源：中半协支撑业分会、中国电子报/Jssia 整理）

图 5.6.2 2007—2014 年世界硅晶圆片出货规模及增长

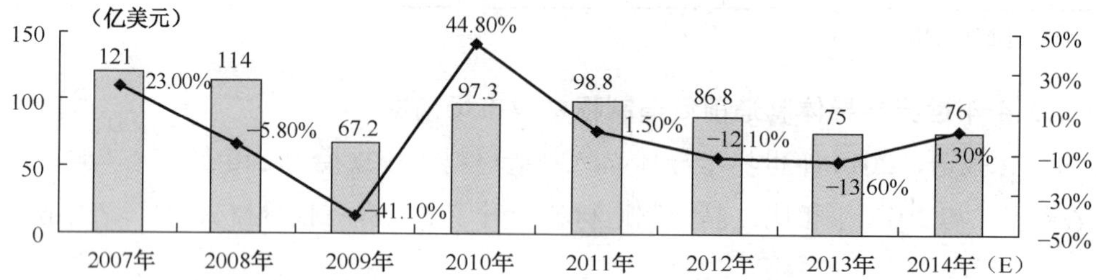

CAGR=−6.43%（2007—2014 年）

（资料来源：SEMI，2015.2/JSSIA 整理）

图 5.6.3 2007—2014 年世界硅晶圆片出货营收额及增长

2014 年世界半导体硅晶圆片出货量达 100.98 亿平方英寸，同比增长 11.3%。其中，300mm（12 英寸）硅片出货量为 62.91 亿平方英寸，同比增长 16.3%；200mm（8 英寸）硅片出货量为 25.95 亿平方英寸，同比增长 5.3%；150mm（6 英寸）及以下小尺寸硅片将在一段时间内继续保持相对稳定的市场份额（图 5.6.4）。

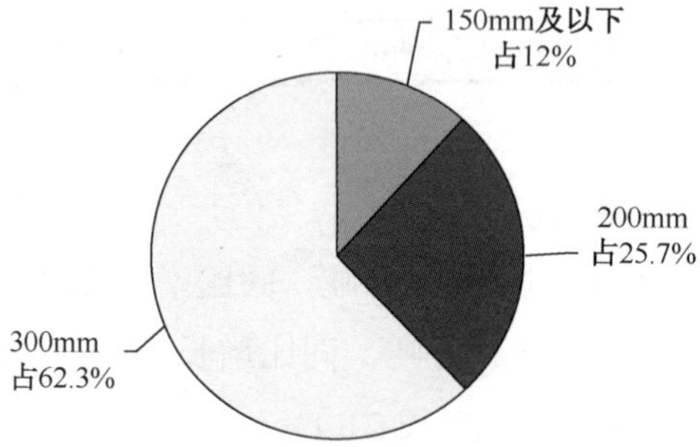

（资料来源：中半协支撑业分会）

图 5.6.4 2014 年世界硅晶圆片出货量结构

6. 2014 年世界半导体材料市场发展情况

2014 年世界半导体市场规模达到 3331.5 亿美元，同比增长 9.0%，为近几年来的最好年份，所需原材料也随之增长，半导体晶圆以 28 纳米大生产为主流技术，16—14 纳米技术已进入大生产，10 纳米技术也已开发成功，55—16 纳米所需 12 英寸半导体材料相应需求增大。同时随着物联网、互联网、IC 卡、可穿戴设备市场的兴旺，8 英寸半导体市场最为热闹，风头赶超 12 英寸；2014 年光伏行业再次兴旺，LED 业、显示屏业迅速成长，也带动了世界半导体产业的进一步蓬勃发展。

2014 年世界半导体材料业营收额预计达 443.5 亿美元，同比增长 3.0%。其中，半导体制造（前道）材料业市场预计为 240.0 亿美元，同比增长 5.7%；半导体封装（后道）材料业市场预计为 203.5 亿美元，同比持平。

2014 年世界半导体材料业前、后道工序材料占比如图 5.6.5 所示。

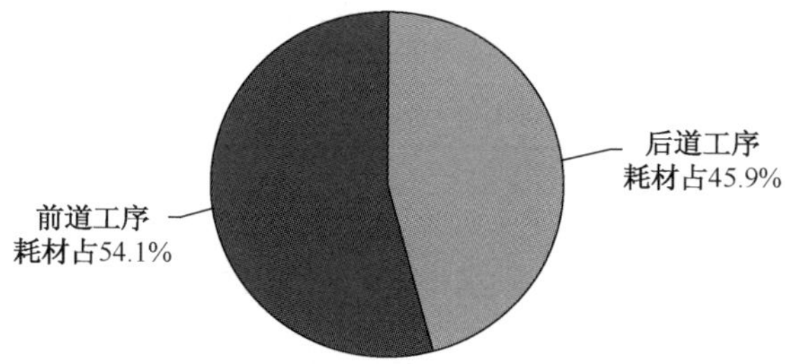

图 5.6.5　2014 年世界半导体材料业前、后道工序材料占比

2009—2015 年世界半导体制造材料市场规模及预测见表 5.6.3。

表5.6.3　2009—2015年世界半导体制造材料市场规模及预测

（单位：亿美元）

年度	2009	2010	2011	2012	2013	2014（E）	2015（E）
硅片	67.2	97.3	98.8	86.8	75.0	76.0	—
SOI	4.1	4.5	5.2	4.3	5.0	5.5	—
掩模板	27.3	30.4	32.0	31.1	31.7	32.8	—
光刻胶	9.2	11.6	12.8	13.5	13.4	13.6	14.2
光刻胶配套试剂	10.8	13.0	14.1	15.1	15.3	16.2	—
电子气体	24.7	28.9	31.1	31.2	33.2	35.0	37.2
超净高纯试剂	7.5	8.5	9.1	9.7	10.3	（11.3）/26.9	28.0
靶材	4.3	6.0	5.8	5.8	6.1	6.5	6.8
CMP 材料	9.2	12.5	12.7	13.8	15.3	15.9	17.1
其他材料	13.6	17.7	20.6	23.2	26.5	30.5	—
总计	177.9	230.4	242.2	222.2（234.5）	227.0（231.8）	240.0（244.5）	—
包括：低 k 电介质、铜电镀液、介质的前驱体、有机金属前驱体、其他基板等							

（资料来源：SEMI）

2009—2014 年世界半导体封装材料市场规模及预测见表 5.6.4。

表5.6.4　2009—2014年世界半导体封装材料市场规模及预测

（单位：亿美元）

年度	2009	2010	2011	2012	2013	2014（E）
引线框架	26.6	33.9	34.6	35.3	33.4	34.4
封装基板	72.8	90.0	98.3	104.3	110.7	116.1

续表

年度	2009	2010	2011	2012	2013	2014（E）
陶瓷基板	12.9	13.8	14.2	14.6	14.5	14.9
键合丝	40.4	49.7	55.5	46.3	41.7	39.7
包封材料	14.8	19.3	21.0	22.3	23.7	24.9
芯片粘结材料	5.8	6.6	7.0	7.3	7.6	7.9
其他封装材料	1.8	4.8	5.6	6.5	7.5	8.5
总计	175.1	218.1	236.2	225.8（236.6）	203.5（239.1）	203.5（246.4）
包括：焊球、晶圆尺寸封装介质						

（资料来源：SEMI）

2009—2017 年世界各国（地区）引线框架市场规模见表 5.6.5。

表5.6.5　2009—2017年世界各国（地区）引线框架市场规模

（单位：百万美元）

地区＼年份	2009	2010	2011	2012	2013	2014(E)	2015（E）	2016（E）	2017（E）	CAGR 2014/2009
中国大陆	680	930	1031	1019	1050	1125	1159	1180	1185	7.19%
日本	415	493	426	477	435	426	401	370	344	2.32%
韩国	170	184	190	129	140	141	140	133	130	–3.30%
中国台湾	440	546	562	492	534	546	559	554	548	2.78%
东南亚	829	1079	1101	1019	1038	1063	1071	1077	1071	3.25%
欧洲	88	99	92	99	98	96	92	90	88	0.0%
北美	41	63	59	49	47	44	42	42	40	–0.31
合计	2663	3394	3461	3530	3342	3441	3464	3446	3406	3.12%

（二）2014 年中国集成电路材料产业发展简述

2014 年《国家集成电路产业发展推进纲要》发布并指出：建立一个相对完善的产业体系，支持发展集成电路材料产业，破解产业发展瓶颈，发展 65—45 纳米及 12 英寸硅片光刻胶等成为工作重点目标之一。近年来，随着我国集成电路产业快速发展，材料业也取得较快进步，研发和投入增加，产品和人才队伍结构改善，部分材料产品已进入 8 英寸、12 英寸生产线使用，国内材料产品集中在中低端的状况有所改善，材料产业向高端应用迈进已成为主要努力方向。

1. 2014 年中国电子材料行业销售收入情况

2014 年中国电子材料行业销售收入超过 2800 亿元，同比增长 7.0%（表 5.6.6）。

表5.6.6　2014年中国电子材料行业50强企业情况

项目	企业数		销售收入			备注
	企业数（家）	占比（%）	实绩（亿元）	占全行业（%）	占 50 强（%）	
电子材料行业 50 强	50	100.0	893.86	31.92	100.00	• 2014 年内资企业（国资、民资）在 50 强企业中占比明显增长，已占到近七成 • 2014 年民资企业规模不断扩大，竞争力不断增强，成为国内外市场竞争的“突击队”和“主力军”
其中：半导体材料行业	18	36.0	342.18	12.22	38.28	
其中：国资企业	8	16.0	93.83	3.35	10.50	
民资企业	30	60.0	535.63	19.13	59.92	
外资企业	12	24.0	264.40	9.44	29.58	

（资料来源：中国电子材料行业协会/中国电子报，2015.6.16）

2014 年中国电子材料行业 50 强企业科技研发投入达 53.52 亿元，平均研发投入占企业总收入的 3.5%。

2015 年中国电子材料行业销售收入正向 3000 亿元大关迈进，预计同比增长 7.1%。

2．2014 年中国集成电路材料市场情况

1）2011—2015 年中国集成电路制造材料市场发展规模（表 5.6.7）

表5.6.7　2011—2015年中国集成电路制造材料市场发展规模

（单位：亿元）

材料名称	2011 年	2012 年	2013 年	2014 年（E）	2015 年（E）
硅片及硅基材料	92.23	89.07	83.0	88.0	104.21
掩模板	22.96	24.42	23.69	26.76	31.78
光刻胶	9.76	11.01	10.68	12.28	14.59
光刻胶配套试剂	10.14	12.01	11.84	13.86	15.89
电子气体	22.96	25.02	24.27	27.42	32.83
高纯试剂	7.08	8.41	8.35	23.5（9.63）	27.4（11.46）
靶材	4.59	5.20	5.44	6.14	7.29
CMP 材料	9.95	11.01	11.60	15.33	18.24
其他材料	11.67	14.01	15.73	20.18	24.23
总计	191.35	200.16	194.16	233.47(219.36)	276.46（260.52）

CAGR=13.05%（2011—2014 年）

（资料来源：中国电子报，2015.3.13/JSSIA 整理）

2）2009—2015 年中国集成电路制造材料市场规模及增长（图 5.6.6）

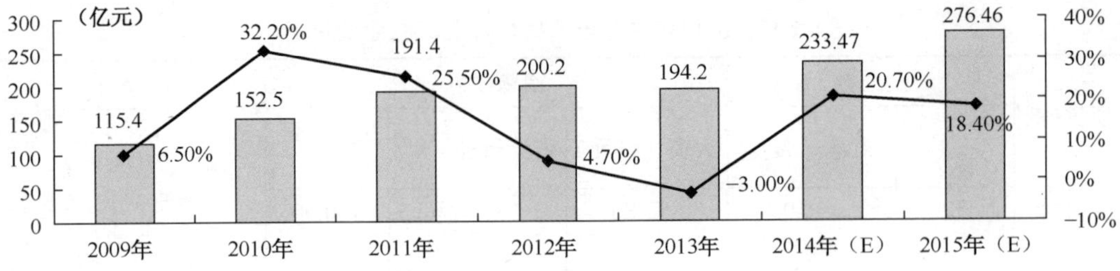

CAGR=13.71%（2009—2015 年）

图 5.6.6　2009—2015 年中国集成电路制造材料市场规模及增长

3）2014 年中国集成电路制造材料市场需求结构（图 5.6.7）

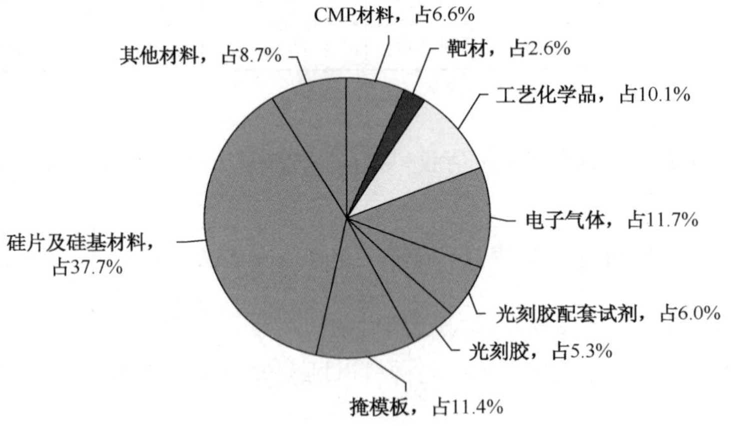

图 5.6.7　2014 年中国集成电路制造材料市场需求结构

4）2009—2015 年中国硅片及硅基材料市场发展规模及增长

2014 年我国硅片及硅基材料销售收入预计为 88 亿元，同比增长 6.0%，占世界同期总值的 18.6%；预计到 2015 年市场营收额将达到 104.21 亿元，同比增长 18.4%，占世界同期总值近 20%的份额，发展较为迅速（图 5.6.8）。

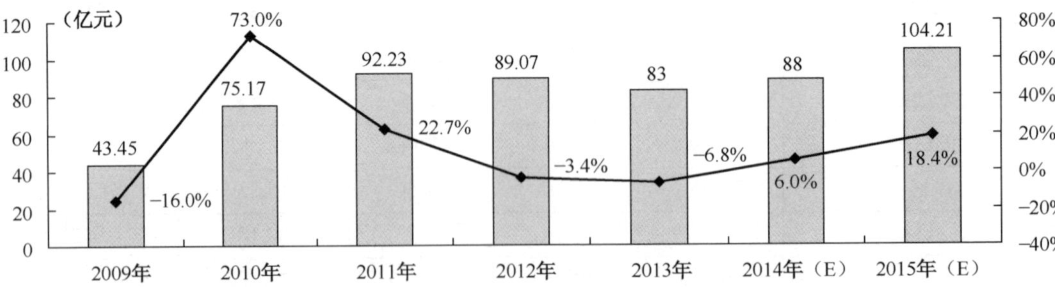

CAGR=15.70%（2009—2015 年）

图 5.6.8　2009—2015 年中国硅片及硅基材料市场发展规模及增长

5）2014 年中国集成电路硅材料产品发展规模

2014 年随着国内光伏政策的出台和对外国多晶硅双反的制裁，我国多晶硅产量有所增长，改变了受制于人的局面。2014 年我国硅锭/硅棒总产量约 17 万吨，同比增长 26%，其中直拉单晶硅产量约 4.5 万吨（含电子级单晶硅 1200 吨、区熔级单晶硅约 100 吨），与 2013 年基本持平（图 5.6.9）。

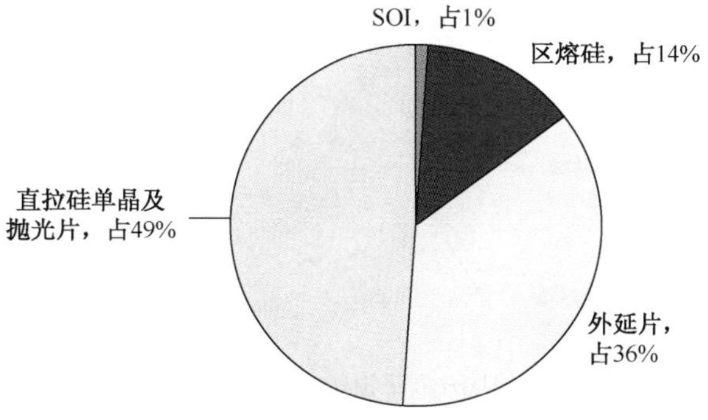

图 5.6.9　2014 年中国集成电路硅片及硅基材料产品结构（预测）

3．2014 年中国集成电路封装材料市场情况

2011—2015 年中国集成电路封装材料市场规模见表 5.6.8。

表5.6.8　2011—2015年中国集成电路封装材料市场规模

（单位：亿元）

材料名称	2011 年	2012 年	2013 年	2014 年（E）	2015 年（E）
引线框架	31.49	34.56	46.98	54.82	57.54
封装基板	77.99	82.18	104.24	122.86	138.36
陶瓷基板	15.47	20.07	28.13	32.14	36.45
键合丝	52.14	53.24	62.74	57.08	57.37
包封材料	19.75	24.61	34.46	43.09	49.7
芯片粘结材料	6.10	7.18	9.42	11.45	12.49
其他封装材料	5.10	3.59	5.20	6.61	7.59
总计	208.03	225.53	291.18	328.91	359.05

2009—2015 年中国集成电路封装材料市场增长如图 5.6.10 所示。

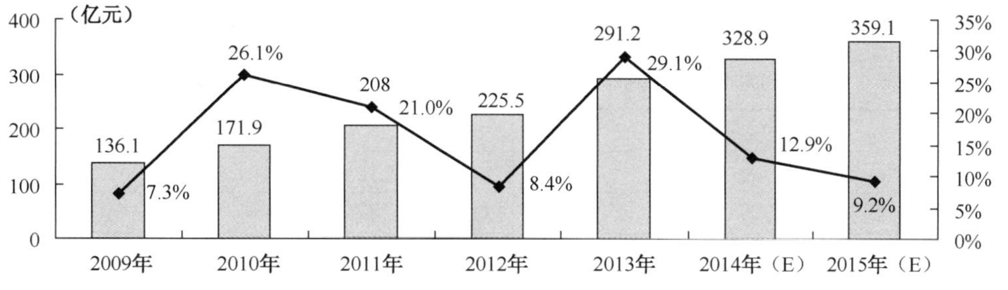

CAGR=17.55%（2009—2015 年）

图 5.6.10　2009—2015 年中国集成电路封装材料市场增长

2014年中国集成电路封装材料市场需求结构如图5.6.11所示。

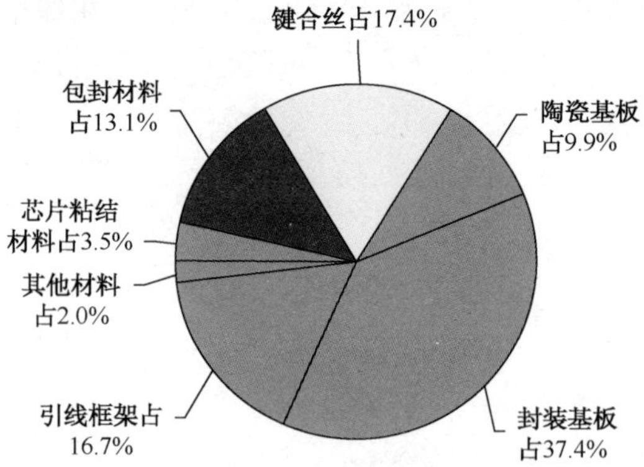

（资料来源：中国电子报/IC材料创新联盟，2015.3.13）

图5.6.11　2014年中国集成电路封装材料市场需求结构

4．2014年中国半导体材料占比状况

我国集成电路产品成本50%用在封装上，封装中80%用在材料上，我国85.6%以上的电子封装材料依赖于进口（国产材料只占14.4%）。

（三）近几年来中国集成电路材料业技术进步情况

1．2012—2014年中国半导体专用材料新产品和新技术情况（表5.6.9～表5.6.11）

表5.6.9　2012年中国半导体专用材料创新产品和技术

序号	单位名称	新产品和新技术
1	宁波康强电子股份有限公司	ONF高密度刻蚀引线框架的研究及产业化
2	江苏南大光电材料股份有限公司	高纯三甲基镓
3	常州苏晶电子材料有限公司	平面显示薄膜半导体（TFT）用金属钼靶
4	山东恒汇电子科技有限公司	IC卡封装框架
5	江阴润玛电子材料股份有限公司	超净高纯钼铝蚀刻液
6	江阴江化微电子材料股份有限公司	ZX型低张力正胶显影液
7	天津市环欧半导体材料技术有限公司	高效太阳能电池用CFZ硅单晶

表5.6.10　2013年中国半导体专用材料创新产品和技术

序号	单位名称	新产品和新技术
1	江阴润玛电子材料公司	超高纯过氧化氢的制备工艺及其装置
2	江苏中鹏新材料公司	LQFP绿色环保型塑封料
3	江苏华海诚科新材料公司	MIS用环氧塑封料（ENG-900-MI）
4	宁波康强电子公司	先进封装用超高强度键合金属丝
5	有研亿金新材料公司	封装用超高纯铝合金溅射靶材
6	上海新阳半导体材料公司	芯片铜互连超纯硫酸铜电镀液产品

续表

序号	单位名称	新产品和新技术
7	天津市环欧半导体材料技术公司	采用直拉法控制区熔晶体自动生长方法及系统
8	浙江金瑞泓科技公司	重掺磷直拉硅单晶的制备技术及应用
9	天通控股公司	高亮度白光 LED 照明用 4 英寸蓝宝石晶棒

表5.6.11　2014年中国半导体专用材料创新产品和技术

序号	单位名称	新产品和新技术
1	湖北兴福电子材料有限公司	电子级磷酸制备工艺技术
2	江苏中鹏新材料股份有限公司	QFN 封装用绿色环保型塑封料产品 SP—G900
3	安集微电子（上海）有限公司	铜抛光液（AEP U3000）、铜阻挡层抛光液（TCU2000—H6P）
4	苏州金宏气体股份有限公司	7N 电子级超纯氨（99.99999%）
5	浙江水晶光电科技股份有限公司	LED 图形化蓝宝石衬底（包括 2 英寸、4 英寸片）

2．2014 年中国集成电路硅材料业技术进步情况

由于我国 12 英寸（300mm）晶圆厂建线速度加快，8 英寸（200mm）运行产能紧张，使我国 12 英寸和 8 英寸硅晶圆片市场好于往年，但我国 12 英寸晶圆片主要依靠进口，8 英寸（200mm）晶圆片也基本上依靠进口来维持生产。

- 有研半导体在国家科技重大专项的支持下开展了 12 英寸硅单晶生长和硅片加工及外延技术开发，形成了一条月产 1 万片的试验线，技术水平达 90 纳米。
- 上海新昇科技公司与日本某公司进行技术合作，建设 12 英寸 40—28 纳米月产 10 万片的抛光片生产线（2017 年可月产 15 万片）。
- 有研半导体、浙江金瑞泓等拥有 8 英寸硅片生产线，月产 10 万片。
- 南京国盛、上海新傲等拥有 8 英寸外延片生产线，总产能达 15 万片。
- 国内 8 英寸重掺衬底外延片已能够达到生产要求（轻掺硅片还需要进一步提高）。

3．2014 年中国集成电路光刻胶业技术进步情况

我国目前仍以 248 纳米光刻胶为市场主流。

- 北京科化主要产品为紫外负性光刻胶及配套试剂、紫外正性光刻胶（G、I 线）及配套试剂，在科技重大专项支持下，建成 248 纳米光刻胶平台和中试生产线，产品已通过国内先进工艺节点考核并形成商业销售，其 I 线光刻胶在 6 英寸及 LED 行业中获得良好应用。
- 苏州瑞红电子化学品公司主要生产紫外负性光刻胶及配套试剂、G 线光刻胶、TN—STN 光刻胶。

4．2014 年中国集成电路高纯化学试剂业技术进步情况

我国集成电路高纯化学试剂产业包括无机酸类、无机碱类、有机溶剂类和其他产品，

用于湿法清洗剂、光刻胶、湿法蚀刻剂和掺杂及芯片铜互连电镀等，部分产品已进入 8 英寸生产线使用，有少量产品进入 12 英寸生产线，在 6 英寸生产线上可以全部实现国产化。

江阴江化、江阴润玛、江阴化剂、昆山艾森、上海华谊、苏州晶瑞、贵州威顿、杭州格林达等生产湿化学品试剂。

上海新阳开发的电镀硫酸铜及添加剂在 8 英寸及 12 英寸铜制程中获得应用。

浙江凯圣氟化学公司的氢氟酸在 8 英寸及 12 英寸工艺认证中取得较好效果，即将应用。

湖北兴福电子材料公司的电子级磷酸等在 8 英寸及 12 英寸生产线上通过工艺认证，即将投入应用。

5. 2014 年中国集成电路键合线技术进步情况

键合丝占到封装材料成本的 10%～30%。

传统键合丝（金丝、铝丝）占键合丝 40%市场份额，直径在 25～30μm 的占绝大部分。

目前 90%以上的封装引脚采用引线键合连接，随着 IC、TR 封装向多引线化、高集成度和小型化发展，要求采用线径更小、化学性能更好的键合丝。

新型键合丝有铜丝、镀钯铜丝、镀钯合金丝、纯银丝、银钯金键合丝（银>80%、钯<10%、金<10%），线径越来越小，电学性能更好。

无铅凸点合金市场占有率由目前的 5%向 10～15%发展，到 2020 年预计可达到 35%。

6. 2014 年中国集成电路引线框及基板技术进步情况

- 发展路径为 DIP→QFP→PGA→BGA→CSP→MCM/SIP→3DIC，向三维、小、轻、薄、导电能力强、多功能、高可靠性、低成本方向发展。
- 基板向 PBGA、WB—CSP、FC—BGA、C—CSP、PE、FC—POP、FC/WB—SIP、FC（TCB）、IC Embedded 等方向发展。支持 IC 芯片提供电信号连接、支撑、散热和保护作用，是高密度 IC 封装实现小型化、薄型化、高密度和新性能的基础。
- 支持晶圆减薄材料。

7. 高端 IC 制造用电子气体完全依赖进口的局面正在改变

船舶重工 718 所、佛山华特公司、江苏南大光电、南京特种气体、南京亚格泰新能源材料等生产的气体品种已大量应用于国内 8 英寸及 12 英寸生产线，在 LED 产业中表现不俗，部分高端品种已改变了完全依赖进口的局面。

苏州金宏气体公司的 7N 电子超纯氨试剂研制成功并进入生产。

8. 铜/铜阻挡层抛光液已成功进入 12 英寸生产线使用

安集微电子的 AEP、CMP 抛光液进入 12 英寸芯片生产线，有的已进入 45—40 纳米及以下节点，打破了国外企业的垄断。

上海新安的抛光液用磨料在存储器抛光液中取得了较好的进展。

9. 国产靶材已批量进入国际主流制程企业中

江丰电子材料公司是国内最大的半导体用靶材生产企业，其铝、钛、铜、钽等靶材已批量进入国际主流半导体企业中应用。

有研亿金新材料公司的8英寸靶材也已开始进入市场。

10. 国产塑封料出现绿色环保型

- 江苏中鹏新材料公司的QFN封装用绿色环保型塑封料已批量供应市场。

（四）中国集成电路材料业存在的问题

一是总体产业规模小（2014年首破百亿元大关），产品档次偏低，只有少量产品在国内8英寸、12英寸制造工厂应用，某些关键材料替代进口产品尚需时日。

二是产品同质化严重，通常用降价来赢得市场，导致恶性竞争。

三是材料产业链不完善，产业发展遭到瓶颈，如硅单晶用11—13N超高纯多晶硅、大尺寸石英坩埚、石墨热场、高档光刻胶、高档塑封料、高端靶材用超高纯金属等，还都依赖进口，核心技术还受制于人。

四是创新要素积累不足，高端人才严重不足，研发投入和产业发展投入严重不足，严重阻碍高端材料业的发展。

五是要提高本土化配套率，营造良好的发展环境。如要坚持自主创新与国际合作相结合，建立国家集成电路材料业应用基金，扶强扶大企业和骨干企业，降低进口材料税率等。

二、2014年江苏省集成电路材料业发展情况简述

江苏省集成电路材料产业起步于20世纪80年代，发展于20世纪90年代和21世纪初，涉及集成电路塑封料、外引线、内引线、硅材料、掩模板、光刻胶、高纯化学品试剂、特种气体及相应的多晶硅、石英、磨抛材料等，形成了较为完备的产业链、较强的研发和生产能力，具有较强的产业特色，具有一批专业工程技术人员，有力地支撑了江苏省集成电路产业快速发展的需求。

2014年江苏省集成电路材料产业经历了一个曲折、艰难、发力的发展过程。2014年上半年，继2013年太阳能光伏产业受美欧的“双反”制裁，光伏电池出口受阻，国内大部分光伏企业停产倒闭，所需的原材料、辅助材料也相应大减，我省集成电路材料业受到沉重的打击和制约。2014年下半年，因受我国政府政策的支持，太阳能光伏扩大了内需，产业重获新生，而集成电路材料业也转为迅速发展与增长。在此曲折的发展过程中，我省集成电路材料企业努力做好集成电路产业专用材料的研发和生产，收到了较好的成效。

江苏省集成电路材料产业主要集中在苏州市、无锡市、连云港市及泰州市等。苏州市材料产业以外资、台资企业为主，主要为其母公司提供配套服务；无锡市的材料业以民资企业为主，面向国内企业提供服务；泰州市、常州市、南京市等集成电路材料产业主要是

近几年发展起来的新企业。

2014 年江苏省集成电路材料产业克服困难，全力发展生产。

- 江苏华海诚科新材料有限公司不断加大研发投入，调整高低端产品的比例。
- 江苏中鹏新材料公司以技术中心为创新载体，以市场为导向，加大创新力度，加大研发资金投入，积极开发新产品的新技术，持续进行技术改造，不断扩大生产规模，促进成果转化，提升产品档次和水平，稳定并提升产品质量，取得了良好的经济效益。
- 在化学试剂方面，江阴润玛公司进行产品结构调整，新产品投放市场初见成效，部分产品已实现产业化。
- 无锡创达公司在产销均衡稳步增长的基础上，加大技术研发方面的投入，新增加两个实验室，以提高企业满足市场需求的能力。

三、2014 年江苏省集成电路材料业企业在全国同行业中的地位

- 江苏中能多晶硅产能和产量居世界和全国同业第一位。
- 江苏中鹏新材料股份有限公司生产的集成电路塑封材料居中资公司销量第一位，居全球第九位。
- 汉高华威电子有限公司在塑封料行业中居全国外资企业第一位，世界第四位。
- 贺利氏招远（常熟）电子材料公司在内引线行业（产能）中居全国第一位，键合金丝居全国第三位。
- 苏州瑞红电子化学品有限公司在光刻胶行业中居全国第一位。
- 江阴康强电子有限公司借助其母公司宁波康强电子有限公司，在外引线（引线框架）行业中居全国第一位。
- 江阴化学试剂业拥有江阴江化微公司、江阴化剂厂、江阴市润玛公司等多家化剂企业，形成了江阴化剂集群，名列全国前茅。
- 首届（2014 年）中国电子材料行业 50 强企业名单中，有江苏中能硅业（第 2 名）、南亚电子材料（昆山）（第 9 名）、苏州生益科技（第 27 名）、联茂（无锡）电子科技（第 31 名）、苏州福田金属（第 38 名）、南京国盛电子（第 46 名）。
- 半导体材料业全国十强企业名单中，有江苏中能硅业（全国硅材料业第 1 名）、昆山成利（全国锡焊料专业第 5 名）、江阴江化微电子（全国电子化工材料第 4 名）、江阴润玛（第 6 名）、苏州瑞江（第 7 名）、无锡创达（第 8 名）等。

四、2014 年江苏省集成电路材料业技术进步

1. 2014 年江苏省集成电路材料业科技进步取得的成果

- 江苏中鹏新材料公司的 QFN 封装用绿色环保型塑封料产品 SP—G900 取得进展，广泛应用于生产（获第九届中国半导体创新产品和技术项目称号）。

- 江苏中鹏新材料股份有限公司的LQFP绿色环保塑封料属于集成创新，所研制的环氧塑封料解决了集成电路薄型封装中面临的多个关键技术难题，掌握了具有自主知识产权的LQFP绿色环氧塑封料的产业化制备技术，促进了国内超大规模集成电路薄型封装行业的发展。
- 江阴润玛电子材料公司开发出超高纯酸性铝蚀刻夜、铝保护用钛腐蚀液、酸性氟化铵蚀刻夜等。
- 江阴润玛电子材料股份有限公司的超净高纯钼铝蚀刻液，利用原材料的有效配比，达到产品的最佳蚀刻效果，并采用微滤技术，有效地脱出产品中的大分子及阴离子杂质，原料利用率达到100%，生产过程中基本无污染，申请发明专利1项，获得实用新型专利1项。
- 江阴润玛电子材料股份有限公司的超高纯过氧化氢制备工艺及其装置为技术原始创新，是一种超高纯过氧化氢连续生产工艺，先将工业级的过氧化氢原料与占过氧化氢原料重量0.5%～2%的改性活性炭混合，再在0.1～0.2MPa的运行压力下依次经过微滤膜和超滤膜进行分级过滤而生成产品。
- 江苏华海诚科新材料有限公司开发出用于封装LED支架的塑封料、用于高电压产品封装的塑封料等。
- 江苏华海诚科新材料有限公司的MIS用环氧塑封料（EMG-900-M1）属于原始创新产品，使用含有多官能团的树脂体系得到高的玻璃化温度；使用硅微粉、特种应力释放剂及其他特种添加剂，获得无开裂、翘曲小、粘接强度高、可靠性好的MIS封装专用树脂。
- 江阴康强电子公司先后开发出SOT—23—5L（12D）—D（43×85）、SOT—23—3L5R、8L SOP MATRIX 95×130 、PIN 6&7FUSED、S0P8 L（150mil）（10R）（94×122）、TSSOP28（150×110）、TSSOP28/PP（150×110）等新产品。
- 江阴康强电子材料有限公司电镀线采用点滴式的新工艺、新技术，提高产品质量，降低了贵金属消耗，从而降低了单位成本。
- 江阴江化微电子材料股份有限公司的ZX型低张力正胶显影液，采用离子交换、膜扩散、高效精馏、多级循环膜过滤相结合的超高纯化技术提高产品的纯度，运用自制的表面活性剂降低产品的表面张力，增强其浸润性，获得发明专利1项，尚有在审专利2项。
- 江苏南大光电材料股份有限公司的高纯三甲基镓，是在合成、纯化、分析、灌装等技术全面创新突破后，稳定生产出的合格产品，纯度大于等于99.9999%。该公司成为全球四大高纯金属有机化合物（简称MO源）供应商之一，取得2项发明专利和4项实用新型专利。
- 苏州金宏气体公司的7N电子级超纯氨（99.99999%）取得进展，广泛应用于生产

（获第九届中国半导体创新产品和技术项目称号）。

- 常州苏晶电子材料有限公司开发出平面显示薄膜半导体（TFT）用金属钼靶、铝靶、钛靶和铜靶，并已获得 2 项发明专利的授权。

2．江苏省集成电路企业承担国家科技重大专项（材料）项目完成情况

2014 年江苏省集成电路企业承担的国家科技重大专项（材料）“十一五”项目已全部完成。

2014 年江苏省集成电路企业承担的国家科技重大专项（材料）“十二五”项目中已完成的是由江苏长电科技公司、通富微电子公司承担的“关键封测设备、材料应用工程”项目。正在实施的有以下几项。

- 由江苏长电科技公司、通富微电子公司承担的“通讯与多媒体芯片封装测试设备与材料应用工程”项目；
- 由苏州晶方科技公司承担的“12 英寸硅通孔工艺国产集成电路制造关键设备与材料量产应用工程”项目；
- 由苏州固锝电子公司承担的“国产集成电路封测关键设备与材料量产应用工程”项目。

五、江苏省集成电路材料产业企业情况

1．塑封材料（EMC）

江苏省是全国封装材料企业最集中的地区。其中包括汉高华威电子公司、住友电木（苏州）有限公司、日立化成工业（苏州）有限公司、江苏中鹏新材料股份有限公司、江苏华海诚科新材料有限公司、长春塑封料（常熟）有限公司、长兴电子材料（昆山）公司、无锡创达电子有限公司等。江苏省塑封材料占到全国 84%以上的份额。外资企业汉高华威电子有限公司是全国最大的塑封材料生产企业，是我国进入世界 EMC 前三强的企业；江苏中鹏新材料股份有限公司是中资公司中销量最大的塑封料企业，以全系列产品拓展全国市场，并已进入世界前十强；江苏华海诚科新材料有限公司是业界新星，业绩快速发展。目前江苏省塑封料已具有高可靠性、高耐热性、低冲丝、低翘曲、低成本等优点，基本能满足 MCD、SIP、MMC、POP、SCSP 等产品类型上的应用。我国目前先进封装用的 EMC 仍以进口为主。为此，江苏省 EMC 生产企业正在开发和生产无卤素绿色塑封材料，以满足更高的要求。

2．内引线

江苏省封装内引线产能在全国排在第一位。贺利氏招远（常熟）电子材料有限公司的内引线产能居全国第一位，键合金丝居全国第三位；该公司多年生产高强度、低弧度的合金金丝，并已研发和生产 Cu、Al HZCM 以及新一代超软铜丝。

3. 外引线

江苏省在全国是最早开发生产集成电路封装外引线的，省内有无锡华晶利达电子有限公司、宜兴电子器件总厂、苏州住矿电子有限公司、江阴康强电子有限公司、泰州华龙电子有限公司、泰州永志电子器件有限公司、泰州东田电子有限公司等诸多企业。

4. 化学试剂

江苏省集成电路（器件）生产用的化学试剂的制造主要集中在江阴市和苏州市。江阴市有江阴市润玛电子材料股份有限公司、江阴江化微电子材料股份有限公司、江阴化学试剂厂有限公司。苏州市有苏州瑞红电子化学品有限公司、苏州苏瑞电子材料有限公司、苏州晶瑞化学有限公司等。江阴江化、江阴润玛等是国内较大的超高纯电子化学品生产企业。

江苏省电子化学品试剂产品主要适用于6英寸生产线，并已有部分产品应用于8英寸生产线，而用于12英寸生产线的电子化学品试剂产品正在研发之中。

江阴市润玛电子材料股份有限公司凭借技术优势，全资建设“江苏中德电子材料科技有限公司”，年产10万吨超净高纯电子化学品试剂，在规模上力争成为全国最大的电子化学品生产厂家，某些产品力争打破国外企业垄断，突破技术壁垒，替代进口，发展具有自主知识产权的知名品牌。

5. 光刻胶

苏州瑞红电子化学品有限公司是全国最大的光刻胶生产企业，主要生产紫外负性光刻胶及配套试剂、G线光刻胶、TN—STN光刻胶、I线光刻胶等，并承担国家科技重大专项项目等。

6. 硅基材料

江苏省集成电路硅材料企业较少，力量单薄。其中在国内较知名的企业有：中电科第55所，主要从事化合物硅基材料的研发也生产；南京国盛电子有限公司，该公司主要从事高性能半导体外延材料的研发和生产，主营硅基/碳化硅基外延片（功率IGBT硅外延片、功率MOSFET硅外延片、肖特基器件外延片、微波毫米波器件外延片、IC埋层硅外延片、碳化硅外延片等），产品覆盖4～8英寸的各类外延片，月产能达20万片（折合6英寸）；拥有10多项国家发明专利，拥有省、市两级“半导体硅外延材料工程技术中心”，承担10余项国家、省、市科技项目等。

苏州新美光纳米科技有限公司可为客户提供硅片全面解决方案，提供各种规格硅片（调试硅片、测试级硅片、氧化硅片、氮化硅片、超平硅片、镀铝片、镀铜片、定制硅片）及硅片单面/双面抛光片、减薄、激光切割等加工服务等。

苏州恒嘉晶体材料有限公司主营蓝宝石材料，生产2—4—6英寸蓝宝石晶圆，从事生产、切割、抛光等业务。

江苏省太平洋石英股份有限公司主营高纯石英粉、石英管（棒）、扩散管、石英坩埚、各类石英器件等

7．其他材料

苏州天华超净科技有限公司是一家向客户提供防静电、防微污染解决方案的企业，具备防控三大体系（人体防护系统、制程防护系统和环境防护系统），是国内三防工程超净产品行业中的领先企业。

江苏南大光电材料股份有限公司主要从事高纯金属有机化合物（MO 源）的研发、生产和销售。

江苏省集成电路材料业企业情况见表 5.6.12。

表5.6.12 江苏省集成电路材料业企业情况

类别	城市	企业名称	资别
塑封料	连云港市	汉高华威电子有限公司	外资
		江苏中鹏新材料科技股份有限公司	民资
		江苏华海诚科新材料有限公司	民资
	苏州市	住友电木（苏州）有限公司	外资
		日立化成工业（苏州）有限公司	外资
		长春塑封料（常熟）有限公司	台资
		长兴电子材料（昆山）有限公司	台资
	无锡市	无锡创达电子有限公司	民资
		无锡化工设计院有限公司	国资
		无锡义典科技有限公司	台资
内引线	苏州市	贺利氏招远（常熟）电子材料有限公司	外资
		常熟天益电子材料有限公司	民资
		田中电子（苏州）有限公司	外资
	无锡市	无锡雪浪电子焊料厂	民资
		无锡黎宏电子材料有限公司	民资
外引线	苏州市	住矿电子（苏州）有限公司	外资
		顺德工业（江苏）有限公司	台资
	无锡市	江阴康强电子有限公司	民资
		无锡华晶利达电子有限公司	民资
		无锡微研电子有限公司	外资
		无锡东川电子元件厂	民资
		无锡继开精密机械厂	民资
		宜兴电子器件总厂	民资
		江阴康强电子有限公司	民资

续表

类别	城市	企业名称	资别
	泰州市	泰州华龙电子有限公司	民资
		泰兴永志电子电子器件有限公司	民资
		泰州东田电子有限公司	民资
		靖江市成功电子科技有限公司	民资
硅材料（含外延片）	南京市	中电科技集团第 55 所	国资
		南京国盛电子有限公司	国资
		江苏南大光电材料股份有限公司	民资
	苏州市	昆山中辰矽晶有限公司	台资
		苏州新美光纳米科技有限公司	民资
		苏州恒嘉晶体材料有限公司	民资
		江苏省太平洋石英股份有限公司	民资
	无锡市	无锡华润微电子有限公司硅材料工厂	国资
掩模板	无锡市	无锡中微掩模电子有限公司	国资
光刻胶	苏州市	苏州瑞红电子化学品有限公司	合资
		安智电子材料（苏州）有限公司	
材料	无锡市	无锡晨旸科技有限公司	民资
		无锡建晶磨抛材料厂	民资
		无锡日月合金材料有限公司	民资
		无锡迈图石英有限公司	民资
	苏州市	苏州凯西石英电子有限公司	民资
		光洋化学应用材料科技（昆山）有限公司	外资
		苏州天华超净科技有限公司	民资

江苏省高纯化学品生产企业情况见表 5.6.13。

表5.6.13　江苏省高纯化学品生产企业情况

城市	序号	企业名称	资别	主要产品
苏州市	1	苏州晶瑞化学品有限公司	民资	高纯化学品试剂
	2	苏州苏瑞电子材料有限公司	民资	高纯化学品试剂
	3	苏州瑞红电子化学品有限公司	合资	光刻胶/显影液
	4	光洋化学应用材料科技（昆山）有限公司	外资	靶材、高纯化学品试剂
	5	苏州三和微电子有限公司	民资	化学试剂
	6	安智电子材料（苏州）有限公司	外资	光刻胶、显影液
	7	麦德美科技（苏州）有限公司	外资	高纯化学品试剂
	8	富士胶片电子材料（苏州）有限公司	外资	高纯化学品试剂
	9	林德电子特种气体（苏州）有限公司	外资	特种气体
	10	比欧西气体（苏州）有限公司	外资	高纯气体
	11	苏州金宏气体有限公司	外资	高纯气体

续表

城市	序号	企业名称	资别	主要产品
无锡市	1	江阴市润玛电子材料股份有限公司	民资	高纯化学品试剂
	2	江阴市化学试剂厂有限公司	民资	高纯化学品试剂
	3	江阴市江化微电子材料有限公司	民资	高纯化学品试剂
	4	江苏达诺半导体超纯科技有限公司	民资	高纯化学品试剂
	5	无锡高新气体有限公司	合资	特种气体
	6	无锡华润动力工程有限公司	国资	特种气体

六、2014 年江苏省半导体零部件业发展情况

半导体零部件制造业主要包括集成电路引线框架和分立器件零部件两类。

集成电路引线框架是 20 世纪 70 年代末、80 年代初我国“六五工程”从日本东芝引进的，采用全塑封，在无锡彩电电路工程中首次应用成功并快速推广。

分立器件零部件主要是指管壳、底座和引脚。20 世纪 60～70 年代一般用柯伐带冲制管壳、底座，以杜镁丝作为引脚，采用镀金工艺，成本非常高。20 世纪 70 年代后发展为铁制和塑封料封装形态。

1. 江苏省零部件业概况

江苏省零部件产业主要集中在苏州市、无锡市和泰州市等城市。苏州市以外资和台资企业为主，无锡市和泰州市以民资企业为主。

江苏省零部件产业外资（台资）企业以为其母公司配套为主，产品以中端为主体。民资企业以满足市场所需的中低端产品为主。

2. 江苏省零部件制造业技术情况

江苏省集成电路引线框架以中低档产品为主，低档的有 DIP、SOP，中档的有 SIP、SSOP、TSOP、PLCC、QFP、TQFP、QFN、BGA 等。

江苏省分立器件零部件低档的有 TO 系列（TO-92、TO-120、TO-220、TO-126、TO-200/247、TO-3P），中档的有 SOT 系列（SOT-223、SOT-323、SOT-523、SOT-623、SOT-723 等），较先进的有 QFP 等系列产品，二极管还有 SOD 系列产品。

江苏省集成电路零部件制造业企业情况见表 5.6.14。

表5.6.14　江苏省集成电路零部件制造业企业情况

城市	序号	企业名称	资别	主要产品
苏州市	1	住矿电子（苏州）有限公司	日资	IC 引线框架
	2	顺德工业（江苏）有限公司	台资	IC 和 TR 引线框、零部件
	3	日立金属（苏州）有限公司	日资	IC 引线框架等
	4	苏州珂玛材料技术有限公司	外资	精密陶瓷部件、坯料加工

续表

城市	序号	企业名称	资别	主要产品
无锡市	1	无锡华晶利达电子有限公司	民资	IC 和 TR 引线框、零部件
	2	无锡微研有限公司	日资	IC 和 TR 引线框模具
	3	无锡佳泰模具有限公司	民资	引线框冲压模
	4	无锡继开精密机械厂	民资	引线框冲压模、塑封模
	5	宜兴电子器件总厂	民资	陶瓷基板
	6	江阴康强电子有限公司	民资	IC 和 TR 引线框
	7	无锡泰石精密电子有限公司	民资	工具
	8	健鼎（无锡）电子有限公司	外资	零部件
	9	无锡普洛菲斯电子有限公司	合资	零件
泰州市	1	泰州华龙电子有限公司	民资	IC 和 TR 引线框、零部件
	2	泰兴永志电子器件有限公司	民资	IC 和 TR 引线框、零部件
	3	靖江市成功电子科技有限公司	民资	塑封模
	4	泰州东田电子有限公司	民资	TO 系列、SOT 系列
	5	泰州光电有限公司	民资	TR 引线框

（资料来源：中国半导体行业协会、IC 材料创新联盟、中国电子报/JSSIA 整理）

第六章

2014 年江苏省重点地区集成电路产业发展情况

第一节 2014年南京市集成电路产业发展情况

一、2014年南京市集成电路产业基本情况

2014年南京市半导体产业实现销售收入43.1亿元，同比增长47.6%，占全省总值的3.8%（表6.1.1）。

2014年南京市集成电路产业实现销售收入37.3亿元，同比增长23%，占全省总量（810亿元）的4.6%，全省排名第4位（无锡占52.7%，苏州占32.5%，南通占6.6%），占全国总量（3015亿元）的1.2%。增速比全国增速（20.2%）高2.8个百分点，比江苏全省增速（10.6%）高12.4个百分点。

表6.1.1 2014年南京集成电路产业总值情况一览表

指标	半导体产业	其中				其中
		IC业小计	设计业	制造业	封测业	支撑业（材料、设备）
销售收入（亿元）	43.1	37.3	31.0	—	6.3	5.8
同比（%）	47.6	23.0	19.2	—	46	29

1. 集成电路设计业优势明显

在南京市集成电路三业（设计、制造、封测）结构中，集成电路设计业规模最大，2014年销售收入为31.0亿元，同比增长19.2%，占产业比重为83.1%，占全省设计业（119.9亿元）比重为25.9%（仅次于无锡），占全国设计业（1047.4亿元）比重为3.6%，在国内主要城市中排在第8位。在全市近100家集成电路企业中，集成电路设计业企业近50家，目前已有第55所、国博电子、第14所、美辰微电子等19家企业获得国家集成电路设计企业资质认定，其中第55所已成为江苏规模最大的集成电路设计企业。目前全国通过认定的设计企业为480家，江苏省有92家，南京市占全省的20.6%，占全国的4.0%。

2. 重点企业支撑明显

南京市拥有各类集成电路设计企业近50家，其中规模以上（产值2000万元以上）集成电路设计企业30多家，实现销售收入34.2亿元，占全行业总量的79.4%，产值超亿元企业主要有国盛电子、国博电子、东大集成、微盟、创锐半导体等10家，销售收入占总量的67%。各重点企业产品涉及通信芯片、电源管理芯片以及半导体材料领域，对全市集成电路产业形成重要支撑。

（1）南京国盛电子有限公司2014年实现销售收入5.2亿元，同比增长21%，是国内半导体材料的主要生产商，主要产品为4～6英寸硅外延片、碳化硅外延片。2014年已开展

集成电路用 8 英寸硅外延片的前期研发准备，计划“十三五”期间，率先在国内实现 8～12 英寸硅外延片的产业化。

（2）南京国博电子有限公司 2014 年实现销售收入 3.9 亿元，同比增长 14.7%，是全省最大的设计企业，主要产品为通信射频芯片及模块，是华为、中兴、大唐等通信企业的主要供应商。2014 年，芯片应用于华为 P7、华为 C 系列、中兴青漾系列 4G 智能手机。公司“十三五”期间重点推进的总投资 11.9 亿元的射频集成电路产业化项目已经启动前期准备工作。

3．创新能力不断增强

2014 年，南京市集成电路企业在通信芯片、北斗导航芯片、电源管理芯片以及相关设计工具等技术领域均取得了进展，企业创新能力不断增强。

（1）1.25G 突发模式 GPON 光通信跨阻放大器芯片由南京美辰微电子有限公司研发，是最新一代宽带无源光综合接入芯片产品，具有高带宽、高效率、覆盖范围大、用户接口丰富等优点，2014 年获得工信部组织的第 9 届中国芯评选“最具潜质产品奖”。

（2）ISM 频段超再生无线接收机芯片由南京矽志微电子有限公司（董事长为东南大学射光所所长王志功教授）与东南大学共同研制，该芯片为无线通信接收芯片，具有高集成度、低压、低功耗的超再生技术，可替代目前市场广泛采用的分立器件，大幅提升电路集成度。

4．产业载体加快建设

目前已形成以浦口开发区为新增长极，以徐庄软件园、雨花软件园、高新区北斗产业园、麒麟科技创新园、江宁开发区等为支撑的全市“一谷多园”集成电路产业发展格局，各园区集聚了全市 70%的企业，合计实现销售收入 30.1 亿元，占全市集成电路产业总量的 81%。

（1）浦口开发区（江北）2014 年 8 月被授予“南京市集成电路产业基地”称号，成为南京市发展集成电路产业全新打造的主要载体，目前已完成总面积约 3000 亩、“设计区+产业区”的集成电路产业基地规划，推动集成电路设计、晶圆制造、封装测试等全产业链发展，2014 年以来，已有紫光、艾科半导体等企业签约入驻。

（2）徐庄软件园 2014 年实现销售收入 3.5 亿元，占全市设计业总量的 14%。占地面积约 38 亩，总建筑面积为 5.6 万平方米，目前聚集了集成电路设计企业近 20 家，园区以电源管理、物联网射频等芯片设计项目为发展重点。园区内设有“中国科学院 EDA 中心南京分中心”，面向南京及江苏省集成电路设计企业开展专业服务。

（3）高新区北斗产业园（江北）2014 年集成电路产业实现销售收入 5.3 亿元，占全市设计业总量的 21.2%。园区以北斗兼容型芯片及卫星应用相关的通信芯片设计项目为发展重点，目前园区已拥有东大集成、凌比特、艾倍科、诺弗尔、贝科森微等一批集成电路设计企业。

5. 产业平台初步建成

重点建设集成电路封装测试平台、集成电路 EDA 平台两个公共服务平台。

（1）集成电路封装测试平台主要为中小集成电路设计企业提供芯片封装测试服务。平台于 2014 年 7 月在浦口开发区启动建设，总投资为 1.55 亿元，分为封装、测试两部分。其中，测试平台为集成电路设计企业提供量产前的测试方案开发及小批量测试验证；封装平台提供量产前的封装方案开发、验证和分析。封装平台已建成，测试平台将于 2015 年建成投运。

（2）中国科学院 EDA 中心南京分中心以江苏省集成电路设计企业为重点服务对象，提供 EDA 软件使用、MPW 流片、设计培训等专业服务。该中心于 2014 年 1 月 8 日正式运营，设在徐庄软件园内，是中科院 EDA 中心在全国设立的第二家分中心（第一家在北京总部），已为全市 20 多家集成电路设计企业服务。

6. 行业协会建成运作

为搭建行业规范、企业交流、产业推动的平台，南京市经信委于 2014 年下半年，协调浦口开发区、市重点企业、高校等 46 家单位，组建了南京市集成电路行业协会，形成了国家、省、市集成电路行业的对应合作体系，为下一步促进南京市产业内部交流和对外合作提供了支撑平台。同时将协会秘书处设在浦口集成电路产业基地，协助基地做好重点项目引进等工作。协会成立后，已分别组织了全市集成电路设计企业资质申报评审、南京市首次集成电路产业展（第 10 届南京软博会期间）、集成电路技术专题讲座等各类活动，起到了“服务企业、规范行业、发展产业”的很好作用。

二、存在的问题

1. 产业规模仍然偏小

南京市集成电路企业总体规模为 37.3 亿元，总量仅占全省的 4.6%。目前，全市亿元以下企业占 91%，企业人数在百人以下的占 83%，全市产业总体规模仍然偏小。

2. 产业布局较为松散

目前南京市各集成电路企业分布于 10 个行政区内，其中浦口、玄武、江宁、雨花等区企业相对集中。全市尚未形成上下游配套的集成电路产业集聚区。

第二节　2014 年无锡市集成电路产业发展情况

2014 年，在全球经济形势整体复苏好转的形势下，中国的半导体产业正在逐步由消费类电子、通信、计算机等传统产品市场向智能手机、平板电脑、物联网、可穿戴设备、云计算、大数据等新兴产品市场前行，同时国务院下发《“十二五”国家战略性新兴产业发展规划》以及国家集成电路产业投资基金的正式设立，充分体现了国家高度重视我国集成电路产业的发展。无锡集成电路产业借此东风瞄准应用市场，加大研发投入，进一步增强自身的创新能力和风险抵御能力，迎来新一轮发展机遇。

一、无锡集成电路产业整体运营情况

1. 产业总体概况

2014 年，无锡集成电路产业界克服种种不利因素，迎难而上、开拓创新，全年半导体行业实现销售收入 600.4 亿元，与上年同期相比增长 13.3%，其中集成电路产业实现销售收入 426.8 亿元，同比增长 13.8%。

无锡集成电路产业三业发展情况如下：集成电路设计产业实现销售收入 64.6 亿元，同比增长 10.23%；集成电路制造业实现销售收入 171.8 亿元，同比增长 19.96%；集成电路封测业实现销售收入 190.4 亿元，同比增长 10.2%。

无锡集成电路支撑业实现销售收入 173.6 亿元，同比增长 12%。

2014 年，海力士、华润微电子、江阴长电等无锡市集成电路企业保持平稳发展，继续在全国同行业中名列前茅。海力士半导体（中国）有限公司（销售额为 112.3 亿元，同比增长 16%）和华润微电子有限公司（销售额为 50.4 亿元，同比增长 28.6%）分别以第二名和第四名入围 2014 年中国十大半导体制造企业，江苏新潮科技集团有限公司（销售额为 69.1 亿元，同比减少 10.5%）和海太半导体（无锡）有限公司（销售额为 35.5 亿元，同比增长 8.9%）分别以第一名和第七名入围 2014 年十大中国半导体封装测试企业。多年来一直名列其中的英飞凌科技（无锡）有限公司首次无缘十大半导体封装测试企业。

华润微电子有限公司凭借其在企业规模、效益、研发强度及社会责任等方面的优异表现成功入围 2014 年中国电子信息百强企业，这是华润微电子连续 11 年入选。同时，华润微电子还获得了 2014 年无锡市“市长质量奖”。

2. 2014 年无锡市集成电路产业在全国和江苏省的地位

无锡市是全国集成电路产业重镇，经过三十多年的发展，集成电路产业规模位居全国、全省各兄弟城市同行业前列（表 6.2.1）。

表6.2.1　无锡市集成电路产业在全国和江苏省的地位

集成电路制造业	全国第二位（仅次于上海）	全省第一位
集成电路封测业	全国第三位（仅次于上海和苏州）	全省第二位（仅次于苏州）
集成电路设计业	全国第四位（仅次于上海、北京和深圳）	全省第一位

3. 2014 年无锡市集成电路知识产权情况

2014 年，无锡集成电路企业知识产权保护意识进一步增强，全年共申请专利近 500 项，完成授权专利近 120 项，无论申请专利还是授权专利，集成电路产业的发明专利在所有行业中占比达到 80%以上，遥遥领先于其他产业。2014 年无锡市集成电路企业还完成集成电路布图保护 145 件，同比增长 19.8%。

美新半导体（无锡）有限公司的“单芯片三轴加速度传感器”专利凭借其突出的技术创新和产业化前景获得了“第 16 届中国专利优秀奖”（光电领域）。

二、无锡市集成电路产业发展情况

1. 集成电路设计业

2014 年，无锡市集成电路设计业销售收入为 64.6 亿元，同比增长 10.23%，继续稳居江苏省第一位。无锡市集成电路设计企业主要由海归系、院所系和民营系构成。2014 年无锡市集成电路企业继续开拓创新，将产品方向扩散到智能存储芯片、卫星导航芯片、RF 射频芯片、MEMS 传感芯片、通信芯片等高端、主流领域，为无锡市集成电路设计业的发展源源不断地注入新鲜血液，有力地推动了无锡市集成电路设计业的持续发展壮大。

1）2014 年无锡市集成电路设计十强企业

2014 年无锡市集成电路设计十强企业中，海归系占了 2 席，民营系占了 6 席，院所系占了 2 席；10 家企业分布在新区（9 家）和滨湖区（1 家）两个区（表 6.2.2）。

表6.2.2　2014年无锡市集成电路设计十强企业

无锡华润矽科微电子有限公司	无锡中星微电子有限公司
中科芯集成电路股份有限公司	无锡芯朋微电子股份有限公司
无锡力芯微电子股份有限公司	无锡中微爱芯电子有限公司
无锡友达电子有限公司	无锡德思普科技有限公司
无锡晶源微电子有限公司	无锡硅动力微电子股份有限公司

2）2014 年集成电路设计企业资质认定

2014 年，无锡市有江苏钜芯集成电路技术有限公司等 7 家企业通过工信部集成电路设计企业认定，至此无锡市共有 55 家企业通过了国家集成电路设计企业认定。

3）2014 年无锡集成电路设计企业获奖情况

业界权威媒体《电子工程专辑》（EE Times-China）在 2014 年 IC 领袖峰会上公布了 2014

年度中国 IC 设计成就奖，4 家无锡市集成电路设计企业成功入围。

- 无锡中星微电子有限公司入选“五大最具发展潜力中国 IC 设计公司”。
- 无锡硅动力微电子股份有限公司斩获“五大杰出技术支持中国 IC 设计公司”。
- 无锡中星微电子有限公司的 WS962x 系列芯片入围“年度最佳无线射频 IC”。
- 无锡芯朋微电子股份有限公司的 PN8316/8317 芯片获评“年度最佳电源 IC”。
- 无锡新硅微电子有限公司的 WS3085N 芯片荣膺“年度最佳 MCU/内存/接口芯片”。

中国半导体行业协会、中国电子材料行业协会、中国电子专用设备工业协会和中国电子报共同评选出“第 9 届（2014 年度）中国半导体创新产品和技术”项目，无锡有两个项目成功入围。

- 无锡华润矽科微电子有限公司的“内置低压差电源模块的自适应 RS485 接口系列电路 CS458X”项目。
- 无锡中普微电子有限公司的“数字辅助高线性度多模多频手机功率放大器模块 58 系列”项目。

4）2014 年无锡集成电路设计企业创新

美新半导体（无锡）有限公司自主研发出全球第一款单片集成信号处理器和 MEMS 三轴（3D）加速器，并采用圆片级封装工艺。由于采用了当今世界最先进的技术，产品在面积缩小一半的情况下，制造成本压缩近 60%，包括手机、平板电脑、玩具和可穿戴设备等都可以使用这一最新科技产品。

无锡汉咏微电子股份有限公司于 2014 年成功在新三板挂牌，成为无锡市第二家在新三板挂牌的集成电路设计企业。无锡力芯微电子、无锡晶源微电子、无锡德思普等集成电路设计企业也在积极进行上市的各项准备工作。加上先前已经上市的集成电路设计企业，无锡市集成电路设计业上市企业集群逐渐形成。

2. 集成电路制造业

2014 年，无锡集成电路制造业销售收入为 171.8 亿元，同比增长 19.96%。

海力士在各方协力支持和帮助下，努力挽回 2013 年火灾造成的影响，持续对 12 英寸生产线投资扩产，提升产能和技术水平，2014 年实现销售收入 112.3 亿元，同比增长 16%。

华润微电子对 8 英寸生产线提升产能和技术水平。华润上华科技有限公司研发的“跑道形 NLDMOS 晶体管及其制作方法”专利技术，荣获 2014 年第 7 届无锡市专利金奖。该项专利填补了国内空白，开创了国内首项可应用于单片智能开关电源的集成电路工艺技术，达到了国际领先水平。

3. 集成电路封测业

2014 年，无锡集成电路封装测试业实现销售收入 190.4 亿元，同比增长 10.2%。江苏新潮科技集团有限公司尽管销售额略有下滑，但仍然是国内第一大集成电路封装测试企业。

2014 年 11 月，长电科技联合国家集成电路产业投资基金股份有限公司、芯电半导体（上海）有限公司，斥资 7.8 亿美元收购了设立于新加坡并在新加坡证券交易所上市的星科金朋，“以小吃大”，有望跻身全球前三、四名。

2014 年 5 月，世界 LED 巨头欧司朗在无锡投资的 LED 工厂正式建成投产，投资额为 15 亿元，主营 LED 芯片外壳封装，年产数十亿只 LED 光电半导体器件。

2014 年无锡红光微电子股份有限公司在新三板挂牌上市。

三、无锡集成电路产业后续发展

1. 发展展望

无锡市集成电路产业经过多年的积淀，为后续发展创设了有利条件。2015 年，无锡市集成电路产业规模将会再上一个新台阶，有望突破 500 亿元，为“十三五”规划的实施奠定好基础。无锡市集成电路封测业的规模将会随着江苏长电科技、无锡华润安盛等企业的新投入、新发展而进一步扩大。无锡集成电路设计业是产业发展的重点，正在向年销售额百亿元奋进。

2. 主要措施

确立“优先发展 IC 设计业，重点引进晶圆制造业，优化提升封装测试业，积极扶植支撑业”的基本思路，完善和落实产业政策，调整和优化产业结构，不断提升自主创新能力，加强公共服务，促进产业链各环节的协调发展。

（1）抓好科技重大专项等重点项目的实施。科技重大专项是按照国家发展目标设定的，对微电子行业发展具有重要作用。通过加强项目实施推进，落实地方配套与支持措施，切实加快国家科技重大专项、863 计划、电子发展基金、江苏省重大科技成果转化等项目实施，确保达到预期目标。

（2）加快专业园区建设。按照高标准规划、高水平建设的要求，加快无锡集成电路产业园的建设，形成设计研发、高端制造、总部经济等区域，成为无锡集成电路产业的核心区域和增长点。继续做好无锡集成电路设计大厦、国家集成电路设计中心等专业园区建设和完善工作，强化平台功能和服务能力，构建产业发展的支撑服务体系。

（3）设立地方产业发展基金，重点关注并围绕集成电路全产业链的新兴产业并购与投资，主要包括国内外集成电路封测、设计、装备制造以及半导体分立器件等相关产业，移动互联网、无线移动通信及特种通信等相关产业，信息产业软件与应用、服务终端设计及信息安全等相关产业，其他具有高技术、高成长和高附加值的行业。

（4）切实落实国家和地方相关政策。认真落实国家、省、市、区各级政府关于集成电路企业、集成电路设计企业、高新技术企业、企业研究开发经费加计扣除等优惠政策，引导和支持企业加大创新投入，加快企业发展。进一步研究制定鼓励集成电路企业发展高端产品、引进领军型人才的相关措施，以及促进集成电路产业发展的土地、税收和融资等方面的政策措施，确保重点企业和重点项目的用地。争取政府安排用于集成电路产业发展的财政资金逐年增加，并进一步完善各项税收优惠政策。

（5）做好人才引进和培养工作。认真落实无锡市委市政府《关于深化“530”计划，建设“东方硅谷”的意见》，大力实施创新驱动战略，深入推进“530”计划，以更大力度吸引海内外高层次微电子人才来无锡高新区创新创业，促进产业转型升级。重点放在引进行业领军型人才和具有高端技术与产品开发能力的创新团队，弥补无锡地区重大产品的缺失，推动无锡集成电路产业的产品创新开发实现跃升。利用“7+1”产学研合作平台，建立全方位、多层次、多元化的人才培养体系，建立校企结合在职培训模式，有针对性地培养急需的专业人才。

第三节 2014 年苏州市集成电路产业发展情况

一、2014 年苏州集成电路产业发展基本情况

2014 年，苏州市集成电路产业实现销售收入 263.5 亿元。其中，集成电路设计业实现销售收入 23.8 亿元，同比增长 9.7%；晶圆制造业实现销售收入 16.2 亿元，同比增长 18.2%；封装测试业实现销售收入 223.5 亿元，同比增长 3.0%。

2014 年，苏州市集成电路设备、材料和配套等支撑企业实现销售收入 101 亿元，同比增长 4.8%。

2014 年与 2013 年相比，苏州市集成电路产业实现销售收入同比增长 4.5%。2014 年，苏州市集成电路产业销售收入（不包含支撑业，苏州按 263.5 亿元计算）占江苏省集成电路产业销售收入（810 亿元）的 33%，占全国集成电路产业销售收入（3015.4 亿元）的 8.9%。

自 2010 年至 2014 年，苏州市集成电路产业在全国同业中所占比重有不同程度的下滑。

1．设计业

2014 年苏州集成电路设计业仍然维持良好的增长速度，三星半导体（中国）研究开发有限公司继续领跑，排名第一位。苏州日月成科技有限公司紧随其后，销售收入大幅增长，成为首家销售收入过亿元的民营企业。苏州国芯科技有限公司、盛科网络（苏州）有限公司表现不俗。智原科技（苏州）有限公司、苏州澜起微电子科技有限公司、苏州英诺迅科技有限公司稳步增长。苏州明皜传感科技有限公司的“三轴 MEMS 加速度传感 2 系列产品”荣获 2014 年度中国半导体创新产品和技术奖。苏州英诺迅科技股份有限公司成功挂牌新三板，并在 2014 年推出主要面向北斗卫星导航及通信应用的北斗一代 L 频点射频功率放大器模块。

近年来由于政府扶持，形成了良好的创业环境，苏州地区创新气氛浓郁、创投资本活跃、创新人才集聚，集成电路设计企业发展后劲十足。

2．制造业

作为苏州唯一一家晶圆制造外资企业，和舰科技（苏州）有限公司在 2014 年营收达到了 16.2 亿元，相比 2013 年的 13.7 亿元，增长了 18.2%，排在中国十大半导体制造企业第九名。

和舰科技目前拥有完整的 0.11μm 及微缩工艺技术平台，包含了晶圆制造工艺技术、完整的 IP 数据库及免费的设计单元资料库。和舰科技 0.11μm 工艺技术在密度、速度、功耗方面具有最优性能，应用于计算机、通信及消费性电子等多种产品领域。2014 年，随着中

国经济的持续增长以及战略新兴产业的进一步发展，和舰科技的产能从2013年的45000片/月增加到60000片/月。

3. 封测业

苏州的封测业一直处于国内领军地位，2014年苏州封测业销售收入占全国封测业销售收入的17.8%。三星电子（苏州）半导体有限公司、矽品科技（苏州）有限公司和快捷半导体（苏州）有限公司销售收入仍然位居前三。其中三星电子（苏州）半导体有限公司获得了2014年度中国十大半导体封装测试企业称号。

2014年，全球影像传感器封装技术领导厂商晶方科技出资3.4亿元竞拍半导体后道封测及电子制造服务商智瑞达的部分资产，积极拓展自身产业链。通过本次资产收购，晶方科技得以将晶圆级封装技术与传统封装测试工艺及先进倒装工艺相融合，进一步开发适用于可靠性要求较高的安防、车用影像传感器等芯片的先进封装工艺，扩展了封测产品应用市场。

虽然苏州封测业已颇具规模，但以外商独资、中外合资企业为主。这些外资企业多为国际大型IDM厂商在中国大陆投资设立的后段封测厂，其规模和技术水平都受其总部公司或控股公司的控制，难以对本土集成电路产业链作出更大的贡献。

二、推进苏州市集成电路产业发展的建议

2014年苏州集成电路产业稳步发展，从芯片设计、制造、封装测试到专用设备和材料等产业链各个环节都不乏亮点。在政府持续支持和产业界的不断努力下，苏州市集成电路行业在规模、技术、市场方面都取得了良好的积累，已形成快速发展的势头。由于起步晚、起点低，在规模、技术等方面与北京、深圳、上海等地还有明显差距。

近年来，在苏州市政府的引导下，本地区聚集了一批小而专的研发型IC设计企业。苏州市集成电路产业链上各个企业正发挥着各自的特长，群聚效应凸现，未来产业发展潜力十足。苏州集成电路产业发展走振兴之路，仍须从如下方面继续发力。

1. 引进设计团队，发展高端封装技术

设计业是集成电路产业的龙头。苏州地区的设计企业应以新兴应用领域发展、国际集成电路产业整合重组为契机，以产业高端化攀升为目标，加大项目、企业与人才的招引力度，力争从美、日、韩等发达国家和中国台湾地区引进高水平设计公司或团队。发挥园区、新区国际化程度高、产业集聚的优势，促进苏州设计产业向着结构与层次合理的方向发展。同时重点扶持现有千万元级销售额的本土设计企业，力争形成2个或3个具有当代先进水平的芯片产品，并实现产业化，从而改变苏州缺少高端芯片的局面。加快苏州设计业的整体提升，对产业链发展起到作用。

目前国内封装仍以中低端产品为主，很多高端封装加工仍然依赖国外或者外资企业。国内的封装技术、工艺与国际先进水平相比仍有一定差距。主要表现为缺乏高端封装技术，

国内科技成果转化率偏低，缺乏高端技术人才和技术团队等。苏州作为国内最大的集成电路封测产业基地，应找准实现跨越发展的突破口，充分利用已有基础，抓住产业高速发展的机遇，大力发展先进封测技术，推进高端封装产品本土化的进程，快速实施封装工艺技术升级和产能扩充。

2．推进苏州集成电路产业发展基金的建设

国家集成电路产业投资基金助推我国集成电路产业进入新一轮发展高潮，这给苏州集成电路产业界带来了极大的鼓舞。"大基金"采用股权投资等多种形式，重点投资集成电路芯片制造业，兼顾芯片设计、封装测试、设备和材料等产业，并参股地方设立的产业投资基金，适当布局其他重要产业，提高整体收益。在江苏省组建地方版集成电路投资基金、积极推动集成电路这一战略新兴产业发展之际，苏州市也应该予以响应，设立推进集成电路产业发展的投资基金，带动社会资金和产业资金，解决本地集成电路企业投融资难的问题，重点支持、扶持本地集成电路企业兼并重组，支持培植本地集成电路企业上市，建立苏州地区集成电路人才交流、培养、公共服务平台。

苏州各级政府和产业界要积极探索行之有效的支持本地区集成电路产业发展的创新形式和途径，加快本地区的产业投融资体系建设、人才培育体系建设、产业服务体系建设。

3．加大人才培养力度

随着集成电路产业的发展，集成电路产业界对人才的需求明显上升，特别是对高层次人才的需求甚为紧迫。因此，苏州市要在充分利用产业优势、地缘有优的基础上，吸引国内外高阶微电子人才、技术团队到苏州来发展。与此同时，苏州也应着力开展人才培养工作。一方面，培养微电子人才的高校要紧密结合集成电路产业发展需求，加强微电子专业师资队伍和教学实验室的建设，加强与国际知名大学、跨国公司合作，引进国外师资和优质资源，及时调整课程设置、教学计划和教学方式，努力培养适合产业发展需要的复合型、实用型人才；另一方面，高校和企业要加强联系和沟通，建立校企结合的人才综合培训和实训基地。高校、企业应该与行业协会紧密结合，通过行业协会平台有针对性地组织培训、讲座或研讨会，帮助已从业人员或学生适时了解新技术、了解产业发展进程，不断扩充新技术、新方法和新知识，不断提升从业人员的技术水平、管理水平和工作能力。

4．进一步发挥平台优势集聚创新资源

在苏州市现有资源的基础上，建设支撑集成电路产业技术创新各主要环节的公共技术平台体系，构成以公共技术平台为核心，以专业孵化器、工程技术中心、企业研发中心和人才培养基地为支撑的完善的科技创新体系，不断提升企业自主创新能力，加快形成科技对于集成电路产业持续发展的支撑能力。

依托苏州中科集成电路设计中心，强化 EDA 平台功能，为初创型企业提供国内最便捷、性价比最高的 EDA 软件服务，视行业的共性需求，进一步增加 EDA 软件的种类；强化测试平台功能，提高使用率，推动中科与国内其他测试服务公司联合发展，扩大可测试产品的覆盖面。建议继续积极引进光刻板制作、快速封装、设计服务、知识产权服务、法律咨询等机构，完善与园区知识产权局合作的集成电路专利专题数据库，为集成电路设计企业提供便捷、专业的集成电路专利查询、检索与预警服务。

要采取有效措施，帮助本地的集成电路企业实施知识产权战略，倡导技术创新，研究专利策略，支持海外专利申请和知识产权交易。加大知识产权保护力度，鼓励专利交叉许可，共建专利库。

5. 融合云计算、物联网和大数据

工信部公布的《国家集成电路产业发展推进纲要》明确指出了 2015—2030 年的发展目标及主要任务和发展重点。其中，特别提到要加快云计算、物联网、大数据等新兴领域核心技术研发。苏州市集成电路产业界在继续发展 CPU、存储器领域相关产品的同时，还要结合当前以移动互联网、三网融合、物联网、云计算、节能环保、纳米材料、高端装备为代表的战略性新兴产业在的快速发展。

在国家和地方集成电路产业基金的带动下，苏州集成电路产业寻求持续发展的过程中，可以借力运用国内外、省内外和本土的资源，参与集成电路产业全球化的资源整合。

6. 发展本土 MEMS 企业

MEMS（微机电系统）是半导体产业中比较特殊的新兴门类。江苏 MEMS 产业资源集聚度最高，正成为国内 MEMS 创新与产业化最具吸引力的区域，MEMS 产业资源主要集聚在南京、无锡、苏州三个城市。

作为智能感知时代的重要硬件基础，MEMS 传感器产品需求近年来增长迅猛。据全球 MEMS 产业联盟统计和预测，2014 年 MEMS 传感器市场规模达到 130 亿美元，最大的消费类应用规模达到 59 亿美元，到 2019 年预计将超过 100 亿美元，年复合增长率约 11.2%。随着 4G 和移动终端的普及，国内可穿戴市场也迎来爆炸性增长，2014 年成为可穿戴设备元年。2014 年国内约售出 2260 万台可穿戴设备，2016 年将快速增至 7350 万台；2014 年国内可穿戴设备市场规模为 67.3 亿元，预计到 2016 年市场规模将达到 169.4 亿元。MEMS 作为可穿戴装置的核心组件，出货量在未来 5 年里将出现爆炸性增长。

苏州在 MEMS 产业布局多年，目前形成了 MEMS 传感器的芯片设计、研发、中试、封装测试全覆盖的产业特色。苏州纳米科技发展有限公司投资 4.6 亿元建成的 6 英寸微纳机电制造中试线在 2014 年正式运营，该中试线占地 16000 平方米，其中超净工艺场地 5200 平方米，为中小 MEMS 企业新产品开发和发展带来福音。苏州要充分利用这个优势着力发展 MEMS 产业。

第七章

2014 年江苏省多晶硅和太阳能光伏产业发展情况

第一节　2014 年江苏省多晶硅产业发展情况

一、2014 年江苏省多晶硅产业发展背景

自 2011 年起，中国太阳能光伏电池出口先后被美国和欧盟发起“双反”调查，在 2013 年 3 月课以重税，引发 2012—2013 年中国光伏行业 90%的企业停产或倒闭。当时排在世界第一位的无锡尚德电力公司也在 2013 年 6 月倒闭重组，全国 60 多家多晶硅企业只有四五家维持少量生产。2013 年 7 月，中国商务部对美、韩多晶硅实施反倾销税，课以美国企业 53.3%～57%、韩国企业 2.4%～48.7%的多晶硅反制税，伤及双方企业。

太阳能光伏业一波未平一波又起。美国商务部于 2014 年 7 月 26 日对中国大陆光伏企业实施第二次“双反”，征收 26.33%～165.04%的反倾销税，累计关税达 76.5%～203.76%，课以中国台湾地区 11.45%～27.55%的关税；印度于 2014 年 5 月 13 日对中国大陆光伏产品课以 100%～110%、对中国台湾地区产品课以 70%～80%的反倾销税；加拿大于 2014 年 10 月 1 日对中国大陆晶硅光伏组件和薄膜太阳能产品进行反倾销调查，将于 2015 年 3 月 5 日初裁制裁；澳大利亚于 2015 年 3 月 5 日，对中国大陆光伏企业课以 9%～286%不等的“双反”关税。

有关太阳能光伏产品的倾销与反倾销、补贴与反补贴的“双反”之争及其引发的课以重税迫使光伏企业减产、停产和倒闭，导致太阳能光伏的原材料——多晶硅需求量下滑，造成多晶硅企业的减产、停产和倒闭。

自 2013 年下半年起到 2014 年，世界太阳能光伏市场稍有起色，给我国多晶硅产业带来了希望，维持生产的企业由 7 家增加到 17 家，多晶硅市场价格也触底反弹，由 2013 年 12 月的 13.5 万元/吨上升到 2014 年 1 月底的 14.7 万元/吨、年中的 20 万元/吨、年底的 25 万元/吨。

二、2014 年世界多晶硅产业概况

（一）2014 年世界多晶硅产能和产量情况

2014 年世界多晶硅产能约为 40.8 万吨，同比增长 5.3%，其中半导体电子级多晶硅产能约为 3 万吨，余下的太阳能光伏用多晶硅产能约为 37 万吨，扣除开工不足等因素，2014 年世界多晶硅产量约为 30.7 万吨，与 2013 年相比增长了 24.8%（图 7.1.1）。

2014 年世界多晶硅市场需求量在 28 万吨左右，同比增长 25%。

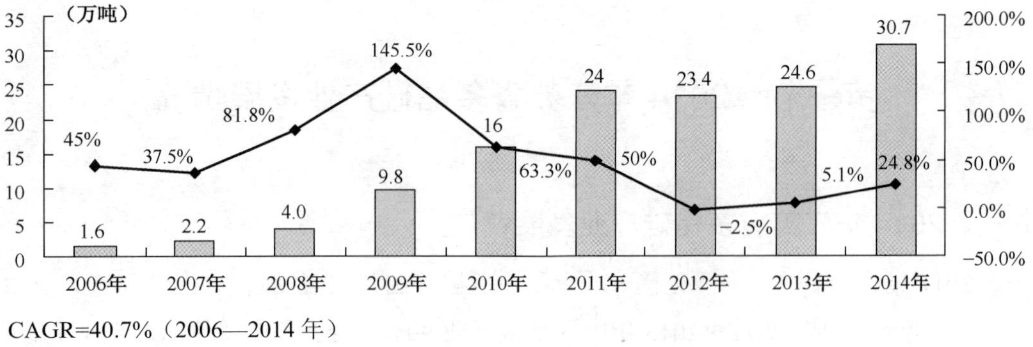

图 7.1.1　2006—2014 年世界多晶硅产量及增长

（二）2014 年世界多晶硅产量分布情况

2014 年世界多晶硅产量为 30.7 万吨，同比增长 24.8%。其中，中国产量为 13.2 万吨，同比增长 61%；美国产量为 5.8 万吨，同比增长 5.5%；韩国产量为 4.9 万吨，同比增长 2.1%；德国产量为 5.2 万吨，同比增长 21.4%；日本产量为 1.2 万吨，同比下降 14.3%。中国多晶硅产量占到世界总产量的 43%，位居世界第一。

（三）2014 年世界多晶硅生产国家产量分布占比

2014 年世界多晶硅生产国家产量分布占比如图 7.1.2 所示。

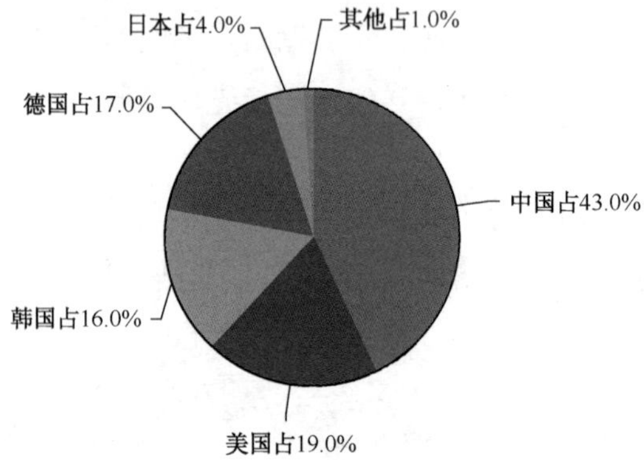

图 7.1.2　2014 年世界多晶硅生产国家产量分布占比

（四）2014 年世界多晶硅产业前十大企业产量情况

- 在世界多晶硅产业前十大企业中，中国江苏中能（保利协鑫）公司位居世界第一；在世界多晶硅产业前十大企业中，中国有 4 家企业，占到 40%（表 7.1.1）。
- 2012 年世界多晶硅产业前十大企业总产量为 18.5 万吨，占同期世界多晶硅总产量的 79.1%。
- 2013 年世界多晶硅产业前十大企业总产量为 21.51 万吨，同比增长 16.3%，占同期世界多晶硅总产量的 87.4%。

● 2014 年世界多晶硅产业前十大企业总产量为 27.1 万吨，同比增长 26.0%，占同期世界多晶硅总产量的 88.3%。

表7.1.1　2013年世界多晶硅产业前十大企业产量情况

序号	企业名称	国别	2012 年	2013 年	
			产量（万吨）	产量（万吨）	同比（%）
1	江苏中能	中国	3.5	5.04	44
2	Wacker	德国	3.5	4.6	31.4
3	OCI	韩国	3.5	3.5	平
4	HemLock	美国	3.3	3.3	平
5	REC	美国	2.15	2.05	–4.7
6	特变电工	中国	0.55	0.79	43.6
7	Tokuyama	日本	0.7	0.75	7.1
8	MEMC	美国	0.6	0.60	平
9	大全新能源	中国	0.35	0.48	37.1
10	亚洲硅业	中国	0.35	0.40	14.3
合计			18.5	21.51	16.3

（资料来源：中国电子报，2014.6.27）

（五）2014 年世界多晶硅产业技术进步情况

世界多晶硅以改良西门子法为主流技术，2014 年可有效提高产品品质和大幅度降低生产成本的流化床法（FBR）成为企业努力的方向。目前流化床法的生产技术主要掌握在美国的 MEMC、REC 和德国瓦克等公司手中。

未来几年流化床法将占绝对优势，部分能耗、物耗相对高的改良西门子法会在未来几年内逐步退出，现在改良西门子法仍占据多晶硅半壁江山。但流化床法存在较大的安全隐患，一般企业不可盲目追逐。目前，新一代流化床法（FBR—B）已应用于生产。

目前，世界多晶硅企业都重视大规模的冷氢化、二氯二氢硅等副产品回收利用、热能回收综合利用等技术改进应用，对减少大气、水源、地质污染，降低企业成本起到了重要作用。

（六）2014 年世界多晶硅产业产量扩大导致产能严重过剩

2012 年世界多晶硅产能达 40.8 万吨，其中主要企业（15 家）产能达 36 万吨，占比达 90%。其中 10 家产能达 25.22 万吨，占总产能的 63.1%，占前 15 家 70%的份额。

2013 年世界多晶硅产能达 38.7 万吨，同比下降 3.25%，其中前十大企业产能为 27.7 万吨，占总产能的 71.8%，产能集中度同比提升 8.7 个百分点（有些企业已停产或倒闭）。

2014 年世界多晶硅产能达 40.8 万吨，其中前十大企业产能为 35.4 万吨，占总产能的 88.5%。

2014 年虽然世界多晶硅产业刚刚从 2012—2013 年的消退中缓过劲来，但世界多晶硅产业巨头都看好太阳能光伏市场的巨大发展前景。

德国瓦克公司 2014 年第三季度多晶硅业务营收额同比增长 4 倍，2014 年预计产量可达 6 万吨左右；该公司在美国田纳西新建多晶硅生产基地，将于 2015 年年中建成，新增产能 2 万吨，总产能达 8.0 万吨。

日本德山公司于 2014 年 10 月在马来西亚工厂实现 1.38 万吨多晶硅产能，初期为产能的七成。

韩国 OCL 公司预计在 2015 年新增 1 万吨供应量。

韩国韩华公司将新增 0.3 万～0.5 万吨产能。

美国 Sun Edision 公司和韩国三星精密化学在韩国的合资公司 SMP，年增产能 0.35 万吨，总产能达到 1.35 万吨/年。

美国 REC 公司将应用新一代流化床法（FBR—B）新增 0.3 万吨的半导体级多晶硅，同时在沙特建立一项 2 万吨级合资多晶硅工程（可行性研究）。

中国新增多晶硅产能 3 万吨左右。

预计到 2015 年世界多晶硅产能将达到 50.0 万吨，大大超过 56GW 世界太阳能光伏业所需多晶硅产量，将出现世界多晶硅结构性产能过剩现象（表 7.1.2）。

表7.1.2　2014年世界多晶硅产业部分企业产能预测情况

（单位：万吨/年）

序号	企业名称	国别	2014 年（E）		2013 年		2012 年
			产能	同比（%）	产能	同比（%）	产能
1	江苏中能	中国	9.0	38.5	6.5	平	6.5
2	Wacker	德国	6.0	38.5	5.2	平	5.2
3	OCI	韩国	5.2	23.8	4.2	平	4.2
4	HemLock	美国	—	—	4.25	18.1	3.6
5	REC	美国	2.8	12.0	2.5	13.6	2.2
6	特变电工	中国	1.7	平	1.7	70.0	1.0
7	Tokuyama	日本	2.51	63.0	1.54	67.4	0.92
8	MEMC	美国	—	—	0.8	平	0.6
9	大全新能源	中国	0.65	8.3	0.6	20	0.5
10	亚洲硅业	中国	0.5	平	0.5	平	0.5
其他新增产能合计			27.79	21.47	27.79	10.2	25.22
全球合计			40.8	5.3	38.7	–3.3	40.0

（资料来源：中国电子报，2014.6.27）

2014 年德国瓦克公司预计全年营收额达 48.0 亿欧元，同比增长 12.6%；实现税前利润 10 亿欧元，同比增长 25%，环比增长 11.3%；利润为 8.36 亿欧元，同比增长 39.0%；全年投入资金 5.72 亿欧元，同比增长 13.5%，都居世界同业前茅。

瓦克公司调整了产品结构：Φ300mm 扩大市场，Φ200mm 需求保持稳定，Φ150mm 的小直径硅片相对减少产量。

瓦克公司努力降低能耗，目前能耗为十年前的 65%，下降了 35%，2014 年后可再降 10%～15%。

（七）2014 年世界多晶硅产品成本与市场售价

2014 年世界多晶硅企业的生产成本呈梯度分布，部分大型企业成本在 17～18 美元/千克，大部分骨干企业在 20～25 美元/千克，中小型企业在 25 美元/千克以上。两年后可降至 10 美元/千克的先进水平。

2014 年世界多晶硅产品的售价在 20～25 美元/千克，同比上升 29.3%，2015 年价格将在 17～20 美元/千克。

2014 年世界多晶硅产品生产成本在 25 美元/千克以上的企业已失去竞争的优势，2015 年生产成本高于 20 美元/千克的企业将被淘汰出局。

2014 年世界多晶硅产业失去竞争优势的企业产量约为 10 万吨，全球维持在年产 30 万吨的水平，已能使产销处于平衡。

三、2014 年中国多晶硅产业情况

2014 年工信部制定并印发了《关于进一步优化光伏企业兼并重组市场环境的意见》(简称《意见》)。《意见》明确了指导思想、基本原则和目标，立足产业发展特点和现状，以提升行业集中度、培育优势骨干企业、增强产业核心竞争力、优化产业区域布局等为目的，总体目标是到 2017 年形成一批具有较强国际竞争力的骨干光伏企业，前 5 家多晶硅企业产量占全国 80%以上，前 10 家电池组件企业产量占全国 70%以上，形成多家具有全球视野和领先实力的光伏发电集成开发及应用企业。

（一）2014 年中国多晶硅产业情况简述

1. 2014 年中国多晶硅企业

2013 年年初，我国有 60 多家多晶硅企业，但只有四五家在少量生产，到 2014 年第三季度，国内开工的多晶硅企业已达 18 家。

2．2014 年中国多晶硅产量

2014 年我国多晶硅产量为 13.2 万吨，同比增长 57.1%，新增产量 4.8 万吨；前三季度，我国多晶硅产量为 8.9 万吨，已超过 2013 年全年总产量 6.0%；2014 年前 10 家多晶硅企业产量占全国总产量的 91%，前 5 家多晶硅企业产量占到全国总产量的 77%以上，多晶硅能耗同比下降 10%，多家企业转亏为盈，部分重点企业实现持续盈利（图 7.1.3）。

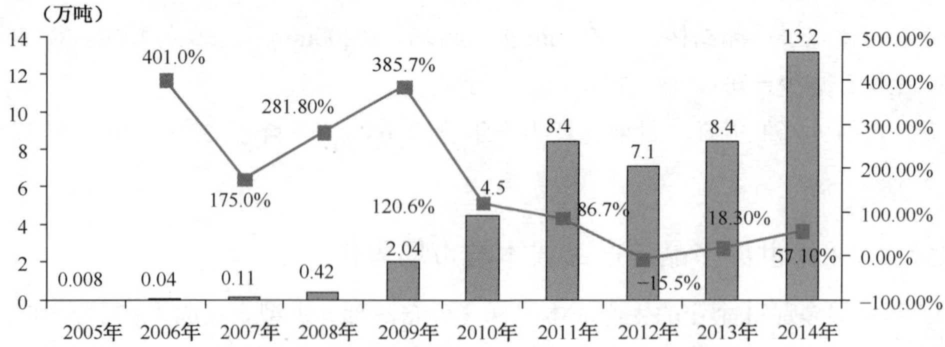

CAGR=127.8%（2005—2014 年）

CAGR=45.3%（2009—2014 年）

图 7.1.3　2005—2014 年中国多晶硅产量规模及增长

3．2014 年中国多晶硅产量占世界多晶硅总产量的份额

2014 年中国多晶硅产量为 13.2 万吨，占世界多晶硅总产量 43%的份额，居世界同业第一位。

4．2014 年中国多晶硅进口情况

2014 年中国多晶硅进口额预计为 20 亿美元，进口量近 10.2 万吨，同比增长 27.5%。

我国政府自 2013 年 7 月起，对美国进口多晶硅实行的反倾销税费率为 53.3%～57%，对韩国进口实行的反倾销税费率为 2.4%～48.7%；往年来华加工贸易一般占 50%左右，自实施反倾销税费后，一般贸易方式进口多晶硅占比高达 73%，不减反增。2014 年我国从美、韩按加工贸易方式进口量近 4.3 万吨，几近我国同期新增产量 4.8 万吨的水平（表 7.1.3）。

表7.1.3　2011—2014年中国多晶硅进口情况

年份	进口量（万吨）	同比（%）	平均单价（美元/千克）	同比下降（%）
2011	6.46	—	58.8	—
2012	8.26	27.9	25.3	−57.0
2013	8.1	−19	25.0	−1.2
2014（E）	10.2	27.5	20.0	−20

5．2014 年中国多晶硅企业产能情况

2014 年中国多晶硅企业产能预计超过 30 万吨，与 2013 年持平（大部分中小型企业关闭、停产）。

2014 年中国多晶硅新增产能 3 万～5 万吨。

2014 年第四季度中国多晶硅产能利用率达到 92%。

2014 年中国多晶硅有效产能达 15.5 万吨，其中新增产量 4.8 万吨。

据预测，2015 年中国多晶硅新增产能将达到 16.0 万吨（2014 年内蒙古 2 家企业新增产能 8 万吨，陕西 1 家在建企业新增产能 2 万吨，新疆、青海地区新增产能各 1 万吨，中

东部地区新开工新增产能 3.5 万吨）。预计 2015 年中国多晶硅新增产量达 7.6～8 万吨。

6．2014 年中国多晶硅主要企业

2014 年有 4 家中国多晶硅企业进入全球前十位之列，它们是江苏中能、特变电工、大全新能源和亚洲硅业，其中江苏中能公司位居全球第一位（表 7.1.4）。

表7.1.4　2014年中国多晶硅产业主要企业情况

（单位：万吨）

序号	企业名称	2014 年				2013 年	
		产能	同比（%）	产量	同比（%）	产能	产量
1	江苏中能	9.0	+38.5	6.55	+30.0	6.5	5.04
2	特变电工	1.7	平	1.6	+102.5	1.7	0.79
3	大全新能源	0.65	+8.3	0.63	+31.3	0.6	0.48
4	亚洲硅业	0.50	平	0.45	+12.5	0.5	0.4
5	洛阳中硅	1.0	—	0.95	—	—	—
6	宜昌南玻	0.6	—	0.47	—	—	—
7	神舟硅业	0.5	—	0.45	—	—	—
8	四川瑞能	0.8	—	0.45	—	—	—
9	内蒙晶阳	0.5	—	0.30	—	—	—
10	盾安光伏	0.5	—	0.30	—	—	—

7．2014 年国内多晶硅市场情况

2013 年和 2014 年上半年多晶硅国内市场价格回升使生产企业重拾信心。虽然 2014 年下半年价格略有下降，但这并没有阻挡企业复产、扩产的脚步。2014 年国内多晶硅总产能重回 30 万吨规模，国内市场需求和消费量仅为 16 万吨，占总产能的 53.3%；2014 年国内多晶硅总产量为 13.2 万吨，市场缺口为 2.8 万吨，为扩大太阳能光伏产品的出口，又进口 10.2 万吨多晶硅，2014 年国内多晶硅市场总需求达到 23 万～24 万吨，占到全球多晶硅总产量的 76.5%。

8．中国多晶硅产品价格趋向（图 7.1.4）

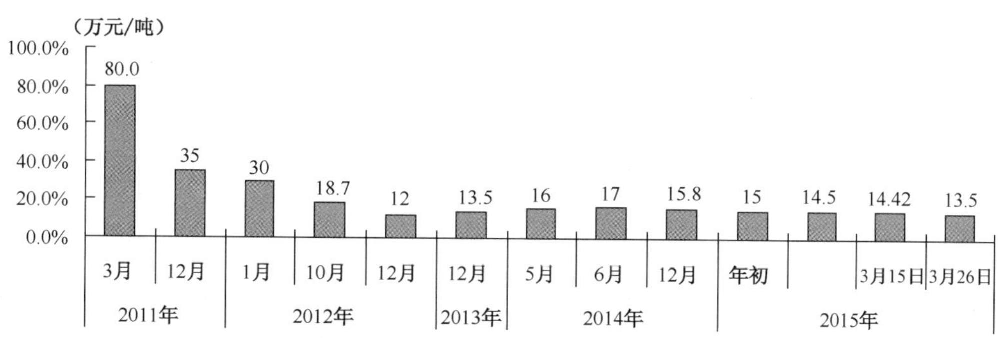

图 7.1.4　中国多晶硅产品价格趋向

（二）2014 年中国多晶硅产业技术进步

2013—2014 年是世界多晶硅产业的多事之秋，多晶硅产业处于重重困难之中。我国多晶硅企业痛定思痛，狠下决心开展多晶硅产业技术改造和采用新技术，成果卓然。

一是在市场倒逼的情况下，关闭老旧生产线，或进行技术改造，提升技术水平。

二是建新线，采用新技术，实现装备升级更新和工艺优化。

三是在提高产量的同时降低生产能耗和成本。

目前在产的多晶硅企业生产线都进行规模较大的冷氢化、二氯二氢硅等副产品回收利用、热能综合利用等，对降低生产成本起到了重要的作用。多晶硅企业研发和引进新工艺技术，不少企业已经开始对硅烷流化床工艺新技术进行研究，如江苏中能已经完成了流化床法制取多晶硅的千吨级中试生产，取得了重要突破，解决了颗粒料粘污的问题，每千克多晶硅能耗降至 25 度电以下。多晶硅企业在自主研发的同时，还积极开展技术引进，如天宏新能源公司与美国 REC 硅材料公司签署协议，以 1 亿美元技术转让费引进 FBR 技术，在陕西榆林建新工厂，粒状多晶硅年产能将达到 18000MT，还可生产西门子法电子级多晶硅料及 500MT 的硅烷气体。

（三）2014 年中国多晶硅产业的扩张与忧患

随着日、美、亚太地区光伏市场的崛起，太阳能多晶硅市场得到一定程度的恢复。随之而来的是国内外掀起新一轮多晶硅产业扩张热潮，企业纷纷上调产能目标、扩产、建新线等。预计在 2014 年价格略有回升之后，又将面临新一轮降价，在 2015 年 3 月中旬回落到 13.4 万～13.5 万元/吨，有些企业将无法承受。市场价格会在一定区间内波动，很难大幅上升，当前市场产销平衡较为脆弱，如果盲目扩张、竞相扩产，加之海外多晶硅产品的大量涌入，又将出现供大于求和企业产能过剩的现象。目前，国内前 5 家企业产能已达到全国产能的 77%，前十大企业产能达全国总量的 91%，开工能力达到 90%～92%，已实现了产业发展目标。因此，企业应总结历史教训，认识潜在的产能过剩的危害，保持警惕和清醒的头脑，趋利避害，尽快做好调整结构，控制总量，重视技术提升，挖潜增益，降低成本，加快技术创新、技术进步、节能降耗，实现我国多晶硅产业和企业健康及可持续发展。

四、2014 年江苏省多晶硅产业情况

（一）2014 年江苏省多晶硅产业概述

江苏省发展多晶硅产业具有得天独厚的自然资源优势。江苏东海县具有丰富的优质硅资源，已探明的东海天然水晶矿储量达 30 万吨，硅矿储量达 3 亿吨，硅矿资源占全国储量的 60%以上，占世界硅储量的 15%以上。这是江苏省发展多晶硅、单晶硅极为有利的条件。

2014 年江苏省多晶硅产业经历了浴火腾飞的考验， 2014 年上半年由于世界太阳能光伏

电池产业好转，产能得到较快发展，收益有了明显增长。江苏省多晶硅产业已占世界多晶硅市场近28%的份额，其中保利协鑫旗下的江苏中能公司占到全省多晶硅产能的绝大部分，该公司目前拥有9.0万吨产能，占全世界产能22.5%的份额，占全国多晶硅产能30%的份额，该公司是位居世界第一、全国第一的领军式企业。江苏中能公司单线产能已达到年产1.5万吨的水平，单线产能居世界第一，是国内准入标准要求的5倍，该公司节能降耗水平和电单耗单位水平也仅为国家准入门槛的50%，处于世界和国内多晶硅产业指标领先地位。

（二）2014年江苏省多晶硅产销情况

2014年江苏省多晶硅产量预计为8.18万吨，占全国同业62%的份额，占世界同业26.6%的份额。

2014年上半年江苏省多晶硅产业销售收入为1722.2亿元（含硅片及光伏产品），全年预计可达3500亿元（含硅片、光伏产品）。

2014年江苏省多晶硅产业以江苏中能公司为代表，占近100%的份额。

（三）江苏省多晶硅产业技术进步

几乎所有的多晶硅生产线都进行了较大规模的冷氢化、二氯二氢硅等副产物回收利用、热能回收综合利用等技术改造应用工作，对降低多晶硅产品成本起到了重要的作用。

研发和引进新工艺、新技术。不少企业已开始对硅烷流化床工艺等新技术展开研究。江苏中能公司已完成具有自主知识产权的流化床法制取多晶硅的3000吨产业化大生产技术，取得了重要突破，解决了颗粒料生产中可能产生的粘污问题，每千克多晶硅能耗降至25度电以下，大幅度降低了多晶硅生产成本和综合能耗，改善了产业环境。2015年下半年新增产能可达2.5万吨。

目前流化床法的生产技术主要掌握在美国MEMC、REC和德国瓦克公司手中，欲与其合作需要支付一笔不小的专利费用。陕西天宏与美国REC公司合资建厂，实际上已支付给对方1亿美元的技术转让费。

（四）江苏省多晶硅价格面临严峻的挑战

2014年世界多晶硅价格维持在20美元/千克，若多晶硅企业产品成本高于20美元/千克，企业将面临被市场淘汰出局的危险。

2015年由于多晶硅产量将会大增，加之中国对欧、美、韩的双反关税，暂停加工贸易手册及多晶硅长约到期，低价多晶硅产能开出等变量多多，2015年世界多晶硅市场将供大于求，多晶硅市场价格有可能进一步下跌，预计可能达到17～18美元/千克或在20美元/千克震荡，这更需要江苏省多晶硅企业控潜增益、开源节流，通过技术改造、节能降耗来降低多晶硅单位成本，以应对多晶硅市场价格的挑战。

在硅片部分，预期单晶的市场份额提高相对于多晶是有利的，但价格会更趋向理性；在特高效多晶硅片方面，因为市场需求强劲，价格可能会有较强的支撑。

（五）江苏省多晶硅产业单位成本之争

目前中国多晶硅企业生产成本呈阶梯式分布，大部分中小型企业成本在 25 美元/千克以上，而一些先进的规模较大的企业生产成本已经降至 20 美元/千克左右，特别是一些大型骨干企业（国际龙头企业）的设备折旧已得到有效摊销，成本已低于 20 美元/千克，2015 年世界多晶硅市场价格可能达到 17～18 美元/千克。如若生产成本高于 20 美元/千克，则企业会失去市场竞争力，生存率极低。

如德国瓦克公司 15000 吨生产线仅需要 500 名员工，而国内只有江苏中能一家公司可达到或低于这一人数，其他企业平均人数在 1000 人以上。随着国内企业人工费用增加，在人工成本方面，已经与欧、美、韩、日等越来越接近，失去了人工成本低廉的优势。

（六）江苏省多晶硅企业面对的挑战

江苏省多晶硅企业除江苏中能地处徐州，具有东海石英矿丰富、煤炭电力资源丰厚的支撑外，其他企业就没有如此好运了。

江苏省多晶硅企业要面对国内其他企业的强劲挑战和追逼。新特能源多晶硅项目总产能超 1.7 万吨，宜昌南玻总产能已达 0.6 万吨以上，这些企业的单位成本都已达到或低于 20 美元/千克的水平，具有强劲的竞争力。

江苏省多晶硅企业要面对国内企业向西部扩散的挑战。中国西部富蕴煤炭、石油、天然气、电力、人力等资源。东部地区一些多晶硅厂家涌向陕西、青海、甘肃、内蒙古、新疆等省区投资建厂。就电价而言，西部地区普遍便宜 0.2～0.4 元/度，能有效降低成本；其配套的煤炭资源变现后可降低融资成本；建厂用地等优惠政策可节省费用，减少投资与折旧等；有些地方政府提出建设大产能项目。

江苏省多晶硅企业更要面对国内企业与国外龙头先进企业联手结盟的考验，如陕西天宏与美国 REC 公司采用流化床法在榆林市合资建设年产 2 万吨的生产线，预计在 2016 年投产；四川省 2 家公司、甘肃省 1 家公司与美国 MEMC 公司正在洽谈合作项目。

（七）江苏省多晶硅产业存在的问题与困难

产业链还不完善，产业发展存在瓶颈。集成电路生产需求的硅单晶用 11—13N 超高纯多晶硅、大尺寸高纯石英坩埚和石墨热场产品还严重缺乏，依赖于进口，从一定意义上讲，控制了超高纯原材料的技术和渠道也就掌握了集成电路制造用材料的竞争格局。江苏省多晶硅产业只有补上超高纯原材料提纯这个产业链上关键的环节，才能打造具有世界市场竞争力的集成电路原材料产业，摆脱核心技术、关键环节受制于人的局面。

目前由国外进口的半导体制造用材料大多采用低税或退税免税政策，而国内企业的产品出口则采用工业品对应的相关税费率，仅此一项就使国内企业产品成本比国外同类产品成本高 15%以上，相应降低了竞争力。在多晶硅方面，我国对韩国进口多晶硅征收进口税 2.4%～48.7%（反倾销税），对美国多晶硅征收反倾销税费 53.3%～57%，而美国对中国光伏电池产品却征收高达 26.33%～165.04%及合并税率达 76.5%～203.7%的高额反倾销税，两者关税税率相差太大，使中国太阳能光伏企业 90%关、停、并。太阳能光伏企业的“停摆”，反过来必将严重影响国产多晶硅的需求，打击国内多晶硅企业。

国家集成电路“大基金”应向集成电路制造业用超高纯多晶硅产业倾斜，支持有条件的企业发展和生产 11—13N 超高纯多晶硅，进而开发和生产大尺寸（8 英寸、12 英寸）超高纯单晶硅。

近期，由于受国内外诸多因素的影响，加之地方盲目建设，太阳能光伏发电已超过电网的承受能力，且光伏发电成本仍然高出传统的火电、水电发电价很多，导致出现电能输送中介电网公司并网通道不畅和本土需求不旺的现象，有可能产生“弃光”、“边需边弃”、“边建边弃”，也可能引发多晶硅产业产能过剩，应引起我省、我国多晶硅企业的高度重视。

第二节　2014 年江苏省太阳能光伏产业发展情况

一、2014 年江苏省太阳能光伏产业发展背景

自 2014 年国家工信部出台《关于进一步优化光伏企业兼并重组市场环境的意见》以来，在强势启动的国内市场坚强后盾支持下，我国光伏产业迎来了春天，整个产业有所上升，主要企业生产经营情况好转，个别骨干企业多季度连续盈利，光伏组件出口触底反弹，同比增长 16%。但我国太阳能光伏产业面临的根本的深层次问题仍未得到有效解决，也将继续影响着光伏产业的发展。

一是在国内市场启动中暴露出来的体制机制问题亟待解决，对于产业结构调整升级、化解产能过剩矛盾、扩大国内市场需求的要求仍很迫切，光伏产量与电力输出和价格承受的矛盾重叠困扰，部分地区“弃光”现象的出现，导致光伏产业仍处在深度调整之中。

二是美国、欧盟、印度、加拿大、澳大利亚等对中国太阳能光伏组件出口进行“双反”调查并课以重税，税率为 26.33%～165.04%，合并征税率达到 203.76%。中国商务部也对多晶硅进口进行“反倾销”调查，并课以美国多晶硅 53.3%～57%、韩国多晶硅 2.4%～48.7%的税收。由于美国二次“双反”成行和日本光伏市场后劲乏力，其他新兴海外市场增长暂未达到预期效果，我国太阳能光伏产品仍面临严峻的挑战。

三是我国太阳能光伏企业多年来积累的产能过剩问题仍未得到有效解决，我国现有近 2200 家太阳能光伏企业，地方政府和企业盲目扩大产能的现象又在复燃。目前我国光伏产业前十大企业的产能（产量）已占整个产业的近 70%，前十五大企业已占到超 90%的份额，产品在转换率无重大进展的情况下同类同质恶性竞争十分严重，影响了产业发展。

二、2014 年世界太阳能光伏产业情况

2014 年世界太阳能光伏产业随着世界经济的复苏而较快增长。

1．2014 年世界太阳能光伏电池组件产量及增长

2013 年世界太阳能光伏电池组件产能约为 59GW。

2014 年世界太阳能光伏电池组件产能约为 65GW，同比增长 10.2%。

2014 年世界太阳能光伏电池组件产量约为 50GW，同比增长 20.7%。

2015 年世界太阳能光伏电池产量预计为 61GW，同比增长 22.0%（图 7.2.1）。

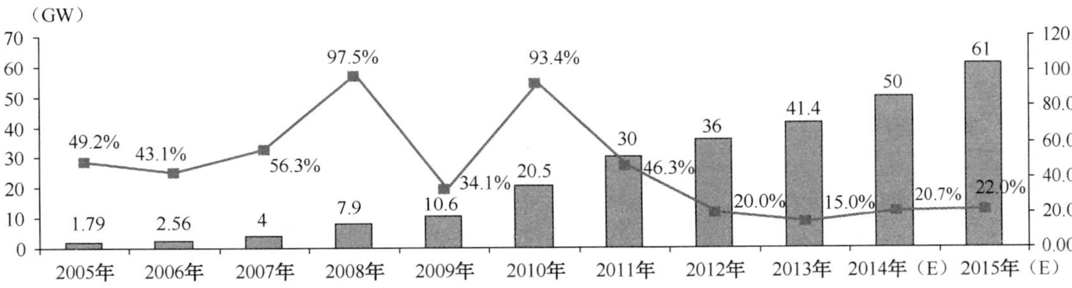

GAGR=33.8%（2009—2015 年）

图 7.2.1 2005—2015 年世界太阳能光伏电池组件产量及增长

2. 2014 年世界太阳能光伏市场规模及增长

2014 年世界太阳能光伏市场装机量预计为 45～48GW，同比增长 17.2%～25%。预计累计安装量达 189.8GW 左右（有报道称累计安装量近 200GW）。

2015 年，世界太阳能光伏装机量预计达 57GW，累计达到 246.8GW，同比增长 30.0%（图 7.2.2）。

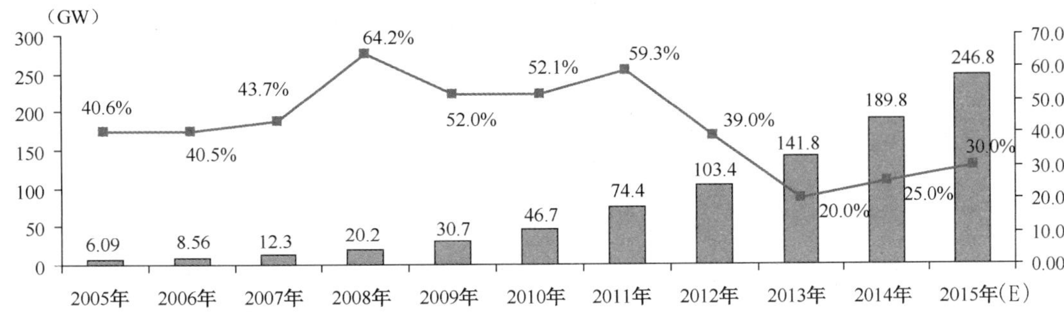

GAGR=41.54%（2009—2015 年）

图 7.2.2 2005—2015 年世界太阳能光伏电池组件累计安装规模及增长

3. 2014 年世界太阳能光伏电池应用市场情况

2014 年世界太阳能光伏电池应用市场预计为 43GW，同比增长 12.0%。

2014 年世界太阳能光伏电池应用市场分布：中国预计为 10.6GW，美国预计为 7.0GW，英国预计为 3.1GW，德国预计为 2.3GW，日本预计为 9.0GW，其他国家（地区）预计为 11.0GW（图 7.2.3）。

由于受欧美金融危机冲击和欧洲主要国家光伏降低或取消再生能源补贴政策的影响，2014 年欧洲光伏市场出现收缩，同比下降 10%～20%，如德国原先由于光伏产品成本低，在补贴下调的 2013 年还生产了 4GW，而在 2014 年只生产了 2.3GW，同比下降 1.7GW，下降率为 42.5%。

2014 年世界光伏电池发展重点国家为中国、日本和美国。中国政府支持绿色能源的发展，支持太阳能光伏电站、输电和并网发电，鼓励企业和个人建分布式小电站，余电可以出售到大电网，为此 2014 年中国光伏组件安装量达 10.6GW，同比增长 10.4%，在产量、市场、安装量上都居世界第一位。日本政府自“311”大地震和福岛核电站爆炸之后减少核发电，转为加快太阳能光伏发电等绿色能源的生产，促进了日本太阳能光伏市场需求量的增大，2014 年安装量达 9GW，同比增长 50%。美国采取“回归制造业”政策，在对中国光伏实行“双反”之后，美国光伏组件翻倍大增达 7GW，安装量达 6.2GW，同比上升 30%。其中有 20 个城市安装量合计达 2.05GW，如洛杉矶安装 170MW，圣地亚哥安装 149MW，凤凰城安装 115MW，印第安纳安装 107MW，圣何塞安装 105MW。英国光伏电池安装量达 7.2GW，反增 0.4GW，成为 2014 年全球光伏市场的新贵。东南亚、拉美、非洲、澳大利亚是新近开发太阳能光伏市场的“富矿地”，2014 年新增 1.3GW，起到了推动作用。

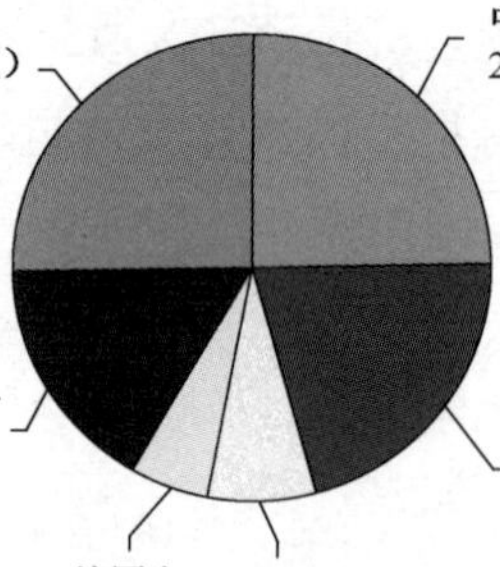

（资料来源：中国电子报，2015.1.27）

图 7.2.3　2014 年世界太阳能光伏电池应用市场分布结构（预计）

2014 年世界新能源发电（含太阳能、风力、地热能等）呈高速增长趋势，年发电量同比增长 19%，占全球发电总量的 6.2%。

2010—2014 年世界太阳能光伏组件价格下降 60.5%，光伏系统价格下降 52%，大型光伏系统价格保持稳定，略有降低，降幅为 21.9%。

2015—2020 年世界太阳能光伏发电新增装机容量将达到 369GW，产业发展前景良好。

4. 2014 年世界前十大太阳能光伏电池组件厂商

据 IHS 报道，2014 年，世界前十大光伏组件厂商的总出货量达到 23.7GW，占到全世界总量的 49%，较 2013 年占比稍有上升（表 7.2.1）。

表7.2.1　2014年世界前十大太阳能光伏电池组件供应商

序号	供应商	产量	销售额	序号	供应商	产量	销售额
1	天合光能（中）	3.66GW	22.9 亿美元	6	昱辉阳光能源(中)	1.97GW	15.6 亿美元
2	英利绿色能源(中)	3.36GW	20.8 亿美元	7	第一太阳能（美）	1.85GW	33.9 亿美元
3	阿特斯太阳能(中)	3.11GW	29.6 亿美元	8	夏普太阳能（日）	1.77GW	36.8 亿美元
4	晶科能源（中）	2.94GW	16.1 亿美元	9	Sunpower（美）	1.23GW	30.3 亿美元
5	晶澳能源（中）	2.4GW	18.2 亿美元	10	京瓷（日）	1.2GW	

从表7.2.1中可以看出，2014年中国光伏电池制造企业正从亏损的泥潭中逐渐走出来。在全球前十大企业中，中国占6席，前6名均为中国大陆企业，美国占2席，日本占2席。2013年进入前十大企业的韩华新能源在2014年跌出前十大企业之列（表7.2.2）。

表7.2.2　2013年世界前十大太阳能光伏电池组件供应商产能/产量

（单位：GW）

序号	供应商	产能	产量	序号	供应商	产能	产量
1	英利绿能（中）	2.80	3.10	6	韩华（韩）	1.62	1.30
2	天合光能（中）	2.45	2.47	7	晶澳能源（中）	1.80	1.22
3	阿特斯（中）	2.60	1.80	8	Sumpower（美）	1.27	1.13
4	晶科能源（中）	2.00	1.70	9	京瓷（日）	1.20	1.10
5	第一太阳能（美）	2.56	1.63	10	Solar Frontier（日）	0.98	0.92

（资料来源：中国电子报，2014.6.27）

5．2014年世界主要硅片企业产量情况（表7.2.3）

表7.2.3　2014年世界主要硅片企业产量情况

（单位：GW）

序号	企业名称	国别	2014年（E）		2013年	
			产量	同比（%）	产量	产能
1	保利协鑫	中国	13	+51.2	8.6	10.0
2	英利	中国	3	+30	2.3	2.8
3	昱辉	中国	2.81	+33.8	2.1	2.2
4	绿能	中国	2.5	+31.6	1.9	2.0
5	旭阳雷迪	中国	1.7	+6.3	1.6	1.8
6	赛维	中国	2.0	+33.3	1.5	3.3
7	晶科	中国	1.7	+13.3	1.5	1.8
8	Nexolon	韩国	1.8	+38.5	1.3	1.7
9	隆基	中国	2.0	+66.7	1.2	1.3
10	天合	中国	1.6	+33.3	1.2	1.4
合计			32.1	+38.4	23.2	28.2

（资料来源：中国电子报，2014.6.27）

- 2013年世界太阳能硅片产能达57 GW，其中十大企业占到49.6%，几近一半。
- 2013年世界太阳能硅片产量达39 GW，其中十大企业占到59.5%，几近六成。
- 2014世界太阳能组件产能预计达65GW，太阳能组件产量预计达50GW。
- 2014年世界太阳能硅片产量预计达58GW，其中十大企业产量预计达到32.1GW，同比增长 38.4%，占到总产量的 55.3%。

三、2014 年中国太阳能光伏产业发展情况

（一）2014 年中国太阳能光伏产业发展情况简述

1. 2014 年中国太阳能光伏产业业绩

2014 年中国太阳能光伏产业规模持续扩大，行业发展总体趋好。

- 2014 年中国多晶硅产量达 13.2 万吨，同比增长 57.0%。
- 2014 年中国太阳能硅片产量达 38GW，同比增长 28%。
- 2014 年中国太阳能电池片产量达 33GW，同比增长 32%。
- 2014 年中国太阳能电池组件产量达 35GW，同比增长 25.0%。

2. 2014 年中国太阳能光伏产业经营业绩

- 随着国内外太阳能光伏市场回暖，我国光伏企业产能利用率普遍提高，骨干企业出货量提高，达到满产超产，企业产能利用率平均达到 85%。其中，多晶硅企业产能利用率达 92%，硅片企业产能利用率达 84%，电池企业产能利用率达 70%，组件企业产能利用率达 63%。
- 晶澳营收高达 113 亿元（18.8 亿美元），同比增长 57%，其净利由–4.3 亿元上升到 4.47 亿元，扭亏为盈；晶科实现收入 99.8 亿元（16.1 亿美元），同比增长 41%，利润暴增 258%；阿特斯营收达 180.8 亿元（29.64 亿美元），同比增长 80.0%，净利达 14.6 亿美元，同比飙升 652.6%。
- 从企业盈利情况来看，光伏行业毛利率明显回升，毛利率超过 20%。

3. 2014 年中国太阳能光伏发电量业绩

2014 年，我国光伏发电量同比增长超过 200%，约为 250 亿千瓦时。我国光伏发电累计同比增长 60%并网装机容量，达 2805 万千瓦（光伏电站 2338 万千瓦，分布式 467 万千瓦）。2014 年全国新增并网光伏发电容量达 1060 万千瓦，约占全球新增容量的 1/4，占我国光伏电池组件产量的 1/3，我国光伏业年度光伏电站安装量、产品销售量均居世界第一位。2014 年我国实现了预定的光伏装机总目标，实现了平均年增 1000 万千瓦（其中新增光伏电站 855 万千瓦，分布式 205 万千瓦）的目标。我国光伏安装正从西部地区向东部地区扩张，东部新增 560 万千瓦，占总量的 53%。2015 年的目标是新增约 1500 万千瓦。

（二）2014 年中国太阳能光伏电池产能、产量、安装量情况

1. 2014 年中国太阳能光伏电池产能规模

2014 年中国太阳能光伏电池产业组件产能达 45GW，同比增长 7.1%，约占世界太阳能

光伏电池产能80%的份额，位居第一。其中仍以多晶硅电池为主，占比约为78%。

2014年中国太阳能光伏电池产业集中度不断提升，产量最大的前十五家组件企业产能占全国总产能的78.5%，产量约占总产量的83.4%，产能利用率约为85.4%。前十家企业平均每家企业产能达2GW，产能利用率达到91%，占到总产量近80%的份额。

2. 2014年中国太阳能光伏电池组件产量规模及增长率

- 2014年中国太阳能光伏电池组件产量为35GW，同比增长25.0%，占世界光伏电池组件产量70%的份额。
- 2015年中国太阳能光伏电池组件产量预计可达到40GW，同比增长14.3%(图7.2.4)。

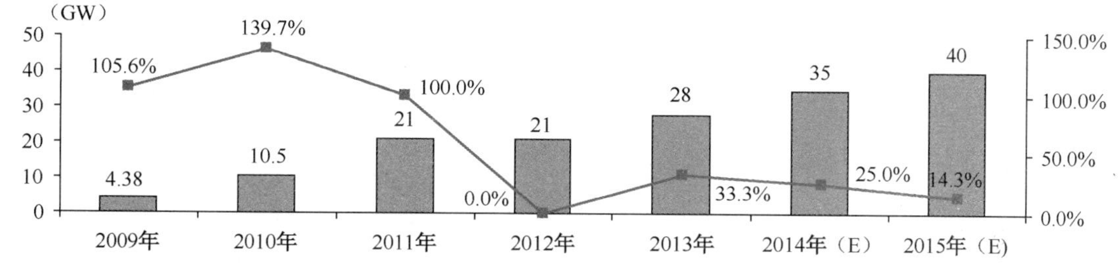

GAGR=44.58%（2009—2015年）

图7.2.4　2009—2015年中国太阳能光伏电池组件产量及增长

3. 2014年中国太阳能光伏电池新装机量及增长率

- 2014年中国太阳能光伏电池新装机量为10.6GW，同比增长10.4%，占世界当年新装机量24.7%的份额，居世界首位。
- 2015年中国太阳能光伏电池新装机量国家计划为17.8GW，有望达到20GW(图7.2.5)。

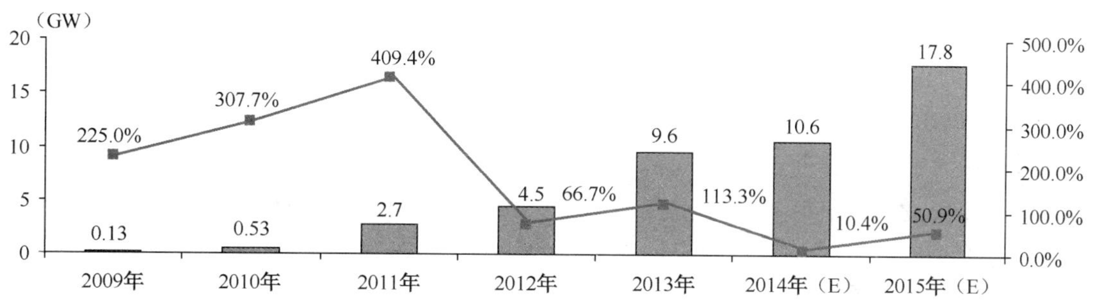

GAGR=127.03%（2009—2015年）

图7.2.5　2009—2015年中国太阳能光伏电池新装机量及增长

4. 2014年中国太阳能光伏电池组件累计安装量及增长率

2014年中国太阳能光伏电池组件新安装量达10.6GW，累计安装量达30.6GW(图7.2.6).

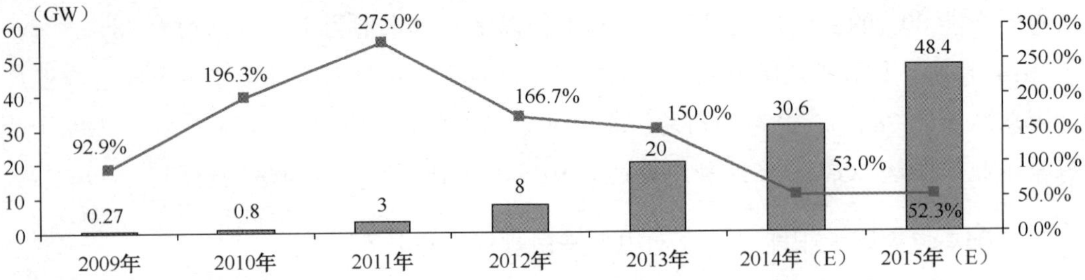

GAGR=137.62%（2009—2015 年）

图 7.2.6　2009—2015 年中国太阳能光伏电池组件累计安装量及增长

（三）2014 年中国太阳能光伏产业技术进步情况

（1）2014 年中国太阳能多晶硅流化床法已替代改良西门子法作为主流技术。

（2）在硅片环节，金刚线切割已大规模应用于单晶硅片，在多晶硅片中也已小规模应用。

（3）在电池环节，多次印刷、PERC 技术、黑硅技术等已在使用或进行研发。

（4）为降低成本，EVA 胶膜、背板与辅料国产化进程加快。

（5）太阳能光伏转换率技术进步加快，多晶硅产品转换率达 18%以上（目前多晶硅电池片大生产转换率平均为 17.5%），单晶硅产品转换率达 20%以上（目前单晶电池片大生产转换率平均为 19.0%）。

（6）电池片的技术也在发展，采用 PERC 技术的电池片已被市场证明可稳定量产；较大尺寸单晶硅片的应用正在增加，已获得高效率；今后将着力改善 P 型单晶光衰问题，N 型单晶电池片今后会有大的发展。

（7）无锡尚德公司配备手机通信和云计算远端控制装置“Solar View Air”技术，可延伸到远端监控系统。

（8）晶科公司搭载 TIGooptimizer 智能芯片太阳能组件，优化芯片提供电池串最大功率点跟踪功能（MPPT），解决了组件与组件不匹配的问题。

（9）华为公司跨界进入光伏行业，2013 年通过推出组串式逆变器产品进入光伏行业，当年出货量达 1GW，占国内 7%的份额。2014 年新增订单达 3.5GW，进入世界十大光伏逆变器供应商之列。

（四）2014 年中国太阳能光伏产业产品出口情况

1. 2014 年中国太阳能光伏产业产品出口概况

- 2014 年中国太阳能光伏产业产品出口企业多达 421 家。
- 2014 年晶澳、天合、阿斯特、晶科跻身中国光伏前七强，出口总量达 18.42GW。
- 2014 年中国太阳能光伏产业产品出口总额为 144 亿美元，同比增长 17.3%，包括硅片、电池片、组件和逆变器；其中，光伏电池组件出口占 73.6%，约为 106 亿美元。

2. 2014 年中国太阳能光伏产品出口统计

从表 7.2.4 中可以看出，2014 年中国太阳能光伏产品出口主要集中在亚洲地区，占 54.5%，出口价值为 78.55 亿美元，同比增长 42.73%；其次为欧洲和北美洲，分别占 18.8%、17%，其中欧洲出口价值为 27.08 亿美元，同比下降 15.9%。在增长方面，拉丁美洲增长最快，达到 123%，其次是亚洲和北美洲。在出口发展方面，除亚洲、欧洲、北美洲仍是重点之外，非洲、大洋洲、拉丁美洲是出口的新地区，新兴市场整体布局已经形成，有利于降低系统贸易摩擦风险。

图 7.2.4　2014 年中国太阳能光伏产品出口统计

（单位：亿美元）

序号	地区	出口额	占比（%）	同比（%）	序号	地区	出口额	占比（%）	同比（%）
1	亚洲	78.55	54.5	42.73	5	大洋洲	4.4	3.0	–5.0
2	欧洲	27.08	18.8	–15.9	6	拉丁美洲	3.97	3.0	123.0
3	北美洲	24.48	17.0	33.4	7	其他地区	1.20	0.8	—
4	非洲	4.32	3.0	–20.0	8	合计	144.0	100	17. 3

（资料来源：JSSIA 整理）

3. 2014 年 1～11 月中国太阳能光伏产品出口国家和地区统计

从表 7.2.5 中可以看出，2014 年中国太阳能光伏产品出口集中在前十名国家和地区，占到 76.9%。日本、美国、荷兰、英国、印度分居前五位，合计占到 65%左右，其中日本市场已超过美国市场，居第一位，日美两国占我国出口 49%的份额。英国、巴基斯坦、智利、土耳其、中国台湾地区、法国、菲律宾等增幅都超过 100%。

我国太阳能光伏出口欧洲价格相对较高，平均为 0.75 美元/W；出口美国平均价为 0.65 美元/W；出口日本均价较低，约为 0.62 美元/W，主要是由于出口产品为日本企业代工。2014 年出口均价为 0.65 美元/W。

表7.2.5　2014年1～11月中国太阳能光伏产品出口国家和地区统计

（单位：亿美元）

序号	国家（地区）	出口额	占比（%）	同比（%）	序号	国家（地区）	出口额	占比（%）	同比（%）
1	日本	45.0	33.0	67.0	11	菲律宾	2.1	1.7	116.2
2	美国	21.0	16.0	35.0	12	智利	1.9	1.6	149.3
3	荷兰	9.0	7.6	–43.6	13	南非	1.9	1.6	–55.3
4	英国	6.3	5.3	201.7	14	加拿大	1.8	1.5	25.8
5	印度	3.9	3.3	–23.9	15	比利时	1.8	1.5	–52.2
6	中国香港	3.7	3.1	–35.9	16	泰国	1.5	1.2	–20.0
7	韩国	3.7	3.1	86.8	17	巴基斯坦	1.4	1.2	197.4
8	澳大利亚	3.6	3.0	–5.2	18	法国	1.3	1.1	141.1
9	中国台湾	2.3	1.9	145.2	19	马来西亚	1.1	0.9	24.1
10	德国	2.2	1.8	–54.5	20	土耳其	1.0	0.9	136.6

4．2014 年中国太阳能光伏产品出口遇到的困难

- 美国对中国太阳能光伏产品进行二次“双反”，合并税率达到 76.5%～203.76%，我国光伏产品有可能失去美国市场。
- 2014 年欧洲、澳大利亚、加拿大、印度等对中国太阳能光伏电池产品进行“双反”调查或裁决，对中国太阳能光伏电池产品出口不利。
- 日本市场目前虽被看好，但由于对光伏电池补贴和消费力的减弱，随时可能出现退缩，现已传出日电公司将不再接受并网申请之言。
- 欧洲市场对中国太阳能光伏电池实行限价限量措施，使中国光伏产品在欧洲市场失去竞争力。
- 非洲和中东地区政局动荡，不易在此地推广，风险太大。

5．中国太阳能光伏产业提高“走出去”竞争力

全球化布局已成为我国太阳能光伏企业规避“双反”的重要手段，如英利集团在泰国建厂，阿特斯布局加拿大，尚德电力在美国、日本布局，晶科在南非、日本布局，中电光伏在土耳其布局，卡姆丹克在马来西亚布局等。现在我国光伏企业更多地关注柬埔寨西哈努克港经济特区、泰国罗勇工业园、越南龙江工业园等周边国家 13 个受双方政府保护和支持的境外经贸区。此外，还通过日本、中国台湾、中国香港、马来西亚等进行转口贸易等，分散出口企业运营风险。

6．破解中国太阳能光伏产业产能过剩的困局

中国太阳能光伏产业存在大而散、散而小的局面，产能严重过剩。2014 年在国家和部分省市采取建大型电站、分布式电站和扩大出口等措施后，产能还过剩 10～12GW，这可能随时引发产业的震荡和企业恶性竞争，导致企业关、停、并、转。

国家已颁布《光伏制造行业规范条件》、《光伏制造行业规范管理暂行办法》等，采用准入制来控制企业无序生长，在技术上以光伏转换率达标来提升产业竞争力（多晶硅转换率大于 18%，单晶硅转换率大于 20%）。目前我国多晶硅转换率平均达到 17.5%，单晶硅转换率平均达到 19.0%，在市场竞争中遵循优胜劣汰的自然法则。

降低太阳能光伏产品成本是一个有效途径，是老课题，也是新问题，目前各企业都在做好自己的这一本账。

由于风能、太阳能等可再生能源发电的波动性和不确定因素，以及不同能源品种之间的利益难以协调，要推动能源消费模式的转型，技术进步与制度创新一个都不能少。

7．2014 年中国太阳能光伏电站建设情况

国家发布了《关于促进光伏产业健康发展的若干意见》，指出在 2014 年要建设 14GW 的光伏电站，其中大型地面站为 6GW，分布式电站为 8GW。西部地区地广人稀，有沙漠、

戈壁等资源，光照充足，因此适合建设地面站，使地面站一票难求。而分布式电站由于电价低、屋顶难求、投资收益预期不稳定、融资困难、并网输电不顺等原因，进展迟缓，光伏企业更多选择观望。

2014年我国光伏发电累计并网装机容量为2805万千瓦，同比增长60%。其中光伏地面站发电装机容量为2338万千瓦，占83.4%；分布式电站累计装机容量为467万千瓦，占16.6%。2014年全国新增并网光伏发电容量为1060万千瓦。其中，新增光伏电站855万千瓦，占80.7%；分布式电站为205万千瓦，占19.3%。2014年我国太阳能光伏地面站装机量仅完成目标的70%，分布式电站装机量仅完成目标的26%。余额将结转到2015年。

2014年，我国光伏电站累计并网容量排名前五位的为甘肃省、青海省、内蒙古、新疆和宁夏。其中，甘肃省光伏电站累计并网容量为517万千瓦，居全国第一位；青海省为413万千瓦，居第二位；内蒙古为284万千瓦，居第三位。前三位合计为1214万千瓦，占全国并网装机容量的43.3%（表7.2.6）。

表7.2.6 2014年重点省份新增并网容量统计表

序号	省（区）名称	2014年新增（万千瓦）	2013年新增（万千瓦）	2014/2013（%）	2014累计（万千瓦）
1	内蒙古	160	113	41.6	284
2	青海	102	96	6.3	413
3	甘肃	97	384	–74.7	517
4	江苏	95	79	20.3	172
5	宁夏	82	118	–30.5	217
6	新疆	42	232	–81.9	271
合计		578	1022	43.4	1874

（资料来源：可再生能源数据库）

8. 2014年中国薄膜太阳能电池情况

1）2014年中国薄膜太阳能电池概况

2013年全球薄膜太阳能电池产量小幅度回升至3660MW，同比增长3.7%，市场占有率为9.0%，和2009年的16.5%相比已失去半壁江山。

2014年全球太阳能光伏电池市场中，晶硅太阳能光伏电池市场占有率为92%，而薄膜太阳能电池市场占有率为8%，比2013年减少1%的份额（图7.2.7）。

在未来5～10年，全球太阳能光伏电池市场仍以晶硅太阳能电池为主，而薄膜太阳能电池仍为辅助角色。

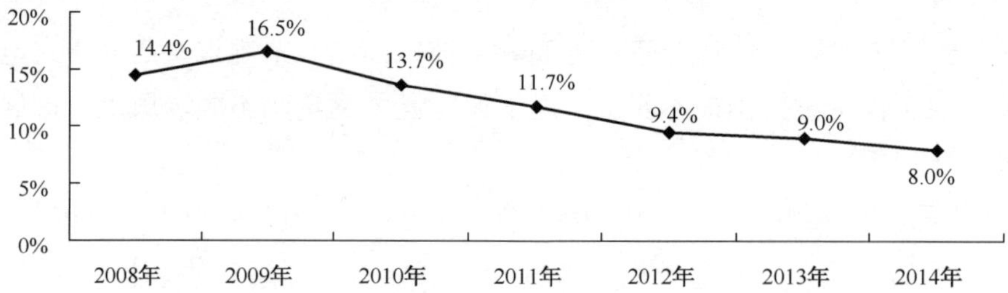

图 7.2.7　2008—2014 年世界薄膜太阳能电池市场占有率变化

2）2014 年薄膜太阳能电池产品结构（图 7.2.8）

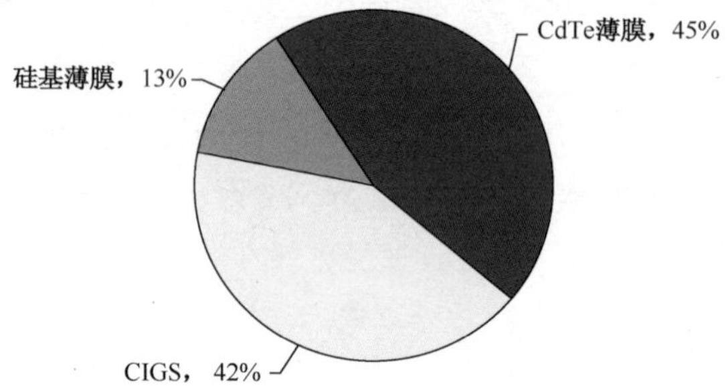

图 7.2.8　2014 年薄膜太阳能电池产品结构

3）薄膜太阳能电池三种材料技术发展情况

在多种薄膜太阳能电池生产技术中，目前已经产业化的主要有 3 种：硅基薄膜太阳能电池、碲化镉（CdTe）薄膜太阳能电池和铜铟镓硒薄膜太阳能电池（CIGS）。

- 硅基薄膜虽然最早实现产业化，技术成熟，成本较低，但是存在转换效率低和组件衰退快这两大弱点，目前已经不具备很强的竞争力。
- CdTe 薄膜电池本身固有的材料特性及发展实践，已经证明其是一种适合于大规模生产的高效廉价太阳能电池。目前实验室小面积电池效率已达 20.4%，组件全面积效率已达 14.2%。CdTe 电池具有较低的温度系数和优良的弱光响应，比晶硅电池发电能力要高出 5%～10%。欧盟从 2011 年开始对其豁免了 RoHS 的要求，认为 CdTe 薄膜电池无论在生产或是使用上，都是安全可控的。
- CIGS 具有很好的材料特性，易形成好的背电极和高质量的 PN 结，而且较容易做成柔性组件。CIGS 的实验室效率已达 21%，组件全面积效率已接近 16%。一些公司已经实现了 CIGS 的产业化。不过，继续提高沉积速率、优品率和材料的利用率以降低成本仍是产业化需要解决的问题。业界目前仍较认同 CIGS 是薄膜太阳能电池发展的方向。

在当今中国薄膜太阳能电池业中，汉能首当其冲，成为世界薄膜太阳能电池的领军企业。汉能于 2014 年 8 月收购美国阿尔塔公司，把 CIGS 作为发展重心，该公司薄膜太阳能转换率已近 30%。未来 3～5 年内薄膜太阳能电池市场规模将达 8 万亿元，将成为中国太阳能光伏企业新的经济增长点。

9. 2014 年中国晶硅太阳能电池设备市场

2014 年在国内光伏市场的推动下，太阳能光伏电池设备制造业销售收入止跌回升。据中国专用电子设备工业协会统计，2014 年 14 家太阳能光伏电池设备制造商共销售产品 12225 台/套，销售收入为 14.66 亿元，同比增长 11.5%（图 7.2.9）。

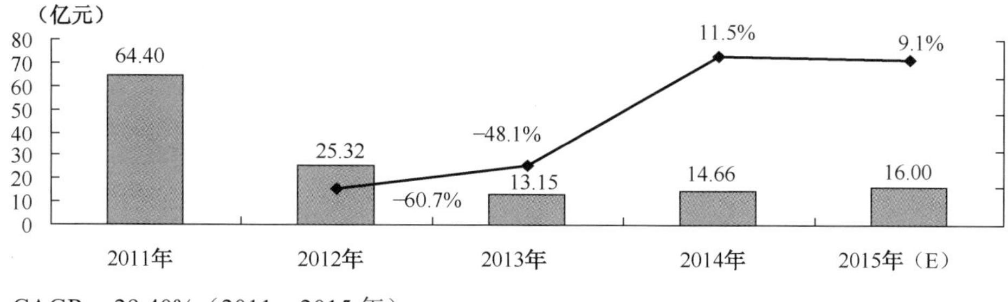

图 7.2.9　2011—2015 年中国太阳能光伏电池设备销售收入及增长

2014 年中国晶硅太阳能电池设备制造业尚存在一些问题。一是晶硅太阳能电池在稳定性、可靠性方面还存在差距，表现在设备零部件基础配套能力和设备制造本身工艺技术水平不足，关键设备和零部件国内无法供应或达不到要求，只能依靠进口。二是在晶硅太阳能电池设备种类上还不能自主配套，如硅片金刚线切割设备、多晶硅电池制绒设备、湿法腐蚀设备和自动插片机设备等，还主要依靠进口。三是国产设备自动化程度较低，不仅影响产能，也导致成本难以降低等。

2014 年又有一批晶硅电池设备上市应用，包括在线湿法刻蚀机、减压扩散炉、ALD 原子层沉积 Al_2O_3 钝化膜设备、超细栅印刷设备、全自动太阳能电池测试分选机、基于 CFZ 技术的高效单晶设备、全自动半熔高效多晶硅铸锭炉、太阳能电池片全自动烘干机、全自动晶硅太阳能电池示范生产线设备等。

四、2014 年江苏省太阳能光伏产业情况

（一）2014 年江苏省太阳能光伏产业概况

2013—2014 年江苏省太阳能光伏产业经历了“冰火两重天”的严峻考验，一些企业活下来了，一些企业倒闭了，一些企业被兼并整合了。自 2013 年下半年以来，在国家政策的大力支持下，江苏省太阳能光伏产业以扩大内需市场和努力扩大海外市场并举等方法自救，在困苦中得到了锤炼，也取得了不错的成绩。

2014 年江苏省太阳能光伏电池产量预计为 14000MW，同比增长 48.9%。2014 年江苏省常州天合公司居世界第一位，居中国同业第一位；苏州阿特斯公司居世界第三位，居中国同业第三位。无锡尚德电力公司经历了 2013 年 6 月的破产和 2014 年 1 月的重组后，业绩日新月异，2014 年产量超过 2GW。

（二）2014 年江苏省太阳能光伏电池产量情况

2014 年江苏省太阳能光伏电池产量预计为 14000MW，同比增长 48.9%（图 7.2.10）。

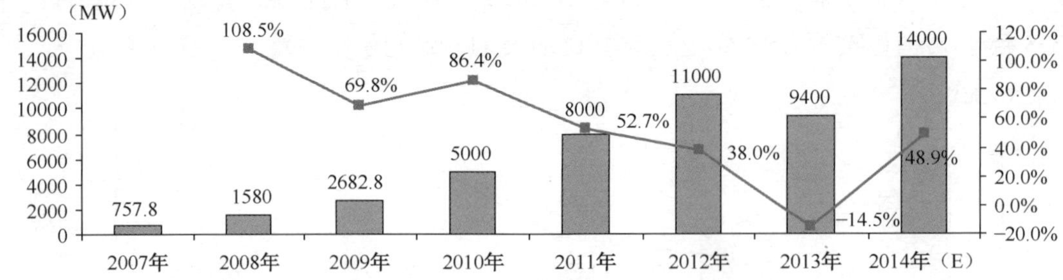

CAGR=51.68%（2007—2014 年）

图 7.2.10　2007—2014 年江苏省太阳能光伏电池产量及增长

2007—2014 年江苏省太阳能光伏电池产量在全国同业中的比重如图 7.2.11 所示。

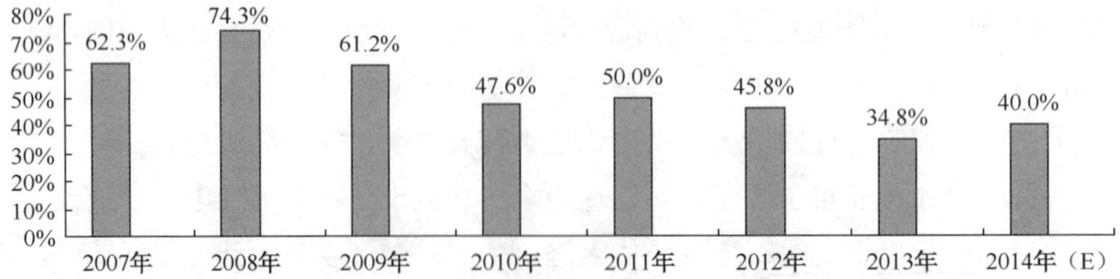

图 7.2.11　2007—2014 年江苏省太阳能光伏电池产量在全国同业中的比重

江苏省太阳能光伏电池产业有其辉煌的历史，无锡尚德电力公司多年位居世界、全国同业第一，在无锡尚德电力公司的带动下，全省大力发展太阳能光伏电池产业，江苏省太阳能光伏电池也曾占到全国一半和全球四分之一的份额。2013 年后，受到欧美"双反"的影响，无锡尚德电力公司破产重组，江苏省太阳能光伏产业由此进入低谷，但仍占全国同业四分之一和世界同业五分之一的比重。

（三）2014 年江苏省太阳能光伏电池企业在全国同业中的地位

2014 年江苏省太阳能光伏电池产业重振雄风，再次腾飞。常州天合公司由往年的第二位跃居世界第一位和全国第一位，苏州阿特斯公司居世界第三位和全国第三位。

2014 年江苏省太阳能光伏主要企业产量情况见表 7.2.7。

表7.2.7　2014年江苏省太阳能光伏主要企业产量情况

序号	企业名称	2014 年产量（MW）	2013 年产量（MW）	同比（%）
1	常州天合	3660	2580	+41.9
2	保定英利	3300	3234	+2.0
3	苏州阿特斯	3105	1894	+63.9

续表

序号	企业名称	2014 年产量（MW）	2013 年产量（MW）	同比（%）
4	河北晶澳	3100	2100	+47.6
5	中国昱辉	1970	800	146.3
6	晶科能源	785	1933	−59.4

2014 年江苏省太阳能光伏主要企业收入情况见表 7.2.8。

表7.2.8 2014年江苏省太阳能光伏主要企业收入情况

序号	企业名称	2014 年收入（亿元）	2013 年收入（亿元）	同比（%）
1	常州天合	42.30	17.70	+139.0
2	保定英利	34.46	22.17	+55.4
3	苏州阿特斯	29.64	16.54	+79.2
4	河北晶澳	18.80	12.00	+56.7
5	中国昱辉	16.10	11.40	+41.2
6	晶科能源	3.86	151.0（新台币）	—

从 2014 年我国太阳能光伏电池组件发展区域看，组件主要集中在江苏、浙江和河北三省，三省合计占到全国同业的 84.5%。江苏省企业数量为 26 家，约占企业总量的 45.6%，组件产能为 18.6GW，产量为 7GW，约占全国总产能的 53.8%，居全国同业第一位；浙江省组件产能达到 6.4GW，产量为 2.57GW，约占全国总产量的 19.7%；河北省组件产能约为 3.17GW，产量约为 1.44GW，约占全国总产量的 11%。

（四）江苏省太阳能光伏电池产业技术进步情况简述

江苏省太阳能光伏电池产业技术在全球处于领先地位。无锡尚德电力公司投入规模化生产的冥王星高效太阳能电池法，突破了太阳能电池常规制造的瓶颈，打破了晶体硅太阳能电池商业化大生产转换效率的世界纪录，单晶硅出货产品光电转化率平均达到 20.0%以上，多晶硅转换率可达到 17.5%。无锡尚德电力公司的冥王星光伏电池制造技术，其表面金属化技术具有自主知识产权，金属栅线细至 30 微米以下，仅为传统丝网印刷电池金属栅线的四分之一；同时超细金属线的材质也由铜代替了银；通过技术工艺的改进，降低了光伏电池片金属覆盖率，从而产生更多电量。无锡尚德电力公司采用了先进的浇铸锭技术，通过使用改良的多晶硅设备生产出低成本、高质量、高效率的多晶硅片。该公司推出的"Black Pearl"组件深得业界好评。

常州天合与新加坡太阳能研究所合作研发高效全背面接触式硅片太阳能电池，光效转化率将达到 21.5%，三年内实验室转换率将提高到 23.5%，使江苏省太阳能光伏电池转化率达到世界一流水平。常州天合公司推出自主研发的 Honey 电池技术的两种新产品：TSM-PC/PA05A 和 TSM-PC/PA14A。其中，PC/PA05A 由 60 片电池片组成，功率输出范围为 245～255WP，转换率达 15.9%；PC/PA14A 由 72 片电池片组成，功率输出范围为 285～305WP，转换率达到 15.7%。60 片的 Honey 组件输出功率最高可达 274W，创造了标准尺寸多晶硅组件发电功率的新纪录。常州天合公司 500MW Honey 高效电池组件目前已进入大规模生产阶段，Honey 组件可适用于风压 2400Pa，雪压 5400Pa 的环境，使用寿命可达 25 年以上。

江苏省太阳能光伏电池以晶体硅电池为主，其产量占到全省总产量的 90%左右，薄膜太阳能电池（非晶硅、非晶/微晶叠层和铜铟镓硒）产量占到全省总产量的 10%。

江苏省太阳能光伏电池所需硅片厚度已经达到 160～180μm 的技术要求，可减少单晶硅、多晶硅的切片消耗量，降低成本。

目前太阳能光伏企业皆以 P 型单晶电池加上 PERC 制程为主要效率提升方式，在投入不高的情况下，单晶硅电池的转换率从 19.2%～19.4%跃升到 20%～20.2%，而且在 2015 年可达到 21%，成为单晶硅电池的主流技术。N 型单晶硅电池转换率可达 22%，一举超过 P 型硅电池，故 N 型硅电池将成为下一代产品，其具有初始光衰接近零、在弱光下发电性能好等特性，封装成组件后能达到较高效率。

（五）2014 年江苏省太阳能光伏行业在困境中奋斗前行

2014 年江苏省太阳能光伏行业在国家有关政策的支持下，闯过了国外市场收缩、美欧“双反”高征税等难关，抓住有利契机，开足马力，在困境中逆势而上，取得了较好业绩。

1. 美欧“双反”压制了江苏省太阳能光伏企业的发展

2014 年美国对中国大陆晶硅太阳能光伏产品课以 26.33%～165.04%的重税，对中国台湾产品课以 27.59%～44.18%的重税。在我国政府和企业应诉反控下，美国对我国大陆及台湾地区企业两次“双反”初裁税率见表 7.2.9。

表7.2.9 美国“双反”初裁税率

地区	公司名称	反补贴税率	反倾销税率	合并税率
中国大陆	天合光能	18.56%	26.33%	29.30%
	英利、阿特斯等	26.89%	42.33%	47.27%
	无锡尚德	35.21%	42.33%	49.24%
	昱辉、晶科	26.89%	58.87%	82.38%
	其他未应诉企业	26.89%	165.04%	191.93%
中国台湾	昱晶能源	27.59%	—	—
	茂迪工业	44.18%	—	—
	其他企业	35.89%	—	—

在课以重税的压力下，常州天合光能、无锡尚德电力、苏州阿特斯等公司表示不会放弃在美国的业务，反而会维护公司自身的利益，巩固在美市场地位。同时，江苏省太阳能光伏企业还要应对欧洲、澳大利亚、加拿大、印度等国家和地区的“双反”高税率难题。其中，加拿大对江苏省的阿特斯、天合光能、尚德太阳能公司征收9%～286%的惩罚性“双反关税”。2014年江苏省对加拿大出口光伏产品1.1847亿美元，同比增长4.4%，占到全省光伏产品出口的1.5%，此案共涉及江苏省24家企业。

2. 江苏省太阳能光伏企业反制“双反”，实施“走出去”策略

2014年江苏省太阳能光伏企业为反制欧美“双反”，实施“走出去”策略。其中，无锡尚德电力在美国、日本投资设厂；苏州阿特斯在加拿大投资设厂；常州天合公司也在寻找合适的地区，实行“走出去”策略，以规避美、欧、澳、印等对我国太阳能光伏产业的压制和打击。

2014年江苏省太阳能光伏电池出口额预计为79亿美元，同比略有增长（2014年上半年江苏省光伏产品出口额同比增长18.7%）。

2014年江苏省太阳能光伏电池出口地中日本居第一位，美国、欧盟分居第二位和第三位。

3. 2014年江苏省太阳能光伏电池产业投融资情况

2013年11月顺风光电收购无锡尚德公司，通过债务溶解、股权融资、债务清算、合营企业收购资金等多元化融资化解债务，使无锡尚德死而复生，凤凰涅槃。近期无锡尚德运营情况较好，基本处于满负荷状态。2014年订单可超过2GW，接近历史最高水平。有1GW组件被顺风光电“吸收”，另有1GW以上产量销往海外及国内其他市场。

无锡尚德公司进军美国和日本投资建厂。在日本注册尚德电力日本公司，将面向小规模工业用太阳能光伏发电系统，上市配备手机通信线路和云计算型远端控制装置的“Solar ViewAir”。由此，日本尚德销售的产品由原有太阳能光伏电池板、逆变器和架台，延伸到远端控制系统。

江苏格林保尔光伏公司成立于2008年7月，位于武进高新区，主营晶硅太阳能电池、太阳能组件、光伏发电系统，现由澳门新阳科技集团全资收购。该公司固定资产为5.42亿元，2014年营业收入为8.56亿元。公司产能达到400MW太阳能电池和300MW太阳能电池组件，主要产品有GP多晶硅电池、GP多晶硅电池组件，产品获得CE、TUV、IEC、VDE等国际权威机构认证。公司还自主建设了1.072MW一期楼顶分布式电站，已通过国家电网验收，并正式并网发电。

海润光伏公司拟以2.83亿元收购控股子公司江阴鑫辉剩余的49%股权，本次股权转让完成后，海润光伏公司将持有江阴鑫辉100%的股权。截至2014年6月30日，江阴鑫辉净资产为4.48亿元，上半年营业收入为8.9亿元，净利润为1784.5万元。海润完全控股江阴

鑫辉后将引入战略股东。

2014年江苏省经信委实施450万元专项资金建成全省首个光伏扶贫项目，由常州天合光能公司提供电池组件。省电力公司投资150万元建设配套并网工程，在东海县安装调试。江苏省实施光伏下乡，在农村建小电站，为农民建“绿色银行”。

泰州市打造区域清洁能源保障供应基地，在水上建太阳能电站共79座，其中20座为兆瓦级，年累计发电28000万千瓦时，在相同发电量下可节煤9万吨。

据《中国电子报》报道， 2014年上半年江苏省电力公司共受理居民光伏项目391个，发电容量为2161.52千瓦时，并网规模和容量在省级行政区中位居第一。

2015年1月12日，江苏振发控股集团旗下的振发新能源公司出资270万美元，收购在美国纽证所上市的STR公司51%的股权。STR公司是美国第一家生产太阳能电池组件——太阳能用EVA薄膜的公司，是全球光伏封装材料的领导者。

爱康科技在2013年非公开发行股票募集9.7亿元资金，主要用于投建无锡、苏州等合计80MW分布式光伏发电项目。近期备受关注的江苏林洋电子也在推进分布式电站建设。

太阳能光伏企业融资难已成老大难问题，因为光伏电站建设投资大，建设周期长（国家要达到35GW目标需1.58万亿元），采取抵押贷款融资形式有伤企业积极性，为此可以边建边由国家投资，企业以租赁模式加入，或可由众筹和社区募集来建分布式电站，以支持光伏电站建设。

第八章

文件选登

国家集成电路产业发展推进纲要

集成电路产业是信息技术产业的核心，是支撑经济社会发展和保障国家安全的战略性、基础性和先导性产业，当前和今后一段时期是我国集成电路产业发展的重要战略机遇期和攻坚期，为加快推进我国集成电路产业发展，特制定本纲要。

一、现状与形势

近年来，在市场拉动和政策支持下，我国集成电路产业快速发展，整体实力显著提升，集成电路设计、制造能力与国际先进水平差距不断缩小，封装测试技术逐步接近国际先进水平，部分关键装备和材料被国内外生产线采用，涌现出一批具备一定国际竞争力的骨干企业，产业集聚效应日趋明显。但是，集成电路产业仍然存在芯片制造企业融资难、持续创新能力薄弱、产业发展与市场需求脱节、产业链各环节缺乏协同、适应产业特点的政策环境不完善等突出问题，产业发展水平与先进国家（地区）相比依然存在较大差距，集成电路产品大量依赖进口，难以对构建国家产业核心竞争力、保障信息安全等形成有力支撑。

当前，全球集成电路产业正进入重大调整变革期。一方面，全球市场格局加快调整，投资规模迅速攀升，市场份额加速向优势企业集中。另一方面，移动智能终端及芯片呈爆发式增长，云计算、物联网、大数据等新业态快速发展，集成电路技术演进出现新趋势；我国拥有全球规模最大的集成电路市场，市场需求将继续保持快速增长。新形势下，我国集成电路产业发展既面临巨大的挑战，也迎来难得的机遇，应充分发挥市场优势，营造良好发展环境，激发企业活力和创造力，带动产业链协同可持续发展，加快追赶和超越的步伐，努力实现集成电路产业跨越式发展。

二、总体要求

（一）指导思想。

以邓小平理论、“三个代表”重要思想、科学发展观为指导，深入学习领会党的十八大和十八届二中、三中全会精神，贯彻落实党中央和国务院的各项决策部署，使市场在资源配置中起决定性作用，更好发挥政府作用，突出企业主体地位，以需求为导向，以整机和系统为牵引、设计为龙头、制造为基础、装备和材料为支撑，以技术创新、模式创新和体制机制创新为动力，破解产业发展瓶颈，推动集成电路产业重点突破和整体提升，实现跨越发展，为经济发展方式转变、国家安全保障、综合国力提升提供有力支撑。

（二）基本原则。

需求牵引。依托市场优势，面向量大面广的重点整机和信息消费需求，提升企业的市场适应能力和有效供给水平，构建“芯片—软件—整机—系统—信息服务”产业链。

创新驱动。强化企业技术创新主体地位，加大研发力度，结合国家科技重大专项实施，突破一批集成电路关键技术，协同推进机制创新和商业模式创新。

软硬结合。强化集成电路设计与软件开发的协同创新，以硬件性能的提升带动软件发展，以软件的优化升级促进硬件技术进步，推动信息技术产业发展水平整体提升。

重点突破。强化市场需求与技术开发的结合，实现涉及国家安全及市场潜力大、产业基础好的关键领域快速发展。

开放发展。充分利用全球资源，推进产业链各环节开放式创新发展，加强国际交流合作，提升在全球产业竞争格局中的地位和影响力。

（三）发展目标。

到 2015 年，集成电路产业发展体制机制创新取得明显成效，建立与产业发展规律相适应的融资平台和政策环境。集成电路产业销售收入超过 3500 亿元。移动智能终端、网络通信等部分重点领域集成电路设计技术接近国际一流水平。32/28 纳米（nm）制造工艺实现规模量产，中高端封装测试销售收入占封装测试业总收入比例达到 30%以上，65～45nm 关键设备和 12 英寸硅片等关键材料在生产线上得到应用。

到 2020 年，集成电路产业与国际先进水平的差距逐步缩小，全行业销售收入年均增速超过 20%，企业可持续发展能力大幅增强。移动智能终端、网络通信、云计算、物联网、大数据等重点领域集成电路设计技术达到国际领先水平，产业生态体系初步形成。16/14nm 制造工艺实现规模量产，封装测试技术达到国际领先水平，关键装备和材料进入国际采购体系，基本建成技术先进、安全可靠的集成电路产业体系。

到 2030 年，集成电路产业链主要环节达到国际先进水平，一批企业进入国际第一梯队，实现跨越发展。

三、主要任务和发展重点

（一）着力发展集成电路设计业。围绕重点领域产业链，强化集成电路设计、软件开发、系统集成、内容与服务协同创新，以设计业的快速增长带动制造业的发展。近期聚焦移动智能终端和网络通信领域，开发量大面广的移动智能终端芯片、数字电视芯片、网络通信芯片、智能穿戴设备芯片及操作系统，提升信息技术产业整体竞争力。发挥市场机制作用，引导和推动集成电路设计企业兼并重组。加快云计算、物联网、大数据等新兴领域核心技术研发，开发基于新业态、新应用的信息处理、传感器、新型存储等关键芯片及云操作系统等基础软件，抢占未来产业发展制高点。分领域、分门类逐步突破智能卡、智能电网、智能交通、卫星导航、工业控制、金融电子、汽车电子、医疗电子等关键集成电路及嵌入式软件，提高对信息化与工业化深度融合的支撑能力。

（二）加速发展集成电路制造业。抓住技术变革的有利时机，突破投融资瓶颈，持续推动先进生产线建设。加快45/40nm芯片产能扩充，加紧32/28nm芯片生产线建设，迅速形成规模生产能力。加快立体工艺开发，推动22/20nm、16/14nm芯片生产线建设。大力发展模拟及数模混合电路、微机电系统（MEMS）、高压电路、射频电路等特色专用工艺生产线。增强芯片制造综合能力，以工艺能力提升带动设计水平提升，以生产线建设带动关键装备和材料配套发展。

（三）提升先进封装测试业发展水平。大力推动国内封装测试企业兼并重组，提高产业集中度。适应集成电路设计与制造工艺节点的演进升级需求，开展芯片级封装（CSP）、圆片级封装（WLP）、硅通孔（TSV）、三维封装等先进封装和测试技术的开发及产业化。

（四）突破集成电路关键装备和材料。加强集成电路装备、材料与工艺结合，研发光刻机、刻蚀机、离子注入机等关键设备，开发光刻胶、大尺寸硅片等关键材料，加强集成电路制造企业和装备、材料企业的协作，加快产业化进程，增强产业配套能力。

四、保障措施

（一）加强组织领导。成立国家集成电路产业发展领导小组，负责集成电路产业发展推进工作的统筹协调，强化顶层设计，整合调动各方面资源，解决重大问题。成立咨询委员会，对产业发展的重大问题和政策措施开展调查研究，进行论证评估，提供咨询建议。

（二）设立国家产业投资基金。国家产业投资基金（以下简称基金）主要吸引大型企业、金融机构以及社会资金，重点支持集成电路等产业发展，促进工业转型升级。基金实行市场化运作，重点支持集成电路制造领域，兼顾设计、封装测试、装备、材料环节，推动企业提升产能水平和实行兼并重组、规范企业治理，形成良性自我发展能力。支持设立地方性集成电路产业投资基金。鼓励社会各类风险投资和股权投资基金进入集成电路领域。

（三）加大金融支持力度。积极发挥政策性和商业性金融的互补优势，支持中国进出口银行在业务范围内加大对集成电路企业服务力度，鼓励和引导国家开发银行及商业银行继续加大对集成电路产业的信贷支持力度，创新符合集成电路产业需求特点的信贷产品和业务。支持集成电路企业在境内外上市融资、发行各类债务融资工具以及依托全国中小企业股份转让系统加快发展。鼓励发展贷款保证保险和信用保险业务，探索开发适合集成电路产业发展的保险产品和服务。

（四）落实税收支持政策。进一步加大力度贯彻落实《国务院关于印发鼓励软件产业和集成电路产业发展若干政策的通知》（国发〔2000〕18 号）和《国务院关于印发进一步鼓励软件产业和集成电路产业发展若干政策的通知》（国发〔2011〕4 号），加快制定和完善相关实施细则和配套措施，保持政策稳定性，落实集成电路封装、测试、专用材料和设备企业所得税优惠政策。落实并完善支持集成电路企业兼并重组的企业所得税、增值税、营业税等税收政策。对符合条件的集成电路重大技术装备和产品关键零部件及原材料继续实施进口免税政策，以及有关科技重大专项所需国内不能生产的关键设备、零部件、原材料进口免税政策，适时调整免税进口商品清单或目录。

（五）加强安全可靠软硬件的推广应用。组织实施安全可靠关键软硬件应用推广计划，以重点突破、分业部署、分步实施为原则，推广使用技术先进、安全可靠的集成电路、基础软件及整机系统。国家扩大内需的各项惠民工程和财政资金支持的重大信息化项目的政府采购部分，应当采购基于安全可靠软硬件的产品。鼓励基础电信和互联网企业采购基于安全可靠软硬件的整机和系统。充分利用扩大信息消费的政策措施，推动基于安全可靠软硬件的各类终端开发应用。面向移动互联网、云计算、物联网、大数据等新兴应用领域，加快构建标准体系，支撑安全可靠软硬件开发与应用。

（六）强化企业创新能力建设。推动形成产业链上下游协同创新体系，支持产业联盟发展。鼓励企业成立集成电路技术研究机构，联合科研院所、高校开展竞争前共性关键技术研发，引进海外高层次人才，增强产业可持续发展能力。加强集成电路知识产权的运用和保护，建立国家重大项目知识产权风险管理体系，引导建立知识产权战略联盟，积极探索与知识产权相关的直接融资方式和资产管理制度。在集成电路重大创新领域加快形成标准，充分发挥技术标准的作用。

（七）加大人才培养和引进力度。建立健全集成电路人才培养体系，支持微电子学科发展，通过高校与集成电路企业联合培养人才等方式，加快建设和发展示范性微电子学院和微电子职业培训机构。依托专业技术人才知识更新工程广泛开展继续教育活动，采取多种形式大力培养培训集成电路领域高层次、急需紧缺和骨干专业技术人才。有针对性地开展出国（境）培训项目，推动国家软件与集成电路人才国际培训基地建设。通过现有渠道加强对软件和集成电路人才引进的经费保障。在“千人计划”中进一步加大对引进集成电路领域优秀人才的支持力度，研究出台针对优秀企业家和高素质技术、管理团队的优先引进政策。支持集成电路企业加强与境外研发机构的合作。完善鼓励创新创造的分配激励机制，落实科技人员科研成果转化的股权、期权激励和奖励等收益分配政策。

（八）继续扩大对外开放。进一步优化环境，大力吸引国（境）外资金、技术和人才，鼓励国际集成电路企业在国内建设研发、生产和运营中心。鼓励境内集成电路企业扩大国际合作，整合国际资源，拓展国际市场。发挥两岸经济合作机制作用，鼓励两岸集成电路企业加强技术和产业合作。

工业和信息化部
2014年6月24日发布

国务院关于改进加强中央财政科研项目和资金管理的若干意见

国发〔2014〕11号

各省、自治区、直辖市人民政府，国务院各部委、各直属机构：

《国家中长期科学和技术发展规划纲要（2006—2020年）》实施以来，我国财政科技投入快速增长，科研项目和资金管理不断改进，为科技事业发展提供了有力支撑。但也存在项目安排分散重复、管理不够科学透明、资金使用效益亟待提高等突出问题，必须切实加以解决。为深入贯彻党的十八大和十八届二中、三中全会精神，落实创新驱动发展战略，促进科技与经济紧密结合，按照《中共中央国务院关于深化科技体制改革加快国家创新体系建设的意见》（中发〔2012〕6号）的要求，现就改进加强中央财政民口科研项目和资金管理提出如下意见。

一、改进加强科研项目和资金管理的总体要求

（一）总体目标。

通过深化改革，加快建立适应科技创新规律、统筹协调、职责清晰、科学规范、公开透明、监管有力的科研项目和资金管理机制，使科研项目和资金配置更加聚焦国家经济社会发展重大需求，基础前沿研究、战略高技术研究、社会公益研究和重大共性关键技术研究显著加强，财政资金使用效益明显提升，科研人员的积极性和创造性充分发挥，科技对经济社会发展的支撑引领作用不断增强，为实施创新驱动发展战略提供有力保障。

（二）基本原则。

——坚持遵循规律。把握全球科技和产业变革趋势，立足我国经济社会发展和科技创新实际，遵循科学研究、技术创新和成果转化规律，实行分类管理，提高科研项目和资金管理水平，健全鼓励原始创新、集成创新和引进消化吸收再创新的机制。

——坚持改革创新。推进政府职能转变，发挥好财政科技投入的引导激励作用和市场配置各类创新要素的导向作用。加强管理创新和统筹协调，对科研项目和资金管理各环节进行系统化改革，以改革释放创新活力。

——坚持公正公开。强化科研项目和资金管理信息公开，加强科研诚信建设和信用管理，着力营造以人为本、公平竞争、充分激发科研人员创新热情的良好环境。

——坚持规范高效。明确科研项目、资金管理和执行各方的职责，优化管理流程，建立健全决策、执行、评价相对分开、互相监督的运行机制，提高管理的科学化、规范化、

精细化水平。

二、加强科研项目和资金配置的统筹协调

（三）优化整合各类科技计划（专项、基金等）。科技计划（专项、基金等）的设立，应当根据国家战略需求和科技发展需要，按照政府职能转变和中央与地方合理划分事权的要求，明确各自功能定位、目标和时限。建立各类科技计划（专项、基金等）的绩效评估、动态调整和终止机制。优化整合中央各部门管理的科技计划（专项、基金等），对定位不清、重复交叉、实施效果不好的，要通过撤、并、转等方式进行必要调整和优化。项目主管部门要按照各自职责，围绕科技计划（专项、基金等）功能定位，科学组织安排科研项目，提升项目层次和质量，合理控制项目数量。

（四）建立健全统筹协调与决策机制。科技行政主管部门会同有关部门要充分发挥科技工作重大问题会商与沟通机制的作用，按照国民经济和社会发展规划的部署，加强科技发展优先领域、重点任务、重大项目等的统筹协调，形成年度科技计划（专项、基金等）重点工作安排和部门分工，经国家科技体制改革和创新体系建设领导小组审议通过后，分工落实、协同推进。财政部门要加强科技预算安排的统筹，做好各类科技计划（专项、基金等）年度预算方案的综合平衡。涉及国民经济、社会发展和国家安全的重大科技事项，按程序报国务院决策。

（五）建设国家科技管理信息系统。科技行政主管部门、财政部门会同有关部门和地方在现有各类科技计划（专项、基金等）科研项目数据库基础上，按照统一的数据结构、接口标准和信息安全规范，在 2014 年年底前基本建成中央财政科研项目数据库；2015 年年底前基本实现与地方科研项目数据资源的互连互通，建成统一的国家科技管理信息系统，并向社会开放服务。

三、实行科研项目分类管理

（六）基础前沿科研项目突出创新导向。基础、前沿类科研项目要立足原始创新，充分尊重专家意见，通过同行评议、公开择优的方式确定研究任务和承担者，激发科研人员的积极性和创造性。引导支持企业增加基础研究投入，与科研院所、高等学校联合开展基础研究，推动基础研究与应用研究的紧密结合。对优秀人才和团队给予持续支持，加大对青年科研人员的支持力度。项目主管部门要减少项目执行中的检查评价，发挥好学术咨询机构、协会、学会的咨询作用，营造“鼓励探索、宽容失败”的实施环境。

（七）公益性科研项目聚焦重大需求。公益性科研项目要重点解决制约公益性行业发展的重大科技问题，强化需求导向和应用导向。行业主管部门应当充分发挥组织协调作用，提高项目的系统性、针对性和实用性，及时协调解决项目实施中存在的问题，保证项目成果服务社会公益事业发展。加强对基础数据、基础标准、种质资源等工作的稳定支持，为

科研提供基础性支撑。

（八）市场导向类项目突出企业主体。明晰政府与市场的边界，充分发挥市场对技术研发方向、路线选择、要素价格、各类创新要素配置的导向作用，政府主要通过制定政策、营造环境，引导企业成为技术创新决策、投入、组织和成果转化的主体。对于政府支持企业开展的产业重大共性关键技术研究等公共科技活动，在立项时要加强对企业资质、研发能力的审核，鼓励产学研协同攻关。对于政府引导企业开展的科研项目，主要由企业提出需求、先行投入和组织研发，政府采用“后补助”及间接投入等方式给予支持，形成主要由市场决定技术创新项目和资金分配、评价成果的机制以及企业主导项目组织实施的机制。

（九）重大项目突出国家目标导向。对于事关国家战略需求和长远发展的重大科研项目，应当集中力量办大事，聚焦攻关重点，设定明确的项目目标和关键节点目标，并在任务书中明确考核指标。项目主管部门主要采取定向择优方式遴选优势单位承担项目，鼓励产学研协同创新，加强项目实施全过程的管理和节点目标考核，探索实行项目专员制和监理制；项目承担单位上级主管部门要切实履行在项目推荐、组织实施和验收等环节的相应职责；项目承担单位要强化主体责任，组织有关单位协同创新，保证项目目标的实现。

四、改进科研项目管理流程

（十）改革项目指南制定和发布机制。项目主管部门要结合科技计划（专项、基金等）的特点，针对不同项目类别和要求编制项目指南，市场导向类项目指南要充分体现产业需求。扩大项目指南编制工作的参与范围，项目指南发布前要充分征求科研单位、企业、相关部门、地方、协会、学会等有关方面意见，并建立由各方参与的项目指南论证机制。项目主管部门每年固定时间发布项目指南，并通过多种方式扩大项目指南知晓范围，鼓励符合条件的科研人员申报项目。自指南发布日到项目申报受理截止日，原则上不少于 50 天，以保证科研人员有充足时间申报项目。

（十一）规范项目立项。项目申请单位应当认真组织项目申报，根据科研工作实际需要选择项目合作单位。项目主管部门要完善公平竞争的项目遴选机制，通过公开择优、定向择优等方式确定项目承担者；要规范立项审查行为，健全立项管理的内部控制制度，对项目申请者及其合作方的资质、科研能力等进行重点审核，加强项目查重，避免一题多报或重复资助，杜绝项目打包和“拉郎配”；要规范评审专家行为，提高项目评审质量，推行网络评审和视频答辩评审，合理安排会议答辩评审，视频与会议答辩评审应当录音录像，评审意见应当及时反馈项目申请者。从受理项目申请到反馈立项结果原则上不超过 120 个工作日。要明示项目审批流程，使项目申请者能够及时查询立项工作进展，实现立项过程“可申诉、可查询、可追溯”。

（十二）明确项目过程管理职责。项目承担单位负责项目实施的具体管理。项目主管部门要健全服务机制，积极协调解决项目实施中出现的新情况新问题，针对不同科研项目管理特点组织开展巡视检查或抽查，对项目实施不力的要加强督导，对存在违规行为的要责成项目承担单位限期整改，对问题严重的要暂停项目实施。

（十三）加强项目验收和结题审查。项目完成后，项目承担单位应当及时做好总结，编制项目决算，按时提交验收或结题申请，无特殊原因未按时提出验收申请的，按不通过验收处理。项目主管部门应当及时组织开展验收或结题审查，并严把验收和审查质量。根据不同类型项目，可以采取同行评议、第三方评估、用户测评等方式，依据项目任务书组织验收，将项目验收结果纳入国家科技报告。探索开展重大项目决策、实施、成果转化的后评价。

五、改进科研项目资金管理

（十四）规范项目预算编制。项目申请单位应当按规定科学合理、实事求是地编制项目预算，并对仪器设备购置、合作单位资质及拟外拨资金进行重点说明。相关部门要改进预算编制方法，完善预算编制指南和评估评审工作细则，健全预算评估评审的沟通反馈机制。评估评审工作的重点是项目预算的目标相关性、政策相符性、经济合理性，在评估评审中不得简单按比例核减预算。除以定额补助方式资助的项目外，应当依据科研任务实际需要和财力可能核定项目预算，不得在预算申请前先行设定预算控制额度。劳务费预算应当结合当地实际以及相关人员参与项目的全时工作时间等因素合理编制。

（十五）及时拨付项目资金。项目主管部门要合理控制项目和预算评估评审时间，加强项目立项和预算下达的衔接，及时批复项目和预算。相关部门和单位要按照财政国库管理制度相关规定，结合项目实施和资金使用进度，及时合规办理资金支付。实行部门预算批复前项目资金预拨制度，保证科研任务顺利实施。对于有明确目标的重大项目，按照关键节点任务完成情况进行拨款。

（十六）规范直接费用支出管理。科学界定与项目研究直接相关的支出范围，各类科技计划（专项、基金等）的支出科目和标准原则上应保持一致。调整劳务费开支范围，将项目临时聘用人员的社会保险补助纳入劳务费科目中列支。进一步下放预算调整审批权限，同时严格控制会议费、差旅费、国际合作与交流费，项目实施中发生的三项支出之间可以调剂使用，但不得突破三项支出预算总额。

（十七）完善间接费用和管理费用管理。对实行间接费用管理的项目，间接费用的核定与项目承担单位信用等级挂钩，由项目主管部门直接拨付到项目承担单位。间接费用用于补偿项目承担单位为项目实施所发生的间接成本和绩效支出，项目承担单位应当建立健全间接费用的内部管理办法，合规合理使用间接费用，结合一线科研人员实际贡献公开公正安排绩效支出，体现科研人员价值，充分发挥绩效支出的激励作用。项目承担单位不得在核定的间接费用或管理费用以外再以任何名义在项目资金中重复提取、列支相关费用。

（十八）改进项目结转结余资金管理办法。项目在研期间，年度剩余资金可以结转下一年度继续使用。项目完成任务目标并通过验收，且承担单位信用评价好的，项目结余资金按规定在一定期限内由单位统筹安排用于科研活动的直接支出，并将使用情况报项目主管部门；未通过验收和整改后通过验收的项目，或承担单位信用评价差的，结余资金按原渠道收回。

（十九）完善单位预算管理办法。财政部门按照核定收支、定额或者定项补助、超支不补、结转和结余按规定使用的原则，合理安排科研院所和高等学校等事业单位预算。科研院所和高等学校等事业单位要按照国家规定合理安排人员经费和公用经费，保障单位正常运转。

六、加强科研项目和资金监管

（二十）规范科研项目资金使用行为。科研人员和项目承担单位要依法依规使用项目资金，不得擅自调整外拨资金，不得利用虚假票据套取资金，不得通过编造虚假合同、虚构人员名单等方式虚报冒领劳务费和专家咨询费，不得通过虚构测试化验内容、提高测试化验支出标准等方式违规开支测试化验加工费，不得随意调账变动支出、随意修改记账凭证、以表代账应付财务审计和检查。项目承担单位要建立健全科研和财务管理等相结合的内部控制制度，规范项目资金管理，在职责范围内及时审批项目预算调整事项。对于从中央财政以外渠道获得的项目资金，按照国家有关财务会计制度规定以及相关资金提供方的具体要求管理和使用。

（二十一）改进科研项目资金结算方式。科研院所、高等学校等事业单位承担项目所发生的会议费、差旅费、小额材料费和测试化验加工费等，要按规定实行“公务卡”结算；企业承担的项目，上述支出也应当采用非现金方式结算。项目承担单位对设备费、大宗材料费和测试化验加工费、劳务费、专家咨询费等支出，原则上应当通过银行转账方式结算。

（二十二）完善科研信用管理。建立覆盖指南编制、项目申请、评估评审、立项、执行、验收全过程的科研信用记录制度，由项目主管部门委托专业机构对项目承担单位和科研人员、评估评审专家、中介机构等参与主体进行信用评级，并按信用评级实行分类管理。各项目主管部门应共享信用评价信息。建立“黑名单”制度，将严重不良信用记录者记入“黑名单”，阶段性或永久取消其申请中央财政资助项目或参与项目管理的资格。

（二十三）加大对违规行为的惩处力度。建立完善覆盖项目决策、管理、实施主体的逐级考核问责机制。有关部门要加强科研项目和资金监管工作，严肃处理违规行为，按规定采取通报批评、暂停项目拨款、终止项目执行、追回已拨项目资金、取消项目承担者一定期限内项目申报资格等措施，涉及违法的移交司法机关处理，并将有关结果向社会公开。建立责任倒查制度，针对出现的问题倒查项目主管部门相关人员的履职尽责和廉洁自律情况，经查实存在问题的依法依规严肃处理。

七、加强相关制度建设

（二十四）建立健全信息公开制度。除涉密及法律法规另有规定外，项目主管部门应当按规定向社会公开科研项目的立项信息、验收结果和资金安排情况等，接受社会监督。项目承担单位应当在单位内部公开项目立项、主要研究人员、资金使用、大型仪器设备购置以及项目研究成果等情况，接受内部监督。

（二十五）建立国家科技报告制度。科技行政主管部门要会同有关部门制定科技报告的标准和规范，建立国家科技报告共享服务平台，实现国家科技资源持续积累、完整保存和开放共享。对中央财政资金支持的科研项目，项目承担者必须按规定提交科技报告，科技报告提交和共享情况作为对其后续支持的重要依据。

（二十六）改进专家遴选制度。充分发挥专家咨询作用，项目评估评审应当以同行专家为主，吸收海外高水平专家参与，评估评审专家中一线科研人员的比例应当达到 75%左右。扩大企业专家参与市场导向类项目评估评审的比重。推动学术咨询机构、协会、学会等更多参与项目评估评审工作。建立专家数据库，实行评估评审专家轮换、调整机制和回避制度。对采用视频或会议方式评审的，公布专家名单，强化专家自律，接受同行质询和社会监督；对采用通讯方式评审的，评审前专家名单严格保密，保证评审公正性。

（二十七）完善激发创新创造活力的相关制度和政策。完善科研人员收入分配政策，健全与岗位职责、工作业绩、实际贡献紧密联系的分配激励机制。健全科技人才流动机制，鼓励科研院所、高等学校与企业创新人才双向交流，完善兼职兼薪管理政策。加快推进事业单位科技成果使用、处置和收益管理改革，完善和落实促进科研人员成果转化的收益分配政策。加强知识产权运用和保护，落实激励科技创新的税收政策，推进科技评价和奖励制度改革，制定导向明确、激励约束并重的评价标准，充分调动项目承担单位和科研人员的积极性创造性。

八、明确和落实各方管理责任

（二十八）项目承担单位要强化法人责任。项目承担单位是科研项目实施和资金管理使用的责任主体，要切实履行在项目申请、组织实施、验收和资金使用等方面的管理职责，加强支撑服务条件建设，提高对科研人员的服务水平，建立常态化的自查自纠机制，严肃处理本单位出现的违规行为。科研人员要弘扬科学精神，恪守科研诚信，强化责任意识，严格遵守科研项目和资金管理的各项规定，自觉接受有关方面的监督。

（二十九）有关部门要落实管理和服务责任。科技行政主管部门要会同有关部门根据本意见精神制定科技工作重大问题会商与沟通的工作规则；项目主管部门和财政部门要制定或修订各类科技计划（专项、基金等）管理制度。各有关部门要建立健全本部门内部控制和监管体系，加强对所属单位科研项目和资金管理内部制度的审查；督促指导项目承担单位和科研人员依法合规开展科研活动，做好经常性的政策宣传、培训和科研项目实施中的服务工作。

各地区要参照本意见，制定加强本地财政科研项目和资金管理的办法。

国务院

2014年3月3日

（此件有删减）

关于进一步鼓励集成电路产业发展企业所得税政策的通知

财税〔2015〕6 号

各省、自治区、直辖市、计划单列市财政厅（局）、国家税务局、地方税务局、发展改革委、工业和信息化主管部门：

根据《中华人民共和国企业所得税法》及其实施条例和《国务院关于印发进一步鼓励软件产业和集成电路产业发展若干政策的通知》（国发〔2011〕4 号）、《国家集成电路产业发展推进纲要》精神，为进一步推动科技创新和产业结构升级，促进信息技术产业发展，现将进一步鼓励集成电路产业发展的企业所得税政策通知如下：

一、符合条件的集成电路封装、测试企业以及集成电路关键专用材料生产企业、集成电路专用设备生产企业，在 2017 年（含 2017 年）前实现获利的，自获利年度起，第一年至第二年免征企业所得税，第三年至第五年按照 25%的法定税率减半征收企业所得税，并享受至期满为止；2017 年前未实现获利的，自 2017 年起计算优惠期，享受至期满为止。

二、本通知所称符合条件的集成电路封装、测试企业，必须同时满足以下条件：

1. 2014 年 1 月 1 日后依法在中国境内成立的法人企业；

2. 签订劳动合同关系且具有大学专科以上学历的职工人数占企业当年月平均职工总人数的比例不低于 40%，其中，研究开发人员占企业当年月平均职工总数的比例不低于 20%；

3. 拥有核心关键技术，并以此为基础开展经营活动，且当年度的研究开发费用总额占企业销售（营业）收入（主营业务收入与其他业务收入之和，下同）总额的比例不低于 3.5%，其中，企业在中国境内发生的研究开发费用金额占研究开发费用总额的比例不低于 60%；

4. 集成电路封装、测试销售（营业）收入占企业收入总额的比例不低于 60 %；

5. 具有保证产品生产的手段和能力，并获得有关资质认证（包括 ISO 质量体系认证、人力资源能力认证等）；

6. 具有与集成电路封装、测试相适应的经营场所、软硬件设施等基本条件。

三、本通知所称符合条件的集成电路关键专用材料生产企业或集成电路专用设备生产企业，必须同时满足以下条件：

1. 2014 年 1 月 1 日后依法在中国境内成立的法人企业；

2. 签订劳动合同关系且具有大学专科以上学历的职工人数占企业当年月平均职工总人

数的比例不低于40%，其中，研究开发人员占企业当年月平均职工总数的比例不低于20%；

3．拥有核心关键技术，并以此为基础开展经营活动，且当年度的研究开发费用总额占企业销售（营业）收入总额的比例不低于5%，其中，企业在中国境内发生的研究开发费用金额占研究开发费用总额的比例不低于60%；

4．集成电路关键专用材料或专用设备销售收入占企业销售（营业）收入总额的比例不低于30%；

5．具有保证集成电路关键专用材料或专用设备产品生产的手段和能力，并获得有关资质认证（包括ISO质量体系认证、人力资源能力认证等）；

6．具有与集成电路关键专用材料或专用设备生产相适应的经营场所、软硬件设施等基本条件。

集成电路关键专用材料或专用设备的范围，分别按照《集成电路关键专用材料企业所得税优惠目录》（附件1）、《集成电路专用设备企业所得税优惠目录》（附件2）的规定执行。

四、符合本通知规定条件的企业，应在年度终了之日起4个月内，按照本通知及企业所得税相关税收优惠政策管理的规定，凭省级相关部门出具的证明向主管税务机关办理减免税手续。省级相关部门证明出具办法，由各省（自治区、直辖市、计划单列市）发展改革委、工业和信息化主管部门会同财政、税务等部门研究确定。

五、享受上述税收优惠的企业有下述情况之一的，应取消其享受税收优惠的资格，并补缴存在以下行为所属年度已减免的企业所得税税款：

1．在申请认定过程中提供虚假信息的；

2．有偷、骗税等行为的；

3．发生重大安全、质量事故的；

4．有环境等违法、违规行为，受到有关部门处罚的。

六、享受税收优惠的企业，其税收优惠条件发生变化的，应当自发生变化之日起7日内向主管税务机关报告；不再符合税收优惠条件的，应当依法履行纳税义务；未依法纳税的，主管税务机关应当予以追缴。同时，主管税务机关在执行税收优惠政策过程中，发现企业不符合享受税收优惠条件的，可暂停企业享受的相关税收优惠，并提请相关部门进行有关条件复核。

七、集成电路封装、测试企业以及集成电路关键专用材料生产企业、集成电路专用设备生产企业等依照本通知规定可以享受的企业所得税优惠政策与其他定期减免税优惠政策存在交叉的，由企业选择一项最优惠政策执行，不叠加享受。

八、本通知自2014年1月1日起执行。

财政部办公厅

2015年3月2日

反侵权盗版声明